本丛书系武汉大学"985工程"项目"中国特色社会主义理论创新基地"和"211工程"项目"马克思主义基本理论及其中国化研究"成果

武汉大学马克思主义理论系列学术丛书

劳动价值论
争论评说

余陶生◎著

中国社会科学出版社

图书在版编目(CIP)数据

劳动价值论争论评说／余陶生著 . —北京：中国社会科学出版社，
2017.8

（武汉大学马克思主义理论系列学术丛书）

ISBN 978 – 7 – 5161 – 9625 – 0

Ⅰ.①劳⋯　Ⅱ.①余⋯　Ⅲ.①劳动价值论 – 研究　Ⅳ.①F014.3

中国版本图书馆 CIP 数据核字（2017）第 005170 号

出 版 人	赵剑英
责任编辑	田　文
特约编辑	陈　琳
责任校对	张爱华
责任印制	王　超

出　　版	中国社会科学出版社
社　　址	北京鼓楼西大街甲 158 号
邮　　编	100720
网　　址	http：//www. csspw. cn
发 行 部	010 – 84083685
门 市 部	010 – 84029450
经　　销	新华书店及其他书店

印　　刷	北京君升印刷有限公司
装　　订	廊坊市广阳区广增装订厂
版　　次	2017 年 8 月第 1 版
印　　次	2017 年 8 月第 1 次印刷

开　　本	710×1000　1/16
印　　张	30
插　　页	2
字　　数	506 千字
定　　价	118.00 元

总　序

顾海良

　　新世纪之初，马克思主义理论学科的设立，是马克思主义中国化的显著标志，也是中国化马克思主义发展的重要成果。设立马克思主义理论学科，不仅是由马克思主义理论本身的科学性决定的，也是由马克思主义作为我们党的指导思想和作为国家主流意识形态建设的需要决定的，而且还是由当代马克思主义发展的新的要求决定的。

　　在马克思主义理论学科建设中，武汉大学一直居于学科建设与发展的前列。武汉大学马克思主义学院作为学科建设和发展的主要承担者，学院的教师和研究人员为此付出了极大的辛劳，作出了极大的贡献。现在编纂出版的《武汉大学马克思主义理论系列学术丛书》就是其中的部分研究成果。

　　回顾马克思主义理论学科建设和发展的实际，给我们的重要启示之一就是，马克思主义理论学科的建设和发展，既要尊重学科建设和发展的普遍规律，又要遵循学科建设和发展的特殊要求，要切实提高马克思主义理论学科的影响力。希望《武汉大学马克思主义理论系列学术丛书》的出版，能为切实提升马克思主义理论学科的影响力增添新的光彩。

　　第一，要提高马克思主义理论学科建设的学术影响力。把提高学术影响力放在首位，是从学科建设视阈理解马克思主义理论学科建设的要求。学科建设以学术为基础。马克思主义理论作为一个整体的一级学科，在提升学科的学术性时，要按照学科建设内在的普遍的要求，使之具有明确的学科内涵、确定的学科规范和完善的学科体系。

　　学术影响力是学科建设的重要目标，也是学科建设水平的重要体现。马克思主义理论学科的学术影响力，不仅在于国内的学术影响力，还应该树立世界眼光，产生国际的学术影响力。在国际学术界，马克思主义理论是以学术研究为基本特征和主要导向的。注重马克思主义理论的学术研究，不仅有利于达到学科建设的基本要求，而且还有利于国际范围内的马克思主义理论研究的交流，产生国际的学术影响力。比如，一个时期以来，国际学术界对《德意志意识形态》《共产党宣言》等文本、传播的研究，马克思经济学手稿的研究，科学考据版《马克思恩格斯全集》（MEGA2）的编辑与研究等，就是国际范围内马克思主义理论学术研究的重要课题。作为以马克思主义为指导的社会主义国家，在马克思主义理论学科建设和发展中，不但要高度关注和重视世界范围内马克思主义理论研究的重大课题，而且要参与国际范围内马克思主义理论重大课题的研究。在国际马克思主义学术论坛上，我们要有更广泛的话语权，要能够更深刻地了解别人在研究什么、研究的目的是什么、研究到什么程度、有哪些重要的理论成就、产生了哪些理论的和实践的成效等。如果一方面强调建设和发展马克思主义理论学科，另一方面却在国际马克思主义论坛上被边缘化，这肯定不是我们希望看到的学科建设的结局。

第二，要提高对中国特色社会主义理论与实践的影响力。任何学科都有其特定的应用价值。马克思主义理论学科对中国特色社会主义理论与实践的影响力，就是这一学科应用价值的重要体现，也是这一学科建设和发展的重要目标和根本使命。在实现这一影响力中，深化中国特色社会主义理论体系的研究是重点；运用中国特色社会主义理论体系于实践，以此推进和创新中国特色社会主义理论体系是根本。马克思主义理论学科对中国特色社会主义理论与实践的影响力，要体现在对什么是马克思主义、怎样对待马克思主义，什么是社会主义、怎样建设社会主义，建设什么样的党、怎样建设党，实现什么样的发展、怎样发展等重大问题的不断探索上，并对这些问题作出新的理论概括，不断增强理论的说服力和感召力，推进中国特色社会主义理论体系的发展。马克思主义理论学科的建设和发展，一定要对中国特色社会主义的经济、政治、文化、社会、生态文明建设以及党的建设的理论与实践产生重要的影响力，为中国特色社会主义道路发展中的重大理论和实践问题的解决提供基本的指导思想，充分体现学科建设的应用价值。

第三，要提高对国家主流意识形态发展和安全的影响力。马克思主义作为党和国家的指导思想，自然是中国特色社会主义的主流意识形态。要深刻理解马克思主义理论学科的特定研究对象。马克思主义是我们立党立国的根本指导思想，社会主义意识形态的旗帜，是社会主义核心价值体系的灵魂，是全党全国各族人民团结奋斗、夺取建设中国特色社会主义新胜利的共同思想基础。在学科建设中，我们要以高度的政治意识、大局意识和责任意识，进一步推进马克思主义中国化的发展和创新，进一步巩固马克思主义在思想政治理论领域的指导地位，进一步增强社会主义核心价值体系的建设成效，进一步维护和发展国家意识形态的安全。

建设马克思主义学习型政党作为新世纪党的建设重大而紧迫的战略任务，对马克思主义理论学科建设提出了新的更高的要求。建设马克思主义学习型政党的首要任务，就是要按照科学理论武装、具有世界眼光、善于把握规律、富有创新精神的要求，坚持马克思主义作为立党立国的根本指导思想，紧密结合我国国情和时代特征大力推进理论创新，在实践中检验真理、发展真理，用发展着的马克思主义指导新的实践。

第四，要提高全社会的思想理论素质，加强全社会的思想政治教育的影响力。全社会的思想理论素质是一定社会的软实力的具体体现，也是一定社会的国家综合实力的重要组成部分。特别是在青少年思想道德教育、大学生思想政治教育中，如何切实提高马克思主义理论学科的影响力，是当前马克思主义理论学科建设的最为重要和最为紧迫的任务和使命。在这一意义上，我们可以认为，马克思主义理论学科的影响力，首先就应该体现在大学生思想政治理论课程建设的全过程中。用马克思主义理论，特别是用当代发展的马克思主义理论，即中国特色社会主义理论体系教育人民、武装人民的头脑，内化为全体人民的思想观念与理论共识，是马克思主义理论学科建设的艰巨任务，特别是其中的思想政治教育学科建设和发展的重要目标。

以上提到的四个方面的影响力——学术的影响力、现实应用的影响力、意识形态的影响力和思想政治教育的影响力等，对马克思主义理论学科发展是具有战略意义的。在对四个方面影响力的理解中，既不能强调学科建设和发展的学术性而否认学科建设和发展的政治性与意识形态性；也不能只顾学科建设和发展的政治性与意识形态性而忽略学科建设和发展的学术性。要从学科建设的战略高度，全面地探索和提高马克思主义理论学科建设和发展的影响力。

我衷心地希望，《武汉大学马克思主义理论系列学术丛书》能在提高以上四个方面影响力上作出新的贡献！

目　　录

第一章

古典经济学是马克思劳动价值论的理论来源

一 威廉·配第是资产阶级古典政治经济学价值理论的奠基者

威廉·配第（1623—1687）是英国资产阶级古典政治经济学劳动价值论的奠基人，是最早代表产业资产阶级利益的经济学家。17世纪中叶，英国资本主义已经有了很大的发展，一部分商业资本转化为产业资本，从流通领域转到生产领域，使产业资本得到了很快的发展，从而使产业资本的统治代替了商业资本的统治。由于资本主义生产的目的是追求剩余价值，迫使资本家去关心和计算生产商品的劳动耗费，而为他们服务的资产阶级经济学家的理论研究，就从流通领域转向生产领域，探求以最小的生产消耗取得更大的经济效益。马克思在谈到商品分析的历史时指出："把商品归结于二重形式的劳动，即把使用价值归结于实在劳动或合乎目的的生产活动，把交换价值归结于劳动时间或相同的社会劳动，是古典政治经济学一个半世纪以上的研究得出的批判性的最后成果；古典政治经济学在英国从威廉·配第开始，到李嘉图结束，在法国从布阿吉尔贝尔开始，到西斯蒙第结束。"[①] 并把配第誉为："政治经济学之父，在某种程度上也可以说是统计学的创始人。"[②]

（一）关于"劳动决定价值"理论

配第的价值理论主要发表在他的第一部著作《赋税论》中，他是在分析英国财政税制问题时提出劳动决定价值观点的，其主要内容包括以下几个方面：

第一，区分了自然价格、政治价格和市场价格。配第指出："假如一个人在能够生产一蒲式耳谷物的时间内，将一盎斯从秘鲁的银矿采出来的

---

① 《马克思恩格斯全集》第13卷，人民出版社1962年版，第41页。
② 《马克思恩格斯全集》第23卷，人民出版社1972年版，第302页。

白银运到伦敦来，那么，后者便是前者的自然价格。"① 他所说的"自然价格"实际上是指价值。因为在配第看来，"自然价格"就是与生产商品"实际需要"的劳动数量相一致的价格。"政治价格"则是指商品的市场价格。即按生产商品时"超过实际需要"的劳动数量而实际耗费的劳动数量和多余开支所需要的费用来计算的商品价格。把这种政治价格以标准的银币来衡量，就得到了实际的市场价格。配第把自然价格即商品价值作为研究的重点，并把其作为分析其他经济问题的基础。

第二，了解了商品的价值量同劳动生产率的关系。配第指出："自然价值的高低，决定于生产自然必需品所需要人手的多少。谷物的价格，在一个人能生产十人所需的谷物的时候，要比一个人只能生产六人所需的谷物的时候，来得低廉。"又说："一百个农民所能做的工作，如果由二百个农民来做的话，谷物价格就会上涨一倍。"② 可见，配第已经了解到商品的价值量同劳动生产率成反比例的关系。

第三，认识了劳动分工能促进劳动生产率的提高。配第指出："譬如织布，一人梳清，一人纺纱，另一人织造，又一人拉引，再一人整理，最后又一人将其压平包装，这样分工生产，和只是单独一个人笨拙担负上述全部操作比起来，所花成本一定较低。"③ 在资产阶级经济学家中，配第最先认识到劳动分工引起劳动生产率变化，而劳动生产率变化会引起价值变化。马克思说："配第也把分工当作生产力来阐述，而且他的构想比亚当·斯密还要宏大。"④

第四，确立了金银是最好的财富，货币才是唯一真正的价值形式。配第说："产业的巨大和终极的成果，不是一般财富的充裕，而是金、银和珠宝的富足。"⑤ 他把劳动分为两类：一类是生产金银的劳动；另一类是生产其他普通商品的劳动。配第认为只有生产金银的劳动才能生产交换价值，而生产普通商品的劳动，只有在这些商品同金银交换时，才成为交换价值。

① ［英］威廉·配第：《赋税论》，陈冬野译，商务印书馆1978年版，第48页。
② 同上书，第88页。
③ ［英］威廉·配第：《爱尔兰的政治解剖》，周锦如译，商务印书馆1964年版，第8页。
④ 《马克思恩格斯全集》第13卷，人民出版社1962年版，第42页。
⑤ ［英］威廉·配第：《爱尔兰的政治解剖》，周锦如译，商务印书馆1964年版，第24页。

第五，分析了货币的价值和职能。配第根据劳动创造价值的原理，认识到货币只是由于和商品一样凝结着人类的劳动，才能作为价值尺度，表现商品的价值。因此，货币和商品的比例应当由它们包含的劳动量来决定。提高货币的名义价值，即降低单位货币的含金量，必然引起它所表现的商品价值的变动也就是商品价格的变动，他说："货币的保有或减少，并不像很多人所想象的那样重要……如果通过毁掉全国财富一半的办法来使国内现金增加一倍，那是很不好的做法；增加现金而不同时增加财富，那也是很不好的做法。如果国家的现金多出了1/10，我就要求它的财富（如果可能的话）也要多出1/10。因为在一个国家中，现金太多和现金太少是一样的。我这是就如何对贸易有最大的好处来说的；不过解救之道也很容易：可以把过多的现金很快地变成华美的金银器皿。"① 可以看出，配第已经认识到，货币具有一种流通手段的职能，一个国家流通所需要的货币量，必须同商品的总价格量相适应。如果货币量超过一定限度，就要采取措施使多余货币退出流通领域。这种见解和重商主义把货币和财富相等同，认为一国货币的增加就是一国财富增加的看法已有明显的区别。

第六，提出了"土地是财富之母，劳动是财富之父"的名言，并从中找出它们的自然等价关系。他说："所有物品都是由两个自然单位——即土地和劳动——来评定价值，换句话说，我们应该说一艘船或一件上衣值若干面积的土地和若干数量的劳动。理由是，船和上衣都是土地和投在土地上的人类劳动所创造的。因为事实就是这样，所以如果能够在土地与劳动之间发现一种自然的等价关系，我们一定会感到欣慰。如果这样的话，我们就能够和同时用土地和劳动这两种东西一样妥当地甚至更加妥当地单用土地或单用劳动来表现价值；同时，也能够象把便士还原为镑那样容易而正确地，将这一单位还原为另一单位。"② 他举了这样一个例子："假定圈起两亩牧地，在里面放进一只已经断乳的小牛，我认为在一年之后，这只小牛身上的可吃的肉将增加一英担。这一英担肉可以做五十天的食物，也是这只小牛的价值的利息；它就是这块土地的价值或年租。如果加上一个人一年的劳动，可以使这块土地生产出比六十天的食物还多的牛肉或其他东西，那么，多出来的若干天的食物就是这个人的工资。在这

---

① [英] 威廉·配第：《爱尔兰的政治解剖》，周锦如译，商务印书馆1964年版，第70页。
② [英] 威廉·配第：《赋税论》，陈冬野译，商务印书馆1978年版，第42页。

里，工资和土地的价值都是用若干天的食物来表示的"。① 又说："一个成年人平均一天的食物，而不是一天的劳动，乃是衡量价值的共同尺度；它似乎是和纯银价值一样的稳定而不变的。……所以，对于爱尔兰的小房子，我是根据修建它们的人在修建它们时所花费的食物的日数来评估它们的价值的。"② 这样一来，他就把土地和劳动创造的使用价值，都还原为食物，用食物来说明土地和劳动之间的等价关系，商品的价值的大小就不是用劳动来衡量，而是用劳动者日平均所需食物来衡量了。

（二）价值理论的矛盾所在

在马克思看来，配第的价值理论既有科学因素，又存在错误和庸俗的成分，二者相互并存，相互矛盾。他指出："在配第那里有三种规定混在一起：

（a）由等量劳动时间决定的价值量，在这里，劳动被看作价值的源泉。

（b）作为社会劳动的形式的价值。因此，货币表现为价值的真正形式，虽然配第在其他地方抛弃了货币主义的一切幻想。所以在他的著作里形成定义。

（c）把作为交换价值的源泉的劳动和作为以自然物质（土地）为前提的使用价值的源泉的劳动混为一谈。实际上，当他建立劳动和土地之间的'等同关系'的时候，他把可以自由买卖的土地说成是资本化的地租，因而这里他谈的，不是作为同实在劳动有关的自然物质的土地。"③ 从马克思对配第价值理论的这些评价中既可以看出配第对价值理论的贡献，同时，也可以看出配第价值理论的错误所在。

第一，虽然配第指出了人类劳动是价值的源泉和尺度，从而对商品的价值量作了十分清楚的和正确的分析，但他考察的商品交换不是商品和商品之间的交换。配第最先认识到商品价值的源泉是劳动，商品价值量是由生产商品时所耗费的劳动时间决定的，劳动时间是测量商品价值的真实尺度，商品价值的大小与劳动生产率的大小成反比。恩格斯对他的这个观点给予了肯定，并指出："配第在他的《赋税论》中，对商品的价值量作了

---

① ［英］威廉·配第：《爱尔兰的政治解剖》，周锦如译，商务印书馆 1964 年版，第 57—58 页。

② 同上书，第 58 页。

③ 《马克思恩格斯全集》第 26 卷第 1 册，人民出版社 1972 年版，第 386 页。

十分清楚的和正确的分析。他一开始就用需要等量劳动来生产的贵金属和谷物具有同一价值的例子来说明价值量，这样他就为贵金属的价值下了第一个也是最后一个'理论上的'定义。而且他还确定而概括地谈到商品的价值是由等量劳动来计量的。"① 但是，他考察的商品交换不是商品和商品之间的交换，而是商品和货币的交换，即商品价值在货币形态上的表现，在他看来，只有生产货币（贵金属）的劳动才直接创造价值，其他各种劳动只是在它们创造了能够换取货币的商品时才创造价值。他说："一个成年人的一天的食物，而不是一天的劳动，乃是衡量价值的共同尺度；它似乎是和纯银价值一样稳定而不变的。"② 因此，马克思指出："配第在爱尔兰统计中所找的，不是价值的'一般尺度'，而是货币是价值尺度这个意义上的价值尺度。"③ 这样一来，就"把作为交换价值的源泉的劳动和作为以自然物质（土地）为前提的使用价值的源泉的劳动混为一谈"。④

第二，虽然配第对商品的价值量作了十分清楚和正确的分析，而且还指出了工人的劳动有简单劳动和复杂劳动之分，却没有科学地说明价值实体、价值量和价值形态等问题。他说："我们必须使技术和简单劳动之间有一种等价和等式的关系。因为，假定我使用这种简单劳动，在一千天里能够耕耘播种一百亩土地；再假定我用了一百天的时间来研究一种更省事的方法，并制造一种更省事的工具；在这一百天里完全没有耕耘土地，可是在其余的九百天里我确耕耘了二百亩土地；那么我认为，这种只花费了一百天时间的发明技术就永远值一个人的劳动；因为有了这种技术时一个人所做的工作，就等于没有这种技术时两个人所做的工作。"⑤ 但是，由于他不理解价值的社会性质，不知道创造价值的是抽象劳动，不了解决定价值大小的是生产商品时的社会必要劳动量，因而他就不能科学地说明价值实体、价值量和价值形态等问题。例如，他在谈到商品价值时说"假定生产1蒲式耳谷物和生产1盎斯银要用相等的劳动"⑥ 在这里，他不知

①《马克思恩格斯全集》第20卷，人民出版社1973年版，第253—254页。

② ［英］威廉·配第：《爱尔兰的政治解剖》，周锦如译，商务印书馆1964年版，第58页。

③《马克思恩格斯全集》第26卷第1册，人民出版社1972年版，第388页。

④ 同上书，第386页。

⑤ ［英］威廉·配第：《爱尔兰的政治解剖》，周锦如译，商务印书馆1964年版，第58页。

⑥《马克思恩格斯全集》第26卷第1册，人民出版社1972年版，第380页。

道谷物的价值是由生产谷物的社会必要劳动时间决定的，而是用生产白银所需的劳动来决定谷物的价值。事实上，这不是谷物的价值，而是谷物的交换价值。可见，他是用交换价值代替价值，没有从交换价值中抽象出价值来，从而混淆了价值与交换价值、价值与价格的关系。马克思指出："配第在这本著作中，实际上用商品中包含的劳动的比较量来确定商品的价值。"①

第三，虽然配第与重商主义不同，不仅认识到商品的价值取决于劳动，而且也意识到货币的价值量也是由劳动决定的，但却混淆了创造价值的抽象劳动和创造使用价值的具体劳动。为了解决为什么一定量的商品恰好交换这么多的货币量，他把劳动分为两类：一类是生产金银的劳动；另一类是生产其他普通商品的劳动。他认为，不是一切劳动都能直接生产交换价值，只有开采金银的劳动才能直接生产交换价值，至于其他劳动，只有在这些产品同金银交换时，才生产交换价值。马克思指出："他受着货币主义的观念束缚，把特种的实在劳动即采掘金银的劳动，叫做生产交换价值的劳动。他实际上是说，资产阶级的劳动应该生产的不是直接的使用价值，而是商品，是那种在交换过程中能够通过自身转移而表现为金银，即表现为货币、交换价值、物化一般劳动的使用价值。然而，他的例子显然证明，认识了劳动是物质财富的源泉，并不排斥不了解那种使劳动成为交换价值的源泉的特定社会形式。"② 即使如此，他并不理解生产商品劳动二重性，即生产价值的抽象劳动和生产使用价值的具体劳动，而把生产金银的劳动，看成是创造价值的；而把生产其他商品的劳动看成是创造使用价值的。事实上，他谈到生产金银的劳动创造价值时，又是指生产金银的具体劳动，从而把创造价值的抽象劳动和创造使用价值的具体劳动混淆了。

第四，虽然配第提出了"劳动是财富之父，土地是财富之母"这句名言，却混淆了使用价值和价值。他指出："劳动并不是它所生产的使用价值即物质财富的唯一源泉。正象威廉·配第所说，劳动是财富之父，土地是财富之母。"③ 也就是说，这句话对使用价值即物质财富而言，是完

---

① 《马克思恩格斯全集》第 26 卷第 1 册，人民出版社 1972 年版，第 380 页。

② 《马克思恩格斯全集》第 13 卷，人民出版社 1962 年版，第 43 页。

③ 《马克思恩格斯全集》第 23 卷，人民出版社 1972 年版，第 57 页。

全正确的。但是，配第却不是指使用价值生产，而是指价值生产，以致混淆了使用价值和价值。正如他说的："一切东西都应由两个自然单位——土地和劳动来评定价值；换句话，我们应该说：一条船或者一件衣服的价值等于若干土地的价值加上若干数量的劳动，因为船和衣服都是土地和人类劳动的产物。"① 他还试图找出土地和劳动之间的自然的等同关系，他说"假定圈起两亩牧地，在里面放进一只已经断乳的小牛，我认为在一年之后，这只小牛身上的可吃的肉将增加一英担。这一英担肉可以做五十天的食物，也是这只小牛的价值的利息；它就是这块土地价值的年租。如果加上一个人一年的劳动，可以使这块土地生产出比六十天的食物还多的牛肉或其他东西，那么，多出来的若干天的食物就是这个人的工资。在这里，工资和土地的价值都是用若干天的食物来表示的。"② 我们知道，小牛吃草长了肉，是一种使用价值的增加，牧地劳动者的劳动所创造的则是一定量的价值，配第把二者还原为食物，就把使用价值和价值相混淆了。这样，就和配第自己提出的价值是由耗费在生产商品中的劳动时间决定的正确观点相矛盾了，从而也为庸俗经济学的多要素价值论提供了理论依据。

配第作为"现代政治经济学的创始者"，他提出的劳动创造价值和其他重要经济观点，为古典政治经济学奠定了基础。但是，由于各种原因又使他不能坚持劳动创造价值这一原理，存在许多错误观点，其原因在于：

一是社会历史发展的要求。配第所处的时代，是西欧 17 世纪的君主专制时代，经济上的重商主义时代，是封建制度向资本主义制度、自然经济向商品经济转移的时代。随着资本主义的不断发展和阶级斗争的尖锐化，思想领域也发生激烈的变化。资产阶级为了自身的阶级利益，要求把社会生产力从封建制度的束缚下解放出来，要求发展科学和技术，要求自然和社会发展规律。在这种情况下，专门研究流通领域的重商主义学说，已经不能适应资产阶级经济发展的需要，一些资产阶级的思想家在培根的"知识就是力量"的影响下，开始探寻社会经济生活的内在联系，试图从理论上说明在资本主义制度下如何生产和分配财富，从而论证资本主义相比封建主义的优越性，而以配第为创始人的英国资产阶级古典政治经济学

① 《马克思恩格斯全集》第 26 卷第 1 册，人民出版社 1972 年版，第 386 页。

② ［英］威廉·配第：《赋税论》，陈冬野译，商务印书馆 1978 年版，第 57 页。

就应时而生了。

二是资产阶级利益所决定。配第是最早代表产业资产阶级利益的经济学家，他出身于手工业家庭，他从事过很多职业，年轻时当过商船学徒、服务员和水手，1643 年到荷兰、法国学习医学、解剖学，还研究过数学、音乐，当过医生和教授，后来担任爱尔兰土地分配总监，掠夺了约五万英亩土地，成了新的英国地主。后来，又投奔国王查理二世，取得男爵称号。晚年成了拥有二十七万英亩土地的大地主，还创办了许多企业，并从事投机生意。马克思在提到他的政治品质时说："这个敢于思想而又十分轻浮的外科军医，既能在克伦威尔的盾的保护下掠夺爱尔兰，又能为这种掠夺向查理二世跪求必要的男爵称号，这样的祖像是不便公诸于世的。"①正是由于他的资产阶级和新贵族的立场，使他把资本主义制度及其各种经济范畴看作是永恒的。他不注意研究商品生产发展的历史条件，劳动为何和如何成为价值这些劳动价值论中的重要理论问题，而把劳动形成价值看成是自然的、当然的事情，看不到商品、价值等经济范畴的社会历史性质，从而造成了其价值理论中的错误和庸俗成分。马克思指出："认识了劳动是物质财富的源泉，并不排斥不了解那种使劳动成为交换价值的源泉的特定社会形式。"②

三是对商品价值理论认识的局限性。配第虽然提出了劳动决定商品价值这个具有创见的命题，但是他没有劳动二重性的学说，没有区分具体劳动和抽象劳动，对社会必要劳动量的问题也只有一点非常模糊的概念。虽然他提到死劳动和活劳动的问题，却根本就没有想到两者在生产过程中，前者只转移价值，后者才创造价值。由于他没有价值形式的学说，不了解价值形式的发展，使他不可能认识到价值、交换价值和价格的关系。至于他的方法，诚然是按照培根的实证主义的方法进行的，把理论研究建立在计量的基础上，这样才能具有说服力。但是，他所提供的数字几乎全是出于推测估计，以致被后来同样重视事实的亚当·斯密怀疑他的方法的效果。尽管如此，他在计量经济学的开山鼻祖和政治经济学的奠基者的地位是不能抹杀的。

---

① 《马克思恩格斯全集》第 13 卷，人民出版社 1962 年版，第 43 页。
② 同上。

二　亚当·斯密对劳动价值理论的发展

亚当·斯密（1723—1790）是英国资产阶级古典政治经济学最著名的代表人物之一。他出生于苏格兰一个海关官员家庭，先后就学于格拉斯哥大学和牛津大学，毕业后长期在大学任教。1759年，他出版了《道德情操论》，获得好评。1776年，他发表了《国民财富的性质和原因的研究》（简称《国富论》），该书是他集十年之研究把当时的一切经济学知识归纳为一个统一的整体，第一次使资产阶级政治经济学成为一个完整的体系。正如马克思指出的：“在亚·斯密那里，政治经济学已发展为某种整体，它所包括的范围在一定程度上已经形成。”① 他不仅继承了配第的研究成果，而且进行了极大的丰富和发展。

斯密的价值理论是建立在他的分工、交换和货币理论的基础上，按照斯密的《国富论》的内在逻辑，国民财富的增长首先决定于分工，由于分工就需要有交换，而交换就需要有进行交换的工具和交换的原则，从而必然产生货币和价值。其价值理论是从分工开始，把交换作为分工的原因，把货币和价值作为分工和交换的后果。

（一）劳动分工是劳动价值论的起点

1. 劳动是一切财富的源泉

斯密在《国富论》的“序论及全书设计”中，首先指出：“一国国民每年的劳动，本来就是供给他们每年消费的一切生活必需品和便利品的源泉。构成这种必需品和便利品的，或是本国劳动的直接产物，或是用这类产物从外国购进来的物品。”② 斯密把劳动是一切财富的源泉作为研究国民财富的出发点，从而为劳动价值论奠定了一个坚实基础，这是价值理论上的一个重大突破，它不仅否定了重商主义把商业看作财富的唯一源泉的错误观点，而且也克服了重农主义把农业劳动看作财富唯一源泉的片面说法，从而把配第以来的劳动创造价值的理论向前推进了一步。马克思指

---

① 《马克思恩格斯全集》第26卷第2册，人民出版社1973年版，第181页。

② ［英］亚当·斯密：《国民财富的性质和原因的研究》（上卷），郭大力、王亚南译，商务印书馆1983年版，第1页。

出："在农业、工场手工业、航海业、商业等等实在劳动的特殊形式轮流地被看作是财富的真正源泉之后，亚当·斯密宣布劳动一般，而且是它的社会的总体形式即作为分工的劳动，是物质财富或使用价值的唯一源泉。在这里他完全没有看到自然因素，可是在纯粹社会财富即交换价值的领域内，自然因素却追跟着他。"① 马克思在这里，一方面肯定了斯密关于劳动是财富源泉的正确性；但是，另一方面又指出了他把劳动看成物质财富或使用价值的唯一源泉的片面性。因为物质财富或使用价值的源泉，不仅包括人的劳动，而且还包括自然因素在内。

2. 分工是提高劳动生产率和增进财富的主要原因和方法

斯密认为，增加国民财富决定于两个条件：一是提高劳动生产率；二是增加劳动者人数。他说："但无论就哪一国国民说，这一比例都要受下述两种情况的支配：第一，一般地说，这一国国民运用劳动，是怎样熟练，怎样技巧，怎样有判断力；第二，从事有用劳动的人数和不从事有用劳动的人数，究竟成什么比例。"② 斯密所谈的第一种情况就是指影响劳动生产率的各种因素；第二种情况就是指从事各种劳动的人数和结构，而这两种情况又都是由分工决定的，可见他的研究就是从分工开始的。在斯密看来，"劳动生产力上最大的增进，以及运用劳动时所表现的更大的熟练、技巧和判断力，似乎都是分工的结果。"③ 他认为，"有了分工，同数劳动者就能完成比过去多得多的工作量，其原因有三：第一，劳动者的技巧因专业而日进；第二，由一种工作转到另一种工作，通常须损失不少时间，有了分工，就可以免除这种损失；三是许多简化的劳动和缩减劳动的机械的发明，使一个人能做很多人的工作。"④ 为什么分工能提高劳动生产率呢？原因有三：一是劳动熟练程度的增进，势必增加他所能完成的工作量；二是由一种工作转到另一种工作，通常要损失一些时间，有了分工，就可以避免这些损失；三是分工可以使工人把注意力集中在单一事物上，比把注意力分散在许多事物上，更有利于发现更简单和更便利的操作

---

① 《马克思恩格斯全集》第13卷，人民出版社1962年版，第49页。

② ［英］亚当·斯密：《国民财富的性质和原因的研究》（上卷），郭大力、王亚南译，商务印书馆1983年版，第1页。

③ 同上书，第5页。

④ 同上书，第8页。

方法。因此，"分工的结果，各个人的全部注意力自然会倾注在一种简单事物上。"①

斯密以扣针制造业为例，说明工场手工业内部分工的好处。以羊毛呢绒上衣的生产来说明社会分工，认为这两种分工具有同样的作用，都能提高劳动生产率，它们之间的区别只是观察者主观认识上的差别。他说："凡能采用分工制的工艺，一经采用分工制，便相应地增进劳动的生产力。各种行业之所以各各分立，似乎也是由于分工有这种好处。一个国家的产业与劳动生产率的增进程度如果是极高的，则其各种行业的分工也都达到极高的程度。"② 在这里，斯密是把工场手工业内部的分工和社会分工混淆在一起。

马克思对工场手工业的内部分工和社会内部分工进行了科学的论证，比斯密的分工力量大大地前进了一步。首先，马克思分析了两种分工的相似点和联系。一是"社会内部的分工以及个人被相应地限制在特殊职业范围内的现象，同工场手工业内部的分工一样，是从相反的两个起点发展起来的。"③ 一个起点是，在公社社员、氏族社员按性别和年龄差别形成的自然分工，使"原来非独立的东西获得了独立"。这种分工，随着公社的扩大，人口的增加，一个氏族征服另一个氏族而逐渐扩大；另一个起点是，在不同的家庭、氏族、公社不断接触的地方出现产品交换，进而使它们发展成为社会总生产中互相依赖的部门，使"原来独立的东西丧失了独立。"④ 因此"一切发达的、以商品交换为媒介的分工的基础，都是城乡的分离。可以说，社会的全部经济史，都概括为这种对立的运动。"⑤ 二是只有社会分工和商品生产发展到相当的程度，较多的生产资料积聚在单个资本家手中，才能同时雇佣更多的工人在一个工场内劳动，逐渐产生了工场内部的分工；另一方面，工场手工业内部分工的发展，反过来又促进了社会分工的发展。因为随着劳动工具的专门化，生产这些工具的行业也会日益分化；工场手工业的发展，使有些行业的车间，可以和其他行业

---

① [英] 亚当·斯密：《国民财富的性质和原因的研究》（上卷），郭大力、王亚南译，商务印书馆1983年版，第10页。

② 同上书，第7页。

③ 《马克思恩格斯全集》第23卷，人民出版社1972年版，第389页。

④ 同上书，第390页。

⑤ 同上。

结合在一起并由同一生产者经营，分离和独立的现象就会产生；工场手工业的生产扩展到某种商品的一个特殊的生产阶段，该商品的各个生产阶段就变成各种独立的行业；在制品是一个由局部产品组合的地方，局部劳动可以独立的生产部门；同一生产部门，根据原料不同或同一原料的不同形式，可以分解为不同的行业；由于地区的分工，推动了带有地区特点的生产部门的出现；世界市场的扩大和殖民制度，为社会内部的分工提供了丰富的材料。其次，马克思还分析了两种分工的本质区别：一是社会分工使相互独立的生产者都成为商品，而工场手工业内部的各个局部工人生产的产品不是商品，变成商品的只是局部工人的共同产品。二是社会分工以不同劳动部门的产品的买卖为媒介；工场手工业内部的分工，则以不同的劳动力卖给同一个资本家，而这个资本家把它们作为一个结合劳动力来使用为媒介。三是工场手工业分工以生产资料集聚在一个资本家手中为前提；社会分工则以生产资料分散许多互不依赖的商品生产者中间为前提。四是工场手工业中，保持比例数或比例的铁的纪律使一定数量的工人从事一定的职能；而在社会分工条件下，"商品生产者及其生产资料在社会不同劳动部门中的分配上，偶然性和任意性发挥着自己的杂乱无章的作用。"[①]五是在工场内部的分工中预先地、有计划地起作用的规划，"在社会内部的分工中只是在事后作为一种内在的、无声的自然必然性起着作用，这种自然必然性可以在市场价格的晴雨表的变动中觉察出来，并克服着商品生产者的无规则的任意行动。"[②] 六是工场手工业分工以资本家对人的绝对权威为前提；社会分工则使独立的商品生产者互相对立，他们不承认任何别的权威，只承认竞争的权威，只承认他们互相利益的压力加在他们身上的强制，正如在动物界中一切反对一切的战争多少是一切物种的生存条件一样。

　3. 交换是产生分工的原因

　　斯密认为，分工"它是不以这广大效用为目标的一种人类倾向所缓慢而逐渐造成的结果，这种倾向就是互通有无，物物交换，互相交易"。[③]

---

　　①　《马克思恩格斯全集》第 23 卷，人民出版社 1972 年版，第 394 页。

　　②　同上。

　　③　［英］亚当·斯密：《国民财富的性质和原因的研究》（上卷），郭大力、王亚南译，商务印书馆 1983 年版，第 12 页。

在这里，斯密把交换看作是分工的原因，而不是把它看作是分工的结果。在他看来，"因为我们相互需要的服务大部分是通过交换、交易、买卖获得的，所以最初产生分工的也正是这种交换倾向。"① 例如，在狩猎或游牧民族中，有个善于制造弓矢的人，他往往以自己制成的弓矢，与他人交换家畜或兽肉，结果他发觉与其亲自到野外捕猎，倒不如与猎人交换，因为交换所得却比较多。为他自身的利益打算，他只好以制造弓矢为主要业务，于是他便成为一种武器制造者。这样一来，"因为他不能用他本身消费不了的自己劳动产品的剩余部分，随意换得自己需要的别人劳动产品的剩余部分……"② 在文明状态中，那就不会鼓励人们完全致力于某一种职业，并使他们相信，"它们在天生资质上的差别比人类在没有受过教育以前天生资质上的差别要显著得多。"③ 从斯密看来，因为交换使人们发现，如果一个人只从事一种职业，专门生产一种产品，用它同别人交换自己所需要的东西，比他自己生产更有利。这样，每个人都愿意从事一种专门工作，于是便产生了分工。如果没有交换，每个人都生产自己需要的一切，那么，所有人的工作就全无区别，也就不会有分工了。斯密把交换看成是分工的原因的观点是错误的。因为：（1）他把交换看成是"一种人类倾向"所造成的结果，是想从人类的本性来说明交换的原因，他没有看到交换并不是由人性产生的一种自发倾向，而是一种社会历史现象。(2)他把交换看成是分工的原因，颠倒了分工和交换的关系。事实上，不是交换引起分工，而是分工引起交换。只有在社会分工和私有制的条件下，才会出现商品交换；而商品交换的发展，也推动了社会分工的发展。(3)他混淆了物物交换和商品交换以及简单商品交换和资本主义商品交换的界限。正是由于他把交换看作是由"人类的本性"造成的，这样，就把商品交换看成是人类与生俱来的自然现象，从而使他不能真正理解商品、价值和货币的本质。

4. 货币的起源极其效用

首先，斯密在谈到货币的起源时指出："自分工确立以来，各时代各社会中，有思虑的人，为了避免这种不便，除自己劳动生产物外，随时身

① 《马克思恩格斯全集》第42卷，人民出版社1979年版，第145页。

② 同上书，第146页。

③ 同上书，第145页。

边带有一定数量的某种物品,这种物品,在他想来,拿去和任何人的生产物交换,都不会见拒绝。"① 他就举了一个例子:屠户把自己消费不了的肉,放在店内,酿酒家和烙面师,固然都愿意购买自己所需要的一份,但这时,假说他们除了各自的制造品外,没有别种可供交易的物品,而屠户现时需要的麦酒和面包,已经得到了供给,那么,他们彼此之间,没有进行交易的可能,屠户不能作为酿酒家和烙面师的商人,而酿酒家和烙面师也不能作为屠户的顾客。于是,便从众多商品中分离出一种大家都愿意接受的商品,从而产生了货币。在这里他基本正确地认识了货币是适应交换发展的需要产生的,是从交换发展中自发地、客观地产生的,但是这种观点却不正确,原因在于:他没有从商品内在矛盾认识货币的起源。斯密在分析了分工和交换以后,就去探讨货币,然后才考察交换价值,这种在没有说明价值问题以前就提出货币问题的分析方法,证明了他还不了解价值和货币之间的内在联系,从而导致他不可能真正理解货币的起源和本质。

其次,斯密在谈到货币的本质时指出,货币"成为一切文明国商业上的通用媒介。通过媒介,一切货物都能进行买卖,都能互相交换"②。由于他没有搞清货币的真正起源,因而他不知道货币起一般等价物作用的特殊商品,而是把货币看成只是一种使交换能够容易进行的技术工具。

再次,斯密在谈到货币的职能时指出:"货币是流通的大轮毂,是商业上的大工具。"③ 由于他把货币仅仅看成只是一种流通手段,因此他既不能区别货币和铸币,也不能区别纸币和铸币。按照斯密看法,纸币和金属货币不仅具有同等的作用,而且纸币比金属货币更便宜。他说:"以纸币代金银币,可以说是以低廉得多的一种商业工具,代替另一种极其昂贵的商业工具,但其便利,却有时几乎相等。有了纸币,流通界无异使用了一个新轮,它的建立费和维持费,比较旧轮,都轻微得多。"④ 斯密把货币的职能仅仅归结为流通手段是错误的。因为他不了解纸币和金属货币的流通规律,从而把两者等同起来。产生这种错误的原因正如马克思指出

---

① [英]亚当·斯密:《国民财富的性质和原因的研究》(上卷),郭大力、王亚南译,商务印书馆 1983 年版,第 20—21 页。

② 同上书,第 25 页。

③ 同上书,第 267 页。

④ 同上书,第 268 页。

的："亚当·斯密关于信用货币的观点是独创的而且深刻的，但是，反对重商主义幻想的激烈论战，使他不能客观地理解金属流通的现象。"① 可见，斯密把货币看成是商品交换的产物，认为货币也是商品，并且论述了货币的职能，是他对货币学说的贡献。但是，他把流通手段看作是货币的主要职能，而把价值尺度看作货币作为流通手段的派生职能，显然是错误的，说明他不了解货币的真正的起源和本质。

（二）劳动价值理论的内容

亚当·斯密坚持和发展了配第的劳动决定价值的理论，是对政治经济学的最主要贡献。它的基本内容包括四个方面：价值含义、价值尺度、价值构成、价值规律。

1. 价值含义

斯密认为："价值一词有二个不同的意义。它有时表示特定物品的效用，有时又表示由于占有某物而取得的对他种货物的购买力。前者可叫做使用价值，后者可叫做交换价值。使用价值很大的东西，往往具有极小的交换价值，甚或没有；反之，交换价值很大的东西，往往具有极小的使用价值，甚或没有。例如，水的用途最大，但我们不能用以水购买任何物品，也不会拿任何物品和水交换。反之，金刚钻虽几乎无使用价值可言，但须有大量其他货物才能与之交换。"② 斯密的价值含义既有其正确的地方，也存在错误。

第一，他正确地区分了使用价值和交换价值这两个概念，但是真正把价值分为使用价值和交换价值的却是亚当·斯密。因为在他之前，古希腊的色诺芬、特别是亚里士多德虽然也知道商品有使用价值和交换价值两种用途，但不能正确区分这两者。例如，色诺芬认为，财富就是具有使用价值的东西。他说，"一支笛子对于会吹它的人来说是财富，而对于不会吹它的人，则无异于毫无用处的石头。""对于不会使用笛子的人们来说，一支笛子只有在他们卖掉它时是财富，而保存着不卖时就不是财富。"③

① 《马克思恩格斯全集》第 13 卷，人民出版社 1962 年版，第 158—159 页。

② ［英］亚当·斯密：《国民财富的性质和原因的研究》（上卷），郭大力、王亚南译，商务印书馆 1983 年版，第 25 页。

③ ［古希腊］色诺芬：《经济论》，张伯健、陆大年译，商务印书馆 1961 年版，第 3 页。

色诺芬虽然认识到物品有使用价值和交换价值两种功能，但是他重视的是使用价值而不是交换价值，更不可能进一步去分析交换价值。亚里士多德在谈到商品用途时说："每种货物都有两种用途：一种是物本身所固有的，另一种则不然，例如鞋，既用来穿，又可以用来交换。两者都是鞋的用途，因为谁用鞋来交换他所需要的东西，例如货物或食物，谁就是利用了鞋。但这不是利用鞋的自然用途，因为它不是为交换而存在的。"①

第二，正确地认为交换价值的大小不决定于使用价值。斯密提出："使用价值很大的东西，往往具有极小的交换价值，甚至没有。"说明商品的效用是不能决定价值的大小，从而否定了效用价值论的错误观点。但是，他提出的"交换价值很大的东西，往往具有极小的使用价值，甚至没有"的观点却是错误的。所谓使用价值，就是能满足人们需要的物的属性。如果一个商品没有使用价值，人们也就不会去买它，当然也就谈不上它有交换价值，更何谈没有使用价值的东西会有很大的交换价值。正如马克思指出的："在我们所要考察的社会形式中，使用价值同时又是交换价值的物质承担者。"② 因为，商品就是使用价值和价值的矛盾统一体。没有使用价值就没有价值，当然也没有交换价值。作为金刚钻虽然用途不广泛，但不能说它一点用途都没有，否则人们不会花费劳动去开采它，也就不会成为商品。由于斯密不理解商品的本质，使他不能从商品作为劳动生产物的社会性来理解使用价值和交换价值，而只是把商品看成一般的劳动产品；由于他不理解商品的使用价值和交换价值的对立统一关系，只是从人类的自然本性中引出交换价值，似乎创造生产物的劳动任何条件下都可以成为交换价值。他不知道劳动生产物要在什么条件下成为商品和如何成为商品等问题。他关心的是商品在交换中量的比例关系，他不了解价值和交换价值的联系和区别。

第三，他虽然正确区分了使用价值和交换价值两个概念，但是他把使用价值和交换价值作为"价值一词有两个不同的意义"的观点却是不正确的。因为：(1)使用价值和价值是商品的两个因素，两者统一于商品之中，既统一又对立，不能把使用价值包含在价值之中，作为价值的另一个"意义"；(2)交换价值只是价值的表现形式，两者无论在决

---

① 《马克思恩格斯全集》第 20 卷，人民出版社 1973 年版，第 250 页。
② 《马克思恩格斯全集》第 23 卷，人民出版社 1972 年版，第 48 页。

定因素还是运行规律上都是不同的，把交换价值作为价值的另一个"意义"也是不正确的。斯密把使用价值和交换价值作为"价值一词有两个不同意义"的说法，是混淆了使用价值、价值和交换价值三者的界限。正是由于斯密的这种混淆，给他的价值理论带来了一系列的错误。例如，由于他把价值和交换价值相混淆，使他生产中耗费的劳动和交换购买到的劳动相混淆，从而导致价值是由交换价值决定的错误结论。也正是由于商品价值由购买到的劳动决定，不是由耗费的劳动决定，使他把购买到的劳动量又分为工资、利润和地租三种收入，从而使他得出："工资、利润和地租，是一切收入的三个原始源泉，也是一切交换价值的三个原始源泉。任何其他一种收入，最终地都是从其中某一个派生出来的。"① 也正是由于这个错误，使他陷入了由劳动决定价值变成了三种收入决定价值的庸俗价值论的泥潭，从而为庸俗经济学的三要素价值论打开了方便之门。

2. 价值决定

斯密在提出了他的价值含义以后，接着就对交换价值进行研究。他说："为要探讨支配商品交换价值的原则，我将努力阐明以下三点：第一，什么是交换价值的真实尺度，换言之，构成一切商品真实价格的，究竟是什么？第二，构成真实价格的各部分，究竟是什么？第三，什么情况使上述价格的某些部分或全部，有时高于其自然价格或普通价格，有时又低于其自然价格或普通价格？换言之，使商品市场价格或实际价格，有时不能与其自然价格恰相一致的原因何在？"② 他说的第一点，是价值由什么来决定的；第二点，是价值是由哪些部分构成的；第三点，是价值与价格的关系及其变动的规律。

（1）价值决定于商品中包含的已耗费的劳动量

斯密认为："劳动是衡量一切商品交换价值的真实尺度。任何一个物品的真实价格，即要取得这物品实际上所付出的代价，乃是获得它的辛苦和麻烦。"③ "获取各种物品所需要的劳动量之间的比例，似乎是各种物品

---

① 《马克思恩格斯全集》第24卷，人民出版社1972年版，第412页。

② ［英］亚当·斯密：《国民财富的性质和原因的研究》（上卷），郭大力、王亚南译，商务印书馆1983年版，第25页。

③ 同上书，第26页。

相互交换的唯一标准。"① "一般地说，二日劳动生产物的价值二倍于一日劳动的生产物，两点钟劳动的生产物的价值二倍于一点钟劳动的生产物，这是很自然的。"② 可以看出，斯密明确指出了商品的价值是由生产商品所耗费的劳动决定的，从而继承和发展了配第的价值理论，因此它具有科学性。具体表现在：

第一，把创造价值的劳动归结为一般社会劳动。配第虽然提出了价值是由劳动决定的原理，已经认识到生产商品所需要耗费的劳动量决定商品的价值量。但是，他把创造价值的劳动和创造金银的劳动混为一谈，认为只有生产金银的劳动才生产价值。斯密则撇开了劳动的特殊形式，认为不论哪个部门的生产劳动都创造价值。马克思提出："在亚·斯密的著作中，创造价值的，是一般社会劳动（不管它表现为哪一种使用价值），仅仅是必要劳动的量。"③

第二，提出交换价值决定于各种商品所需要劳动量的比例。配第认为，不是一切劳动都能生产交换价值，只有生产金银的劳动才直接生产交换价值，只有这些商品同金银相交换时，才成为交换价值。而斯密则认为，各种商品包含的劳动量之间的比例，就是决定它们相互交换的唯一标准，这里不但包括商品同货币相交换，而且也包括商品同商品的交换。

第三，看到了简单劳动和复杂劳动的区别。配第认为："我们也必须使技术和简单劳动之间有一种等价和等式的关系。因为，假定我们使用这种简单劳动，在一千天里能够耕耘播种一百亩土地；再假定我用了一百天的时间来研究一种更省事的方法，并制造出一种省事的工具；在这一百天里完全没有耕耘土地，可是在其余九百天里我却耕耘了二百亩土地；那么我认为，这种只花费了一百天的时间的发明技术就永远值一个人的劳动；因为有了这种技术时一个人所做的工作，等于没有这种技术时两个人所做的工作。"④ 而斯密进一步把简单劳动和复杂劳动之间的比例作为决定商品价值的因素。他说："劳动虽是一切商品交换价值的真实尺度，但一切

① ［英］亚当·斯密：《国民财富的性质和原因的研究》（上卷），郭大力、王亚南译，商务印书馆1983年版，第42页。

② 同上。

③ 《马克思恩格斯全集》第26卷第1册，人民出版社1972年版，第64页。

④ ［英］威廉·配第：《爱尔兰的政治解剖》，周锦如译，商务印书馆1964年版，第58页。

商品的价值，通常不是按劳动估定的。要确定两个不同劳动量的比例，往往很困难。两种不同工作所费去的时间，往往不是决定这比例的唯一因素，它们的不同困难程度和精巧程度，也须加以考虑。一个钟头的困难工作，比一个钟头的容易工作，也许包含更多的劳动量；需要十年学习的工作做一小时，比普通业务做一月所含劳动量也可能较多。"①

（2）价值决定于这个商品可以买到的活劳动量

斯密在正确地提出了："价值决定于商品中包含的已耗费的劳动量"的同时，又提出了："价值决定于用这个商品可以买到的活劳动量。"他说："一个人是贫是富，就看他能在什么程度上享受人生的必需品、便利品和娱乐品。但自分工完全确立以来，各人所需要的物品，仅仅极小部分仰给于自己劳动，最大部分却须仰给于他人劳动。所以，他是贫是富，要看他能够支配多少劳动，换言之，要看他能够购买多少劳动。一个人占有某物，但不愿自己消费，而愿用以交换他物，对他来说，这货物的价值，等于使他能购买或能支配的劳动量。"② 斯密的这个观点是错误的。

第一，导致了由价值决定价值的循环论证。马克思指出，斯密"一方面认为商品的价值决定于生产商品所必要的劳动量，另一方面又认为商品的价值决定于可以买到商品的活劳动量，或者同样可以说，决定于可以买到一定量活劳动的商品量；他时而把第一种规定同第二种规定混淆起来，时而以后者顶替前者。在第二种规定中，斯密把劳动的交换价值，实际上就是把工资当作商品的价值尺度，因为工资等于用一定量活劳动可以购得的商品量，或者说，等于用一定量商品可以买到的劳动量。但是，劳动的价值，或者确切些说，劳动能力的价值，也和其他任何商品的价值一样，是变化的，它和其他商品的价值没有什么特殊的区别。这里把价值本身当作价值标准和说明价值存在的理由，因此成了循环论证。"③ 马克思在这里深刻揭露了斯密把"价值决定于用这个商品可以买到的活劳动量"的错误，因为从斯密看来，能够购买到的"活劳动量"，也就是"劳动的价值"即工资，这种用购买到的活劳动决定价值，就是用"劳动的价值"

① ［英］亚当·斯密：《国民财富的性质和原因的研究》（上卷），郭大力、王亚南译，商务印书馆 1983 年版，第 27 页。

② 同上书，第 26 页。

③ 《马克思恩格斯全集》第 26 卷第 1 册，人民出版社 1972 年版，第 47—48 页。

来决定价值。这就是把"价值本身当作价值标准和说明价值存在的理由",这样一来,就使斯密陷入了由"劳动的价值"决定了价值的循环论证的泥坑。

第二,否定了资本主义剩余价值规律。斯密关于"价值决定于用这个商品可以买到的活劳动量"的观点,对于简单商品生产者之间的交换来说,还可以说得过去。因为每个小商品生产者自己劳动的价值就等于他的劳动产品的价值。马克思举例说明:假定所有劳动者都是商品生产者,他们不仅生产自己的产品,而且出卖这些商品。这些商品的价值决定于商品中包含的必要劳动时间。因此如果商品按它们的价值出卖,那么劳动者用一个作为 12 小时劳动时间的产品的商品,仍然可以买到以另一个商品为形式的 12 小时劳动时间,即物化在另一个使用价值中的 12 小时劳动时间。因此,劳动的价值等于劳动产品的价值。"这是因为,劳动的价值所表现的物化劳动量总是等于生产这个商品所必要的活劳动量,换句话说,一定量的活劳动时间总是支配着代表同样多的物化劳动时间的商品量。"①但是,在资本主义条件下,情况就不是这样,"一定量活劳动支配的不是同它等量的物化劳动;换句话说,一定量物化在商品中的劳动所支配的活劳动量,大于该商品本身包含的活劳动量。"② 为什么出现这种情况呢?这不是和商品等价交换的价值规律相矛盾的吗?斯密感到束手无策。因为在他看来,如果要按照价值规律,实行劳动和资本等价交换,资本家就必须把工人创造的价值全部交还给雇佣工人,这样,剩余价值规律就必然被否定;如果承认剩余价值规律的存在,就必然要否定价值规律的存在。最后他得出了一个错误的结论:"一旦劳动条件以土地所有权和资本的形式同雇佣工人相对立,劳动时间就不再是调节商品交换价值的内在尺度了。"③ 事实上,他不了解,他的疑问同调节商品交换的规律没有什么关系。因为两种商品所包含的劳动时间的比例,不会因为两种商品所包含的劳动时间如何和由不同的人占有而受影响。

第三,混淆了劳动力和劳动的区别。斯密之所以把剩余价值规律和价值规律对立起来,根本原因在于他把劳动力和劳动两者相混淆。马克思指

---

① 《马克思恩格斯全集》第 26 卷第 1 册,人民出版社 1972 年版,第 49 页。

② 同上书,第 50 页。

③ 同上。

出："把劳动和劳动的产品等同起来，的确在这里已经为混淆两种不同的价值规定——商品价值决定于它们所包含的劳动量；商品价值决定于用这些商品可以买到的活劳动量，即商品价值决定于劳动的价值——提供了最初的根据。"① 而其理论根源是混淆了劳动力和劳动的区别。这是因为在资本主义商品生产条件下，劳动力成为商品，劳动力创造的价值大于劳动力的价值，因而创造了剩余价值，但劳动和资本的交换又是根据商品等价交换的价值规律进行的，从而使商品生产的所有权规律转变为资本主义的占有规律，这才解决了斯密遇到的矛盾。也正是斯密混淆了劳动力和劳动，又使他混淆了物化劳动和活劳动的区别，"把劳动和劳动产品等同起来"，使生产商品所耗费的劳动和购买的劳动就不相等了，斯密虽然也意识到了这个矛盾，并试图去解决它，但却使自己背离了劳动价值论，转到了庸俗的收入决定价值的错误方向。

（3）价值由三种收入构成

斯密认为："在资本积累和土地私有尚未发生以前的初期野蛮社会，获取各种物品所需要的劳动量之间的比例，似乎是各种物品相互交换的唯一标准。"② "在这种社会状态下，劳动的全部生产物都属于劳动者自己。一种物品通常应可购换或支配的劳动量，只由取得或生产这物品一般所需要的劳动量来决定。"③ 这就是说，在简单商品经济中，因为劳动的全部生产物都归劳动者所有，商品与商品的交换都是等量劳动的交换，劳动者耗费在生产物上的劳动量等于购买到的劳动量。但是到了资本主义社会，由于资本已经积累，土地私有权的产生，购买到的劳动量和生产中耗费的劳动量已经不相等了。"在这种状态下，劳动的全部生产物，未必都属于劳动者，大都须与雇用他的资本所有者共分。一般用于取得或生产任何一种商品的劳动量，也不能单独决定这种商品一般所应交换、支配或购买的劳动量。很明显，还须在一定程度上由另一个因素决定，那就是对那劳动垫付工资并提供材料的资本的利润。"④ 这样，商品的价值，除了由工资

---

① 《马克思恩格斯全集》第 26 卷第 1 册，人民出版社 1972 年版，第 54 页。

② ［英］亚当·斯密：《国民财富的性质和原因的研究》（上卷），郭大力、王亚南译，商务印书馆 1983 年版，第 42 页。

③ 同上。

④ 同上书，第 44 页。

决定以外，还要由利润和地租来决定。因此，商品在交换购买到的劳动量，就大于在生产商品时所耗费的劳动量。根据这种情况，斯密就认为，在资本主义社会中，商品的价值就不再由生产商品所耗费的劳动来决定，而是由购买到的劳动来决定。这种购买到的劳动量可分解为工资、利润和地租三种收入。这样，斯密就由劳动决定价值转到了由收入决定价值。他说："必须指出，这三个组成部分各自的真实价值，由各自所能购买或所能支配的劳动量来衡量。劳动不仅衡量价格中分解成为劳动的那一部分的价值，而且衡量价格中分解成为地租和利润的那些部分的价值。"① 不仅如此，而且他还说："分开来说，每一件商品的价格或交换价值，都由那三个部分全数或其中之一构成；合起来说，构成一国全部劳动年产物的一切商品价格，必然由那三部分构成，而且作为劳动工资、土地地租或资本利润，在国内不同居民间分配。"② "工资、利润和地租，是一切收入和一切可交换价值的三个根本源泉。一切其他收入归根到底都是来自这三种收入中的一个。"③ 这样一来，斯密就把工资、利润和地租看作是价值的三个原始源泉，从而把他的劳动决定价值转到了收入决定价值的错误方向，为庸俗经济学的生产费用决定价值提供了理论依据。斯密的错误在于：

第一，混淆了收入源泉与价值源泉的区别。马克思指出："说它们是'一切收入的三个原始源泉'，这是对的；说它们'也是一切交换价值的三个原始源泉'，就不对了，因为商品的价值是完全由商品中包含的劳动时间决定的。亚·斯密刚说了地租和利润纯粹是工人加到原料上的价值或劳动中的'扣除部分'，怎么可以随后又把它们称为'交换价值的原始源泉'呢？"④ 这是因为作为资本主义的国民收入通过初次分配，形成了工资、利润和地租三种收入，它们是一切收入的三个原始源泉，但是，决不能把工资、利润和地租说成是价值的源泉，因为价值分解为三种收入并不能否定价值是耗费的劳动决定的，不能把价值的分配说成是价值的源泉，不能把价值的源泉和价值的分配相混淆，正如马克思说的："只有在推动

① ［英］亚当·斯密：《国民财富的性质和原因的研究》（上卷），郭大力、王亚南译，商务印书馆 1983 年版，第 44—45 页。

② 同上书，第 47 页。

③ 同上。

④ 《马克思恩格斯全集》第 26 卷第 1 册，人民出版社 1972 年版，第 74 页。

'原始源泉'，即强迫工人完成剩余劳动这个意义上说，它们才能起这种作用。它们只有成为占有一部分价值即一部分物化在商品中劳动的根据（条件），才是它们所有者收入的源泉。但是价值的分配，或者价值的占有，决不是被占有的价值的源泉。"然而斯密却把两者混淆起来，在他看来，既然在资本积累和土地私有制生产以后，价值的分配发生变化，即价值从全部归劳动所有者所有变为必须分配为工资、利润和地租，因此价值决定也发生变化，即从由劳动决定价值变为由三种收入决定价值，把三种收入说成是价值的源泉。诚然，土地和资本在生产使用价值能发挥生产性作用，但是，在剩余价值的生产中，它们只是价值创造的条件，而不是价值创造的源泉。马克思说："按照经济学家通常的理解，资本是以货币和商品形式存在的积累的劳动，它象一切劳动条件（包括不花钱的自然力在内）一样，在劳动过程中，在创造使用价值时，发挥生产性的作用，但它永远不会成为价值的源泉。"① 还认为："罗德戴尔说得对：亚·斯密在研究了剩余价值和价值的本质之后，错误地把资本和土地说成是交换价值的独立源泉。资本和土地，只有成为占有工人超过为补偿他的工资所必需的劳动时间而被迫完成的那一定量剩余劳动的根据，才是它们的所有者的收入的源泉。"②

第二，混淆了商品价值和劳动新创造的价值的区别。在资本主义条件下，商品价值包括不变资本、可变资本和剩余价值三个部分。其中不变资本是生产资料的转移价值，可变资本和剩余价值是劳动者新创造的价值，它分解为工人的工资和资本家的利润以及土地所有者的地租。而斯密把价值说成是由三种收入即工资、利润和地租构成。这样一来，就把商品价值和劳动新创造的价值混淆起来了。变成了：$c+v+m=v+m$。斯密所认为的整个社会的商品价值只分为三种收入、只由三种收入构成的错误观点，被后来的资产阶级经济学家所推崇，由此被称为"斯密教条"。

为什么斯密要把商品价值归结为三种收入呢？按照斯密的说法："无论在什么社会，商品价格归根到底都分解成为那三个部分或其中之一。在进步社会，这三者都或多或少地成为绝大部分商品价格的组

① 《马克思恩格斯全集》第26卷第1册，人民出版社1972年版，第73—74页。

② 同上书，第74页。

成部分。"① 他以谷物价格为例。其中，一部分付给地主的地租；另一部分付给生产上所雇佣劳动者的工资及耕畜的维持费；第三部分付给农业资本家的利润。谷物的全部价格，或直接由这三部分构成，或最后由这三部分构成。也许有人认为，农业家资本的补充，即耕畜或农具消耗的补充，应作为第四个组成部分。但农业上一切用具的坚固，本身就由上述那三个部分构成。就耕马说，就是饲马土地的地租，牧马劳动的工资，再加上农业家垫付地租和工资的资本的利润。因此，在谷物价格中，虽必须以一部分支付耕马的代价及其维持费，但其全部价格仍直接或最后由地租、劳动及利润这三部分组成。最后，他得出结论说："总之，无论什么商品的全部价格，最后必须由那三个部分或其中一个部分构成。在商品价格中，除去土地的地租以及商品生产、制造乃至搬运所需要的全部劳动的价格外，剩余的部分必然归作利润。"② 马克思针对斯密的这些错误观点进行了深刻的批判：

首先，混淆了生产消费和个人消费的界限。在斯密看来，"一切商品的价值都可以归结为某一收入源泉或全部收入源泉——工资、利润、地租，也就是说，一切商品都可以作为供消费用的产品来消费掉，或者说，无论如何都可以这样或那样地用于个人需要（而不是用于生产消费）。"③但是，实际情况并不是斯密想象的那样，因为从事任何生产劳动都不能没有生产资料，即使是在原始社会，人们采集野生果实也需要有箩筐等生产工具，更何况在资本主义社会，难道可以不要生产资料就可以从事资本主义的生产吗？实际上，斯密是把生产消费和个人消费混淆起来了，并且用个人消费代替了生产消费，这是完全错误的。接着马克思提出质问："如果亚·斯密在谈到租地农场主的时候，承认在他的谷物价格中，除了他支付给自己和别人的工资、利润和地租以外，还包括一个不同于这些部分的第四个组成部分，即租地农场主使用的不变资本的价值，例如马、农具等等的价值，那末，对于养马人和农具制造人来说，这也是适用的，斯密把我们从本丢推给彼拉多完全是徒劳无益的。而且选用租地农场主的例子，

---

① 〔英〕亚当·斯密：《国民财富的性质和原因的研究》（上卷），郭大力、王亚南译，商务印书馆1983年版，第45页。

② 同上书，第46页。

③ 《马克思恩格斯全集》第26卷第1册，人民出版社1972年版，第80页。

把我们推来推去，尤其不恰当，因为在这个例子中，不变资本项目中包括了完全不必向别人购买的东西，即种子，难道价值的这一组成部分会分解成谁的工资、利润和地租吗？"①

其次，混淆了两种不同意义的价值尺度。马克思指出**斯密在价值规定上的摇摆，除了工资问题上的明显矛盾以外，混淆了——内在尺度同时又构成价值实体的那个价值尺度，同货币称为价值尺度那种意义上价值尺度，因此便试图找到一个价值不变的商品作为后一种意义上的尺度。**所谓商品的内在尺度，就是指由社会必要劳动时间决定的、凝结在水平商品内部的劳动量。因此，它是商品的内在尺度，它构成价值的实体。而商品的外在尺度，则是指商品在交换中的比例关系，也就是商品的交换价值。当货币出现以后，商品的交换价值就表现在货币上，货币就成了商品的外在尺度。"**货币作为价值尺度，是商品内在的价值尺度即劳动时间的必然表现形式。**"② 由于斯密把生产中耗费的劳动和交换中购买到的劳动混淆在一起，从而把价值和交换价值相混淆，他不知道交换价值只是价值的表现形式。例如，他说：**"一个人占有某物，但不愿自己消费，而愿用以交换他物，对他来说，这货物的价值，等于使他能购买或能支配的劳动量。因此，劳动是衡量一切商品交换价值的真实尺度。"**③ 这里，斯密就把决定商品价值的内在尺度和决定商品交换价值的外在尺度混淆起来了。我们说一件上衣等于十尺布，因为它们都包含了十小时劳动量，上衣的价值决定于生产它时所耗费的十小时劳动，是上衣的内在尺度。而和它交换的十尺布只是上衣的交换价值，而不是价值，只是上衣的外在尺度。由于斯密把商品的价值和交换价值相混淆，把价值的决定和价值的表现相混淆，必然要把价值的内在尺度和它的外在尺度相混淆。正是由于斯密价值的内在尺度和外在尺度相混淆，导致了他把价值决定于耗费的劳动和购买到的劳动混为一谈。

为什么斯密把价值的内在尺度和价值的外在尺度相混淆会导致他的错误的价值理论出现呢？这是因为它们反映的是价值与交换价值的关系，两

---

① 《马克思恩格斯全集》第 26 卷第 1 册，人民出版社 1972 年版，第 80 页。

② 《马克思恩格斯全集》第 23 卷，人民出版社 1972 年版，第 112 页。

③ ［英］亚当·斯密：《国民财富的性质和原因的研究》（上卷），郭大力、王亚南译，商务印书馆 1983 年版，第 26 页。

者在决定因素、相互关系和运行的规律都是不同的：从决定的因素看，价值是由生产中耗费的社会必要劳动时间决定的；而交换价值除了受社会必要劳动时间决定的价值因素决定以外，还要受货币价值和供求关系变化的影响。从相互关系看，交换价值是价值的表现即商品价格；而价值则是交换价值的基础。用公式表示：商品价格 = 商品价值/货币价值。从运行的规律看，交换价值即"商品价格，只有在货币价值不变、商品价值提高时，或在商品价值不变、货币价值降低时，才会普遍提高。反之，商品价格，只有在货币价值不变、商品价值降低时，或在商品价值不变、货币价值提高时，才会普遍降低。由此决不能得出结论说，货币价值提高，商品价格必定相应降低，货币价值降低，商品价格必定相应提高。这只适用于价值不变的商品。"①

再次，混淆了价值分为三种收入和总收入与纯收入的界限。由于斯密把商品价值只归结为三种收入，从而排除了商品价值中的不变资本，这样，就会使社会资本再生产过程中，生产资料的价值得不到补偿，不仅不能进行扩大再生产，甚至使简单再生产都不能进行。斯密为了使他的再生产理论能自圆其说，就把全部收入分为两类：一类是资本收入；另一类是个人收入。为了说明资本收入，他就把预付资本的补偿加入进来，以此来解决不变资本的补偿问题。他说："一个大国全体居民的总收入，包含他们土地和劳动的全部年产物。在总收入中减去维持固定资本和流动资本的费用，其余留供居民自由使用的便是纯收入。换言之，所谓纯收入，乃是以不侵蚀资本为条件，留供居民享用的资财。这种资财，或留给目前的消费，或用来购置生活必需品、便利品、娱乐品等等。国民真实财富的大小，不取决于其总收入的大小，而取决于其纯收入的大小。"② 这种观点的错误在于：斯密关于"社会总收入"和"社会纯收入"的观点，同他把社会总产品的价值归结为收入的观点是矛盾的。马克思指出："商品总量的价格或交换价值，无论就单个资本家来说，还是就全国来说，都还包含第四个部分，这部分对任何人都不构成收入，既不能归结为工资、利

---

① 《马克思恩格斯全集》第 23 卷，人民出版社 1972 年版，第 117 页。

② ［英］亚当·斯密：《国民财富的性质和原因的研究》（上卷），郭大力、王亚南译，商务印书馆 1983 年版，第 262 页。

润，也不能归结为地租。"① 但是，由于斯密从错误的教条出发，把价值归结为工资、利润和地租等三种收入，使他遇到了不可克服的矛盾——在再生产过程中耗费的不变资本将得不到补偿。为了摆脱困境，他提出了"社会总收入"和"社会纯收入"的概念，在商品价值中，"他还是不得不迂回曲折地把第四个要素，即资本的要素偷偷地塞了进来。这是通过划分总收入和纯收入的区别来达到的。"② 实际上，他不得不承认社会总产品价值中包括了"第四要素"，也就是不变资本的价值。

最后，混淆了价值分为三种收入和表现为实物形式与价值形式的界限。斯密虽然通过"社会总收入"和"社会纯收入"的划分，从而把不变资本偷偷地塞进商品价值之中，但他仍然坚持他的错误教条。这样又使他遇到一个新的矛盾：如果对社会资本的再生产进行考察，那就不仅要研究价值形式的补偿，而且还要研究实物形式的补偿。这样，在他面前又出现了一个矛盾，那就是在社会总产品中的生产资料，在实物形式上如何分解为收入的问题。为了解决这个问题，他又把收入划分为以价值形式表现的收入和以实物形式表现的收入。他认为，用于维持固定资本的生产资料，在物质形式上不能包括在"社会纯收入"之中，但是它的价值可以分解为收入，因为生产固定资本物质要素的工人，要把工资用于个人消费。至于消费品，无论从实物形式上还是从价值形式上看，都可包括在"社会纯收入"之中。他说："很明显，补充固定资本的费用，决不能算在社会纯收入之内。有用的机器，必待修补而后能用；营业上的工具，**必待修补而后能工作**；有利可图的房屋，必待修缮而后有利可图。这种**修葺**所必要的材料，以及把这种种材料制为成品所需的劳动产品，也都不能算作社会上的纯收入。固然，这种劳动的价格，也许会成为社会纯收入的一部分，因为从事此种劳动的工人，可能要把工资的全部价值作为留供目前消费的资财。"③ 斯密这种从商品价值归结为收入的角度来理解生产资料和消费品的生产，必然在理论上矛盾百出，主要表现在：（1）把维持固定资本所使用的生产资料的价值分解为收入，是完全错误的。因为作为生

① 《马克思恩格斯全集》第 26 卷第 1 册，人民出版社 1972 年版，第 83 页。
② 《马克思恩格斯全集》第 24 卷，人民出版社 1972 年版，第 402 页。
③ ［英］亚当·斯密：《国民财富的性质和原因的研究》（上卷），郭大力、王亚南译，商务印书馆 1983 年版，第 262 页。

产资料的固定资本的物质要素中的新加劳动，是可以分解为工资和利润的，但工人所使用的原料和工具的价值，是不能归结为收入的。（2）把个人消费品在实物上和价格上都作为"社会纯收入"，也是错误的。因为它的价格只有一部分归结为收入，另一部分要补偿不变资本的价值。正是由于斯密混淆了这些区别，使他不能正确阐明生产资料生产和消费资料生产中的物质补偿和价值补偿问题。因此，马克思指出："亚·斯密在这里碰上了一种非常重要的区别，即生产生产资料的工人和直接生产消费资料的工人之间的区别。在前者的商品产品的价值中，有一个组成部分和工资总额相等，即和为购买劳动力所耗费的那部分资本的价值相等；这部分价值，就它的物体形态说，是作为这种工人所生产的生产资料的一定部分而存在的。他们以工资形式得到的货币，形成他们的收入，但是他们的劳动，既没有为自己，也没有为别人生产出可供消费的产品。因此，这些产品本身并不形成用来提供社会消费基金（'纯收入'只能在其中实现）的那部分年产品的任何要素。这里亚·斯密忘记加上一句：工资是如此，生产资料价值中在利润和地租的范畴下作为剩余价值（首先）成为产业资本家的收入的组成部分，同样也是如此。这些价值组成部分也存在于生产资料中，存在于不能消费的物品中；它们在转化为货币之后，才能在第二类工人所生产的消费资料中，取出一个同它们的价格相当的数量，转入它们的所有者的个人消费基金。但是，亚·斯密尤其应该知道，在每年生产的生产资料的价值中，有一部分和在这个生产领域执行职能的生产资料——用来生产生产资料的生产资料——的价值相等，也就是和这个生产领域内使用的不变资本的价值相等，这部分价值不仅由于它借以存在的实物形式，而且也由于它的资本职能，绝对不可能成为任何形成'收入'的价值组成部分。"① 马克思在对斯密的观点的评析中，纠正了斯密的错误，并将其中关于再生产的思想片断继承过来，创立他的科学的再生产。

斯密关于再生产理论的思想片断可以概括如下：一是他已经认识到生产生产资料的劳动者和生产消费资料的劳动者之间的区别，但是他没有把生产消费和个人消费加以区别，当然也就不可能把社会生产分为两大部类，即生产资料生产和消费资料生产。二是他已经看到生产资料在实物形

---

① 《马克思恩格斯全集》第 24 卷，人民出版社 1972 年版，第 405 页。

式不能算作收入，但在价值形式上却仍然分解为三种收入，从而使他在实现问题上遇到了不可解决的矛盾。三是他已经看到社会资本再生产不仅要在价值形式上，而且要在实物形式上进行补偿，但是他没有说明这种补偿是怎么进行的。四是他虽然意识到第一部类相当于"纯收入"部分，$I(v+m)$ 对个人来说是收入，对社会来说是资本；而第二部类的产品相当于生产资料部分，即对个人来说是资本，对社会来说是收入，但是他没有看到中间的交换关系，因此，他不可能解决两大部类是如何进行补偿的。其所以如此，除了由于他受资产阶级的偏见的影响，还受当时历史条件的限制，特别是他的错误教条导致在商品价值中排除了不变资本，加上又把生产消费和个人消费相混淆，使他不可能真正解决社会资本再生产当中的一系列的理论和实际问题，这个问题的解决最终落到了马克思的肩头上。

三　李嘉图进一步发展了斯密的劳动价值学说

大卫·李嘉图（1772—1823）是英国工业革命时期的资产阶级经济学家，英国古典政治经济学的完成者。英国的产业革命始于 18 世纪 70 年代，19 世纪进入高潮。产业革命使英国资本主义机器大工业普遍建立起来。机器大工业的产生和发展，显示了资本主义对封建制度的优越性，这时理论上的主要任务已不是斯密时代的论证资本主义的优越性，而是为资本主义大工业的发展制定新的经济理论和政策，为资本主义大工业的发展扫清障碍，把资本主义的生产力提高到一个新的水平，因而资本主义要求有与它相适应的经济理论，李嘉图的学说正是适应这个要求产生的。他的主要著作是 1817 年发表的《政治经济学及赋税原理》。在这部著作中论证了价值由劳动时间决定是理解资本主义的出发点或基础，并且论证了劳动决定价值的原理与其他经济范畴的关系。李嘉图的价值学说的贡献在于他始终坚持了劳动时间决定商品价值的原理，并运用这一原理来考察资本主义一切经济范畴和规律，这是他对劳动价值论最重要的贡献。马克思在评价斯密以后的经济学家的成绩时指出："李嘉图终于在这些人中间出现了，他向科学大喝一声：'站住！'资产阶级制度的生理学——对这个制度的内在有机联系和生活过程的理解——的基础、出发点，是价值决定于劳动时间这一规定。李嘉图从这一点出发，迫使科学抛弃原来的陈规旧套，要科学讲清楚：它所阐明和提出的其余范畴——生产关系和交往关系——同这个基础、这个出发点适合或矛盾到什么程度；一般说来，只是反映、再现过程的表现形式的科学以及这些表现本身，同资产阶级社会的内在联系即现实生理学所依据的，或者说成为它的出发点的那个基础适合到什么程度；一般说来，这个制度的表面运动和它的实际运动之间的矛盾是怎么回事。李嘉图在科学上的巨大历史意义也就在这里。"① 李嘉图著作的价值理论的基本内容可以归纳如下：

（一）商品价值取决于生产它所必要的劳动量

1. 使用价值和交换价值的关系

李嘉图对商品价值的研究是从探讨斯密的价值学说开始的。他首先同意了斯密关于价值的两种不同意义即使用价值和交换价值的区分，但是在认识使用价值和交换价值的关系上，提出了和斯密不同的看法。他针对斯密关于"使用价值极大的东西，交换价值往往极小或完全没有。反之，交换价值极大的东西，使用价值往往极小或完全没有"的说法，指出："效用对于交换价值说来虽是绝对不可缺少的，但却不能成为交换价值的尺度。"② 从而纠正了斯密认为，"交换价值极大的东西，使用价值往往极小或完全没有"的错误，正确地说明了使用价值虽然不能成为交换价值的尺度，因为"使用价值无法用任何已知的标准加以衡量，不同的人对它有不同的估价。"③ 但是使用价值对于交换价值来说，是绝对不可缺少的。因为"一种商品如果全然没有用处，或者说，如果无论从哪一方面说都无益于我们欲望的满足，那就无论怎样稀少，也无论获得时需要费多少劳动，总不会具有交换价值。"④ 李嘉图在这里，正确地说明了使用价值和交换价值的关系，已经把使用价值看作是交换价值的物质承担者。

2. 绝大多数商品的价值取决于生产它们所耗费的劳动量

李嘉图在提出了商品具有两个因素即使用价值和交换价值以后，就对

---

① 《马克思恩格斯全集》第 26 卷第 2 册，人民出版社 1973 年版，第 183 页。
② ［英］大卫·李嘉图：《政治经济学及赋税原理》，郭大力、王亚南译，商务印书馆 1983 年版，第 7 页。
③ 同上书，第 368 页。
④ 同上书，第 7 页。

交换价值进行了研究。他认为：具有效用的商品，其交换价值是从两个源泉得来的，——一个是它们的稀少性；另一个是获取时所必需的劳动量。属于由稀少性决定的商品交换价值，是因为"劳动不能增加它们的数量，所以它们的价值不能由于供给增加而减低。"① 属于这一类的物品，有罕见的雕像和图画，稀有的书籍和古钱，以及只能在极为有限的特殊土壤上种植的葡萄所酿制的特殊葡萄酒等。"它们的价值与原来生产时所必需的劳动量全然无关，而只随着希望得到它们的人的不断变动的财富和嗜好一同变动。"② 但是，这类商品在市场的商品交换总额中只占极少数，所以，"说到商品、商品的交换价值以及规定商品的相对价格的规律时，我们总是指数量可以由人类劳动增加、生产可以不受限制地进行竞争的商品。"③ 李嘉图把他的研究对象定位于后一种商品。在这里，李嘉图正确地指出了两点：一是他正确地指出了，他研究的商品价值是能够由人类劳动来无限制地增加它们的数量的商品，而价值决定于劳动时间的规定，也只适用于这类商品，马克思肯定了李嘉图的这个观点，"实际上，这不过是说，价值规律的充分发展，要以大工业生产和自由竞争的社会，即现代资产阶级社会为前提。"④ 二是他正确地指出了决定罕见物品价格的是两个因素即"不断变动的财富和嗜好"，也就是人们的购买力和爱好程度。但是，他对于商品价值的认识却存在错误：其一，他把劳动决定商品价值看成是永恒的自然形式。马克思指出："李嘉图还把劳动的资产阶级形式看成是社会劳动的永恒的自然形式。他让原始的渔夫和原始的猎人一下子就以商品所有者的身分，按照物化在鱼和野味的交换价值中的劳动时间的比例交换鱼和野味。在这里他犯了时代错误，他竟让原始的渔夫和猎人在计算他们的劳动工具时去查看1817年伦敦交易所通用的年息表。"⑤ 其二，把一般商品的价值与垄断条件下形成的价格相混淆。虽然他把罕见的雕刻、图画、书籍和有限的特殊土地上生产的葡萄酒的价值决定与劳动无关，而只随着"财富和嗜好一同变动"，但是，这种"财富和嗜好"并不能决定商

---

① ［英］大卫·李嘉图：《政治经济学及赋税原理》，郭大力、王亚南译，商务印书馆1983年版，第8页。

② 同上。

③ 同上。

④ 《马克思恩格斯全集》第13卷，人民出版社1962年版，第50页。

⑤ 同上。

品价值，它们只是对价格或垄断价格起影响作用。因为当这些罕见和稀有物品与生产葡萄酒的土地被少数人垄断之后，这些商品的所有者便根据供求极不平衡的市场状况，才以极高的垄断价格来出卖这些商品。

3. 商品的价值是"其所能交换的任何一种商品的量"

李嘉图指出："商品的价值或其所能交换的任何另一种商品的量，取决于其生产所必需的相对劳动量，而不取决于付给这种劳动的报酬的多少。"① 在这里，李嘉图的这个论断，指出了斯密把商品价值决定于生产中耗费的劳动量的正确，也指出了斯密商品价值决定它购买的劳动的错误。李嘉图说："亚当·斯密如此精确地说明了交换价值的原始源泉，他要使自己的说法前后一贯，就应该认为一切物品价值的大小和它们的生产过程中所投下的劳动量成比例；但他自己却又树立了另一种价值标准尺度，并说各种物品价值的大小和它们所能交换的这种标准尺度的量成比例。"② 马克思也肯定了李嘉图认为斯密关于价值是由购买的劳动决定的错误观点，他指出："李嘉图一开始就反对亚·斯密把商品价值决定于生产商品所必需的相应的劳动量这个规定与劳动的价值（或劳动的报酬）混淆起来。"③ 他举例说，由于商品 A 和商品 B 的价值决定于生产它们所花费的劳动量，而不决定于商品 A 和商品 B 的所有者花费的劳动费用。劳动量和劳动价值是两个不同的东西。商品 A 和商品 B 包含的相应的劳动量，同 A 和 B 包含多少由它的所有者付酬的，甚至是他们自己完成的劳动，是毫无关系的。商品 A 和 B 不是按照它们包含的有酬劳动的比例互相交换，而是按照它们包含的既包括有酬劳动也包括无酬劳动的劳动总量的比例互相交换。这就是说，两种商品包含的劳动量，同生产两种商品的工人从自己的劳动产品中得到多少报酬，是毫无关系的，因为劳动量和劳动的价值（劳动的报酬）是两个不同的东西。但是，李嘉图只是肯定了"用于生产某种商品的劳动量和这种商品所能购买的劳动量"不是相等的，他并没有解决构成斯密的矛盾的说法的内在基础的问题。

4. 商品价值"不取决于付给这种劳动报酬的多少"

李嘉图反对工资决定价值的观点，他说：商品价值"不取决于付给

---

① ［英］大卫·李嘉图：《政治经济学及赋税原理》，郭大力、王亚南译，商务印书馆 1983 年版，第 7 页。

② 同上书，第 9 页。

③ 《马克思恩格斯全集》第 26 卷第 2 册，人民出版社 1973 年版，第 450 页。

这种劳动的报酬多少"。他批判了斯密关于购买劳动决定商品价值的观点，认为耗费劳动与购买劳动二者不是同一个劳动，而且在量上也不相等。他说："如果劳动者的报酬总是和他的生产量成比例，那么，投在一种商品内的劳动量和该种商品所能换得的劳动量就会相等，两者之中的任何一种都可以准确地衡量他物价值的变动。可是两者并不相等。前者在许多情形下都是能够正确说明他物价值变动的不变标准；后者却会和与之相比较的商品发生同样多的变动。"① 他认为，一定数量的某种商品，如一件衣服，无论自身价值或包含的劳动量如何变化，总能交换一个不变数量的工人劳动，因此购买劳动不能决定商品的价值，只有耗费劳动才能决定商品的价值。例如，"同一国家中，在某一时期内生产一定量食物或必需品所需的劳动量，可以二倍于另一相隔很远时期所需的劳动量，但劳动者的报酬却可能不减少。因为劳动者的工资在这一时期是一定量的食物和必需品，要减少这一数量的话，他也许就不能维持生活。在这种情况下，食物和必需品如果按其生产所必需的劳动量来计算，就会涨价百分之百，但如果按其所能交换的劳动量来衡量，则价值几乎没有增加。"② 所以，李嘉图认为，购买劳动决不能决定商品价值，只有耗费的劳动才能决定商品的价值。

李嘉图反对斯密关于购买劳动决定商品价值，坚持只有耗费的劳动才能决定商品价值是正确的。但是，他对斯密错误的批判并没有击中要害，因为斯密并没有说过耗费劳动与购买劳动量是相等的，正是由于他发现了在资本主义条件下两者在量上不相等，才使他由劳动决定商品价值转向三种收入构成价值论。而造成李嘉图不可能击中要害的根本原因，是由于他和斯密一样，没有区分劳动和劳动力，都把工资看成劳动的价值，认为劳动是商品，也有价值，劳动的价值是工资，工资由工人必要生活资料的价值决定，而劳动的价值又是由劳动的供求关系决定的，于是，李嘉图和斯密一样犯了同样的错误。具体表现在以下几个方面：（1）混淆了价值和交换价值。李嘉图所说的商品价值就是"其所能交换的任何另一种商品的量"，说明他和斯密一样，也把价值和交换价值相混淆。李嘉图有时用绝

---

① ［英］大卫·李嘉图：《政治经济学及赋税原理》，郭大力、王亚南译，商务印书馆1983年版，第10页。

② 同上书，第11页。

对价值和相对价值、真实价值和比较价值把价值和交换价值相区别，但是，在大多数场合还是把两者相混淆，常常用交换价值和相对价值来代替价值范畴。（2）导致了价值决定价值的循环论证。由于李嘉图和斯密一样，都混淆了劳动和劳动力，都认为劳动是商品，有价值，商品价值由劳动决定，就是由劳动的价值即工资决定，从而变成了劳动的价值由劳动决定的循环论证。（3）重犯了斯密购买劳动决定价值的错误。因为他不了解斯密的错误所在，认为劳动也有价值，劳动的价值是由工人的工资，即由它交换到的生活资料中包含的劳动量决定的。这样，他就走到了斯密把购买到的劳动和耗费的劳动相混淆的错误道路上。（4）产生了他理论中一个致命的矛盾。由于他也认为工人出卖的是劳动，而不是劳动力，以致使他认为劳动与资本相交换时，如果按照商品等价交换原则，资本家就无利可图，但是如果承认资本家的利润是工人创造的事实，就必然否定等价交换的价值规律，这个等价交换同劳动与资本相交换的矛盾，这是造成了他的理论破产的原因之一。但是，他自己并没有觉察出这个矛盾。在他看来，一件衣服，无论它自身的价值如何变化，无论它是五个劳动日的产品，还是七个劳动日的产品，总能交换到一个工人的一星期的产品。事实上，这并不是等价交换，而李嘉图却没有察觉出它和等价交换存在矛盾。实际上，这是把价值的内在尺度和交换价值这个外在尺度相混淆了。马克思指出："亚·斯密根据一定量的劳动可以换得一定量的使用价值，得出结论说，这一定量的劳动是价值尺度，它总是具有同一价值，可是，同量使用价值却可以代表极不相同的交换价值。亚·斯密这样做是错了。但李嘉图犯了双重的错误，因为第一，他不懂得导致斯密犯错误的问题，第二，他自己完全忘记了商品的价值规律，而求助于供求规律，因而不是用花费在生产劳动力［fource of labour］上的劳动量来决定劳动的价值，却用花费在生产付给工人的工资上的劳动量来决定劳动的价值，从而他实际上是说：劳动的价值决定于支付劳动的货币的价值！而后者由什么决定呢？支付劳动的货币量由什么决定呢？由支配一定量劳动的使用价值量决定，或者说，由一定量劳动支配的使用价值量决定。结果，李嘉图就一字不差地重犯了他指责亚·斯密犯过的那种前后矛盾的错误。"①

---

① 《马克思恩格斯全集》第 26 卷第 2 册，人民出版社 1973 年版，第 458—459 页。

（二）不同性质的劳动

1. 劳动性质不同，报酬也不同

李嘉图认为，决定商品价值时，对不同性质或不同困难程度的劳动，需要作出准确的估价。他说："当我说劳动是一切价值的基础，相对劳动量是几乎唯一的决定商品相对价值时，决不认为我忽视了劳动的不同性质，或者忽视了一种行业一小时或一天的劳动与另一种行业同等时间的劳动相比较的困难。为了实际目的，各种不同性质的劳动的估价很快就会在市场上得到十分准确的调整，并且主要取决于劳动者的相对熟练程度和所完成的劳动的强度。估价的尺度一经形成，就很少发生变动。如果宝石匠一天的劳动比普通劳动者一天的劳动价值更大，那是许久以前已经作了这样的调整，而且它在价值尺度上也已被安放在适当位置上了。"[①] 李嘉图在这里也和斯密一样，论述了复杂劳动和简单劳动，以及不同性质的劳动怎样成为价值尺度的问题。但是，他认为，由于劳动的性质不同，从而导致对不同性质劳动估价的不同，只对相对价值的决定有影响，而对绝对价值变动并没有什么重要意义。他说："由于我希望读者注意的这种探讨，关涉的只是商品相对价值变动的影响，而不是绝对价值变动的影响，所以研究对于不同种的人类劳动的估价的高低，并没有什么重要性"[②]，"不论这些人类劳动原来怎样地不相等，不论学习一种手艺所需要的技术、智巧或时间比另一种多多少，其差别总是世代相传近乎不变，或者说至少逐年的变动是微乎其微的，在短时间内对商品相对价值没有什么影响。"[③] 从李嘉图的这些论述中可以看出，他承认复杂劳动和简单劳动的存在，复杂劳动比简单劳动能够创造更多的价值。但是他认为区别简单劳动和复杂劳动只对相对价值的决定有影响，而对绝对价值变动没有意义的说法的观点是不正确的。说明他研究的只是两者之间的数量关系，而没有重视从两者性质上进行研究。

2. 活劳动和物化劳动共同决定商品价值

李嘉图认为，商品价值不仅决定于生产它的直接劳动，而且也决定于

---

① ［英］大卫·李嘉图：《政治经济学及赋税原理》，郭大力、王亚南译，商务印书馆1983年版，第15—16页。

② 同上书，第16页。

③ 同上书，第17页。

生产它时使用的生产资料中所物化的间接劳动。他说："影响商品价值的不仅是直接投在商品上的劳动，而且还有投在协助这种劳动的器具、工具和工场建筑上的劳动。即使是在亚当·斯密所说的那种早期状态中，虽然资本可能是由猎人自己制造和积累的，但他总是要有一些资本才能捕猎鸟兽。没有某种武器，就不能捕猎海狸和野鹿。所以这类野物的价值不仅要由捕猎所需的时间和劳动决定，而且也要由制备那些协助猎人进行捕猎工作的资本（武器）所需的时间和劳动决定。"① "这里所谓劳动不仅是指投在商品的直接生产过程中的劳动，而且也包括投在实现该种劳动所需要的一切器具或机器上的劳动。"②

　　李嘉图在谈到直接劳动和间接劳动在价值形成中的作用时指出："假定由于捕猎海狸所需的武器接近这种动物较为困难因而更需要合于标准的缘故，制造这种武器比制造捕猎野鹿所需的武器要用更多的劳动，那么，一只海狸的价值自然会比两只野鹿多，其原因就是整个说来捕猎海狸需要更多的劳动。或者假定制造这两种武器所需的劳动相等，但它们的耐久性极不相等，则较为耐用的工具只有一小部分价值转移到商品中去，而较不耐用的工具却有更大的一部分价值实现在它所协助生产出来的商品之中。"从他的这段论述中可以看出：（1）影响商品价值的劳动包括直接劳动和间接劳动两种。前者为直接投入生产的劳动者的劳动，实际上就是活劳动；后者为投在制造生产工具上的劳动，生产这些生产工具的劳动是间接劳动，实际上就是物化劳动。（2）直接劳动和间接劳动在价值形成中的作用是不同的。直接劳动是在一次劳动之后，它的价值全部转移到商品价值之中；而生产工具的价值则按照它们在使用中的损耗程度逐次把价值转移到新产品中去。从李嘉图这些论述可以看出，他正确地说明了活劳动和物化劳动在生产中的作用是不同的。生产资料本身不能创造价值，它的价值是通过活劳动逐次把它的价值转移到商品中去；只有活劳动才能够创造价值，这是李嘉图价值学说的一个新贡献。他在批判萨伊责备斯密"忽视了自然要素和机器赋与商品的价值"的错误观点时指出："萨伊先生责备亚当·斯密忽视了自然要素和

---

　　① ［英］大卫·李嘉图：《政治经济学及赋税原理》，郭大力、王亚南译，商务印书馆1983年版，第17—18页。

　　② 同上书，第19页。

机器赋与商品的价值，因为他认为一切物品的价值都来自人类的劳动。但是我认为这种责备并不成立。因为亚当·斯密从来没有低估自然要素和机器为我们提供的这种作用，而是极其确当地区别了它们加到商品中的价值的性质——它们由于使产品数量增加、使人类更为富裕，并增加使用价值，所以对我们是有用处的；但由于它们所做的工作无需报偿，由于使用空气、热和水时无须支付任何代价，所以它们提供给我们的助力就不会使交换价值不会有任何增加。"① 马克思对李嘉图关于"这些自然因素尽管能够大大增加使用价值，却从来不会给商品增加萨伊先生所说的交换价值"给予了充分肯定，他指出："李嘉图，象所有值得提到的经济学家一样，像亚·斯密一样（虽然斯密有一次出于幽默把牛称为生产劳动者），强调指出劳动是人的、而且是社会规定的人的活动，是价值的唯一源泉。李嘉图和其他经济学家不同的地方，恰恰在于他前后一贯地把商品的价值看作仅仅是社会规定的劳动的'体现'。"② 当然，由于李嘉图不懂得生产商品的劳动的二重性，不知道运用劳动二重性的理论来说明工人在通过他的具体劳动把生产资料转移到新产品中去，同时创造了新的使用价值；又通过他的抽象劳动创造了新价值。因此，他虽然正确地把创造商品价值的劳动看成是价值的唯一源泉，可是他从来没有研究过这种劳动的性质，而是把注意力集中在研究价值量的分析上，正如马克思指出的："李嘉图实际上把劳动只是当做价值量的尺度来考察，因而他看不到自己的价值理论和货币的本质之间的任何联系。"③ "因此，李嘉图不了解这种劳动同货币的关系，也就是说，不了解这种劳动必定要表现为货币。所以，他完全不了解商品的交换价值决定于劳动时间和商品必然要发展到形成货币这两者之间的联系。他的错误的货币理论就是由此而来的。"④ 这是因为李嘉图只着眼于价值量的研究，认为劳动创造价值，价值由劳动决定，是一种很自然的事情。"他一开始就只谈价值量，就是说，只谈各个商品价值量之比等于生产

　　① ［英］大卫·李嘉图：《政治经济学及赋税原理》，郭大力、王亚南译，商务印书馆1983 年版，第 244 页。

　　② 《马克思恩格斯全集》第 26 卷第 3 册，人民出版社 1974 年版，第 197 页。

　　③ 《马克思恩格斯全集》第 19 卷，人民出版社 1963 年版，第 400 页。

　　④ 《马克思恩格斯全集》第 26 卷第 2 册，人民出版社 1973 年版，第 181 页。

这些商品所必需的劳动量之比。"① 他并不清楚劳动为什么能够创造价值，如何创造价值，以及价值如何表现为货币，它们之间是什么关系，他没有看到价值是商品生产者之间的社会关系，只有在商品生产条件下，商品生产者的劳动才创造价值，货币的出现正是商品价值发展的必然表现。

3. 劳动决定相对价值的原理，因使用固定资本而有了变更

李嘉图认为："投在商品生产中的劳动量决定商品相对价值的原理，因使用机器及其他固定耐久资本而有了很大的变更。"他说："在每一种社会状态中，不同行业所使用的工具、用具、厂房和机械的耐久性可能是彼此不一的，生产它们所需的劳动量也可能各不相同；维持劳动的资本和投在工具、机器、厂房上的资本的比例也可能有各色各样的配合方式。固定资本耐久性的这种差别，两种资本配合比例的这种变化，在商品生产所需劳动量的增减之外，又引进了另一个使商品相对价值发生变动的原因，这就是劳动价值的涨落。"② "还要指出的是，流动资本的流通和回到使用者手里的时间可能极不相等。"③ "因此，两种行业所用的资本额可能相等，但其固定部分和流动部分的划分却相去极远。"④ 李嘉图在这里把价值变更归结为两个原因：一是由于各种行业的资本中固定资本和流动资本"配合比例"的变化；二是由于资本周转的速度不同。他还举例说明：

例一：假定两个人各雇佣 100 人工作 1 年，制造两架机器，另一人则雇佣 100 人栽种谷物，年终时每架机器的价值将与谷物相等，因为它们都是由等量劳动生产出来的。假定其中一架机器的所有者在下一年雇佣 100 人用这架机器织毛呢；另一架机器的所有者也雇佣 100 人织造棉织品，而农场主则和以前一样雇佣 100 人栽种谷物。在第二年中他们所雇佣的劳动量全部相同，但毛呢制造业者和棉织品制造业者的商品和机器合计是 200 人劳动 1 年的结果，或者说是 100 人劳动 2 年的结果；而谷物则仍然是 100 人劳动 1 年所生产出来的。假定利润率（p′）为 10% 则：

---

① 《马克思恩格斯全集》第 26 卷第 2 册，人民出版社 1973 年版，第 181 页。

② ［英］大卫·李嘉图：《政治经济学及赋税原理》，郭大力、王亚南译，商务印书馆 1983 年版，第 24 页。

③ 同上。

④ 同上书，第 25 页。

第一年

名称	固定资本	工资	工人	P'10%	产品价值
谷物	0	5000	100	500	5500
机器	0	5000	100	500	5500

第二年

名称	固定资本	工资	工人	P'10%	产品价值
谷物	0	5000	100	500	5500
毛呢	2750	5000	100	775	8525
棉织品	2750	5000	100	775	8525

从例一可以看出，李嘉图分析了固定资本和流动资本的比例不同，对商品价值的影响。第一年两个资本家生产的谷物和机器的价值相等，因为他们使用的劳动相等，也都没有使用固定资本机器。但是，第二年生产谷物的资本家，仍然用 5000 镑雇佣 100 个工人生产谷物，谷物的价值为 5500 镑；而原来生产机器的资本家，却用他生产的两架机器，每架机器是 2750 镑，共计 5500 镑，分别生产毛呢和棉织品，并各自雇佣了 100 个工人，工资仍然是 5000 镑，利润率为 10%，生产出各自的产品价值都是 8525 镑。由此证明，两个资本家在使用劳动量相等的情况下，水平价值是相等的；而在使用固定资本不同的情况下，即使使用的劳动量相等，而产品价值也不相等。"因此，在这种情形下，资本家们每年在商品生产上所使用的劳动量虽然恰好相等，但所生产的商品的价值却会由于各人使用的固定资本或积累劳动量不等而互不相等。"① 在这里，李嘉图所说的商品价值应该是生产价格，而他却把价值和生产价格混淆了。

例二：假定我花 1000 镑雇佣 20 人工作 1 年来生产一种商品，年终时再花 1000 镑在第二年内雇佣 20 个人来加工或完成这种商品，而在两年结束时把商品送到市场上去。如果利润是 10%，我的商品就必须卖 2310 镑；因为我在头一年中使用资本 1000 镑，而在第二年则使用资本 2100 镑。假定另一人所使用的劳动量恰好相等，但完全用在第一年中，他花 2000 镑雇佣了 40 人，并在第一年末就把商品按 10% 的利润售出，得到

① ［英］大卫·李嘉图：《政治经济学及赋税原理》，郭大力、王亚南译，商务印书馆 1983 年版，第 27 页。

2200 镑。在这种情况下，投在两种商品中的劳动量恰好相等，而一种的售价是 2310 镑，另一种则是 2200 镑。

名称	时间	生产资料	工资	工人	P'10%	产品价值
甲	第一年	0	1000	20	100	（半成品 1100）
第二年	半成品	1100	1000	20	210	2310
乙	第一年	0	2000	40	200	2200

从例二可以看出，李嘉图分析了甲乙两个资本家使用的劳动量相等，但由于两者商品流通的时间不同，资本周转的速度就不同，甲是 2 年，乙是 1 年，因而他们的商品的价值也不同。等量劳动没有生产出等量的价值来。从而他认为："生产中投入等量劳动的商品，如果不能在相同的时间内送上市场，其交换价值就会不相等。"① 在这里，李嘉图所说的交换价值仍然是生产价格，而他又把交换价值和价值相混淆了。马克思指出："李嘉图举出这个极其笨拙而难懂的例子来说明极其简单的事情，就是不想简单地说：因为等量的资本，不管其有机部分的比例如何，或者不管其流通时间如何，都提供等量的利润，——如果商品按其价值出卖，就不可能如此，——所以，有一种不同于这些价值的商品费用价格存在。而且这一点已经包含在一般利润率的概念中了"，"这只能说明，商品的费用价格只要决定于商品所包含的预付的价值加上同一个年利润率，它就不同于商品的价值，而这个差别的产生是由于商品按照给预付资本提供同一利润率的价格出卖；简单地说，费用价格和价值之间的这个差别，同一般利润率是一回事。除此以外，李嘉图究竟还要说明什么，实在无法理解。连他这里硬加进来的固定资本和流动资本的差别，在这个例子里也纯粹是胡扯。因为，比如说，如果棉织厂主多花的 5500 镑由原料组成，而租地农场主则不需要种子等等，得出来的结果还是完全一样。"②

4. 价值不随工资涨落而变动的原理由于资本耐久性和回到使用者的速度不等有了变更

李嘉图原来认为工资变动只会引起利润的变动，不会引起商品价值的

① ［英］大卫·李嘉图：《政治经济学及赋税原理》，郭大力、王亚南译，商务印书馆 1983 年版，第 29 页。

② 《马克思恩格斯全集》第 26 卷第 2 册，人民出版社 1973 年版，第 201 页。

变动。但他在按平均利润计算商品价值时又发现："价值不随工资涨落而变动的原理由于资本耐久性不等以及回到使用者手中的速度不等也有了变更。"他说："在前一节我们假定两个不同行业的两份等额资本中固定资本和流动资本的比例不相等，现在让我们假定其比例相同，但耐久性不等。固定资本的耐久性越小，性质就越接近流动资本。它将在较短时间内被消耗掉，它的价值也将在较短的时间内被再生产出来以便保持制造业者的资本。"①"工资上涨对于用耗损迅速的机器生产的商品和用耗损缓慢的机器生产的商品所发生的影响不同。在前一生产中，有很多劳动不断转移到所产商品中去，在后者中，这样的转移的劳动很少。因此，工资每有上涨或利润每有下降（其实是一回事）时，就会使运用性质耐久的资本生产出来的商品的相对价值降低，并使运用较易耗损的资本生产出来的商品的相对价值相应地提高。工资跌落时结果就恰好相反。"② 现在，我们仍然以生产谷物、毛呢和棉织品三种商品为例，它们使用的资本都是 100镑。但是，它们在固定资本和流动资本的比例各不相同。谷物种植部门为2∶8 即 20 镑为固定资本，80 镑为流动资本；毛呢部门为 5∶5 即 50 镑为固定资本，50 镑为流动资本；棉织品表面为 8∶2 即 80 镑为固定资本，20 镑为流动资本。再假定各部门的固定资本为一次转移，年利润率为20%。三种商品的生产价格即李嘉图所说的相对价值或价值，都是 120镑。见表 1 – 1：

表 1 – 1

名称	固定资本	流动资本	利润（20%）	价格（相对价值或价值）
谷物	20	80	20	120
毛呢	50	50	20	120
棉织品	80	20	20	120

如果把流动资本（工资）提高 10%，在其他条件不变的情况下，各个项目将发生如下变动，见表 1 – 2：

---

① ［英］大卫·李嘉图：《政治经济学及赋税原理》，郭大力、王亚南译，商务印书馆 1983年版，第 31 页。

② 同上。

表 1 - 2

名称	固定资本	流动资本	利润（14.29%）	价格（相对价值或价值）
谷物	20	88	15.43	123.43
毛呢	50	55	15	120
棉织品	80	22	14.57	116.57

如果把流动资本（工资）提高 10%，商品仍按照原来的相对价值或价值 120 英镑出卖，各个项目将发生如下变动，见表 1 - 3：

表 1 - 3

名称	固定资本	流动资本	利润量率	利润量	价格（相对价值或价值）
谷物	20	88	10%	12	120
毛呢	50	55	12.5%	15	120
棉织品	80	22	15%	18	120

根据上面三个表可以看出：（1）从表 1 - 2 可以看出，在表 1 - 1 的基础上，由于工资流动资本上涨了 10%，使利润和商品价格都发生了变化，但变动的方向和程度各不相同。其平均利润率由原来的 20% 降低为 14.43%，谷物部门降低为 15.43%，毛呢部门降低为 15%，棉织品部门降低为 116.57%。而李嘉图所说的相对价值或价值实际上是生产价格各有增减：如谷物部门工资提高最多，它的相对价值或价值增加最多，为 123.43%；毛呢部门工资提高属于中等，它的相对价值或价值没有增加，仍为 120%；而棉织品部门工资提高最少，它的相对价值或价值反而下降了，为 116.57%。这正如李嘉图说的："工资每有上涨或利润每有下降（其实是一回事）时，就会使运用性质耐久的资本生产出来的商品的相对价值降低，并使运用较易损耗的资本生产出来的商品的相对价值相应得提高。工资跌落时结果恰好相反。"① 还说："在任何一种生产中，使用固定资本所生产的商品的相对价格将按此种耐久资本的耐久性的大小而与工资成反比例变化。工资上涨时，它们就会跌落；工资跌落时，它们就会上涨。反之，那些主要用劳动生产，所用固定资本较少，或所用固定资本的

_____

① ［英］大卫·李嘉图：《政治经济学及赋税原理》，郭大力、王亚南译，商务印书馆 1983 年版，第 31 页。

性质不如据以估价的媒介那样耐久的商品，却会在工资上涨时上涨，在工资跌落时跌落。"① （2）由于资本周转速度不同，不同部门的商品价值在工资变动时也会发生同样的变动。李嘉图认为，工资上涨，"一切使用极昂贵的机器或厂房生产，或必须经历长时间才能运上市场的商品的相对价值会跌落，而一切主要以劳动生产或能迅速运上市场的商品的相对价值则会上涨。"② 这就是说，在工资提高时，资本有机构成高、周转速度慢的部门，商品的相对价值将下降；而资本有机构成低、周转速度快的部门，商品的相对价值将上升。工资下降时，情况却相反。可见，"固定资本耐久性的这种差别，两种资本配合比例的这种变化，在商品生产所需劳动量增减之外，又引进了另一个使商品价值发生变动的原因，这就是劳动价值的涨落。"③ 实际上，工资涨落所引起的是商品生产价格的变动，并不是李嘉图所说的相对价值或价值的变动，而他却把价值和生产价格相混淆。正是由于这种混淆，使他认为凡是生产价格发生了变动，他都认为是发生了变动；并且把生产价格变动的原因，都看成是相对价值和价值发生变动的原因。这样一来，使他原来认为的工资上涨只会使利润下降，而不会使商品价值发生变化的观点，从他现在根据平均利润来看，工资的上涨却不仅使利润下降，而且使价值也发生了变化。从而使他的劳动决定价值的理论遇到了一个矛盾：劳动假定价值和等量资本带来等量利润的矛盾，即价值规律同平均利润规律的矛盾。也正是由于他把生产价格和价值相混淆，使他无法解决这个矛盾。因为在他看来，商品如果要按照价值出卖，等量资本就不能得到等量利润；如果等量资本要得到等量利润，商品就不能按照价值出卖。他为了从这个矛盾中寻找出路，既能坚持劳动决定价值的原理，又能够解决他遇到的矛盾，他只好说，工资变动虽然能够影响商品价值的变动，但这种影响是很微小的；而影响商品价值最主要的因素仍然是商品生产中耗费的劳动量。结果就使李嘉图的劳动决定价值的理论，还有工资也影响了商品价值，为后来的庸俗经济学的多要素价值论留下了借口。马克思在分析李嘉图的错误的原因时指出："李嘉图本应从自己的例

① ［英］大卫·李嘉图：《政治经济学及赋税原理》，郭大力、王亚南译，商务印书馆1983年版，第34页。

② 同上。

③ 同上。

证中作出如下结论：

第一，等量资本生产的商品价值不等，从而提供的剩余价值或利润也不等，因为价值决定于劳动时间，而一笔资本所实现的劳动时间量，不取决于资本的绝对量，而取决于可变资本量即花费在工资上的资本量。第二，即使假定等量资本生产的价值相等（虽然在大多数情况下，生产领域中的不等是同流通领域中的不等相一致的），等量资本占有同量无酬劳动并把它转化为货币所需要的那段时间，也还是由于资本的流通过程不同而有所不同。这就使等量资本在不同生产部门中在一定时间内必须提供的价值、剩余价值和利润产生了第二个差别。"① "商品的价格只要决定于一般利润率，它就根本不同于商品的价值。他所以会看出这个差别，是因为他预先就把利润率当作规律来假定。我们看到，如果说人们责备李嘉图过于抽象，那末相反的责备倒是公正的，这就是：他缺乏抽象力，他在考察商品价值时无法忘掉利润这个从竞争领域来到他面前的事实。"②

（三）地租变动不能改变劳动决定价值的原理

李嘉图在考察了资本构成、工资和利润等因素与劳动决定价值的关系之后，还考察了地租的产生和变动与劳动决定价值的关系，包括以下几点：

一是劳动价值论是地租形成的基础。李嘉图坚持用劳动价值来说明地租的形成，他把农业中的劳动看成和工业中的劳动一样，坚持认为地租是工人所创造的价值的一部分，并批判了亚当·斯密关于农业部门的劳动生产率高于工业部门，是因为自然力也参加了农业生产过程，地租就是自然力的产物。李嘉图根据机器大工业的特点，反驳了斯密的错误观点，他说："在制造业中，自然没有替人做什么吗？那些推动机器和帮助航运的风力和水力不能算数吗？那些使我们能够推动极重笨的机器的空气压力和蒸汽伸缩力不是自然的赐与吗？这还没有提到软化和溶解金属的发热物质的作用，以及染色过程与发酵过程中的空气的分解作用。在我们所能举出的任何一种制造业中，自然都给人以帮助，而且是十分慷慨和无需取费地

---

① 《马克思恩格斯全集》第 26 卷第 2 册，人民出版社 1973 年版，第 210 页。

② 同上书，第 211 页。

给人帮助。"①

二是地租的变动不是商品价值变动的原因，而是商品价值变动的结果。李嘉图认为："农产品的相对价值之所以上升，只是因为所获产品的最后一部分在生产中使用了更多的劳动，而不是因为给地主支付了地租。谷物的价值是由在不支付地租的那一等土地上，或用不支付地租的那一份资本进行生产时所投下的劳动量所决定的。谷物价格高昂不是因为支付了地租，相反地，支付地租倒是因为谷物昂贵。人们曾经正确地指出，即使地主放弃全部地租，谷物价格也不会降低。这种做法不过会使某一些农场主能够生活得象绅士一样。但却不会减少在生产率最低的已耕地上生产农产品所必需的劳动量。"② 这是因为决定农产品价值的必要劳动量，是由最劣等条件下最大的劳动耗费决定的。当劣等土地投入耕种时，它生产的农产品需要耗费的劳动量必然比优等土地和中等地多，它的价值也必然增加，从而引起农产品价格上涨，结果使地租增加。因此，农产品价格上涨，是因为生产农产品耗费了更多的劳动，而不是因为支付地主的地租。相反，地租的增加却是获得农产品更加困难的结果。李嘉图说："地租上涨始终是一国财富增加以及为已增加的人口提供食物发生困难的结果。"③这是由于人口增加，引起对食物的需求增加，因而就需要扩大土地耕作面积。而当优等土地和中等土地耕种完毕之后，就得耕种较劣等土地，"当质量较差的土地投入耕种时，农产品的交换价值就会上涨，因为生产所需的劳动量增加了。"④

李嘉图在批判亚当·斯密把地租作为商品价值的构成部分的错误观点时指出："如果谷物价格昂贵是地租的结果，而不是它的原因，那么，价格就会相应于地租的涨落而改变，地租也就会成为价格的组成部分了。但是，规定谷物价格的是用最大量劳动生产出来的谷物；地租决不会也决不可能成为谷物价格的组成部分。因此，亚当·斯密认为规定商品交换价值的基本尺度（即商品生产时所用的相对劳动量）会由于土地的占有和地

---

① [英] 大卫·李嘉图：《政治经济学及赋税原理》，郭大力、王亚南译，商务印书馆 1983 年版，第 63 页。

② 同上书，第 61 页。

③ 同上书，第 63 页。

④ 同上书，第 60 页。

租的支付而改变的看法，便不能说是正确的。大多数商品的构成中虽然都有原料，但这种原料的价值和谷物价值一样，是由土地上所用的不纳地租的最后一份资本的生产力规定的；因此，地租便不是商品价格的构成部分。"① 而亚当·斯密一方面把地租看成是价格的原因，例如他说："工资、利润、地租，是一切收入的三个原始源泉，也是一切交换价值的三个原始源泉。"② 从这句话可以看出，他把工资、利润和地租看成是"一切收入的三个原始源泉"是正确的；而把它看成是"交换价值的三个原始源泉"和他把地租看成是价格的原因是一回事，因而是错误的，但是，斯密有时也说过"工资和利润的高低，是价格高低的原因，而地租的高低，却是价格高低的结果。"这两种说法显然是矛盾的。马克思针对亚当·斯密有时把地租看成是构成价格的原因，有时又把地租看成价格的结果的矛盾说法，指出："利润和工资，作为价格的构成要素，是价格的原因；相反，地租只是价格的结果，只是价格的后果。所以地租不象利润、工资那样作为要素加入价格的构成。用斯密的语言来说，这就是地租以与利润、工资不同的方式加入价格的构成。斯密似乎完全没有感觉到他推翻了他关于'自然价格'的全部学说。要知道，他所说的'自然价格'是什么呢？是市场价格所趋向的中心，是'足够价格'，——如果产品要较长时期地进入市场，进行生产，它是不能低于这个价格出卖的。这样，地租现在是超过'自然价格'的余额，而以前是'自然价格'的构成要素；现在，它被说成是价格的后果，以前，它却被说成是价格的原因。"③

三是不仅农产品，而且一切商品——工业制造品、矿产品、土地产品，其价值都是由最不利条件下必须投入的较大量劳动决定的。李嘉图认为："一切商品，不论是工业制造、矿产品还是土地产品，规定其交换价值的永远不是在极为有利、并为具有特种生产设施的人所独有的条件下进行生产时已感够用的较小劳动量，而是不享有这种便利的人进行生产所必须投入的较大量的劳动；也就是由那些要继续在最不利条件下进行生产的

---

① ［英］大卫·李嘉图：《政治经济学及赋税原理》，郭大力、王亚南译，商务印书馆 1983 年版，第 64 页。

② ［英］亚当·斯密：《国民财富的性质和原因的研究》（上卷），郭大力、王亚南译，商务印书馆 1983 年版，第 47 页。

③ 《马克思恩格斯全集》第 26 卷第 2 册，人民出版社 1973 年版，第 401 页。

人所必须投入的较大量劳动。这里所说的最不利条件，是指所需的产量使人们不得不在其下进行生产的最不利条件。"①　其所以如此，是因为大多数商品的构成中都有原料，而"这种原料的价值和谷物的价值一样，是由土地所用的不纳地租的最后一份资本的生产力规定的；因此，地租便不是商品价格的构成部分。"②

（四）　为了坚持劳动价值论否认绝对地租

李嘉图把劳动价值论与地租理论联系起来，赋予地租以科学基础，这是他的重要贡献，但是他为了理论却否认绝对地租的存在。因为在李嘉图看来，既然商品的价值和它的平均价格即生产价格相等，如果再承认绝对地租的存在，就是承认资本在一种特殊的自然要素的土地上产生出高于平均价格的价值，这个超额价值就同价值等于一定量劳动时间的价值概念相矛盾。承认绝对地租，就是承认一种自然要素，即某种不同于社会劳动的东西，创造了价值。马克思指出："李嘉图撇开了绝对地租问题，他为了理论而否认绝对地租，因为他从错误的前提出发：如果商品的价值决定于劳动时间，商品的平均价格就必定等于商品的价值（因此他又做出一个与实际相矛盾的结论：比较肥沃的土地的竞争必然使比较不肥沃的土地停止耕种，即使后者过去是提供地租的）。如果商品的价值和它们的平均价格等同，那末绝对地租——即最坏的耕地上的地租或最初的耕地上的地租——在这两种情况下都是不可能的。什么是商品的平均价格？就是生产商品花费的全部资本（不变资本加可变资本）加上包含在平均利润（例如10%）中的劳动时间。因此，如果资本在某种要素中——仅仅因为这是一种特殊的自然要素例如土地，——生产出高于平均价格的价值，那末这种商品的价值就会超过它的价值，而这个超额价值就同价值等于一定量劳动时间的价值概念发生矛盾。结果就成了：一种自然要素，即某种不同于社会劳动时间的东西，创造了价值。但这是不可能的。"③　因而，不应该有绝对地租的存在，只可能有级差地租存在。因为承认绝对地租的存在，

---

①　［英］大卫·李嘉图：《政治经济学及赋税原理》，郭大力、王亚南译，商务印书馆1983年版，第61页。

②　同上书，第64页。

③　《马克思恩格斯全集》第26卷第2册，人民出版社1973年版，第138—139页。

就是承认同量劳动（投入不变资本的物化劳动和利用工资购买的劳动）由于投入不同的要素，或加工不同的材料，会创造不同的价值。但是如果承认，虽然在每一个生产领域的产品中物化着同一劳动时间，却依然存在这种价值差别，那就是承认，不是劳动时间决定价值，而是某种不同于劳动时间的东西决定价值。这种价值量的差别会取消价值概念，推翻下述原理：价值实体是劳动时间，因而价值的差别只能是量的差别，而这个量的差别只能等于所耗费的社会劳动时间的量的差别。李嘉图从这种错误的认识出发，否认绝对地租的存在。也就是（1）最坏的土地不能提供地租。因为最坏的土地它本身没有等级差别。它只是不同于工业投资的特殊投资来源，如果它提供地租，那么地租的产生就是由于同一劳动量用在不同的地方表现为不同的价值，从而不是劳动量本身决定价值。（2）最初的耕地不能提供地租。既然等量劳动表现为等量价值，那就没有理由使投入土地的资本除了利润之外还提供地租。如果是这样，就意味着确认了土地本身创造了价值，也就意味着取消价值概念本身。

李嘉图之所以否认绝对地租，是因为他不能解释绝对地租的形成。所谓绝对地租，就是由劣等土地的生产条件决定的农产品的社会价值，超过一般生产价格的平均利润以上的超额利润。由于土地私有权的存在，这个超额利润没有参加利润平均化，而保留在农业中作为绝对地租支付给土地所有者。李嘉图之所以否认绝对地租，是由于他存在以下错误认识：(1)混淆了价值和生产价格。因为在李嘉图看来，如果承认绝对地租存在，则必然以为农产品是高于价值出售的，这就会否定他的劳动决定价值的观点。(2)忽视了对土地私有权的垄断。正如马克思指出的："李嘉图在论地租的那一章就是这样做的。他起初说，要研究土地的占有对土地产品的价值的影响，但紧接着他却以殖民地为例，假定那里的土地相对地说还处于原始状态中，土地的利用也没有受到土地所有权垄断的限制。"①

---

① 《马克思恩格斯全集》第 25 卷，人民出版社 1974 年版，第 853 页。

第二章

马克思劳动价值论的创立

马克思在批判继承资产阶级古典政治经济学劳动价值论的基础上，进行了科学劳动价值论的创立过程。这个过程大致可以分为三个时期：19世纪40年代劳动价值论的探索时期；19世纪50年代向劳动价值论的过渡时期；19世纪60年代劳动价值论的确立时期。

一 19世纪40年代劳动价值论的探索时期

马克思和恩格斯从19世纪40年代开始研究政治经济学的时候，就注意对价值理论的探索。恩格斯在《政治经济学批判大纲》中，针对李嘉图的劳动价值论和萨伊的效用价值论的争论进行了评价，他指出："让我们设法来澄清这种混乱状态吧。物品的价值包含两个要素，争论的双方都硬要把这两个要素分开，但是正如我们所看到的，双方都毫无结果。价值是生产费用对效用的关系。价值首先是用来解决某种物品是否应该生产的问题，即这种物品的效用是否能抵偿生产费用的问题。只有在这个问题解决之后才谈得上运用价值来进行交换的问题。如果两种物品的生产费用相等，那末效用就是确定它们的比较价值的决定性因素。"① 为什么恩格斯把价值看成是生产费用对效用的关系？

第一，恩格斯当时是把价值看作是私有制特有的范畴。在恩格斯看来，私有制产生的最初结果是商业，"因商业而形成的第一个范畴就是价值"。既然存在商业，那就必然有竞争，既然存在竞争，那么价值就不能由生产费用来决定。因为"如果把竞争放在一边，那谁也不会把物品卖得比它的生产费用还低。谁也不会这样卖吗？既然这里讲的不是商业价值，那么我们谈'出卖'干什么呢？一谈到'出卖'，我们决定不谈的商

---

① 《马克思恩格斯全集》第1卷，人民出版社1956年版，第605页。

业就重新立刻出现了，而且它还是这样一种商业！一种不把主要的东西即竞争考虑在内的商业！起初我们有抽象价值，现在我们又有了抽象商业，一种没有竞争的商业，这就等于有人而没有身体，有思想而没有产生思想的脑子。一旦竞争被放在一边，也就没有任何保证使生产者恰恰按照他的生产费用来出卖商品，难道经济学家连这一点都没有想到吗？多么混乱呵！"① 因此，"抽象价值以及抽象价值由生产费用来决定的说法，都只不过是一些抽象的不实际的东西。"

第二，恩格斯认为李嘉图的劳动决定价值是脱离效用的"抽象价值"。恩格斯说："假定某人花了大量的劳动和费用制造了一种谁也不要的毫无用处的东西，难道这个东西的价值也要按照生产费用来计算吗？"② 可见，"抽象价值以及抽象价值是由生产费用来决定的说法，都只不过是一些抽象的不实际的东西。"③

第三，恩格斯对萨伊的效用价值论也持否定态度。他认为："物品的效用是一种纯主观的根本不能绝对确定的东西，至少它在人们还在对立中彷徨的时候是不能确定的。根据这种理论，生活必需品较之奢侈品应该具有更大的价值。在私有制统治下，竞争是唯一能比较客观地、似乎一般能决定物品效用大小的办法，然而正是竞争被搁在一边了。"④

恩格斯从私有制和必然带来的竞争出发，认为价值必须由生产费用和效用两个要素来决定。而李嘉图和萨伊都忽视了私有制和竞争的统治，以至把价值概念强行分割了。

马克思和恩格斯一样，在早期也把价值看作是私有制范畴。例如，他在《巴黎笔记》中的《詹姆·穆勒〈政治经济学原理〉一书摘要》中指出："把生产费用作为决定价值的唯一因素来描述时，穆勒——完全和李嘉图学派一样——犯了这样的错误：在表述抽象规律的时候忽视了这种规律的变化或不断扬弃，而抽象规律正是通过变化和不断扬弃才得以实现的。如果说，例如生产费用最终——或更准确些说，在需求和供给不是经常地即偶然地相适应的情况下——决定价格（价值），是个不变的规律，

---

① 《马克思恩格斯全集》第 1 卷，人民出版社 1956 年版，第 603—604 页。

② 同上书，第 604 页。

③ 同上。

④ 同上书，第 604—605 页。

那么，需求和供给的不相适应，从而价值和生产费用没有必然的相互关系，也同样是个不变的规律。的确，由于需求和供给的波动，由于生产费用和交换价值之间的不相适应，需求和供给只是暂时地相适应，而紧接着暂时的相适应又开始波动和不相适应。这种现实的运动——上面说到的规律只是它的抽象的、偶然的和片面的因素——被现代的国民经济学家歪曲成偶性、非本质的东西。"① 从马克思的这些论述中可以看出，马克思同样认为，古典经济学提出的劳动决定价值的观点，是把生产费用决定价值看成是脱离需求和供给经常变动的不变的规律。只有通过竞争的作用和市场供求的变动，才能实现价值由劳动时间决定的规律，解决价值规律在资本主义条件下的作用形式问题。

究竟应该如何看待马克思和恩格斯的这个价值概念？在理论界对此有不同看法。事实上，恩格斯这个价值概念存在不正确的地方。（1）否认价值决定的客观性。恩格斯认为抽象价值以及抽象价值是由生产费用来决定的说法，都只不过是一些抽象的不实际的东西。在恩格斯看来，竞争是私有制的必然产物，在竞争的条件下，只存在交换价值或市场价格，而不存在抽象价值，从而否定了劳动决定价值的客观存在。（2）由于他把价值的存在和私有制联系在一起，因而"不消灭私有制，就不可能消灭物品本身所固有的实际效用和这种效用的决定之间的对立，以及效用的决定和交换者的自由之间的对立；而在私有制消灭之后，就无须再谈现在这样的交换了。到那个时候，价值这个概念实际上就会愈来愈只用于解决生产的问题，而这也是它真正的活动范围。"② 这里，恩格斯把价值和私有制相混淆，同时又和商品交换相割裂，以致认为在消灭了私有制和商品经济的未来社会里，价值仍然发生作用。这是把价值与商品交换对立起来，似乎在商品交换已经不存在的条件下，价值依然存在，这显然和马克思后来把价值作为商品的社会属性，商品是用来交换的劳动产品的观点是矛盾的，可见，恩格斯提出的得到马克思支持的"价值是生产费用当效用的关系"，只能是他们在认识价值问题过程中的一个早期不成熟的观点。

---

① 《马克思恩格斯全集》第42卷，人民出版社1979年版，第18页。
② 《马克思恩格斯全集》第1卷，人民出版社1956年版，第605页。

二　19世纪50年代转向劳动价值论的过渡时期

马克思和恩格斯在1844年合作完成了《神圣的家族》。在这部著作中，马克思实现了对劳动价值从否定到肯定的初步转变。这个时期的特点：既反对效用价值论，也没有承认劳动价值论，而是处于由否定劳动价值论向肯定劳动价值论转变的过渡时期。例如，马克思指出："最初，价值看起来确定得很合理：它是由物品的生产费用和物品的社会效用来确定的。后来却发现，价值纯粹是偶然确定的，它无论和生产费用或者和社会效用都没有任何关系。工资的数额起初是由自由的工人和自由的资本家自由协商来确定的。后来却发现，工人是被迫同意资本家规定的工资，而资本家则是被迫把工资压到尽可能低的水平。"① 同时，他也指出："生产某个物品所必须花费的劳动时间属于这个物品的生产费用，某个物品的生产费用也就是它值多少，即它能卖多少钱（如果撇开竞争的影响），这一点甚至连批判的批判也不会不了解。除劳动时间和劳动材料外，经济学家还把土地所有者的地租以及资本家的利息和利润也算入生产费用。"② 最后，他指出："在直接的物质生产领域中，某物品是否应该生产的问题即物品的价值问题的解决，本质上取决于生产该物品所需要的劳动时间。因为社会是否有时间来实现真正人类的发展，就是以这种时间多寡为转移的。"从马克思的这些论述中可以看出：

第一，这里提出的价值"本质上取决于生产该物品所需要的劳动时间"。比他在《巴黎笔记》中提出的"把生产费用作为决定价值的唯一因素来描述时，……是犯了这样的错误"的观点，无疑是一个转折性的进步，并且还提出了不仅在物质生产领域而且精神生产领域的产品也是由劳动时间决定的。他说："在直接的物质生产领域中，某物品是否应当生产的问题即物品价值问题的解决，本质上取决于生产该物品所需的劳动时间。……甚至精神生产的领域也是如此。如果想合理地行动，难道在确定精神作品的规模、结构和布局时就不需要考虑生产该作品所必需的时间

---

① 《马克思恩格斯全集》第2卷，人民出版社1957年版，第39页。
② 同上书，第61页。

吗？"① 说明马克思已从否定古典经济学的劳动决定价值向肯定劳动决定价值的转变。

第二，这里提出的："某个物品的生产费用也就是它值多少钱（如果撇开竞争的影响），这一点甚至连批判的批判也不会不了解。"比他在《巴黎笔记》中说的："如果不把竞争考虑在内，他又怎样确定生产费用呢"的说法，又是一个进步。因为劳动决定价值并不是由竞争决定的，竞争只能通过价格对价值产生影响作用，而不能直接决定价值，因为价格只是价值的货币表现形式，价值是价格的本质，两者不能混淆。

必须指出的是：马克思在《神圣家族》中，虽然已经承认了劳动价值论，但是，还没有从根本上转到劳动价值论的立场上来。具体表现在：(1)把劳动时间决定价值看成是不存在私有制和恢复人的权利的条件下出现的。例如马克思说："在蒲鲁东那里，地租、利息和利润都消失了，因为他那里私有财产消失了。于是剩下的只有劳动时间和预支费用。蒲鲁东既把劳动时间，即人类活动本身的直接定在当作工资和规定产品价值的量度，因而就使人成了决定性的因素；而在旧政治经济学中决定性的因素则是资本和地产的物质力量，这就是说，蒲鲁东恢复了人的权利，虽然还是以政治经济学的、因而也是矛盾的形式来恢复的。他从政治经济学观点出发的这种做法正确到何种程度，可以从下述事实看出来：新政治经济学的奠基者亚当·斯密在其著作'原富'的头几页中发挥了这样的见解：在私有制确立以前，也就是在不存在私有财产的条件下，劳动时间曾经是工资以及与工资尚无区别的劳动产品的价值的量度。"② 因为价值的存在是以商品存在为前提，是商品的社会属性，只要存在社会分工和不同的所有制，就必然存在商品的价值，不能把劳动时间决定商品价值看成是私有财产的消失和人的权利的恢复。(2)没有分清楚价值、交换价值和价格的关系。也没有分清楚价值规律和这个规律的作用形式。例如，他指出："最初，价值看起来确定得很合理：它是由物品的生产费用和物品的社会效用来确定的。后来却发现，价值纯粹是偶然确定的，它无论和生产费用还是和社会效用都没有任何关系。"这里，不把价值看成是由"物品的生产费

---

① 《马克思恩格斯全集》第 2 卷，人民出版社 1957 年版，第 62 页。

② 同上书，第 61 页。

用和物品的社会效用来确定"固然不对，但是，"价值纯粹是偶然确定的"也是错误的。价值决定于社会必要劳动时间具有客观必然性，带有偶然性的是价值的表现形式，即交换价值或价格，因为它是随着市场供求关系的变化，市场价格就会围绕着价值上下波动，这种价格变动的偶然性也是价值变动的必然表现，这正是价值规律发生作用的表现形式。可见，价值决不是偶然确定的。

第三，马克思的关于价值理论的不成熟看法，与他没有完成唯物史观的创立有直接关系。马克思和恩格斯在《神圣家族》中所论述的唯物史观是不完整的。虽然，马克思在批判青年黑格尔派的时候，阐明了人们的社会生产是以一定的客观条件为前提的思想，他说："人并没有创造物质本身。甚至人创造物资的这种或那种生产能力，也只是在物质本身预先存在的条件下才能进行。"① 在论述人和物的关系时也明确指出："实物是为人的存在，是人的实物存在，同时也就是人为他人的定在，是他对他人的人的关系，是人对人的社会关系。"② 实际上，马克思已经揭示了商品的社会性质，它不仅是为了人的需要而生产，而且还包含了人的劳动，因而它是人的劳动物化形式即"人的实物存在"，同时商品中还包含了人与他人的关系。人为了他人的需要而把自己的劳动物化为商品，是"人为他人的存在"，在商品生产的人与物的关系中，体现了人们之间的社会关系。但是，他们在论述17—18世纪唯物主义学说时，对其中固有的形而上学的局限性没有进行彻底的批判；旧唯物主义者在社会科学领域的唯心主义，还没有成为马克思恩格斯批判研究的对象，也还没有对自然界、社会和思维的发展规律进行考察。例如，他们认为只有在未来的社会主义社会里，物品的价值问题的解决，才在本质上取决于生产该物品所需要的劳动时间。总之，《神圣家族》一书是马克思主义创始人劳动价值论发展的重要里程碑，它比《政治经济学批判大纲》对劳动价值论的探索时期已经前进了一大步，虽然存在不足之处，但是随着马克思恩格斯对劳动价值论研究的深入，这些不足就在劳动价值论学说形成过程中被克服了。

---

① 《马克思恩格斯全集》第2卷，人民出版社1957年版，第58页。
② 同上书，第52页。

三 19 世纪 60 年代劳动价值论的确立时期

随着唯物史观的创立，马克思对物质资料的生产是社会存在和发展的基础有了进一步的认识，从而对人的劳动在物质资料生产中的作用有了更为透彻的理解，使他对劳动价值论的认识更加全面和深入。这首先见于马克思和恩格斯于 1845 年 8 月—1846 年 8 月合写的《德意志意识形态》。该书的问世标志着马克思主义哲学体系形成的一个新的阶段。正如恩格斯说的，马克思在《德意志意识形态》中，首次对历史唯物主义的基本原理作了比较系统的阐述，从而为劳动价值论的确立奠定了理论基础。该书论述历史唯物主义学说主要集中在第一章，其内容包括两个方面：

第一，提出了人是社会历史观的出发点。马克思、恩格斯以人们的社会的现实活动作为唯物主义历史观的出发点，阐明了人们活动的前提、内容和过程，以及人们活动的发展前景。马克思、恩格斯分析了他们的社会历史观同德国思辨唯心主义以及费尔巴哈的直观唯物主义的本质区别。马克思指出："这种考察方法不是没有前提的。它从现实的前提出发，它一刻也不离开这种前提。它的前提是人，但不是处在某种虚幻的离群索居和固定不变状态中的人，而是处在现实的、可以通过经验观察到的、在一定条件下进行的发展过程中的人。"① 在对待人的看法上，马克思和费尔巴哈是不同的。马克思在《关于费尔巴哈的提纲》中说："从前的一切唯物主义——包括费尔巴哈的唯物主义——的主要缺点是：对对象、现实、感性，只是从客体的或者直观的形式去理解，而不是把它们当作人的感性活动，当作实践去理解，不是从主体方面去理解。因此，结果竟是这样，和唯物主义相反，唯心主义却发展了能动的方面，但只是抽象地发展了，因为唯心主义当然是不知道现实的、感性的活动本身的。费尔巴哈想要研究跟思想客体确实不同的感性客体，但是他没有把人的活动本身理解为对象性的［gegenständliche］活动。"② 这就是说，由于费尔巴哈没有把人的活动本身理解为一种客观活动，而只是把它看作是一种纯粹理论的活动，因而把它排除在"感性客体"范围之外。这样，他一方面把人的活动看成

① 《马克思恩格斯选集》第 1 卷，人民出版社 1995 年版，第 73 页。
② 同上书，第 58 页。

了脱离物质基础的纯思想活动；另一方面又把现实世界看成脱离人的活动的纯自然过程，从而把实践活动同现实世界完全割裂开来。因此，他既不能了解人的实践活动在改造客观世界中的革命意义，也不了解现实世界的存在与发展同人的实践的密切关系。这就是包括费尔巴哈在内的一切旧唯物主义者仅仅从直观形式去了解事物的重要的认识论根源。

第二，揭示了人类历史的发展规律。如果说，在《神圣家族》中，马克思由于还没有彻底摆脱人本主义的影响，以致在对蒲鲁东用人性论的观点考察经济学还表示过赞赏，但是，他在写作《德意志意识形态》的时候，已经能够用唯物史观揭示人类社会的历史发展规律。正如他们在该书中指出的："我们首先应当确定一切人类生存的第一个前提，也就是一切历史的第一个前提，这个前提是：人们为了能够'创造历史'，必须能够生活。但是为了生活，首先就需要吃喝住穿以及其他一些东西。因此第一个历史活动就是生产满足这些需要的资料，即生产物质生活本身。……因此任何历史观的第一件事情就是必须注意上述基本事实的全部意义和全部范围，并给予应有的重视。"① 尽管费尔巴哈认为，人的生活和劳动状况构成人的本质，但是由于他没有看到这种状况是由经济和社会的关系决定的，因而不可能认识到生产活动和实践的重要意义。正是由于费尔巴哈不认识生产活动和实践的重要意义，马克思才认为，在自然观上，费尔巴哈是一个唯物主义者，在历史观点方面，他是一个唯心主义者，因为"在他那里，唯物主义和历史是彼此完全脱离的"。② 马克思、恩格斯非常重视社会生产的实践活动对历史观的重要意义。因为"这种活动、这种连续不断的感性劳动和创造、这种生产，正是整个现存的感性世界的基础，它哪怕只中断一年，费尔巴哈就会看到，不仅在自然界将发生巨大的变化，而且整个人类世界以及他自己的直观能力，甚至他本身的存在也会很快就没有了。"③

马克思、恩格斯根据上述观点论证了人类生存和社会存在的历史因素和基础。

其一，两种生产。即人和物的生产。马克思恩格斯指出，在社会历史

---

① 《马克思恩格斯选集》第 1 卷，人民出版社 1995 年版，第 78—79 页。

② 同上书，第 78 页。

③ 同上书，第 77 页。

中，人们为了创造历史，就必须能够生活，而为了生活，就必须生产生活资料。因此，历史上的第一件事就是必须进行生活资料的生产，即衣、食、住、行。马克思和恩格斯称之为"人类生存的第一个前提"。另一种是人口的生产，即人的繁殖，种的繁衍，人的生命的生产。"这样，生命的生产，无论是通过劳动而达到的自己生命的生产，或是通过生育而达到的他人生命的生产，就立即表现为双重关系：一方面是自然关系，另一方面是社会关系；社会关系的含义在这里是指许多个人的共同活动，至于这种活动在什么条件下、用什么方式和为了什么目的而进行，则是无关紧要的。"①

其二，需要和供给。在《德意志意识形态》中针对格律恩关于生产和消费的错误观点进行了批判。格律恩认为："在理论上和在外部现实中，生产和消费在空间和时间中彼此分开，但是按其本质来说，它们是没有区别的。难道某种最普通的手工工作，例如烤面包，不是生产吗？这种生产对于数百个其他的人来说是消费。甚至对烤面包者本人来说它也是消费，他也需要面包、水、牛奶、鸡蛋等。难道对于鞋匠和裁缝来说鞋子和衣服的消费不是生产吗？"马克思和恩格斯指出："在这里格律恩先生毫无成效地企图多少弄懂一点需求和供给之间的最平凡最普通的关系。他理解到：他的消费，即他的需求，产生新的供给。但是他忘记了，他的需求应当是有效的需求，他应当为他所需要的产品提供等价物，以便由此引起新的生产。经济学家们也援引消费和生产的密切联系，援引需求和供给的绝对同一性，而他们正是想证明，永远不会有生产过剩；但是他们并没有像格律恩先生那样，讲出这样一些不通的和庸俗的话来。"② 为什么格律恩提出需求和供给的绝对统一性呢？这是由于"格律恩先生省略了一个中间要素，即省略了现款支付——而由于他随便离开了这种支付，就把它变成多余的了，但是只有通过这种支付，它的需求才是有效的——因而就把再生产的消费变成了某种怪异现象。"③

在《德意志意识形态》中，马克思恩格斯虽然没有对劳动价值论进行系统的论证，但是，随着唯物史观的初步形成，推动他们运用唯物史观去研究劳动价值论具有重要的作用，促使他们从原来否定劳动价值论向承

---

① 《马克思恩格斯选集》第1卷，人民出版社1995年版，第80页。
② 《马克思恩格斯全集》第3卷，人民出版社1960年版，第611—612页。
③ 同上书，第612页。

认劳动价值的阶段过渡。

马克思在 1847 年发表的《哲学的贫困》中，第一次确认了劳动价值论的正确立场。在批判蒲鲁东的错误观点的同时，批判继承了李嘉图劳动价值论的科学因素，阐述了马克思劳动价值论的基本要点。

第一，关于使用价值和交换价值的对立。蒲鲁东在 1846 年发表的《贫困的哲学》第二章"论价值"中说："价值生就两副面孔：一副是经济学家称之为使用价值，或曰固有价值；另一副称之为交换价值，或曰议定价值。……可是，使用价值又怎样变成交换价值呢？……经济学家并没有仔细阐明价值观念产生的经过，所以我们必须加以论述。由于我们所需要的物品中有许多在自然界里为数有限或者根本没有，因此我不得不致力于生产我所缺少的物品；可是，因为我不能亲自动手生产多种东西，所以我向别人建议，也就是向其他行业中我的合作者们建议，把他们所生产的一部分产品同我所生产的产品交换。"① 马克思在《哲学的贫困》中对蒲鲁东的上述观点进行了批判：

首先，批判了蒲鲁东对商品交换的解释。按照蒲鲁东的说法，人生来就具有多种多样的需要，为了满足需要，他们就按照"别人的建议"，生产各种各样的物品，而劳动产品就是根据彼此达成的协议才成为商品的。因此，在蒲鲁东看来，商品交换并不是一定历史阶段上出现的社会生产形式，而是人类理性的永恒宇宙的实现。而马克思则认为，商品交换，也如社会个人的多种需要一样，只有从历史上才能得到正确的理解。因为交换是在生产力有了一定提高的情况下产生的。只有在生产者生产的产品有了剩余以后，才会出现交换。而在资本主义条件下，一切都成了买卖的对象。"甚至象德行、爱情、信仰、知识和良心等最后也成了买卖的对象，而在以前，这些东西是只传授不交换，只赠送不出卖，只取得不收买的。这是一个普遍贿赂、普遍买卖的时期，或者用政治经济学的术语来说，是一切精神的或物质的东西都变成交换价值并到市场上去寻找最符合它的真正价值的评价的时期。"② 而蒲鲁东却把只能在历史发展的一定阶段才出现的商品交换，看成有人"'向别人，即向各行各业中他的合作者建议'

---

① ［法］蒲鲁东：《贫困的哲学》第 1 卷，余叔通、王雪华译，商务印书馆 1961 年版，第64 页。

② 《马克思恩格斯全集》第 4 卷，人民出版社 1958 年版，第 79—80 页。

把德行、爱情等都变成交换价值，把交换价值提高到三次方，即最后一次乘方。"① 这完全是脱离历史实际，把交换价值的产生"当作一个既成事实"唯心主义的观点。

其次，批判了蒲鲁东把交换价值和稀少、把使用价值和众多混为一谈的错误。蒲鲁东说："用经济学的术语来说，就是为什么彼此不可或缺的使用价值与交换价值成反比例的增减。……按这样的原则推论下去，将会得出世界上最合逻辑的结论，就是凡属日用必需品，只要数量无穷就一钱不值，而毫无用处、但又极端稀少的物品，却成了无价之宝。可是，最伤脑筋的是，这两种极端情况在实践中都不可能存在，因为一方面人类生产的任何产品永远不可能数量上增加到无止境的程度；另一方面即使最稀有的东西也必须有某些用处，否则它就不会有任何价值。因此，使用价值和交换价值虽然由于它们的性质而始终互相排斥，可是两者又命定地互相联系。"② 蒲鲁东断言，交换价值和使用价值之间的矛盾是他发现的。事实上，交换价值和使用价值的矛盾在蒲鲁东以前，西斯蒙第、罗德戴尔和其他经济学家就已经指出过这一矛盾，而蒲鲁东却歪曲了这些对立面的真实关系，因为他把交换价值同稀少等同起来，而又把使用价值同众多等同起来。归根到底，是把使用价值和需求相混淆。马克思指出："他撇开需求不谈，就是把交换价值和稀少、把使用价值和众多混为一谈。他说'毫无用处但极端稀少的东西价格就不可估量'，这种说法实际上正是表明，稀少就是交换价值。'极端稀少和毫无用处'，这是纯粹的稀少。'价格不可估量'，这是交换价值的最高限度，即纯粹的交换价值。他在这两个术语之间划了一个等号。这样，交换价值和稀少就成了同义的术语。蒲鲁东先生得出这个臆造的'极端的结论'，实际上他触及的并不是事物，仅仅是那些表达事物的术语，这说明他对修辞学要比逻辑学有才能得多。"③

最后，揭示了蒲鲁东把使用价值和交换价值对立起来的形而上学性质。按照蒲鲁东的说法："使用价值和交换价值的对立是由于个人自由专断而造成的，那么，只要存在自由专断，又怎么可能消除这种对立呢？不

---

① 《马克思恩格斯全集》第4卷，人民出版社1958年版，第80页。

② ［法］蒲鲁东：《贫困的哲学》第1卷，余叔通、王雪华译，商务印书馆1961年版，第69页。

③ 《马克思恩格斯全集》第4卷，人民出版社1958年版，第82—83页。

牺牲个人，又怎能牺牲自由意志呢？所以，只要我是自由的买者，我就是我的需要的判断者，是物品是否合适的判断者，是对这件物品愿意出价多少的判断者；另一方面，只要你是自由的生产者，你就是制造物品用的资料的主人，你可以缩减你的成本。"① 蒲鲁东的这种观点之所以是错误的，是因为供给与需求并不是由个人决定的，而是由社会决定的。虽然买卖双方是按照各自的意见行事的，但是，他们的爱好和需求是由他们所处的社会地位决定的。同时，生产多少又是以社会生产力的水平决定的，并不是决定于个人想生产多少就生产多少，他只能在生产力发展水平的一定限度进行生产。因此，不能把买卖双方看成纯粹的自由的个人行为。马克思指出："消费者并不比生产者自由。他的意见是以他的资金和他的需要为基础的。这两者都由他的社会地位来决定，而社会地位却又取决于整个社会组织。"② 从方法论来看，"蒲鲁东先生的整个辩证法是什么呢？就是用抽象的和矛盾的概念，如稀少和众多、效用和意见、一个生产者和一个消费者（两者都是自由意志的骑士）来代替使用价值和交换价值、需求和供给。"③

第二，关于构成价值或综合价值。什么是构成价值？按照蒲鲁东的说法："作为产品比例的价值，换言之，即构成价值，必然包含同等的效力和交换能力，而且是不可分离和和谐地结合在一起的。构成价值之所以包含效用，是因为如果不具备这个条件，产品就完全失去那种使它能进入交换的亲和力，从而也就不成其为财富的一种组成元素；构成价值之所以包含交换能力，则是因为任何产品如果不是在任何时候都能按照一定的价格从事交换，那么，它就不过是一种无价值的东西，它就一无所用。"④ 马克思在《哲学的贫困》针对蒲鲁东的《构成价值》提出了以下几点：

首先，指出了构成价值并没有"什么闻所未闻的东西"。马克思指出："蒲鲁东先生在政治经济学中的全部发现——'构成价值'是什么呢？只要承认某种产品的效用，劳动就是它的价值的源泉。劳动的尺度是

---

① ［法］蒲鲁东：《贫困的哲学》第 1 卷，余叔通、王雪华译，商务印书馆 1961 年版，第 71 页。

② 《马克思恩格斯全集》第 4 卷，人民出版社 1958 年版，第 86 页。

③ 同上书，第 87—88 页。

④ ［法］蒲鲁东：《贫困的哲学》第 1 卷，余叔通、王雪华译，商务印书馆 1961 年版，第 90 页。

时间。产品的相对价值由生产这种产品所需的劳动时间来确定。价格是产品的相对价值的货币表现。最后，产品的构成价值不过是体现在产品中的劳动时间所构成的价值。"① 而蒲鲁东却自以为他发现了"构成价值"。并且从他的构成价值中得出如下结论：一定的劳动量和同一劳动量所创造的产品是等价的。任何一个劳动日和另一个劳动日都是相等的；这就是说，一个人的劳动和另一个人的劳动如果数量相等，二者也是等值的，两个人的劳动并没有质的区别。在劳动量相等的前提下，一个人的产品和另一个人的产品相交换。所有的人都是雇佣工人，而且都是以相等劳动时间得到相等报酬的工人。交换是在完全平等的基础上实现的。依据蒲鲁东从他的构成价值所得出以上结论来看都是错误的。

其次，批判了蒲鲁东的《构成价值》的错误和肯定了李嘉图劳动价值论的正确。蒲鲁东为了保证商品永久的可交换性并消除价格的波动，他认为，一切商品应当与这些商品生产中物化的劳动时间来进行交换。直接劳动时间的长短应当是"构成价值"的精确尺度。马克思指出这种看法只是一种空想。因为谁都知道，只有当供求平衡的时候，商品的价值才能恰好由包含在商品中的劳动量来决定。然而蒲鲁东却相反，他为了建立供求之间的"比例性关系"要商品按照他的劳动时间"构成价值"进行交换，因而把因果关系加以颠倒。马克思把蒲鲁东的这种方法作了一个恰当的比喻：一般人都这样说：天气好的时候，可以碰到许多散步的人；可是蒲鲁东先生却为了大家有好天气，要大家出去散步。因此，马克思指出："我们让读者自己把李嘉图的这种简单明了而又准确的语言和蒲鲁东先生想用劳动时间来确定相对价值的那种玩弄辞句的企图比较一下。李嘉图给我们指出资产阶级生产的实际运动，即构成价值的运动。蒲鲁东先生却撇开这个实际运动不谈，而'煞费苦心地'去发明按照所谓的新公式（这个公式只不过是李嘉图已清楚表述了的现实运动的理论表现）来建立世界的新方法。李嘉图把现社会当做出发点，给我们指出这个社会怎样构成价值；蒲鲁东先生却把构成价值当做出发点，用它来构成一个新的社会世界。根据蒲鲁东先生的说法，构成价值应当绕个圈子，又成为按照这种估计方法已经完全构成的世界的构成因素。在李嘉图看来，劳动时间确定价

① 《马克思恩格斯全集》第 4 卷，人民出版社 1958 年版，第 88 页。

值这是交换价值的规律，而蒲鲁东先生却认为这是使用价值和交换价值的综合。李嘉图的价值论是对现代经济生活的科学解释；而蒲鲁东先生的价值论却是对李嘉图理论的乌托邦式的解释。李嘉图从一切经济关系中得出他的公式，并用来解释一切现象，甚至如地租、资本积累以及工资和利润的关系等那些骤然看来好象是和这个公式抵触的现象，从而证明他的公式的真实性；这就使他的理论成为科学的体系。蒲鲁东先生只是完全凭任意的假设再度发现了李嘉图的这个公式，后来就不得不找出一些孤立的经济事实，加以歪曲和捏造，以便作为例证，作为实际应用的现成例子，作为实现他那新生观念的开端。"①

最后，揭示了蒲鲁东从构成价值中得出错误结论的原因：（1）蒲鲁东把复杂劳动和简单劳动相混淆。马克思指出："我们把劳动时间当作价值尺度，那末这至少是不是假定各个劳动日是等价的，这一个人的劳动日和另一个人的劳动日是等值的呢？不是。"② 他还举例作为说明：一个首饰匠的劳动日和一个织布工人的三个劳动日是等价的；在这种情况下，首饰品对纺织品比值的任何变化，如果不是供求变动的暂时结果，就必然是由于两种生产的劳动时间有所增减。如果不同的劳动者的三个劳动日相互的比例是1：2：3，他们产品的相对价值中的一切变化也会是这个比率，即1：2：3。因此，虽然不同的劳动日的价值不等，价值还是可以用劳动时间来衡量的；但是要使用这种尺度，就需要有一个可以比较各种不同劳动日价值的尺度表；确定这种尺度表的就是竞争。可见，蒲鲁东的各个劳动日都是等价的观点，实质上就是把各种不同性质的劳动相混淆，因为少量的复杂劳动可以等于多量的简单劳动，在同一劳动时间内，复杂劳动比简单劳动能创造更多的价值。（2）蒲鲁东还把商品价值和"劳动价值"相混淆。"蒲鲁东先生从李嘉图学说中引伸出的一切'平等'的结论，是建立在一个根本谬误的基础上。他把用商品中所包含的劳动量来衡量的商品价值和用'劳动价值'来衡量的商品价值混为一谈。"③ 如果把这两种衡量商品价值的方法搅在一起，那么也就同样可以说，任何一种商品的相对价值都是由它本身所包含的劳动量衡量的。但是，事实并不是这样，像任何

---

① 《马克思恩格斯全集》第4卷，人民出版社1958年版，第92—93页。
② 同上书，第96页。
③ 同上书，第97页。

其他商品价值一样，劳动本身是没有价值的，只有劳动力作为商品时才有价值。所谓"劳动价值"，就是由劳动来决定劳动价值，这不过是同义反复的循环论证。马克思说："用劳动价值来确定商品的相对价值是和经济事实相抵触的。这是在循环论证中打转，这是用本身还需要确定的相对价值来确定相对价值。"① （3）蒲鲁东把生产费用和工资混为一谈。在蒲鲁东看来，"任何人的劳动都可以购买这种劳动所包含的价值"。因此按照他的说法，产品中所包含的一定量劳动和劳动者的报酬是相等的，即和劳动价值是相等的。这一来，就把劳动时间决定的商品价值和"劳动价值"，也就是把生产费用和工资混为一谈了。当然，当时马克思还没有把劳动和劳动力从概念上加以区分，但是已经明确了劳动的价值和由劳动决定的商品价值是有区别的，而蒲鲁东却把这两者混淆在一起。这种混淆在亚当·斯密那里就已经出现，亚当·斯密有时把生产商品所必要的劳动时间当作价值尺度，有时又把劳动价值当作价值尺度。李嘉图揭露了这种错误，说明了这两种衡量方法的区别。而蒲鲁东其实加深了亚当·斯密的错误，因为亚当·斯密只是把两者并列，他肯定劳动决定价值的正确观点的同时，又认为价值是由购买到的劳动决定的；而蒲鲁东却把这两者混而为一。他这样做的目的，正如马克思说的："他寻找商品相对价值的尺度是为了找出劳动者的平等报酬，他把工资的平等当做已经完全确定的事实，是为了根据这种平等去找出商品的相对价值。多么奇妙的辩证法！"② （4）从方法论来看，蒲鲁东"构成价值"是根源于康德"二律背反"的唯心主义辩证法。所谓二律背反，是指两个互相排斥但同样可以论证的命题之间的矛盾。"二律背反是一种具有两面性规律的概念，它既有肯定性的一面，又有其否定性的一面。"③ 蒲鲁东用它来说明经济范畴自身的发展。在他看来，经济范畴不是社会生产关系的理论表现，而是人们头脑里纯理性运动的产物。在他看来，每个经济范畴都有好的方面和坏的方面，它们互相矛盾、互相斗争，好的和坏的综合，就出现新的经济范畴。经济学家的任务，就是要保留它好的方面，消除它坏的方面。他认为使用价值和交换价

---

① 《马克思恩格斯全集》第 4 卷，人民出版社 1958 年版，第 98 页。

② 同上书，第 99 页。

③ ［法］蒲鲁东：《贫困的哲学》第 1 卷，余叔通、王雪华译，商务印书馆 1961 年版，第 73 页。

值的矛盾是人的自由意志造成的，只有通过他"发现"的"构成价值"或"综合价值"才能解决。因为在他看来，造成使用价值和交换价值的矛盾是分工。他说："价值的二律背反就是这样地重现在分工规律上，结果上天赋予我们用以获取知识和财富的第一个最强有力的工具竟变成了我们制造贫困和愚蠢的工具。这就形成一种新的对抗规律公式，我们应该把文明社会最古老的病态，即贵族和无产阶级归于这个公式。劳动根据其固有的规律进行分工，这个规律也是劳动增殖财富的首要条件，但是劳动分工却导致了否定自己的目的，并且自我毁灭了；换句话说，没有分工就没有进步，没有财富就没有平等，可是分工的结果却使工人处于从属地位，使智力无用武之地，使财富为害于人，使平等无从实现。"① 为了解决这个矛盾，他主张取消货币，把所有商品都变成货币那样的等价物，根据生产物所耗费的劳动直接进行交换，这样就可以使供求一致，使"构成价值"得以实现。他的具体办法就是设立"交换银行"，组织生产者按照生产所耗费的劳动直接交换自己的产品；另外，还可以向生产者发放无息贷款，消除商人和高利贷对生产者的剥削。蒲鲁东的这些理论和做法的实质，就是在保存资本主义制度的前提下，巩固小生产者的经济地位，用改良主义的办法，来消除资本主义的固有矛盾。这是空想的改良主义道路，是注定不可能实现的。正如马克思指出的："由劳动时间衡量的相对价值注定是工人遭受现代奴役的公式，而不是蒲鲁东先生所希望的无产阶级求得解放的'革命理论'。"②

《雇佣劳动与资本》进一步阐述了在《哲学的贫困》中劳动价值的观点。《雇佣劳动与资本》是马克思根据自己 1847 年 12 月在布鲁塞尔德意志工人教育协会所作的讲演写成的，1849 年 4 月以《新莱茵报》社论形式连续发表的。后因德国政治局势变化，只发表了第一部分即现在看到的《雇佣劳动与资本》。这本著作之所以具有特殊意义，是因为这是马克思第一部系统全面地叙述自己经济学观点的公开发表的著作。其中关于价值理论方面有以下几点：

其一，商品、交换价值和价格中反映了生产关系。马克思指出："人

---

① ［法］蒲鲁东：《贫困的哲学》第 1 卷，余叔通、王雪华译，商务印书馆 1961 年版，第 113 页。

② 《马克思恩格斯全集》第 4 卷，人民出版社 1958 年版，第 95 页。

们在生产中不仅仅同自然界发生关系。他们如果不以一定方式结合起来共同活动和互相交换其活动，便不能进行生产。为了进行生产，人们便发生一定的联系和关系；只有在这些社会联系和社会关系的范围内，才会有他们对自然界的关系，才会有生产。"① 马克思把商品生产看作是社会发展到一定阶段上生产的结果，在这种商品生产中，社会的相互关系是通过商品的生产和精华而形成的。因此，商品作为"能同别的产品交换的产品"。② 它不仅是一种物质产品，不仅是可以用自然尺度来衡量的劳动产品；而且，它同时又是社会产品，是反映商品生产者之间的社会生产关系。这种关系表现在他们的劳动产品的关系中，表现在他们的劳动产品即商品的交换中。

在《雇佣劳动与资本》中，马克思考察了交换价值和价格的关系。马克思指出，作为商品的"这些产品由以交换的一定比率就是它们的交换价值，如果这种比率是用货币来表示的，就是它们的价格。这些产品的数量多少丝毫不能改变它们成为商品，或者表现交换价值，或者具有一定价格的这种性能。"③ 这就是说，按照商品所交换的其他商品的多少，可以看出商品的交换价值的多少和价格的高低；但不会改变作为商品和交换价值的质的规定性，它只是与交换价值或价格的量的规定性有关。在这里，马克思着重研究了交换价值或价格的量的规定性，提出了商品价格是由什么决定的问题，指出了价格规定或交换价值规定的一般规律，这些论述与《哲学的贫困》中的观点是一致的，只是在论述竞争的作用方面更为深刻一些。

其二，市场价格和"生产费用"。马克思在谈到商品价格是由什么决定的问题时指出："它是由买主和卖主之间的竞争即供求关系决定的。决定商品价格的竞争是三方面的。"④ （1）卖者之间的竞争。因为同一种商品，有许多不同的卖主供应，为了保证自己有最大的销路，各个卖主必然进行争夺销路和市场的斗争，这种竞争降低他们所供应的商品的价格。（2）买主之间的竞争。这种竞争反过来提高了所供应的商品的价格。

---

① 《马克思恩格斯全集》第 6 卷，人民出版社 1961 年版，第 486 页。

② 同上书，第 488 页。

③ 同上。

④ 同上书，第 480 页。

(3)买主和卖主之间的竞争。由于买者想尽量买得便宜些，而卖者却想尽量卖得贵些。竞争的结果决定于双方的力量对比关系。"就是说要看是买主阵营里的竞争激烈些呢还是卖主阵营里的竞争激烈些。产业把两支军队抛到战场上对峙，其中每一支军队内部又发生内讧。战胜敌人的是内部冲突较少的那支军队。"①

马克思在阐述了竞争价格的影响和价格是由供求关系决定的之后，又提出了供求关系是由什么决定的问题。他提出了在《哲学的贫困》已经提出的由"生产费用"来决定的观点，也就是"不仅供应，连需求也是由生产费用决定的"。② 如何理解马克思在《雇佣劳动与资本》中所说的生产费用呢？在这里，马克思对"生产费用"这个范畴有三种含义：

第一种含义："生产费用"就是指价值。他说："价格由生产费用决定，就等于说价格由生产商品所必需的劳动时间决定，因为构成生产费用的：(1)原料和劳动工具，即产业产品，它们的生产耗费了一定数量的工作日，因而也就是代表一定数量的劳动时间；(2)直接劳动，它也是以时间计量的。"这个"生产费用"在资本主义条件下，包括已耗费的生产资料价值、劳动力价值和剩余价值三个部分，也就是商品价值 $= c + v + m$。

第二种含义："生产费用"是指资本家的"费用价格"，也就是成本价格。马克思说："对于这个资产者来说，究竟什么是衡量利润的尺度呢？这就是他的商品的生产费用。假如他拿自己的商品换来的一定数量的别种商品，其生产费用少于他的商品的生产费用，那他就算亏本了。可是假如他拿自己的商品换来的一定数量的别种商品，其生产费用大于他的商品的生产费用，那他就算赢利了。他是以生产费用作为零度，根据他的商品的交换价值在零度上下的度数来测定他的利润的升降的。"③ 他举例说：假如我生产我出卖的这个商品的费用是 100 法郎，而我把它卖了 110 法郎，那么这是一种普通的、老实的、正当的利润。假如我进行交换时得到了 120 法郎或 130 法郎，那就是高额利润了。假如我得到整整 200 法郎，那就是特高的巨额利润了。对于这个资产者来说，究竟什么是利润的尺度呢？这就是他的商品的生产费用。可以看出，马克思在这里说的"生产

---

① 《马克思恩格斯全集》第 6 卷，人民出版社 1961 年版，第 480 页。

② 同上书，第 483 页。

③ 同上书，第 482 页。

费用"，就是指商品的"费用价格"或"成本价格"，它包括不变资本和可变资本之和，即 $= c + v$。

第三种含义："生产费用"是指"生产价格"。马克思说："需求和供应的波动，每次都把商品的价格引导到生产费用的水平。固然，商品的实际价格始终不是高于生产费用，就是低于生产费用；但是，上涨和下降是相互抵销的，因此，在一定时间内，如果把工业中的资本流入和流出总合起来看，就可看出各种商品是依其生产费用而互相交换的，所以它们的价格是由生产费用决定的。"[①] 这里的"生产费用"就是指生产价格，它包括成本价格和平均利润之和，即 $= (c + v) + P$。

从马克思的《雇佣劳动与资本》中可以看出，他的价值理论是不成熟的，因为他还没有把由劳动衡量的"生产费用"与由成本价格决定的"生产费用"，以及和由一般利润率决定的"生产费用"之间，即价值、成本价格、生产价格之间存在质的方面和量的方面的界限加以区别，也还没有把商品的价值和价格加以区分。这些问题是在《资本论》中最终得到解决的。

其三，"生产费用"决定价值问题上马克思与李嘉图的区别。马克思和李嘉图及其他资产阶级劳动价值论者，都提出过商品价值由生产费用决定的观点。在《雇佣劳动与资本》中，马克思指出在关于生产费用决定价值问题上，他和李嘉图等人有明显的区别。

李嘉图和其他资产阶级经济学家都认为，商品的平均价格等于生产费用是一般规律，而把价格的上涨与下落看成是无政府状态的偶然现象。而马克思则相反，他认为："价格由生产费用决定这一点，不应当了解成像经济学家们所了解的那种意思。经济学家们说，商品的平均价格等于生产费用；在他们看来，这是一个规律。他们把价格的上涨被价格的下降所抵销，而下降则被上涨所抵销这种无政府状态的变动看作偶然现象。那末，同样也可以（另一些经济学家就正是这样做的）把价格的波动看作规律，而把价格由生产费用决定这一点看作偶然现象。可是实际上，只有在这种波动的进程中，价格才是由生产费用决定的；我们细加分析时就可以看出，这种波动起着极可怕的破坏作用，并像地震一样震撼资产阶级社会的

---

① 《马克思恩格斯全集》第6卷，人民出版社1961年版，第483页。

基础。这种无秩序状态的总运动就是它的秩序。"① 在这里，马克思和李嘉图相反，价格由生产费用决定并不是一个静态的东西，而是市场价格围绕着市场价值（生产价格）波动的结果。这种看似无秩序的波动，实际上是价值规律有秩序运动的必然结果。

1848—1849 年革命后，马克思被迫侨居伦敦，重新开始研究政治经济学，阅读了大量的资产阶级经济学家的著作，并且进行摘录和评论，简称为《伦敦笔记》。从这些笔记中可以看出，马克思在 19 世纪 50 年代初对劳动价值研究取得的新进展，在一些重要问题上有了新的突破，形成了不同于资产阶级的新观点。其中《关于大卫·李嘉图〈政治经济学和赋税原理〉》和《反思》就是这个时期经济学手稿的一部分。它对于创立劳动价值论具有重要作用。在这些手稿中，马克思已接近于认识到创造商品的劳动本身不是商品，工人出卖给资本家的不是劳动，而是他的劳动力及其特殊能力；他还进一步加深了对资本本质的认识，指出了李嘉图把资本和构成资本的材料混为一谈；他批判了资产阶级庸俗政治经济学认为利润来源于流通领域的错误理论，指出"资产阶级全部生产的目的是交换价值，而不是满足需要"，从而揭穿了资产阶级发财致富的秘密，由此说明资本是一定的社会关系。

马克思的摘录和评析《李嘉图——政治经济学和赋税原理》包括七个部分。涉及劳动价值的有：论价值、论地租、论自然价格与市场价格、论工资、论利润、论赋税等。其中有以下几个主要问题：

第一，初步揭示了货币的本质和职能。在《伦敦笔记》中，针对李嘉图的说法："对货币的需求，不象对衣服或食物的需求那样有一定的数量。对货币的需求完全是由货币的价值决定的，而货币的价值又是由它的数量决定的。"② 马克思指出："这是非常混乱的一章。李嘉图认为，黄金的生产费用只有在黄金的数量因此而增加或减少时才能产生影响，而这种影响只有很晚才会表现出来。另一方面，按照这种说法，流通中的货币量有多少是完全无关紧要的，因为流通的是许多价值低的金属还是少量价值高的金属，这是无关紧要的。"③ 从这里可以看出，马克思已经克服了货

---

① 《马克思恩格斯全集》第 6 卷，人民出版社 1961 年版，第 483—484 页。
② 《马克思恩格斯全集》第 44 卷，人民出版社 1982 年版，第 81 页。
③ 同上书，第 81—82 页。

币数量论的影响，并且还对这种理论进行了批判。但是，马克思在 19 世纪 40 年代批判蒲鲁东的《哲学的贫困》中，谈到蒲鲁东的货币理论时，还没有认识到这种观点的错误。例如，蒲鲁东谈道："甚至也应当注意，如果真主不伪造钱币，但有权把钱币的数量增加一倍，那么金银的交换价值由于比例性的和均衡性的原因，立刻会跌价一半。"马克思针对蒲鲁东的这个观点指出："如果蒲鲁东先生和其他经济学家们的这个共同观点是正确的话，那末这也只是有利于他们的供求学说，对蒲鲁东先生的比例性却完全无补。因为根据这个观点，无论在双倍的金银中包含的劳动量如何，只要需求不变而供应增加一倍，那末金银的价值就会跌价一半。"①"李嘉图非常理解这个真理，他把价值取决于劳动时间作为他的整个体系的基础，并且指出'金银象一切其他商品一样，它们所具有的价值，只是与生产它们并把它们投入市场所必要的劳动量相适应'，但是他又补充说，确定货币价值的不是实物所包含的劳动时间，而只是供求规律。"②如果我们把马克思对蒲鲁东的批判和对李嘉图的评析对照一下，可以看出：(1)不仅已经克服了货币数量论的影响，而且还对它进行了批判。货币数量论，是关于货币流通量和商品价格的关系的一种货币理论。这一理论认为商品价格决定于流通中的货币量，并随着流通中的货币量的增减而同比例提高或降低。这是一种庸俗的经济学理论，大卫·休谟是 18 世纪这一理论的重要代表。李嘉图则把这一理论加以系统化。他一方面按照他的商品价值是由劳动时间决定的原理，认为"黄金和白银象一切其他商品一样，其价值只与其生产以及运上市场所必需的劳动量成比例。金价约比银价贵十五倍，这不是由于黄金的需求大，也不是因为白银的供给比黄金的供给大十五倍，而只是因为获取一定量的黄金必须花费十五倍的劳动量。"③ 这种观点是正确的。但是，另一方面他又提出："货币的需求不象毛呢和食物一样有一定的量，所以作为货币之用的金属，和任何其他商品比起来，情形尤其是如此。货币的需求完全由货币的价值规定而货币的价值又由货币的数量规定。如果黄金的价值增加一倍，只要一半的数量就可

---

① 《马克思恩格斯全集》第 4 卷，人民出版社 1958 年版，第 124 页。

② 同上书，第 125 页。

③ ［英］大卫·李嘉图：《政治经济学及赋税原理》，郭大力、王亚南译，商务印书馆 1983 年版，第 301 页。

以在流通中完成同样的机能；如果价值减少一半，需要的量就会增加一倍。"① 这后一种观点却是错误的。

第二，指出商品价格决定流通中的货币量，而不是流通中的货币量决定商品的价格。1851 年 2 月 3 日，马克思在给恩格斯的信中，把从李嘉图、劳埃德等资产阶级经济学家的货币流通理论归结为："假定实行纯金属货币流通。如果这里货币流通过多，物价就会上涨，因此商品出口就会减少。国外的商品进口就会增加。进口就要超过出口。因此，就出现贸易逆差和不利的汇率。就要输出硬币，货币流通就会减少，商品价格就会下降，进口就会减少，出口就会增加，货币就重新流进，总之，重新恢复原来的平衡。"② 针对这种观点，马克思指出："我在这里要谈的是有关这个问题的基本原理。我断定，除了在实践中永远不会出现但理论上完全可以设想的极其特殊的情况之外，即使在实行纯金属流通的情况下，金属货币的数量和它的增减，也同贵金属的流进或流出，同贸易的顺差或逆差，同汇率的有利或不利，没有任何关系。"③ 因为货币流通和流通中的货币量并不是由贵金属的流进或流出来决定的，而是由工商业的业务大小决定的。因为 "只有在业务迅速发展，需要更多的流通手段来进行这些业务的情况下，货币流通才会增加。否则，流通中的过剩的货币就会以支付期票等形式作为存款等流回银行。因此，货币流通在这里不是原因。货币流通的增加归根到底是投资增长的结果，而不是相反"。④ 从马克思这些论述中可以看出商品流通和货币流通的关系是：商品流通决定货币流通，而不是货币流通决定商品流通。如果投资不增加，商品生产不发展，货币流通也不可能增加。可见，货币流通的增加和发展只是由于投资增加、商品生产和商品流通发展的结果，而不是相反。从这里也说明了以下几个问题：其一，货币（金属）的价值不是由流通中的货币量决定的，而是由生产货币材料所需要的社会必要劳动量决定的。其二，商品的价格也不是由流通中的货币量决定的，而是由商品的价值决定的。从而推翻了资产阶

---

① ［英］大卫·李嘉图：《政治经济学及赋税原理》，郭大力、王亚南译，商务印书馆 1983 年版，第 162 页。

② 《马克思恩格斯全集》第 27 卷，人民出版社 1972 年版，第 192 页。

③ 同上书，第 193 页。

④ 同上书，第 194 页。

级的货币流通理论。其三，商品价值决定商品价格并不否认供求对价格的影响。因为"资本家之间为争取最有利地使用资本而进行的斗争，经常使市场价格降低到自然价格的水平——把资本按比例地使用到各不同的生产部门。但是资本家之间的这种竞争又是由需求的变化决定的。就是说，由劳动时间决定价格正是在供求范围内实现的，因为供求范围决定着各不同资本在不同生产部门之间分配的比例。另一方面，供给和需求是由生产本身决定的"。① 其四，对货币流通规律的认识有了进一步接近。马克思在货币流通理论的研究取得重大进展的基础上，研究了影响货币流通量的因素及其规律性。在《伦敦笔记》中，马克思针对詹姆斯·穆勒提出的：货币的价值等于任何与任何商品交换的比例，或者说等于一定量的可以与其他一定数量商品相交换的商品。作出如下的评语："不对，如果我们假定商品的数量仍旧是原来那么多，那么，假若货币的数量增加或减少十倍，商品的价值也应该增加或减少十倍。"② 为什么穆勒的观点不对呢？是因为影响流通需要的货币量的因素有很多，除了商品价值这个基本因素之外，还有货币价值的变化和货币的流通速度以及信用制度的发展等。而货币的增加或减少，只有当货币总量乘以每个个别货币单位年平均实现的购买的平均数的乘积增加或减少时，才开始表现出来。流通运动不依赖于货币数量，而依赖于其他情况，依赖于每日成交的贸易额，依赖于流通手段，依赖于信用，依赖于居民数量等。

四　19 世纪 60 年代后对科学的劳动价值论的创立时期

马克思在 19 世纪 50 年代末，在《1857—1858 年经济学手稿》（简称《手稿》），主要由《巴斯夏和凯里》 《导言》和《政治经济学批判（1857—1858 年草稿)》（简称《草稿》）三部分组成。在《手稿》中，马克思第一次明确阐述了他的价值理论的基本要点，对商品、劳动、价值、货币作了系统和详细的探讨，阐述了商品以及创造商品的劳动二重性，货币的本质和职能，从货币到资本的转化以及转化的必要条件，剩余

---

① 《马克思恩格斯全集》第 44 卷，人民出版社 1982 年版，第 112—113 页。

② ［苏］阿·伊·马雷什：《马克思主义政治经济学的形成》，刘品大译，四川人民出版社 1983 年版，第 239—240 页。

价值的来源、本质、转化形式和运动规律。总之，马克思在《手稿》中对劳动价值论作了全面的论述，特别是劳动二重性学说的提出，是劳动价值论形成过程的一个重要里程碑，奠定了科学劳动价值论的理论基础。《手稿》写在七个笔记本里，这是马克思 50 年代研究政治经济学重要成果，其中有关劳动价值论的内容主要包括"货币"和"资本"等部分。《手稿》的内容表明，在这一时期马克思劳动价值论的基本观点已经确立，基本结构也已初步形成，是对后来《资本论》的最初草稿和基本观点初步说明。正如恩格斯在《资本论》第二卷序言中指出的：马克思在 1859 年前后，"他自己的政治经济学批判不仅在纲要上已经完成，而且在最重要的细节上也已经完成。"① 这就是指《手稿》及其包含的《政治经济学批判》第一分册。

（一）研究劳动价值论是从考察货币入手的

为什么在《草稿》中首先安排货币章，而后才是价值章，而不像后来的《政治经济学批判》第一分册和《资本论》都是首先分析商品价值。这是因为：（1）继承了原来研究的思路。在《伦敦笔记》中，马克思对货币理论的研究，是他最感兴趣的研究内容。在《关于大卫·李嘉图〈政治经济学和赋税原理〉》（摘录、评注、笔记）中，首先谈到的就是李嘉图的货币学说。因为在李嘉图看来，"虽然金银也是可变的尺度，……但是它们是作为可以表示、估计其他物品的价值这样一种尺度出现的"。针对这种观点马克思指出："从这方面看，金银是价值的标准、计算的工具、单位，比较点。"② 可见，马克思从货币出发来研究商品是有其历史根源的。（2）批判蒲鲁东的《劳动货币论》的需要。《草稿》的《货币章》批判的对象是蒲鲁东的小资产阶级社会主义的货币理论。在《哲学的贫困》中马克思对蒲鲁东的《构成价值》的观点进行了批判，但这个任务还没有完全解决。因为这些蒲鲁东主义者认为，社会的"一切弊病，都来自人们顽固地保持贵金属在流通和交换中的优势地位。"③ 为了彻底批判蒲鲁东、达里蒙等人的错误的价值观点，必须首先批判作为他们错误

---

① 《马克思恩格斯全集》第 24 卷，人民出版社 1972 年版，第 11 页。

② 《马克思恩格斯全集》第 44 卷，人民出版社 1982 年版，第 73 页。

③ 《马克思恩格斯全集》第 46 卷（上册），人民出版社 1979 年版，第 53 页。

的价值观念基础的货币理论。(3)马克思研究方法的要求。马克思在《草稿》之前写的《导言》中，谈到从具体上升到抽象的方法时提出："最后总是从分析中找出一些有决定意义的抽象的一般关系，如分工、货币、价值等。"这里就是把货币放在价值的前面来论述的。另外，按照逻辑与历史相一致的方法，在资本、雇佣劳动出现之前，货币在历史上早已存在了几千年，因此，马克思把货币作为研究价值的前提，似乎也有一定的根据。需要指出的是，在《草稿》的写作结束时，马克思又补写了一个手稿片断：《I·价值》，而且指出："这一篇应当补充进去。"可见，马克思当时对他的写作有了新的考虑，也就是把价值作为第一章来安排。并且作出说明："表现资产阶级财富的第一个范畴是商品的范畴。"①

（二）　确立了商品的二重属性

《草稿》分析了商品的二重属性。马克思指出："商品本身表现为两种规定的统一。商品是使用价值，即满足人的某种需要的物。这是商品的物质的方面，这方面在极不相同的生产时期可以是共同的，因此不属于政治经济学的研究范围。使用价值一旦由于现代生产关系而发生形态变化，或者它本身影响现代生产关系并使之发生形态变化，它就属于政治经济学的范围了。"②"然而事实上，商品的使用价值是既定的前提，是某种特定的经济关系借以表现的物质基础。正是这种特定的关系给使用价值打上商品的印记。"③ 从《草稿》对商品二重性的论述中可以归结为以下几点：(1)商品是使用价值和价值两种属性的对立和统一。"使用价值和交换价值虽然在商品中直接结合在一起，同样满足又是直接分开的。""这是因为商品的自然差别必定和商品的经济等价发生矛盾，这两者所以能够并存，只是由于商品取得了二重存在，除了它的自然存在以外，它还取得了一个纯经济存在。"④ 这些论述说明了马克思已经把使用价值和价值在商品中是一种对立和统一的关系确立下来。(2)把使用价值看成是商品的物质属性，与社会形态没有关系，因此它不是政治经济学研究的范围。这里

① 《马克思恩格斯全集》第46卷（下册），人民出版社1980年版，第411页。

② 同上。

③ 同上。

④ 《马克思恩格斯全集》第46卷（上册），人民出版社1979年版，第85页。

必须指出，马克思虽然承认使用价值和价值是商品的两种属性，但是，他还没有把价值和交换价值严格加以区分，有时把价值说成是交换价值；有时又把交换价值说成价值。例如，马克思说："商品仅仅在交换（实际的或想象的）中才是价值（交换价值）：价值不仅是商品的一般交换能力，而且是它的特有的可交换性。价值同时是一种商品交换其他商品的比例的指数。"① 只是后来在《资本论》中才加以区分。因为交换价值只是价值的表现形式，价值才是交换价值的内容，而且决定两者的因素是不同的，决定价值的是社会必要劳动时间；而决定交换价值的因素除了决定价值的社会必要劳动时间以外，还有货币的价值和社会供求的变化，在历来否定劳动价值论的争论者中，正是由于他们把价值和交换价值相混淆，使科学的劳动价值论变成了庸俗经济学多要素价值论，因此两者是不能混淆的。

（三）发现生产商品的劳动的二重性

在《草稿》中，马克思多次提到生产商品的劳动的两种性质的区别。他指出："为了直接成为一般货币，单个人的劳动必须一开始就不是特殊劳动，而是一般劳动，也就是说，必须一开始就成为一般生产的环节。但在这种前提下，不是交换最先赋予劳动以一般性质，而是劳动预先具有的共同性决定着对产品的分享。生产的共同性一开始就使产品成为共同的、一般的产品。最初在生产中发生的交换，——这不是交换价值的交换，而是由共同需要，共同目的所决定的活动的交换，——一开始就包含着单个人分享共同的产品界。在交换价值的基础上，劳动只有通过交换才能成为一般劳动。而在共同生产的基础上，劳动在交换以前就应成为一般劳动；也就是说，产品的交换决不应是促使单个人参与一般生产的媒介。当然，媒介作用必定是有的。"② 从马克思这些论述中可以看出，对生产商品的劳动必须具有二重性质。（1）商品要通过交换取得货币，必须使它包含的劳动从"特殊劳动"变成"一般劳动"。因为在商品生产的基础上劳动只有通过交换才能成为一般劳动。也就是说劳动的社会性和"生产的社会性，只是由于产品变成交换价值和这些交换价值的交换，才事后确立下

---

① 《马克思恩格斯全集》第46卷（上册），人民出版社1979年版，第84页。
② 同上书，第118—119页。

来。"① （2）一般劳动存在于特殊劳动之中。"一定的劳动时间物化在具有特殊属性并与需求发生特殊关系的一定的特殊商品中；而作为交换价值，劳动时间必须物化在这样一种商品中，这种商品只表现劳动时间的份额或数量而同劳动时间的自然属性无关，因而可以变形为——即交换成——体现着同一劳动时间的其他任何商品。"② （3）特殊劳动和一般劳动的矛盾决定着商品使用价值和价值的矛盾。"作为［交换］对象，商品必须具有这种一般性质［Ⅰ-26］，而这种性质是与商品的自然特性相矛盾的。这种矛盾只有通过矛盾本身的物化才能解决，即只有使商品成为双重的东西才行：一方面处于自己自然的直接形式中；另一方面处于作为货币的间接形式中。……也就是说，商品必须先同这种一般商品，同劳动时间的象征性的一般产品或化身相交换，然后才能作为交换价值随便同任何其他商品相交换，变形为任何其他商品。"③ （4）劳动二重性的特殊劳动和一般劳动的关系是通过货币作为媒介进行的。马克思指出："货币是作为一般对象的劳动时间，或者说，是一般劳动时间的化身，是作为一般商品的劳动时间。"④ 事实上，生产商品劳动的二重性以及特殊劳动转化为一般劳动，货币并非是条件，而只是一种形式，因为在货币出现以前就已经有商品交换，也有了特殊劳动向一般劳动的转化问题。例如，亚里士多德提出：五床＝一屋。当时还没有出现货币。但是，他看到：包含着这个价值表现的价值关系本身，要求屋必须在质上与床等同，这时屋是代表床和屋二者中真正等同的东西，这个等同的东西，就是人类一般劳动。如果没有这种本质上的等同性，就不可能作为可通约的量而互相发生关系。可是，这时还只是货币出现以前的简单的、个别的或偶然的价值形式阶段。因此，以货币作为媒介的价值交换，只是当货币出现以后的特殊劳动转化为一般劳动的形式。而在货币出现之前，商品交换之间的劳动交换，具体劳动转化为抽象劳动，并非通过货币作为媒介来实现的。随着研究的深入，马克思在这里提出的劳动二重性的特殊劳动和一般劳动，在《资本论》中就发展为具体劳动和抽象劳动，从而使提法更为科学。

---

① 《马克思恩格斯全集》第46卷（上册），人民出版社1979年版，第119页。
② 同上书，第115页。
③ 同上书，第115—116页。
④ 同上书，第116页。

（四）提出了货币本质和职能

在《草稿》中，马克思指出："商品转化为交换价值。为了使商品同作为交换价值的自身相等，商品换成一个符号，这个符号代表作为交换价值本身的商品。然后，作为这种象征化的交换价值，商品又能够按一定的比例同任何其他商品相交换。""可见，产品作为交换价值的规定，必然造成这样的结果：交换价值取得一个和产品分离即脱离的存在。同商品界本身相脱离而自身作为一个商品又同商品界并存的交换价值，就是货币。商品作为交换价值的一切属性，在货币上表现为和商品不同的物，表现为和商品的自然存在形式相脱离的社会存在形式。"① 从以上论述中可以看出如下几点：

第一，在交换过程中产品转化为商品，商品转化为货币。马克思指出："作为价值，一种商品按一定的比例同时是其他一切商品的等价物。作为价值，商品是等价物；商品作为等价物，它的一切自然属性都消失了；它不再和其他商品发生任何特殊的质的关系，它既是其他一切商品的一般尺度，也是其他一切商品的一般代表，一般交换手段。作为价值，商品是货币。"② 诚然，货币原来就是商品，因为它是从商品转化而来的。但是它不是一般的商品，而是充当一般等价物的特殊商品。货币之所以是特殊商品，是因为它具有和一般商品不同的特殊性。一是它具有特殊的自然属性。例如，具有不容易腐朽、包含的价值大、容易分割、便于携带等优点。二是具有特殊的社会属性。那就是它是在商品交换中经常出现，是交易各方都愿意接受的商品。正是由于在商品交换中出现了这种充当一般等价物的商品，从而使这种商品就逐渐发展为货币。

第二，商品转化为货币成为商品的等价物。马克思指出："商品转化为交换价值，并不是使这个商品和一定的其他商品相等，而是表明这个商品是等价物，表明这个商品可以和其他一切商品相交换的比例。"③ "商品必须和一个第三物相交换，而这个第三物本身不再是一个特殊的商品，而是作为商品的商品的象征，是商品的交换价值本身的象征；因而，可以

---

① 《马克思恩格斯全集》第 46 卷（上册），人民出版社 1979 年版，第 89—90 页。

② 同上书，第 85 页。

③ 同上书，第 88 页。

说，它代表劳动时间本身。"① 它是一种得到公认的社会象征，它表现一种社会关系。可以看出，马克思已经把一般等价物作为货币的本质，它代表劳动时间。必须指出，马克思在这里说的"商品转化为交换价值"，指的应该是商品转化为货币，因为货币就是从商品中分化出来的起一般等价物作用的特殊商品。在《草稿》中我们还没有看到对交换价值范畴作出严格界定，往往把交换价值和货币、价值和交换价值作为同义词来用。如果按照马克思后来对这些范畴的科学定义来衡量，上面的提法显然是不正确的。

第三，货币具有和商品不同的属性或职能。马克思认为货币的属性有(1)商品交换的尺度；(2)交换手段；(3)商品的代表；(4)同特殊商品并存的一种特殊商品。所有这些属性都是来自货币同商品分离的、物化的交换价值这一规定。"货币的这种属性，使货币同时成为资本的已实现的和始终可以实现的形式，成为资本的始终有效的表现形式。这个属性在贵金属流出时表现得特别明显；这个属性使资本在历史上最初只以货币的形式出现；最后，这个属性说明了货币和利息率的关系以及货币对利息率的影响。"② 马克思在这里提出的货币的属性或职能在后来的《资本论》中有了更全面和更深入的发展。

(五) 商品和货币的矛盾产生危机的可能性

马克思指出："生产的发展越是使每一个生产者依赖于自己的商品的交换价值，也就是说，产品越是在实际上成为交换价值，而交换价值越是成为生产的直接目的，那么，货币关系以及货币（即产品同作为货币的自身的关系）的内在矛盾就越发展。""货币没有造成这些对立和矛盾；而是这些矛盾和对立的发展造成了货币的似乎先验的权力。"③ 正是由于商品内在矛盾使用价值和价值的矛盾，表现为商品和货币的外部对立，而当这种矛盾得不到解决时，就必然出现危机的可能性。马克思从商品和货币的关系分析产生矛盾的原因：

第一，商品二重性的矛盾必然发展为商品和货币的矛盾。马克思认

---

① 《马克思恩格斯全集》第 46 卷（上册），人民出版社 1979 年版，第 89 页。

② 同上书，第 90—91 页。

③ 同上书，第 91 页。

为："商品作为产品的特殊性同商品作为交换价值的一般性之间的这个矛盾，即产生了商品一方面表现为一定的商品，另方面表现为货币这种二重化的必要性的这个矛盾——商品的特殊的自然属性同商品的一般的社会属性之间的这个矛盾，从一开始就包含着商品的这两个分离的存在形式不能互相转换的可能性。商品的可交换性作为同商品并存的物存在于货币上，作为某种和商品不同的、不再和商品直接同一的东西而存在。一旦货币成为同商品并存的外界的东西，商品能否换成货币这一点，马上就和外部条件联系在一起，这些条件可能出现可能不出现；要受外部条件的支配。"① 这是因为商品的可交换性是作为货币存在于商品之外，它是和商品不同的异己的东西；而且要和这种异己的东西在价值上相等同，还需要取决于外部条件，也就是说它具有偶然性。

第二，商品的二重性表现为商品和货币的对立，使交换行为也分为买和卖两个互相独立的行为。"因为买和卖取得了一个在空间上和时间上彼此分离的、互不相干的存在形式，所以它们的直接同一就消失了。它们可能互相适应和不适应；它们可能彼此相一致或不一致；它们彼此之间可能出现不协调。固然，它们总是力求达到平衡；但是，现在代替过去的直接相等的，是不断的平衡的运动，而这种运动正是以不断的不相等为前提的。现在完全有可能只有通过极端的不协调，才能达到协调。"② 这里提出的通过极端的不协调才能达到协调，就是通过危机的爆发来解决旧的不协调，从而实现新的平衡。

第三，随着买和卖的分离，交换分裂为两个在空间上和时间上互相独立的行为，从而出现了一种新的关系。随着交换分裂为买和卖两个互相独立的行为以后，交换过程本身也使交换者和商品生产者相分离。从中出现了商人阶层，他们只是为卖而买和为再卖而买，他们的目的不是为了占有商品，而是为了交换价值，得到更多的货币。由于交换的这种二重化，即为消费而交换和为交换而交换，就产生了新的不协调。商人在交换中只关心在买卖之间的货币差额；消费者则只关心他购买的商品的使用价值和交换价值。尽管商人与商人之间的交换和商人与消费者之间的交换是互相制约的，但它们是由完全不同的规律和动机决定的，彼此可能发生最大的矛

---

① 《马克思恩格斯全集》第 46 卷（上册），人民出版社 1979 年版，第 92 页。
② 同上书，第 93 页。

盾，从而产生了危机的可能性。马克思提出警句说："在货币上，物的价值同物的实体分离了。货币本来是一切价值的代表；在实践中情况却颠倒过来，一切实在的产品和劳动竟成为货币的代表。在直接的物物交换中，不是每一种物品都能和任何一种物品相交换，一定的活动只能和一定的产品相交换。货币所以能够克服物物交换中包含的困难，只是由于它使这种困难一般化，普遍化了。强制分离的而实质上互相联系的要素，绝对必须通过暴力爆发，来证明自己是一种实质上互相联系的东西的分离。统一是通过暴力恢复的。"①

第四，正如交换价值在货币上作为一般商品与一切特殊商品并列出现一样，交换价值也作为特殊商品在货币与其他一切商品并列出现。由于产品成为商品；商品价值表现为交换价值；交换价值表现为货币。这样，"货币成了和其他商品一样的商品，同时又不是和其他商品一样的商品。货币虽然有它的一般规定，它仍然是一种与其他可交换物并列的可交换物。货币不仅是一般交换价值，同时还是一种与其他特殊交换价值并列的特殊交换价值。这里就是在实践中表现出来的矛盾的新的根源。（在货币经营业从真正的商业分离出来时，货币的特殊性质再次显现出来）。"② 这就是说，为了解决货币出现以后产生的各种矛盾，就出现了专门从事货币经营的银行。银行的出现，使货币通过否定自己的目的的同时来实现自己的目的，脱离商品而独立，由手段变成目的；通过使商品同交换价值分离来实现商品的交换价值；通过使交换分裂，来使交换易于进行；通过使直接商品交换的困难普遍化，来克服这种困难；按照生产者依赖于交换的同等程度，来使交换脱离生产者而独立。这样，"货币制度的和货币制度下产品交换的一切矛盾，是产品作为交换价值的关系的发展，是产品作为交换价值或价值本身的规定的发展。"③

马克思除了在《货币章》中，从货币充当商品交换的媒介，使商品流通分裂为买和卖两个阶段，成为在空间上和时间上彼此独立的两个行为，出现了危机的可能性。接着，在《政治经济学批判》第一分册第二章初稿片断等内容中，对经济危机的许多重要理论问题，都进行了深刻的

---

① 《马克思恩格斯全集》第 46 卷（上册），人民出版社 1979 年版，第 94—95 页。

② 同上书，第 96 页。

③ 同上书，第 97 页。

论述，并且还对资产阶级和小资产阶级经济学家以及空想社会主义者否认普遍生产过剩危机的错误观点进行了批判。

其一，货币作为支付手段，在支付平衡机制和作为这个机制基础的信用制度遭受破坏时，危机就可能产生。马克思指出："在货币充当支付手段的情况下，由于支付平衡，由于支付作为正数和负数相互抵销，货币可以表现为商品的单纯观念的形式，货币在充当尺度和确定价格时就是这样。每当平衡机制和作为这一机制的一定基础的信用制度遭到破坏，货币就会违反现代商业的协议，违反现代商业的一般前提，突然必须以它的实在的形式出现和使用，因而就产生了冲突。"① 但是，这种冲突在简单商品流通的条件下，只是具有产生危机的可能性，这是因为简单商品流通和资本主义流通具有不同的特点：（1）流通的形式不同。简单商品流通的形式是：$W—G—W$；资本流通形式是：$G—W—G$。（2）次序不同。两种流通形式的始点、终点和媒介都不同。前者始点、终点都是商品，媒介是货币；后者始点、终点都是货币，媒介是商品。（3）作用不同。前者货币被转化为充当使用价值的商品之后，它最终被花掉；后者支付货币是起着预支的作用，他支付货币是蓄意要重新得到它。（4）位置变换不同。前者是同一块货币两次变换位置，卖者从买者那里得到货币，又把它支付给另一个卖者；后者两次变换位置的是同一件商品，买者从卖者那里买到的商品又把它卖给另一个买者。（5）目的不同。前者的最终目的是使用价值的消费；后者的动机和目的是交换价值本身。（6）内容不同。前者两极具有同样的经济形式，两者是价值量相等但性质不同的使用价值，体现着社会劳动的不同物质的交换；后者两极具有同样的经济形式，商品的一切特殊使用价值都已消失，它们只有数量的不同，最后从流通中取出的货币，多于先前投入的货币。（7）界限不同。前者运动的最终目的，是以满足一定的需要为界限；后者的开端和终结都是货币，是更多的交换价值，运动是没有止境的。正是由于这两种流通不同，在简单商品流通过程中，是不可能出现经济危机的；而当简单商品流通发展为资本流通时，经济危机就由可能性成为现实性了。

其二，资本主义生产的限制，导致了资本主义经济危机。马克思指

① 《马克思恩格斯全集》第 46 卷（下册），人民出版社 1980 年版，第 433 页。

出："更进一步考察问题，首先就会看到一个限制，这不是一般生产固有的限制，而是以资本为基础的生产固有的限制。这种限制是二重的，或者更确切些说，是从两个方向来看的同一个限制。这里只要指出资本包含着一种特殊的对生产的限制——这种限制同资本要超越生产的任何界限的一般趋势是矛盾的——就足以揭示出生产过剩的基础，揭示出发达的资本的基本矛盾；就足以完全揭示出，资本并不像经济学家们认为的那样，是生产力发展的绝对形式，资本既不是生产力发展的绝对形式，也不是与生产力发展绝对一致的财富形式。"① 因为资本在其生产发展的过程中，必然会遇到以下界限：" (1)必要劳动是活劳动能力的交换价值的界限，或产业人口的工资的界限；(2)剩余价值是剩余劳动时间的界限，就相对剩余劳动时间来说，是生产力发展的界限；(3)这就是说，向货币的转化，交换价值本身，是生产的界限；换句话说，以价值为基础的交换，或以交换为基础的价值是生产的界限。这就是说：(4)使用价值的生产受交换价值的限制；换句话说，现实的财富要成为生产的对象，必须采取一定的、与自身不同的形式，即不是绝对和自身同一的形式。"② 另外，由于资本的一般趋势却不顾及这些界限，必然出现生产相对过剩的危机。

　　其三，利润率下降成为经济危机的根源。马克思根据利润率和资本价值以及和利润总量的关系，分析了利润率下降的规律。因为实际剩余价值取决于剩余劳动和必要劳动的比例，或者说，决定于用来交换活劳动的那部分物化劳动的比例。而利润是按照资本总量来计算的。如果剩余价值和剩余劳动、必要劳动的比例不变，那么，利润率就取决于与活劳动相交换的那部分资本同以生产资料形式存在的那部分资本的比例。这个比例在后来发表的《资本论》中，马克思把它称为有机构成。随着有机构成的提高，购买活劳动的可变资本和购买生产资料的不变资本的比例会越来越小，而当剩余价值率不发生变化时，"这样一来，与活劳动相交换的那部分越少，利润率就越低。因此，资本作为资本同直接劳动相比在生产过程中所占的份额越是大，因而，相对剩余价值，资本创造价值的能力越是增长，利润率也就按相同的比例越是下降。"③ 如果较大资本的利润率下降，

① 《马克思恩格斯全集》第46卷（上册），人民出版社1979年版，第399页。
② 同上书，第399—400页。
③ 《马克思恩格斯全集》第46卷（下册），人民出版社1980年版，第265页。

但下降的比例小于资本量增长的比例，那么，利润率虽然下降，总利润会增加。如果利润率下降的比例和资本量增长的比例相同，那么，总利润就和较小资本的总利润相同；保持不变。如果利润率下降的比例大于资本量增长的比例，那么，同较小资本相比，较大资本的总利润就会随着利润率的下降而下降。利润率的这种下降意味着：（1）已经生产出来的生产力和由这种生产力构成的生产的物质基础增大了；（2）生产出来的资本中同直接劳动相交换的那部分减少了；（3）资本规模增大了，从而市场交换扩大，交通工具等更为发达。利润率的这种下降，既然意味着直接劳动同物化劳动相比相对减少了，资本就会想尽办法，力图通过减少必要劳动的份额，进一步增加剩余劳动量，来弥补活劳动同资本总量之比的减少，从而弥补利润率的下降。"因此，在现存财富极大地增大的同时，生产力获得最高度的发展，而与此相适应，资本贬值，工人退化，工人的生命力被最大限度地消耗。这些矛盾会导致爆发，灾变，危机，这时，劳动暂时中断，很大一部分资本被消灭，这样就以暴力方式使资本回复到它能够继续发挥职能的水平。"① 正因为这样，"生产力的发展就变成对资本的一种限制；因此，超过一定点，资本关系就变成对劳动生产力发展的一种限制。一旦达到这一点，资本即雇佣劳动同社会财富和生产力的发展就会发生象行会制度、农奴制、奴隶制同这种发展所发生的同样的关系，就必然会作为桎梏被打碎。"②

其四，固定资本更新是经济危机的重要因素。在《草稿》的《资本章》，马克思通过对流动资本和固定资本的分析，来说明固定资本的更新是经济危机周期性爆发的重要因素。他首先对流动资本和固定资本进行了区别。(1)从流通方式看，"因为流动资本全部进入流通，并且全部从流通中流回，所以它作为资本来再生产的次数，同作为剩余价值或追加资本来实现的次数一样多。但是，因为固定资本从不作为使用价值进入流通，而它作为价值进入流通的数量只限于作为使用价值被消费的部分，所以，当获得由总资本的平均周转时间所决定的剩余价值的时候，固定资本还决没有再生产出来。"③ (2)从周转的时间看，"第二点从形式方面来看更为

---

① 《马克思恩格斯全集》第 46 卷（下册），人民出版社 1980 年版，第 269 页。

② 同上书，第 268 页。

③ 同上书，第 233 页。

重要。"① "固定资本的再生产，从物质上看，在整个这段时间内也必须在同样的形式下进行，而它的必要的周转次数，即为再生产原有资本所必需的周转次数，或长或短地分布在若干年里。"② （3）从进入流通的形式看，"流动资本以产品的形式，以新创造的使用价值的形式，从生产过程被投入流通，全部进入流通；产品的价值（物化在产品中的全部劳动时间，必要劳动时间和剩余劳动时间）再转化为货币，全部得到实现，从而剩余价值也得到实现，再生产的一切条件也得到实现。随着商品价格的实现，所有这些条件都实现了，于是过程又可以重新开始。"③ "相反地，固定资本本身不是作为使用价值而流通的，它进入流通的数量，只限于在生产过程中作为使用价值被耗费掉的那一部分，它作为价值进入被加工的原料（如在加工工业和农业中），或进入直接开采出来的原产品（例如在采矿业中）。因此，发达形式的固定资本只有在包括若干年的一个周期内才能流回。而每一个周期都包括流动资本的多次周转。"④ 马克思通过对流动资本和固定资本的区别，研究了固定资本更新和工业周期的关系，再根据当时英国机器的再生产周期大约是十年的情况，得出这样一个结论，那就是固定资本更新是工业周期的物质基础。因为危机常常是大规模投资的起点，同时又是走出危机的重要措施。当危机来临时，通过大规模的固定资本更新，调整产业结构，淘汰落后设备，提高劳动生产率，生产出更加先进的产品，创造出新的需求，从而使固定资本更新成为摆脱危机的重要措施；但是，这种大规模的固定资本更新，又为下一个工业周期作了准备。所以，马克思指出："毫无疑问，自从固定资本大规模发展以来，工业所经历的大约为期10年的周期，是同上面那样决定的资本总再生产阶段联系在一起的。我们还会发现其他一些决定的依据。但这是其中之一。"⑤

　　马克思在写作了《1857—1858年经济学手稿》以后不久，就开始写作《政治经济学批判》。1858年2月，他在写作《手稿》过程中，就产

---

① 《马克思恩格斯全集》第46卷（下册），人民出版社1980年版，第234页。

② 同上书，第235页。

③ 同上。

④ 同上书，第236页。

⑤ 同上书，第235页。

生了以分册形式出版他的经济学著作的计划，将整个著作分为六册，论述资本的第一册将分为四篇，第一篇《资本一般》由三章组成：（1）商品；（2）货币或简单流通；（3）资本一般。

从 1858 年 8 月起，马克思在《手稿》的基础上，把原来写的《价值》章片断手稿加以扩充写成新的一章，成为《政治经济学批判》的第一章：《商品》。而把原来《手稿》的《货币章》，加工成为第二章：《货币或简单流通》。1859 年 1 月，马克思完成了第一分册的定稿工作。内容只包括上述的商品和货币两章。至于论述《资本一般》的第三章，马克思准备把它作为第二分册的内容。1859 年 6 月，第一分册以《政治经济学批判》正式出版。

在《政治经济学批判》（简称《批判》）中，马克思创立了科学的劳动价值学说。他在研究价值时，不像资产阶级经济学家包括亚当·斯密和李嘉图那样，只限于价值的数量方面，而是首先阐明价值的本质，对它作出质的评定，指出价值是物化了的抽象劳动；从理论上论证了价值量是由社会必要劳动决定的；依据他的价值理论确定了在商品生产条件下耗费在商品中的劳动必然采取价值的形式；阐明了价值和货币的起源，指出了价值和货币的有机联系，揭示了货币的流通规律；批判了资产阶级和小资产阶级关于货币和货币流通的错误理论。

《批判》第一分册的写作和出版，对马克思建立劳动价值论具有重要的意义。首先，它和《资本论》第一卷有着十分密切的关系。马克思把《批判》第一分册作为自己经济学的初篇；而把《资本论》作为《批判》的续篇。其次，《批判》第一分册中创立的科学的劳动价值论，为建立剩余价值理论奠定了坚实的基础。最后，《批判》第一分册中论述的商品、价值和货币发展的历史部分，在《资本论》中并没有保留下来，因此，它对于研究劳动价值论具有重要意义。

第一，确定了商品是资产阶级财富的原素，是分析资产阶级经济制度的起点，也是研究劳动价值论的载体。在《批判》的《商品章》一开头，马克思就指出："最初一看，资产阶级的财富表现为一个惊人庞大的商品堆积，单个的商品则表现为这种财富的原素存在。"① 从马克思把《商品》

---

① 《马克思恩格斯全集》第 13 卷，人民出版社 1965 年版，第 15 页。

作为第一章这一点来看，它具有重要的意义。(1)把研究劳动价值论和研究资本主义紧密地联系在一起。在此之前，例如在《伦敦笔记》中，马克思首先研究并表现出极大兴趣的是货币理论。而《草稿》中，马克思继续了 50 年代初的思路，把《货币章》作为他的《手稿》的第一部分，说明他首先要从货币研究开始。现在，他在《批判》中，不仅把《商品》确定为研究劳动价值的出发点，因为商品是先于货币而出现的；而且把商品作为资产阶级财富的原素形态，以便从对商品的解剖中来分析资本主义经济制度。正如 1859 年 7 月 22 日马克思要求恩格斯给《批判》写一篇短评的信中说的："如果你要写的话，别忘记说：……通过最简单的形式，即商品形式，阐明了资产阶级生产的特殊社会的，而决不是绝对的性质。"① 不久，恩格斯在 1859 年 8 月 3—15 日写的后发表于《人民报》上的《卡尔·马克思"政治经济学批判"》中指出："政治经济学从商品开始，即从产品由个别人或原始公社相互交换的时刻开始。进入交换的产品是商品。但是它成为商品，只是因为在这个物中、在这个产品中结合着两个人或两个公社之间的关系，即生产者和消费者之间的关系，在这里，两者已经不再结合在同一个人身上了。在这里我们立即得到一个贯穿着整个经济学并在资产阶级经济学家头脑中引起过可怕混乱的特殊事实的例子，这个事实就是：经济学所研究的不是物，而是人和人之间的关系，归根到底是阶级和阶级之间的关系；可是这些关系总是同物结合着，并且作为物出现；诚然，这个和那个经济学家在个别场合也曾觉察到这种联系，而马克思第一次揭示出它对于整个经济学的意义，从而使最难的问题变得如此简单明了，甚至资产阶级经济学家现在也能理解了。"② 从恩格斯的这个评论中可以看出，对于复杂的资产阶级生产关系来说，最简单的关系不是货币，而是商品。因为在商品内部包含着商品经济一切矛盾的萌芽，在商品这个物中体现着商品生产者之间的关系。正是由于马克思抓住了商品这个资本主义的原素，分析了它的内在矛盾及其发展，引申出货币的产生；又从商品和货币出发，分析了简单商品经济的矛盾及其发展，引导出资本和雇佣劳动的产生和发展，在建立起科学的劳动价值理论的过程中，揭示出资本主义的一切矛盾的产生和发展。

---

① 《马克思恩格斯全集》第 29 卷，人民出版社 1972 年版，第 445 页。

② 《马克思恩格斯全集》第 13 卷，人民出版社 1965 年版，第 533 页。

　　第二，在分析商品二重性的基础上，进一步考察了生产商品的劳动二重性。马克思在《1857—1858 年经济学手稿》中，认为生产商品劳动的二重性是"特殊劳动"和"一般劳动"；而在《批判》中则正式确定为《抽象劳动》和《具体劳动》。例如，马克思指出："生产交换价值的劳动是抽象一般的和相同的劳动，而生产使用价值的劳动是具体的和特殊的劳动，它按照形式和材料分为无限多的不同的劳动方式。"① 因为具体劳动是"劳动作为某种形式占有自然物的有目的的活动，是人类生存的自然条件，是同一切社会形式无关的、人和自然之间的物质变换的条件。"而抽象劳动则不同："生产交换价值的劳动则相反，它是劳动的一种特殊的社会形式。以裁缝的劳动为例，就它作为一种特殊的生产活动的物质规定性来说，它生产衣服，但不生产衣服的交换价值。它生产后者时不是作为裁缝劳动，而是作为抽象一般劳动，而抽象一般劳动属于一种社会关系，这种关系不是由裁缝缝出来的。"② 马克思把生产商品的劳动的二重性由特殊劳动和一般劳动改为具体劳动和抽象劳动具有重要意义。(1)使劳动二重性的含义更加明确。因为特殊劳动和一般劳动容易被人理解为特殊劳动是具有特殊技术的劳动，而一般劳动是普通劳动，两者好像只是劳动技术程度的区别；而改为具体劳动和抽象劳动则使人们能更好地理解这两种劳动不仅在形式上而且在内容上也不同，前者是具体的，是可以看得见摸得着的；而后者则是被抽象化了的劳动，它是看不见摸不着的。(2)使劳动二重性更加具有科学性。由于商品的使用价值和价值是由具体劳动和抽象劳动创造的，使用价值是商品的自然属性，各种商品的使用价值是千差万别的，只能由各种不同的具体劳动来创造；而商品价值是由社会必要劳动决定的，而这种社会必要劳动是各种劳动的抽象化，它是既看不见也摸不着的，把这种劳动确定为抽象劳动是非常贴切的。因此，把生产商品的劳动的二重性确定为具体劳动和抽象劳动，更能说明劳动价值论的科学性，从而使具体劳动和抽象劳动成为政治经济学的专用名词。

　　第三，研究了商品分析的历史，揭示了资产阶级古典经济学商品价值理论的矛盾。马克思在《批判》中研究了商品理论之后，又从商品价值

---

① 《马克思恩格斯全集》第 13 卷，人民出版社 1965 年版，第 24—25 页。

② 同上书，第 25 页。

理论的发展历史上，考察了古典政治经济学一个半世纪以上的研究成果，也就是在英国从威廉·配第开始，到李嘉图结束，在法国从布阿吉尔贝尔开始，到西斯蒙第结束这一个时期的资产阶级经济学家的商品价值理论。马克思在商品分析的历史中主要考察了如下几个经济学家的商品价值观点。

其一，分析了配第的商品价值理论。配第的观点是：（1）从分工出发来考察价值。配第认为，劳动分工会引起劳动生产率的变化，而劳动生产率的变化，必然引起价值量的变化。马克思说："配第把使用价值归结于劳动，并非不清楚劳动的创造力受自然条件的限制。关于实在劳动，他一开始就是从它的社会的总体形式上当作分工来理解的。"① （2）不了解货币的起源和本质。由于他受重商主义的影响，错误地把货币看作是财富的唯一形态，认为商品的价值不外乎是它所能交换到的平均货币量。这样，就使他不能从生产商品时耗费的劳动来说明商品的价值。马克思指出："他把交换价值看成货币，正如交换价值在商品交换过程中表现的那样，而把货币本身看成存在着的商品，看成金银。他受货币主义的观念束缚，把特种的实在劳动即采掘金银的劳动，叫做生产交换价值的劳动。"② 所以，他虽然正确地认识了劳动是物质财富即使用价值的源泉，但并不排斥他不了解价值的源泉。

其二，分析了布阿吉尔贝尔商品价值观点。作为法国资产阶级古典政治经济学的创始人和重农学派的先驱者之一，认为：农业"是各行各业所由产生的基础"③ 在价值方面，他更重视商品的使用价值，而不重视商品的价值，也就是他说的交换价值。在他看来，能吃、能穿、能使人得以享受，这种物品才是真正的财富。在价值交换问题上，认为交换必须是等价的，必须坚持等价交换，而等价交换的基础就是商品生产上"必需的费用"。如果生产者所得不足以补偿生产商品时所必需的费用而受到损失，就会缩小或放弃他的职业。他说："一旦农民出卖小麦的价格不足以偿付生产费用和一切附带的负担，如赋税以及其他各种形式的地租，这个

① 《马克思恩格斯全集》第 13 卷，人民出版社 1965 年版，第 41—42 页。

② 同上书，第 43 页。

③ 《布阿吉尔贝尔选集》，伍纯武、梁守锵译，商务印书馆 1984 年版，第 205 页。

佃农就一定会放弃耕种，或者不履行契约缴纳他所应当交给地主的佃租。"① 所以，马克思指出："就他这方面来说，虽然不是有意识地，但是事实上把商品的交换价值归结于劳动时间，因为他用个人劳动时间在各个特殊产业部门间分配时所依据的正确比例来决定'真正价值'，并且把自由竞争说成是造成这种正确比例的社会过程。"② 虽然他和配第一样，都把交换价值归结为劳动时间，但两人是有区别的。（1）配第是把生产交换价值的劳动归结为生产金银的劳动；而布阿吉尔贝尔把商品的交换价值看成是另一个耗费同样劳动时间的商品。由于他贬低金银，重视农业劳动，实际上他是把交换价值归结为土地生产物，例如小麦。他说："一切交易则以土地生产物、尤其是小麦作为准则。"③（2）在对待货币问题上的观点也是不同的。配第重视货币，他把生产交换价值的劳动归结为生产金银的劳动。而布阿吉尔贝尔则轻视货币，他认为，货币不是财富，它既不能吃，也不能穿，最多只能作为交换的手段。他说："在一个充满生活必需品和舒适品的国家，金银数量的多寡，对于居民能否过丰裕生活一事是不相干的"④，"在财富中，钱币只是手段和方法，而对于生活有用的各种货物才是目的和目标。"⑤ 他还认为，把货币作为交换手段是破坏了等价交换。因为商人作为货币的代表，既剥削卖者，也剥削买者，这就破坏了商品按照"真正价值"进行的交换，破坏了商品的再生产。因此"贵金属为商业服务的一点功劳，还抵不上它所造成的罪恶的百分之一"。⑥ 所以，他主张保存商品生产，取消货币。配第和布阿吉尔贝尔在商品和货币问题上存在分歧的原因是由他们所处的条件决定的。正如马克思说的："如果说，这个反对货币的论战一方面同一定的历史条件有关，因为布阿吉尔贝尔攻击路易十四的宫廷、包税人和贵族的具有盲目破坏作用的求金欲，而配第则把求金欲当作鼓舞一个民族去发展产业、征服世界市场的强大动力加以颂扬，那末，这里同时出现了一个更深刻的原则对立，这种对立是真

---

① 《布阿吉尔贝尔选集》，伍纯武、梁守锵译，商务印书馆1984年版，第216页。
② 《马克思恩格斯全集》第13卷，人民出版社1965年版，第43—44页。
③ 《布阿吉尔贝尔选集》，伍纯武、梁守锵译，商务印书馆1984年版，第205页。
④ 同上书，第143页。
⑤ 同上书，第60页。
⑥ 同上书，第145页。

正英国的经济学和真正法国的经济学之间的经常对立的重复。"①

其三，分析了斯图亚特的价值观点。詹姆斯·斯图亚特是试图建立资产阶级经济学体系的英国人。马克思在评价他的价值观点时指出："斯图亚特比他的前辈和后辈杰出的地方，在于他清楚地划分了表现在交换价值中的特殊社会劳动和获得使用价值的实在劳动之间的区别。"② 他认为，商品价值由三个因素决定的：一是劳动者在一定时间内平均能够完成的劳动量；二是劳动者满足个人需要和购置适合他的职业的工具的生存资料的价值；三是材料的价值。这三者的总和就是它的"实在价值"。另外，他把"那种通过自身转移而创造出一般等价物的劳动，我称之为产业。"③他的这些价值观点虽然把生产使用价值的"实在劳动"和表现在交换价值中的劳动加以区分。但是，他的价值观点仍然存在混乱：第一，把劳动者自身的劳动量和生存资料和工具、材料的价值总和起来共同决定商品的价值，这样一来，劳动者的劳动和生产要素包含的劳动共同决定价值，混淆了活劳动和物化劳动之间的界限，得出了活劳动和物化劳动共同决定价值的错误结论。第二，劳动者的生存资料中包括他的生产工具，并把生产资料中的生产工具和材料分开，不仅混淆了生产资料和生活资料的界限，而且也混淆了价值创造和价值转移界限。造成他的价值观点混乱的原因，一方面，由于他认为资本主义条件下的劳动者的劳动要表现为交换价值，又看到资本家垫支的费用必须通过商品的交换价值来补偿，而他又不能把它还原为劳动，因而就把劳动和各项费用总和起来，提出了交换价值由三个因素决定的错误观点。另一方面，当时的价值理论还不成熟，价值和交换价值、价值创造和价值转移等经济范畴还缺乏科学的界定。正如马克思说的："在他那里，政治经济学的抽象范畴还处在从它们的物质内容中分离出来的过程，因而表现得模糊不清和摇摆不定，交换价值这个范畴也是如此。"④

其四，分析了亚当·斯密的价值观点。在《批判》中，马克思对亚当·斯密的价值观点作了如下评析："在农业、工场手工业、航海业、商

---

① 《马克思恩格斯全集》第 13 卷，人民出版社 1965 年版，第 44 页。

② 同上书，第 48 页。

③ 同上。

④ 同上书，第 47—48 页。

业等等实在劳动的特殊形式轮流地被看作是财富的真正源泉之后，亚当·斯密宣布劳动一般，而且是它的社会的总体形式即作为分工的劳动，是物质财富或使用价值的唯一源泉。在这里他完全没有看到自然因素，可是在纯粹社会财富即交换价值领域内，自然因素却追跟着他。诚然，斯密用商品中所包含的劳动时间来决定商品价值，但是，他又把这种价值规定的现实性推到亚当以前的时代。换句话说，从简单商品的观点看来他以为是真实的东西，一到资本、雇佣劳动、地租等等比较高级和比较复杂的形式代替这种商品时，他就看不清了。"①从这些评价中可以归结为以下几点：(1)撇开了劳动的特殊形式，认为生产一切商品的劳动都创造价值，从而把决定商品价值的劳动归结为一般社会劳动，这是他对劳动创造价值的主要贡献。(2)由于他不了解劳动的社会性质，他对决定价值的劳动的说明是二重的，他把生产中耗费的劳动和交换中购买到的劳动混为一谈，认为两者都决定价值。因为在简单商品生产条件下，每个人都用自己的劳动生产商品去交换个别劳动者生产的产品，商品价值决定于购买到的劳动的说法还可以说得过去，但是，在资本主义条件下，购买到的劳动决定商品价值的说法，就是不正确的了。因为这时的商品价值中已经包括了资本和剩余价值，如果说商品的价值由购买到的劳动决定，就必然得出三种收入决定价值的错误结论，从而掩盖了资本主义的剥削。

其五，分析了李嘉图的价值观点。马克思指出："大卫·李嘉图与亚当·斯密相反，他十分清楚地作出了商品价值决定于劳动时间这一规定，并且指出，这个规律也支配着似乎同它矛盾最大的资产阶级生产关系。李嘉图的研究只限于价值量。……实际上，这不过是说，价值规律的充分发展，要以大工业生产和自由竞争的社会，即现代资产阶级社会为前提。同时，李嘉图还把劳动的资产阶级形式看成是社会劳动的永恒的自然形式。"②从马克思的评论中可以看出：(1)他坚持生产中耗费的劳动时间决定商品价值的观点，并且运用它来考察资本主义的经济关系，这是他的劳动价值论的主要贡献。(2)他论证了劳动决定价值的原理不仅适用于简单商品生产，而且也适用于资本主义社会，从而批判了斯密购买劳动决定价值和三种收入决定价值的错误观点。(3)他虽然坚

---

① 《马克思恩格斯全集》第 13 卷，人民出版社 1965 年版，第 49 页。

② 同上书，第 50 页。

持生产中耗费的劳动决定价值的原理，但是，他只重视价值量的分析，而忽视价值性质方面如价值的实体、本质和历史的研究，从而把价值看成是永恒的范畴。

1865年6月20日和27日，马克思在国际工人协会总委员会会议上作了一个报告，1898年《价值、价格和利润》首次在伦敦发表，后来改名为《工资、价格和利润》。在这部著作中，马克思对劳动价值论提出了如下观点：

第一，指明了商品价值由什么决定。马克思指出："我们如果把商品看作是价值，我们是只把它们看作体现了的、凝固了的或所谓结晶了的社会劳动。"而在关于劳动量是由什么来测量的问题上，马克思认为是由劳动所经历的时间，如小时、日等来测量的。为了能够用这种尺度来测量劳动，就必须把各种劳动化为平均的或简单的劳动，作为它们的单位。"所以各个商品的相对价值，是由耗费于、体现于、凝固于该商品中的相应的劳动数量或劳动量决定的。"① 在这里，马克思已经很明确地说明了商品价值的含义和由劳动决定的问题。

第二，明确了商品价值由社会必要劳动决定。马克思指出："我们说，一个商品的价值是由耗费于或结晶于这个商品中的劳动量决定的，就是指，在一定的社会状态中，在一定的社会平均生产条件下，在所用劳动的一定的社会平均强度和平均熟练程度下，生产这个商品所必需的劳动量。"② 马克思在这里对社会必要劳动时间作了明确的界定，这是当时最完整、最正确的解释，直到1867年《资本论》第一卷出版，只对这个界定作了某些文字上的修饰，基本内容没有什么变动。例如他指出："社会必要劳动时间是在现有的社会正常的生产条件下，在社会平均的劳动熟练程度和劳动强度下制造某种使用价值所需要的劳动时间。"③

第三，阐述了商品价值与劳动生产率的关系。马克思指出："商品的价值与生产这些商品所耗费的劳动时间成正比，而与所耗费的劳动的生产力成反比。"④ 并把"这一点确定为一般的规律"。他在谈到决定生产力的

---

① 参见《马克思恩格斯选集》第2卷，人民出版社1995年版，第68页。

② 同上书，第70页。

③ 《马克思恩格斯全集》第23卷，人民出版社1972年版，第52页。

④ 《马克思恩格斯选集》第2卷，人民出版社1995年版，第72页。

因素时，如果把不同的人的天然特性和他的生产技能上的区别撇开不谈，那么劳动生产力主要应当取决于：（1）劳动的自然条件，如土地的肥沃程度、矿山的丰富程度等；（2）劳动的社会力量的日益改进，并且把这种改进归结为以下原因：大规模的生产，资本集中，劳动的联合，分工，机器，生产方法的改良，化学及其他自然因素的应用，靠利用交通和运输工具而达到空间和时间的缩短，以及其他各种发明，科学就是靠这些发明来驱使自然力为劳动服务，并且劳动的社会性质或协作性质也是由于这些发明而得以发展起来。在《资本论》中，马克思是把劳动者和劳动的自然条件以及社会因素合并在一起，而且把劳动者作为决定劳动生产力的首要因素，他指出："劳动生产力是由多种情况决定的，其中包括：工人的平均熟练程度，科学的发展水平和它在工艺上应用的程度，生产过程的社会结合，生产资料的规模和效能，以及自然条件。"① 从而对影响劳动生产率的各种因素进行了全面和准确的概括。

第四，批判了供求决定价值和工资决定价值的错误观点。马克思针对"工资提高而引起货币紧缩，定将使资本减少"的教条，以此反对提高工人工资的观点，反驳说："究竟什么是高工资，什么是低工资？……工资只有和一种测量其数量的标准相比较才能够谈高或低，但他却满足于承认高低这种流行的庸词俗语，以为这是有一定意义的。"② 他打了一个比喻，如果某人在作关于寒暑表的演讲时，大谈什么高温度和低温度，那他并不能告诉谁以任何知识。他首先应该谈冰点和沸点是怎么确定的，应该告诉别人这两个标准点是自然规律所决定的，而并不是由出卖或制造寒暑表的人随便规定的。

第五，马克思针对供求决定工资和供求决定价值的错误观点，指出："你们如果以为劳动和任何一种商品的价值归根到底是由供给和需求决定的，那就完全错了。供给和需求只调节市场价格一时的变动。供给和需求可以说明为什么一种商品的市场价格会涨到它的价值以上或降到它的价值以下，但决不能说明这个价值本身。"③

总之，马克思从19世纪40年代开始研究劳动价值论，经过20多年

① 《马克思恩格斯全集》第23卷，人民出版社1972年版，第53页。
② 《马克思恩格斯选集》第2卷，人民出版社1995年版，第62—63页。
③ 同上书，第63页。

的研究，经历了对资产阶级古典政治经济学劳动价值论的否定、肯定、批判继承和发展的辩证发展过程，最终建立了科学的劳动价值理论。1867年《资本论》第一卷的出版，以及随后各卷的问世，标志着科学的劳动价值论的真正建立。

第三章

马克思劳动价值论的基本内容

马克思的劳动价值应该包括哪些内容？学术界有不同看法，主要有三种：第一种看法认为，劳动价值论就是价值实体和价值量的理论，内容包括在《资本论》第一卷第一、第二两节。第二种看法认为，劳动价值论应该包括价值实体、价值量、价值形式、价值本质四个方面，主要包括在《资本论》第一卷第一篇第一章或整个第一篇。第三种看法认为，劳动价值论除了包括第一卷第一篇所讲的价值实体、价值量、价值形式、价值本质以外，还应该包括第一卷第一篇以后的、特别是第三卷关于价值的有关理论，如劳动力价值理论、价值转形理论、虚假的社会价值理论等。我则认为以上三种看法还不足以包括马克思劳动价值论的全貌。因为整个《资本论》四卷都是以劳动价值论为基础并贯穿于全部内容之中，它的内容应该包括：(1)价值的含义；(2)价值量；(3)价值形式；(4)价值的生产；(5)价值的流通；(6)价值的转形；(7)价值的分配；(8)价值的国际化等。下面将从这些方面进行论述。

一 商品价值的含义

价值的含义是什么？马克思指出：价值"只是无差别的人类劳动的单纯凝结。即不管以哪种形式进行的人类劳动力耗费的单纯凝结。这些物现在只是表示，在它们的生产上耗费了人类劳动力，积累了人类劳动。这些物，作为它们共有的这个社会实体的结晶，就是价值——商品价值。"①根据这个定义可以看出以下几点：

（一）价值"只是无差别的人类劳动的单纯凝结"

价值"只是无差别的人类劳动的单纯凝结"是指抽象了各种不同的

---

① 《马克思恩格斯全集》第23卷，人民出版社1972年版，第51页。

具体劳动的抽象劳动，它是作为价值的实体，是价值质的规定性。这种"形成价值实体的劳动是相同的人类劳动，是同一的人类劳动力的耗费。体现在商品世界全部价值中的社会的全部劳动力，在这里是当作一个同一的人类劳动力，虽然它是由无数单个劳动力构成的。"① 也就是说，每一个商品的价值是商品世界中全部耗费的劳动的一部分。而这种形成价值的劳动，是抚之无形，听之无声，看不见，摸不着，本身不能表现自己的。它只能通过商品的使用价值作为物质的承担者，以交换价值作为与其他商品交换的数量关系表现出来。因此，商品的使用价值和商品的价值就理所当然成为商品的两个因素。

(二) 商品就是使用价值和价值的矛盾统一体

商品的使用价值和价值既然作为商品的二因素，两者是既矛盾又统一共处于商品之中，因此商品就是使用价值和价值的矛盾统一体。

从使用价值和价值的矛盾来看：（1）两者的属性不同。作为物的使用价值，它具有完全的自然属性。但作为商品的使用价值，除了具有自然属性之外，还具有社会属性。马克思在批评古典经济学认为使用价值只是商品的自然属性，是永恒的范畴的片面性时指出："如果说，商品为了彼此表现为交换价值而把它们的存在这样地二重化了，那末，作为一般等价物分离出来的商品也把它的使用价值二重化了。这个分离出来的商品除了它作为特殊商品所具有的特殊使用价值以外，还获得了一种一般使用价值。"② 但是，作为价值，由于它是由社会必要劳动决定的，所以它只具有社会属性。（2）衡量的尺度不同。根据它的自然属性和社会习惯来确定。"在考察使用价值时，总是以它们有一定的量为前提，如几打表，几码布，几吨铁等等。"③ 而"作为价值，一切商品都只是一定量的凝固的劳动时间。"④ （3）所起作用不同。使用价值是财富的物质内容，是交换价值的物质承担者，最终目的为了消费的需要。马克思指出："使用价值总是构成财富的物质内容。在我们所要考察的社会形式中，使用价值同时又

---

① 《马克思恩格斯全集》第 23 卷，人民出版社 1972 年版，第 52 页。
② 《马克思恩格斯全集》第 13 卷，人民出版社 1965 年版，第 36—37 页。
③ 《马克思恩格斯全集》第 23 卷，人民出版社 1972 年版，第 48 页。
④ 同上书，第 53 页。

是交换价值的物质承担者"，"是在使用或消费中得到实现。"① 而价值则是作为交换价值的基础，是物化的人类的抽象劳动，是为了交换的需要，在商品交换中实现的。"因此，在商品的交换关系或交换价值中表现出来的共同东西，也就是商品的价值。"② （4）形成的原因不同。使用价值是具体劳动的产物；价值是抽象劳动的产物。"从一方面看，是人类劳动力在生理学意义上的耗费；作为相同的或抽象的人类劳动，它形成商品价值。一切劳动，从另一方面看，是人类劳动力在特殊的有一定目的的形式上的耗费；作为具体的有用劳动，它生产使用价值。"③ （5）创造的源泉不同。使用价值的源泉是生产资料和劳动的结合。"劳动并不是它所生产的使用价值即物质财富的唯一源泉。正象威廉·配第所说，劳动是财富之父，土地是财富之母。"④ 而价值的源泉只是人的活劳动。（6）变化的规律不同。使用价值和劳动生产力成正比，但不会影响总价值的变化。因为"不管生产力发生了什么变化，同一劳动在同样的时间内提供的价值量总是相同的。但它在同样的时间内提供的使用价值量会是不同的：生产力提高时就多些，生产力降低时就少些。"⑤

从使用价值和价值的统一来看，两者在商品中，是互相依存、互为条件、缺一不可的。表现在：（1）有使用价值，如果不是劳动生产物，它也就没有价值。例如，自然界的空气，虽然有巨大的使用价值，但当它没有经过人们的劳动，人们都可以自由占有时，它也就没有价值，当然就不能成为商品。（2）有的物品有使用价值，同时也是劳动生产物，但也可能不是商品，没有价值。这里有两种情况：一是生产满足自己需要的产品，虽然支付了自己的劳动，由于它是用来送给别人，不是作为商品来生产，因此，它没有价值，从而它不是商品。二是他生产的产品不是为了自己的需要，也不是为了别人生产使用价值，例如，封建社会农民为封建主生产实物地租，因此，这些作为地租的农产品也不是商品，他的劳动没有形成价值。"要成为商品，产品必须通过交换，转到把它当作使用价值使用的人

---

① 《马克思恩格斯全集》第 23 卷，人民出版社 1972 年版，第 48 页。

② 同上书，第 51 页。

③ 同上书，第 60 页。

④ 同上书，第 57 页。

⑤ 同上书，第 60 页。

的手里。"① 可见，商品就是用来交换的劳动产品，它具有使用价值和价值两个因素。

(三) 正确理解价值的含义必须分清的界限

其一，是分清价值和使用价值和交换价值的界限。有的论者根据亚当·斯密提出的："价值一词有二个不同的意义。它有时表示特定物品的效用，有时又表示由于占有某物而取得的对他种货物的购买力。前者可叫做使用价值，后者可叫做交换价值。"② 就认为："斯密的上述区分是基于物品满足所有者需要的不同方式和方法，一种是可以直接满足所有者的需要，他称为'特定物品的效用'；另一种是通过交换来间接满足所有者的需要，他称为'由于占有某物而取得的对他种货物的购买力'。"这种观点是不正确的。

一是亚当·斯密关于价值有两个意义的说法，是把价值和使用价值、交换价值相混淆了。正是由于这种混淆，却给他的价值理论带来了一系列的问题。由于他把价值和交换价值相混淆，造成了把生产中耗费的劳动和交换中购买到的劳动相混淆。这样一来，就使他的价值理论具有了二重性：一方面，他坚持了商品的价值是由生产中耗费的劳动决定的，这是正确的；另一方面，他又认为商品价值"等于使他能够购买或能支配的劳动量。"③ 从而导致了价值由交换价值决定的错误的价值理论。也正是由于斯密认为商品价值是由购买到的劳动量决定的错误，而他又把这种购买到的劳动量分解为工资、利润和地租三种收入，他由此得出了"工资、利润和地租，是一切收入和一切可交换价值的三个根本源泉，一切其他收入归根到底都是来自这三种收入中的一个"。④ 最终使他坚持劳动决定价值的同时，又使他从购买到的劳动决定价值转到了三种收入决定价值，从而为庸俗的三要素价值论开启了方便之门。

二是马克思对价值和交换价值的关系的认识也经历了一个过程。例如

---

① 《马克思恩格斯全集》第 23 卷，人民出版社 1972 年版，第 54 页。

② ［英］亚当·斯密：《国民财富的性质和原因的研究》（上卷），郭大力、王亚南译，商务印书馆 1983 年版，第 25 页。

③ 同上书，第 26 页。

④ 同上书，第 47 页。

在《1857—1858年经济学手稿》中，也说过："价值的第一个形式是使用价值，是反映个人对自然的关系的日用品；价值的第二个形式是与使用价值并存的交换价值，是个人支配他人的使用价值的权力，是个人的社会关系。"① 在《政治经济学批判》中也说过："作为交换价值，一切商品都只是一定量的凝固的劳动时间。"② 直到后来出版的《资本论》中，才把价值和交换价值这两个概念及其关系纠正过来，明确指出："作为价值，一切商品都只是一定量的凝固的劳动时间。"③ 并对以前的说法进行了纠正："在本章的开头，我们曾经依照通常的说法，说商品是使用价值和交换价值，严格说来，这是不对的。商品是使用价值或使用物品和'价值'。"④可见，马克思在《资本论》中已经把价值和交换价值进行了严格的区分，彻底划清了亚当·斯密的价值概念和马克思的价值概念的界限。

其二，是分清商品的价值和哲学的价值的界限。有的论者在商品价值的含义的争论中，为了否定商品的价值是一定量的凝固的劳动时间，却把商品价值的概念和哲学的价值概念混淆起来，认为，马克思的"这种价值观既同经济生活的实践和人们的常识不一致，也与一般意义的价值概念即哲学意义的价值概念不一致。"提出要用哲学的价值概念代替马克思的商品价值概念。

一是不能用哲学的价值概念代替商品的价值概念。因为哲学的价值概念，是指事物（物质的和精神的）对人的需要而言的某种有用性，对个人、社会集团和整个社会的生活和活动所具有的意义。可见，哲学意义的价值概念不是一个实体，而是主体和客体之间的一种特定的关系。即客体以自身属性满足主体需要和主体需要被客体满足的一种效用关系。商品价值概念则是指一定量的凝固的劳动时间，它的实体就是一般劳动。因此两个价值概念是不同的。具体表现为：（1）内涵不同。哲学的价值是以需要即使用价值为出发点和衡量标准；商品价值则以商品中包含的社会必要劳动量为衡量标准。（2）立足点不同。哲学价值是根源于人的对象性活动，是人的主体性的确证，揭示了人们既要依赖物和环境又要利用它来为人类

---

① 《马克思恩格斯全集》第46卷（上册），人民出版社1979年版，第124—125页。

② 《马克思恩格斯全集》第13卷，人民出版社1965年版，第18页。

③ 《马克思恩格斯全集》第23卷，人民出版社1972年版，第53页。

④ 同上书，第75页。

服务；商品价值的着眼点是商品生产和商品交换，通过商品生产和商品交换来衡量和实现商品的价值。（3）外延不同。哲学的价值涉及的范围广泛，它包括物质的、精神的等方面的需要；商品价值只涉及商品经济方面的关系。(4)反映的关系不同。哲学价值反映的是人们物质生活和精神生活，人与物和人与人等方面的关系；商品价值反映的是商品生产和商品交换中人与人的关系。当然，哲学意义上的价值概念作为一般价值概念，它和经济学意义上的价值概念是一般和个别的关系，因为哲学的一般价值概念也包含了商品生产中人和人的关系。但是，一般不等于个别，而个别也不能代表一般，不能把哲学的价值概念和商品价值概念相等同。

二是把哲学价值概念和商品价值概念相混淆，是来自把商品使用价值和价值相混淆。把哲学的价值概念定位于满足人需要的属性，是根据马克思在《评阿·瓦格纳的"政治经济学教科书"》中的一句话："'价值'这个普通的概念是从人们对待满足他们需要的外界物的关系中产生的。"实际上，这句话所表达的并非马克思的观点，而是引述瓦格纳的观点。因为瓦格纳首先把马克思的价值学说看成是李嘉图的费用理论，然后说："这一理论过于片面地注意仅仅一个决定价值的因素，即费用，而没有注意另一个因素，即有用性，效用，需要的因素。"同时，他又利用德语wert一词有多种含义，从而把使用价值和价值等同起来，并从使用价值推导出"价值的普遍概念"，这样，使用价值和价值就被混淆了。马克思指出："瓦格纳在把通常叫做'使用价值'的东西叫作'价值一般'或'价值概念'以后，当然不会忘记：'用这种办法〈这样！这样!〉推论出来的〈!〉价值'，就是'使用价值'。"① 这种把使用价值和价值相混淆的目的，是要用使用价值有多种源泉来证明价值也有多种源泉，以此来否定劳动是价值的唯一源泉的劳动价值论。

二　商品价值量的决定

马克思指出："形成价值实体的劳动是相同的人类劳动，是同一的人类劳动力的耗费。体现在商品世界全部价值中的社会的全部劳动力，在这

---

① 《马克思恩格斯全集》第19卷，人民出版社1963年版，第411页。

里是当作一个同一的人类劳动力，虽然它是由无数单个劳动力构成的。每一个这种单个劳动力，同别一个劳动力一样，都是同一的人类劳动力，只要它具有社会平均劳动力的性质，起着这种社会平均劳动力的作用，从而在商品的生产上只使用平均必要劳动时间或社会必要劳动时间。社会必要劳动时间是在现有的社会正常的生产条件下，在社会平均的劳动熟练程度和劳动强度下制造某种使用价值所需要的劳动时间。"① 为了了解商品价值量决定于社会必要劳动时间，必须解决以下问题：价值量是由什么劳动决定的；不同性质的劳动如何折合；商品价值量与劳动生产率的关系。为此，必须考察以下几个问题：

（一）具体劳动和抽象劳动

具体劳动是指在一定具体形式下的劳动形式。"这种生产活动是由它的目的、操作方法、对象、手段和结果决定的。"② 它具有如下特点：(1)具有异质性。从而生产出不同质的使用价值。(2)交换的必要条件。"如果这些物不是不同质的使用价值，从而不是不同质的有用劳动的产品，它们就根本不能作为商品来互相对立。"③ (3)社会分工的基础。"这种分工是商品生产存在的条件，虽然不能反过来说商品生产是社会分工存在的条件。"④ (4)人类生存的条件。"劳动作为使用价值的创造者，作为有用劳动，是不以一切社会形式为转移的人类生存条件，是人和自然之间的物质变换即人类生活得以实现的永恒的自然必然性。"⑤ (5)不是财富的唯一源泉。"种种商品体，是自然物质和劳动这两种要素的结合。" "因此，劳动并不是它所生产的使用价值即物质财富的唯一源泉。"⑥

抽象劳动是指一般人类劳动的耗费。"如果把生产活动的特定性质撇开，从而把劳动的有用性质撇开，生产活动就只剩下一点：它是人类劳动力的耗费。"⑦ 它具有如下特点：(1)具有同质性。"尽管缝和织是不同质

---

① 《马克思恩格斯全集》第 23 卷，人民出版社 1972 年版，第 52 页。

② 同上书，第 55 页。

③ 同上。

④ 同上。

⑤ 同上书，第 56 页。

⑥ 同上书，第 57 页。

⑦ 同上。

的生产活动,但二者都是人的脑、肌肉、神经、手等等的生产耗费,从这个意义上说,二者都是人类劳动。"① (2)简单平均劳动。"它是每个没有任何专长的普通人的机体平均具有的简单劳动力的耗费。"② (3)形成价值的实体。"由于它们具有相同的质,即人类劳动的质,它们才是上衣价值和麻布价值的实体。"③ 因此,生产商品的劳动是具体劳动和抽象劳动的对立和统一。表现在:一是因为具体劳动和抽象劳动都是生产商品的同一劳动的不同方面,而表示两次劳动,两者都统一于同一劳动之中;其矛盾表现在:形成使用价值的具体劳动是从劳动的质的方面考察;而形成价值的抽象劳动是从量的方面考察。二是具体劳动生产的使用价值和抽象劳动形成的价值的变化是不一致的。因为"随着物质财富的量的增长,它的价值可能同时下降。这种对立的运动来源于劳动的二重性"。④ 马克思总结了这个对立运动的规律:"有用劳动成为较富或较贫的产品源泉与有用劳动的生产力的提高或降低成正比。相反地,生产力的变化本身丝毫也不会影响表现为价值的劳动。"⑤ 这就是说,这里所说的生产力即劳动生产率,也就是具体劳动的生产力,即具体劳动在一定时间内生产使用价值的效率。劳动生产力的变化只会引起使用价值的变化和单位价值量的变化,却不会引起商品价值总量的变化,因为它直接与生产使用价值的具体劳动有关,而与形成价值的抽象劳动无关。所以,"不管生产力发生了什么变化,同一劳动在同样的时间内提供的价值量总是相同的。但它在同样的时间内提供的使用价值量会是不同的:生产力提高时就多些,生产力降低时就少些。"⑥ 这里需要澄清几个问题:

问题之一,"劳动一般"并不等于抽象劳动。在关于劳动二重性的讨论中,有的论者认为,既然抽象劳动是人类生理学意义上的耗费,它就是"一般劳动"或"劳动一般",是一切社会经济形态共有的永恒范畴。因此认为劳动的二重性,是历史上劳动产品的共同特征。这显然是错误的。

第一,"劳动一般"首先是亚当·斯密提出来的。他是在撇开了劳动

---

① 《马克思恩格斯全集》第 23 卷,人民出版社 1972 年版,第 57 页。

② 同上书,第 57—58 页。

③ 同上书,第 58 页。

④ 同上书,第 59 页。

⑤ 同上。

⑥ 同上书,第 60 页。

的各种具体形态以后，提出了"劳动一般"是创造社会物质财富的唯一源泉，这在论述劳动价值论问题上，较之他以前的资产阶级经济学者前进了一步；但是，另一方面却又错误地认为，创造商品使用价值的劳动和创造商品价值的劳动都是单一的或相同的劳动，从而把具体劳动和抽象劳动相混淆。正如马克思指出的："古典政治经济学在任何地方也没有明确地和十分有意识地把体现为价值的劳动同体现产品使用价值的劳动区分开。当然，古典政治经济学事实上是这样区分的，因为它有时从量的方面，有时从质的方面考察劳动。但是，它从来没有意识到，劳动的纯粹量的差别是以它们的质的统一或等同为前提的，因而是以它们化为抽象人类劳动为前提的。"① 也就是说，这个形成商品价值的抽象劳动，也是商品经济的产物，商品生产者只有通过交换，才能把他们生产商品的私人劳动转化为社会劳动，具体劳动才能转化为抽象劳动。可见，抽象劳动也和商品价值一样，体现着商品生产者的生产关系，也是商品经济的产物。尽管劳动在任何社会条件下，都是一般人类劳动力在生理学意义上的耗费，但是，也不能把抽象劳动和一般劳动，或"劳动一般"相等同。因为"从交换价值的分析中可以看出，生产交换价值的劳动的条件是劳动的社会规定，或者说，是社会劳动的规定，不过这里所说的社会，不是通常的意义，而是特殊的意义。这是一种特殊的社会性。"②

第二，从哲学的角度来看，各种劳动可以抽象为一般劳动或"劳动一般"，但是，作为形成商品价值的抽象劳动不同，它是一种历史的产物，一个历史范畴。虽然劳动这个范畴是一个古老的范畴，但是，它作为一般劳动的社会性质与作用，在不同的历史阶段是有所不同的。在资本主义社会以前的社会形态中，由于社会分工不发达，加上封建割据，地区封锁，行会垄断等原因，各种劳动被限制在狭小的范围内，因而个别劳动不可能转化为全社会的一般劳动。直到资本主义社会商品经济高度发展的条件下，不仅劳动者生产的产品成为商品，而且劳动力也成为了商品，这样，一般劳动或"劳动一般"才成为抽象劳动。"所以，最一般的抽象总只是产生在最丰富的具体的发展的地方，在那里，一种东西为许多所共有，为一切所共有。这样一来，它就不再只是在特殊形式上才能加以思考

---

① 《马克思恩格斯全集》第23卷，人民出版社1972年版，第97页注（31）。

② 《马克思恩格斯全集》第13卷，人民出版社1965年版，第20页。

了。另一方面，劳动一般这个抽象，不仅仅是具体的劳动总体的精神结果。对任何种类劳动的同样看待，适合于这样一种社会形式，在这种社会形式中，个人很容易从一种劳动转到另一种劳动，一定种类的劳动对他们说来是偶然的，因而是无差别的。这里，劳动不仅在范畴上，而且在现实中都是创造财富一般的手段，它不再是在一种特殊性上同个人结合在一起的规定了。在资产阶级社会的最现代的存在形式——美国，这种情况最为发达。所以，在这里，'劳动'、'劳动一般'、劳动这个范畴的抽象，这个现代经济学的起点，才成为实际真实的东西。所以，这个被现代经济学提到首位的、表现出一种古老而适用于一切社会形式的关系的最简单的抽象，只有作为最现代的社会的范畴，才在这种抽象性上表现为实际真实的东西。"① 可见，抽象劳动是一般劳动，但是，一般劳动或"劳动一般"并不就是抽象劳动。

问题之二，价值决定不等于价值创造。什么是价值决定？马克思指出："只是社会必要劳动量，或生产使用价值的社会必要劳动时间，决定该使用价值的价值量。"② 什么是社会必要劳动时间？"社会必要劳动时间是在现有的社会正常的生产条件下，在社会平均的劳动熟练程度和劳动强度下制造某种使用价值所需要的劳动时间。"③ 可见，构成社会必要劳动时间内容除了劳动者以外，还包括生产条件在内。因此，决定商品价值的就包括三部分：生产资料的转移价值、劳动力的价值、剩余价值。即 $W = C + V + M$。就是指生产过程中的劳动者新创造的价值。而当我们谈到价值创造时，就是指商品价值的源泉而言。因为在商品价值三个部分中，生产资料虽然是生产价值必不可少的条件，但仅仅是一种客观条件，它本身不能创造价值，它的价值也是通过劳动者的具体劳动转移到新形成的价值中。所以，当我们谈到价值创造时就是指新价值的创造部分即 $(v + m)$。因为劳动者通过新价值的创造除了补偿他的劳动力的价值以外，还创造了剩余价值。由此可见，就价值创造、价值源泉来说，只有劳动才是创造价值的唯一源泉；就价值决定来说，生产商品价值的各种因素，包括生产资料和劳动力都参加了商品价值的决定，都会影响商品价值量的大小。但

① 《马克思恩格斯全集》第 12 卷，人民出版社 1962 年版，第 754—755 页。

② 《马克思恩格斯全集》第 23 卷，人民出版社 1972 年版，第 52 页。

③ 同上。

是，不能把决定商品价值的多要素说成价值创造也是多要素，两者是不能混淆的。

（二）简单劳动与复杂劳动

在考察价值量的决定时必然遇到复杂劳动如何转化为简单劳动的问题。所谓简单劳动，就是指在一定的社会条件下，不需要经过专门训练、一般劳动者都能胜任的劳动。它是每个没有任何专长的普通人的肌体平均具有的简单劳动力的耗费。复杂劳动则是指要经过专门培养和训练具有一定专长的劳动。在同样时间内，复杂劳动比简单劳动能创造更多的价值。因为"这种劳动力比普通劳动力需要较高的教育费用，它的生产要花费较多的劳动时间，因此它具有较高的价值。既然这种劳动力的价值较高，它也就表现为较高级的劳动，也就在同样长的时间内物化为较多的价值。"① 对于这样一个比较清楚的问题，有人却提出了相反的看法，"复杂劳动比简单劳动能在相同的时间内创造更多的价值，实际上是误解了马克思复杂劳动还原为简单劳动的思想，使其陷入'循环论证'的困境。复杂程度不同的并不是创造价值的劳动，而是生产力特别高的具体劳动；它不属于价值源泉的问题，而是属于劳动力价值的生产、再生产问题。"② 这种观点显然是错误的。

第一，在如何看待简单劳动和复杂劳动问题上，古典政治经济学就已经把它和劳动价值论联系起来。例如，亚当·斯密就指出："两种不同工作所费去的时间，往往不是决定这比例的唯一因素，它们不同困难程度和精巧程度，也须加以考虑。一个钟头的困难工作，比一个钟头的容易工作，也许包含更多的劳动量；需要十年学习的工作做一小时，比普通业务做一月所含劳动量也可能较多。"③ 李嘉图坚持了斯密的正确观点，他说："当我说劳动是一切价值的基础，相对劳动量是几乎唯一的决定商品相对价值的因素时，决不可认为我忽视了劳动的不同性质，或是忽视了一种行

---

① 《马克思恩格斯全集》第 23 卷，人民出版社 1972 年版，第 223 页。

② 陈孝兵、李广平：《劳动还原与价值创造的特殊性》，《福建论坛》（人文社会科学版）2007 年第 3 期。

③ ［英］亚当·斯密：《国民财富的性质和原因的研究》（上卷），郭大力、王亚南译，商务印书馆 1983 年版，第 27 页。

业一小时或一天的劳动与另一种行业同等时间的劳动相比较的困难。为了实际目的，各种不同性质的劳动的估价很快就会在市场上得到十分准确的调整。"① 但是，李嘉图和亚当·斯密一样，认为简单劳动和复杂劳动的差别是由于各种劳动的价值大小不同，在于各种劳动报酬或工资的高低不同；而且它们的估价是通过市场进行的。这样，他们就不自觉地犯了工资是由劳动价值决定的，而劳动的价值又是由工资决定的循环论证的错误。其错误的原因是由于他们都混淆了劳动和劳动力，把工资是由劳动力的价值决定的正确观点曲解为工资是由劳动的价值决定的错误观点。因为劳动本身就是价值尺度，它本身并没有价值，否则就会犯劳动的价值由劳动决定的错误。正是由于马克思区分了劳动和劳动力的界限，才纠正了斯密和李嘉图循环论证的错误，建立了科学的工资理论。因此不能把古典经济学所犯的错误强加在马克思的头上。

第二，所谓复杂程度不同的劳动并不是创造价值的抽象劳动，而是生产力特别高的具体劳动的错误，是把简单劳动和复杂劳动等同于具体劳动和抽象劳动。因为这两对劳动是不能等同的。（1）相互的关系不同。具体劳动是指生产同一个商品的劳动所具有的二重性，它们共处于每一个商品之中，是一种对立统一的关系，具体劳动反映的劳动的性质，是什么劳动或怎样劳动的问题。而抽象劳动反映的则是劳动的数量，是劳动量的多少的问题，它们异质异量的关系，是由商品两因素即使用价值和价值决定的。而简单劳动和复杂劳动的关系不同，它们是不同商品由于耗费的劳动复杂程度不同，在交换中需要以简单劳动作为基础，把复杂劳动折合成代表社会必要劳动的简单劳动，两者是同质异量的关系，反映的是商品个别劳动和社会必要劳动的关系，两者不可能存在于同一个商品之中。（2）运行的轨迹不同。在劳动生产率变化的情况下，具体劳动和抽象劳动呈反相关变化。随着劳动生产率的提高，具体劳动创造的使用价值会增加，而抽象劳动形成的单位商品价值会减少，两者形成彼此对立的运动；而简单劳动和复杂劳动的变化轨迹则不同，两者呈正相关变化。在折合比例变化的条件下，复杂劳动随着简单劳动的增加而增加，减少而减少。（3）所起的作用不同。具体劳动和抽象劳动作为生产商品的劳动两重性，是"理解

---

① ［英］大卫·李嘉图：《政治经济学及赋税原理》，郭大力、王亚南译，商务印书馆1983年版，第15页。

政治经济学的枢纽"。它正确地说明商品生产过程是劳动过程和价值形成过程的统一；资本主义生产过程是劳动过程和价值增殖过程的统一。在劳动过程中工人通过具体劳动，一方面，把消耗的生产资料的价值转移到新产品中，同时创造了新产品的使用价值；另一方面，工人通过抽象劳动形成了新产品的价值，其中包含着剩余价值。"因此很明显，这种结果的二重性只能用他的劳动本身的二重性来解释。"① 而简单劳动和复杂劳动，要说明的只是生产各种商品的个别劳动如何折合为社会劳动，从而实现不同商品之间的交换问题。可见，简单劳动是复杂劳动的基础，而复杂劳动是简单劳动的倍加，它们都是作为同质的抽象劳动而存在，否则复杂劳动就不可能成为倍加的简单劳动。

（三）劳动生产率和价值量

马克思指出："如果生产商品所需要的劳动时间不变，商品的价值量也就不变。但是，生产商品所需要的劳动时间随着劳动生产力的每一变动而变动。劳动生产力是由多种情况决定的，其中包括：工人的平均熟练程度，科学的发展水平和它在工艺上应用的程度，生产过程的社会结合，生产资料的规模和效能，以及自然条件。"② 如何理解马克思在这段论述，理论界有两种不同看法：一种观点认为劳动生产率较高的劳动在同一时间内比劳动生产率较低的劳动，可以创造较多的价值。我把这种观点称为"自创论"；另一种观点则认为，劳动生产率较高的企业，在相同的劳动时间内能生产出较多的使用价值，按照社会必要劳动时间，它可以得到实现较多社会价值，是由劳动生产率较低的企业转移过来的。我把这种观点称为"转移论"。我认为这两种观点都有其正确的地方，但都有其片面性。

所谓劳动生产率是指具体劳动的生产力，马克思指出："生产力当然始终是有用的具体的劳动的生产力，它事实上只决定有目的的生产活动在一定时间内的效率。……生产力的变化本身丝毫也不会影响表现为价值的劳动。既然生产力属于劳动的具体有用形式，它自然不再同抽去了具体有用形式的劳动有关。"③ 可见，作为具体劳动的生产力的高低，与同量劳

---

① 《马克思恩格斯全集》第 23 卷，人民出版社 1972 年版，第 225 页。

② 同上书，第 53 页。

③ 同上书，第 59—60 页。

动时间创造的价值量的大小毫无关系，它只能通过使用价值量的变化，使单位商品的价值发生变化。在劳动生产率高的企业的个别劳动时间要少于劳动生产率低的企业，如果以这个为后者作为社会必要劳动时间，那么，前者就可获得超额的社会价值。而后者则不能获得自己的全部价值。对于劳动生产率高的企业所获得的超额社会价值究竟是本企业的劳动创造的，还是劳动生产率低的企业转移来的呢？

首先，不能认为超过价值是劳动生产率高的企业的工人创造的。因为劳动生产率是指具体劳动生产力，它的变化高低只与使用价值有关，而与同量劳动时间所创造的价值量的大小毫无关系，它没有涉及抽象劳动创造价值的问题，当然也就不存在抽象劳动中少量的复杂劳动折回为等量的简单劳动的过程。它只能通过使用价值量的变化，使单位商品的价值发生变化，而这种使单位商品价值发生变化的过程，必须是通过市场交换以后，才能作出说明。但是，那种认为超额社会价值是由本企业劳动创造的说法，根据马克思说的："生产力特别高的劳动起了自乘的劳动的作用，或者说，在同样的时间内，它所创造的价值比同种社会平均劳动要多。"①从马克思说这段话的目的来看，他是针对相对剩余价值的问题来说的，也就是在工作日长度不变的条件下，个别资本家通过缩短必要劳动时间、相应延长剩余劳动时间而生产的剩余价值。而要缩短必要劳动时间，从而延长剩余劳动时间，只有降低劳动力的价值才能做到。要降低劳动力价值，关键在于提高整个社会的劳动生产率，才能降低生活资料的价值，然后才能降低劳动力的价值，才能缩短必要劳动时间，相对增加剩余价值。从这里可以很明显看出这是本企业的工人创造的，而且从本企业改进技术的前后就可以看出来。但是，如果把马克思针对相对剩余价值所说的话，来证明由于个别企业提高了劳动生产率仅仅说成是本企业的劳动创造的根据是不贴切的。因为：（1）相对剩余价值的获得纯粹是通过缩短本企业的工人生产劳动力价值的必要劳动时间，相应延长剩余劳动时间而取得的，它和提高一般劳动生产率增加产品数量，使其在交换中通过个别价值与社会价值的比较来实现的超额价值是完全不同，因为要获得的超额社会价值不可能由自身来实现，必须通过交换和其他劳动生产率低的企业相比较后才能

---

① 《马克思恩格斯全集》第 23 卷，人民出版社 1972 年版，第 354 页。

得到。（2）正是由于有的劳动生产率低的企业投入的劳动没有实现其价值，才存在生产率高的企业获得超额价值。因为社会价值的形成本身就是由所有的个别商品价值构成，也就是说无论是先进企业还是落后企业，它们的个别价值都是构成社会总价值的一部分，也就是说，社会价值只是各个个别价值的平均数。所以，我认为超额社会价值虽然不能和相对剩余价值那样，纯粹是由本企业的工人创造出来的。但是，由于个别企业生产了更多的使用价值，使它能够在竞争中实现超额的社会价值，而这个超额社会价值中就有构成总社会价值中有人失去的那部分。也正是由于存在着别的企业失去的部分，才能使有些企业得到了这一部分。所以，我认为通过提高劳动生产率，使企业商品的个别价值低于社会价值而取得的是超额价值，是来源于本企业工人，但却是由于劳动生产率低的企业的商品超过社会价值的事实存在而实现的。其次，那种认为超额价值是劳动生产率低的企业转移过来的说法也是值得商榷的。

三　价值的形式

价值形式的理论是马克思劳动价值论的又一个重要内容，也是马克思的一个重要贡献。正如马克思说的："但是在这里，我们要做资产阶级经济学从来没有打算做的事情：指明这种货币形式的起源，就是说，探讨商品价值关系中包含的价值表现，怎样从最简单的最不显眼的样子一直发展到炫目的货币形式。这样，货币的谜就会随着消失。"① 为什么资产阶级经济学从来没有打算也不可能去揭示货币的起源呢？这是因为"古典政治经济学的根本缺点之一，就是它从来没有从商品的分析，特别是商品价值的分析中，发现那种正是使价值成为交换价值的价值形式。恰恰是古典政治经济学最优秀的代表人物，像亚·斯密和李嘉图，把价值形式看成一种完全无关紧要的东西或在商品本性之外存在的东西。这不仅仅因为价值量的分析把他们的注意力完全吸引住了。还有更深刻的原因。劳动产品的价值形式是资产阶级生产方式的最抽象的、但也是最一般的形式，这就使资产阶级生产方式成为一种特殊的社会生产类型，因而同时具有历史的特

---

① 《马克思恩格斯全集》第 23 卷，人民出版社 1972 年版，第 61 页。

征。因此，如果把资产阶级生产方式误认为是社会生产的永恒的自然形式，那就必然会忽略价值形式的特殊性，从而忽略商品形式及其进一步发展——货币形式、资本形式等等的特殊性。"① 在《资本论》中，马克思通过对商品二因素和劳动二重性的分析，阐明了劳动为什么是价值、如何形成价值以及价值表现等问题，第一次揭示价值与交换价值的内部联系，并且把价值和交换价值区别开来。

在发达的商品经济中，商品价值是用货币表现的。但是，商品价值表现在货币上经过了一个漫长的历史发展阶段，是商品生产和商品交换长期发展的历史产物。马克思价值发展形式按照历史顺序分为四种形式：简单的价值形式；扩大的价值形式；一般价值形式；货币形式。

（一）　简单的价值形式

简单或偶然的价值形式是价值形式发展的初始阶段，它是在原始社会末期最初出现的商品交换关系。由于当时社会生产力的发展，原始公社生产的产品除了满足公社成员的需要之外有了一些剩余，于是出现了各个公社或部落之间的以物易物的直接交换。这种物物交换纯粹是偶然的，当然也是很不充分的。例如，20 码麻布 = 1 件上衣。等式左边的商品表现为相对价值，或者说处于相对价值形式。等式右边的商品起着等价物的作用，或者说，处于等价形式。马克思从价值形式的总体出发，分析了两者的作用和关系。从作用上看，两者是不同的。前一个商品起主动作用，后一个起被动作用。从两者的关系看，"相对价值形式和等价形式是同一价值表现的互相依赖、互为条件、不可分离的两个要素，同时又是同一价值表现的互相排斥、互相对立的两端即两极；这两种形式总是分配在通过价值表现互相发生关系的不同的商品上。"②

首先，从相对价值形式来分析。马克思先分析了它的质，然后分析它的量。（1）相对价值形式的内容。相对价值形式的内容就是抽象劳动的凝结。"麻布和上衣作为价值量是同一单位的表现，是同一性质的物。"③ 但是，两个质上等同的商品所起的作用是不同的。相对价值形式是回答麻布

---

① 《马克思恩格斯全集》第 44 卷，人民出版社 2001 年版，第 98—99 页。

② 《马克思恩格斯全集》第 23 卷，人民出版社 1972 年版，第 62 页。

③ 同上书，第 64 页。

的价值为什么会通过上衣来表现的，这是由于它们具有共同的质，即都凝结了等量的抽象劳动。而等价形式是回答上衣为什么能够表现麻布。这是由于在麻布的价值关系中，上衣是当作与麻布同质的东西，是当作同一性质的物，因为它是价值。在这里，它是当作表现价值的物，或者说，是以自己的可以捉摸的自然形式表示价值的物。（2）相对价值形式量的规定性。价值形式不只是要表现价值，而且要表现一定量的价值，即价值量。相对价值量变化的规律大致表现在四个方面：一是麻布的价值起了变化，上衣的价值不变。在这种情况下，麻布的相对价值量随麻布的变化呈正比例变化；二是麻布的价值不变，上衣的价值起了变化。在这种情况下，麻布的相对价值量随上衣价值的变化呈反比例变化；三是生产麻布和上衣的必要劳动量可以按照同一方向和同一比例同时发生变化。在这种情况下，麻布的相对价值量保持不变；四是生产麻布和上衣的各自的必要劳动时间，从而它们的价值，可以按照同一方向但以不同的程度同时发生变化，或者按照相反的方向发生变化。在这种情况下，麻布的相对价值量的变化可以有多种组合，根据前面三种情况就可以推知。可见，"价值量的实际变化不能明确地，也不能完全地反映在价值量的相对表现即相对价值量上。即使商品的价值不变，它的相对价值也可能发生变化。即使商品的价值发生变化，它的相对价值也可能不变，最后，商品的价值量和这个价值量的相对表现同时发生的变化，完全不需要一致。"①

　　其次，从等价形式来分析。所谓等价形式，就是"一个商品的等价形式就是它能与另一个商品直接交换的形式"。② 作为等价物的商品，只能以它的物的一定量表现另一商品的价值量，但不能表现它本身有多大价值。"其实，商品的等价形式不包含价值的量的规定。"③ 它具有三个特点：（1）使用价值成为它的对立面即价值的表现形式。（2）具体劳动成为抽象人类劳动的表现。（3）私人劳动成为它的对立面的形式，成为直接社会形式的劳动。

　　最后，从简单价值形式的总体分析可以归结为以下几点：（1）一个商品的简单价值形式包含在它与一个不同种商品的价值关系或交换关系中。

---

① 《马克思恩格斯全集》第 23 卷，人民出版社 1972 年版，第 69 页。

② 同上书，第 70 页。

③ 同上书，第 71 页。

换句话说，一个商品的价值是通过它表现为"交换价值"而得到独立的表现。(2)商品的价值形式或价值表现是由商品价值的本性产生，而不是相反，价值和价值量由它们作为交换价值的表现方式产生。(3)一个商品的简单的价值形式，就是该商品中包含的使用价值和价值的对立的简单表现形式。(4)在一切社会状态下，劳动产品都是使用物品，但只是历史上一定的发展时代，也就是生产一个使用物所耗费的劳动表现为该物的"对象的"的属性即它的价值的时代，才使劳动产品转化为商品。因此，商品形式的发展是同价值形式的发展一致的。(5)简单价值形式是不充分的，是一种胚胎形式，它只有通过一系列的形态变化，才成熟为价格形式。

（二）　总和的或扩大的价值形式

当一种商品的价值不仅表现在一种商品上，而且表现在一系列商品上面时，就成为扩大的价值形式。这种扩大的价值形式是由一系列的简单价值形式构成，所以，又称为总和的价值形式。马克思从以下几个方面进行了分析：

首先，分析了扩大的相对价值形式。一是从质的方面分析了扩大的相对价值形式的特点：(1)一种商品的价值表现在商品世界的其他无数商品上，每一种其他商品都成为反映一种商品的镜子。"这样，这个价值本身才真正表现为无差别的人类劳动的凝结。"① (2)相对价值形式，不再是只同另一种商品发生社会关系，而是同整个商品世界发生社会关系。(3)商品价值表现的无限系列表明商品价值同它借以表现的使用价值的特殊形式没有关系。二是从量的方面分析了扩大的相对价值形式的特点：(1)两个单个商品所有者之间的偶然关系消失了。(2)不是教会调节商品的价值量，恰好相反，是商品的价值量调节商品的交换比例。

其次，分析了特殊等价形式的特点。从作为等价形式的商品来看，具有如下特点：(1)每一种这样的商品的一定的自然形式，现在都成为一个特殊的等价形式，与其他许多特殊等价形式并列。(2)种种不同的商品体中所包含的多种多样的一定的、具体的、有用的劳动，现在只是一般人类劳动的同样多种的特殊的实现形式或表现形式。

---

① 《马克思恩格斯全集》第23卷，人民出版社1972年版，第78页。

最后，指出了总和的或扩大的价值形式的缺点。从相对价值形式看：(1)商品的相对价值表现是未完成的，因为它的表现系列永无止境。(2)这条锁链形成一幅由互不关联的而且种类不同的价值表现拼成的五光十色的镶嵌画。(3)每一种商品的相对价值形式都是一个不同于任何别的商品的相对价值形式的无穷无尽的价值表现系列。从等价形式看，每一种商品的自然形式都是一个特殊的等价形式，并与无数别的特殊等价形式并列，所以只存在着有局限性的等价形式，其中每一个都排斥另一个。因此，"人类劳动在这些特殊表现形式的总和中，获得自己的完全的或者总和的表现形式。但是它还没有获得统一的表现形式。"①

（三）一般价值形式

随着商品交换的发展，进入交换过程的商品越来越多，扩大价值形式的缺点更加暴露，于是就从商品世界中分离出一种商品直接交换其他商品，而其他商品的价值都通过它来表现。

首先，价值形式变化了的性质。一般价值形式和扩大价值形式相比，发生了根本性的变化。从相对价值形式看：(1)商品价值的表现是简单的，因为都是表现在唯一的商品上。(2)是统一的，因为都是表现在同一的商品上。它们的价值形式是简单和共同的，因而是一般的。(3)各种商品是可以比较的。现在一切商品，"不仅表现在质上等同，表现为价值，而且同时也表现为在量上可以比较的价值量。"② 从等价形式看：(1)作为一般等价物的商品，它的自然形态是这个商品世界的共同的价值形态，因此，它可以和其他一切商品直接交换。(2)生产一般等价物的私人劳动成为人类劳动的化身，即"当作一切人类劳动的可以看得见的化身，一般的社会的蛹化"。③ (3)生产一般等价物的具体劳动成为抽象劳动的表现形式。"这就是把一切实在劳动化为它们共有的人类劳动的性质，化为人类劳动力的耗费。"④

其次，相对价值形式和等价形式的发展关系。在一般价值形式中，相

---

① 《马克思恩格斯全集》第 23 卷，人民出版社 1972 年版，第 79—80 页。
② 同上书，第 82 页。
③ 同上。
④ 同上书，第 83 页。

对价值形式和等价形式发展的关系表现在：（1）等价形式的发展程度同相对价值发展程度是相适应的，等价形式的发展是相对价值发展的表现和结果。（2）价值形式发展到什么程度，它的两极即相对价值形式和等价形式之间的对立，也就发展到什么程度。在偶然的价值形式中，虽然已经包含着这种对立，但没有固定下来；在扩大价值形式中，不能再变换价值等式两边的位置，除非改变价值形式的全部性质，把它变成一般价值形式；在一般价值形式中，一种商品处于能与其他一切商品直接交换的形式，或者说，处于直接的社会形式。

最后，从一般价值形式到货币形式的过渡。在一般价值形式中，作为一般等价物可以属于任何一种商品，当等价形式同这种特殊商品的自然形式社会地结合在一起，这种特殊商品就成了货币商品，或者执行货币的职能。有一种商品在历史过程中夺得了这个特权地位，这就是金。因此，在一般价值形式中，只要用商品金代替其他商品就可以了。

（四）货币形式

随着生产力的发展和第二次社会大分工，出现了商品生产，而进入交换的商品也大大增加了，交换的地区也扩大了。因此，就要求一般等价物具有时间的稳定性和地区的统一性，最终一般等价物就被固定在一种特殊商品上，这种特殊商品就成了货币商品，那就是黄金，从而出现了货币形式。（1）货币形式与一般价值形式相比，没有本质的变化，因为作为等价形式的商品都是一般等价物。唯一不同的是，在货币形式中，一般等价物是同金银的特殊的自然形式结合在一起。（2）金银天然不是货币，货币天然是金银。它们所以成为货币，是商品内在矛盾发展的必然结果。

四　价值的本质

马克思在分析了价值的形式后，透过价值形式分析了价值的本质，说明了价值是被物的外壳掩盖着的商品所有者的社会关系。而商品拜物教却把物化在商品中的人和人的社会关系，颠倒为物与物的关系。于是对商品产生了一种神秘的观点，他们对人们生产的商品的崇拜就像宗教中人们崇拜人脑的产物如上帝、真主等偶像一样。因此，为了揭示价值的本质就必须发现商品拜物教。

（一） 商品拜物教来自商品形式本身

商品好像是一个很简单很平凡的东西。对商品的分析表明，它却是一种很古怪的东西，充满着神秘的色彩。商品究竟是怎么来的呢？

商品的神秘性不是来自商品的使用价值。马克思指出："商品就它是使用价值来说，不论从它靠自己的属性来满足人的需要这个角度来考察，或者从它作为人类劳动的产品才具有这些属性这个角度来考察，都没有什么神秘的地方。"① 例如，用木头做桌子，木头的形状就改变了。但是桌子一旦作为商品出卖，就变成了一个可感觉而又超感觉的物了。"它不仅用它的脚站在地上，而且在对其他一切商品的关系上用头倒立着，从它的木脑袋里生出比它自动跳舞还奇怪得多的狂想。"② 这就是说，当桌子一旦成为商品，它就"倒立着"，不是由人支配商品，而是成为商品支配人的奇怪现象。

商品的神秘性也不是价值规定的内容。马克思指出："商品的神秘性质不是来源于商品的使用价值。同样，这种神秘性质也不是来源于价值规定的内容。"③ 因为：（1）从劳动的性质看，劳动都是人的脑、神经、肌肉、感官等的耗费，这是生理学现象，不会产生神秘性。（2）从劳动的量来看，劳动量是决定价值的基础的东西，它在任何社会都是人们必然关心的事情，虽然在不同的发展阶段上关心的程度不同。所以，也不具有神秘性。（3）从劳动的社会形式看，当人们通过某种方式进行劳动交换时，他们的劳动就取得了社会的形式，这也没有什么神秘性。

商品的神秘性显然是从这种形式本身来的。其原因在于："人类劳动的等同性，取得了劳动产品的等同的价值对象性这种物的形式；用劳动的持续时间来计量的人类劳动力的耗费，取得了劳动产品的价值量的形式；最后，劳动的那些社会规定借以实现的生产者的关系，取得了劳动产品的社会关系的形式。"④ 这就是说，当人类的劳动表现为商品的价值时，人们看到的是商品的价格，而不是劳动者的劳动时间，这样一来，商品生产者的

① 《马克思恩格斯全集》第 23 卷，人民出版社 1972 年版，第 87 页。
② 同上书，第 87—88 页。
③ 同上书，第 88 页。
④ 同上。

关系，就被商品与商品这个物与物的关系所掩盖，以致表现出它的神秘性。

（二）商品拜物教存在的根源

马克思指出："商品世界的这种拜物教性质，象以上分析已经表明的，是来源于生产商品的劳动所特有的社会性质。"① 这就是说，在私有制条件下，生产商品的劳动，一方面表现为私人劳动；另一方面，由于社会分工，他们的劳动又是社会劳动的一部分。商品生产者要出卖他的商品，必须把他的私人劳动转化为社会劳动，否则他的商品就卖不出去，因此，私人劳动和社会劳动的矛盾是简单商品生产的基本矛盾。而私人劳动转化为社会劳动，不是表现为人们劳动直接交换的关系，而是表现为物和物的关系。具体表现在：

第一，生产者的私人劳动真正取得了二重的社会性质。一方面生产着的私人劳动必须作为一定的有用劳动来满足一定的社会需要，从而证明它们是总劳动的一部分，是自然形成的社会分工体系的一部分；另一方面，只有在每一种特殊的有用的私人劳动相交换从而相等时，生产者的私人劳动才能满足生产者本人的多种需要。这种在交换中表现为商品的使用价值和价值的形式，很容易使人们把劳动产品的社会性质，看成是劳动产品的物质属性。

第二，人们使他们的劳动产品彼此当作价值发生关系，不是因为在他们看来这些物只是同种的人类劳动的物质外壳。恰恰相反，他们在交换中使他们的各种产品作为价值彼此相等，也就是使他们的各种劳动作为人类劳动而彼此相等。他们没有意识到这一点，但是他们这样做了。因为人们的交换中看到的是各种具体劳动的物质外壳，而没有意识到在这个物质外壳中所包含的抽象劳动，也使他们产生商品拜物教。

第三，价值量不以交换者的意志、设想和活动为转移而不断变动着。因为"生产这些产品的社会必要劳动时间作为起调节作用的自然规律强制地为自己开辟道路，就象房屋倒在人的头上时重力定律强制地为自己开辟道路一样。因此，价值量由劳动时间决定是一个隐藏在商品相对价值的表面运动后面的秘密。这个秘密的发现，消除了劳动产品的价值量纯粹是

---

① 《马克思恩格斯全集》第 23 卷，人民出版社 1972 年版，第 89 页。

偶然决定的这种假象，但是决没有消除这种决定所采取的物的形式。"①

第四，货币本来就是商品，但是当货币出现以后，使人们把它看成是天然的一般等价物，他们只看到货币这个物，而看不到货币商品背后的人的劳动，从而被这个物统治着，使人们对商品拜物教产生了扑朔迷离的幻觉。

五　价值的生产

在马克思看来，简单商品经济的价值生产过程是劳动过程和价值形成过程的统一。

（一）劳动过程

劳动过程就是具体劳动创造使用价值的过程，是人和自然之间的物质变换过程，也就是劳动力发挥作用的过程。马克思把劳动过程分为一般劳动过程和资本主义劳动过程。劳动过程必须具备三个简单的要素：有目的的活动或劳动本身、劳动对象和劳动资料。劳动首先是以自身的活动来引起、调整和控制人和自然之间的物质变换的过程。在劳动过程中，人本身作为一种自然力同外部的自然界的物质相对立，运用自身的自然力去占有自然物质，在改变自然物质的同时也改变着人本身的自然，发展自己的智力和体力。人的劳动不同于其他动物的本能活动的地方，首先在于它是一种有意志有目的的活动。"他不仅使自然物发生形式变化，同时他还在自然物中实现自己的目的"。② 其次是能够制造和使用工具。马克思指出："劳动资料的使用和创造，虽然就其萌芽状态来说已为某几种动物所固有，但是这毕竟是人类劳动过程独有的特征。"③ 他还把人的劳动和其他动物的本能活动进行了区别。他指出："我们要考察的是专属于人的劳动。蜘蛛的活动与织工的活动相似，蜜蜂建筑蜂房的本领使人间的许多建筑师感到惭愧。但是，最蹩脚的建筑师从一开始就比最灵巧的蜜蜂高明的

---

① 《马克思恩格斯全集》第 23 卷，人民出版社 1972 年版，第 92 页。
② 同上书，第 202 页。
③ 同上书，第 204 页。

地方，是他在用蜂蜡建筑蜂房以前，已经在自己的头脑中把它建成了。"①
马克思在这里指出了人的劳动是一种有意识有计划的活动，它能够"调整和控制人和自然之间的物质变换的过程"。② 这是和其他动物的本能活动最根本的区别。从而说明只有人的劳动才能创造商品价值。

在劳动价值的争论中，有的论者为了否定劳动价值论，提出了对马克思以上论述的否定观点，认为其他动物的活动也能够创造价值的"泛价值论"。这种观点认为："到目前为止，人类对自然界还知之甚少，由于科学发展水平的限制，人类至今还无法确知蜜蜂在建筑蜂房时其头脑中究竟有无蜂房图像，在我们没有获得确实可靠的科学证据之前，我们不能简单地做出否定性结论。其实，对有些动物的行为不能只用本能来解释。比如，20世纪80年代云贵高原有一个耍猴人被两村民骗杀，猴子在公路上等候几天，专门拦下警车大喊大叫，指指划划，带着公安干警在山上扒寻到主人的尸体，并到村中指认出了两个凶手。对此，你能说动物的大脑中没有公安干警的图像或观念吗？另外，在建筑工地上劳动的数量庞大的泥瓦工、搬运工肯定不是建筑师，连最蹩脚的建筑师都不是，他们按照工头的要求添砖加瓦，机械地运动，他们工作前在大脑中事先不可能将一座大厦建成，他们事实上和蜜蜂中的工蜂一样，那么，他们作为人所进行的经济活动就不成其为劳动了吗？显然不是！可见，对马克思的论述千万不可生搬硬套，否则，就会陷入自相矛盾之中。"③ 这种把人的劳动和其他动物的本能活动等同起来的观点之所以不正确在于：（1）把其他动物本能活动的反映和人的有意识的劳动混淆在一起。蜜蜂建筑蜂房和蜘蛛结网作为动物的本能活动比人类有意识的某些劳动在灵巧性上要强些，但是，人类劳动最大的特点是能够有计划地制造工具。提出蜜蜂在建筑蜂房中究竟有无蜂房图像，在获得科学证据之前，"不能简单地做出否定性的结论"的说法，实际上就会把已经得到结论的科学真理推行不可知论。（2）猴子拦警车，认凶手，的确有点神奇，这在一些家畜中如狗就很典型，这是它们忠于主人的本能活动。但是，不能用这些例子来证明它们的活动就是和人

---

① 《马克思恩格斯全集》第23卷，人民出版社1972年版，第202页。

② 同上书，第202页。

③ 刘有源：《"泛价值论"何错之有——答屈炳祥先生的质疑与商榷》，《经济评论》2005年第5期。

一样，都是创造价值的劳动。（3）把建筑工地上的泥瓦工、搬运工比喻为蜜蜂中不劳动的工蜂，更是不恰当。他们和建筑师的复杂劳动相比，从事的是简单一点的劳动，但是，他们也是创造价值的劳动，他们的劳动并非是不要动脑筋的本能活动。

关于劳动过程的第二要素和第三要素：劳动对象和劳动资料。劳动对象是在劳动过程中，人们将劳动加于其上的一切东西。劳动资料是劳动者置于自己和劳动对象之间、用来把自己的活动传导到劳动对象上去的物或物的综合体。劳动过程从其作为一个运动来说，它的三个简单要素是互相区别的，它们在劳动过程中所起的作用是不同的。劳动过程的进行所需要的一切物质条件都算作劳动过程的资料。它们不直接加入劳动过程，但是没有它们，劳动过程就不能进行，或者只能不完全地进行。"可见，在劳动过程中，人的活动借助劳动资料使劳动对象发生预定的变化。过程消失在产品中。它的产品是使用价值，是经过形式变化而适合人的需要的自然物质。"①

（二）价值形成过程

商品价值的形成过程，就是生产资料价值的转移和活劳动创造新价值的过程。如果在生产过程中劳动者创造的新价值只能维持劳动力的价值，没有获得剩余价值，这就是价值形成过程。在简单商品生产条件下，生产者在商品生产中所创造的新价值都归自己所有，也就不存在剩余价值，因此简单商品生产过程也是价值形成过程。

（三）价值增殖过程

价值增殖过程不外是超过一定范围而延长了的价值形成过程。如果劳动者的劳动创造的价值超过劳动力价值这样一点，那就成为价值增殖过程。资本主义条件下的剩余价值就是由雇佣工人创造的而由资本家无偿占有的超过劳动力价值的价值。所以，劳动者的劳动是价值的唯一源泉。马克思指出："具有决定意义的，是这个商品独特的使用价值，即它是价值的源泉，并且是大于它自身的价值的源泉。"② 对于马克思劳动价值论这

---

① 《马克思恩格斯全集》第 23 卷，人民出版社 1972 年版，第 205 页。

② 同上书，第 219 页。

个核心问题，除了遭到资产阶级庸俗经济学理所当然的反对外，在我国理论界也有人提出不同的看法。例如，有论者认为："马克思认识到了劳动的整体性，却没有在劳动价值论的研究中坚持劳动的整体性。马克思在批判地接受亚当·斯密的价值理论时，自开始就将自己的劳动价值论定位于劳动主体价值论，只承认活劳动创造价值，否认包括自然条件和资产条件的劳动客体在价值创造中的作用。""在马克思的价值理论中，还有一个自身逻辑冲突的问题。马克思提出商品二重性，认为商品是价值与使用价值的统一。按照这一前提，对商品使用价值起作用，就同样对商品价值创造起作用，才是合乎逻辑的，否则就不合逻辑，就做不到统一。"那么，如何做到这位论者所说的"劳动的整体性"和"价值和使用价值的统一"呢？那就要按照："法国经济学家巴·萨伊这样讲过：'事实已经证明，使生产出来的价值，都归因于劳动、资本和自然力这三者的作用和协力。'"因为在这位论者看来，萨伊的看法"除去将劳动界定为是劳动主体活动不科学以外，基本认识没有错，即对价值创造源泉的认识没有错。"① 对于这位钱先生的观点，提出以下不同看法：

第一，认为马克思"只承认活劳动创造价值，否认包括自然条件和资产条件的劳动客体在创造价值中的作用"的说法是不符合事实的。马克思在分析劳动过程和价值增殖过程时就明确地肯定了自然条件和资产条件的作用。他指出："劳动过程的进行所需要的一切物质条件都算作劳动过程的资料。它们不直接加入劳动过程，但是没有它们，劳动过程就不能进行，或者只能不完全地进行。"② 这就说明马克思是把生产资料作为生产过程的一个重要条件，没有它们生产就不能进行。但是，承认生产资料在劳动过程中的作用并不等于作为物化劳动的生产资料能够创造价值。因为就生产资料来说，被消耗的是它的使用价值，由于这种使用价值的消费，劳动制成产品。生产资料的价值实际上没有被消费，而是转移到了新产品的价值中。"劳动过程的主观因素，即发挥作用的劳动力，却不是这样。当劳动通过它的有目的的形式把生产资料的价值转移到产品上并保存下来的时候，它的运动的每时每刻都形成追加的价值，形成新价值。"③

① 钱津：《劳动价值论》，社会科学文献出版社 2001 年版，第 32 页。
② 《马克思恩格斯全集》第 23 卷，人民出版社 1972 年版，第 205 页。
③ 同上书，第 234 页。

可见，马克思并没有否定生产资料在创造价值过程中的作用，但否认生产资料创造价值。

第二，认为商品是价值与使用价值的统一，就必然"按照这一前提，对商品使用价值起作用，就同样对商品价值创造起作用，才是合乎逻辑"的说法，也是不正确的。诚然，马克思认为商品是价值和使用价值的统一体，准确的说法是：商品是使用价值和价值的矛盾的统一体。两者除了具有统一的一面，还有矛盾的一面。这个矛盾的方面包括前面已经提到的六点，其中就谈到的所起的作用不同和创造的源泉不同。因此，不能因为两者在商品中具有统一的一面，就否认两者存在矛盾的另一面。那种认为"对商品使用价值起作用，就同样对商品的价值起作用，才是合乎逻辑"的说法，是把商品是价值与使用价值的统一，曲解为形而上学的抽象同一性。因为形而上学的同一性是把事物的同一性和差别性绝对对立起来，看不到事物的内在差别。而只承认一切事物自身都是绝对等同的，根本不承认同一与差别的辩证关系，不承认同一性包含了差别性，差别性存在于同一性中。可见，企图从商品是价值与使用价值的统一这一前提出发，得出"对商品使用价值起作用，就同样对商品价值创造起作用"的说法，正是否认商品内在矛盾的形而上学的抽象同一性的逻辑的必然反映。

第三，提出坚持"劳动的整体性"的实质就是坚持庸俗经济学的多要素都创造了价值。这位论者明确承认萨伊的三要素（劳动、土地、资本）共同创造价值"基本认识没有错"，其认识根源都是把使用价值和价值相混淆的结果。

首先，使用价值和价值在本质上是不同的。李嘉图指出萨伊的多要素创造价值的错误原因之一是把使用价值即财富和价值相混淆。李嘉图指出："萨伊先生所著《政治经济学》一书，虽然在最后第四版做了修订，但在我看来，他对于财富和价值所下的定义是非常不适当的。他认为这两个名词是同义语。他认为，一个人愈是增加其所有物的价值、并因而能支配大量商品，就愈是富有。他说：'因此，收入不论是通过什么方式，只要能够取得更多的产品，其价值就增加了。'照萨伊先生看来，如果生产毛呢的困难增加了一倍，因之其所能换得的其他商品量也倍增于前时，毛呢的价值就增加了。这一点我完全同意。但当其他商品的生产有特殊便利条件，而毛呢生产又未增加任何困难，因而毛呢所能换得的商品量和上面所说的一样比以前增加一倍时，萨伊先生仍然会说这是毛呢的价值增加了一倍。但根据我对这个问题的看法，他应当说毛呢的价值仍旧未变，而是那些商品的价值跌落了一半。"① 而今天的论者提出的 "对商品的使用价值起作用，就同样对商品的价值创造起作用" 的所谓 "整体性" 错误，正是继承了萨伊把使用价值即财富和价值相混淆的必然结果。

其次，使用价值和价值在创造源泉上也是不同的。提出所谓 "整体性" 的观点的目的，就是要从 "对商品的使用价值起作用，就同样对商品的价值起作用" 这个前提出发，证明创造商品使用价值的源泉同样也是创造商品价值的源泉。事实上，使用价值和价值虽然是商品的两个因素，并不等于两者在创造源泉上也是相同的。决不能因为创造使用价值的源泉有多种要素，而创造价值的源泉也必然是多要素的，从而得出和萨伊多要素创造价值的错误结论。

六　价值的流通

马克思的价值流通理论包括两部分，一是个别资本的流通。它包括资本的循环和周转。二是社会资本的流通。它包括社会资本的简单再生产和扩大再生产。

(一) 个别资本的循环与周转

1. 资本的循环

资本循环是分析作为表现价值形式的资本在流通中的三种职能形式：货币资本、生产资本和商品资本。货币资本的形式，主要执行货币的职能，即购买手段。生产资本的形式，主要执行生产的职能，即实现劳动力和生产资料的使用价值，生产剩余价值和新的商品。商品资本的形式，执行商品的职能，即把生产过程生产出来的商品销售出去，收回垫支的货币并实现剩余价值。资本在其循环的每一个阶段，必须采取和这个阶段相适应的形式，执行这个阶段的经济职能。否则经济运动便不能正常进行。马克思指出："资本的循环，只有不停顿地从一个阶段转入另一个阶段，才能正常进行。如果资本在第一阶段 G—W 停顿下来，货币资本就会凝结

---

① ［英］大卫·李嘉图：《政治经济学及赋税原理》，郭大力、王亚南译，商务印书馆 1983 年版，第 238 页。

为贮藏货币；如果资本在生产阶段停顿下来，一方面生产资料就会搁着不起作用，另一方面劳动力就会处于失业状态；如果资本在最后阶段 W′—G′ 停顿下来，卖不出去而堆积起来的商品就会把流通的流阻塞。"① 因此，资本只有顺利通过循环的供给、生产、销售三个阶段，就说明价值的流通畅通无阻，川流不息。

在资本主义条件下，要使资本循环顺利进行，资本家的资本不仅要按照一定比例分为三个部分同时在三种职能形式上，而且要使三种职能形式的资本都必须相继通过循环的三个阶段。这就是说，货币资本要不断地转化为生产资本，再转化为商品资本，最后回到货币资本的形式上；生产资本和商品资本，也要分别转化为其他两种形式，最后回到原来的形式上。如果资本的任何一个部分在循环的任何一个阶段发生停顿，资本的三种职能形式就不可能同时并存。因此，资本顺利进行循环的条件是：资本三种职能形式在空间的并存性和时间上的继起性。两者是互为前提，互为条件的；并存性是继起性的前提，没有并存性就不可能有继起性；而并存性又是继起性的结果，没有继起性也就谈不上并存性。马克思指出："产业资本的连续进行的现实循环，不仅是流通过程和生产过程的统一，而且是它的所有三个循环的统一。但是，它之所以能够成为这种统一，只是由于资本的每个不同部分能够依次经过相继进行的各个循环阶段，从一个阶段转到另一个阶段，从一种职能形式转到另一种职能形式，因而，只是由于产业资本作为这些部分的整体同时处在各个不同的阶段和职能中，从而同时经过所有这三个循环。在这里，每一部分的相继进行，是由各部分的并列存在即资本的分割所决定的。""但是，决定生产连续性的并列存在之所以可能，只是由于资本的各部分依次经过各个不同阶段的运动。并列存在本身只是相继进行的结果。"②

社会主义经济中，各个企业也必须根据各种情况，把自己的资金分为货币资金、生产资金、商品资金三个部分，也必须坚持三部分在空间上的并存性和时间上的继起性，这是保证资金循环顺利进行的重要条件。

2. 资本的周转

资本周转，是指不断重复、周而复始的资本循环运动。如果不是把资

---

① 《马克思恩格斯全集》第 24 卷，人民出版社 1972 年版，第 63—64 页。

② 同上书，第 119—120 页。

本循环当作孤立的一次，而是当作不断重复的运动过程，就是资本周转。资本循环是资本周转的一个周期，而资本周转是资本循环的不断重复的运动过程。马克思指出："在第二篇，循环是作为周转的循环，也就是作为周转来考察的。这里一方面指出了，资本的不同组成部分（固定资本和流动资本）怎样在不同的时间以不同的方式完成各种形式的循环；另一方面又研究了决定劳动期间和流通期间长短不同的各种情况。我们还指出了，循环期间及其组成部分的不同比例，对生产过程本身的范围和年剩余价值率有怎样的影响。"① 考察资本周转就是考察资本的周转速度。资本的周转速度可以用周转时间和周转次数来表示。影响周转速度的有以下因素：（1）资本的周转时间，是由资本的生产时间和资本的流通时间构成的。周转时间与周转速度成反比。周转时间越短，周转速度越快；周转时间越长，周转速度越慢。（2）资本的构成。除了资本的周转时间对资本周转的速度有影响以外，资本的构成特别是生产资本的构成对周转的速度影响最大。（2）固定资本和流动资本。生产资本按照价值的转移方式不同分为固定资本和流动资本。马克思指出："固定资本和流动资本的形式规定性之所以产生，只是由于在生产过程中执行职能的资本价值或生产资本有不同的周转。而周转之所以不同，又是由于生产资本的不同组成部分是按照不同的方式把它们的价值转移到产品中去的，而不是由于它们在产品价值的生产中有不同的作用，或它们在价值增殖过程中有独特的作用。"② 它们之间之所以有差别，又是由于生产资本借以存在的物质形式有差别，生产资本的一部分在形成单个产品时全部消费掉。因此，只有生产资本能够分为固定资本和流动资本。这种划分，对产业资本的其他两种形式来说，即不论对商品资本还是对货币资本来说，都是不存在的。只有生产资本能够分为固定资本和流动资本，而商品资本和货币资本则属于流通资本。

　　资本周转的理论对于社会主义企业来说也具有现实意义。（1）加速资金周转，有利于节约资金，扩大生产和建设规模，增强社会主义经济实力。马克思指出："由于资本抛弃它的商品形式和采取它的货币形式的速度不同，或者说，由于卖的速度不同，同一个资本价值就会以极不相同的程度作为产品形成要素和价值形成要素起作用，再生产的规模也会以极不

---

① 《马克思恩格斯全集》第 24 卷，人民出版社 1972 年版，第 391 页。

② 同上书，第 187 页。

相同的程度扩大或者缩小。"① 因此，加速资金周转可以扩大生产规模并生产出更多的产品，就能更好地满足人民的生活的需要。(2)加速资金周转，有利于增加就业人口，更好地解决我国劳动力的就业问题。(3)加速资金周转，有利于增加企业利润，提高年资金利润率。(4)加速资金周转，有利于降低企业产品成本，提高企业竞争能力。(5)加速资金周转，有利于减少企业固定资产的物质要素的精神损耗。随着科学技术的不断进步，新的效率更高的技术装备不断涌现，使原来的旧设备精神损耗日益加速，价值不断降低。加速资金周转，可以充分利用旧的装备，使它们的价值转移少于社会平均时间，把它们的精神损耗降低到社会平均损耗程度以下。

(二) 社会资本的再生产与流通

1. 再生产理论的两个基本前提

马克思的社会资本再生产理论，是价值流通理论的重要内容。它是以两个基本原理作为理论前提的：一是从价值来说，资本主义社会总产品和个别产品一样，都是由不变资本、可变资本和剩余价值三部分组成的。二是从使用价值来说，资本主义生产划分为生产资料的生产和消费资料的生产两大部类。这两个基本理论前提的提出，使再生产理论的研究发生了重大的变革，建立了马克思主义再生产理论，解决了资产阶级经济学家没有也不可能解决的再生产理论问题。在马克思之前，重农学派魁奈在他的《经济表》中第一次试图说明社会总资本的再生产和流通过程，对社会资本简单再生产理论也提出过一些科学的和天才的见解。例如，他提出了研究社会资本再生产的假设条件：(1)国民划分为三个阶级即生产阶级、不生产阶级、土地所有者阶级。(2)三个阶级之间的交换价格不变，而且是等价交换。(3)社会再生产假定是简单再生产。(4)假定不存在对外贸易。他对社会资本再生产提出的这些假定，实际上是规定了社会资本再生产理论研究的基本前提，这是他在一定程度上对抽象法的运用，正因为如此，使他对社会资本再生产理论作出了贡献：一是他正确规定了社会资本再生产和流通过程的基础和出发点。他在《经济表》中，是以每年农业的总

---

① 《马克思恩格斯全集》第24卷，人民出版社1972年版，第48页。

产品作为循环的出发点、以商品资本循环 W′⋯W′ 作为分析的基础是正确的。马克思指出："W′⋯W′ 是魁奈〈经济表〉的基础。他选用这个形式，而不选用 P⋯P 形式，来和 G⋯G′（重商主义体系孤立地坚持的形式）相对立，这就显示出他的伟大的正确的见识。"① 因为商品资本的循环，既包括与生产消费有关的资本流通，又包括个人消费有关的简单商品流通。只有这样，才能说明社会资本的价值补偿和物质补偿，才能说明社会资本再生产的整个运动。二是正确说明了社会资本再生产和流通的关系。马克思指出："把资本的整个生产过程表现为再生产过程，把流通表现为仅仅是这个再生产过程的形式；把货币流通表现为仅仅是资本流通的一个要素；同时，把收入的起源、资本和收入之间的交换、再生产消费对最终消费的关系都包括到这个再生产过程中，把生产者和消费者之间（实际上是资本和收入之间）的流通包括到资本流通中；最后，把生产劳动的两大部门——原料生产和工业——之间的流通表现为这个再生产过程的要素。……这是一个极有天才的思想，毫无疑问是政治经济学至今所提出的一切思想中最有天才的思想。"② 但是，由于历史的、阶级的和重农主义理论的局限性，使他在再生产理论方面存在着缺点和错误：（1）由于魁奈从重农主义立场出发，只把社会生产区分为农业生产和工业生产两大部门，没有像马克思那样，按照生产消费和个人消费把社会生产区分为生产资料生产和消费资料生产两大部类，使他不能对社会总产品的构成进行科学的划分，以致不能正确说明社会资本的物质补偿问题。（2）由于魁奈没有科学的价值理论和劳动二重性学说，他只是按照资本周转方式不同，把农业资本划分为原预付（固定资本）和年预付（流动资本），不是像马克思那样，按照资本在价值中的作用，把资本划分为不变资本和可变资本，因而不能把社会总产品的价值构成划分为（C + V + M）三部分，以致不能正确说明社会资本的价值补偿问题。（3）由于魁奈的重农主义的偏见，只承认农业中才生产纯产品，工业中不生产纯产品，以致把地租看成剩余价值的唯一形态，以致使他的《经济表》不能全面反映工业中剩余价值的生产、流通和实现问题。

亚当·斯密没有系统的社会资本再生产理论，他对社会资本再生产的

---

① 《马克思恩格斯全集》第 24 卷，人民出版社 1972 年版，第 115 页。

② 《马克思恩格斯全集》第 26 卷第 1 册，人民出版社 1972 年版，第 366 页。

分析，是从商品价值由工资、利润和地租三种收入构成的错误的"斯密教条"为理论根据的。这样一来，斯密不仅在社会总产品的构成中丢掉了不变资本 C；而且在总产品的实现问题上混淆了生产消费和个人消费，否定了生产资料作为不变资本的作用。因此，这既不能解决社会资本再生产过程中总产品的价值实现问题，又不能提出生产资料和消费资料两大部类的划分问题，当然也就不可能正确阐明社会资本再生产过程中的物质补偿问题。

2. 社会资本的简单再生产

所谓社会资本简单再生产，就是把剩余价值全部用于个人消费，使生产在原有规模上进行。假定：不变资本一次消耗，一次转移；剩余价值率 = 100%

Ⅰ　4000C + 1000V + 1000m = 6000

Ⅱ　2000C + 500V + 500m = 3000

在上面图式中，第一部类商品产品的价值是 6000，其实物形态是生产资料；第二部类商品产品的价值是 3000，其实物形态是消费资料。为了使简单再生产能顺利进行，两大部类必须进行交换，实现价值补偿和实物补偿。为此必须进行三方面的交换：（1）第一部类内部的交换。实现4000C 的价值补偿和物质补偿。（2）第二部类内部的交换。通过本部类的工人和资本家购买本部类生产的消费品来实现。（3）第一部类和第二部类之间的交换。即 Ⅰ 1000V + 1000m = Ⅱ 2000C。使第一部类的工人和资本家得到消费资料；第二部类得到相应的生产资料。通过三个方面的交换，可以看出，社会资本简单再生产必须具备一个基本实现条件：Ⅰ（V + m） = ⅡC。即第一部类的可变资本和剩余价值之和必须等于第二部类的不变资本。只有这样，社会总产品的各个部分在价值上和物质上才能得到补偿，社会资本再生产才能得以继续进行。

3. 社会资本的扩大再生产

所谓社会资本扩大再生产，就是把剩余价值中的一部分用于资本积累，并把它作为追加资本投入生产，使生产在扩大的规模上进行。进行扩大再生产必须具备两个前提条件：一是第一部类的可变资本和剩余价值之和，必须大于第二部类的不变资本，即 Ⅰ（V + m） > ⅡC。二是第二部类的不变资本与用于积累的剩余价值之和，必须大于第一部类的可变资本与供资本家个人消费的剩余价值之和，即 Ⅱ（C + m − m/X） > Ⅰ（V +

m/x）

Ⅰ 4000C + 1000V + 1000m = 6000

Ⅱ 1500C + 750V + 750m = 3000

在上面图式中，都符合扩大再生产的前提条件。假定第一部类的资本家把剩余价值 1000 中的一半即 500 用于追加资本，其余用于个人消费。第二部类也要增加资本 500，其中 400 为追加不变资本，100 为追加可变资本。通过三方面的交换：一是第一部类（4000C + 400△C），通过本部类的内部交换得到实现；二是第二部类的（750V + 50△V + 600m/x）也是本部类内部的交换得到实现；三是第一部类的（1000V + 100△V + 500m/x）和第二部类的（1500C + 100△C），通过两大部类之间的交换得到实现。

正确运用马克思的再生产理论对于贯彻科学发展观，促进社会主义建设平衡、协调发展具有重要的作用。

第一，运用再生产前提条件和实现条件的理论，按照中国特色社会主义事业的总体布局，坚持统筹兼顾全面协调可持续发展。贯彻再生产的前提条件和实现条件的目的，就是要实现统筹兼顾协调发展。这不仅是马克思再生产理论的重要内容，而且也是我国当前贯彻落实科学发展观的要求。正如党的十七大报告指出的："科学发展观，第一要义是发展，核心是以人为本，基本要求是全面协调可持续，根本方法是统筹兼顾。"新中国成立以来，特别是改革开放 30 多年来，我国经济社会发展取得了举世瞩目的巨大成就。同时，在经济社会发展中也积累了不少矛盾和问题。突出的是城乡之间、地区之间、经济发展和社会发展之间的不平衡、不协调的矛盾还在发展。与此同时，人口、经济增长与资源环境的矛盾也在加剧。因此，我们要坚持以科学发展观为指导，按照马克思再生产理论，正确处理各方面的关系，才能顺利实现经济转型和结构升级，使经济社会发展跃上一个新台阶。

第二，运用扩大再生产两个前提条件的要求，正确处理第一、第二、第三产业的关系。扩大再生产的两个前提条件，反映了社会扩大再生产两大部类之间互为条件、互相制约、互相促进的关系。它要求正确处理生产资料生产和消费资料生产两大部类的比例关系。现阶段正确处理两大部类的关系，就是正确处理第一、第二、第三产业的关系。近些年来，我国第一、第二、第三产业有了很大发展，但仍存在农业基础薄弱、工业素质不高、服务业发展滞后等问题。为了产业结构优化升级，要坚持走中国特色新型工业化道路，促进信息化与工业化融合，巩固第一产业，做大第三产业，提升第二产业，发展现代产业体系。首先，要加快发展现代农业。巩固、完善、加强支农惠农政策，逐步用现代物质条件装备农业，用现代科学技术改造农业，用现代经营形式推进农业，用培养新型农民发展农业，提高农业水利化、机械化和信息化水平，提高土地产出率、资源利用率和劳动生产率，提高农业效益和竞争力，走中国特色农业现代化道路。其次，要不失时机发展现代服务业。坚持市场化、产业化、社会化方向，在继续发展商贸服务、社会服务、旅游文化、住宅产业等生活性服务业的同时，加快发展综合运输、现代物流、金融保险、信息服务、科技服务、商务服务等生产性服务业，提高服务业比重和水平，尽快把服务业发展成为国民经济的主导产业。再次，要大力发展先进制造业。依托重大项目，集中组织攻关，加快振兴装备制造业；培育产业集群，积极发展信息、生物、新材料、现代能源、航空航天、海洋工程、环保产业等高新技术产业；抓住结构调整的契机，加快淘汰钢铁、有色、化工、建材、煤炭、电力等行业的落后生产能力，用高新技术改造提升传统产业，促进工业由大变强。

　　第三，运用扩大再生产两种形式的理论，加快转变经济发展方式。马克思的再生产理论不仅把再生产区分为简单再生产和扩大再生产，而且把扩大再生产区分为外延的扩大再生产和内涵的扩大再生产。马克思说："如果生产场所扩大了，就是在外延上扩大；如果生产资料效率提高了，就是在内含上扩大。"[①] 也就是说，外延扩大再生产，主要是通过增加投资，追加生产资料，扩大生产规模所发生的扩大再生产；内涵扩大再生产主要是运用先进的科学技术，提高劳动生产率而引起的扩大再生产。扩大再生产的两种形式，往往是交叉在一起。外延的扩大再生产包含有内涵的扩大再生产，因为在外延扩大再生产时，也会伴随着科技的进步；内涵的扩大再生产也包含有外延扩大再生产，因为科技进步也会要求增加设备和投资。因此，在社会主义扩大再生产中，必须根据社会生产发展的需要和可能，把外延扩大再生产和内涵扩大再生产两种形式结合起来，走以内涵

---

① 《马克思恩格斯全集》第24卷，人民出版社1972年版，第192页。

为主的扩大再生产的道路。新中国成立以来，党和政府历来都十分重视转变经济增长方式问题。党的十二大提出，把全部经济工作转到以提高经济效益为中心的轨道上来。党的十三大提出，要从粗放经营为主逐步转上集约经营为主的轨道。党的十四大提出，努力提高科技进步在经济增长中所占的比例，促进整个经济由粗放经营向集约经营转变。党的十五大、十六大对转变经济增长方式提出了更加明确的要求。党的十七大提出"加快转变经济发展方式，推动产业结构优化升级"。把经济增长方式改为经济发展方式，说明了经济增长方式与经济发展方式既相互联系又有区别，从"增长"到"发展"两个字的调整，体现了我们对实践经验的总结和理论认识的深化。一般来说，经济增长方式是指通过要素结构变化包括生产要素增加或质量改善来实现经济增长的方法和模式。经济发展方式的内涵更加丰富，既涵盖要素结构的变化，又包括产业结构、需求结构、城乡结构、区域结构的变化，也包括资源和生态环境的状况。转变经济发展方式，既要求从粗放型增长转变为集约型增长，又要求从通常的经济增长转变为全面协调可持续的经济发展。

七　价值的转形

价值的转形是马克思劳动价值论中的一个重要内容，也是它的一个难点问题，同时也是遭到资产阶级和其他反对者攻击最多的问题。如果这个问题得不到解决，科学的劳动价值论就不可能建立起来。古典经济学由于不能解决这个问题，正确说明价值规律和等量资本获得等量利润的关系，最终导致这个学派的破产。因为"按照李嘉图的价值规律，假定其他一切条件相同，两个资本使用等量的、有同样报酬的活劳动，在相同的时间内会生产价值相等的产品，也会生产相等的剩余价值或利润。……但是情况恰恰相反。实际上，等额的资本，不论它们使用多少活劳动，总会在相同时间内生产平均的相等的利润。因此，这就和价值规律发生了矛盾。李嘉图已经发现了这个矛盾，但是他的学派同样没有能够解决这个矛盾"。①"它使古典经济学因无法解决它而崩溃了。李嘉图学派正是由于这个问题

---

① 《马克思恩格斯全集》第24卷，人民出版社1972年版，第24—25页。

而'解体'，从而给庸俗经济学开了方便之门。"① 当恩格斯在《资本论》第二卷出版不久，德国庸俗政治经济学代表人物威廉·勒克西斯第一个攻击马克思劳动价值论，他提出的解决这个矛盾的办法是："放弃用劳动来计量各种商品价值的做法，而只考察商品生产的整体，只考察它在整个资本家阶级和整个工人阶级之间的分配……工人阶级从总产品中只获得一定的部分……落到资本家手里的另一部分，照马克思的说来，形成剩余产品，也就是……剩余价值。然后，资本家阶级的各个成员把这全部剩余价值在他们自己中间进行分配，但不是按照他们所使用的工人的人数，而是按照各人所投的资本的量进行分配；而且把土地也作为资本价值计算在内。"② 恩格斯在评价这种观点时指出："问题在这里远没有得到解决，尽管已经含糊地、肤浅地，然而大体上正确地被提出来了。"③

　　第二个攻击马克思劳动价值论的人是德国经济学家康拉德·施米特，他曾经赞同过马克思的经济学说，后来，跑到资产阶级队伍中反对马克思主义，他试图把形成市场价格的细节既同价值规律又同平均利润率协调起来。因为在他看来，按照价值规律，产品是按照生产产品的社会必要劳动的比例来互相交换的，并且因为对资本家来说，制造他的剩余产品的必要劳动，就是那种已经积累在他资本中的过去劳动，所以，剩余产品是按照生产它们所必须的资本的比例来互相交换的，而不是按照实际体现在它们里面的劳动的比例来互相交换的。这样，每个资本单位所应得的份额，就等于生产出来的全部剩余价值的总和除以所使用的资本的总和。恩格斯批评这样观点的错误在于：（1）混淆了活劳动创造价值和活劳动和物化劳动共同创造价值的界限。因为"积累的劳动和活的劳动一起形成价值。如果是这样，价值规律就不适用了"。④ （2）混淆了价值规律和生产价格规律的界限。"如果施米特利用这个想法，借此来把那个按平均利润率计算的价格同价值规律协调起来，那末，他就把价值规律本身抛弃了，因为他把一种完全同价值规律相矛盾的想法，作为共同起决定作用的因素合并到这

---

① 《马克思恩格斯全集》第 36 卷，人民出版社 1974 年版，第 244 页。

② 《马克思恩格斯全集》第 25 卷，人民出版社 1974 年版，第 13 页。

③ 同上。

④ 同上书，第 16 页。

个规律中去了。"①　(3)混淆了物化劳动和活劳动的界限。因为"积累的劳动不形成价值。如果是这样,施米特的论证就同价值规律不相容。"②

第三个攻击马克思劳动价值论的人是美国化学家彼·法尔曼,他对解决这个矛盾的说法是:"在……不变资本和可变资本的比率最大的一切生产部门,商品高于它们的价值出售,这也就是说,在不变资本和可变资本的比率即 c:v 最小的那些生产部门,商品低于它们的价值出售,只有在那些 c 和 v 的比率代表一个平均数的生产部门,商品才按照它们的真正价值出售……所以价格的总额仍然和价值的总额相等。"③　马克思在评价他的观点时指出:"法尔曼在这里实际上已经接触到了问题的关键。但是,他这篇如此重要的论文所受到的不应有的冷遇却证明,法尔曼甚至在这种发现以后,仍然需要有许多中间环节,才能十分明确地解决这个问题。"④

第四个攻击马克思劳动价值论的人是尤利乌斯·沃尔弗,他是德国资产阶级庸俗政治经济学的代表人物,他认为:"不变资本的增加以工人的生产力的增加为前提。但因为生产力的这种增加(由于使生活资料便宜)会引起剩余价值的增加,所以,在不断增加的剩余价值和总资本中不断增加的不变资本部分之间就形成直接的关系。不变资本的增加,表示着劳动生产力的增加。因此,在可变资本不变而不变资本增加时,剩余价值必然增加,这和马克思所说的一致。"⑤　这种观点的错误在于:(1)把不变资本即物化劳动看成是剩余价值的源泉。诚然,不变资本的增加会引起劳动生产力的提高,但劳动生产力的提高只能增加商品的数量,而不能增加商品的价值量。(2)在可变资本不变而不变资本增加时,剩余价值可能增加,但是,这个相对剩余价值的增加是以必要劳动时间缩短、剩余劳动时间相对延长而取得的,它仍然是劳动者的剩余创造的。因此,马克思指出:"尽管马克思在第一卷的上百个地方说了正好相反的话;尽管这种断言,即硬说马克思认为在可变资本减少时相对剩余价值的增加和不变资本的增加成正比,令人如此吃惊,以致无法用任何议会辞令来形容;尽管尤利乌

---

① 《马克思恩格斯全集》第 25 卷,人民出版社 1974 年版,第 16 页。

② 同上。

③ 同上书,第 18 页。

④ 同上。

⑤ 同上书,第 19 页。

斯·沃尔弗先生写下的每一行都证明，无论是相对地说还是绝对地说，他既毫不理解绝对剩余价值，也毫不理解相对剩余价值。"①

第五个攻击马克思劳动价值论的人是阿基尔·洛里亚，他是意大利资产阶级庸俗政治经济学的代表人物。他诋毁马克思根本不可能解决价值规律同等量资本获得等量利润的矛盾，只有他才能够解决这个矛盾。洛里亚认为，由于价值由劳动时间决定，而在工业中那些把较大资本投在工资上的资本家，也就是有机构成较低部门的资本家，能够获得较多的利润，即获得超过平均利润的超额利润。"所以，非生产〈应当说商业〉资本能够从这种受益的资本家那里强行索取较高的利息〈应当说利润〉，因而在各个工业资本家中间造成一种均等现象"，也就是都只能获得平均利润。恩格斯讽刺这种不经过客观分析，只凭主观推断就得出平均利润的做法，"只有从内心深处瞧不起全部经济学的写作冒险家，才敢于断言商业资本具有一种魔力，能够在一般利润率尚未形成以前，就把超过一般利润率的全部超额剩余价值吸取过来，并把它转化为自己的地租，而在这样做的时候并不需要有任何土地所有权。"②

第六个攻击马克思劳动价值论的人是乔治·斯蒂贝林，他是美国的统计学家。他在《价值规律和利润率》和《平均利润率问题》中，"不辞劳苦，不惜工本"，通过"堆积如山的计算"，妄图证明"在价值规律的基础上，在资本相等，时间相等，但活劳动的量不等时，由于剩余价值率的变动，会产生出一个相等的平均利润率"。他假定有两个工厂，用相同的资本进行相同时间的作业，但不变资本和可变资本的比例不同。假定总资本$(c+v)=y$，再用 x 来表示不变资本和可变资本比例上的差。对工厂 I来说，$y=c+v$，对工厂 II来说，$y=(c-x)+(v+x)$。因此，工厂 I的剩余价值率$=m/v$，工厂 II的剩余价值率$=m/v+x$。我把总资本 y 或$c+v$在一定时间内所增殖的全部剩余价值（m）叫作利润（p），就是说$p=m$。这样，工厂 I的利润率$=p/y$或$m/c+v$；工厂 II的利润率同样$=p/y$或$m/(c-x)+(v+x)$，即同样是$m/c+v$。因此，这个……问题就这样得到了解决：在价值规律的基础上，在资本相等，时间相等，但活劳动的量不等时，由于剩余价值率的变动，会产生出一个相等的平均利润

① 《马克思恩格斯全集》第 25 卷，人民出版社 1974 年版，第 19 页。

② 同上书，第 23 页。

率。恩格斯一针见血地指出这个例子的错误是："尽管以上的计算很巧妙、很清楚，但我们还是不得不向斯蒂贝林博士先生提出一个问题：他怎么知道工厂Ⅰ生产的剩余价值总量恰好等于工厂Ⅱ生产的剩余价值总量？关于 c、v、y 和 x，也就是关于计算上的其他一切因素，他清楚地告诉我们说，它们对这两个工厂来说都是相等的，但关于 m 却只字不提。但是无论如何不能因为他用代数符号 m 来代表这里的两个剩余价值量，就得出它们是相等的。相反地，因为斯蒂贝林先生直接把利润 p 和剩余价值等同起来，所以这一点正好是他应当加以证明的。"① 恩格斯在《序言》中对上述六位有代表性的观点进行批判之后，然后才把马克思的价值转化理论介绍给读者。

（一）　所费的不变资本和可变资本转化为成本价格

商品价值中那些只是补偿商品生产上耗费的资本价值的部分归结为成本价格这个范畴的办法，表示出资本主义生产的特殊性质。"商品的资本主义费用是用资本的耗费来计量的，而商品的实际费用则是用劳动的耗费来计量的。所以，商品的资本主义的成本价格，在数量上是与商品的价值或商品的实际成本价格不同的；它小于商品价值，因为，既然 $W = k + m$，那末 $k = W - m$。"② 由于资本家实际耗费的只是他的不变资本和可变资本，这就是他的成本价格。所以，商品的价值构成就变成了成本价格和剩余价值之和。这样，所费的不变资本和可变资本就转化为成本价格。

成本在资本主义实际经济活动中具有重大的作用：（1）由于成本价格是一个补偿价值，因此它会通过流通过程不断购回生产上耗费的各种生产要素，并转化为生产资本，进行再生产。"可见，成本价格的这个要素具有双重意义：一方面，它加入商品的成本价格，因为它是商品价值中用来补偿所耗费的资本的组成部分；另一方面，它形成商品价值的一个组成部分，仅仅因为它是所耗费的资本的价值，或者说，因为生产资料花了这么多的费用。"③ （2）成本价格决定着资本家竞争能力的大小。马克思指出："关于资本主义竞争的基本规律，即调节一般利润率和由它决定的所谓生

①　《马克思恩格斯全集》第 25 卷，人民出版社 1974 年版，第 25 页。

②　同上书，第 33 页。

③　同上书，第 34 页。

产价格的规律，也是建立在商品价值和商品成本价格之间的这种差别之上的。"① (3)掩盖了资本主义的剥削。"从价值形成来说，在劳动力上支出的可变资本部分，在这里，在流动资本这个项目下，显然和不变资本（即由生产材料构成的资本部分）等同起来。这样，资本的增殖过程的神秘化也就完成了。"②

(二) 剩余价值转化为利润

剩余价值为什么会转化为利润？在资本主义社会，剩余价值是通过利润的形式表现出来，因为从资本家看来，剩余价值被看作全部预付资本的产物。因此，"剩余价值，作为全部预付资本的这样一种观念上的产物，取得了利润这个转化形式。"③ 而利润之所以作为全部预付资本的产物的原因在于：(1) "因为成本价格的形成具有一种假象，使不变资本和可变资本之间的区别看不出来了，所以在生产过程中发生的价值变化，必然变成不是由可变资本部分引起，而是由总资本引起。"④ (2) "因为在一极上，劳动力的价格表现为工资这个转化形式，所以在另一极上，剩余价值表现为利润这个转化形式。"⑤ 在资本主义条件下，工资表现为劳动的价值，而不是劳动力的价值，好像工人的全部劳动都得到了报酬，这样，剩余价值就好像是由全部资本产生的，从而剩余价值就转化为利润了。

(三) 剩余价值率转化为利润率

要了解剩余价值转化为利润，还必须了解剩余价值率转化为利润率。剩余价值率是剩余价值与可变资本的比率；利润率是剩余价值与总资本的比率。这两种转化究竟谁先谁后？按照马克思的说法是："应当从剩余价值率到利润率的转化引出剩余价值到利润的转化，而不是相反。"⑥ 这是因为：(1)资本家唯一关心的，是剩余价值即他出售自己的商品时所得到的价值余额和生产商品时所预付的总资本的比率，即利润率，然后才按照

---

① 《马克思恩格斯全集》第 25 卷，人民出版社 1974 年版，第 45 页。

② 同上书，第 41 页。

③ 同上书，第 44 页。

④ 同上。

⑤ 同上。

⑥ 同上书，第 51 页。

利润率计算他能够取得的利润。(2)利润率从历史上说也是出发点。因为剩余价值和剩余价值率相对地说是看不见的东西,是体现本质的东西;而利润率和利润则是反映它们的形式。所以,我们不能从剩余价值转化为利润引出剩余价值率转化为利润率,而应当从剩余价值率转化为利润率引出剩余价值转化为利润。

影响利润率变动的因素有多种。马克思指出:"利润率取决于两个主要因素;剩余价值率和资本的价值构成。"① (1)在其他因素相同的条件下,利润率和剩余价值率呈正相关变化,而与部门平均资本价值构成呈反相关变化。也就是说,剩余价值率高则利润率也高,因为同量资本会得到较大的剩余价值量即利润量;反之则相反。(2)部门资本价值构成较高则利润率较低,因为同量资本推动的活劳动少则得到的剩余价值也少;反之则相反。(3)资本的周转的速度也对利润率有影响。在其他因素相同的条件下,年利润率和资本的周转速度成正比。资本的周转速度越快,同量预付资本带来的年剩余价值量越大,或产生同量年剩余价值量所需要的预付资本量越少,年剩余价值率就越高,年利润率也就会提高;反之则相反。(4)由于不变资本的节约能够减少预付总资本,在其他因素相同的条件下,能够提高利润率。此外,还有价格变动也对利润率有影响。

(四) 利润转化为平均利润

由于各部门资本构成不同会引起利润率的差别。资本构成包括资本技术构成和资本价值构成。资本技术构成是指一定量的生产资料与一定量的工人之比。资本价值构成是指可变资本与不变资本之比。"由资本技术构成决定并且反映这种技术构成的资本价值构成,叫作资本的有机构成。"② 有机构成对利润率的影响表现在:在剩余价值率相同的条件下,利润率会随着资本有机构成的不同而发生不同的运动。因为同量资本有机构成越高,周转时间越长,利润率就越低,反之则越高。资本有机构成不同会引起利润率的差别,因为等量预付资本中如果有机构成低,则可变资本比例就高,推动的剩余劳动就越多,剩余价值越多从而利润就越多,利润率就越高。"因为在不同的生产部门由于资本的有机构成不同,它们的可变部

---

① 《马克思恩格斯全集》第25卷,人民出版社1974年版,第82页。

② 同上书,第163页。

分也就不同，因而它们所推动的活劳动量也就不同，它们所占有的剩余劳动量，即剩余价值从而利润的实体的量，也就不同。在不同生产部门，总资本各个相等的部分，包含着剩余价值的大小不等的源泉，而剩余价值的唯一源泉是活劳动。"① 另外，各个部门资本周转时间不同也会引起利润率的差别。两者的关系是利润率和周转时间成反比。如果两个相等的可变资本的周转时间不同，它们在一年内推动的剩余劳动也不同，生产的年剩余价值量也不等，从而利润和利润率也会不等。马克思指出："除了资本的有机构成不同以外，也就是说，除了等量资本在不同生产部门会推动不等量劳动，从而在其他条件相同时会推动不等量剩余劳动以外，利润率的不等还有另外一个源泉，即不同生产部门资本的周转时间不同。"②

由于各个生产部门资本有机构成和资本周转时间不同，在商品按照价值出售的假定下，会有不同的利润率。但是，在现实经济运动中，都是等量资本在相同时间内提供等量利润，这种情况好像和价值理论发生了矛盾，这个矛盾曾经是资产阶级古典政治经济学破产的重要原因。马克思从部门之间的竞争，利润转化为平均利润正确地解决了这个矛盾。

（五）利润率转化为平均利润率

由于各个部门的资本有机构成不同，必然有不同的利润率，但竞争使不同的利润率平均化为一般利润率。在资本主义条件下，利润率的平均化是在资本家追逐有利的投资场所，通过资本的不断转移来实现的。"这些不同的利润率，通过竞争而平均化为一般利润率，而一般利润率就是所有这些不同利润率的平均数。按照这个一般利润率归于一定量资本（不管它的有机构成如何）的利润，就是平均利润。"③

平均利润率取决于两个因素：一是不同部门的有机构成，即各个部门的不同的利润率；二是社会总资本在这些不同部门之间的分配，即投在各个特殊部门因而有特殊利润率的资本的相对量；也就是，每个特殊生产部门在社会总资本中所吸收的相对份额。

由于利润率转化为平均利润率，利润就转化为平均利润。资本家在出

---

① 《马克思恩格斯全集》第 25 卷，人民出版社 1974 年版，第 166—167 页。
② 同上书，第 169 页。
③ 同上书，第 177 页。

售商品时不是得到了本部门生产这些商品时所生产的剩余价值或利润，而只是得到了社会总资本在所有生产部门在一定时间内所生产的总剩余价值或总利润均衡分配时归于总资本的每个相应部分的剩余价值或利润。"每100 预付资本，不管它的构成怎样，每年或在任何期间得到的利润，就是作为总资本一个部分的 100 在这个期间所得到的利润。就利润来说，不同的资本家在这里彼此只是作为一个股份公司的股东发生关系，在这个公司中，按每 100 资本均衡地分配一份利润。"①

平均利润率的形成，不仅按照简单平均数计算，而且要以加权平均数来计算。马克思指出："在一般利润率的形成上，不仅要考虑到不同生产部门利润率的差别，求出它们的简单平均数，而且还要考虑到不同利润率在平均数形成上所占的比重。而这取决于投在每个特殊部门的资本的相对量，也就是取决于投在每个特殊生产部门的资本在社会总资本中占多大的部分。"②

（六）商品价值转化为生产价格

由于利润转化为平均利润，商品价值就转化为生产价格。所以，生产价格就成了商品价值的转化形式，它等于商品的成本价格加平均利润。"求出不同生产部门的不同利润率的平均数，把这个平均数加到不同生产部门的成本价格上，由此形成的价格，就是生产价格。"③

商品价值转化为生产价格以后，各个生产部门的商品价值和生产价格将发生变化，但从全社会来看，商品价值总额和生产价格总额又是相等的。具体表现为：（1）从资本有机构成高的部门获得的平均利润，高于本部门工人所创造的剩余价值；而资本有机构成低的部门获得的平均利润，低于本部门工人创造的剩余价值。但从全社会来看，平均利润总额和剩余价值总额是相等的。（2）从商品价值和生产价格的关系来看，有些生产部门的生产价格高于它的价值，有些部门低于它的价值，但从全社会来看，生产价格的总和等于商品价值总和。也就是说，"如果把社会当作一切生产部门的总体来看，社会本身所生产的商品的生产价格的总和等于它们的

---

① 《马克思恩格斯全集》第 25 卷，人民出版社 1974 年版，第 177—178 页。

② 同上书，第 182 页。

③ 同上书，第 176 页。

价值的总和。"① （3）生产价格的变动根源于商品价值的变动。因为生产价格的变动不外乎以下情况：一是平均利润率的变化。但是，"在每一个场合，一般利润率的变动，都以那些作为形成要素加入不变资本，或加入可变资本，或加入二者的商品的价值变动为前提。"② 二是成本价格的变动。但这种变动主要是生产要素的价值发生了变化的结果。三是两者都发生变化。这些变化归根到底是由价值的变化决定的。因为"生产价格的变化显然总是要由商品的实际的价值变动来说明，也就是说，要由生产商品所必需的劳动时间的总和的变动来说明。"③ 四是社会总资本的变动。"从社会总资本来看，由这个总资本生产的商品的价值总额（用货币表示，就是它们的价格）＝不变资本的价值＋可变资本的价值＋剩余价值。……因此，在每一个场合，一般利润率的变动，都以那些作为形成要素加入不变资本，或加入可变资本，或加入二者的商品的价值变动为前提。"④

八　价值的分配

价值的分配是劳动价值论的一个重要内容。因为它不仅包括价值的生产、流通，转化等内容，而且还包括它的分配。马克思在《资本论》第三卷中分析了商业利润、借贷利息和地租等收入，这些都是剩余价值的内容，也是价值分配的内容。

（一）商业利润

1. 商业利润的实质

商业利润是从事买卖所占有的那部分剩余价值，商业利润的来源，是产业工人创造的剩余价值的一部分。商业利润的实质，是商业资本家在流通过程中从事买卖活动，从产业资本家那里瓜分来的一部分剩余价值。"因为商人资本本身不生产剩余价值，所以很清楚，以平均利润的形式归

---

① 《马克思恩格斯全集》第 25 卷，人民出版社 1974 年版，第 179 页。
② 同上书，第 187 页。
③ 同上书，第 186 页。
④ 同上书，第 186—187 页。

商人资本所有的剩余价值，只是总生产资本所生产的剩余价值的一部分。"①

2. 商业利润的来源

商业资本不生产剩余价值，它只能在流通过程中实现剩余价值。因为流通过程和生产过程一样，"形成再生产过程的一个阶段，所以在流通过程中独立地执行职能的资本，也必须和在不同生产部门中执行职能的资本一样，提供年平均利润。"② 这种利润的平均化是通过竞争来实现的。这种竞争主要是通过商业资本和产业资本的竞争来实现的。因为如果商业利润长期低于产业利润，商业资本就会转移的到产业资本中去，相反，如果商业利润高于产业利润，产业资本也会转移到商业中去。由于这种竞争，它们获得了大致相等的平均利润。但是，从现象上看，商业利润是通过商品的加价来实现的。实际上，这不过是一种假象。马克思列举了如下例子来说明：假定一年中预付的总产业资本 = 720c + 180v = 900（比如以百万镑为单位），m′ = 100%。因而产品 = 720c + 180v + 180m。然后我们把这个产品或生产出来的商品叫作 W，它的价值或生产价格（因为就全部商品来说是一致的）就 = 1080，总资本的利润率 = 20%。按照前面的阐述，这个 20% 是平均利润率，因为在这里剩余价值不是根据这个或那个具有特殊构成的资本计算的，而是根据平均构成的总产业资本计算的。因而 W = 1080，利润率 = 20%。现在我们假定，在这 900 镑产业资本之外，还有 100 镑商人资本加入，它要按照自己大小的比例从利润中分得和产业资本相同的份额。按照假定，它是总资本 1000 中的 1/10。因此，它从全部剩余价值 180 中分得 1/10；也就是 18% 的比率获得一笔利润。因此，留下来的要在其余 9/10 的总资本中进行分配的利润实际上只有 162，对资本 900 来说也是 18%。因此，产业资本 900 的所有者把 W 卖给商品经营者的价格 = 720c + 180v + 162m = 1062。因此，如果商人对他的资本 100 加上 18% 的平均利润，他就是按照 1062 + 18 = 1080，也就是按照商品的生产价格来出售商品，虽然他的利润只是在流通中并且通过流通中才获得的。不过，他还是没有高于商品的价值或高于商品的生产价格出售商品，而是用低于商品的价值或高于商品的生产价格从产业资本家那里购买商

---

① 《马克思恩格斯全集》第 25 卷，人民出版社 1974 年版，第 314 页。

② 同上。

品的。

(二) 利息

1. 利息的实质

利息是由职能资本家分割给货币资本家平均利润的一部分。因此，利息是剩余价值的一种特殊转化形式，是"一部分利润的特别名称，特别项目"。[①]

2. 利息的来源

由于资本所有权和使用权的分离，利息就作为反映货币资本家与职能资本家关系的资本主义经济范畴而出现。从表面上看，利息是作为借贷资本的价格出现的。因为生息资本作为一种资本商品，它具有一种能带来剩余价值和利润的使用价值，它"能够作为资本执行职能，因而在它的运动中，它除了保存自己原有的价值量，还会生产一定的剩余价值，生产平均利润。"[②] 利息就好像是借贷资本的价格形态。但是，如果把利息作为货币资本价格，那又和商品价格概念相矛盾。因为：（1）价格是价值的货币表现，它以价值为基础，而与商品的使用价值无关。如果说利息是借贷资本的价格，资本商品就有了双重价值，"先是有价值，然后又有和这个价值不同的价格，而价格是价值的货币表现"。[③] 但是，货币本身作为一个价值额，除了以其本身的货币形式表示价格之外，"一个价值额怎么能够在它本身的价格之外，在那个要用它本身的货币形式来表示的价格之外，还有一个价格呢？价格是和商品的使用价值相区别的商品的价值（市场价格也是这样，它和价值的区别，不是质的区别，而只是量的区别，只与价值量有关）。和价值有质的区别的价格，是荒谬的矛盾。"[④]（2）商品的价格是由供求，从而由竞争来调节，它围绕价值上下波动。而借贷资本的价格并没有内在规律的制约，利息是完全取决于两类资本家之间的竞争，取决于总利润在借贷双方之间分割的比例。"在这里，竞争并不决定对规律的偏离，而是相反，除了由竞争决定的分割规律之外，没有

---

① 《马克思恩格斯全集》第 25 卷，人民出版社 1974 年版，第 379 页。
② 同上书，第 393 页。
③ 同上书，第 397 页。
④ 同上。

别的分割规律，因为我们以后会看到，并不存在'自然'利息率。相反，我们把自然利息率理解为自由竞争决定的比率。利息率没有'自然'界限。"①

3. 决定利息和利息率的因素

由于利息只是利润的一部分，所以，利润本身就成为利息的最高界限。利息的最低界限则完全无法规定，它可以下降到任何程度。不过这时候，总会出现起相反作用的情况，使它提高到这个相对的最低限度以上。可见，利息的最低限度是偶然的、不定的，当然，它不能小到零。利息率是指一定时期内利息额同借贷资本额之比。它体现着借贷资本的增殖程度。"生息资本的增殖的大小，也只有通过利息额，即总利润中归生息资本的部分，和预付资本的价值作比较，才可以计量。"② 利息的大小是由预付资本的大小，平均利润的高低和利息在平均利润中所占的比重三者来决定的。而利息的高低，则是由平均利润率的高低和利息在平均利润中的比重两个因素决定的。

4. 利息率的变化趋势

利息率的变化趋势有三种情况：（1）利息率和利润率变化趋势相同。假定总利润和其中要作为支付给货币资本家的部分之间的比率不变的条件下，"利息会随着总利润而提高或降低，而总利润则由一般利润率和一般利润率的变动决定。"③ 这是由于利息是平均利润的一部分，在平均利润分割比例已定的情况下，利息率和平均利润率呈正比例变化。由于平均利润率有下降趋势，利息率也有下降趋势。当然，实际情况并不经常是这样，这主要决定于当时借贷资本的供求情况。（2）利息率在危机期间达到最高水平。"因为这时人们不得不以任何代价借钱来应付支付的需要。同时，由于有价证券价格的降低和利息的提高相适应，这对那些拥有可供支配的货币资本的人来说，是一个极好的机会，可以按异常低廉的价格，把这种有息证券抢到手，而这种有息证券，在正常的情况下，只要利息率重新下降，就必然会至少回升到它们的平均价格。"④（3）信用制度发展使利

① 《马克思恩格斯全集》第25卷，人民出版社1974年版，第399页。

② 同上书，第397页。

③ 同上书，第402页。

④ 同上书，第404页。

息率下降。"信用制度发展了，以银行家为媒介，产业家和商人对社会各阶级一切货币储蓄的支配能力也跟着不断增大，并且这些储蓄也不断集中起来，达到能够起货币资本作用的数量，这些事实，都必然起压低利息率的作用。"①

（三）地租

1. 地租的含义

土地所有者凭借土地所有权而获得的一种剥削收入。一切形态的地租，都是以土地的存在为前提的，但是由于土地所有权在生产过程中不执行任何职能，因此地租的占有不过"是他的垄断权在经济上的实现"。②由于"一切地租都是剩余价值，是剩余劳动的产物"。③它要求农业劳动必须有足够的，即超过直接生产者个人需要的劳动生产率。在土地私有制的条件下，直接生产者这种剩余劳动的产物全部或部分被土地所有者所占有。

2. 地租的性质

地租作为一种分配关系，"是同生产过程的历史规定的特殊社会形式，以及人们在他们生活的再生产过程中互相所处的关系相适应的，并且是由这些形式和关系产生的。这些分配关系的历史性质就是生产关系的历史性质，分配关系不过表示生产关系的一个方面"。④在封建社会和资本主义社会中，由于土地所有制的性质不同，地租的性质、内容和形式也不同，它们体现着不同的生产关系。封建地租是封建主凭借土地所有权占有农民的全部剩余劳动或剩余产品。这"是剩余价值的正常形式，从而也是剩余劳动的正常形式，即直接生产者无偿地，实际上也就是强制地——虽然对他的这种强制已经不是旧的野蛮的形式——必须向他的最重要的劳动条件即土地的所有者提供的全部剩余劳动的正常形式"。⑤封建地租是同超经济强制相结合的，它反映了地主以封建土地所有制为基础统治和剥

---

① 《马克思恩格斯全集》第 25 卷，人民出版社 1974 年版，第 405 页。
② 同上书，第 705 页。
③ 同上书，第 715 页。
④ 同上书，第 998—999 页。
⑤ 同上书，第 897 页。

削农民的关系。

3. 地租的形式

封建地租有三种基本形式：劳动地租、实物地租、货币地租。资本主义地租是土地所有权在资本主义基础上的独立的特有的经济形式。严格地说，资本主义地租是专指为了使用土地本身而交纳的地租，马克思认为这是"真正的地租"。它体现了土地所有者、租地农场主和雇佣工人三者之间的关系。从内容来看，它不像封建地租那样，一般都包括农民的全部剩余劳动，而只是雇佣工人创造的剩余价值超过平均利润的余额。从形式来看，它分为级差地租和绝对地租。"这两个地租形式，是唯一正常的地租形式。"[①] 此外，还有以垄断价格为基础的地租形式，即垄断地租。

4. 土地的价格

土地价格等于资本化的地租，即转化为一定量货币资本的地租。"这样资本化的地租形成土地的购买价格或价值，一看就知道，它和劳动的价格一样，是一个不合理的范畴，因为土地不是劳动的产品，从而没有任何价值。……实际上，这个购买价格不是土地的购买价格，而是土地所提供的地租的购买价格，它是按普通利息率计算的。"[②] 由此可见，假定地租是一个不变量，土地价格的涨落就同利息率的涨落成反比。

5. 马克思地租理论的形成

马克思一贯重视对地租的研究。在《1844 年经济学哲学手稿》中，批评了亚当·斯密忽视私有制和竞争对地租的影响，指出土地所有者、租地农场主和雇农三者之间的利益完全是敌对的。1845 年 3 月在《评弗里德里希·李斯特的著作〈政治经济学的国民体系〉》这篇手稿中，已经认识到"地租是土地所有权在经济上的表现"，[③] 并且把真正的地租和租金进行了区分。在 1847 年写的《哲学的贫困》中，批判了李嘉图两个错误：一是批判了他把资本主义地租看成是永恒范畴的错误，指出了地租的历史性。他说："尽管李嘉图已经假定资产阶级的生产是地租存在的必要条件，但是他仍然把他的地租概念用于一切时代和一切国家的土地所有

---

① 《马克思恩格斯全集》第 25 卷，人民出版社 1974 年版，第 861 页。

② 同上书，第 702—703 页。

③ 《马克思恩格斯全集》第 42 卷，人民出版社 1979 年版，第 267 页。

权。这就是把资产阶级生产关系当作永恒范畴的一切经济学家的通病。"①
二是批判了他把地租看成是来自土地固有能力的错误，指出了地租是实行
土地经营时那种社会关系的结果，地租来自社会，而不是来自土地的自然
力。在19世纪50年代写的《伦敦笔记》特别注意对李嘉图地租理论的
研究。1851年1月7日他给恩格斯的信中，马克思分析了地租形成的原
因，揭示了地租由超额利润转化而来的实质。还指出随着土地的普遍改
良，虽然谷物的价格普遍下降，全国的地租总额仍然能够增加。在
《1857—1858年经济学手稿》中，指出："不论是按照资本的本性还是从
历史上来看，资本都是现代土地所有权的创造者，地租的创造者；因而它
的作用同样也表现为旧的土地所有权形式的解体。新形式的产生是由于资
本对旧形式发生了作用。资本是现代土地所有权的创造者，从某一方面来
看，它表现为现代农业的创造者。"② 可以看出，马克思已经把地租看成
是剩余价值的一种具体形态了。在1862年写的《剩余价值理论》中，马
克思彻底批判了资产阶级的地租理论，进一步阐明了自己的地租理论。他
指出："地租是为了取得使用自然力或者（通过使用劳动）占有单纯自然
产品的权利而付给这些自然力或单纯自然产品的所有者的价格。"③ 他批
判了李嘉图的地租定义："地租是为使用土地原有的和不可摧毁的力而付
给土地所有者的那一部分土地产品。"马克思说："这是不能令人满意的。
第一，土地并没有'不可摧毁的力'。第二，土地也不具有'原有的'
力，因为土地根本就不是什么'原有的'东西，而是自然历史过程的产
物。但是，我们且不管这个。所谓土地的'原有的'力，在这里应该理
解为土地不依赖于人的生产活动而具有的力，虽然从另一方面说，通过人
的生产活动给它的力，完全同自然过程赋予它的力一样要变成它的原有的
力。除此以外，下面这一点还是对的，即地租是为'使用'自然物而支
付的，完全不管这里所说的是使用土地的'原有的力'，还是瀑布落差的
能量，或者是建筑地段，或者是水中或地下蕴藏的有待利用的宝藏。"④
在《资本论》第三卷中，个别和深入地考察了级差地租和绝对地租。而

---

①　《马克思恩格斯全集》第4卷，人民出版社1958年版，第186页。

②　《马克思恩格斯全集》第46卷（上册），人民出版社1979年版，第233页。

③　《马克思恩格斯全集》第26卷第2册，人民出版社1973年版，第275页。

④　同上书，第273页。

在《剩余价值理论》中，则把二者结合在一起进行考察，指出资本主义的"实际地租，或者说，总地租，等于绝对地租加级差地租；换句话说，等于市场价值超过个别价值的余额加个别价值超过费用价格的余额，即等于市场价值和费用价格之间的差额。"① 并且还分析了资本有机构成和市场价值的变动对地租变动的影响，从而建立了科学的地租理论，并把它和价值的生产和价值的分配联系起来，构成他的完整的劳动价值理论。

九　价值的国际化

马克思曾把对外贸易和世界市场等问题作为劳动价值论的一个重要组成部分。他在《资本论》等著作中，对国际价值、世界货币、对外贸易等都作出了深刻和精辟的论述。国际价值就是指在国际范围内无差别的人类劳动的凝结。马克思的国际价值理论主要有以下几个方面：

（一）国际价值形成的条件

国际价值是在国际贸易中形成的。马克思指出："一个国家的资本主义生产越发达，那里的国民劳动的强度和生产率，就越超过国际水平。因此，不同国家在同一劳动时间内所生产的同种商品的不同量，有不同的国际价值，从而表现为不同的价格，即表现为按各自的国际价值而不同的货币额。所以，货币的相对价值在资本主义生产方式较发达的国家里，比在资本主义生产方式不太发达的国家里要小。由此可以得出结论：名义工资，即表现为货币的劳动力的等价物，在前一种国家比在后一种国家高；但这决不是说，实际工资即供工人支配的生活资料也是这样"②，"只有对外贸易才使作为价值的剩余产品的真正性质显示出来，因为对外贸易使剩余产品中包含的劳动作为社会劳动发展起来。"③ 因为在世界贸易中，商品是按照国际价格进行交换的，而国际价格是以国际价值为基础的，并随着供求的变化而变动的。商品的国际价值同样是无差别的人类劳动的凝结。

①《马克思恩格斯全集》第 26 卷第 2 册，人民出版社 1973 年版，第 329 页。
②《马克思恩格斯全集》第 23 卷，人民出版社 1972 年版，第 614 页。
③《马克思恩格斯全集》第 26 卷第 3 册，人民出版社 1974 年版，第 278 页。

（二）国际价值的决定的内容

商品的国际价值是由世界劳动的平均单位决定的。因为在世界市场上，"每一个国家都有一个中等的劳动强度，在这个强度以下的劳动，在生产一种商品时所耗费的时间要多于社会必要劳动时间，所以不能算作正常质量的劳动。在一个国家内，只有超过国民平均水平的强度，才会改变单纯以劳动的持续时间来计量的价值尺度。在以各个国家作为组成部分的世界市场上，情形就不同了。国家不同，劳动的中等强度也就不同；有的国家高些，有的国家低些。于是各国的平均数形成一个阶梯，它的计量单位是世界劳动的平均单位。因此，强度较大的国民劳动比强度较小的国民劳动，会在同一时间内生产出更多的价值，而这又表现为更多的货币。"①这个"世界劳动的平均单位"就是指在世界贸易各个国家，生产某种商品所需要的社会必要劳动时间。因为参加世界贸易的各个国家，由于各自的生产条件不同，因而有不同的劳动生产率，使生产某种商品的社会必要劳动时间是不同的，从而具有不同的国别价值。在进入国际市场以后，就必须把国别价值均衡化为国际价值，才能进行交换。可见，国际价值是社会生产在国际关系中的体现。

从上面的论述中，同一时间内，强度较大的国民劳动比强度较小的国民劳动，会生产出更多价值。当然，也会表现为更多使用价值。马克思是抽象了各国生产条件的差异，所说的劳动强度是指劳动的时间强度。更多的使用价值，即更多的商品数量。马克思虽然在这里没有明确指出，但是，根据马克思整个论述的内容和逻辑，应该是肯定的。只有这样，才能理解强度较大的劳动与更多的使用价值和价值以及更多的货币额之间的联系。这里所指的货币，应该是指各国统一形式的货币，或者是统一的国际货币，也就是世界货币。只有这样才能互相比较。正是在生产条件相同的这个假说下，由各国不同的中等劳动强度形成的"世界劳动的平均单位"，才有理论分析意义。

所谓"世界劳动的平均单位"，就是指一定时间、一定强度的劳动量。在一定的时间内，一定的强度就是各国劳动强度的平均数。在这个平

---

① 《马克思恩格斯全集》第 23 卷，人民出版社 1972 年版，第 613—614 页。

均劳动强度下，各国一定的、相同的劳动时间就会表现不同。对于一定量时间就是平均强度下各国不同劳动时间的平均数。马克思说的"强度较大的国民劳动比强度较小的国民劳动，会在同一时间内生产出更多的价值"，这个"价值"就是在生产条件相同情况下的国际价值。

（三）国际价值的来源

"一个国家的资本主义生产越发达，那里的国民劳动的强度和生产率，就越超过国际水平。因此，不同国家在同一劳动时间内所生产的同种商品的不同量，有不同的国际价值，从而表现为不同的价格，即表现为按各自的国际价值而不同的货币额。"[①] 由于比较发达的资本主义国家，科技水平比较高，生产设备比较先进，从而使这些国家的生产有比较高的劳动生产率，单位商品的国别价值低于国际价值；相反，一些科技水平比较低的国家，由于劳动生产率比较低，它生产的产品的国别价值高于国际价值，而在国际贸易中是按照国际价值进行交换的，这样，经济比较发达的国家就能够获得低于国际价值的超额利润；而经济比较落后的国家就会损失超过国际价值的那部分价值。正如马克思指出的："这好比一个工厂主采用了一种尚未普遍采用的新发明，他卖得比他的竞争者便宜，但仍然高于他的商品的个别价值出售，就是说，他把他所使用的劳动的特别高的生产力作为剩余劳动来实现。因此，他实现了一个超额利润。"[②] "但是，价值规律在国际上的应用，还会由于下述情况而发生更大的变化：只要生产效率较高的国家没有因竞争而被迫把它们的商品出售价格降低到和商品的价值相等的程度，生产效率较高的国民劳动在世界市场上也被算作强度较大的劳动。"[③]

（四）国际价值的实现基础

国际价值是建立在国际分工的基础上。所谓国际分工，就是指国家与国家之间的劳动分工。由于各国的自然条件和社会历史条件的不同而形成的各国之间生产部门的差别。国际分工是随着国与国之间的商品交换而发

---

① 《马克思恩格斯全集》第 23 卷，人民出版社 1972 年版，第 614 页。
② 《马克思恩格斯全集》第 25 卷，人民出版社 1974 年版，第 265 页。
③ 《马克思恩格斯全集》第 23 卷，人民出版社 1972 年版，第 614 页。

展起来的。特别是人类进入资本主义时代以后，出现了比较发达的国际分工。一方面，资本主义生产方式加快了生产力的发展，生产在广度和深度上不断扩展和日益多样化；另一方面，商品经济迅速发展，市场范围不断扩大，"使一切国家的生产和消费都成为世界性的了"。[①]

国际分工的发展主要经历了以下几个阶段：（1）地理大发现和工场手工业时期的国际分工。15世纪末到16世纪初，由于新大陆的发现，使商业、航海业和工业空前高涨，从而形成了工场手工业为基础的国际分工。（2）工业革命和机器大工业时期的国际分工。18世纪60年代开始到19世纪60年代完成的工业革命，进一步推动了世界市场的扩大，生产和消费的民族基础和国家界限被打破了，过去那种地方的和民族的自给自足和闭关自守状态，被各民族各国家的互相往来和彼此依赖所代替，国际分工进一步发展。正如恩格斯指出的，国际分工"把世界各国人民互相联系起来，把所有地方性的小市场联合成为一个世界市场，到处为文明和进步准备好地盘，使各文明国家里发生的一切必然影响到其余各国"。[②] 国际分工的发展固然是一种历史进步，是劳动和生产社会化程度不断提高的体现，对于加强各民族之间的经济文化和技术交流具有重要意义。但是，在资本主义制度下发展起来的国际分工，具有鲜明的先进国家剥削落后国家的不平等性质。这是由于"机器生产摧毁国外市场的手工业产品，迫使这些市场变成它的原料产地"。[③]

---

① 《马克思恩格斯选集》第1卷，人民出版社1995年版，第276页。

② 《马克思恩格斯全集》第4卷，人民出版社1958年版，第361页。

③ 《马克思恩格斯全集》第23卷，人民出版社1972年版，第494页。

第四章

劳动价值论的方法

一　以人为本是劳动价值论的基础

马克思在《1844年经济学哲学手稿》中，通过批判资产阶级经济学劳动观点的虚伪本质，剖析了资本主义的经济结构和规律，特别是剖析了劳动和资本之间的分离和对立，深刻揭示出异化劳动是私有制社会的基础和本质，是人在世俗世界自我异化的本质和根源。并且还把"劳动"确立为自己世界观的一个基本范畴，通过运用这个范畴去探讨和解决各种社会问题和哲学认识问题。

（一）人的劳动本质

劳动范畴的提出，不仅是马克思世界观发展的结果，同时也是他对认识论研究进一步深化的逻辑必然。在《手稿》中，马克思进一步探讨了人的本质如何客体化，以及主体如何转化为客体的问题。通过剖析社会经济运动，他深刻地把握了人的劳动本质，认识到劳动是人活动的基本形式和主要内容，是人的本质力量的客观外化，并成为改造外部世界的客观基础，从而推动他从认识论的高度去探讨劳动在主客体相互关系中的地位和作用。具体包括以下内容：

第一，人作为一种社会动物的本质不是先天就有的，也不是自然生成的，而是通过合目的的活动即劳动创造的。劳动既是人自己创造、生产自己的社会本质的最基本的实践活动，又是自己本质的最明显的表现和证明。一方面，人通过劳动创造和生产自己的物质生活和社会关系，通过劳动使人从物种上与自然界区别开来，使自己成为社会动物；另一方面，人只有在一定的社会联系中才能劳动，通过劳动创造自己的社会本质，形成自己的本质力量，从而确立自己的主体地位。因此，劳动作为人的功能，劳动能力是人的最基本的物资力量。马克思指出，由于劳动是人以自身的活动来引起、调整和控制人和自然之间的物质变换过程，人通过劳动改变着外部自然，也改变着自己，因而必然会发展自己的本质力量。"当他通过这种运动作用于他身外的自然并改变自然时，也就同时改变他自身的自然。他使自身的自然中沉睡着的潜力发挥出来，并且使这种力的活动受他自己控制。"① 这就说明了，虽然人作为自然存在的物，作为感性的物质实体，作为主体的自然物质前提，但不是人作为主体的本质规定，因为人作为主体的本质规定，不是从他的自然属性中获得的，而是从他的社会本质、从他的社会联系中获得的。"人是最名副其实的政治动物，不仅是一种合群的动物，而且是只有在社会中［Ｍ－２］才能独立的动物。孤立的一个人在社会之外进行生产——这是罕见的事，在已经内在地具有社会力量的文明人偶然落到荒野时，可能会发生这种事情——就象许多个人不在一起生活和彼此交谈而竟有语言发展一样，是不可思议的。"② 因此，生产按其本质来说是一个社会过程，它是不可能孤立的个人的活动而存在，这就决定了人的社会本性。

第二，人不仅通过劳动确立自己的本质，而且通过劳动改造客观世界。人为了在对自己有用的行为上占有自然物，必须从事改造客观世界的实践活动，因而人和实践的关系是主体和客体之间的首要的基本关系，是一切现实关系的基础。马克思在批判阿·瓦格纳关于人对自然的关系首先表示实践的关系不是理论的关系的观点时指出："人们决不是首先'处在这种对外界物的理论关系中'。正如任何动物一样，他们首先是要吃、喝等等，也就是说，并不'处在'某一种关系中，而是积极地活动，通过活动来取得一定的外界物，从而满足自己的需要。"③ 人不同于动物的这种特殊差别并不是生来就有的，它是在整个人类历史进程中，在生产过程中产生和发展起来的。"诚然，动物也生产。它也为自己营造巢穴或住所，如蜜蜂、海狸、蚂蚁等。但是动物只生产它自己或它的幼仔所直接需要的东西；动物的生产是片面的，而人的生产是全面的；动物只是在直接的肉体需要的支配下生产，而人甚至不受肉体需要的支配也进行生产，并且只有不受这种需要的支配时才进行真正的生产；动物只生产自身，而人再生产整个自然界；动物的产品直接同它的肉体相联系，而人则自由地对

① 《马克思恩格斯全集》第 23 卷，人民出版社 1972 年版，第 202 页。

② 《马克思恩格斯全集》第 46 卷（上册），人民出版社 1979 年版，第 21 页。

③ 《马克思恩格斯全集》第 19 卷，人民出版社 1963 年版，第 405 页。

待自己的产品。动物只是按照它所属的那个种的尺度和需要来建造，而人却懂得按照任何一个种的尺度来进行生产，并且懂得怎样处处都把内在的尺度运用到对象上去；因此，人也按照美的规律来建造。"① 因此，劳动是人的本质，正是由于它，人才成其为人，即成其为能够进行多种多样的活动、取得无限进步的社会存在物。

第三，劳动作为人的本质体现了以人为本的思想。劳动是人的本质性活动，在马克思以前就曾经被有些思想家所关注。早在古希腊时期，例如色诺芬、柏拉图、亚里士多德等人，就曾经从劳动来探讨财富。中世纪的托马斯·阿奎那又以劳动来规定物品的价格。不过这些思想家们还只是从劳动的具体形态来进行探讨，还没有把劳动作为一个概念进行力量研究。最先把劳动作为一个经济概念，并用劳动规定商品价值的是威廉·配第，他从重商主义把交换决定价值的流通领域转向生产领域。他不仅认识到商品价值是由劳动决定的，而且也认识到货币的价值也是劳动决定的，这是配第在经济科学上的一个重大贡献。但是，配第的劳动概念是不成熟的，他不知道决定商品价值的是社会必要劳动量，也就是价值是由抽象劳动决定的。

(二) 资产阶级经济学劳动观点

真正研究劳动概念的是亚当·斯密，他继承了威廉·配第对劳动和劳动价值论的认识，将劳动概念的规定提高到一个新的高度。亚当·斯密是从交换和分工来研究劳动的。在他看来，一个人是贫是富，就看他能在什么程度上享受必需品、便利品和娱乐品。但自从分工完全确立以来，各人所需要的物品，仅有极小部分仰给于自己的劳动，最大部分却须仰给于他人劳动。所以，他是贫是富，要看他能够支配多少劳动，换言之，要看他能购买多少劳动。一个人占有某货物，但不愿自己消费，而愿用来交换他物，对他说来，这货物的价值，等于使他能够买到或能支配的劳动量。因此，"劳动是衡量一切商品交换价值的真实尺度。"② "获得各种物品所需要的劳动量之间的比例，似乎是各种物品相互交换的唯一标准。"③ 斯密

---

① 《马克思恩格斯全集》第 42 卷，人民出版社 1979 年版，第 96—97 页。

② ［英］亚当·斯密：《国民财富的性质和原因的研究》（上卷），郭大力、王亚南译，商务印书馆 1983 年版，第 26 页。

③ 同上书，第 42 页。

从商品交换中看到了有一个共同的东西，那就是劳动。这个劳动已经是脱离了各种具体形态的一般劳动。斯密从劳动创造价值的原则出发，系统地研究了资本主义经济过程的各种矛盾。尽管他的劳动价值论还存在缺点和错误，例如他把商品价值看成是由商品交换中购买到的劳动决定的，混同了劳动和劳动力，但他的劳动概念在劳动价值论的发展历史上仍然具有重要的地位。

李嘉图继承和发展了亚当·斯密的劳动概念，他认为，除了数量稀少的古董、图画和艺术品，"人类所欲求的物品中，绝大部分是由劳动获得的。只要我们愿意投下获取它们所需的劳动，这类物品就不但可以在一个国家中，而且可以在许多国家中几乎没有限定地增加。"① 可以说，劳动概念在李嘉图那里得到了充分的表现，不仅价值是由劳动决定的，而且他的分配论也是以劳动价值论为基础的。他批评亚当·斯密把价值由耗费掉的劳动决定与由购买到的劳动决定混为一谈。虽然他企图纠正亚当·斯密的缺陷，但是，由于他没有真正了解斯密的错误是混淆了劳动和劳动力，而且他自己也认为工人出卖的是劳动，劳动的价值是由工人在一定社会内的生活必需品的价值决定的，而劳动的价值是由供求关系决定的，认为供求关系会使劳动的市场价格与工人的生活必需品的价值趋于一致。这样，他不仅重犯了亚当·斯密把购买到的劳动和耗费的劳动混为一谈的错误，而且放弃了他自己提出的劳动时间决定价值的正确观点，滑向了供求决定价值的错误道路。

马克思不仅批判继承了古典经济学的劳动概念，而且还批判继承了黑格尔的劳动观。马克思在批判中发现了黑格尔有许多可以继承和发展的内容。主要有：(1)劳动是人的本质，是人的本质性活动；(2)劳动的个别性与普遍性的关系。他说："个体满足他需要的劳动，既是他自己需要的满足，同样也是对其他个体的需要的一个满足，并且一个个体要满足他的需要，就只能通过别的个体的劳动才能达到满足的目的。——个别的人在他的个别的劳动里本就不自觉地或无意识地在完成着一种普遍的劳动，那么同样，他另外也还当作他自己的有意识的对象来完成着普遍的劳动；这样，整体就变成了他为其献身的事业的整体，并且由于他这样献出其自

---

① ［英］大卫·李嘉图：《政治经济学及赋税原理》，郭大力、王亚南译，商务印书馆1983年版，第8页。

身，他才从整体中复得其自身。"① 这里论述了个别劳动与一般劳动的关系，对于马克思对具体劳动和抽象劳动的分析具有启示作用；（3）劳动的社会性和它在社会活动中的基础性作用。他认为，劳动是生计的基础，或者说是生存必不可少的条件。而劳动满足需要的可能性，又是处于"社会关联"里的，因此，劳动不仅在实施上具有社会性，而且在本质上就已经是社会的。依靠这种社会性的实践，人才能保持其为人，才有能力去履行其为人的任务。这对于马克思以异化劳动为核心建立最初的政治经济学有重要影响。马克思在指出黑格尔劳动概念的科学性的同时，也发现了它的缺陷。他指出："黑格尔站在现代国民经济学家的立场上。他把劳动看作人的本质，看作人的自我确证的本质；他只看到劳动的积极的方面，而没有看到它的消极的方面。劳动是人在外化范围内或者作为外化的人的自为的生成。黑格尔唯一知道并承认的劳动是抽象的精神的劳动。因此，黑格尔把一般说来构成哲学的本质的那个东西，即知道自身的人的外化或者思考自身的、外化的科学看成劳动的本质；因此，同以往的哲学相反，他能把哲学的各个环节总括起来，并且把自己的哲学说成就是这个哲学。"② 这是马克思对黑格尔把客观的人的实在劳动说成是精神的产物的唯心主义观点的批判。可见，通过批判继承古典经济学和黑格尔的劳动概念，把劳动归结为人的本质，从而把劳动价值论建立在以人为本这个唯物史观的基础之上。

在马克思以前，费尔巴哈作为一个有名的人本唯物主义者，他虽然重视人，把人和自然视为哲学的最高对象，这是正确的。但是，他并不理解自然，不理解人，更不理解人和自然的真实关系。因为他把人仅仅看成是自然界长期发展的产物，不理解人的实践和感性活动在自然和人的生成中的主体地位。实际上，他和 18 世纪旧唯物主义者按照自然主义来看待人是一样的。马克思指出："诚然，费尔巴哈比'纯粹的'唯物主义者有很大的优点：他承认人也是'感性对象'。但是，他把人只看作是'感性对象'，而不是'感性活动'。……他从来没有把感性世界理解为构成这一世界的个人的全部活生生的感性活动。"③ "他没有看到，他周围的感性世

① ［德］黑格尔：《精神现象学》上卷，贺麟、王玖兴译，商务印书馆 1983 年版，第 234 页。

② 《马克思恩格斯全集》第 42 卷，人民出版社 1979 年版，第 163—164 页。

③ 《马克思恩格斯选集》第 1 卷，人民出版社 1995 年版，第 77 页。

界决不是某种开天辟地以来就直接存在的、始终如一的东西，而是工业和社会状况的产物，是历史的产物，是世世代代活动的结果。"① 因此"整个所谓世界历史不外是人通过人的劳动而诞生的过程，是自然界对人说来的生成过程"。② 可见，以人的劳动作为价值源泉而建立起来的劳动价值论，正是建立在以人为本这个唯物史观的基础之上。

（三）所谓"泛价值论"

在劳动价值论的讨论中，有一种"泛价值论"认为，劳动不是价值的本质，构成价值的不是劳动，而是自然力。因为在他们看来，"作为抽象劳动耗费的是马克思所说的'人的脑、肌肉、神经、手等的生产耗费'，即人的体力和脑力的耗费；就其质而言，人的体力和脑力肯定是一种自然力，它的耗费自然是一种自然力的耗费。"因此，他们得出结论："劳动自然力、机器自然力、土地自然力、协作自然力是价值的共同源泉。"甚至他们还把人的劳动和动物的本能活动相等同。认为："人类至今还无法确知蜜蜂在建筑蜂房时其头脑中究竟有无蜂房图像，在我们没有获得确实可靠的科学证据之前，我们不能简单地作出否定性结论。"这些都是对马克思观点的误解或曲解。

首先，把价值的本质说成是自然力是不正确的。诚然，马克思说过："如果把生产活动的特定性质撇开，从而把劳动的有用性质撇开，生产活动就只剩下一点：它是人类劳动力的耗费。尽管缝和织是不同质的生产活动，但二者都是人的脑、肌肉、神经、手等等的生产耗费，从这个意义上说，二者都是人类劳动。"③ 马克思在这里说的把劳动的"特定性"或"有用性"撇开，就是把劳动的具体形式排除在外，也就是把劳动的自然属性排斥在外，这种"排除"过程本身就是互相进行比较的社会过程，经过排除后剩下来的人类劳动力在生理学意义上的耗费，并不是自然的规定性，而是社会的规定性。

其次，使用价值与价值和具体劳动与抽象劳动，是两对正向对应的范畴。不可能设想价值是社会关系而它的实体即抽象劳动却是自然关系。马

---

① 《马克思恩格斯选集》第 1 卷，人民出版社 1995 年版，第 76 页。

② 《马克思恩格斯全集》第 42 卷，人民出版社 1979 年版，第 131 页。

③ 《马克思恩格斯全集》第 23 卷，人民出版社 1972 年版，第 57 页。

克思在分析货币时指出，货币"这种商品只表现劳动时间的份额或数量而同劳动时间的自然属性无关，因而可以变形为——即交换成——体现着同一劳动时间的其他任何商品"。"劳动时间既然调节交换价值，它实际上就不仅是交换价值内在的尺度，而且是交换价值的实体本身（因为作为交换价值，商品没有任何其他实体，没有自然属性）"。① 可见，马克思的劳动二重性学说，为我们在商品分析中分清自然属性和社会属性提供了方法论原则。

最后，劳动作为人的本质性活动，它和动物的活动是不同的。

二 科学的抽象方法

马克思在《资本论》第一版序言中指出："分析经济形式，既不能用显微镜，也不能用化学试剂。二者都必须用抽象力来代替。"② 所谓抽象力或抽象方法，就是把各种具体事物中一般的、本质的、必然的东西抽取出来，并以概念、范畴等思维形式，把抽象所表达的成果表述出来，实现从感性认识向理性认识的转化，使人们更好地认识它们。马克思抽象法也称为"简化"的方法。它是对客观事物的科学反映。列宁说："物质的抽象，自然规律的抽象，价值的抽象及其他等等，一句话，那一切科学的（正确的、郑重的、不是荒唐的）抽象，都更深刻、更正确、更完全地反映着自然。"③ 马克思主义的科学抽象，是建立在辩证唯物主义反映论的基础上，它反对那种唯心主义和形而上学的抽象。这种方法，就是毛泽东所说的："将丰富的感觉材料加以去粗取精、去伪存真、由此及彼、由表及里的改造制作工夫。"④ 一切科学的概念、范畴和规律等等都是经过这样科学的抽象而来的。

（一）科学抽象法的发展历史

从劳动价值论的发展历史来看，也是科学的抽象法发展的历史。资产

① 《马克思恩格斯全集》第46卷（上册），人民出版社1979年版，第116页。
② 《马克思恩格斯全集》第23卷，人民出版社1972年版，第8页。
③ 《列宁全集》第38卷，人民出版社1959年版，第181页。
④ 《毛泽东选集》第1卷，人民出版社1991年版，第291页。

阶级古典经济学从威廉·配第开始到李嘉图，他们虽然提出了劳动价值论，实现了在这个学派所能达到的抽象法的最高限度。但是，他们所运用的抽象法，不是运用抽象法过了头，就是抽象得不够，或者运用的是强制的抽象、唯心主义的抽象，从一定意义上说，这种抽象是虚假的。正是由于他们在方法上存在的缺陷，加上他们的阶级局限性，决定了他们不可能创造科学的劳动价值论。

英国资产阶级哲学家约翰·洛克也是近代劳动价值论的创始人之一，曾经提出"正是劳动使一切东西具有不同的价值"。[①] 但是在方法论上，他虽然主张对具体的和特殊的观念进行概括，使之上升到"抽象观念"的高度，然而洛克所理解的"概括"和"抽象"，和马克思的抽象法是不同的，他是建立在唯心论的基础上。在认识的来源问题上，洛克一方面坚持知识来源于感性经验这一唯物论路线，提出"白板说"。人们的全部观念都是通过自然途径，凭借感官得来的，因此，"知识归根到底都是导源于经验的"。先有物质，后有精神，而不是相反。洛克强调指出，人单凭自己的认识能力就可以获得全部可靠的知识，不必借助任何天赋观念和原则。从而与"天赋观念"论的唯心论认识论相对立。然而，洛克对《天赋观念》的批判并不是彻底的。因为他不懂得认识对社会实践的依赖关系，不理解个别与一般、特殊和普遍的辩证法，因此，他在正确指出一切知识都是从后天的经验得来的同时，又把"反省"即心理活动，看作是与感觉并列的、独立的认识来源，从而陷入了"二重经验论"。这是由于他不懂得认识对实践的依赖关系，不理解个别与一般、具体与抽象、特殊与普遍的辩证法。他所理解的"概括"和"抽象"，只是把同一类的具体观念中的"共同成分"保留下来，而把其"特殊成分"去掉。他举例说，如"动物"这一抽象观念就是概括和保留了人和其他各种动物具有的"身体、生命、感觉和自发运动"这些"共同成分"，而把各自具有的"特殊成分"去掉以后形成的。如果再把"感觉"和"自发运动"这两个观念去掉，只保留"身体"、"生命"这两个更为普遍的观念，那么就会形成更概括更抽象的"生物"这一观念。洛克的这种方法正如马克思指出的："只是把生活过程中外部表现出来的东西，按照它表现出来的样

---

① ［英］约翰·洛克：《政府论》下篇，叶启芳、瞿菊农译，商务印书馆 1964 年版，第27 页。

子加以描写、分类、叙述并归入简单概括的概念规定之中。"① 因为这种方法只是从表面现象来解释各个事物之间的关系，不是运用科学的抽象方法，从对这个事物的表面现象的分析抽象中，找出这些事物的内在本质和它们的发展规律。古典经济学之所以不能克服他们理论上的局限性，从哲学的根源来看，就是由于受到洛克的形而上学和直观方法的影响。而这种形而上学、直观的方法反映在他们头脑里的只是各种关系的表面形式，而不是它们的内在联系，为庸俗经济学用多要素创造价值提供了方法论基础。他们用多要素价值论来代替马克思的劳动价值论，从方法论来看，就是用唯心主义的和形而上学的直观的思维方法。他们把属于完全不同领域的三种财富来源的土地、资本和劳动结合在一起，说成是价值的源泉，从而把财富的源泉和价值的源泉相混淆。实际上，"每年可供支配的财富的各种所谓源泉，属于完全不同的领域，彼此之间毫无共同之处。它们互相之间的关系，就象公证人的手续费、甜菜和音乐之间的关系一样。"②

（二）马克思科学的抽象方法

马克思科学地总结了历史的经验，批判了唯心主义和形而上学的直观方法，第一次把抽象法建立在科学的基础上，丰富和发展了这个哲学和社会科学的基本方法。马克思在《资本论》中就是运用抽象法，深刻地揭示了资本主义生产方式的经济现象、经济过程的本质和它的运行规律。而对劳动价值论的研究，就是正确地按照抽象法的下列原则进行的。

第一，科学的抽象必须从事物的普遍存在和全部总和出发。马克思指出："资本主义生产方式占统治地位的社会的财富，表现为'庞大的商品堆积'，单个的商品表现为这种财富的元素形式。因此，我们的研究就从分析商品开始。"③ 毛泽东也说过："商品这个东西，千百万人，天天看它，用它，但是熟视无睹。只有马克思科学地研究了它，他从商品的实际发展中作了巨大的研究工作，从普遍的存在中找出完全科学的理论来。"④

由于事物的本质和规律不是通过个别事物和个别现象表现出来的，而

---

① 《马克思恩格斯全集》第 26 卷第 2 册，人民出版社 1973 年版，第 182 页。
② 《马克思恩格斯全集》第 25 卷，人民出版社 1974 年版，第 920 页。
③ 《马克思恩格斯全集》第 23 卷，人民出版社 1972 年版，第 47 页。
④ 《毛泽东选集》第 3 卷，人民出版社 1991 年版，第 817 页。

是通过从事物的普遍抽取出来的。为了保证科学抽象出来的材料具有代表性，首先必须全面和详细占有材料，然后加以科学地分析和综合研究，才能得出正确的结论。因为科学的抽象不能抽象没有的东西，也不能抽象个别的东西，而只能从历史形成的普遍存在出发。价值的抽象即等一的人类劳动的抽象，只有在商品交换已经普遍存在的时候才有可能。因为"最一般的抽象总只是产生在最丰富的具体发展的地方，在那里，一种东西为许多东西所共有，为一切所共有。这样一来，它就不再只是在特殊形式上才能加以思考了"。① 马克思在劳动价值的研究中，正是按照这个原则，从普遍存在的商品入手，分析了商品的内在矛盾即使用价值和价值的矛盾，然后分析了具体劳动和抽象劳动的矛盾、私人劳动和社会劳动的矛盾，得出资本主义的基本矛盾，即生产的社会化和资本主义生产资料私有制的矛盾，从而揭示了资本主义的产生、发展和最终必然为社会主义所代替的客观规律。然而在劳动价值的讨论中，有的论者认为，马克思的劳动价值论分析的商品只存在于"原始的实物交换和简单商品生产"。这种观点是不正确的。事实上，马克思分析的商品，是从资本主义商品中抽象了资本主义的主要特征，把它还原为一般商品进行分析的。因此，从一般商品分析中得出的劳动价值论，可以适用于所有存在商品经济的社会。

坚持从普遍存在的客观事实出发，就必须反对从主观想象或者从概念出发，这是辩证唯物主义研究问题的基本原则。而从想象或者从概念出发则是形而上学最明显的标志。例如，有的人把商品的使用价值和交换价值，说成好像是从"价值"这个概念出发，然后把"价值"这个概念一分为二，一半是使用价值，另一半是交换价值。这种看法最初起源于亚当·斯密的"价值一词有二个不同的意义。它有时表示特定物品的效用，有时又表示由于占有某物而取得的对他种货物的购买力。前者可叫做使用价值，后者可叫做交换价值。"② 马克思在《评阿·瓦格纳"政治经济学教科书"》中对瓦格纳把"普通称作'使用价值'的东西称为'价值一般'，称为'价值概念'一般"后，指出："这一切都只是'胡说'。第一，我并不是从概念出发，从而也不是由价值概念出发，所以也不曾要把

① 《马克思恩格斯全集》第46卷（上册），人民出版社1979年版，第42页。

② ［英］亚当·斯密：《国民财富的性质和原因的研究》（上卷），郭大力、王亚南译，商务印书馆1983年版，第25页。

它'分割'。我由以出发的，只是劳动生产物在今日社会内依以表现的最简单的社会形态，这就是'商品'。我分析它，最先是在它赖依表现的形态上分析它。在这里，我发现了一方面，在它的自然形态上，它是一个使用物，那就是，是一个使用价值，另一方面，它是交换价值的担负物，并且从这个观点看，就是交换价值。但交换价值的进一步的分析，却指示了，交换价值只是一个现象形态，是包含在商品内在的独立表现方法。"①

　　第二，科学的抽象必须撇开事物的表面现象，把事物的本质抽取出来。本质是事物的根本性质，是组成事物基本要素的内在联系。现象是事物的外部联系和表面特征，是事物的外在表现。两者既是对立的，又是统一的。本质是现象的根据，本质决定现象；现象是本质的表现，它的存在和变化，归根到底是从属于本质的。脱离本质的纯粹的现象和脱离现象的本质都是不存在的。作为科学的抽象，要把事物的本质抽取出来，就必须撇开无关的、掩盖事物内部联系的因素，或者把不影响本质问题研究的其他问题暂时存而不论，以便在纯粹的形式上进行研究。例如，马克思的《资本论》研究商品价值和使用价值的生产、流通和分配的问题。在考察商品价值的生产过程的第一卷，就抽象了价值流通和价值分配的因素，把它们暂时存而不论，假定资本主义社会只存在资本家和生产工人，抽象了价值和使用价值如何在流通中实现的问题，也抽象了各个剥削阶级如何瓜分使用价值的问题。到了第二卷和第三卷，才依次把被抽象的问题加入进来研究，从而使人们对价值和使用价值的来龙去脉有一个全面的了解。又如在商品交换中抽去了使用价值，以便使不同商品中抽象出来的一般劳动即抽象劳动形成的价值进行比较。马克思认为，事物在其现象上往往颠倒地表现出来，从而掩盖了它的本质。古典政治经济学却毫无批判地从日常生活中借用了"劳动价值"这个范畴，把它作为考察价值关系的最后的适当的用语，使他们陷入了混乱和矛盾之中。庸俗经济学继承和发展了他们的庸俗成分，成为彻头彻尾的庸俗经济学派。他们完全满足于对事物的表面、浅薄的理解，他们只是注意事物的现象，把它当作本质的东西，而不去揭示事物的内部联系，抓住事物的本质，却断言事物从现象看就是这样。马克思指出："把价值了解为什么也不是，当然方便多了。这样，就

_____

① 马克思：《资本论》第 1 卷，人民出版社 1953 年版，第 1018 页。

可以随便把任何东西都包括到这个范畴中去。例如，让·巴·萨伊就是这样做的。'价值'是什么？答：'物之所值。''价格'是什么？答：'以货币表现的物的价值。'为什么'土地的劳动……具有价值？因为人们赋予它一个价格'。这就是说，价值是物之所值，而土地之所以有'价值'，是因为人们'用货币表现了'它的价值。总之，这是理解事物'因何'和'为何'问题的非常简便的方法。"① 萨伊从事物的现象入手，并且把现象当作最后的东西的逻辑方法，从日常生活的现象形态中来说明价值的本质。他认为："人们所估定的价值是否准确，这要看估价者的判断力、知识、习惯和成见以为定。"② 由此得出"物品的效用就是物品价值的基础。"这样，亚当·斯密的劳动价值论，就被他把同一物品不同的人对它有不同的估价这种表面现象庸俗化为主观价值论了。萨伊用效用价值论否定劳动价值的方法，就是用现象来代替本质，排斥了人们对事物的内在矛盾的揭示，这是一种唯心主义的抽象方法。

第三，科学的抽象必须正确处理抽象和具体的关系。世界上任何事物都是具体的，是多方面的统一。为了在思维中把握具体的对象，必须把完整的表象蒸发为抽象的规定，然后由抽象的规定在思维行程中导致具体的再现，即达到思维的具体。正确认识抽象和具体的关系，对于正确运用抽象法来说是十分重要的。因为抽象出来形成的概念、范畴，尽管它们也是一种客观存在，但是，不能认为它们脱离具体而绝对独立。因为当我们进行抽象时，如果抽象的"一般"不能把被抽象的各个具体的本质概括进去，则这种抽象就不是科学的抽象；相反，如果具体对象的本质不能包括在抽象出来的"一般"之中，也不是科学的抽象。例如，亚当·斯密一方面认为利润是工人劳动对原材料所增加的价值在扣除工资以后的余额，这实际上是把利润还原为剩余价值的一般形式；另一方面，他又说利润是用来酬劳资本家"垫付原料和工资的那全部资本"的自然报酬，从而又把它看成剩余价值的利润形式。前者是从事物的内部联系来理解，后者则是从利润这种特殊形式在资本家头脑中的反映来说明。无论是前者还是后者都是混淆了抽象和具体的关系。因为前者没有从利润、地租、利息等具体形态中抽象出剩余价值；而后者是没有从剩余价值"这个本质的一般"

---

① 《马克思恩格斯全集》第 23 卷，人民出版社 1972 年版，第 588 页。

② ［法］萨伊：《政治经济学概论》，陈福生译，商务印书馆 1963 年版，第 59 页。

来考察它的具体形态。

唯物辩证法认为，世界的变化和发展是无限的，但是世界上一切具体的发展又是有限的。对于千差万别的各种具体事物来说，它们的发展又是有限的。它们都有其自己的特殊的质的规定性。能否符合这个质的规定性，这里就有一个限度的问题。由于一般存在于具体之中，一般总是具体抽象的结果。在如何把具体抽象为一般，这里也就有一个抽象的"度"的问题。也就是说抽象既不能"不及"，也不能抽象"过度"。所谓抽象"不及"，就是不彻底的抽象，或者说不能把抽象贯彻到底。抽象"不及"就是不能深入事物的本质，不能在深度上到达被抽象事物的"本质的一般"。而这种不彻底的抽象，又必然使抽象不能贯彻到底。所谓抽象"过度"，就是抽象超过了确定的界限，因而造成脱离对象的抽象。因此在抽象的问题上必须掌握一个限度，既不能"不及"，也不能"过度"。如果跨越了这个限度，真理就会转化为谬误。恩格斯在《反杜林论》中以物理学中的波义耳定律来说明这一原理。根据这个定律，在温度不变的情况下，气体的体积和它所受的压力成反比。可是后来雷尼奥地发现，这个定律对于那种可以因压力而液化的气体来说，当压力到液化开始的那一点时。这个定律就失去了作用。所以，波义耳定律只在一定的压力和温度的范围内才是正确的，随着科学的发展人们认识的深化，它需要有其他规律来补充。如果我们只是把在一定条件下是正确的东西，理解为绝对的东西，认为它是终极的绝对真理，那就会超过了它正确的界限，真理就会转化为谬误。如果雷尼奥发现了这个定律所包含的某些错误时，就加以夸大，认为它根本不是真理而只是谬误的话，"如果他这样做，他就造成一个比波义耳定律所包含的谬误更大得多的谬误；他的一粟真理也许就消失于谬误的沙丘中；这样他或许就把他的本来正确的结论变为谬误，而与这一谬误相比，波义耳定律就连同附在它上面的少许谬误可以说是真理了。但是雷尼奥是科学家，没有玩弄这样的儿戏，而是继续研究，并发现波义耳定律只是近似地正确，特别是对于可以因压力而液化的气体，当压力接近液化开始的那一点时，波义耳定律就失去了效力。所以波义耳定律只在一定的范围内才是正确的。"[1] 因此，我们在对待科学定律的运用上，既

---

[1] 《马克思恩格斯全集》第20卷，人民出版社1971年版，第100页。

不能把它的正确的方面绝对化；也不能把它的错误方面绝对化，它是随着条件的变化而发生变化，只有正确地掌握其特定的限度，才是科学的态度。"而谁用以真正的、不变的、最后的、终极的真理的标准来衡量它，那末，他只是证明他自己的无知和荒谬。"① 因此，在抽象的界限问题上，必须掌握它的限度，无论是抽象"不及"，还是抽象"过度"，都不能真正抓住事物的本质，反映事物的客观规律。

古典政治经济学的代表人物如李嘉图，在运用抽象法研究劳动价值过程中，不仅存在抽象"过度"，也存在抽象"不及"的问题。例如，李嘉图在研究资本、工资、利润、地租等资本主义经济范畴时，抽象了资本主义的历史性和特殊社会性，认为原始人打猎的棍棒和石头也是资本。另外，他又把价值和生产价格相混淆。他在研究价值时，没有把价值和由于资本主义竞争所引起的价值变形，即生产价格加以区别；在他研究剩余价值时，没有把剩余价值和由于资本主义竞争引起的剩余价值的转化形式，即平均利润加以区别。由于他把价值和生产价格、剩余价值和利润相混淆，导致了他在劳动价值论始终不能解决的两大矛盾，即价值规律和资本与劳动交换的矛盾；价值规律和等量资本获得等量利润的矛盾。马克思指出："李嘉图所以犯这一切错误，是因为他想用强制的抽象来贯彻他把剩余价值率和利润率等同起来的观点。庸俗经济学家由此得出结论说，理论上的真理是同现实情况相矛盾的抽象，相反，他们没有看到，因为李嘉图在正确抽象方面做得不够，才使他采取了错误的抽象。"②

古典经济学在抽象过程中，无论是抽象"不及"，还是抽象"过度"，都是由于没有把辩证法应用于反映论，应用于认识论的过程和发展，是他们的形而上学的必然结果。在他们的抽象中，不能从考察的事物中深入对象的本质，因而就不能把一般的东西同特殊的东西加以区别，从而把特殊的东西作为一般的东西，因此形成了一种抽象"不及"；另一方面，他们又把具有特殊本质的东西，一般化为一切社会所共有的东西，变成了超历史的东西，因此又形成了抽象的"过度"。无论是抽象"不及"，还是抽象"过度"，都是他们抽象法中形而上学的必然结果。也就是脱离了抽象的现实的历史基础。例如，价值这个抽象，是在商品经济关系中抽象出来

---

① 《马克思恩格斯全集》第 20 卷，人民出版社 1971 年版，第 99 页。
② 《马克思恩格斯全集》第 26 卷第 2 册，人民出版社 1973 年版，第 497 页。

的，只有在这些关系存在时，这种抽象才是真实的。因为价值的普遍的、一般的抽象特征，只有在货币、资本概念确立之后才能显示出来并得到证实。马克思说："价值表现为一种抽象，这只有在货币已经确立的时候才是可能的；另一方面，这种货币流通导致资本，因此，只有在资本的基础上才能得到充分发展，正如一般说来只有在资本的基础上流通才能掌握一切生产要素。因此，在分析过程中不仅会显示出象资本这样的属于一定历史时代的形式所具有的历史性质，而且还会显示出象价值这样的表现为纯粹的抽象的规定，显示出这些规定被抽象出来的那些历史基础，也就是它们只有在其中才能表现为这种抽象的那些历史基础；并且显示出例如象货币这样的或多或少属于一切时代的规定，这些规定所经历的历史变化。价值这个经济学概念在古代人那里没有出现过。价值只是在揭露欺诈行为等等时才在法律上区别于价格。价值概念完全属于现代经济学，因为它是资本本身的和以资本为基础的生产的最抽象的表现。"①

在劳动价值论的讨论中，有的论者对马克思把各种具体劳动抽象为抽象劳动提出质疑说："且不说将抽象劳动视为劳动的属性是否合理，至少也应当承认这样一个事实，即各种商品的共同点绝不限于抽象劳动，例如，一般的抽象的效用就是其中之一。如果可以将商品交换的基础归结为抽象劳动这个'共通物'呢？"这是马克思抽象法的误解。因为：（1）抽象劳动是在一定的客观条件下形成的，而不是主观思维的产物。抽象劳动作为具体劳动的抽象，它是根据商品经济中各种具体劳动抽象出来的一般人类劳动，没有商品经济条件下的具体劳动，也不可能有出现范畴的存在。因为出现不等于劳动的抽象，不能把抽象劳动仅仅看成劳动的抽象。（2）想从各种效用中抽象出一般的"抽象的效用"，不过是一种主观的想象。这是因为效用或者使用价值是一种自然属性，各种商品的使用价值是无法进行比较的，它们之间不存在一个"共通物"，彼此之间不具有量的可公约性，当然也就不可能彼此比较，又怎么能由它来决定商品价值进行交换呢？（3）承认使用价值或效用不能决定价值，并不否认使用价值或效用的重要作用。马克思指出："使用价值本身起着经济范畴的作用。至于它在什么地方起这种作用，那要由论述本身来确定。例如李嘉图，他认为

---

① 《马克思恩格斯全集》第46卷（下册），人民出版社1980年版，第299页。

资产阶级经济学只与交换价值打交道，对于使用价值只是从外表上触及，而他的一些最重要的交换价值规定，恰恰是从使用价值，从使用价值与交换价值的关系中得出的，例如地租、工资最低额、固定资本与流动资本的区别，他恰恰认为这种区别对决定价格产生最重要的影响（通过工资水平的涨落对价格发生不同的反作用）；在供求关系等问题上也是如此。"① 这里说明了使用价值对价格具有重要的影响作用，例如土地的自然条件，如肥沃程度的高低，距离市场的远近，会影响农产品的个别生产价格的决定，从而影响地租量的多少。劳动者素质高低会影响劳动力价格，即工资的涨落。固定资本的质量的好坏会影响资本的周转速度，从而影响价格的决定。但是，这些因素并不能决定商品的价值，不能因此得出使用价值或效用决定商品价值的结论。

三　辩证的分析方法

马克思在《资本论》第二版跋中指出："我的辩证方法，从根本上来说，不仅和黑格尔的辩证方法不同，而且和它截然相反。在黑格尔看来，思维过程，即他称为观念而甚至把它变成独立主体的思维过程，是现实事物的创造主，而现实事物只是思维过程的外部表现。我的看法则相反，观念的东西不外是移入人的头脑并在人的头脑中改造过的物质的东西而已。"② 在马克思看来，经济范畴只是现实经济反映到人类思维中的产物，是客观经济关系的表现。马克思研究劳动价值论所运用的唯物辩证法，就是从普遍存在的事物的元素形态出发，来揭示事物自身的矛盾运动，通过矛盾着的对立面的又对立又统一的运动，来说明这一过程到其他过程的推移。它包括以下几个方面：

（一）商品内部矛盾的分析法

毛泽东指出："马克思的主义哲学认为，对立统一规律是宇宙的根本规律。这个规律，不论在自然界、人类社会和人们的思想中，都是普遍存

① 《马克思恩格斯全集》第46卷（下册），人民出版社1980年版，第154页。
② 《马克思恩格斯全集》第23卷，人民出版社1972年版，第24页。

在的。矛盾着的对立面又统一，又斗争，由此推动事物的运动和变化。"①
马克思对劳动价值论的研究，首先就是抓住商品的内部矛盾进行分析，揭
示了这个矛盾在生产、流通、分配领域的各种表现，从而发现了支配资本
主义经济运动的客观规律。

1. 商品是使用价值和价值的对立和统一

马克思在《政治经济学批判》中指出："商品是在双重的观点下被研
究的，当作使用价值，再当作交换价值，每次研究一面。可是，作为商
品，它直接是使用价值和交换价值的统一；同时，它只有在对其他商品的
关系上才是商品。"商品被分解为使用价值和交换价值二重部分，并不是
按照人们的主观随意性决定的，而是事物本身矛盾的反映。由于生产力的
发展，人类社会出现了商品交换以后，"因此，随着时间的推移，至少有
一部分劳动产品必定是有意为了交换而生产的。从那时起，一方面，物满
足直接需要的效用和物用于交换的效用的分离固定下来了。它们的使用价
值同它们的交换价值分离开来。另一方面，它们相交换的量的比例是由它
们的生产本身决定的。习惯把它们作为价值量固定下来。"② 因此，在劳
动生产物作为商品出现以后，这种矛盾就产生了。一方面，作为卖者，必
须以他的商品的使用价值去换取它的交换价值；另一方面，作为买者，必
须以它的交换价值换取它的使用价值。可见，作为商品的使用价值具有两
个方面的作用：一是构成财富的物质内容，存在于一切社会；二是交换价
值的物质承担者，只存在于商品经济社会。而作为交换价值，它只是价值
的表现形式，没有价值也就没有交换价值，因此，使用价值和交换价值的
矛盾归根到底是由使用价值和价值的矛盾决定的。只有理解了商品的内部
矛盾，才能理解货币的起源和本质，分析商品的矛盾运动，才是研究劳动
价值的逻辑起点。

2. 价值和交换价值是内容和形式的对立统一

马克思指出："交换价值首先表现为一种使用价值同另一种使用价值
相交换的量的关系或比例，这个比例随着时间和地点的不同而不断改变。
因此，交换价值好象是一种偶然的、纯粹相对的东西，也就是说，商品固

---

① 《毛泽东文集》第 7 卷，人民出版社 1999 年版，第 213 页。

② 《马克思恩格斯全集》第 23 卷，人民出版社 1972 年版，第 106 页。

有的、内在的交换价值似乎是一个形容语的矛盾。"① 按照马克思的例子，一夸脱小麦，同 X 量鞋油或 Y 量绸缎或 Z 量金等等交换，总之，可以按照各种不同的比例同其他各种商品交换。因此，小麦就有许多种交换价值。这样，从现象上看，好像交换价值只是一种偶然的、纯粹相对的东西。而那些习惯从现象上观察问题的庸俗经济学家们，就把商品的价值仅仅看成是一种单纯的比例关系，是"纯然相对的"东西，从而掩盖了交换价值掩盖的物质内容。由此，马克思作出两点结论：第一，同一种商品的各种有效的交换价值表示一个等同的东西。第二，交换价值只能是可以与它相区别的某种内容的"表现形式"。从第一点可以看出，既然一种商品有许多交换价值，可以和许多商品相交换，说明它们包含有其共同的质作为前提，如果没有一个共同的质，它们就不可能交换，当然也就不可能一种商品有多种交换价值。从第二点可以看出，一种商品既然有多种交换价值，那么就说明交换价值只是某种东西的表现形态，而在这种现象形态背后，必然还存在着被这些形态表现着的内容。而且这个被许多商品表现出来的内容，就是许多交换价值的"共通物"。那么，这个"共通物"是什么呢？如果把劳动产品的使用价值抽去，剩下的只是无差别的人类劳动的单纯的凝结，就是价值，即商品的价值。因此，在商品的交换关系或交换价值中表现出来的共同东西，也就是商品的价值。这个价值就是交换价值得以表现内容，而交换价值则是商品价值表现的形式。

由于价值和交换价值的关系，是内容和形式的关系。从而也就告诉我们，作为商品的内部矛盾，实际上是使用价值和价值的矛盾，而不是使用价值和交换价值的矛盾。马克思指出："在本章的开头，我们曾经依照通常的说法，说商品是使用价值和交换价值，严格说来，这是不对的。商品是使用价值或使用物品和'价值'。一个商品，只要它的价值取得一个特别的、不同于它的自然形式的表现形式，即交换价值形式，它就表现为这样的二重物。"② 为什么在本章开头，马克思要依照通常的说法，说商品是使用价值和交换价值呢？这是因为，作为商品，除了使用价值的一面外，最先反映到我们头脑中的是商品的交换价值。所以考察只能从交换价值开始，从形式探索其内容，这个内容就是商品的价值。马克思说："我

---

① 《马克思恩格斯全集》第 23 卷，人民出版社 1972 年版，第 49 页。
② 同上书，第 75 页。

们实际上也是从商品的交换价值或交换关系出发，才探索到隐藏在其中的商品价值。"① 马克思在《评阿·瓦格纳"政治经济学教科书"》中有过更明确的说明，他说："我分析商品，并且最先是在它所表现的形式上加以分析。在这里我发现，一方面，商品按其自然形式是使用物，或使用价值，另一方面，是交换价值的承担者，从这个观点来看，它本身就是'交换价值'。对后者的进一步分析向我表明，交换价值只是包含在商品中的价值的'表现形式'，独立的表达方式，而后我就来分析价值。"② 可见，商品的价值是商品的真正内容，交换价值只是价值的表现形式。商品的使用价值和价值的对立和统一，是商品的内部矛盾。

古典政治经济学的缺点之一，是把价值和交换价值相混淆，用形式代替内容。作为古典经济学的最优秀的代表亚当·斯密和李嘉图也把价值形态看成与价值毫无关系的东西，他们把价值形式看成一种完全无关紧要或在商品本性之外存在的东西。从方法论看，是由于他们形而上学的错误认识，不懂得形式和内容的辩证法，不懂得价值和交换价值的内在联系。不理解形式是由内容规定的，交换价值是价值的表现形式，价值是交换价值的内容。他们的这些缺点，除了形而上学的方法外，还有更深刻的原因。那就是把资产阶级的生产方式，看成"社会生产的永恒的自然形式"。马克思指出："把价值形式看成一种完全无关紧要的东西或在商品本性之外存在的东西。这不仅仅因为价值量的分析把他们的注意力完全吸引住了。还有更深刻的原因。劳动产品的价值形式是资产阶级生产方式的最抽象的、但也是最一般的形式，这就使资产阶级生产方式成为一种特殊的社会生产类型，因而同时具有历史的特征。因此，如果把资产阶级生产方式误认为是社会生产的永恒的自然形式，那就必然会忽略价值形式的特殊性，从而忽略商品形式及其进一步发展——货币形式、资本形式等等的特殊性。"③

3. 价值实体和价值量是质和量的对立和统一

在考察两个商品的价值关系中，必须处理价值的质和量的关系。所谓价值的"质"就是价值的品质，也就是价值的实体。所谓价值的"量"，

① 《马克思恩格斯全集》第 23 卷，人民出版社 1972 年版，第 61 页。

② 《马克思恩格斯全集》第 19 卷，人民出版社 1963 年版，第 412 页。

③ 《马克思恩格斯全集》第 23 卷，人民出版社 1972 年版，第 98 页。

就是等一的人类劳动。在商品交换中，要比较两种商品的价值大小，必须把它们当中包含的异质劳动转化为同质的劳动，也就是把它们还原为同一的人类劳动力的劳动时间，"每一个这种单个劳动力，同别一个劳动力一样，都是同一的人类劳动力，只要它具有社会平均劳动力的性质，起着这种社会平均劳动力的作用，从而在商品的生产上只使用平均必要劳动时间或社会必要劳动时间。社会必要劳动时间是在现有的社会正常的生产条件下，在社会平均的劳动熟练程度和劳动强度下制造某种使用价值所需要的劳动时间。"①

决定商品价值的社会必要劳动时间，是随着劳动生产率的发展而发展的。而劳动生产率是决定于社会生产力的发展水平，具体说"劳动生产力是由多种情况决定的，其中包括：工人的平均熟练程度，科学的发展水平和它在工艺上应用的程度，生产过程的社会结合，生产资料的规模和效能，以及自然条件。"② 总之，劳动生产力越高，生产一种物品的价值就越小，该物品的价值就越小。相反，劳动生产力越低，生产一种物品的必要劳动时间就越多，该物品的价值就越大。可见，商品的价值量与体现在商品中劳动量成正比，与这一劳动生产力成反比。

从商品的内部矛盾的分析中可以看出，商品的使用价值是商品的自然属性，它体现着人和物的关系；商品的价值是商品的社会属性，体现着人与人的社会关系。使用价值表现着各个商品之间的质的差异；价值则表现各商品之间质的同一。在使用价值和价值的对立统一中，表现着同一和差别的对立和统一。

4. 具体劳动和抽象劳动是生产商品的劳动的对立与统一

既然商品是使用价值和价值的对立和统一，那么，决定商品的内在矛盾的就是劳动的二重性，即具体劳动和抽象劳动的矛盾。马克思指出："就使用价值说，有意义的只是商品中包含的劳动的质，……不过这种劳动已经化为没有质的区别的人类劳动。在前一种情况下，是怎样劳动，什么劳动的问题；在后一种情况下，是劳动多少，劳动时间多长的问题。"③

古典政治经济学并没有把生产使用价值的具体劳动和形成商品价值的

---

① 《马克思恩格斯全集》第 23 卷，人民出版社 1972 年版，第 52 页。
② 同上书，第 53 页。
③ 同上书，第 59 页。

抽象劳动加以区别，正如马克思指出的："李嘉图对表现在使用价值上的劳动和表现在交换价值上的劳动没有加以应有的区别。作为价值基础的劳动不是特殊的劳动，不是具有特殊的质的劳动。在李嘉图那里，到处都把表现在使用价值上的劳动同表现在交换价值上的劳动混淆起来。诚然，后一种形式的劳动只是以抽象形式表现的前一种形式的劳动。"① 由于他们的形而上学的方法，从而抹杀了具体劳动和抽象劳动的矛盾，使他们不懂得是什么劳动创造价值，为什么能够创造价值，以及如何创造价值，这样就决定了他们不可能建立起科学的劳动价值论。正如马克思指出的："商品中包含的劳动的这种二重性，是首先由我批判地证明了的。这一点是理解政治经济学的枢纽"。②

5. 商品和货币的矛盾是商品价值和交换价值的对立和统一

货币的出现既解决了商品交换过程中的矛盾，又在新的基础上产生了一些新的矛盾。第一，产生了商品的特殊性与一般交换价值的矛盾。当货币成为一般等价物和流通手段以后，意味着任何商品只有变成货币，才能实现自己的价值，这样就促进了商品交换的扩大，从而产生了商品与一般交换手段的矛盾。马克思指出："货币的性质就在于，货币只是通过使直接的物物交换的矛盾以及交换价值的矛盾普遍化，来解决这些矛盾。特殊交换手段是否能换取某种特殊交换手段，这是偶然的事情；但是现在在商品必须同一般交换手段相交换，而商品的特殊性同这种一般交换手段则陷入更大的矛盾之中。"③ 第二，产生了商品和货币作为支付手段的矛盾。货币作为支付手段的职能包含着一个直接的矛盾。在各种支付手段互相抵消时，只是在观念上执行价值尺度的职能。在实际支付时，买者必须向卖者支付实在的货币，否则会使整个债务链条遭到破坏，并引起连锁反应，甚至发生货币危机。"这种矛盾在生产危机和商业危机中称为货币危机的那一时刻暴露得特别明显。这种货币危机只有在一个接一个的支付的锁链和抵销支付的人为制度获得充分发展的地方，才会发生。"④ 第三，产生了货币和追逐货币的矛盾。货币作为一般等价物，成为商品中的上帝，成了

① 《马克思恩格斯全集》第26卷第3册，人民出版社1974年版，第149页。

② 《马克思恩格斯全集》第23卷，人民出版社1972年版，第55页。

③ 《马克思恩格斯全集》第46卷（上册），人民出版社1979年版，第149页。

④ 《马克思恩格斯全集》第23卷，人民出版社1972年版，第158页。

人们追逐的对象，容易使人与人的关系变成赤裸裸的金钱关系，甚至使名誉、良心、知识等都成为货币的俘虏，成为有些官员堕落为腐败分子的重要原因。但是不能因此就把这些现象说成是货币的罪恶，它是社会矛盾的必然产物。正如马克思指出的："货币没有造成这些对立和矛盾；而是这些矛盾和对立的发展造成了货币的似乎先验的权力。"①

6. 私人劳动和社会劳动是简单商品生产基本矛盾

在私有制的商品生产的条件下，由于具体劳动生产使用价值，抽象劳动形成价值，那么，作为生产使用价值的具体劳动，就表现为私人劳动，而形成价值的抽象劳动就表现为社会劳动。因此，具体劳动和抽象劳动的矛盾就导致了私人劳动和社会劳动的矛盾，这个私人劳动和社会劳动的矛盾就成为商品生产的基本矛盾。

商品生产的基本矛盾存在的前提和条件，是存在社会分工和生产资料的私有制。所谓社会分工，就是社会分为各种不同的生产部门，各个部门为了满足自己的需要，必须以自己生产的产品去交换自己不能生产而又需要的产品。没有社会分工，就没有商品交换，如果不是各个使用价值包含了性质不同的有用劳动的话，就不会有商品交换。所以说社会分工是商品交换的前提和条件了。但社会分工不是商品交换的唯一条件，例如在古代印度的共同体中，有社会分工，但生产物并不转化为商品。在现代化的大工厂中，有严密的劳动分工，它的生产物也不是商品，"只有独立的互不依赖的私人劳动的产品，才作为商品互相对立。"② 因此，交换双方"他们必须彼此承认对方是私有者。……这种法权关系或意志关系的内容是由这种经济关系本身决定的。在这里，人们彼此只是作为商品的代表即商品所有者而存在。"③ 可见，由于分工和私有制的存在，一方面，把不同性质的生产劳动，分割为各自独立而不互相依赖的私人劳动的生产物；另一方面，他们又互相以商品生产者来对待，通过商品交换又把他们联系起来。这种"分割"和"联系"，反映了商品生产的基本矛盾。而当商品生产从简单商品生产发展到资本主义商品生产时，这个私人劳动和社会劳动的矛盾，就发展为生产的社会化和生产资料资本主义占有形式之间的矛

---

① 《马克思恩格斯全集》第46卷（上册），人民出版社1979年版，第91页。

② 《马克思恩格斯全集》第23卷，人民出版社1972年版，第55页。

③ 同上书，第102页。

盾，从而作为商品生产的矛盾就发展为资本主义的基本矛盾。

从上面的分析可以看出，通过对商品内在矛盾使用价值和价值的矛盾的分析，到生产商品的劳动的内在矛盾、具体劳动和抽象劳动的矛盾分析，发展到商品和货币的矛盾，再到简单商品生产的内在矛盾私人劳动和社会劳动的分析，最后发展到资本主义的基本矛盾，说明了对商品这个作为资本主义"财富的元素形式"的分析，它揭示了资本主义社会的一切矛盾的胚芽。这充分说明矛盾不仅存在于一切事物和过程之中，而且贯穿于一切过程的始终。马克思在对劳动价值论的分析的过程中，就是把商品的内在矛盾，贯穿于劳动价值论研究的始终。马克思指出："商品隐藏着使用价值和交换价值的对立。这种对立进一步发展，就表现为、实现为商品的二重化即分为商品和货币。商品的这种二重化作为过程出现在商品的形态变化中，在这种变化中，卖和买是一个过程的不同因素，但是这一过程的每一行为同时都包含着它的对立面。"① 相反，与辩证法相对立的形而上学，却极力排斥矛盾和掩盖矛盾，他们只承认不包含对立的排斥矛盾的统一或同一，而否认对立的或矛盾的统一和同一。并且把对立的统一曲解为没有对立的形而上学的统一。例如，詹姆斯·穆勒在他的《政治经济学原理》中谈到需求和供给的关系时说："需求意味着购买愿望和购买手段……一个人所提供的等价物品，〈购买手段〉就是需求的工具。他的需求就是用这个等价物品的价值衡量的。需求和等价物品是两个可以相互代替的用语。"在这里，穆勒把供给和需求看成同一个东西。马克思批判了这种形而上学的统一论，指出："我们在这里看到，需求和供给的直接等同（从而市场商品普遍充斥的不可能性）是怎样被证明的。需求据说就是产品，而且这种需求的量是用这种产品的价值来衡量的。穆勒就是用这同样的抽象'证明方法'证明买和卖只是等同，而不是彼此相区别；他就是用这同样的同义反复证明价格取决于流通的货币量；他也就是用这同样的手法证明供给和需求（它们只是买者和卖者的关系的进一步发展的形式）必然是彼此平衡的。这还是同样的一套逻辑。如果某种关系包含着对立，那它就不仅是对立，而且是对立的统一。因此，它就是没有对立的统一。这就是穆勒用来消除'矛盾'的逻辑。"②

① 《马克思恩格斯全集》第 26 卷第 3 册，人民出版社 1974 年版，第 91—92 页。

② 同上书，第 106 页。

（二）价值形式和内容的辩证法

按照唯物辩证法，任何事物的发展，都包括内容和形式两个方面。没有无内容的形式，也没有无形式的内容；内容决定形式，形式影响内容，两者是对立面的统一。如果分不清事物的内容和形式，甚至把两者加以混淆，就必然导致理论的庸俗化。价值的内容就是指价值是由社会必要劳动时间决定的。价值的形式就是指价值的交换形式，也就是交换价值。价值的内容和价值的形式既有统一性，也有矛盾性。从统一性来看，价值形式不过是价值的表现形式，是价值形式的基础，没有价值的存在就没有价值的表现形式，价值也就无从表现；在其他条件不变的条件下，商品价值的变化必然会引起价值表现形式的变化。因为当决定商品价值的社会必要劳动时间发生变化时，如果货币价值和商品供求不发生变化，商品价格必然随着商品价值的变化而变化。从矛盾性来看，价值的变化并不决定价值形式的变化。这是因为决定价值变化和价值形式变化的因素是不同的。决定价值的唯一因素是生产价值的社会必要劳动时间，而决定价值形式变化的除了社会必要劳动时间以外，还有其他因素。马克思在总结价值形式和价值变化的规律时指出："价值量的实际变化不能明确地，也不能完全地反映在价值量的相对表现即相对价值量上。即使商品的价值不变，它的相对价值也可能发生变化。即使商品的价值发生变化，它的相对价值也可能不变，最后，商品的价值量和这个价值量的相对表现同时发生的变化，完全不需要一致。"①

马克思在分析简单的、个别的或偶然的价值形式中，把价值表现分为两极：相对价值形式和等价形式，并且研究了两者的关系。他以 20 码麻布 = 1 件上衣为例，把一个价值表现分解为两个对立的构成分子：相对价值形态和等价形态。麻布作为相对价值形态，它的价值是通过上衣来表现的，而上衣则充当麻布价值表现的材料，是麻布价值的表现形式，前者起着主动的作用，而后者起着被动的作用。同时，两者又是同一价值表现的互相依赖、互为条件、不可分离的两个要素，又是同一价值表现的互相排斥互相对立的两端即两极。例如，20 码麻布的价值只能通过另一个商品 1

---

① 《马克思恩格斯全集》第 23 卷，人民出版社 1972 年版，第 69 页。

件上衣表现出来。可见，价值形态的发展，同时也就是商品价值内容和价值表现形式之间的矛盾运动。马克思曾经严肃批判了那种把价值内容和价值形式混为一谈的庸俗观点。他深刻地分析了价值形态从初级形式即简单的、个别的、偶然的价值形式到高级形式即货币形式的发展过程。

相对价值形态的内容是什么呢？在 20 码麻布 = 1 件上衣的例子中，如果从事物的质的方面考察，"不论 20 码麻布 = 1 件上衣，或 = 20 件上衣，或 = x 件上衣，也就是说，不论一定量的麻布值多少件上衣，每一个这样的比例总是包含这样的意思：麻布和上衣作为价值量是同一单位的表现，是同一性质的物。麻布 = 上衣是这一等式的基础。"① 这是因为不论是麻布还是上衣，它们都是人类抽象劳动的凝结物，是"同一性质的物"，这就是价值形态的内容。但是，麻布和上衣作为"同一性质的物"，它们所起的作用是不同的。麻布是不能自己表现自己的价值的，它的价值是通过上衣来表现的，它处于相对价值形态；而上衣作为表现麻布价值的材料，是处于等价形态。在这个等式中，麻布的性质，是从它和别的商品的关系中表现出来的。它形成价值的劳动的特别性质，只有在和上衣或其他的商品交换中才被表现出来。但是，只把形成麻布价值的特别性质表现出来，是不够的。因为"处于流动状态的人类劳动力或人类劳动形成价值，但本身不是价值。它在凝固的状态中，在物化的形式上才成为价值。"② 要使麻布的价值表现为人类劳动的凝结，就必须使它表现为一种'对象性'，这种对象性与麻布本身的物体不同，同时又是麻布与其他商品所共有的那种东西。这种与麻布本身的物体'不同'和'共有'的东西，就是指上衣从自然形式看，它是与麻布不同的使用价值，但是它们都是社会必要劳动的凝结，在这一点上都具有'共有'的东西。正因为如此，上衣才能通过它的自然形态即使用价值来表现麻布的价值。但上衣自己不能表现自己的价值。可见，在简单的价值形态中，商品上衣的自然形态即使用价值，成了商品麻布的价值形态，成了等价物。商品麻布正是这样取得了一个与它的自然形态不同的价值形态，从而把作为相对价值形态的内容表现出来。

---

① 《马克思恩格斯全集》第 23 卷，人民出版社 1972 年版，第 64 页。

② 同上书，第 65 页。

(三) 价值的质和量的辩证法

按照唯物辩证法，任何事物都有质和量的两个方面，都是质和量的统一。所谓事物的量，就是指出具有一定质的量，没有一定的质，也就无所谓量；然而，一定的质，又必然表现为一定的量，没有数量质量，无从谈起。因此，人们对客观事物的认识，总是从质上开始的。对价值的考察，也是首先从质的方面开始的。马克思对商品价值的分析，就是首先是按照价值的质，然后再按照价值的量和度的顺序来进行的。马克思指出：“要发现一个商品的简单价值表现怎样隐藏在两个商品的价值关系中，首先必须完全撇开这个价值关系的量的方面来考察这个关系。”① 但是，人们在考察价值的关系中，往往只看到两种商品量的比例关系，而看不到它们的质的方面。事实上，在它们质的规定性没有确定之前，量的规定质也是不能确定的。马克思在研究商品时，首先就是从商品的质和量两方面进行考察的，也就是从商品的两个因素：使用价值和价值开始的。使用价值就是商品的质，即价值实体；而价值就是商品的量，即价值的量。商品就是使用价值和价值的统一体，即价值的质和量的统一体。

然而，资产阶级庸俗经济学家在考察价值关系的时候，都不去研究价值的质的方面，而只重视价值量的分析。甚至在资产阶级古典经济学家那里，也只注意价值量的分析，而不注意对价值实体的研究。究其原因，除了他们的阶级的局限性以外，还有认识上的原因。正如马克思指出的：“少数经济学家，例如赛·贝利，曾分析价值形式，但没有得到任何结果，这首先是因为他们把价值形式同价值混为一谈，其次，是因为在讲求实用的资产者的粗鄙的影响下，他们一开始就只注意量的规定性。”② 在这里，马克思既指出了他们认识上的原因，也说明了他们的阶级根源。由此造成了他们把价值的内容和价值的形式相混淆，因而既不能认识价值的内容，也不能认识价值的形式。在质和量的关系上，他们只停留在只重视量而忽视质的形而上学认识水平上。这是因为在“资产者的粗鄙的影响下”，如果接触的事物的质的方面，必然暴露资本主义生产方式的秘密。

在考察质和量的关系中，还涉及一个“度”的问题。所谓“度”，并

---

① 《马克思恩格斯全集》第 23 卷，人民出版社 1972 年版，第 63 页。

② 同上书，第 63 页 17 注。

非在"质"和"量"范畴以外的另一个范畴，而是和两者结合在一起并表明其特征或单位。例如，当我们提到价值的量的时候，就要以劳动时间如小时来衡量。马克思在谈到由于劳动生产率的变化引起麻布和上衣的相对价值必然发生变化时，指出："'价值'一词在这里是用来指一定量的价值即价值量"，这里的"价值量"的单位就是衡量价值的"度"。也就是说，我们在衡量一定的质所表现出来量的时候，那就是指它的度。

（四）价值的本质和现象的辩证法

在现实世界中，现象和本质之间总是存在着矛盾。在商品价值的分析中，也充满着本质和现象的矛盾。在 20 码麻布 = 1 件上衣这个等式中，麻布的价值表现在上衣上面，这时上衣就成了麻布的等价物，处于等价形态的地位。因为麻布作为社会劳动的产物，它的价值是不能自己表现出来的，而必须通过作为同样是社会劳动生产物的上衣表现出来，这种表现不是作为价值量来表现，而"它只是当作一物的一定量"来表现。正如黄金、白银当它们成为等价物以后，就只当作一个物的一定分量起作用，通过它作为一般等价物来测量其他商品的价值。但这种作为等价物的商品自己不能表现自己的价值量。所以，作为等价物的商品不能表现自己的价值，它在价值的等式中只是一定量价值的现象形态。"两件上衣能够表现40 码麻布的价值量，但是两件上衣决不能表现它们自己的价值量，即上衣的价值量。在价值等式中，等价物始终只具有某物即某种使用价值的单纯的量的形式，对这一事实的肤浅了解，使贝利同他的许多先驱者和后继者都误认为价值表现只是一种量的关系。其实，商品的等价形式不包含价值的量的规定。"① 可见，相对价值形态和等价形态两者的关系，就是价值的本质和价值的现象的矛盾；就是价值的内容和表现形式的矛盾。作为等价形式具有以下三个特点：

第一，使用价值成为价值的表现形式。由于商品价值是抽象劳动的凝结，是看不见、摸不着的东西，任何商品都不能把自己当作等价物，自己不能表现自己的价值，必须借助别的商品的自然形态即使用价值来表现它的价值。这样，使用价值就成了价值的表现形式。1 件上衣作为 20 码麻

---

① 《马克思恩格斯全集》第 23 卷，人民出版社 1972 年版，第 70—71 页。

布的等价物，说明它们包含的价值是相等的。"铁这个物体作为重量尺度，对于塔糖来说，只代表重，同样，在我们的价值表现中，上衣这个物体对于麻布来说，也只代表价值。"① 可见，作为等价物的商品如上衣，虽然是以它的自然形态即使用价值来表现麻布的价值，但并不是说上衣天然就具有等价形式，天然就具有能与其他商品交换的属性，就像它天然具有重的属性和保暖的属性一样。正是由于人们看不到这一点，就产生了等价形式的谜的性质。特别是当货币成为一般等价物之后，"从这里就产生了等价形式的谜的性质，这种性质只是在等价形式以货币这种完成的形态出现在政治经济学家的面前的时候，才为他的资产阶级的短浅的眼光所注意。"② 从而使商品拜物教发展为货币拜物教。可见等价形式的"第一个特点，就是使用价值成为它的对立面即价值的表现形式"。③

第二，具体劳动成为抽象劳动的表现形式。由于充当等价物的商品的物体总是当作抽象人类劳动的化身，同时又是具体劳动的产品。因此，这种具体劳动就成为抽象劳动的表现。这是由于缝上衣的劳动和织麻布的劳动，从价值形成的角度来看，它们都是人类一般劳动的生产物，都具有抽象劳动的属性，两者并没有什么神秘的地方。但是，在商品价值的表现中，麻布为了表现它的价值，它不能以自己的具体劳动来表示，只能通过上衣的缝劳动作为抽象劳动表现出来。所以，当上衣成为等价物时，生产上衣的具体劳动即缝劳动，就成为抽象人类劳动的现象形态。"可见，等价形式的第二个特点，就是具体劳动成为它的对立面即抽象人类劳动的表现形式。"④

第三，私人劳动成为社会劳动的表现形式。当缝制上衣的具体劳动作为抽象劳动的表现时，它和麻布内包含的劳动都是同一的抽象的人类劳动。由于生产上衣的劳动和其他商品的劳动一样，都是私人劳动，因此，当上衣成为等价物时，生产上衣的私人劳动就表现为社会劳动。"可见，等价形式的第三个特点，就是私人劳动成为它的对立面的形式，成为直接

---

① 《马克思恩格斯全集》第 23 卷，人民出版社 1972 年版，第 71—72 页。
② 同上书，第 72 页。
③ 同上书，第 71 页。
④ 同上书，第 73 页。

社会形式的劳动。"①

马克思通过对等价形态的特点的分析可以看出：它不仅揭示了商品价值表现中存在的本质，把价值表现出来的现象形态还原为它的本质；而且，也分析了作为本质东西的价值是如何表现出来的。马克思通过对价值的本质和现象的科学分析，从而为揭示货币的本质建立了理论基础。

（五）价值的分析和综合的辩证法

分析和综合是对立面的统一，是人们认识过程中的两个侧面，它们是互相依赖和互为前提的。分析是综合的前提，而综合又为进一步的分析提供了新的基础。恩格斯指出："思维既把相互联系的要素联合为一个统一体，同样也把意识的对象分解为它们的要素。没有分析就没有综合。"②相反，如果只有综合，没有分析，综合就没有科学依据。正如"以分析为主要研究形式的化学，如果没有它的对极，即综合，就什么也不是了。"③ 这就说明分析和综合两者是互相联系，互为前提的。列宁在对黑格尔说的"哲学方法是综合的同时又是分析的；但这决不是说，有限认识的这两个方法并列于哲学方法中或简单交替着，而是这样的：它们二者以被扬弃的形式包含在哲学方法中，而哲学方法在自己的每个运动中，同时既起分析的作用，又起综合的作用。"这段话的评价是"好极了!"④ 因为"分析和综合的结合，——各个部分的分解和所有这些部分的总和、总计。"⑤ 可见，分析和综合的结合是对立统一的结合，而不是简单和机械的结合；而是与"被扬弃的形式"互为前提。但是，在这个问题上，有人只承认分析是综合的前提，不承认综合可以成为分析的前提，好像分析可以脱离综合独立发生作用。这实际上是否定了对分析和综合两者是对立的统一的认识。事实上，从马克思对价值形态的分析中就可以看出，通过对简单价值形态的分析和综合，就为进一步对扩大价值形态的分析建立了前提；而对扩大价值形态的分析和综合，又为一般价值形态的分析创造

① 《马克思恩格斯全集》第 23 卷，人民出版社 1972 年版，第 73 页。

② 《马克思恩格斯全集》第 20 卷，人民出版社 1971 年版，第 46 页。

③ ［德］恩格斯：《自然辩证法》，中共中央马克思恩格斯列宁斯大林著作编译局，人民出版社 1955 年版，第 185 页。

④ 《列宁全集》第 38 卷，人民出版社 1959 年版，第 257 页。

⑤ 《列宁全集》第 55 卷，人民出版社 1990 年版，第 191 页。

了条件。因为只有通过这种不断地分析和综合，才能把客观事物的认识不断地从具体上升到抽象，再从抽象回到具体的螺旋式上升运动，从而把客观事物中的内在联系揭示出来。

四　逻辑的起点和历史的起点相一致

逻辑的起点和历史的起点相一致的思想，首先是由黑格尔提出来的。任何哲学的产生都有它的历史原因，它随着产生它的历史条件存在而存在，也随着它存在的历史条件消失而消失。不过这种消失只是一种扬弃，而不是简单的消失。这种看法既是符合辩证法的，又是符合历史发展的。由于黑格尔认为，凡是被称为哲学的哲学体系都是以理念为内容，每个哲学体系都是理念发展的特殊阶段或特殊环节。这样一来，历史的发展被他归结为理念的发展，因此，它是唯心主义的。马克思恩格斯批判继承了黑格尔的这个方法。恩格斯在《卡尔·马克思"政治经济学批判"》中谈到马克思的研究方法时指出："历史从哪里开始，思想进程也应当从哪里开始，而思想进程的进一步发展不过是历史过程在抽象的、理论上前后一贯的形式上的反映；这种反映是经过修正过的，然而是按照现实的历史过程本身的规律修正的，这时，每一个要素可以在它完全成熟而具有典范形式的发展点上加以考察。"① 马克思研究劳动价值理论首先从分析商品开始，是因为商品是劳动者的劳动创造的，它包含的两因素即使用价值和价值，都是由劳动者的具体劳动和抽象劳动创造的。同时，商品的发展也反映了生产力发展的历史进程。商品是资本主义由以发展而来的历史起点，也是分析资本主义经济的逻辑起点，是资本主义的经济细胞。恩格斯还指出："我们采用这种方法，是从历史上和实际上摆在我们面前的、最初的和最简单的关系出发，因而在这里是从我们所遇到的最初的经济关系出发。"②

（一）劳动是劳动价值论的逻辑起点

为什么研究劳动价值理论要从劳动这个"最初的和最简单的关系出发"呢？它是否符合逻辑的起点和历史的起点相一致的方法呢？

---

① 《马克思恩格斯全集》第 13 卷，人民出版社 1965 年版，第 532—533 页。
② 《马克思恩格斯选集》第 2 卷，人民出版社 1995 年版，第 43 页。

第一，劳动是劳动价值论的基本范畴，也是现代经济学的起点。马克思指出："劳动似乎是一个十分简单的范畴。它在这种一般性上——作为劳动一般——的表象也是古老的。但是，在经济学上从这种简单性上来把握的'劳动'，和产生这个简单抽象的那些关系一样，是现代的范畴。"[①]"所以，在这里，'劳动'、'劳动一般'、直截了当的劳动这个范畴的抽象，这个现代经济学的起点，才成为实际真实的东西。"[②] 这就是说，劳动这个范畴的产生和发展，既是现代经济学逻辑发展的必然结果，也是经济学历史发展的必然产物。马克思从人们对财富的看法，说明只有当人们把劳动作为财富的源泉时候，才导致现代经济学的诞生。所谓现代经济学就是指以亚当·斯密和李嘉图为代表的古典政治经济学。他们的学说和以前的经济学说有一个不同点，就是对财富和价值的源泉有不同的看法。例如，重商主义认为，财富的直接源泉在流通领域，除了开采金银矿外，商业是获得财富的唯一源泉。这种学说只是从流通领域抓住了经济现象的表面联系，还没有深入到现象的内部探求经济关系的本质。它的最主要错误在于混淆了金银与货币、货币与财富，不理解劳动才是财富、价值和利润的真正源泉，认为财富产生于流通过程中，从而不可能揭示经济关系的本质。

随着资本主义经济关系的发展，特别是资本主义工场手工业的发展，资本主义经济逐步由流通过程支配生产过程转变为生产过程支配流通过程。使以研究流通过程为中心的重商主义，转变为以研究生产过程为中心的资产阶级古典政治经济学所代替。正如马克思指出的："对现代生产方式的最早的理论探讨——重商主义——必然从流通过程独立化为商业资本运动时呈现出的表面现象出发，因此只是抓住了假象。这部分地是因为商业资本是资本本身的最早的自由存在方式；部分地是因为它在封建生产的最早的变革时期，即现代生产的发生时期，产生过压倒一切的影响。真正的现代经济科学，只是当理论研究从流通过程转向生产过程的时候才开始。"[③]

这个首先把财富的源泉从流通领域转到生产领域的就是重农学派。重

① 《马克思恩格斯全集》第46卷（上册），人民出版社1979年版，第41页。

② 同上书，第42页。

③ 《马克思恩格斯全集》第25卷，人民出版社1974年版，第376页。

农学派认为，社会财富的源泉来自于农业生产领域，把农业劳动作为价值的源泉。虽然重农主义者当时还没有正确的价值理论，还不懂得价值是由什么决定的。对价值和使用价值的认识也是混淆不清的。他们认为农业中生产出来的产品，除了补偿生产过程中耗费的生产资料如种子、工人和农业资本家的生活资料外，还有剩余产品，所以，农业能够增加社会财富。这个剩余产品被他们称为"纯产品"，其实，这个"纯产品"就是剩余产品。在重农学派看来，物质本身的增加，就是农业中生产出来的产品。重农学派的重大功绩在于，他们在资产阶级视野内对资本进行了分析。正是这个功绩，使他们成为现代政治经济学的真正鼻祖。马克思在评价重农学派时指出："重农学派的巨大功绩是，他们把这些形式看成社会的生理形式，即从生产本身的自然必然性产生的，不以意志、政策等等为转移的形式。这是物质规律；错误只在于，他们把社会的一个特定历史阶段的物质规律看成同样支配着一切社会形式的抽象规律。"①

亚当·斯密较之重农学派大大前进了一步，他抛开了创造财富的各种具体劳动，既不是指这种劳动，也不是指那种劳动，而是指一般的抽象劳动。从而把劳动一般和财富一般、产品一般直接联系起来。亚当·斯密跨出这艰难的一步，不仅是价值理论逻辑发展的必然，也是价值理论历史发展的结果。因为，最一般的抽象总只是产生在最丰富的具体发展的地方，在那里，一种东西为许多东西所共有，为一切所共有，劳动不仅在范畴上，而且在现实中都成了创造财富的一般手段，它不再是在一种特殊性上同个人结合在一起的规定时，才有可能成为劳动一般，成为创造价值的抽象劳动。所以，马克思说："劳动这个例子确切地表明，哪怕是最抽象的范畴，虽然正是由于它们的抽象而适用于一切时代，但是就这个抽象的规定性本身来说，同样是历史关系的产物，而且只有对于这些关系并在这些关系之内才具有充分的意义。"②

第二，劳动二重性是劳动价值论的逻辑起点，又是理解政治经济学的枢纽。由于商品二重性来源于劳动二重性，只有弄清了劳动二重性才能理解商品的二重性。而劳动二重性首先必须从分析劳动开始，不首先研究劳动，劳动二重性学说也就没有基础。因此，劳动就理所当然作为劳动价值

---

① 《马克思恩格斯全集》第 26 卷第 1 册，人民出版社 1972 年版，第 15 页。
② 《马克思恩格斯全集》第 46 卷（上册），人民出版社 1979 年版，第 43 页。

论的逻辑起点。正是由于马克思从劳动出发，提出了劳动的二重性学说；正是由于有了劳动二重性学说，才能正确解释价值和价值实体，价值形式和价值本质，使劳动价值论建立在科学基础上；也正是由于有了劳动二重性学说，才有可能区分劳动过程和价值增殖过程，区分不变资本和可变资本，从而正确说明剩余价值的来源，建立起剩余价值的基础；也正是由于有了劳动二重性学说，不仅提供解决资本主义的分配的理论基础，也为解决社会主义的生产和分配提供了理论基础。

第三，劳动是人的本质是唯物辩证法的根本。马克思在《对黑格尔的辩证法和整个哲学的批判》中，对黑格尔提出的"把劳动认作本质，认作自行证实的本质"评价时指出："黑格尔的《现象学》及其最后成果——作为推动原则和创造原则的否定性的辩证法——的伟大之处首先在于，黑格尔把人的自我产生看作一个过程，把对象化看作失去对象，看作外化和这种外化的扬弃；因而，他抓住了劳动的本质，把对象性的人、现实的因而是真正的人理解为他自己的劳动的结果。"[1] 同时，马克思又指出："他把劳动看作人的本质，看作人的自我确证的本质；他只看到劳动的积极的方面，而没有看到它的消极的方面。劳动是人在外化范围内或者作为外化的人的自为的生成。黑格尔唯一知道并承认的劳动是抽象的精神的劳动。"[2] 可以看出，马克思对黑格尔把劳动看作是人的本质进行了肯定，虽然黑格尔所了解的"劳动"只是思维过程，只是"自行证实的本质"，只是"意识和自我意识的不同形式"，只是自我意识的自身异化又克服异化的精神活动，而不是辩证唯物主义所了解的实践活动，但是他能够把"劳动看作人的本质"，是他的"伟大之处"。可见，把"劳动"作为劳动价值论和以劳动价值论为指导的《资本论》的逻辑起点应该是顺理成章的结论。

（二）逻辑起点的条件

在探讨逻辑起点的问题上，有必要讨论一下关于马克思《资本论》的逻辑起点问题。在理论界很多人根据马克思在《资本论》第一卷开始的一段话："资本主义生产方式占统治地位的社会财富，表现为'庞大的

---

① 《马克思恩格斯全集》第 42 卷，人民出版社 1979 年版，第 163 页。

② 同上。

商品堆积'，单个的商品表现为财富的元素形式。因此，我们的研究就从商品分析开始。"就断定它的逻辑起点就是商品。能否根据马克思这段话就得出它的逻辑起点就是商品呢？我认为，逻辑的起点和研究的起点并不是一个问题。要确定所研究的问题的逻辑起点必须具备如下几个条件：

一是逻辑起点是指理解和解决问题的关键点。作为科学的理论体系，它是由许多概念、命题按照理论的内在结构推演和证明出来的基本命题，而了解、证明和解决这个基本命题的关键，应该就是它的逻辑起点。马克思在《资本论》的研究中，把劳动二重性作为理解政治经济学的枢纽，正是由于只有了解了劳动二重性这个关键问题，就能够高屋建瓴地解决一系列问题，才能够得出正确的结论。古典经济学之所以对资本主义的分析不正确，除了他们的阶级局限性外，还在于他们把握的逻辑起点不正确。例如，亚当·斯密把分工作为他的理论体系的逻辑起点，因为在他看来，人们生活的社会就是一种交换的联合，而这种交换的联合根源于"人类的本性"。这种"人类本性"的特征，就是"互通有无，物物交换，互相交易"。"这种倾向，为人类所共有，亦为人类所特有，在其他各种动物中是找不到的。"① 而这种倾向的出发点并不是出于利他主义，而是根源于利己主义。斯密说："别的动物，一达到壮年期，几乎全都能够独立，自然状态下，不需要其他动物的援助。但人类几乎随时随地都需要同胞的协助，要想仅仅依赖他人的恩惠，那是一定不行的。他如果能够刺激他们的利己心，使有利于他，并告诉他们，给他作事，是对他们自己有利的，他要达到目的就容易多了。不论是谁，如果他要与旁人做买卖，他首先就要这样提议。请给我以所要的东西吧，同时，你也可以获得你所要的东西：这句话是交易的通义。"② 正是由于他这种资产阶级的利己主义，就使得他把分工作为他的理论的逻辑起点。

李嘉图的理论体系的逻辑起点是价值，他比亚当·斯密前进了一步，因为他是从商品的相对价值或交换价值决定于劳动量这一点出发的。从这一点来看，它具有科学的合理性质，马克思给予了很高的评价，指出："李嘉图终于在这些人中间出现了，他向科学大喝一声：'站住！'资产阶

---

① ［英］亚当·斯密：《国民财富的性质和原因的研究》（上卷），郭大力、王亚南译，商务印书馆 1983 年版，第 13 页。

② 同上书，第 13—14 页。

级制度的生理学——对这个制度的内在有机联系和生活过程的理解——的基础、出发点，是价值决定于劳动时间这一规定。李嘉图从这一点出发，迫使科学抛弃原来的陈规旧套，要科学讲清楚：它所阐明和提出的其余范畴——生产关系和交往关系——同这个基础、这个出发点适合或矛盾到什么程度；一般说来，……这个制度的表面运动和它的实际运动之间的矛盾是怎么回事。李嘉图在科学上的巨大［525］历史意义也就在这里。"① 但是，李嘉图也和亚当·斯密一样，也仍然由于资产阶级的局限性，他对劳动价值论的研究，只是从量的方面来考察，没有从质的方面即从生产关系的发展来研究，他研究的是生产力的发展，而看不到生产关系的发展，他不懂得社会发展的规律。从而把价值看成是"某种内在的绝对的东西"，"因为他完全不是从形式方面，从劳动作为价值实体所采取的一定形式方面来研究价值，而只是研究价值量，就是说，研究造成商品价值量差别的这种抽象一般的、并在这种形式上是社会的劳动量。"② 可见，李嘉图选择的逻辑起点也是存在问题的。

二是逻辑起点并不就是分析问题和论述问题的始点。逻辑起点和分析问题和论述问题的始点并不是一回事。黑格尔说过："那个造成开端的东西，因为它在那里还是未发展的、无内容的东西，在开端中将不会真正认识的，只有在完全发展了的科学中，才有对它完成了的、有内容的认识，并且那才是真正有了根据的认识。"③ 可见，作为逻辑起点的东西并不是按照分析问题或论述问题的最先出现的范畴来决定的。在《资本论》的逻辑起点的讨论中，很多论者认为，《资本论》的逻辑起点是商品。如果按照马克思写作的顺序，理所当然应该是从商品开始。我认为不能按照写作的顺序在先就得出这就是逻辑起点。也就是说，必须把写作时的始点范畴和研究问题的逻辑范畴加以区别。大家都知道，马克思写作的《资本论》是从商品分析开始的，商品是《资本论》的始点范畴。其理由有三点：一是商品具有普遍性。因为资本主义的财富，表现为"庞大的商品堆积"。二是具有抽象性。它是资本主义经济中最简单最基本的要素，"单个商品表现为这种财富的元素形式"。三是具有矛盾性。商品不仅本

---

① 《马克思恩格斯全集》第 26 卷第 2 册，人民出版社 1973 年版，第 183 页。

② 同上书，第 190 页。

③ ［德］黑格尔：《逻辑学》（上卷），杨一之译，商务印书馆 2009 年版，第 57 页。

身包含矛盾，而且商品的内在矛盾是资本主义一切矛盾的"胚芽"。但是，始点范畴和逻辑起点是有区别的。因为始点范畴是从写作的顺序来说的，也就是说，在论述理论问题时首先从那个范畴入手，例如，马克思写作《资本论》首先从商品范畴分析开始。亚当·斯密写作《国民财富的性质和原因的研究》首先从分工范畴分析开始。李嘉图在写作《政治经济学及赋税原理》首先从分析价值范畴开始。从表面上看，马克思首先从分析商品开始和李嘉图首先分析价值开始有相同之处。但是，由于马克思发现了劳动二重性这个"枢纽点"，才使劳动价值论建立在一个科学的基础上，从而顺理成章地对资本主义的分析具有科学性和强大的说服力。如果没有从劳动到劳动二重性这个逻辑起点入手，那么，劳动价值论也就无从建立，对资本主义的正确分析也只能是一句空话。

三是逻辑起点并不是从它的现象或者它的表现形式来考察的，而是由事物的本质来确定的。马克思在《资本论》的分析中，最本质的东西是劳动和劳动二重性。因为通过对劳动二重性的分析，使他解决了一系列以往的资产阶级经济学者没有也不可能解决的问题。正是由于马克思发现和抓住了劳动和劳动二重性这个本质问题，使他能够高屋建瓴和顺理成章地解决前人没有解决的问题。

正是马克思在分析资本主义生产关系产生的历史过程时，就是从劳动这个本质问题出发，首先，研究了劳动者对劳动的客观条件的资本主义前关系的各种形式的解体。其中包括：(1)劳动者把土地当作生产的自然条件的那种关系的解体，"即他把这种条件看作是自身的无机存在，看作是自己力量的实验场和自己意志所支配的领域的那种关系的解体。"① (2)劳动者是工具所有者的那种关系的解体。"劳动者对他的工具的这种所有制，则以手工劳动这一工业劳动发展的特殊形式为前提；同这种劳动形式相联系的是行会同业公会制度等等。"② (3)劳动者的关系的解体。"还有一种关系也同样发生解体，在这种关系中，劳动者本身、活的劳动能力的体现者本身，还直接属于生产的客观条件，而且他们作为这种客观条件被人占有，因而成为奴隶或农奴。"③ 其次，研究了劳动客体条件与劳动本

① 《马克思恩格斯全集》第 46 卷（上册），人民出版社 1979 年版，第 498 页。
② 同上书，第 498—499 页。
③ 同上书，第 499 页。

身的分离。"正是这种使大众作为自由工人来同劳动的客观条件相对立的过程，也使这些条件作为[Ⅴ-11]资本同自由工人对立起来。"① 马克思对这些解体和分离的研究，是建立在劳动的异化理论的基础上。马克思指出："这一事实不过表明：劳动所生产的对象，即劳动的产品，作为一种异己的存在物，作为不依赖于生产者的力量，同劳动相对立。劳动的产品就是固定在某个对象中、物化为对象的劳动，这就是劳动的对象化。"② 可见，由于马克思把劳动作为研究资本主义的逻辑起点，从劳动的异化中揭示了劳动和资本的对立，发现了资本主义必然为社会主义所代替的客观规律。

（三）关于逻辑起点的争论

在关于逻辑起点的讨论中，有的论者认为不能把劳动范畴作为《资本论》的逻辑起点，提出如下理由：

其一，就劳动者的主体条件来看，劳动不能有单独的独立的存在。这种观点认为，"就劳动的主体条件来看。它首先要有劳动者的存在、生存。辩证唯物主义的自然观教导我们，一方面，不仅在劳动中的生产资料等客观因素要来源于自然物，就是作为劳动者的人本身也是自然对象，也是物。人并不像黑格尔那样，是一般概念的代表，而是劳动的物质动力。另一方面，作为劳动力发挥的劳动（活动）本身，在客观形式上是非对象的东西，从这个意义上说，作为活劳动，它本身不能成为像商品那样的物质对象的存在，它只有在劳动者身上作为自为存在的东西存在着，而劳动者本身又是首先已转化为有机体的自然物质。"③ 这种以劳动"不能有单独的、独立的存在"为理由，否定劳动可以成为逻辑起点的说法是值得商榷的。我认为：（1）作为逻辑起点的范畴只是一个范畴，不论它是实体范畴还是抽象范畴，都是可以成为逻辑起点的。（2）把劳动看成抽象范畴来否定劳动可以作为逻辑的起点的说法也是不正确的。因为劳动作为一个范畴既是一个实体范畴，也是一个抽象范畴。作为实体范畴，劳动就是劳动力的发挥，是人们付出体力或脑力创造财富的活动。作为抽象范畴，

---

① 《马克思恩格斯全集》第46卷（上册），人民出版社1979年版，第506页。

② 《马克思恩格斯全集》第42卷，人民出版社1979年版，第91页。

③ 刘炯忠：《资本论方法论研究》，中国人民大学出版社1991年版，第325页。

劳动就是人们从事各种劳动的概括。而且劳动就具有三种形态，即潜在形态——劳动力；流动形态——劳动；凝固形态——产品。这些劳动形态又是实体范畴。（3）把劳动看成不独立的来否定作为逻辑起点的说法是没有说服力的。认为"劳动、劳动能力离开了人（劳动者）的存在、生存，就不能有单独的存在"，实质上是否定了劳动的三种形式。为了证明他们这种不正确的观点，还张冠李戴地引用了马克思论述货币说的话，来证明劳动是不独立的观点。马克思说："的确，货币是一种特殊的物体或实体，即金和银，而且正是这一点赋予货币以独立性，因为只是附在另一物上，作为另一物的规定或关系而存在的东西，是不独立的。另一方面，货币在这种物体的独立性上，即作为金银，不仅在另一种商品面前代表一种商品的交换价值，而且在一切商品面前代表交换价值；它本身具有一种实体，同时它在自己作为金和银的特殊存在中又表现为其他商品的一般交换价值。"[①] 如果我们把这位论者的引文和马克思的话对比一下，就可以看出，马克思说的是货币而不是劳动，而且马克思在谈的货币的不独立性质一面时，同时还谈到具有独立性的另一面。

其二，就劳动的客体条件来看，要有进行劳动的生产资料的存在。这种观点认为，"所谓劳动生产，只能是劳动和生产资料同产品的'交换'。作为活劳动的劳动，它的特点是：同一切劳动资料和劳动对象相分离的，同劳动的全部客观性相分离的劳动，是抽掉了劳动的真正现实性的这些要素而存在的劳动，因此，它只属于劳动的可能性，为了使这种可能性变为现实性，首先要有进行劳动所必需的生产资料的预先存在"。并且还虚构了一个亚当·斯密"宣布劳动是物质财富或使用价值的唯一源泉"来进行批判。事实上，这种把劳动和劳动条件相混淆，以此论证劳动不能成为逻辑起点的观点是不正确的。它之所以不正确在于：（1）劳动和劳动资料是两个范畴，不能因为劳动生产的进行需要和劳动资料相结合，就否定劳动可以作为独立范畴而成为逻辑起点。诚然，进行劳动生产必须使劳动力和生产资料相结合，也就是把主观条件劳动力和客观条件生产资料结合起来。但是，不能因为在结合之前就否定劳动范畴的存在。正如在进行劳动之前不能否定生产资料范畴的存在一样。（2）提出"斯密宣布劳动是物质

---

① 《马克思恩格斯全集》第 46 卷（上册），人民出版社 1979 年版，第 169 页。

财富或使用价值的唯一源泉，在这里他完全没有看到自然因素，这是错误的”说法完全是虚构的。虽然亚当·斯密的价值理论具有二重性质，也就是他除了正确地提出了“劳动是衡量一切商品交换价值的真实尺度。”[①]还错误地认为商品的价值“等于使他能购买或能支配的劳动量”。[②] 但是，他没有发现“宣布劳动是物质财富或使用价值的唯一源泉”。因为他在探讨商品的交换价值（实际上是指价值）时，已经区别了使用价值和交换价值。例如，他说：“价值一词有两种不同意义。它有时表示特定物品的效用，有时又表示由于占有某物而取得的对他种货物的购买力。前者可叫做使用价值，后者可叫做交换价值。”尽管他在这里混淆了价值和交换价值，但是，他对使用价值和交换价值的区分却是非常明确的。马克思在评价亚当·斯密的价值论时指出：“一方面认为商品的价值决定于生产商品所必要的劳动量，另一方面又认为商品的价值决定于可以买到商品的活劳动量，或者同样可以说，决定于可以买到一定量活劳动的商品量；他时而把第一种规定同第二种规定混淆起来，时而以后者顶替前者。”[③] 因此，认为他“宣布劳动是物质财富或使用价值的唯一源泉”的说法是毫无根据的。(3)引用马克思在论述资本和劳动的关系时来批判亚当·斯密的价值理论，是有点文不对题。因为工人出卖劳动力给资本家就是向资本家提供劳动力使用价值，在资本家的监督下生产出使用价值和价值，其中包含着剩余价值。所以，马克思说：“这种使用价值只有在资本的要求下，推动下，才能成为现实，因为没有对象的活动什么也不是，或者最多是一种思想活动，在这里我们不谈它。只要这种使用价值受到资本的推动，它就会变成工人的一定的生产活动；这是工人的用于一定目的的、因而是在一定的形式下表现出来的生命力本身。”[④] 可见，马克思这段话并不是针对亚当·斯密而说的，因为斯密并没有说过这样的观点。

其三，就劳动的社会条件来看，任何劳动必须在一定的社会条件下，才能成为现实的劳动。诚然，任何劳动都是在一定的社会条件下进行的，

---

① ［英］亚当·斯密：《国民财富的性质和原因的研究》（上卷），郭大力、王亚南译，商务印书馆1983年版，第26页。

② 同上。

③ 《马克思恩格斯全集》第26卷第1册，人民出版社1972年版，第47页。

④ 《马克思恩格斯全集》第46卷（上册），人民出版社1979年版，第222页。

劳动都是指社会劳动，孤立的个人劳动是根本不存在的。因此，我们认为劳动作为逻辑起点，决不是那种脱离社会的孤立的个人劳动。那种认为劳动不能成为逻辑起点者认为："就劳动的性质来说，虽然它自始就只能是社会的劳动，但是，作为经济范畴的劳动本身和劳动过程一样，从它的一般形式来看，还不具有特殊的经济规定性，还不能体现出一定的历史的（社会的）生产关系。"并且还掐头去尾地引用马克思的话来佐证：经济学的逻辑起点"不是从劳动出发。正像不可能从不同的人中直接过渡到银行家，或者从自然直接过渡到蒸汽机一样，从劳动直接过渡到资本也是不可能的。"这种看法的不正确在于：（1）歪曲了马克思这段话的前提。马克思在说这段话的前面还有一句话被引者掐去了，而这句话正是它的前提。这句话是："要阐明资本的概念，必须从价值出发，并且从已经在流通运动中发展起来的交换价值出发，而不是从劳动出发。"① 然而这位引者，却把"要阐明资本的概念，必须从价值出发……而不是从劳动出发，"移花接木在"经济学的逻辑起点"。可见，马克思在这里不是谈论经济学的逻辑起点问题，而是谈论"流通和来自流通的交换价值是资本的前提"。② 由于引用的前提不同，结论也就大相径庭了。（2）由于马克思在这里说的是"流通和来自流通的交换价值是资本的前提"，也就是说流通中的货币是转化为资本的前提。这里根本不涉及从劳动出发的问题。它要说明的是"一旦货币表现为不仅与流通相独立并且在流通中保存自己的交换价值，它就不再是货币，——因为货币作为货币不能超出消极的规定，——而是资本了"。③ （3）关于逻辑起点存在分歧的实质是把叙述方法和研究方法相混淆。认为商品是逻辑起点的观点只是从叙述方法的角度来考虑的，因为《资本论》是从商品分析开始的，但这只是马克思的叙述方法；而认为劳动是逻辑的起点的观点则是从研究的方法着眼的，因为逻辑起点必须从事物的内在联系入手，而不是从事物的现象入手，而商品只是劳动的一种表现形式，只有劳动和它的二重性才是它的本质，才是政治经济学和劳动价值论的逻辑起点。

---

① 《马克思恩格斯全集》第 46 卷（上册），人民出版社 1979 年版，第 213 页。
② 同上。
③ 同上书，第 214 页。

（四）逻辑与历史相一致

马克思在以劳动价值论贯穿于《资本论》的研究中，还运用了逻辑和历史相一致的方法。逻辑和历史相一致首先是由黑格尔提出来的，他在《逻辑学》中说："在科学上是最初的东西，也一定表现为历史上最初的东西。"① 这句话的正确理解应当是任何哲学的产生都有它的历史原因，它随着产生它的历史条件存在而存在，也随着它存在的历史条件的消失而消失。不过这种消失只是一种扬弃，而不是简单地被消灭。这种看法既是辩证的，也是符合历史发展的。但是，黑格尔却认为，凡是被称为哲学的哲学体系都是以理念为内容，每个哲学体系都是理念发展的一个特殊阶段或特殊的环节。这样一来，历史的发展被归结为理念的发展，因此它是唯心主义的。马克思恩格斯批判地继承了黑格尔这个方法。恩格斯在《卡尔·马克思"政治经济学批判"》中谈到马克思的研究方法时指出："历史从哪里开始，思想进程也应当从哪里开始，而思想进程的进一步发展不过是历史过程在抽象的、理论上前后一贯的形式上的反映；这种反映是经过修正的，然而是按照现实的历史过程本身的规律修正的，这时，每一个要素可以在它完全成熟而具有典范形式的发展点上加以考察。"② 如何正确理解恩格斯这段话，理论界有不同理解。一种是肯定意见，认为马克思在研究中"逻辑无条件地是资本主义的历史发展的反映。"另一种是否定意见，认为马克思在研究中并没有完全运用这个方法，因而有好多不彻底的地方。我认为这两种观点都有片面性。

首先，应该承认马克思在《资本论》中，其中包括在劳动价值论的研究中，正确地运用了这个方法。例如，从商品开始，到货币及其五种职能的发展，再到货币转化为资本，资本产生剩余价值，以及从绝对剩余价值到相对剩余价值发展的三个阶段，即从简单协作到工场手工业，再到机器大工业，马克思就是按照逻辑和历史相一致的方法进行分析的。特别明显的是马克思把价值形式的发展分为：（1）简单的、个别的或偶然的价值形式；（2）总和的或扩大的价值形式；（3）一般价值形式；（4）货币价值形式。从第一种价值形式发展到第四种价值形式，既是历史发展的过程，

---

① 《列宁全集》第55卷，人民出版社1990年版，第88页。

② 《马克思恩格斯全集》第13卷，人民出版社1965年版，第532—533页。

又是逻辑发展的必然结果。它不仅从理论上再现人类商品交换的历史过程，也是以商品交换大量历史材料的研究作为范畴联系和转化为依据的。

其次，也不能把历史和逻辑相一致的方法片面理解为就是把经济范畴按照它们在历史上作用的先后顺序来安排。这是因为经济范畴是由生产关系决定的，是生产关系在理论上的表现，它和历史发展的顺序并不是完全一致的。马克思指出："在一切社会形式中都有一种一定的生产决定其他一切生产的地位和影响，因而它的关系也决定着其他一切关系的地位和影响。这是一种普照的光，它掩盖了一切其他色彩，改变着它们的特点。这是一种特殊的以太，它决定着它里面显露出来的一切存在的比重。"① 例如，在封建社会，封建土地所有制是封建社会"普照的光"，"特殊的以太"。在那里连工业、工业的组织以及与工业相应的所有制形式都多少带着土地所有制性质，经济范畴的性质也是由封建生产关系决定的。而在资本主义社会，资本是它的"普照的光"，"特殊的以太"，是资本主义社会支配一切的经济权力。在资本主义社会，由于资本主义生产关系的作用，作为封建的土地所有制，发生了性质的变化，成为资本主义的派生物。因此，把"经济范畴按它们在历史上起决定作用的先后次序来安排是不行的，错误的。它们的次序倒是由它们在现代资产阶级社会中的相互关系决定的，这种关系同看来是它们的合乎自然的次序或者同符合历史发展次序的东西恰好相反"。② 这是因为"历史常常是跳跃式地和曲折地前进的，如果必须处处跟随着它，那就势必不仅注意许多无关紧要的材料，而且也会常常打断思想进程"。③ 例如，在《资本论》第一卷中，马克思是在分析商品的货币，货币转化为资本，资本产生剩余价值，剩余价值再转化为资本，进行资本积累以后，才分析资本原始积累，而原始积累并不是资本主义生产方式的结果，而是它的起点。按照这种安排，并不符合历史发展进程。但是，从辩证逻辑上看，把资本积累和资本积累的一般规律，安排在资本原始积累的前面，又是合理的。因为如果不从理论上阐明资本的本质，就不可能探讨它的起源和发展，揭示资本是如何形成的。

---

① 《马克思恩格斯全集》第46卷（上册），人民出版社1979年版，第44页。

② 《马克思恩格斯全集》第12卷，人民出版社1962年版，第758页。

③ 《马克思恩格斯全集》第13卷，人民出版社1965年版，第532页。

因此，我们在探讨逻辑和历史相一致的原则时，必须辩证地来看待两者的关系，不应该机械地理解两者的一致。在劳动价值论的讨论中，有的论者为了否定劳动价值论的现实意义，他们以人类历史上最初的原始的实物交换为根据，把劳动价值论的作用仅仅局限在原始社会的实物交换，并且把马克思说的"资本主义生产方式占统治地位的社会财富，表现为'庞大的商品堆积'单个商品表现为这种财富的元素形式。因此，我们的研究就从商品开始"曲解为"商品及其交换的起点从历史上看就应当是最简单最原始的交换，其历史的对等的参照物被马克思确定为原始公社末期公社之间的交换"。从方法论来看，这种观点的不正确在于：用历史的分析和逻辑的分析相混淆的方法，否定劳动价值论在资本主义社会的现实意义。具体表现在以下几点：

第一，马克思研究劳动价值论是从简单商品或商品一般作为历史起点，而不是"人类历史上最初的最简单的实物交换"。恩格斯在《资本论》第三卷序言中指出："在此之后，我们就会明白，为什么马克思在第一卷的开头从他作为历史前提的简单商品生产出发，然后从这个基础进到资本，——为什么他要从简单商品出发，而不是从一个在概念上和历史上都是派生的形式，即已经在资本主义下变形的商品出发。"① 马克思从简单商品生产出发，并不是退回到资本主义以前的简单商品生产的历史阶段，而是立足于资本主义社会来分析简单商品的。正如马克思指出的："我的出发点是劳动产品在现代社会所表现的最简单的社会形式，这就是'商品'。"所谓"现代社会"就是指资本主义社会。所谓"最简单的社会形式"，就是指简单的、抽象的一般商品。这个简单的、抽象的一般商品和资本主义商品不同之处在于：它的价值中没有包括剩余价值，也没有包括劳动力成为商品的价值。而资本主义商品价值中不仅包括剩余价值，也包括劳动力的价值在内。可见，那种把马克思劳动价值论的历史提前到"最初的原始的实物交换"是没有历史根据的。

第二，马克思对劳动价值论的研究，并没有按照商品发展的历史来安排，而是按照资本主义社会内部各种经济关系的逻辑顺序来安排。这是因为：（1）马克思对劳动价值论的研究，是在既定的资本主义条件下

---

① 《马克思恩格斯全集》第 25 卷，人民出版社 1974 年版，第 17 页。

进行的。因此，经济范畴按照它们在现代资产阶级社会内部的各种经济关系的逻辑顺序来安排的。在《资本论》中对劳动价值论的研究，商品作为资本主义生产方式占统治地位的社会财富的"元素形式"为研究对象开始的，而不是把研究对象从原始公社的"最简单最原始的交换"开始。（2）逻辑与历史的核心是逻辑进程与实际矛盾的历史相一致。逻辑要适应历史，但更要适应现实。只有在从现实出发的前提下，将历史看成现实的来源和现实的运动过程，才能真正认识到逻辑和历史的一致。因此，在安排逻辑发展的顺序时，应当以现实的经济矛盾的内在联系为依据。历史是现实存在的基础，现实是历史发展的结果。但现实不是历史的堆积，它以前存在的关系和结构不可能按照旧的形式出现，而是按照现实社会的各种矛盾和关系，以改变了的形式，作为现实社会的构成因素存在和发展，马克思研究劳动价值论不是写劳动发展历史，而是从资本主义这个现实出发，来揭示劳动价值论的内部规律和在资本主义条件下产生的各种后果。

第三，把劳动价值论研究中的商品的逻辑起点定位在原始公社的实物交换，无非是用逻辑完全服从历史的"历史方法"，也就是按照历史的进程，来记录、描写、再现、概括人物和事件之间的联系和作用，来证明劳动价值论只存在于原始公社的实物交换的条件下，以此否定劳动价值在市场经济条件下的重要作用。正如有位论者说的："马克思的劳动价值论，按照马克思分析的条件、理解和推论，应当只是说明简单实物交换比例决定的法则。如果马克思对这个原理的运用到此为止，或者，人们对劳动价值的属性及其作用范围也没有超出这个范围，那是没有异议的。然而如果超出了马克思（以及古典派）建立劳动价值论所设定的条件，这个理论是否还有效，它是否对其他领域的现象（包括一般社会财富和资本的条件的价格等）仍然保有说服力，或者有多大说服力，这还没有得到证明。"① 这种说法是不正确的：（1）马克思劳动价值中分析的商品虽然是简单商品，并不是退回到简单商品生产阶段的简单商品，而是立足资本主义社会来分析简单商品。是从资本主义商品中抽象了资本主义的主要特征，如劳动力是商品和商品价值中的剩余价值等特征，把资本主义商品还原为

---

① 晏智杰：《劳动价值学说新探》，北京大学出版社 2001 年版，第 31 页。

一般商品来进行分析的，因此，把马克思分析的商品说成是原始公社的实物交换是不确切的。(2)认为劳动价值论在现阶段是否有效，"还没有得到证明"的说法，也是不正确的。事实证明，劳动价值论不仅贯穿在资本主义的生产、流通、分配和消费领域，是决定资本主义产生、发展和灭亡的规律，而且对社会主义的经济发展具有重要的作用。同时，随着社会主义经济改革的深入发展，也为深化社会主义劳动和劳动价值论的研究开拓了更广阔的空间。

第五章

马克思恩格斯对否定劳动价值论的批判

　　自从马克思的劳动价值论诞生以来，这个作为马克思主义的理论基石，也是政治经济学最重要的基础理论，就遭到资产阶级庸俗经济学家的污蔑和攻击，他们纷纷粉墨登场，把攻击矛头直接指向马克思的劳动价值论，他们这样做的目的，正如一个德国庸俗经济学家说的："驳倒价值理论是反对马克思的人的唯一任务，因为如果同意这个定理，那就必然要承认马克思以铁的逻辑所做出的差不多全部结论。"① 而与此同时，马克思主义派别的经济学家，对于形形色色的反马克思主义的错误观点也进行了反击，这种攻击与反击、批判与反批判的争论已经持续了一百多年，而争论的实质是坚持还是否定马克思的劳动价值论。

一　马克思对萨伊的价值理论的批判

　　让·巴蒂斯特·萨伊（1767—1832），法国资产阶级庸俗经济学的创始人。出生于法国里昂的一个商人家庭，少年时学习经商，后来到了英国受教育，在那里接触了亚当·斯密的学说。法国大革命时，担任一家保险公司经理的秘书，后来担任过《哲学、文艺和政治旬刊》杂志的主编。1803 年，他的主要著作《政治经济学概论》出版。萨伊为了适应资产阶级维护资本主义制度的需要，他抛弃了古典经济学中的科学成分，汲取并发挥了其中的庸俗成分，形成了系统的资产阶级辩护理论。

（一）所谓效用决定价值
　　萨伊认为："人们所给与物品的价值，是由物品的用途产生的。……当人们承认某东西有价值时，所根据的总是它的有用性。这是

---

　　① 《马克思恩格斯全集》第 16 卷，人民出版社 1964 年版，第 353 页。

千真万确的，没有用的东西，谁也不肯给与价值。现在让我把物品满足人类需要的内在力量叫做效用。我还要接下去说，创造具有任何效用的物品，就等于创造财富。这是因为物品的效用就是物品价值的基础，而物品的价值就是财富所由构成的。"① 这种观点之所以是错误的，在于：把价值和使用价值相混淆。马克思指出："物的有用性使物成为使用价值。但这种有用性不是悬在空中的。它决定于商品体的属性，离开了商品体就不存在。因此，商品体本身，例如铁、小麦、金刚石等等，就是使用价值，或财物。商品体的这种性质，同人取得它的使用属性所耗费的劳动的多少没有关系。"② "作为使用价值，商品首先有质的差别；作为交换价值，商品只能有量的差别，因而不包含任何一个使用价值的原子。"③ 可见，使用价值即效用和价值是有根本区别的。（1）属性不同。使用价值是自然属性，它是不以社会形态变化而变化；价值是社会属性，它是随着商品的存在而存在，当商品不存在的时候，价值也就不存在。（2）用途不同。使用价值或者效用是构成财富的物质内容，或者使用价值就是财富，它是为了满足人们需要而存在的。价值是社会必要劳动的凝结，"更多的使用价值本身就是更多的物质财富，"④ 它是为了满足商品交换而存在的。（3）形成的劳动不同。使用价值是由具体劳动创造的。价值是抽象劳动形成的。（4）运行的轨迹不同。由于使用价值是随着劳动生产率的提高而增加，而劳动生产率的变化与单位商品的价值成反比。"因此，不管生产力发生了什么变化，同一劳动在同样的时间内提供的价值量总是相同的。但它在同样的时间内提供的使用价值量会是不同的：生产力提高时就多些，生产力降低时就少些。"⑤

（二）　所谓劳动力、资本或土地协同创造价值

萨伊从他的效用决定价值出发，把所有具有效用的东西都看成能创造价值。他说："我们已经看到劳动、资本和自然力如何在自己职能范围内

---

① ［法］萨伊：《政治经济学概论》，陈福生译，商务印书馆1963年版，第59页。
② 《马克思恩格斯全集》第23卷，人民出版社1972年版，第48页。
③ 同上书，第50页。
④ 同上书，第59页。
⑤ 同上书，第60页。

协同进行生产工作。"① "不论借出的是劳动力、资本或土地，由于它们协同创造价值，因此它们的使用是有价值的。而且通常得有报酬。"② 他甚至把自然力和机器的力量和人的劳动力等同起来，都称为劳力，即 "人的劳力、自然的劳力和机器的劳力"。③ 这种观点正是一种典型的多元价值论，它和马克思的活劳动创造价值的一元价值论是完全不同的。其原因在于：(1)把各个生产要素在生产过程中的作用和创造价值的源泉相混淆。马克思指出："劳动过程的进行所需要的一切物质条件都算作劳动过程的资料。它们不直接加入劳动过程，但是没有它们，劳动过程就不能进行，或者只能不完全地进行。"④ 这就是说，劳动过程所需要的资料包括劳动对象和劳动资料以及劳动者，前面两项构成生产资料，是生产过程的客观物质条件，后者是劳动力，是生产过程的主观条件。作为生产资料在生产过程中通过活劳动，才把生产资料的价值转移到新产品中；而活劳动则在生产过程中创造了新价值，可见，创造价值的只能是劳动者的活劳动，它才是价值的源泉。而萨伊却把两者混淆起来，把它们都看成是创造价值的要素。(2)把创造使用价值即财富的源泉和创造价值的源泉相混淆。马克思指出："劳动并不是它所生产的使用价值即物质财富的唯一源泉。正象威廉·配第所说，劳动是财富之父，土地是财富之母。"⑤ 这就是说，创造使用价值即财富的源泉是多元的，它包括劳动、资本和土地等等，但是，创造价值的源泉是一元的，只有劳动者的活劳动才是创造价值的唯一源泉。(3)把价值的构成和价值的创造相混淆。作为商品价值，它是由不变资本、可变资本和剩余价值构成的，即 $W = C + V + M$。其中的不变资本（C）是由生产资料的价值转移而来，而新创造的价值$(V + M)$则是由劳动者的活劳动创造的。因此，虽然生产资料是价值的构成者，但不是价值的创造者，两者不能混淆。而萨伊的 "劳动力、资本或土地协同创造价值" 的说法是完全错误的。正如李嘉图指出的：和亚当·斯密的意见相反，萨伊 "谈到了太阳、空气、气压等自然要素赋与商品的价

---

① ［法］萨伊：《政治经济学概论》，陈福生译，商务印书馆1963年版，第77页。
② 同上。
③ 同上书，第86页。
④ 《马克思恩格斯全集》第23卷，人民出版社1972年版，第205页。
⑤ 同上书，第57页。

值，这种要素在生产中有时代替人类的劳动，有时在生产中和人类协同发生作用。不过这些自然要素尽管会大大增加商品的使用价值，但是从来不会使商品增加萨伊先生所说的交换价值。"①

（三）所谓价值的分配

价值的分配："三位一体的公式。"由于萨伊认为价值是由效用创造的，而效用的创造不仅有劳动，还有资本和土地，因而资本和土地也创造了价值，从而创造了收入。劳动创造的收入是工资，资本创造的收入是利息，土地创造的收入是地租。他说："对借用劳动力所付的代价叫做工资。对借用资本所付的代价叫做利息。对借用土地所付的代价叫做地租。"② 资本——利息，土地——地租，劳动——工资，马克思在《资本论》中把这种分配理论概括"三位一体公式"，并且对这种分配理论进行了深刻的批判。

第一，所谓劳动——工资，按照萨伊的说法，就是劳动者通过劳动获得工资。这是把古典经济学彻底庸俗化的工资论。由于亚当·斯密一方面认为工资是工人劳动生产物的一部分，即相当于工人为维持他本人及其家属所必需的生活资料价值。这无疑是正确的。因为只有这样，才有可能了解到工人劳动所创造的价值超过劳动力的价值，从而揭露资本家无偿占有了工人创造的剩余价值。但是另一方面，斯密又把劳动和劳动力相混淆，把劳动力的价格和"劳动的价格"相混淆，认为工人的工资就是劳动的价格，这样一来，工资就等于工人得到了他创造的全部价值，从而掩盖了资本家对工人的剥削关系。萨伊把古典经济学工资理论中的科学因素加以抛弃，而把它的庸俗因素加以接受，即认为工资就是工人的劳动所生产出来的全部价值。因此，工人并没有受资本家的剥削。

第二，所谓资本——利息，萨伊认为，利息就是"对于资本的效用或使用所付的租金"。③ 萨伊从资本主义的表面现象出发，把资本家的收入区分为企业主收入和利息。而企业主的收入则是对企业家的事业心，对

---

① ［英］大卫·李嘉图：《政治经济学及赋税原理》，郭大力、王亚南译，商务印书馆1983年版，第243页。

② ［法］萨伊：《政治经济学概论》，陈福生译，商务印书馆1963年版，第77页。

③ 同上书，第394页。

他的才干、冒险等等的报酬。萨伊把资本家与企业家称为老板、经理或冒险家。在他眼里，资本家就是老板，而企业家就是经理和冒险家。他说："首先，冒险家通常必须自己供给所需要的资金。这不是说他必须很有钱，因为他可以靠借来的钱经营，而是说他至少必须具有偿付能力，必须有敏慎廉正名誉，并必须能够通过他和别人的关系借到自己可能没拥有的资本。上述条件使许多人不能参加竞争。其次，冒险家需要兼有那些往往不可得兼的品质与技能，即判断力、坚毅、常识和专业知识。他需要相当准确地估量某一产品的重要性及其可能有的需要的数量与生产方法。……总而言之，他必须掌握监督与管理的技术。他必须敏于计算，能够比较产品的生产费用和它在制造完成与运抵市场后所可能有的价值。"① 从这里可以看出，利润这个范畴已经没有了，因为利息被看作资本的收入，而把企业主收入看作是高度熟练劳动的报酬，即企业家的工资。萨伊这样做的目的是要掩盖资本和利润的资本主义的剥削，把它和劳动者的收入混为一谈。

第三，所谓土地——地租，在萨伊看来，地租就是"土地对这些货物的生产所起的作用可叫做土地的生产性服务。这就是地主得到利润的由来"。② 从而抛弃了斯密对地租的正确观点。因为斯密看来，地租是劳动者"必须把他所生产或所采集的产物的一部分交给地主。这一部分，或者说，这一部分的代价，便构成土地的地租。"③ 这就是说，斯密已经认识到地租也和利润一样，地租也是来源于工人的无偿劳动。另外，萨伊还认为，地租是"一个土地所有者，由于注意，由于实行节约和发挥智慧，年收入比方说增加五千法郎。如果国家对他的增加收入征取五分之一，他还有四千法郎的盈余，作为他的努力的鼓励与报酬。"④ 在这里，萨伊是把地主和农业资本家混为一谈。正如李嘉图指出的："萨伊先生假定'一个地主由于勤勉、节约和善于经营而使年收入增加五千法郎'；但事实上地主除非自己经营耕种，是无从在他的土地上发挥他的勤勉、节约和经营

---

① ［法］萨伊：《政治经济学概论》，陈福生译，商务印书馆1963年版，第373页。

② 同上书，第406页。

③ ［英］亚当·斯密：《国民财富的性质和原因的研究》（上卷），郭大力、王亚南译，商务印书馆1983年版，第44页。

④ ［法］萨伊：《政治经济学概论》，陈福生译，商务印书馆1963年版，第535页。

技巧的。如果自己经营，他就是以资本家和农场主的资格而不是以地主的资格来做这种改良了。"①

马克思对萨伊的三位一体公式进行了深刻的批判。

首先，抹杀了各种收入源泉之间发生联系的社会形式。工资利润和地租的根本源泉，本来是来源于活劳动创造的剩余价值，而"公式"却把它们分别来源于劳动、资本和土地，从而掩盖了它们来源于劳动者劳动这个根本源泉。这样，使"每年可供支配的财富的各种所谓源泉，属于完全不同的领域，彼此之间毫无共同之处。它们互相之间的关系，就象公证人的手续费、甜菜和音乐之间的关系一样。"② 从而把作为资本主义生产方式特征的剩余价值形式排除掉了。事实上，无论是资本、土地和劳动都不是自然物，而是在一定社会形态下存在的生产关系。（1）从资本来看，资本不是物，而是属于一定历史社会形态的生产关系，它体现在一个物上，并赋予这个物以特有的社会性质。资本不是物质的和生产出来的生产资料的总和。它是已经转化为资本的生产资料，这种生产资料本身不是资本，就像金和银本身不是货币一样。（2）从土地来看，它只是无机的自然物。而价值是劳动产生的，因此，剩余价值不可能是土地创造的。土地的肥力的作用，不过是使一定量的劳动提供一定的、受土地的自然肥力所制约的产品。土地肥力的差别所造成的结果是，同量劳动和资本，也就是同一价值，体现在不等量的产品上。因此，这些产品具有不同的个别价值。（3）从劳动来看，它只是一个抽象，就它本身来说，是根本不存在的。它只是人用来进行人和自然之间的物质变换的一般人类生产活动，它不仅已经摆脱一切社会形式和性质的规定，而且甚至在它的单纯的自然存在上，也不以社会为转移，因此，它只有在资本主义社会，劳动力成为商品后，劳动者的劳动才能创造价值和剩余价值。

其次，掩盖了各种收入的真正源泉。从表面上看，工资、利息和地租好像是来自劳动、资本和土地。事实上，这只是表面现象。萨伊正是抓住这个表面现象，否定这些收入的根本源泉是劳动者创造剩余价值。（1）从认识论来看，这是因为"庸俗经济学对于各种经济关系的异化的表现形

① ［英］大卫·李嘉图：《政治经济学及赋税原理》，郭大力、王亚南译，商务印书馆1983年版，第158页。

② 《马克思恩格斯全集》第25卷，人民出版社1974年版，第920页。

式——在这种形式下，各种经济关系乍一看来都是荒谬的，完全矛盾的；如果事物的表现形式和事物的本质会直接合而为一，一切科学就都成为多余的了——感到很自在，而且各种经济关系的内部联系越是隐蔽，这些关系对庸俗经济学来说就越显得是不言自明的（虽然对普通人来说，这些关系是很熟悉的）。因此，庸俗经济学丝毫没有想到，它作为出发点的这个三位一体：土地——地租，资本——利息，劳动——工资或劳动价格，是三个显然不可能综合在一起的部分。"① （2）从分配的过程来看，由于剩余价值的分配是通过平均利润率的形式，而平均利润率也是企业主收入和利息；而土地所有者则凭借土地所有权，以地租的形式，从资本家那里瓜分一部分剩余价值；至于劳动者的工资，不过是工人出卖劳动力的必要劳动部分，也就是维持和再生产劳动力所必需的劳动部分。但从表面上看，工资就好像是劳动的价格，而不是劳动力的价值的表现形式，从而掩盖了工资的实质。对于这些表面现象，"庸俗经济学家才感到真正的满足，因为他现在终于达到了资产者的深刻见解，即认为他为劳动支付货币；还因为，正好是这个公式和价值概念的矛盾，使他免除了理解价值的义务。"② "因此地租、利润、工资，好象是由土地、生产出来的生产资料和劳动在简单劳动过程中所起作用产生的；甚至在我们把这个劳动过程看作只是人和自然之间发生的过程，并把一切历史规定性都撇开不说的时候，也是这样。"③

最后，三位一体公式完成了资本拜物教。三位一体公式，把劳动条件的社会性质歪曲为自然的天生的自然物质，从而把人和人的关系歪曲为物和物的关系。这种物和物的关系掩盖着人和人的关系，这是一种颠倒，由于这种颠倒，产生了商品拜物教和货币拜物教，使商品和货币产生了一种神秘性质。在资本主义生产方式和资本占统治的条件下，就进一步发展为资本拜物教。表现在：（1）从直接生产过程看。如果仅仅从绝对剩余价值的剥削看，资本家通过延长劳动时间和提高劳动强度，来增加他的剩余价值是一目了然的。但是，随着相对剩余价值剥削的产生，资本家通过改良机器设备、采用先进科学技术、加强分工协作来提高劳动生产率，获得更

---

① 《马克思恩格斯全集》第 25 卷，人民出版社 1974 年版，第 923 页。
② 同上书，第 924 页。
③ 同上书，第 933 页。

多的相对剩余价值，给人们造成一种假象，好像相对剩余价值不是来源于劳动者，而是来源于资本自身，本来是劳动的生产力，却表现为资本的生产力，劳动者创造的剩余价值，却好像是资本创造出来的，从而使资本具有一种神秘的性质。(2)从流通过程看，由于流通过程插进来了，使资本的神秘性进一步发展。由于剩余价值是通过流通过程实现的，使得原来价值生产的关系，被掩盖起来了。好像价值和剩余价值不是单纯在流通中实现，而且是在流通中产生的。这个假象特别由于以下两个情况而更加令人迷惑：一种是市场交换中出现的欺诈、狡猾、投机，使得有些人获得的剩余价值比较多，有些人则比较少；另一种情况是由于流通时间的长短，对利润量也产生影响，也使认为流通中也产生剩余价值。正是由于这两种假象，使人们认为流通过程产生剩余价值。(3)从实现的生产过程来看，也就是从直接生产过程和流通过程的统一的再生产过程看，又产生了种种新的形式，例如，消耗的不变资本和可变资本转化为成本价格；剩余价值转化为了利润，利润转化为平均利润；剩余价值率转化为利润率，利润率转化为平均利润率；商品价值转化为生产价格。"在这些形式中，内部联系的线索越来越消失，各种生产关系越来越互相独立，各种价值组成部分越来越硬化为互相独立的形式。"① 也就是说，价值各个部分通过转化，表现为各种新的形式，内部联系的线索更加看不见了，从而使这种神秘性更加隐蔽化了。正如马克思指出的："在资本——利润（或者，更好的形式是资本——利息），土地——地租，劳动——工资中，在这个表示价值和一般财富的各个组成部分同财富的各种源泉的联系的经济三位一体中，资本主义生产方式的神秘化，社会关系的物化，物质生产关系和它的历史社会规定性直接融合在一起的现象已经完成：这是一个着了魔的、颠倒的、倒立着的世界。在这个世界里，资本先生和土地太太，作为社会的人物，同时又直接作为单纯的物，在兴妖作怪。"② (4)从提出三位一体公式的目的看，是把资本、土地、劳动，看成是三个独立的源泉，而利息、地租、工资是由这三个源泉直接产生的，这样，资本家凭借资本取得利润，土地所有者凭借土地取得地租，工人依靠劳动获得工资，就成为天经地义、理所当然的了。"因此，它会在这个消灭了一切内部联系的三位一体中，为

---

① 《马克思恩格斯全集》第 25 卷，人民出版社 1974 年版，第 936 页。

② 同上书，第 938 页。

自己的浅薄的妄自尊大，找到自然的不容怀疑的基础，这也同样是自然的事情。同时，这个公式也是符合统治阶级的利益的，因为它宣布统治阶级的收入源泉具有自然的必然性和永恒的合理性，并把这个观点推崇为教条。"①

二 马克思、恩格斯对蒲鲁东的价值理论的批判

马克思、恩格斯对蒲鲁东经济观点的批判，是从 19 世纪 40 年代开始，经历 50 年代一直延续到了 60 年代。通过对蒲鲁东经济理论的批判，推动了马克思主义经济学体系的形成，其中也推动了劳动价值理论的确立。

蒲鲁东（1809—1865），法国小资产阶级经济学家和社会学家，无政府主义的创始人之一。出身于法国农民和手工业者家庭。他在法学、政治经济学和政治学领域发表过许多著作。其中《经济矛盾体系或贫困的哲学》（1846）是他的代表作。该书用唯心主义观点阐述经济范畴的自身发展，列举了分工、机器、竞争、垄断、国家或税收、贸易平衡、信贷、私有、共产主义、人口等十个经济范畴，按此顺序建立他的"经济矛盾体系"。在蒲鲁东看来，经济范畴是人们头脑里纯理性运动的产物，而不是社会生产关系的理论表现。每个经济范畴都有好的方面和坏的方面，它们互相矛盾、互相斗争，好的和坏的综合，就出现新的经济范畴。他机械地搬用黑格尔的辩证法，认为商品的使用价值是正题，而交换价值是反题，而矛盾的统一或综合构成所谓"构成价值"或"综合价值"，即在交换中被社会承认的价值，否则即为"非价值"。他提出了"构成价值"或"综合价值"实现的条件就是公平的等价交换，即一切商品根据所消耗的劳动量来确定其交换的比例。只有这样，劳动者就能得到他的全部劳动产品。马克思和恩格斯针对蒲鲁东的价值理论，在《哲学的贫困》《政治经济学批判》——《1857—1858 年经济学手稿》（包括第一分册）中以劳动价值论为基础，对蒲鲁东及其蒲鲁东分子进行了深刻的批判，发展了马克思的劳动价值论。

① 《马克思恩格斯全集》第 25 卷，人民出版社 1974 年版，第 939 页。

马克思在《哲学的贫困》中，首先对蒲鲁东关于使用价值和交换价值的关系的观点进行了分析。蒲鲁东说："一切自然产品或工业产品所具有的那种维持人类生存的性能，有一个专门名称，叫做使用价值。这些产品具有的互相交换的性能，则称为交换价值……使用价值怎样变成交换价值呢？……由于我所需要的许多东西在自然界里为数有限或者根本没有，因此我不得不去协助生产我所缺少的东西，可是，由于我不能单独生产这么多的东西，所以我就会向别人，即向各行各业我的合作者建议，把他们所生产的一部分产品同我所生产的产品交换。"① 马克思对蒲鲁东这种从唯心主义出发来说明使用价值和交换价值的关系进行了批判。

（一）关于交换的产生

交换的产生是社会生产力发展结果，而不是向"合作者建议"的结果。马克思指出："蒲鲁东先生并没有细究这些关系的始末，他只是给交换这一事实盖了历史的印记，把交换看做急欲确立这种交换的第三者可能提出的建议。"② 接着，马克思分析了交换产生和发展的历史，指出交换到处产生，经过了各个不同的发展阶段。因为在原始社会，生产力极端低下，根本就没有剩余产品，当然就不存在交换。只是到了原始社会末期，生产力有了发展，才有了剩余产品，部落之间才出现了交换，直到中世纪，当时交换的只是剩余产品，还没有以市场交换为目的的商品生产。可见，交换的出现决不是像蒲鲁东所说的交换的产生是"合作者建议"的结果，它是社会生产力发展的必然结果，而不能把交换活动看成是纯道德的活动。

（二）关于使用价值和交换价值

由于蒲鲁东把交换的产生当作一个既成事实，从而在交换价值和使用价值的关系上也存在错误。他说："经济学家十分明确地揭示了价值的两重性，但是，对价值的矛盾性并没有作出同样明确的阐述。……因此，我敦促所有严肃的经济学家不要只是变换一种形式来提出或者简单地重复这个问题，而是设法告诉我们为什么价值会随着生产的增长而降低，或者反

---

① 《马克思恩格斯全集》第4卷，人民出版社1958年版，第77页。

② 同上书，第79页。

过来随着产品的减少而增高，用经济学的术语来说，就是为什么彼此不可或缺的使用价值与交换价值成反比地增减。"马克思把蒲鲁东的这些观点概括为以下四点：（1）使用价值构成"惊人的对照"，形成互相对立；（2）使用价值和交换价值成反比，互相矛盾；（3）无论是两者的对立或是矛盾，经济学家既没有看出也不认识；（4）蒲鲁东先生的批判从终点开始。马克思针对这些观点进行了批判。

首先，指出所谓使用价值和交换价值的对立，并不是蒲鲁东首先看出来的。在蒲鲁东之前的经济学家们就已经看出这种矛盾。例如，西斯蒙第就说过："商业把一切东西都归结为使用价值和交换价值的对立。"罗德戴尔也说过："一般地说，国民财富（使用价值）是随着个人财产（因交换价值的上升）的增加而减少；如果个人财产因交换价值的下降而减少，那末国民财富通常会相应地增加。"①

其次，指出造成这种对立的原因是忘记了需求。马克思指出："蒲鲁东先生最困难的究竟是什么呢？那就是他干脆忘记了需求，忘记了任何东西只有在对它有需求的条件下，才说得上多或少。他撇开需求不谈，就是把交换价值和稀少、把使用价值和众多混为一谈。"② 因为在蒲鲁东看来，"毫无用处但极端稀少的东西价格就不可估量"，这种说法实际上正是表明，稀少就是交换价值。他把众多当作交换价值，这样，就把使用价值和供给、把交换价值和需求混为一谈。

再次，批判蒲鲁东关于使用价值和交换价值的对立是由人的自由意志引起的。蒲鲁东说："已经证明，正是人的自由意志引起了使用价值和交换价值之间的对立。只要自由意志存在，怎么能解决这个对立呢？不牺牲人，怎么能牺牲自由意志呢？"③ 马克思认为，两者的对立并不是"自由意志"引起的。因为使用价值的生产者作为生产者提供的商品的使用价值，既是商品的供给者，同时，又是对货币的需求者。而对付出交换价值货币的购买者来说，他既是商品使用价值的需求者，同时，他也是交换价值货币的供应者。马克思指出："供给并不只是代表效用，需求也不只是代表意见。难道需求者不也同样供给某种产品或货币（代表一切产品的

---

① 《马克思恩格斯全集》第4卷，人民出版社1958年版，第81页。

② 同上书，第82页。

③ 同上书，第84页。

符号）吗？既然他供给了这些东西，难道他不也代表，象蒲鲁东先生所说，效用或使用价值吗？"正是由于"蒲鲁东先生把自由的购买者和自由的生产者对立起来。他使两者具有纯形而上学的性质。这也就促使他说：'已经证明，正是人的自由意志才引起使用价值和交换价值的对立'。"①

（三）关于构成价值或综合价值

蒲鲁东的构成价值或综合价值就是："产品的构成价值不过是体现在产品中的劳动时间所构成的价值。"②"作为产品比例的价值，换言之，即构成价值，必然包含同等的效用与交换能力，而且这两者是不可分离和谐地结合在一起的。构成价值之所以包含效用，是因为如果不具备这个条件，产品就完全失去那种使它能够进入交换的亲和力，从而也就不成其为财富的一种组成元素；构成价值之所以包含交换能力，则是因为产品如果不在任何时候能够按照一定的价格从事交换，那么，它就不过是一种为价值的东西，它就一无所用。"③马克思对蒲鲁东的构成价值进行了批判。

第一，指出蒲鲁东对李嘉图二律背反的肆意歪曲。马克思指出："李嘉图及其学派在很早以前就提出作为二律背反的一方面即交换价值的科学公式，蒲鲁东先生却把它当作效用和交换价值之间的二律背反的解决；无论如何，后人会认为这种做法太幼稚了。我们干脆撇开后人不谈，让蒲鲁东先生和他的前辈李嘉图来对质一下。"④我们来看一下，蒲鲁东和李嘉图在运用二律背反上究竟有什么区别。所谓二律背反，原是德国古典哲学康德的用语，意指"互相矛盾"。即两个互相排斥但同样是可论证的命题之间的矛盾。例如，正题：世界在时间上和空间上都是有限的；反题：世界在时间上和空间上都是无限的。康德用形式逻辑证明这些正题和反题都是正确的，因而这些命题处于矛盾之中，形成二律背反情况。康德认为人在认识"自在之物"时必然陷入自相矛盾。他对于有限与无限、自由与必然等范畴的分析，对后人解决这些矛盾是有启示的。但是他由此得出：

---

① 《马克思恩格斯全集》第4卷，人民出版社1958年版，第85—86页。

② 同上书，第88页。

③ ［法］蒲鲁东：《贫困的哲学》第1卷，余叔通、王雪华译，商务印书馆1961年版，第89页。

④ 《马克思恩格斯全集》第4卷，人民出版社1958年版，第90页。

人的认识能力是有限的，只能认识事物的现象，而不能认识事物的本质的结论却是错误的。马克思对二律背反这一概念进行了唯物主义的改造，赋予它以新的内容，成为马克思主义的认识论，即概念的矛盾是源于客观事物的普遍矛盾，而且是对事物矛盾的客观反映。

第二，对比蒲鲁东和李嘉图运用二律背反解决价值问题的区别。从蒲鲁东看来，二律背反表现在价值问题上，就是使用价值即效用和交换价值的对立。他说："在价值中，没有一种具有效用的价值是不能交换的，也没有一种能交换的价值是没有效用的；所以，使用价值和交换价值是不可分开的。"① 而李嘉图对蒲鲁东把效用和交换价值作为二律背反的观点进行了批判。他说："效用不是交换价值的尺度，虽然它对交换价值是绝对必要的。"因为"东西本身一旦被认为有效用，那么这东西就从两个来源，即从东西的稀少和从获得这些东西需要的劳动量中取得交换价值。有些东西的价值完全取决于它的稀少。因为任何劳动都不能增加它们的数量，所以它们的价值不可能由于供应增加而下降。珍贵的雕像和绘画等就属于这类东西。它们的价值只取决于想占有这种物品的人的财富、趣味和癖好。但是这类商品在市场上每日流转的大多数商品中只占极少部分。因为人们想占有的绝大多数的东西都是靠劳动获得的，只要我们愿意为生产这些东西花费必需的劳动。""因此，当我们谈到商品、商品的交换价值和调节商品的相对价格的原则时，我们总是只指那些人的劳动可以增加其数量，竞争可以刺激它们的生产而且不会碰到任何障碍的商品。"② 从马克思引述李嘉图这段话可以看出，整个内容都是针对蒲鲁东构成价值的批判。

第三，指出了李嘉图的价值理论和蒲鲁东构成价值的区别。马克思把蒲鲁东的构成价值理论和李嘉图的价值理论进行了对比，对蒲鲁东的观点进行了驳斥：(1)针对蒲鲁东关于"产品价值随供应量的增加而下降，随购买者需求的扩大而上升"的说法，李嘉图的观点是："产品的价格和它的自然价值并没有什么必然联系。至于在出卖者中间引起竞争而且数量可以适当增加的那些物品，它们的价格归根到底也不是取决于供求关系，而

---

① ［法］蒲鲁东：《贫困的哲学》第 1 卷，余叔通、王雪华译，商务印书馆 1961 年版，第74 页。

② 《马克思恩格斯全集》第 4 卷，人民出版社 1958 年版，第 90 页。

是取决于生产费用的增减"。（2）针对蒲鲁东撇开实际而煞费苦心去发明按照所谓新公式来建立世界的新方法，他利用二律背反的方法来说明使用价值和交换价值的关系；而李嘉图却是从资产阶级生产的实际运动出发，来分析使用价值和交换价值关系。（3）针对蒲鲁东把构成价值当作出发点，用它来构成一个新的社会世界。根据蒲鲁东的说法，构成价值应当绕过圈子，又成为按照这种估计方法已经完全构成的世界的构成因素。那就是绕过货币这个交换的媒介，而直接进行商品交换。他认为，产品要成为构成价值，就必须取消货币，把所有的商品变成货币那样的等价物，从而它们的劳动量随时进行交换。这样，就能够使供求一致，构成价值就能得到实现；而李嘉图则把资产阶级社会作为出发点，给我们指出这个社会怎样构成价值，说明商品到货币的出现是商品经济发展的必然产物。（4）针对蒲鲁东把他的构成价值看成是使用价值和交换价值的综合；而李嘉图则认为劳动时间决定价值是交换价值的规律。因此，"李嘉图的价值论是对现代经济生活的科学解释；而蒲鲁东先生的价值论却是对李嘉图理论的乌托邦式的解释。"①

（四）关于价值比例规律的运用

蒲鲁东在谈到价值比例规律时，首先谈到"金银是价值已经达到构成的第一种商品"。② 也就是说，他把金银作为"构成价值"的最初应用。由于蒲鲁东在分析金银的价值的时候，应该按照由生产金银所必要的劳动时间决定它的价值，可是蒲鲁东却不是这样，"他在谈到金银的时候，是把它当作货币而不是当作商品"。

恩格斯对蒲鲁东的批判，除了见之于马克思和恩格斯的通信中以外，19 世纪 50 年代，恩格斯在《对蒲鲁东的〈十九世纪革命的总观念〉一书的批判分析》中，针对蒲鲁东在《十九世纪革命的总观念》（下称《总观念》）中所宣扬和鼓吹的"公平价格"、"成本价格"等价值理论也进行了批判。蒲鲁东在《总观念》中，抄袭了资产阶级经济学的成本价格理论，也就是商品的价值只包含原料和工资。按照这种观点，他认为利润来源于商人之间贸易的价值转让，即让渡利润。

---

① 《马克思恩格斯全集》第 4 卷，人民出版社 1958 年版，第 93 页。
② 同上书，第 118 页。

1. 对"公平价格"的批判

所谓"公平价格",是蒲鲁东"构成价值"的新的表现形式。它"包括:(1)生产费用;(2)商人的报酬或'对卖主卖出货物时丧失的利益的补偿'。为了保护商人,应当保证他能出售商品。"① 蒲鲁东认为,如果商品按照它本身的成本出售(包括原料成本和工资),就是按照它的价值出售。他提出产品的实现有两种交换:(1)生产者之间的产品交换,即小生产者之间的产品交换,即指小生产者所实行的具有社会性的"互惠原则的一种运用,这种原则就是交换的参加者保证彼此无条件地按照成本出售自己的产品"。② (2)小生产者同资本家之间的交换。在这里,除了按照等价交换以外,还存在不等价交换,即交换的剩余或称让渡利润。恩格斯指出,蒲鲁东提出的两种交换的说法是十分混乱的:前者是把成本和价值相混淆。后者是把简单商品交换和资本与劳动的交换相混淆。蒲鲁东不了解无酬劳动和有酬劳动(工资)都是价值的一部分,不过前者采取了利润的形式。这说明他根本不了解价值的性质和剩余价值的来源以及工资的本质。以致把商人的利润也包括在"公平价格"之内,因为在他看来,既然商人的贸易活动,只要不搞投机倒把,就是"创造价值的起因",交换"也是创造性的行动"。因此,"公平价格"理所当然地必须包括商业利润。这样,交换就被他看成"纯道德的"活动,"也是创造性的行动"③ 这种错误的论调,理所当然要受到恩格斯的批判:"任何人,就是蒲鲁东本人,也没有写过比这更蠢的废话"④,"这位资产者在这里忘记了,不掌握资本,我决不能从事商业,而只能为他人、为资本家劳动;这样吹捧商人实在太妙了。"⑤ 总之,蒲鲁东的"公平价格"论说明了他的小资产阶级平等观念的本质,他把简单商品交换中所反映的平等和这种交换产生的不平等观念相对立,使他天真地设想,通过劳动来占有,通过平等交换,就可以进入他设想的理想境界的千年自由王国。正如恩格斯指出的,蒲鲁东在《总观念》一书中,虽然一方面因为"价值构成也具有了一种比较

---

① 《马克思恩格斯全集》第44卷,人民出版社1982年版,第190页。
② 同上书,第176页。
③ 同上书,第175页。
④ 同上书,第191页。
⑤ 同上书,第174页。

有血肉的形式：'小商贩的公平价格'的形式。"① 使他"接近尘世"，但是，另一方面也体现了他小资产阶级平等观的天真本质。

2. 对货币、利息论的批判

蒲鲁东在货币问题上，他以小资产阶级无政府主义的偏激情绪，把货币视为洪水猛兽，极欲将其废除而后快。他认为，"赋予贵金属充当交换手段的特殊职能，纯粹是约定的职能"。他对马克思提出的"金银天然不是货币，但货币天然是金银"，持不同看法。"他们说，贵金属因为数量少，比重大，不易毁损，用作货币有着其他物品所没有的种种便利之处。简而言之，他们不是回答人们向他们提出的经济问题，而是讨论起工艺来。他们虽然完全正确地指出了金银充当货币在物质方面的优点，可是他们中没有一个人看到或者理解决定贵金属有这种特权的经济原因。"② 因此，他提出，银行要停止金银货币的流通，用劳动货币的流通来代替金银货币的流通，以此作为消灭货币的过渡办法。这种观点之所以是错误的，在于：（1）把金银的使用价值和价值相混淆。金银成为货币并不是它是金银，而是因为它是价值的代表，它本身就是一种商品，是人们劳动的产物，它同其他商品一样，也具有使用价值和价值。金和银之所以能够成为货币是商品形式发展的必然结果，首先不是由于它有特殊的使用价值，而首先是因为它也是商品，具有价值，所以，它才能成为一般价值形式的代表，最后才成为货币。而蒲鲁东却把金银成为货币的原因归结为金银本身所具有的特殊的使用价值，而忽视了它本身也是商品，也具有使用价值和价值；（2）马克思在分析价值形式发展历史中，货币形式成为价值形式发展的最后阶段，完全证明了金银成为货币的最好代表，正是说明它具有成为货币的优越条件。而不是由于它有这些优越的自然属性，就自然能够成为货币，这只是一种假象。马克思指出："当一般等价形式同一种特殊商品的自然形式结合在一起，即结晶为货币形式的时候，这种假象就完全形成了。一种商品成为货币，似乎不是因为其他商品都通过它来表现自己的价值，相反，似乎因为这种商品是货币，其他商品才都通过它来表现自己的价值。中介运动在它本身的结果中消失了，而且没有留下任何痕迹……

---

① 《马克思恩格斯全集》第27卷，人民出版社1972年版，第328页。

② ［法］蒲鲁东：《贫困的哲学》第1卷，余叔通、王雪华译，商务印书馆1961年版，第94页。

货币的魔术就是由此而来的。"①

蒲鲁东在利息问题上，他认为生息资本是资本的一种基本形式，而把货币、房租作为利息的一种派生形式。利润只是工资的一种特殊形式。在蒲鲁东看来，贷放是一件坏事。由于货币的存在而产生的借贷行为，是形成资本主义剥削关系的根源。因为它不是出售。作为"取息的贷放'是这样一种能力，即人们可以不断重新出售同一物品，并且不断重新为止得到价格，但从来不出让对所售物品的所有权'"。②他举例说，出售帽子的制帽业主，得到了帽子的价值，不多也不少，但借贷资本家不仅一个不少地收回他的资本，而且还得到利息。这是把借贷行为和商品买卖混淆在一起。因为"这种'物品'（例如货币或房屋）不会变更所有者，这同在买和卖时不一样。不过他没有看到，当货币贷出时，并没有得到任何等价物作为报酬，而在实际过程中，在交换的形式上和基础上不仅会得到一个等价物，而且会得到一个无酬的余额。在物品交换发生时，不会发生价值变动，同一个人仍然是同一价值的'所有者'。在产生剩余价值时，不会发生交换。当商品和货币的交换再开始时，剩余价值已经包含在商品中了。蒲鲁东不懂得利润，从而利息，怎样由价值的交换规律产生。因此，照他说来，'房屋'、'货币'等等就不应当作为'资本'，而应当作为'商品……按照成本'来交换"。③马克思在批判蒲鲁东这个荒谬观点时指出："蒲鲁东先生的制帽业主看来不是资本家，而是手工业者，手艺人。"④这是由于蒲鲁东根本不懂得剩余价值的生产，不了解利息是剩余价值的一部分。

在蒲鲁东对货币和利息等一系列的错误认识的基础上，他提出了成立"交换银行"实现平等交换和降低利息率的措施，对资本家的财产进行赎买。而交换银行的主要业务：一是进行商品交易；二是开展无息贷款。在交易所中取消中间人，银行对生产者交来的产品支付劳动券，并凭借它在银行交换等价商品。通过这些措施，来实现公平交换，达到消灭私有财产的目的。在降低利息率方面，他设想利息率下降到 0.5%，0.25% 和

---

①　《马克思恩格斯全集》第 23 卷，人民出版社 1972 年版，第 111 页。

②　《马克思恩格斯全集》第 26 卷第 3 册，人民出版社 1974 年版，第 583 页。

③　同上书，第 583—584 页。

④　同上书，第 584 页。

0.125% 后就可以达到废除资本的目的。他断言：“在信贷的利率为 0.25 厘的情况下，资产阶级也会变成革命的，革命不再使它感到恐惧。”① 针对蒲鲁东的这些天真的幻想，恩格斯指出：“蒲鲁东想降低利息的全部永恒的迫切要求，依我看来，是资产者和小资产者的美好愿望的另一种表现。只要利息和利润成反比的时候，这个要求只能导致增加利润。只要有不宽裕的，没有保证品的，从而恰好非常需要钱用的人存在，国家贷款就无法消灭私人贷款，因此也不能降低任何交易的利率。”② 恩格斯对蒲鲁东这种“用商业措施和强制手段来逐渐降低利率，以便使利息的支付变成债务的清偿，从而消灭一切债务等等，并把一切现有的财产都集中在国家或者公社的手中”的设想，明确表示：“我认为是完全行不通的。”③

三　马克思对马尔萨斯的价值理论的批判

托·罗·马尔萨斯（1766—1834），英国庸俗政治经济学的创始人。出身于英格兰的一个土地贵族家庭。他曾在英国剑桥大学学习哲学和神学，担任过牧师。后来，在伦敦东印度学院担任历史和经济学教授。1798 年出版了《人口原理》，这是资产阶级对无产阶级的最公开的宣战。1820 年出版的《政治经济学原理》，主要是反对李嘉图的经济学说。他继承和发展了亚当·斯密价值理论中的庸俗成分，否定了其中劳动决定价值的科学成分。马克思在《资本论》中对他的价值理论进行了深刻的批判。

（一）混淆商品和资本

马尔萨斯在谈到亚当·斯密的价值理论时说：“斯密博士作了这样一番论证［即断言谷物的实际价格永远不变］，显然是由于他习惯于把劳动＜即劳动价值＞看作价值的标准尺度，而把谷物看作劳动的尺度……无论劳动或其他任何商品都不能成为实际交换价值的准确尺度，这在现在已被认为是政治经济学的最明白不过的原理之一。实际上这正是从交换价值的

---

① 《马克思恩格斯全集》第 44 卷，人民出版社 1982 年版，第 195 页。
② 《马克思恩格斯全集》第 27 卷，人民出版社 1972 年版，第 327 页。
③ 同上。

规定本身得出来的。"① 从马尔萨斯这段话中，可以看出：（1）他的价值理论是建立在否定亚当·斯密的劳动决定价值的基础上；同时，他又"采用了斯密的另一个价值规定：价值决定于生产某一物品所必需的资本（积累劳动）和劳动（直接劳动）的量"。② （2）马尔萨斯还利用李嘉图价值理论中存在的劳动与资本的交换同价值规律的矛盾，来推翻李嘉图劳动决定价值的正确理论。但是，他提出的"某一商品通常支配的劳动量，必定可以代表并衡量生产这一商品花费的劳动量加利润"。却是错误的。因为他把资本和商品混淆起来了，也就是"把它们在执行资本的特殊职能时的价值，同商品本身的价值混淆起来"。③ （3）马尔萨斯虽然强调了资本和雇佣劳动之间的不平等交换，因为李嘉图实际上却没有阐明，按照价值规律来说明资本和劳动的交换，产生剩余价值的问题。但是由于他把资本的价值和商品的价值相混淆，这样，他不但没有超过李嘉图，反而使他的价值理论倒退到李嘉图以前，甚至退到斯密和重农学派以前。

（二）庸俗的"让渡利润"见解

由于马尔萨斯把商品和资本相混淆，不理解商品中包含的劳动量和商品中包含的有酬劳动量之间的差额，构成利润的源泉，就不可避免地得出由于卖者不仅高于他花费的资本，而且高于他的商品价值。这样一来，某个商品出卖所赚得的利润，也就是他作为另一商品的买者所亏损的。于是就得出这样庸俗观点：利润在于商品贱买贵卖。买者购买商品所花费的劳动或物化劳动多于卖者为商品所花费的。马克思对这种观点进行严肃的批判：（1）把利润归结为贱买贵卖是不能产生利润的。如果买卖双方都采取贱买贵卖的办法，那么，当你作为卖者通过贵卖获得的利润，必然会当你作为买者时失去，两者相抵消，利润是不可能产生的；（2）为了实现资本家的利润，就必须有不是卖者的买者，这样，资本家才能实现他的利润，才能"按照商品的价值"出卖商品，资本家才能实现他的利润。这些人是谁呢？那就是地主、牧师以及他们的家仆等。至于这些"买者"怎样占有购买手段，马尔萨斯没有说明。"不管怎样，由此就产生了他的为下

---

① 《马克思恩格斯全集》第 26 卷第 3 册，人民出版社 1974 年版，第 3—4 页。

② 同上书，第 4 页。

③ 同上书，第 8 页。

述主张辩护的论据：尽可能多地增加非生产阶级，好让商品的卖者找到市场，为自己的供给找到需要。"①

(三) 片面解释斯密的价值理论

马尔萨斯在同李嘉图的论战中，利用斯密的错误观点来反对马克思的劳动价值论。

其一，把商品的价值和商品交换的劳动量相混淆。马尔萨斯认为："利润不取决于商品互相交换的比例。""因为同一比例在任何利润高度上都能存在，而取决于对工资的比例，或者说对抵补原有费用所需的比例，这个比例在任何情况下都决定于买者为取得商品而作出的牺牲（或他付出的劳动的价值）超过生产者为使商品进入市场而作出的牺牲的程度。"马克思指出，这是马尔萨斯抓住斯密价值的决定错误的方面，即"商品的价值等于商品支配的劳动量，或支配商品的劳动量，或商品交换的劳动量"，为他的错误理论服务。因为如果承认商品价值取决于商品交换中所交换到的劳动量，那么商品的价值就不取决于商品本身所包含的劳动，商品所支配的劳动量大于商品本身所包含的劳动，利润就被排除在商品价值之外，使利润成为商品价格的附加额，从而成为他的让渡利润的理论根据。

其二，把劳动量和劳动的价值相混淆。马尔萨斯说："一定的劳动量，必定具有同支配它或者实际上交换的工资相等的价值。"马克思说："这句话的目的就是把劳动量和劳动的价值这两个用语等同起来。"② 这句话本身纯粹是同义反复，荒谬的陈词滥调。如果认为工资的价值是由劳动的价值决定的，那么，劳动的价值又是由劳动决定的，这难道不是同样反复吗？"由此只能得出结论说，劳动的价值（因为它是用劳动力的价值，而不是用劳动能力所完成的劳动来衡量的）、一定劳动量的价值所包含的劳动，少于它所买到的劳动；因此，代表所买到的劳动的那些商品的价值和用来购买或支配这一定劳动量的那些商品的价值，是大不相同的。"③

其三，把劳动的价值和劳动交换的价值相混淆。马尔萨斯说："劳动

---

① 《马克思恩格斯全集》第 26 卷第 3 册，人民出版社 1974 年版，第 15 页。

② 同上书，第 18 页。

③ 同上书，第 19 页。

的价值是不变的。"这并不是他的创见,而是对亚当·斯密的剽窃。因为斯密说过:"等量劳动,在任何时候和任何地方,对于完成这一劳动的工人必定具有相同的价值。在通常的健康、体力和精神状况下,在工人能够掌握通常的技能和技巧的条件下,他总要牺牲同样多的休息、自由和幸福。他所支付的价格总是不变的,不管他用这一价格换得的商品量有多少。诚然他用这个价格能买到的这些商品的量有时多有时少,但这里发生变化的是这些商品的价值,而不是购买商品的劳动的价值。……由此可见,劳动本身的价值永远不变,所以劳动是唯一真实的和最终的尺度,在任何时候和任何地方都可以用这个尺度来衡量和比较一切商品的价值。"①马尔萨斯根据斯密上述观点,提出:"如果对劳动的需求增加了,那末,工人的较高工资就不是由劳动价值的提高,而是由劳动所交换的产品的价值的降低引起的。在劳动过剩的情况下,工人的低工资是由产品价值的提高,而不是由劳动价值的降低引起的。"②马克思对这种观点进行了批判:(1)引述贝利嘲笑劳动价值不变的说法。贝利举例说,我们可以用同样的方法证明任何物品都具有不变的价值。以10码呢绒为例,不管对它付出5镑还是10镑,付出的金额在价值上总是等于用这笔钱交换到这块呢绒,或者换句话说,这个金额对这块呢绒来说具有不变的价值。但是,用来交换具有不变价值的物,本身必须是不变的;所以,这10镑呢绒必须具有不变的价值。如果说,工资虽然在数量上有变化,但支配的劳动量不变,因此具有不变的价值,那么这种说法正同买帽子的金额虽然时多时少,但总是买到一顶帽子,因此它具有不变的价值这种说法一样不足取;(2)揭露马尔萨斯论证"劳动价值不变"的方法,事先就把这一点作为前提。因为如果货币的价值同劳动相比降低了,那么恰恰需要证明:所有的价值同货币相比提高了,或者说,不是用劳动而是用其他商品计算的货币价值降低了。而马尔萨斯证明这一点的办法,却是事先就把这一点当作前提;(3)事实上,劳动本身是没有价值的,因为价值就是抽象劳动的凝结,说劳动的价值是荒谬的。事实上只有劳动力才有价值,而劳动力是有价值,而且它的价值是随着生活资料价值的变化而变化的,所以说"劳动价值不变"的说法是错误的。而马尔萨斯却把劳动的价值和劳动交换的价值

①　《马克思恩格斯全集》第26卷第3册,人民出版社1974年版,第20—21页。

②　同上书,第21页。

相混淆。马克思在批判他的劳动的价值永远不会变动的错误观点时，举了如下例子：假定在一种情况下一个工作日的工资等于2先令，在另一种情况下等于1先令。资本家为同样的劳动时间付出的先令，在前一种情况下比在后一种情况下多一倍。但是工人为取得同样多的产品付出的劳动，在后一种情况下比在前一种情况下多一倍，因为在后一种情况下，他做完整个工作日才得到1先令，而在前一种情况下只要做半个工作日就可以得到1先令。所以，马克思指出："马尔萨斯先生只看到资本家为换取同样多的劳动付出的先令有时多有时少。他没有看到工人为换取一定量产品付出的劳动也完全相应地有时多有时少。"①

（四）否定劳动价值论

马尔萨斯反对劳动价值论所持的论据，完全是来自李嘉图提出的一些论点。因为他在坚持劳动价值论的同时，也存在一些错误，于是马尔萨斯就利用李嘉图理论上的错误，来否定劳动价值论。

其一，把费用价格和价值相混淆。李嘉图在坚持价值是由劳动创造的正确观点的同时，发现生产价格即他所说的费用价格与价值不一致，这是由于他没有认识到生产价格是价值的转化形态。因为李嘉图把各个生产领域使用的劳动量转移的费用价格的平均化看作是价值本身的变形。这就是说，由于在生产过程中使用的资本的结构不同，流动资本和固定资本的比例不同，从而使它们的周转的速度不同，在平均利润规律的作用下，以致使各个资本的生产价格和价值出现了差别，为了解决他遇到的价值规律和生产价格的矛盾，他提出了和他主张的劳动价值论相违背的论点，认为"商品的交换价值的变动与生产商品时所花费的劳动量无关"。② 马克思指出这个观点的错误在于：由于李嘉图的费用价格和价值的混淆。因为李嘉图"把不依各个生产领域使用的劳动量为转移的费用价格的平均化看作是价值本身的变形，从而把整个原理推翻了"。③ 而马尔萨斯抓住李嘉图所强调的并且是他最先发现的那个矛盾来反对李嘉图。"把与普遍规律相矛盾的现象胡说成直接同普遍规律一致，以便在自己的议论中避开这些现

---

① 《马克思恩格斯全集》第26卷第3册，人民出版社1974年版，第34页。

② 同上书，第23页。

③ 同上。

象，不过这样一来，基础本身也就不存在了。"① 这就是利用李嘉图提供的违反价值规律的材料来反对李嘉图。马克思在指出造成这个错误的原因时说，"这无非是把费用价格和价值等同起来，——这种混同，在亚当·斯密著作中，尤其是在李嘉图著作中是和他们的实际分析相矛盾的，而马尔萨斯却把它奉为规律。"②

其二，对相对工资的否定。马尔萨斯利用李嘉图对生产价格和价值的混淆，来反对李嘉图的相对工资的见解。李嘉图的相对工资，是指工资的价值完全取决于工作日中工人为自己劳动的那一部分和归资本家所有的那一部分劳动之间的比例。马克思对李嘉图相对工资的见解给予了高度肯定。他说："确立相对工资的概念是李嘉图的最大功绩之一。其要点就是：工资的价值（因而还有利润的价值）完全取决于工作日中工人为他自己劳动（为了生产或再生产他的工资）的那一部分和归资本家所有的那一部分劳动时间的比例。这一点经济学上非常重要，事实上这只是对正确的剩余价值理论的另一种表达。其次，这一点对理解两个阶级的社会关系是很重要的。"③ 相反，马尔萨斯却对李嘉图的相对工资提出了异议，认为："在李嘉图先生以前我还没有见到有哪个著作家曾在比例的意义上使用工资或者实际工资这个术语。"④ 以及"利润确实是指一种比例；而利润率始终被正确地表达为对预付资本的价值的百分比"等观点，马克思对他的这些观点的评判是从两方面进行的：一方面对其错误的观点进行批判：例如，对"资本的利润就是预付资本的价值和商品在出卖或被消费时所具有的价值之间的差额。"马克思就进行了批判，指出："照马尔萨斯的说法，商品的价值等于商品中包含的预付资本加利润。既然预付资本中除了直接劳动外，还包括商品，所以预付资本的价值等于预付资本中包含的预付资本加利润。于是利润等于预付资本的利润加利润的利润。如此等等，以至无穷。"⑤ 另一方面，对某些正确或基本正确甚至是朦胧的认识，都实事求是地给予了肯定。例如，（1）对生产劳动和非生产劳动的

① 《马克思恩格斯全集》第 26 卷第 3 册，人民出版社 1974 年版，第 23 页。

② 同上书，第 26 页。

③ 同上书，第 27—28 页。

④ 同上书，第 28 页。

⑤ 同上。

区分。"工人和家仆是用于完全不同目的两种工具，前者帮助获得财富，后者帮助消费财富。""生产工人就是直接增加自己主人财富的工人。"马克思说："这个对生产工人的定义倒是不错的。"（2）正确地界定了资本积累的含义："资本积累就是把资本的一部分拿来使用，现有的财产或财富不增加，资本也可能增加。"（3）生活资料的增加可以快于人口的增加。他说："按人口的性质来说，即使遇到特殊需求，不经过16年或18年的时间，也不可能向市场供应追加工人。然而，收入通过节约转化为资本却可以快得多，一个国家用来维持劳动的基金比人口增长得快的情况，是经常有的。"马克思评价这段话时指出："对于这个人口过剩论的说教者来说，最重要的是这样一段话。"①　（4）积累劳动和直接劳动划分。例如："积累劳动是花费在生产其他商品时使用的原料和工具上的劳动。""在谈到生产商品所花费的劳动时，应当把花费在生产商品所需的资本上的劳动称为积累劳动，以区别于最后的（即在生产商品最后阶段的）资本家所使用的直接劳动。"②马克思的评价是："指出这种区别当然很重要。但是在马尔萨斯那里，这种区别却没有导致任何成果。"③虽然他试图把剩余价值或至少是剩余价值率（不过他总是把它们同利润和利润率混为一谈）解释为对可变资本之比，即对用在直接劳动上的那部分资本之比。但是在马尔萨斯那里，这一尝试是十分幼稚的，而且按照他的价值观，也只能是这样。

（五）　非生产阶级必须不断增长的观点

由于马尔萨斯的价值理论认为商品的价值：等于预付的材料、机器等的价值加商品中包含的直接劳动量，而直接劳动量，按照马尔萨斯的说法，则等于商品中包含的工资的价值加国家一般利润率水平加在全部预付上的利润附加额。而这个利润附加额，是商品在实现过程中表现商品费用价值以上的加价。那么这里就提出一个问题：是谁来支付商品价值以外的这部分加价呢？例如，市场上有三种人，资本家甲、乙和工人。资本家甲生产生活必需品，他预付100单位资本购买劳动，利润率10%，马尔萨

---

① 《马克思恩格斯全集》第26卷第3册，人民出版社1974年版，第30页。

② 同上书，第30—31页。

③ 同上书，第31页。

斯认为工人工资等于工人劳动生产的全部价值，而利润是预付准备的附加额，把预付资本 100 加上 10% 利润，商品价值为 110，资本家按照 110 出卖他的商品可得利润 10。这样，当他作为买者用 110 只能交换到价值 100 的商品，他作为卖者所得又作为买者失去了，因此不能产生利润。作为出卖劳动力的工人，他取得劳动报酬 100，但他作为买者却只能买回产品 10%，其余的 1/11 则被资本家占有而成为利润的真正来源，也就是利润来源于工人所得少于工人创造的价值。资本家乙生产资本家甲所需要的生产资料 100，如果乙的资本全部预付在工资上，利润率 10%，其预付资本就是 90 又 10/11，利润是 9 又 1/11。资本家乙出售 100 给资本家甲，利润率仍然是 10%。这样，乙靠甲实现了利润 9 又 1/11，而工人用 90 又 10/11 向甲购买消费品，由于其中 10% 是附加额，因此，这些消费品的实际价值是减少了。现在我们继续分析甲，这时甲预付 100 在生产资料上，100 在工资上，预付总资本为 220。其中 190 又 10/11 由工人购买，剩余的 29 又 1/11 构成甲、乙两个资本家的利润。马克思还分析了奢侈品生产部门，其情况和以上的分析方法相同。其结论仍然是这个部门的资本家的利润来自工人的工资小于他所创造的价值。必须指出，上面的例子是假定资本主义简单再生产。资本家把剩余产品全部用于工人消费，而没有任何积累。这样，生活必需品和奢侈品的市场就会缩小，因为这个市场靠工人和资本家本身的需求是不能得到满足的。于是，马尔萨斯就提出了存在一个只买不卖非生产消费者阶层，来解决生产过剩的问题。"总之，被马尔萨斯当作'灵丹妙药'的第三类买者——他们只买不卖，只消费不生产——先是不付代价地取得很大一部分年产品价值，并通过下述办法使生产者致富：生产者首先必须把购买他们商品所需的货币白白付给第三类买者，然后再把这些货币取回，即把自己的商品按高于商品价值的价格卖给他们，或者说，以货币形式从他们那里收回的价值大于以商品形式向他们提供的价值。"①

四　恩格斯对杜林攻击劳动价值论的反驳

1878 年出版的恩格斯的《反杜林论》，是一部全面论述马克思主义的

---

① 《马克思恩格斯全集》第 26 卷第 3 册，人民出版社 1974 年版，第 49 页。

经典著作，其中的"政治经济学"篇阐述了马克思的劳动价值论，同时，也批判和驳斥了德国资产阶级庸俗经济学家、反动小资产阶级社会主义者欧根·卡尔·杜林的错误观点，捍卫和发展了马克思的劳动价值理论。

（一）关于财富的定义

杜林认为，"财富"就是"对人和物的经济权力"。也就是说，"财富"是对人和物的支配。他把"财富"分为"生产财富"和"分配财富"两种。恩格斯对杜林给"财富"下的错误定义进行了批判。指出："这是双重错误。第一，古代氏族公社和农村公社的财富决不是对人的支配；第二，就是那些在阶级对立中运动的社会里，财富只要包含着对人的支配，它就主要地、几乎完全地依靠和通过对物的支配来进行对人的支配。"因为在阶级社会里，例如，在整个中世纪大土地占有制是封建贵族借以获得地租的先决条件，谁掌握了生产资料，谁就有权获得财富，"财富对人的支配完全要借助它所掌握的物来进行。"① 为什么杜林要对财富下这种错误的定义呢？恩格斯指出："为的是要把财富从经济领域拖到道德领域中来。对物的支配完全是好事，但对人的支配是坏事；杜林先生既然禁止自己以对物的支配去解释对人的支配，所以他又可以采取勇敢的步骤，立即以他心爱的暴力去解释这种支配。财富作为人的支配就是'掠夺'，于是，我们又碰到了蒲鲁东的'财产就是盗窃'这一陈腐观点的更坏的翻版。"② 也就是说，杜林之所以对财富作这样的定义，他的用心在于：（1）作为对物的支配的财富是生产的财富，是好的方面；（2）作为对人支配的财富，是分配的财富，是坏的方面，应该扔掉它。也就是说，资本主义生产方式是好的，可以继续存在；资本主义的分配方式完全不适用，必须消灭它。杜林关于财富的定义的实质是离开生产关系来说明分配问题，妄图使人们走上保存资本主义，而空喊反对暴力分配的歧途。

（二）关于价值的定义

什么是价值？杜林认为，"价值是经济物品和经济成果在交往中所具有的意义"。这种意义适合于"价格或其他任何一种等价物的名称，如工

---

① 《马克思恩格斯全集》第 20 卷，人民出版社 1971 年版，第 203 页。

② 同上。

资"。恩格斯批判了杜林的观点，指出："经济学所知道的唯一的价值就是商品的价值。"① "价值概念是商品生产的经济条件的最一般的、因而也是最广泛的表现。"② 恩格斯把经济学上的"价值"同"商品""商品生产"直接联系在一起，离开了商品和商品生产就不存在"价值"。因此，商品和商品生产并不是永远存在的。"商品生产决不是社会生产的唯一形式。"例如，"在古代印度的公社里，在南方斯拉夫人的家庭公社里，产品都没有转变为商品。"③ 也就是说，在原始公社制社会，公社成员是直接与生产相结合的，他们的劳动和劳动生产的消费品，是按照习惯和需要来分配的。这种"直接的社会生产以及直接的分配排除一切商品交换，因而也排除产品向商品的转化（至少在公社内部）和随之而来的产品向价值的转化。"④ 而在未来的共产主义社会，商品和商品生产也将不复存在，价值也会随之消亡。"一旦社会占有了生产资料，商品生产就将被消除。"⑤ 那时，虽然也要技术也会有各种劳动消耗，但是，"人们可以非常简单地处理这一切，而不需要著名的'价值'插手其间。"⑥ 可见，恩格斯认为，无论在原始共产主义社会，或者是未来发达的共产主义社会，都不存在商品合乎商品生产，当然也就不存在"价值"。

1884 年 9 月，恩格斯在给考茨基的信中，又重申了这一观点。他说："实际上，经济价值这个为商品生产所特有的范畴，将同商品生产一起消失，……就象它在商品生产以前并不存在一样。劳动同产品的关系，无论在商品生产以前或以后，都不用价值形式来表现。"⑦ 后来，在恩格斯逝世前夕的 1895 年 3 月，他在批判威纳尔·桑巴特的信中还指出："不言而喻，我不能完全同意您对马克思观点的叙述，尤其是……关于价值的概念的叙述。在我看来，这种叙述未免太空泛了：如果是我，我首先从历史上给予限定，强调它只适用于能够谈得上价值的那个社会经济发展阶段，即存在商品交换，相应地也存在有商品生产的那个社会形态。原始共产主义

---

① 《马克思恩格斯全集》第 20 卷，人民出版社 1971 年版，第 331 页。

② 同上书，第 334—335 页。

③ 同上书，第 333 页。

④ 同上书，第 333—334 页。

⑤ 同上书，第 307 页。

⑥ 同上书，第 334 页。

⑦ 《马克思恩格斯全集》第 36 卷，人民出版社 1974 年版，第 210 页。

不知道什么价值。"①

（三）关于价值的决定

价值决定问题是马克思劳动价值论的根本问题，也是马克思的劳动价值论和其他价值理论区别的分水岭。当马克思在 1867 年出版的《资本论》第一卷中，提出了劳动价值论以后，杜林随即出版他的《国民经济学和社会经济学教程》，提出了极端庸俗的价值论来同马克思的劳动价值论相对抗。恩格斯在《反杜林论》中严厉地反驳了杜林的五种极端庸俗的价值理论，捍卫了马克思的劳动价值论。

其一，批判杜林的所谓"生产价值论"。杜林认为，商品价值是根据"自然界和条件对创造的抵抗来估价的"。就是说，人们在生产商品的过程中，必然要投入一定的力量，以克服来自自然界的各种抵抗，这种投入的力量就决定了商品的价值。恩格斯指出，杜林的这个观点如果还有某种意义，"那末这就是：一个劳动产品的价值是由制造这个产品所必需的劳动时间来决定的，这一点，即使没有杜林先生，我们也老早就知道了。"②但是，杜林却不是直接指出商品价值是由生产该商品所耗费的劳动决定的，而是把商品价值说成是"把创造积极的产品的生产劳动转变为对抵抗的纯消极的克服"。③ 恩格斯指出，这样一来，"事情就完全被歪曲了"。④ 因为，"说一个人在任何物品里所投入的（为了保留这种浮夸的表达法）力量的多少，是价值和价值量的直接的决定性原因，这完全是错误的。第一，问题在于把力量投入到什么物品；第二，是怎样投入的。"也就是说，我们首先要看把力量投入到什么物品上，如果是生产的是一个对别人没有使用价值的物品，那么他的全部力量就不能创造任何价值。其次要看这种力量是怎样投入的，如果他投入产品的劳动超过了生产该产品的社会必要劳动量，那么超过的部分就不能形成价值。正如某个人坚持用手工方法生产一种物品，而多数人是用机器生产这种物品，它比手工生产便宜二十倍，这样，他投入的力量的二十分之十九既不能形成任何价值，

---

① 《马克思恩格斯全集》第 39 卷，人民出版社 1974 年版，第 404 页。

② 《马克思恩格斯全集》第 20 卷，人民出版社 1971 年版，第 204 页。

③ 同上书，第 205 页。

④ 同上。

也没有造成杜林所谓的 "特殊的价值量"

其二，批判杜林的所谓 "分配价值论"。杜林认为，价值决定 "除了自然界所造成的抵抗……还有另一种纯社会的障碍……在人和自然界之间出现一种阻碍的力量，而这种力量仍旧是人。……只要我们想到第二个人，这个人手持利剑，占据通向自然界和自然富源的入口，要求某种形式的入门费，那情况就不同了。这第二个人……仿佛征收另一个人的税，所以他就是以下这种情况的原因：经过努力而创造出来的价值，能够比没有这种政治障碍和社会障碍而创造或生产出来的价值大"。① 按照杜林的说法，"一个物品的实际上存在的价值是由两部分组成的：第一，它本身所包含的劳动；第二，'手持利剑' 逼出来的附加税。换句话说，目前存在的价值是一种垄断价格。"② 这就是说，这种 "分配价值" 就是一种附加税，它不包含任何力的投入，而是由暴力逼出来的。恩格斯对这种错误观点进行了严厉的批判，他指出："所谓的附加税表现为一个真实的价值额，即由劳动的、创造价值的阶级所生产，但被垄断者阶级所占有的价值额，这时，这个价值额就只由无偿劳动组成；尽管有手持利剑的人，尽管有所谓的附加税和所称的分配价值，我们在这种情况下还是回到了马克思的剩余价值理论。"③ 也就是说，作为附加税的价值额仍然是由劳动创造出来的，是工人无偿劳动的产物。如果一切商品都是垄断价格，实际上就没有垄断价格。卖得高买得也贵，两者就互相抵消了，所谓分配价值只不过是假象。

其三，批判杜林的所谓 "人力花费价值论"。杜林认为，"在每种价值表现中，因而也在那种通过分配而不是付出对等劳动成果被占有的价值组成部分中，所表明和表现的相同的东西，就是人力的花费，人力……体现于……每个商品之中。"④ 恩格斯对这种说法进行了批判。(1)如果承认人力花费决定价值，那么必然与他自己提出的分配决定价值的观点相矛盾。恩格斯说："如果一切商品都由商品中所体现的人力的花费来计量，那么，分配价值、加价、赋税的征收，都到哪里去了呢？" 这完全是自相

---

① 《马克思恩格斯全集》第 20 卷，人民出版社 1971 年版，第 205 页。

② 同上书，第 205—206 页。

③ 同上书，第 206 页。

④ 同上书，第 208 页。

矛盾；（2）如果说商品的价值完全由人力的花费决定，那么，这是剽窃李嘉图——马克思的价值理论，这又否定了杜林自己的分配价值论的观点。恩格斯说："杜林先生所说的不就是被他痛骂过的李嘉图——马克思的价值论好久以前远为明确而清楚地说过的意见吗？"①

其四，批判杜林的所谓"工资价值论"。杜林认为，"劳动'归结为生存的时间，而生存的自我维持又表现对营养上和生活上的一定数量的困难的克服'。"② 恩格斯对这种观点进行了批判。（1）混淆了工人在一定工作日内所创造的价值和在一定工作日所消耗的生活资料的价值。因为"工人所生产和他所花费的，正象机器所生产的和它所花费的一样，是不同的东西。工人在一个十二小时的工作日内所创造的价值，同他在这个工作日内和这个工作日内必需的休息时间内所消费的生活资料的价值，是根本没有任何共同之处的。"③ （2）是为资本主义的剥削进行辩护的庸俗经济学的观点。因为这种观点"正是现存资本主义社会制度的最平庸的颂扬者宣扬工资决定价值的意见，并且还把资本家的利润说成一种比较高的工资、禁欲的报酬（因为资本家没有荡尽他的资本）、冒险的奖赏、经营管理的工资等等。杜林先生和他们不同的地方，只是在于他宣布利润是掠夺。"④

其五，批判杜林的所谓"生产费用价值论"。杜林认为："我们在它们〈物品〉里面所投入的我们自己的力量的多少，就是一般的价值和一种特殊的价值量存在的直接的决定性原因。"⑤ 也就是说，投入生产的不仅包括劳动者的工资的费用，还包括投入生产的生产资料的费用，这就是说价值是由生产费用决定的。杜林的这个观点，实际上是从他老师美国庸俗经济学家凯里那里贩卖来的。因为凯里认为，价值是由再生产费用决定的。随着劳动生产率的不断提高，每个产品的价值就会降低，工人工资不断提高，资本家利润不断减少。因此，他主张工人只要拼命干活，就能达到提高工资的目的。事实上，恰恰相反，随着劳动生产率的提高，单位产

---

① 《马克思恩格斯全集》第20卷，人民出版社1971年版，第208页。
② 同上书，第209页。
③ 同上书，第210页。
④ 同上。
⑤ 同上书，第204页。

品的劳动力价值必然会降低，工资也会随着下降；而被资本家无偿占有的相对剩余价值必然同时增加，从而加重了对工人的剥削。恩格斯指出："但是这样一来，价值就不是由工资决定，而是由劳动量决定的；这样，工人阶级以劳动产品的形式向资本家阶级提供的价值量，就比他们以工资的形式从资本家阶级那里所得到的价值量大；这就表明，资本的利润象占有他人的无偿劳动产品的其他一切形式一样，只不过是马克思所发现的剩余价值的组成部分。"①

（四）关于简单劳动和复杂劳动

关于价值决定问题，恩格斯除了批判了杜林的五种价值论之外，还驳斥了杜林对马克思劳动价值论的歪曲，批判了他的"劳动等价论"，阐述了简单劳动和复杂劳动的关系，以及两者在决定商品价值量中的作用。

杜林首先对马克思关于简单劳动和复杂劳动的学说进行了攻击。他说："事情并不象马克思先生模模糊糊地想象的那样：某个人的劳动时间本身比另一个人的劳动时间更有价值，因为其中好象凝结着更多的平均劳动时间；不，不是这样，一切劳动时间都是毫无例外地和原则地（因而不必先得出一种平均的东西）完全等价的，对一个人的劳动，正象对任何成品一样，只要说明，在好象纯粹是自己的劳动时间的耗费中可能隐藏着多少别人的劳动时间。……可是马克思先生在他的关于价值的议论中，总是不能摆脱熟练的劳动时间这个在背后作怪的幽灵。有教养的阶级的传统的思维方式妨碍他在这方面采取坚决措施；在有教养的阶级看来，承认推小车者的劳动时间和建筑师的劳动时间本身在经济上完全等价，好象是一件非常奇怪的事情。"② 恩格斯对杜林攻击歪曲马克思劳动价值论的错误观点进行深刻的批判，进一步说明商品价值是由什么劳动决定的。

第一，阐明了马克思关于简单劳动和复杂劳动及其两者的关系和作用。所谓简单劳动 "是每个没有专长的普通人的机体平均具有的简单劳动力的消耗……比较复杂的劳动只是自乘的或不如说多倍的简单劳动，因此少量的复杂劳动等于多量的简单劳动。经验证明，这种简化是经常进行的。一个商品可能是复杂的劳动的产品，但是它的价值使它与简单劳动的

① 《马克思恩格斯全集》第 20 卷，人民出版社 1971 年版，第 212 页。
② 同上书，第 214 页。

产品相等，因而本身只表示一定量的简单劳动。各种劳动化为当作它们的计量单位的简单劳动的不同比例，是在生产者背后由社会过程决定的，因而在他们看来，似乎是由习惯确定的。"① 恩格斯在引申马克思的这段论述中，明确说明了：(1)简单劳动是复杂劳动的形成的社会条件，它是马克思在"探讨了商品的价值是由什么东西决定的"的情况下提出的，因此，它们是在商品生产条件下，为了商品价值决定而存在的；(2)简单劳动和复杂劳动的含义和两者的关系；(3)复杂劳动化为简单劳动的不同比例，并不是人们的主观决定的，而是由商品交换的客观过程决定的，好像是约定俗成的结果。

第二，批判了杜林把简单劳动和复杂劳动的关系，歪曲为劳动时间的关系，歪曲为劳动本身的价值。(1)认为劳动时间决定自然成本，决定价值。在杜林看来，"只有通过所耗费的劳动时间才能计量经济物品的自然成本，从而计量经济物品的绝对价值。"(2)认为任何劳动都是完全等价的。杜林认为，"每个人的劳动时间应该认为从一开始就是完全相等的"，从而完全否定了简单劳动和复杂劳动的区别。(3)混淆了复杂劳动和熟练劳动的区别。杜林认为，"在熟练劳动的情况下，在一个人的个人劳动时间上，还加上别人的劳动时间……例如，所使用的工具。"在这里，杜林把熟练劳动和复杂劳动混淆在一起。因为熟练劳动和复杂劳动的内涵不同。所谓熟练劳动是指技术纯熟的劳动。在同一种类的劳动中，由于在经验、手艺上存在差别，使各个劳动者的劳动熟练程度存在差别，以致在同样的时间内生产同等数量和质量的产品耗费的个别劳动时间会有不同，熟练劳动者比非熟练劳动者耗费得少些。也就是说，在同样的劳动时间付出的等量劳动的条件下，熟练劳动比非熟练劳动的劳动生产率要高，生产的产品要多些。但是，复杂劳动与熟练劳动不同，在同样时间内复杂劳动者付出的劳动比简单劳动者付出的劳动量要多，这就是复杂劳动能够比简单劳动创造更多的价值。所以，杜林的所谓"熟练劳动"是"一个人的个人劳动时间，还加上别人的劳动时间，例如，所使用的工具"的说法是错误的。

第三，指出了杜林歪曲复杂劳动和简单劳动的关系的原因。(1)由于

---

① 《马克思恩格斯全集》第20卷，人民出版社1971年版，第215页。

杜林把商品的价值当成"物品自然成本"和"物品的绝对价值"，当作永恒的范畴，这意味着价值是永恒的，也意味着资本主义对雇佣劳动的剥削也将永远存在；而复杂劳动和简单劳动是决定商品价值范畴，它们只和商品经济相联系，因而它是一个历史范畴；（2）由于杜林把他测量"自然成本"和"绝对价值"都是等价的，这样一来，他制造的劳动等价论就是想要每个人平等劳动，就能得到平等的价值，这只能是妄想；（3）杜林的劳动等价论是他设想的未来社会经济公社的原则之一，这是一种小资产阶级激进的社会主义绝对平均主义思想；（4）杜林制造的劳动等价论，是他的唯心主义先验论的产物。他不是从经济关系中分析抽象出来的，而是从主观出发的普遍公平原则解决社会分配问题，在他看来，要解决分配不公平，实现公平分配，就必须实现劳动等价论。

（五）关于资本的本质

资本作为货币转化的产物，是在劳动力转化为商品的条件下产生的。马克思的资本理论同样受到杜林的攻击。杜林在他的许多著作中，特别是在他1871年出版的《国民经济学和社会主义批判史》中，对马克思的资本理论进行攻击。他采取的手法是，一方面对马克思的资本理论进行大肆地剽窃；另一方面又对马克思的观点加以歪曲和攻击。恩格斯在《反杜林论》中，对杜林的错误观点进行深刻的批判。主要表现在以下几个方面：

第一，揭露了杜林把货币和资本相混淆的错误。杜林说："关于资本，马克思先生首先不是指资本是已经生产出来的生产资料这个流行的经济学概念，而是企图提倡一种更专门的、辩证——历史的观念，这种观念无异于玩弄概念和历史的变态术。据说，资本是由货币产生的；"① 还说："马克思关于资本概念的表述，只能在严谨的国民经济学中引起混乱……产生冒充深刻的逻辑真理的轻率的意见……造成基础的薄弱。"② 恩格斯揭露了杜林对马克思资本学说的歪曲和攻击。（1）揭露杜林把资本看成物，是已经生产出来的生产资料。恩格斯指出："只有当这种剩余劳动的产品采取了剩余价值的形式，当生产资料所有者找到了自由的劳动者——

---

① 《马克思恩格斯全集》第20卷，人民出版社1971年版，第220页。
② 同上。

不受社会束缚和没有自己的财产的劳动者——来作为剥削对象，并且为生产商品而剥削劳动者的时候，只有在这个时候，在马克思看来，生产资料才具有资本的特殊性质。"① 也就是说，生产资料并非生来就是资本，只有把它作为剥削手段的时候，生产资料才转化为资本；（2）揭露杜林歪曲马克思说，资本是由货币产生的错误观点。恩格斯指出，在杜林看来，"好象马克思认为资本是在十六世纪初由货币产生的。这就等于说，金属货币是三千多年前由牲畜产生的，因为在以前牲畜和其他东西一样也承担过货币的职能。只有杜林先生才能采取这样笨拙的和不恰当的表达方式。"② 恩格斯按照马克思关于货币转化为资本的理论，说明货币虽然是资本的最初的表现形式，但货币本身不是资本，因为作为货币的货币和作为资本的货币，在本质上是不同的。马克思在《资本论》第一卷第四章中，把货币和资本的区别，按照两者的流通形式进行了分析。从流通的次序、目的、内容、界限等方面进行了对比分析，揭示了作为货币的货币的简单商品流通和作为资本的货币的资本流通两者存在根本的区别，正如恩格斯指出的，马克思"他首先发现，货币作为资本流通的形式，同货币作为商品的一般等价物流通的形式是相反的。简单的商品所有者为买而卖；他卖出他不需要的东西，而以所得的货币买进他需要的东西。开始经营的资本家一开头就买进他自己不需要的东西；他为卖而买，而且要卖得贵些，以便收回最初用于购买的货币价值，并且在货币上有所增加；马克思把这种增加叫做剩余价值。"③

　　第二，论述了货币转化为资本是由于劳动力转化为商品。杜林认为，"资本是经济的权力手段的主干，它被用来继续进行生产并构成一般劳动力成果的份额。"在杜林看来，马克思的资本观"不是指资本是已经生产出来的生产资料这个流行的经济学概念"，同时他又自相矛盾地认为，资本是占有他人劳动或劳动的产品的生产资料，即所谓资本的特征是"构成一般劳动力成果中的份额"，即构成剩余劳动或剩余产品。恩格斯指出，杜林的这些观点，一方面是对马克思理论的剽窃，同时又是对马克思理论的歪曲和篡改。因为马克思在批判资产阶级经济学家把资本看成是已

---

① 《马克思恩格斯全集》第 20 卷，人民出版社 1971 年版，第 227 页。
② 同上书，第 220 页。
③ 同上书，第 221 页。

经生产出来的生产资料时，就明确指出，生产资料本身不是资本，只有当资本家利用这些生产资料生产剩余价值时，它才成为资本。因此，恩格斯指出，杜林在这里"犯了即使用高傲的字句也'掩饰不好的'笨拙地剽窃马克思思想的罪过"。① 这就是说，杜林在剽窃马克思的观点时，又把它加以歪曲。他把马克思所发现的剩余价值篡改为马克思所说的剩余劳动和剩余产品，而且把两者加以混淆，并且用后者来代替前者。恩格斯指出："剩余劳动和这种剩余劳动的产品的被别人占有，即超出工人维持自身生活所必需的时间以外的劳动和对劳动的剥削，是到目前为止的一切在阶级对立中运动的社会形态的共同点。但是，只有当这种剩余劳动的产品采取了剩余价值的形式，当生产资料的所有者找到了自由的劳动者——不受社会束缚和没有自己的财产的劳动者——来作为剥削对象，并且为生产商品而剥削劳动者的时候，只有在这个时候，在马克思看来，生产资料才具有资本的特殊性质。而这种情形只是在十五世纪末和十六世纪初才大规模地出现。"②

第三，批判了杜林把剩余价值和利润相混淆的错误。杜林说："按照马克思先生的意见，工资仅仅代表工人为了自身能够生存而实际从事劳动的时间的报酬。为此，只要比较少的钟点就够了；经常被延长的工作日的整个其余部分提供一种剩余，其中包含着我们的作者所谓的'剩余价值'，或者用通常的话来说，包含着资本赢利。"③ 恩格斯对杜林的观点进行了批判。(1)根据马克思的观点，指出了剩余价值和盈利或利润并不是一个东西。恩格斯说："马克思一有机会就提醒读者注意，决不要把他所说的剩余价值同利润或资本赢利相混淆，后者只是剩余价值的一种具体形式，而且常常甚至是剩余价值的一小部分。如果杜林先生仍旧硬说，马克思所说的剩余价值，'用通常的话来说，是资本赢利'，如果肯定马克思的整本书都是以剩余价值为中心的，那末只可能有两种情况：或者是他一点也不懂，这样，对这本书的主要内容一无所知，却要加以诋毁，这可需要极端的厚颜无耻才行；或者是他都懂，这样，他就是故意捏造。"④

---

① 《马克思恩格斯全集》第 20 卷，人民出版社 1971 年版，第 225 页。

② 同上书，第 226 页。

③ 同上书，第 230 页。

④ 同上书，第 231 页。

(2)指出了杜林的错误的原因。恩格斯引证了马克思对李嘉图在这个问题上的错误的批评,来说明杜林也犯了同样的错误。"马克思指出,李嘉图的一个主要缺点,是'没有单纯地分析剩余价值,就是说,没有撇开它的特殊形式如利润、地租等等去加以分析',因而把支配剩余价值率的规律同利润率的规律直接混淆起来了"。① 这也是因为李嘉图没有撇开剩余价值的具体形式利润、利息、地租等来分析剩余价值本身,从而把支配剩余价值的规律同利润规律相混淆。产业资本家是剩余价值的第一个占有者,但决不是剩余价值的最后的所有者,它还要和其他职能资本家如商业资本家、借贷资本家以及土地所有者来共同瓜分剩余价值。

第四,揭示了工资和地租的本质。杜林在攻击马克思的剩余价值理论的同时,还对马克思的工资和地租理论进行了歪曲。他说:"在关于地租的理论中,人们没有特别指出地主自己经营土地的情况,而且没有把佃金形式的地租和地主因自己经营土地而产生的地租之间的数额差别看得特别重要。至少人们不认为有必要去想着把由于自己经营而得的地租这样加以分解:使一部分仿佛代表土地的利息,而另一部分代表企业家的剩余的赢利。撇开租地农场主所用的自己的资本不谈,人们好象把租地农场主的特殊赢利大部分看作一种工资。"② 恩格斯批判了杜林的这些错误观点。(1)把租地农场主通过经营土地所获得的利润和地主通过出租土地所获得的地租相混淆。认为"留在租地农场主手里的显然是一部分地租"③ 在杜林看来,"地租和资本盈利的区别,只在于前者产生于农业,而后者产生于工业或商业";(2)把租地农场主即农业资本家所获得的利润和农业工人所获得的工资相混淆。恩格斯以英国这个典型的按照资本主义方式经营农业的国家为例,指出:"在英国是大地产和大农业占支配地位。地主把自己的土地按照大田庄而且常常是非常大的田庄的形式租给租地农场主,租地农场主以充裕的资本来经营土地,并不象我们的农民那样自己从事劳动,而是作为真正的资本主义企业家利用雇农和短工的劳动。所以在这里,我们看到了资产阶级社会的三个阶级,以及各阶级所特有的收入:地主获得地租,资本家获得利润,而工人获得工资。从来没有一个英国经济

① 《马克思恩格斯全集》第20卷,人民出版社1971年版,第230页。
② 同上书,第242—243页。
③ 同上书,第243页。

学家曾经想过，要象杜林先生所以为的那样，把租地农场主的赢利看做一种工资。"①

五　恩格斯对拉萨尔的批判

恩格斯在传播和捍卫马克思的工资理论方面还作出了其他贡献。例如，他对拉萨尔的"铁的工资规律"就进行了深刻的批判。斐·拉萨尔（1825—1864），全德工人联合会创建人之一，德国工人运动的机会主义者。他在 1864 年出版的《巴师夏—舒尔采—德里奇先生，经济的尤利安，或者：资本和劳动》一书中，对马克思的劳动价值论加以抄袭和歪曲，以便适合自己的需要。为此马克思在《资本论》第一卷第一版序言中指出："本书第一章，特别是分析商品的部分，是最难理解的。其中对价值实体和价值量的分析，我已经尽可能地做到通俗易懂。"接着在其注释中说："这样做之所以更加必要，是因为甚至斐·拉萨尔著作中反对舒尔采—德里奇的部分，即他声称已经提出我对那些问题的阐述的'思想精髓'的部分，也包含着严重的误解。"例如，在工资理论方面，也是这样。拉萨尔提出了所谓"铁的工资规律"。他宣称，在劳动供求关系的支配下，决定工资的铁的经济规律是：平均工资始终停留在一国人民为维持生存和繁殖后代所必要的生活水平上。他根据马尔萨斯的"人口论"认为，工人的日工资总是围绕着由维持工人生存和繁殖所绝对必需的费用决定的平均工资中上下摆动，而工资所以变动的原因则是工人人数的增加或减少。事实上，拉萨尔的这一"工资理论"，同马克思的工资理论毫无共同之处。马克思不仅在《资本论》第一卷的序言中声明拉萨尔对他的理论"严重的误解"，而且在 1875 年《哥达纲领批判》中，严肃地批判了"铁的工资规律"。

恩格斯对拉萨尔的工资理论，也进行过多次批判。1875 年 3 月他给奥·倍倍尔的信中说："我们的人已经让拉萨尔的'铁的工资规律'强加在自己头上，这种规律的基础是一种陈腐不堪的经济学观点，即工人平均只能得到最低的工资，而所以如此，是因为根据马尔萨斯的人口论工人总

---

① 《马克思恩格斯全集》第 20 卷，人民出版社 1971 年版，第 243 页。

是太多了（这就是拉萨尔的论据）。但是，马克思在‘资本论’里已经详细地证明，调节工资的各种规律是非常复杂的，随着情况的不同，时而这个规律占优势，时而那个规律占优势，所以它绝对不是铁的，反而是很有弹性的，这个问题根本不可能像拉萨尔所想像的那样用三言两语来了结。拉萨尔从马尔萨斯和李嘉图（歪曲了后者）那里抄袭来的这一规律的马尔萨斯式的论据，……已被马克思在‘资本的积累过程’一篇中驳斥得淋漓尽致了。接受拉萨尔的‘铁的规律’，那也就是承认一个错误的论点和它的一个错误的论据。"① 这个错误的论据就是指马尔萨斯的"人口原理"。这个"原理"从食物为人类生存所必需和两性间的情欲是必然的这两个前提出发，认为人口的增殖比生活资料的增长要快。在无所妨碍的情况下，人口按照几何级数 1、2、4、8、16……增加，而生活资料只按照算术级数 1、2、3、4、5……增加。当人口增加超过生活资料的增加时，必然受到贫困和罪恶（包括瘟疫、战争和饥荒等）的抑制。后来，在该书第二版中，马尔萨斯又加上了所谓道德抑制，即无力赡养子女者不要结婚。这样，就能够使现实的人口与生活资料保持平衡。这就是马尔萨斯所宣扬的所谓支配人类命运的永恒的"人口自然规律"。这个《人口原理》的实质就是把资本主义制度下劳动人民的贫困和失业归之于自然规律，即人口的增加快于食物的增加。因此，《人口原理》一发表，立即得到了资产阶级的喝彩，因而在资本主义各国广为流行。马克思曾经深刻批判了马尔萨斯人口论的反科学性，指出资本主义制度下的工人的失业和贫困并不是由于"绝对人口过剩"造成的，而是由于资本主义制度决定的。随着资本积累的增长和有机构成的提高，对劳动力的需求必然相对缩小，"工人人口本身在生产出资本积累的同时，也以日益扩大的规模生产出使他们自身成为相对过剩人口的手段。这就是资本主义生产方式所特有的人口规律"。② 马尔萨斯的"人口自然规律"之所以是错误的，是因为物质生活资料和人类本身的生产，都是在一定的社会生产方式下进行的，那种不受社会生产方式制约"抽象的人口规律只存在于历史上还没有受过人干涉的动植物界"。③ 而决定工资一般变动的，并不决定于工人人口的绝

---

① 《马克思恩格斯全集》第 19 卷，人民出版社 1963 年版，第 5—6 页。
② 《马克思恩格斯全集》第 23 卷，人民出版社 1972 年版，第 692 页。
③ 同上。

对数量的变动，而是过剩人口相对数量的增减。

六　恩格斯对阿基尔·洛里亚的反驳

马克思于 1867 年发表了《资本论》第一卷、第二卷和第三卷手稿由恩格斯整理，分别于 1873 年和 1894 年出版以后不久，有位意大利资产阶级庸俗经济学家阿基尔·洛里亚（1857—1943）在马克思在世时，他以写马克思的传记为名，行伪造和歪曲马克思学说之实，以此捞取政治资本。而在马克思逝世后，迫不及待地首先跳了出来，疯狂地反对马克思的劳动价值论和剩余价值理论。他提出马克思在《资本论》第一卷中主张商品依据价值来出卖，而在第三卷又主张商品从来不依照价值来出卖，是理论上的破产，是科学上的自杀。他说：“当马克思主张，从未作为商品出售的价值，是比例于商品中包含的劳动来决定的时候，难道他不是以相反的形式重复正统派经济学家的下述论点：作为商品出售依据的价值，不是比例于商品中耗费的劳动？……马克思说，虽然个别价格会偏离个别价值，但全部商品的总价格始终和它们的总价值一致，或者说始终和商品总量中包含的劳动量一致，这样说也无济于事。因为价值不外是一个商品和另一个商品相交换的比例，所以单是总价值这个概念，就已经是荒谬的，是胡说……是形容词的矛盾。”① 他极力攻击马克思的剩余价值学说，说马克思没有论证剩余价值与利润的区别，没有解决价值和利润之间的矛盾。认为“马克思的剩余价值理论是同利润率普遍相等这个事实绝对不能相容的。”② 恩格斯为了驳斥洛里亚的这些错误观点，写了《资本论》第三卷“序言”和“增补”“马克思的‘资本论’第三卷”“关于‘资本论’第三卷的内容”和书信，批判了洛里亚和形形色色反马克思劳动价值论的各种错误观点。

（一）关于价值规律和平均利润率之间的矛盾

恩格斯在《资本论》第三卷“增补”——“价值规律和利润规律”一文中，按照逻辑与历史相一致的方法，对从价值到生产价格、利润到平

---

① 马克思：《资本论》第 3 卷，人民出版社 1953 年版，第 1006—1009 页。

② 同上书，第 22 页。

均利润的发展过程，进行了精辟的论述。(1) 从商品发展的历史过程来证明价值决定价格是一个客观的事实。恩格斯指出，马克思的价值规律是从把产品转化为商品的那种交换时起，就已经开始发生作用了。在埃及可以追溯到公元前三千五百年，也许是五千年；在巴比伦，可以追溯到公元前四千年，也许是六千年；因此，价值规律的作用已经有了长达五千年至七千年的历史。所以，恩格斯说："马克思的价值规律对于整个简单商品生产时期是普遍适用的，也就是说，直到简单商品生产由于资本主义生产形式的出现而发生变化之前是普遍适用的。在此之前，价格都以马克思的规律所决定的价值为重心，并且围绕着这种价值来变动，以致简单商品生产发展得越是充分，一个不为外部的暴力干扰所中断的较长时期内的平均价格就越是与价值趋于一致，直至量的差额小到可以忽略不计的程度。"① 从而驳斥了"洛里亚先生竟然把这个时期内普遍和直接适用的价值叫作这样一种价值，商品从未按照它来出售，也不能按照它来出售，并且说任何一个稍有点健全理智的经济学家都不会去研究它！"② (2) 从利润率到平均利润率的形成的历史过程说明平均利润率是通过竞争来实现的。恩格斯首先分析了同一个民族在不同市场上的利润率的平均化。他举例说，如果威尼斯的商品在亚历山大得到的利润大于塞浦路斯、君士坦丁堡得到的利润，那么，威尼斯人就会把更多的资本投入对亚历山大的贸易，而把相应的资本从其他市场中抽出来。然后，在向同一些市场输出同种商品或类似商品的各个民族之间，也必然会发生利润平均化，其中有些民族往往会遭到破产，从而退出历史舞台。(3) 从价格的形成上引起变革的工具是产业资本。产业资本的萌芽早在中世纪就已形成，它存在于三个领域：航运业、采矿业、纺织业。而按照技术和生产力的发展分为工场手工业和机器大工业两个阶段，只有到了机器大工业阶段，才使资本在各个部门自由移动和各个资本之间展开竞争，从而形成平均利润率。恩格斯正是把逻辑和历史相结合，说明了平均利润率的形成过程，驳斥了洛里亚之流认为价值规律和利润率存在矛盾的错误观点。

---

① 《马克思恩格斯全集》第 25 卷，人民出版社 1974 年版，第 1018—1019 页。

② 同上书，第 1019 页。

（二）关于剩余价值和利润率之间的矛盾

洛里亚认为，马克思的剩余价值理论是同利润率相等这个事实绝对不能相容的。他说："因为价值由劳动时间决定这件事会使那些以较大部分投在工资上面的资本家得到利益，所以，非生产＜应当说商业＞资本能够从这种受益的资本家那里强行索取较高的利息＜应当说利润＞，因而在各个工业资本家中间造成一种均等现象……"① 他还举例来说明：比如说，如果工业资本家 A、B、C 在生产中各使用 100 个工作日，而使用的不变资本分别是 0、100 和 200，并且 100 个工作日的工资包含着 50 个工作日，那末，每个资本家就得到 50 个工作日的剩余价值，利润率对 A 来说是 100%，对 B 来说是 33.3%，对 C 来说是 20%。但是，如果第四个资本家 D 积累了 300 非生产资本，凭此向 A 抽取 40 个工作日的价值，向 B 抽取 20 个工作日的价值作为利息（利润），资本家 A 和 B 的利润率都会下降到 20%，和 C 的一样了。D 有资本 300，获得利润 60，这就是说，利润率也是 20%，和其他几个资本家一样。洛里亚企图用这个例子来说明利润是如何平均化，只是一种主观臆断，完全没有客观依据。因为平均利润率的形成，必须经过一系列的中间环节，也就是经过部门之间和部门内部的竞争，使所费资本转化为成本价格，剩余价值转化为利润，利润转化为平均利润，利润率转化为平均利润率，价值转化为生产价格等逻辑和历史的发展过程，从而使各种资本的所有者凭借他们的所有权，瓜分到剩余价值的一部分即平均利润，有的还可以获得超过平均利润的超额利润。马克思在分析这个过程时，完全是根据商品经济的发展和市场竞争的规律展开的。而洛里亚却凭借自己的主观臆断，各个资本家不经过任何竞争，就得到了平均利润甚至是超过平均利润经的超额利润。所以，马克思指出："大名鼎鼎的洛里亚用这种惊人的手法，转瞬之间就把那个他在十年前宣告为不能解决的问题解决了。可惜，他并没有把秘密泄露给我们：这种'非生产资本'究竟从何处得到权力，使他不仅可以从工业家手里抢走他们的超过平均利润率的额外利润，而且还把这些额外利润塞进自己的腰包，就象土地所有者把租地农场主的超额利润作为地租塞进自己的腰包完

---

① 《马克思恩格斯全集》第 25 卷，人民出版社 1974 年版，第 22—23 页。

全一样。按照这种说法，事实上是商人向工业家征收一种同地租完全类似的贡赋，并且由此形成平均利润率。"①

恩格斯在致威纳尔·桑巴特和致康拉德·施米特的信中，进一步阐述了马克思的利润率平均化过程，从而批判了洛里亚的主观主义的错误。例如，他在致桑巴特的信中指出："马克思从各别资本主义企业产生的各种数值 $m/c = m/c + v$ 得出一般的、相同的利润率时所借助的那些逻辑中间环节，单个的资本家是完全意识不到的。因为这些中间环节具有某种历史类似现象或某种存在于我们意识之外的现实性，所以它们在下面的过程里也就获得了这种现实性：例如，资本家甲生产的剩余价值中超出［一般］利润率、因而也超出他在总剩余价值中应得份额的那部分剩余价值，转入另一个自己生产的剩余价值通常总是低于其所应获红利的资本家乙的钱袋中。"② 在这里，恩格斯指出了当平均利润率形成以后，各个资本家就按照他们各自投入的资本多少来取得利润，这种按照价值规律以及剩余价值进行再分配的情况如下：(1)这两者只有在资本主义生产到处都已经充分地实现，也就是说社会只存在地主、资本家和工人三个阶级。(2)利润（包括地租）是由各种不同的成分组成的。(3)剩余价值的总和。根据以上情况，可以得出以下结论："总利润和总剩余价值只能近似地符合。而且您还要考虑到，总剩余价值和总资本都不是常数，而是每天都在变化的变数，那末，就很清楚，利润率由 $\sum m/\sum (c+v)$ 这一公式来表现，要不是通过一个近似的数列，是完全不可能的，总价格和总价值的符合，要不是经常趋于统一而又与之背离的符合，也是完全不可能的。"③ 恩格斯这些论断，完全驳斥洛里亚关于价值规律和平均利润率之间存在矛盾的观点。正如恩格斯在致洛里亚的一封信中指出的："我收到了您关于卡尔·马克思的文章。您可以随便对他的学说进行最苛刻的批评，甚至加以曲解；您可以全凭臆想写出马克思的传记。但是，诽谤我的亡友的品德，您是没有权利的，而且我也永远不允许任何人这样做。"④

---

①　《马克思恩格斯全集》第25卷，人民出版社1974年版，第23页。

②　《马克思恩格斯全集》第39卷，人民出版社1974年版，第405页。

③　同上书，第410页。

④　《马克思恩格斯全集》第36卷，人民出版社1974年版，第17页。

七　恩格斯对门格尔的批判

卡尔·门格尔（1840—1921），资产阶级庸俗经济学家，奥地利学派的创始人。门格尔否认存在普遍存在的客观经济规律，主张应用抽象法进行研究，把经济活动变成单个人的主观心理活动，妄图用某些主观心理现象取代对客观经济现象的研究。他否认马克思的劳动价值论，认为价值就是人们对具有稀缺性财货能满足其欲望的强度的主观评价。由于欲望的满足呈递减状态，因而认为财货的价值决定于对该财货所能满足的各种欲望中重要性最小的评价。他主张财货的价值和尺度纯粹是主观的，反对马克思关于价值由劳动决定的观点。他把财货分为低级财货（即第一级财货）和高级财货（即第二级、第三级……财货）。低级财货是指各种直接满足生活需要的消费资料，高级财货是指生产消费资料的各种要素：土地、资本（即工具、设备、原料等）、劳动力、企业家的活动等等。他又认为高级财货的价值取决于低级财货的价值。由于生产需要一定的时间，因而高级财货的价值不是取决于低级财货现在的价值，而是取决于低级财货的"预期价值"。后来，他的门徒维塞尔把他这种观点发展为财货的价值由"边际效用"决定的"效用价值论"。

恩格斯在《资本论》第三卷的序言中指出："就象在英国这里人们曾经在杰文斯—门格尔的使用价值论和边际效用论的基础上建立起的庸俗社会主义一样，人们也尽可以在这个理论的基础上建立起至少同样似乎有理的庸俗社会主义。"① 这里，恩格斯把门格尔的错误观点和杰文斯联系在一起，是因为他们两者都是主观价值论者。因为杰文斯也认为，物品的价值取决于它的效用。这个效用，就是指物品能增加人们的快乐和降低人们痛苦的能力。实际上，它是人对物品和欲望之间的关系的一种评价。可见，效用只是一个主观概念，而不是物品的客观物理性质。杰文斯还把效用分为总效用和最后效用。所谓总效用，是指全部现有产品各单位现有效用的总和。所谓最后效用，是指物品的最后一个增量的效用。杰文斯认为，物品在满足人欲望的一系列点上，其效用程度是不同的。对于一个人

---

① 《马克思恩格斯全集》第25卷，人民出版社1974年版，第14页。

欲望的满足来说，物品的单位效用是随着物品供应量的增加而递减的。在这一系列效用程度中，最后增加的单位产品所提供的效用程度即最后效用程度是最重要的，它直接关系的个人的快乐与痛苦，正是它决定物品的价值。可见，杰文斯的所谓"最后效用程度"价值论，实际上就是奥地利学派的边际效用价值论。所不同的是：杰文斯对自己的价值论不仅作了逻辑论证，而且在表述上还使用了数学方法。例如：设 X 代表一定的商品量，U 代表其效用，ΔU 代表追加效用。则总效用 $= U + \Delta U$。效用程度 $= \Delta U / \Delta X$。再以 d 表示该商品的最后增量，则该商品的最后效用程度 $= dU / dX$。杰文斯认为，正是这个 dU / dX 决定了商品的价值。杰文斯极力攻击马克思的劳动价值论，胡说什么：劳动和生产费用对于物品的价值，不会发生任何直接的影响。他认为，劳动只是决定了物品的供给，而最后效用程度才决定价值。可以看出，杰文斯的主观效用价值论的荒谬性是十分明显的。因为在他把价值归结为人们的主观心理评价时，实际上，他就已经否定了价值这个客观经济范畴的存在。

恩格斯还对门格尔的《十足劳动收入权》进行了批判。所谓《十足劳动收入权》，是门格尔用法哲学来解释社会主义，就是把社会主义在法学上归结为三个基本权利：一是十足的劳动收入权；二是生存权；三是劳动权。所谓劳动者的十足劳动收入权，即每一个劳动者对他的个人劳动收入的权利。恩格斯在《法学家的社会主义》中，对这种说法进行了批判。

第一，权利应该建立在生产方式的基础上，而不是建立在法权的基础上。恩格斯指出："平等的要求也好，十足劳动收入的要求也好，当需要从法学上来具体表述它们的时候，都会陷入无法解决的矛盾，而且问题的实质，即生产方式的改造，则多少没有被触及。"[①] 这是因为，都是建立在一定的生产方式的基础之上，资产阶级的权利是以生产资料资本家所有制为基础，无产阶级的权利是建立在社会主义公有制的基础之上，不能脱离生产方式而空谈权利。因为按照马克思的唯物史观证明：人们的一切法律、政治、哲学、宗教等等观念归根结底都是从他们的经济生活条件、从他们的生产方式和产品交换方式中引导出来的。

第二，"十足劳动收入权"并不是马克思的观点。恩格斯指出："马

---

① 《马克思恩格斯全集》第 21 卷，人民出版社 1965 年版，第 547 页。

克思无论在什么地方都没有提出过'十足劳动收入权'的要求，他在他的理论著作中根本没有提出过任何形式的法权要求。"① 恩格斯认为，在马克思的理论研究中，对法权的考察是完全次要的；相反地，对特定的一定制度、占有方式、社会阶级产生的历史正当性的探讨占着首要地位。任何一个人，只要把历史看作一个有联系，尽管常常有矛盾的发展过程，而不仅仅看作是愚蠢和残暴的杂乱堆积，才能对法权的存在有一个正确的认识。由于马克思了解古代奴隶主，中世纪封建主等等的历史必然性，因而才了解他们的历史正当性，承认他们在一定限度的历史时期是人类发展的杠杆；"因而马克思也承认剥削，即占有他人劳动产品的暂时的历史正当性；但他同时证明，这种历史的正当性现在不仅消失了，而且剥削不论以什么形式继续保存下去，已经日益愈来愈妨碍而不是促进社会的发展，并使之卷入愈来愈激烈的冲突中。"② 而门格尔却不懂得历史发展规律，妄图用法权来说明历史事件的必然性。这只能"仅仅证明他自己完全不能理解超出狭隘的法学眼界以外的事物。他这样表述的第一号基本权利在马克思那里是绝对不存在的。"③

　　第三，门格尔的《十足劳动收入权》和拉萨尔的《不折不扣的劳动所得》是一脉相传的。拉萨尔是一个典型的庸俗的民主主义者，他为了掩盖资本主义的剥削实质，反对马克思的剩余价值理论，在他们所制定的《德国工人党纲领》，即《哥达纲领》中，提出了"劳动所得应当不折不扣和按照平等的权利属于社会一切成员"。在剥削阶级占统治地位的社会里，满足社会一切成员的需要包括：（1）满足剥削阶级的政府以及附属于它的各种机构成员的需要。（2）满足私有财产的所有者各种需要，包括剥削阶级的奢侈消费以及为扩大剥削而进行的积累。在扣除了以上部分之外，剩下的那很少的部分，才为劳动者所有，以维持劳动力的再生产，为剥削者提供不断剥削的材料。对于"不折不扣的劳动所得"这个错误观点，马克思在1875年发表的《哥达纲领批判》中就进行了深刻的批判。

　　其一，拉萨尔的"劳动所得"本身就是一个模糊概念。马克思指出，什么是"劳动所得"呢？是劳动的产品呢，还是产品的价值？如果是后

---

① 《马克思恩格斯全集》第21卷，人民出版社1965年版，第557页。

② 同上书，第558页。

③ 同上。

者，那么是产品的总价值呢，或者只是劳动新添加在消费掉的生产资料的价值上的那部分价值？可见，"'劳动所得'是拉萨尔为了代替明确的经济概念而提出的一个模糊概念。"①

其二，拉萨尔的所谓"公平分配"是把法权观念看作经济关系调节者的唯心主义观点。按照马克思主义历史唯物主义的基本原理，分配关系是由生产资料的占有关系决定的，因为生产资料所有制是生产关系的基础，分配关系作为生产关系的一个方面，也是由生产资料所有制决定的，它不是由"公平、平等"这样一些法权观念来决定的。而拉萨尔的"公平的分配"，正是把法权概念当作调节经济关系的东西，这是把经济基础同上层建筑的关系相颠倒。这正说明哥达纲领是脱离了历史唯物主义的立场，站到了资产阶级唯心主义的立场。

其三，既然"公平、平等"是一种法权概念，属于上层建筑的范畴，必然反映一定的阶级利益，而不同的阶级，对公平、平等就会有不同的理解。资本主义社会，由于生产资料归资本家私人所有，生产的目的是为了获得利润，工人所生产的全部产品价值，除了工人得到相当于劳动力价值的那一部分工资以外，其余全部归资本家所有，这种产品分配关系，从工人立场看是极其不合理的，也是最不公平的。但是，从资本家立场看，却认为是最公平的分配。因此，不同的阶级对"公平、平等"的看法是不同的，不能抽象地超阶级地谈论什么"公平的分配"或"不公平的分配"，应该看到，在一定的生产资料所有制形式下，只能有特定的分配关系。马克思质问《纲领》的炮制者说："难道资产者不是断言今天的分配是'公平的'吗？难道它事实上不是在现今的生产方式基础上唯一'公平的'分配吗？难道经济关系是由法的概念来调节，而不是相反，从经济关系中产生出法的关系吗？难道各种社会主义宗派分子关于'公平的'分配不是也有各种极不相同的观念吗？"②

其四，即使在未来共产主义社会里"公平的"分配，也不可能是"不折不扣"全部归于劳动者个人所得。按照马克思的说法，在全部社会总产品中，首先要扣除以下几个部分：（1）用来补偿消费掉的生产资料部分；（2）用来扩大生产的追加部分；（3）用来应付不幸事故、自然灾害的

---

① 《马克思恩格斯选集》第3卷，人民出版社1995年版，第301—302页。

② 同上书，第302页。

后备基金或保险基金。至于扣除多少,"应当根据现有的资料和力量来确定,部分地应当根据概率论来确定"。① 就是说,既要根据需要,又要根据可能,还要根据从过去的实践中总结出来的规律性来确定。当社会总产品扣除以上三个部分后,剩下的就是用作消费资料的部分。即使这一部分消费资料也不能"不折不扣"地分配给劳动者个人所得。马克思说:"在把这部分进行个人分配之前,还得从里面扣除"以下三部分:(1)"和生产没有关系的一般管理费用。"例如国家行政部门工作人员的工资和办公费用。(2)"用来满足共同需要的部分,如学校、保健设施等。"(3)"为丧失劳动能力的人等等设立的基金等。"只有在做了这些部分的扣除之后,剩余的部分才是个人消费品,才能在劳动者个人之间进行分配。也就是"只有现在才谈得上纲领在拉萨尔的影响下褊狭地专门注意的那种'分配',就是说,才谈得上在集体中的个别生产者之间进行分配的那部分消费资料。"这样一来,拉萨尔的"'不折不扣的劳动所得'已经不知不觉地变成'有折有扣'了"。可见,无论是拉萨尔的"不折不扣的劳动所得",还是门格尔的"十足劳动收入权",这不仅不是马克思和恩格斯的观点,而且还受到他们的严肃批判。正如恩格斯指出的:"马克思无论在什么地方都没有提出过'十足劳动收入权'的要求,他在他的理论著作中根本没有提出过任何形式的法权要求。"②

八 恩格斯对汤普逊所谓发现了"剩余价值"的反驳

恩格斯在《法学家的社会主义》中,对门格尔提出的:"在汤普逊那里发现了'剩余价值'这个名词……因此,毫无疑问,汤普逊是剩余价值的发现者,马克思只是一个可怜的剽窃者。"③ 门格尔认为,"从汤普逊的这些论述中一下子就可以看出后来在许多社会主义者那里,其中也包括在马克思和洛贝尔图斯那里见到的那种思想进程,甚至表达方式。"④ 实际情况如何?能否根据门格尔的说法,汤普逊是剩余价值的发明者,而马

---

① 《马克思恩格斯全集》第 19 卷,人民出版社 1963 年版,第 19 页。
② 《马克思恩格斯全集》第 21 卷,人民出版社 1965 年版,第 557 页。
③ 同上书,第 558 页。
④ 同上。

克思成了剽窃者呢？恩格斯对这种说法进行了严厉的驳斥，还其历史的真实。

威廉·汤普逊（1775—1883），19 世纪英国空想社会主义者、欧文的信徒。1824 年他出版了《最能促进人类幸福的财富分配原理的研究》（以下简称《研究》），在书中，汤普逊继承了边沁的功利主义哲学、李嘉图的政治经济学和欧文的空想社会主义，把三者结合起来，形成了他的空想社会主义的经济理论体系。诚然，汤普逊在他的《研究》中使用过"剩余价值"一词，但是，它并不是马克思所说的剩余价值，两者有根本的区别。为了区分两者的不同，有必要首先把汤普逊提出的与他的"剩余价值"有关的基本问题加以分析，看他和马克思的区别。

（一）关于财富的观点

汤普逊在《研究》中说："财富这一名词是指'人们用他们的劳动和知识把有生的或者无生的原料或者自然产品变成为有用，从而产生的那一部分物质资料或享受手段'而言，或者更简单地说，财富是'由劳动生产出来的任何一种欲望对象'"。他在谈到财富的源泉时，他说："财富是由劳动产生的；除劳动以外没有别的要素能使任何欲望的对象成为财富，也是财富的典型特征。"① "没有劳动就没有财富。劳动是财富的显著属性。自然的力量不能使任何东西成为财富。劳动是财富的唯一来源。"② "仅仅是一件东西的效用，不管它是多么广泛，和是不是这件东西以外所具有的，或者是我们所说的由自然的手创造的，在它本身中不含有某种形式的劳动时，是不能成为财富的。有了劳动之后就成了财富。"从他的财富概念和财富源泉中可以看出他和马克思的观点是不同的。

第一，财富的定义。财富一词，可以一直追溯到古希腊时代。亚里士多德就提出：真正的财富由使用价值构成，虚拟的财富即货币。西尼尔说："货币是抽象的财富。"马克思在吸收前人成就的基础上，加入了崭新的内容。他把财富的定义建立在劳动价值论的基础上。他分析了商品二重性的辩证关系，从商品的自然形式看，是物质财富，它不仅包括生产资

---

① ［英］威廉·汤普逊：《最能促进人类幸福的财富分配原理的研究》，何慕李译，商务印书馆 1985 年版，第 29 页。

② 同上书，第 30 页。

料和生活资料这些劳动产品，而且包括土地、矿藏、原始森林、河流这些自然物质。从商品的价值形式看，是抽象的财富。"价值是构成资产阶级财富的实质的东西。"① 它包括生产领域执行职能的资本，流通领域的商品和货币，分配领域的利润工资和地租等等。就物质财富和抽象财富的关系来看，他形象地把它们比作商品的肉体和灵魂，两者既有密切的联系，又存在明显区别，两者又不能混淆。

第二，财富的源泉。劳动不是财富的唯一源泉。马克思反复强调只有把劳动和自然物质结合起来，才能创造物质财富。他说："劳动并不是它所生产的使用价值即物质财富的唯一源泉。正象威廉·配第所说，劳动是财富之父，土地是财富之母。"② 这就克服了亚当·斯密认为劳动一般是"物质财富或使用价值的唯一源泉"③ 的片面看法，这也是对汤普逊的"劳动是财富的唯一来源"观点的驳斥。

第三，财富的表现形式。马克思认为，在不同的社会里，财富的表现形式是不同的。在前资本主义社会，财富主要表现为金银、土地、住房、衣服等等。在资本主义社会，财富主要表现为商品。在商品经济中，财富具有价值形式。抽象财富是一个历史范畴，体现着一定的社会关系。马克思对财富定义赋予了新的内涵，他在《资本论》中，对于财富各种不同含义进行剖析。在资本主义发展初期产生的重商主义学派，认为"贵金属是唯一的真正的财富"。④ 而重农学派却认为贵金属不是财富，只有纯产品（地租）才是财富。英国古典学派亚当·斯密对前人的争论采取调和的态度，有时说使用价值是财富，有时又说价值是财富。对于这两种见解，曾经引起过激烈的争论。

法国庸俗经济学家萨伊坚持斯密把财富理解为价值的观点，认为财富就是价值，财富与价值成比例，并且把知识、科能、德行包括在财富范围。英国古典学派李嘉图强调亚当·斯密把财富理解为使用价值的观点，认为财富的大小取决于产品数量的多少，反对萨伊把财富与价值等同的观点。他说价值和财富在本质上是不同的，因为价值不取决于产品的充裕程

---

① 《马克思恩格斯全集》第26卷第1册，人民出版社1972年版，第166页。

② 《马克思恩格斯全集》第23卷，人民出版社1972年版，第57页。

③ 《马克思恩格斯全集》第13卷，人民出版社1965年版，第49页。

④ 《马克思恩格斯全集》第25卷，人民出版社1974年版，第512页。

度，只取决于商品所耗费的劳动量。

英国庸俗经济学家马尔萨斯按照李嘉图的观点，把财富概念限制于物质产品，也不同意萨伊把财富范围扩大到德行这些非物质产品，因为这些东西是无法计算的。虽然马尔萨斯在反对萨伊扩大财富范围的观点是一致的，但是，他和李嘉图也有分歧。一是马尔萨斯不同意李嘉图把财富仅仅理解为产品数量，认为："一国的财富，部分地取决于靠本国的劳动所获得的产品的数量，部分地取决于这个数量与现有人口的需要和购买力的适应，这种适应要使它能具有价值。财富并不单单由这些因素中的一种因素决定，这是十分肯定无疑的。"① 二是马尔萨斯还指责李嘉图把财富和价值的关系完全分割开来，因为衡量财富多少的标准，不是产品数量而是价值尺度，由货币来计算。从马尔萨斯和李嘉图的争论中，马尔萨斯从供求论出发说明，认为它来自让渡利润，这明显是错误的。但是他对李嘉图片面地把财富理解为使用价值的批评，则是正确的。因为无论是使用价值，还是交换价值"都代表财富"②。李嘉图之所以产生这种片面性，这是由于"李嘉图不理解资产阶级财富的特定性质，这正是由于这种性质在他看来是一般财富的最适当形式。因此，在经济范围内，虽然李嘉图从交换价值出发，但是交换的特定经济形式本身在他的经济学中不起丝毫作用，他所谈的始终只是劳动和土地的总产品在三个阶级中间的分配，似乎以交换价值为基础的财富的概念中只涉及使用价值，而交换价值似乎只是一种礼仪的形式，这种形式在李嘉图那里完全消失了。"③ 这就是说，因为他没有以交换价值为基础的财富概念，使他错误地把资产阶级生产变成了单纯为了使用价值，完全不去注意流通过程，不了解货币的起源、本质和它的职能，从而导致他对经济危机的存在的否定。正如李嘉图说的："任何人从事生产都是为了消费或出卖，任何人出卖都是为了购买对他直接有用或者有助于未来生产的某种别的商品。"④ 马克思说，李嘉图"把资产阶级关系描绘得多么美好呵！李嘉图甚至忘记了，有人可能是为了支付而出卖，忘记了这种被迫的出卖在危机中起着很重要的作用。资本家在出卖时

① 《马克思恩格斯全集》第 26 卷第 3 册，人民出版社 1974 年版，第 52 页。

② 《马克思恩格斯全集》第 26 卷第 2 册，人民出版社 1973 年版，第 85 页。

③ 《马克思恩格斯全集》第 46 卷（上册），人民出版社 1979 年版，第 294 页。

④ 《马克思恩格斯全集》第 26 卷第 2 册，人民出版社 1973 年版，第 563 页。

的直接目的是把他的商品，确切些说，是把他的商品资本，再转化为货币资本，从而实现他的利润。"① 李嘉图对货币的这种错误认识的根本原因在于："李嘉图总是只看到交换价值的量的规定，就是说，交换价值等于一定量的劳动时间，相反，他忘记了交换价值的质的规定，就是说，个人劳动只有通过自身的异化才表现为抽象一般的、社会的劳动。"②

（二）关于剩余价值的观点

汤普逊的剩余价值理论，在他的经济理论中占有重要地位。但是他在其著作中所使用的"剩余价值"概念的内涵，它和马克思所使用的剩余价值概念是完全不同的。然而"门格尔先生在汤普逊那里发现了'剩余价值'这个名词……因此，毫无疑问，汤普逊是剩余价值的发现者，马克思只是一个可怜的剽窃者。"③ 事实上，所谓马克思的剩余价值学说，是从汤普逊那里剽窃来的说法，是没有任何事实根据的。恩格斯在他的著作中，指出了汤普逊的错误及其产生这种错误的原因，从而澄清了汤普逊的"剩余价值"和马克思的剩余价值的根本区别。

首先，混淆了商品价值和剩余价值的界限。恩格斯在《法学家的社会主义》中，引述汤普逊的观点："资本家的标准是同一数量的劳动由于利用机器或其他资本而生产出来的追加价值；因此这全部剩余价值都将为资本家所得，因为他有超人的才智和技能，依靠这些才智和技能他积累了自己的资本，把它提供给劳动者，或者交给他们使用。"④ 如果根据按照汤普逊的原著《研究》，在这段话之前，还有一段话："这里对于这种使用的价值有两个衡量标准。劳动生产者的衡量标准和资本家的衡量标准。劳动生产者的衡量标准是按照这些东西被消费的时间计算，用来补偿资本的消耗和价值的一笔款项，再加上给予资本的所有者和管理人员的一笔酬劳，以使他和那些积极的劳动生产者有同等的享受。"⑤ 接着就是前面引述资本家的衡量标准。恩格斯在指出汤普逊前

---

① 《马克思恩格斯全集》第 26 卷第 2 册，人民出版社 1973 年版，第 574 页。

② 同上书，第 575 页。

③ 《马克思恩格斯全集》第 21 卷，人民出版社 1965 年版，第 558 页。

④ 同上书，第 560 页。

⑤ ［英］威廉·汤普逊：《最能促进人类幸福的财富分配原理的研究》，何慕李译，商务印书馆 1985 年版，第 146 页。

一段话的错误时，是这样说的："没有生产资料任何生产都是不可能的。但是在这里生产资料被置于资本家的形式之下，亦即归资本家所占有。这样一来，如果劳动者不'使用机器或其他资本'而进行生产，那他就是企图做不可能的事情，他自然什么也生产不出来。但是如果他使用资本来进行生产，那末他的全部产品就将是这里被称为剩余价值的那种东西。"① 在这里，恩格斯指出汤普逊的错误是他把产品的价值和剩余价值混淆起来了，因为他把劳动者"使用机器或其他资本"而生产出来的价值称为"剩余价值"。

其次，混淆了使用价值和价值的界限。恩格斯引述汤普逊的话："在机器发明以前，在作坊和工厂建立以前，那时劳动者不用辅助手段单靠自己的力量生产的产品的量有多大呢？不管这个量的大小如何，他今后还是应当得到这个量……而生产出来的商品的全部剩余价值则应当作为报酬属于那些建造了房屋或机器的人，或者那些通过自愿交换而获得这些东西的人。"恩格斯指出汤普逊的错误是"似乎一个用机器等进行生产的劳动者的劳动时间所创造的价值大于在机器发明以前一个普通的手工劳动者的劳动时间所创造的价值。"② 因为工人使用机器能够提高劳动生产率，增加产品产量，从而降低单位产品的价值。但是，不管劳动生产率发生了什么变化，同一劳动在同样的时间内提供的价值量总是相同的。但它在同样的时间内提供的使用价值量却是不同的：生产力提高时就多些，生产力降低时就少些。因此，劳动生产率的变化，只对使用价值即产品产量有影响，而对商品价值总量没有影响。

再次，混淆了剩余价值和超额剩余价值的界限。汤普逊认为："在机器发明以前，在作坊和工厂建立以前，那时劳动者不用辅助手段单靠自己的力量生产的产品的量有多大呢？不管这个量的大小如何，他今后还是应当得到这个量……而生产出来的商品的全部剩余价值则应当作为报酬属于那些建造了房屋或机器的人，或者那些通过自愿交换而获得这些东西的人。"实际上，汤普逊在这里所说的"剩余价值"就是指劳动者由于采用机器生产，从而比那些仍然采用手工劳动的劳动者能够得到的"超额利润"。因为一个采用机器生产的劳动者和一个采用手工劳动的劳动者，在

① 《马克思恩格斯全集》第21卷，人民出版社1965年版，第560页。
② 同上。

同样的时间内创造的价值是相等的。由于使用机器生产的劳动者劳动生产率高于手工劳动者，能够创造出更多的使用价值，所以采用机器的劳动者产品的个别价值低于手工劳动者的产品。如果按照手工劳动者的个别价值出卖，则采用机器生产的资本家就能够获得超额利润或超额剩余价值。因此，恩格斯指出："汤普逊的资本家在这里只是说出了工厂主的一个通常的错误，似乎一个用机器等进行生产的劳动者的劳动时间所创造的价值大于在机器发明以前一个普通的手工劳动者的劳动时间所创造的价值。产生这种幻想的依据，是说这个资本家带着他或者可能还有几个别的资本家所独占的新发明的机器闯进在此以前属于手工劳动的部门而取得了一种特殊的'剩余价值'。"①

最后，混淆了追加价值和剩余价值的界限。汤普逊认为："原料、建筑物、工资——所有这一切都不能给自身的价值增添任何东西；追加价值只是由劳动产生的。"② 恩格斯指出："汤普逊的这个'追加价值'也绝对不是马克思的剩余价值，而是劳动附加于原料的全部价值，因而也就是劳动力的价值和马克思所说的剩余价值的总和。"③ 因为按照马克思劳动价值理论，原料和建筑物都属于不变资本，工资属于可变资本，可变资本加剩余价值属于新创造的价值，只有在新创造的价值减去劳动力的价值，才是剩余价值。通过以上分析。最后，恩格斯作出结论说："由此我们可以断定，汤普逊的资本家的'剩余价值'不是汤普逊的'剩余价值'或'追加价值'；这两种价值中的任何一种更不是门格尔先生的'剩余价值'；所有这三种价值中的任何一种尤其不是马克思的'剩余价值'。"④ 当然，这个问题争论的实质，不在于是谁最先使用"剩余价值"这个名词或概念，而在于他是否把剩余价值理论建立在劳动价值论的基础上，从而创立了崭新和严整的剩余价值理论，科学地说明了资本主义剥削的实质，深刻地揭示了资本主义经济运动的规律。如果不管"剩余价值"的含义和内容究竟如何，仅仅把它归结为一个名词概念，那么，早在汤普逊之前很久，李嘉图使用过"剩余产品"一词，西斯蒙第也使用过"剩余

①　《马克思恩格斯全集》第 21 卷，人民出版社 1965 年版，第 560 页。
②　同上书，第 561 页。
③　同上。
④　同上书，第 562 页。

价值"这个概念。"因此，门格尔所做的关于汤普逊发现了，或者更确切些说，汤普逊的资本家发现了剩余价值这一发现，对法哲学来说究竟有多大价值，看来也是很成问题的。"①

---

① 《马克思恩格斯全集》第 21 卷，人民出版社 1965 年版，第 563 页。

第六章

西方学者对劳动价值论的争论

马克思和恩格斯逝世后的一百多年来，西方经济学界对劳动价值论经历了激烈而持久的争论，其中有对劳动价值论持反对或否定态度的如庞巴维克、博特基耶维兹、萨缪尔森和斯蒂德曼等；也有对劳动价值论持坚持或维护态度的如希法亭、多布、斯威齐、曼德尔、德赛等人，争论的实质是继续坚持还是抛弃马克思的劳动价值论。

一　庞巴维克的价值理论和对马克思劳动价值理论的攻击

19世纪40年代，马克思主义只不过是许多社会主义派别中的一支，但到了70年代巴黎公社失败后，马克思主义逐步战胜了其他派别而占据压倒性优势，一切反动的反社会主义者沆瀣一气，把矛头指向马克思的劳动价值论。至此，劳动价值论和反劳动价值论的斗争，便成为19世纪70年代后经济思想领域马克思主义和反马克思主义斗争的主要内容。庞巴维克（1851—1914），19世纪末20世纪初最有影响的资产阶级庸俗经济学家，边际效用学派重要的代表人物之一，他宣扬边际效用价值论、时差利息论，反对马克思的劳动价值论和剩余价值论。庞巴维克为了反对马克思的劳动价值理论，提出和马克思对立的价值理论，其主要内容是：

（一）边际效用决定价值

按照马克思主义的观点，所谓价值应该是指商品的价值，但是，在庞巴维克的《资本实证论》等著作中，他所说明的是物品的价值，或者更严格地说，是指经济物品的价值。也就是说，他是用"经济物品"来代替"商品"这个经济范畴。他首先反对商品区分为使用价值和交换价值。他针对亚当·斯密提出的：价值一词有两种含义，一是指交换价值，即一物能交换到他物的能力；二是指使用价值，如米的营养价值、煤的发热价值等。在指出了这两种含义的区别之后，亚当·斯密等又一致公认，经济学上所谓价值仅仅是指交换价值而言，至于使用价值那是属于技术科学的研究范围，不在经济学研究之列。对于斯密的这个价值含义，庞巴维克极力加以反对。他说："两种性质不同的东西，从来就被一起归纳在价值这一名称之下。一开始就不难看出它们之间的差别，但差别程度确实被低估了。不是把它们看作属于完全不同思想范畴的现象，就是错误地把它们认为同一现象的两个不同部分；而在不太恰当的使用价值和交换价值的名称之下，它们被当作价值的一般概念的二个分支，而且也是照着这样来相互区分的。可是，这种区别，一旦作出之后，所谓使用价值就几乎完全从视野中消失了。"① 对于庞巴维克对亚当·斯密的价值定义的批评应该从以下几点来看：

第一，亚当·斯密认为价值一词有两种含义即使用价值和交换价值的说法是不确切的。按照马克思的说法，价值就是抽象劳动的凝结，它和有用性的使用价值是不同的，因此，价值和使用价值是商品的两个因素，两者共处于商品之中，构成商品的矛盾统一体。而交换价值则是价值的表现形式，价值是交换价值的本质内容，构成商品的两重性。斯密把使用价值和交换价值都概括在价值含义之内，显然是违反了揭示概念内涵的逻辑方法。按照确定定义必须遵守的第一条规则，就是定义概念的外延必须与被定义概念的外延完全相等的规则。然而，认为价值有两种含义即使用价值和交换价值的说法，就违反了这个规则，因为使用价值和交换价值的外延和价值的外延是不相等的。

第二，庞巴维克对亚当·斯密价值概念的否定，并没有正确指出斯密是把商品和价值相混淆的错误，而是为了推出他的价值区分为主观价值和客观价值的错误的价值理论。他说："我们要给这些由传统因袭下来的、不适当地被称为使用价值和交换价值的东西，起一些正确的名称。这两类现象，人们一向都含混地称之为'价值'，而我们要择它们区分为主观价值和客观价值。"②

什么是主观价值？庞巴维克说："主观价值是一种财货或一类财货对于物主福利所具有的重要性。在这一意义上，如果我认为我的福利同某一特定财货有关，占有它就能满足某种需要，能给予我以一种没有它就得不

① ［奥］庞巴维克：《资本实证论》，陈端译，商务印书馆1964年版，第149页。
② 同上书，第150页。

到的喜感或愉快感，或者能使我免除一种没有它就必须忍受的痛苦，那末，我将说这一特定财货对我是有价值的。"① 从这一定义可以看出，这种主观价值，就是物主对财货的使用价值的主观心理评价，这本来就不属于经济学的研究范围。而庞巴维克却把它看成经济学中所说的商品价值，就是他所说的主观价值。

客观价值又是什么呢？按照庞巴维克的说法，"客观价值指的是一种财货获得某种客观成果的力量和能力。在这一意义上，有多少种和人有关的客观成果，就有多少种价值。" 例如，食品有营养，木材和煤炭有发热价值，肥料有肥田价值，爆炸物有爆破价值，等等。庞巴维克认为这些客观价值，并不属于经济关系，而属于单纯的技术关系。虽然它们在政治经济学中经常被涉及，但它们不是经济科学范围以内的事情。

从庞巴维克的价值的定义中可以看出：（1）从主观价值论来看，它是人们对经济物品的重要性的判断，它存在于人们的意识之中，是一种人们的主观心理现象。而物品的有用性和稀少性都是价值形成不可缺少的因素，都是主观价值的起源。他说："一种物品要具有价值，必须具有有用性，也具有稀缺性。"② （2）从客观价值论来看，它是以主观价值论为基础的。每个交换者都想从交换中获得最大的利益，都想用对自己主观效用小的物品换取对自己主观效用大的物品。也就是说，只有买卖双方都对自己的商品评价低，对对方的商品评价高的情况下，交换才能进行。由此他提出了交换三原则：一是只有交换能给自己带来利益，他才愿意交换；二是他愿为较大的利益交换，不愿为较小的利益交换；三是在不交换就无利可得时，他也可以为较小的利益交换。他由此得出结论：市场价格是交换双方对物品评价互相平衡的结果，而交换者对物品的主观评价则是由物品对他的主观效用决定的。也就是说，这种平衡是由交换者在竞争中形成的财货的边际效用决定的。

（二）主观价值的性质、根源及其量的决定

主观价值的性质。庞巴维克认为，一切财货对人类的福利都具有一定的关系，也就是说财货对人类总是有用的，没有用就不成其为财货了。他

---

① ［奥］庞巴维克：《资本实证论》，陈端译，商务印书馆1964年版，第150页。
② 同上书，第155页。

把这种关系分为低级和高级两种："当一种财货具有为人类利益服务的一般能力时，它属于较低的等级。另一方面，较高的等级要求一种财货应该不仅是满足人类需要的因素，而且必须是人类福利一个不可缺少的条件——就是这样一种条件：有了这种财货，某种满足才能成立，否则就不能满足。在日常生活用语中，我们可以找到这两个等级的名称。较低级的称为用途，较高级的称为价值。"① 可见，他认为的价值，就是一种财货对物主福利所具有的重要性。这种与物主福利有密切关系的价值叫做主观价值。庞巴维克以一杯水为例，在不同条件下，人们对一杯水的感受是截然不同的。居住在涌泉旁边的人，这杯水不可能是他得到满足的一个不可缺少的条件；对他的福利来说，这杯水是可有可无、无足轻重的；但是，对于烈日下在沙漠中的旅行者来说，一杯水无异于玉液琼浆，生命之水。从这两个例子中可以看出，水的有用性都是相同的。但是，对物的福利关系而言，却有很大的差别。在前一场合，有了这杯水，可以把它作为解渴的需要；如果没有这一杯水，他也可以从其他有水的地方取另外一杯水来解渴。对物主的解渴而言，这杯水不可能是他得到帽子的一个不可缺少的条件；对于他的福利而言，这杯水是可有可无、无足轻重的。但是，在后一个场合，情况就不同了，如果旅行者没有最后的那一杯水，他就不能解渴，甚至会由于没有水而面临死亡。因此，在这种情况下，我们看到的这杯水不单是满足人类生活需要的一个因素，而是不可缺少的条件，于是这杯水就具有价值。因此，价值就是一种财货或各种财货对物主所具有的那种高级阶段的非有它不可的重要性。庞巴维克就把只有有用性而无价值，称为财货对物主福利关系的低级阶段；而把既有有用性又有价值，称为财货对物主福利关系的高级阶段。

主观价值的根源。庞巴维克说："一切物品都有用途，但并不是一切物品都有价值。一种物品要具有价值，必须既具有有用性，也具有稀缺性——不是绝对稀缺性，而是相对于特种物品需求而含有的稀缺性。更确切地说：当物品的全部货源不足以保证满足需要时候，或当没有某些物品，货源就将不足的时候，这种物品才有价值。另一方面，当货源如此丰富，能满足适合于由它来满足一切需要，此外还有剩余，这种剩余一方面

① ［奥］庞巴维克：《资本实证论》，陈端译，商务印书馆 1964 年版，第 153 页。

找不到其他用场，一方面它的数量如此之大，以致没有我们所重视的那些物品也不会影响任何一种需要的满足时，这种物品就没有价值。"① 这就是说，一种物品要具有价值，必须既有有用性，同时也具有稀缺性。当物品的全部货源不足以保证满足需要时，或当没有某种物品，货源将不足的时候，这种物品才有价值。明确地说，主观价值的根源，就是这种财货相对其需要的稀缺性。如果物品不稀缺，能够满足需要，或者还有剩余时，它就可有可无，因而没有价值。反之，需要等于或大于供应，它就成了满足需要的不可缺少的条件，于是它就有了价值。他以农民用水为例，一个农民每天需要 10 加仑水供一般需要，其中前 3 加仑用于做饭和饮用，第 4 加仑用于洗厨房用具，第 5、第 6 加仑用于洗衣，第 7、第 8 加仑用于洗澡，第 9、第 10 加仑用于其他方面。如果这个农民用水依靠的是一口每天出水 20 加仑的水井，由于他每天只需要 10 加仑水，所以，从第 11—20 加仑的水即使白白流失，对这个农民来说并没有损失，对这个农民用水方面的福利毫无影响，所以它是处于低级阶段，这些水有用途，但没有价值。如果这口水井每天只能出水 8 加仑，这时这个农民就不得不放弃使用 9、10 加仑水而用于其他方面的需要。如果剩余 8 加仑水再减少 1 加仑，那么，用于洗澡的水就得不到充分满足。可见，这时每一加仑水的得失将成为能否满足需要的必要条件，也就是说，这时的每一加仑水都处于高级阶段，既有用又有价值。庞巴维克由此得出结论说："货源不足或仅仅够用的物品才是经济上要加以考虑的物品——即我们要'节约'或设法取得和保持的物品，——而那些货源充沛的物品是每一个人都能免费获得的。我们可以把上述命题简述如下：一切经济物品都具有价值，一切能免费获得的物品都没有价值。"②

　　庞巴维克对于其他资产阶级学者对"稀缺"和"劳动"构成价值的观点，提出反对意见。他认为这种说法只提出了一个次要的理由，他说："一般地说，唯有当我们由于物品供应不足因而不能满足或耽心不能满足我们的需要时，我们才决定甘愿付出劳动等等，来取得这种物品。在大多数情况下，如果不是同时存在着另一种情况或真正起决定作用的理由；换句话说，如果不是那些难以取得的物品，同时也是供源不足的物品的话，

---

① 　[奥] 庞巴维克：《资本实证论》，陈端译，商务印书馆 1964 年版，第 155 页。
② 　同上书，第 156 页。

劳动和辛苦本身是不能使物品具有经济性质的。可是起决定性作用的是货源不足，而不是获得物品的困难。"①

对于其他资产阶级学者把"稀缺"和"劳动"作为构成价值的两个因素的观点，固然是不正确的，而庞巴维克把"货源不足"作为价值"起决定作用"的因素，也是错误的。从表面上看，好像货源不足，不能满足人们的需要，是人们付出劳动进行生产、满足需要的不可缺少的条件，但是，既然付出劳动是满足的不可缺少的条件，难道不就是承认劳动是物品具有价值的根源吗？那为什么还把"稀缺"或者"货源不足"作为决定价值起决定作用的因素呢？这是因为：(1)把财货的"稀缺"和价值概念相混淆。事实上，任何劳动都是劳动力的使用或消费。它是以人的自身活动来引起、调整和控制人和自然之间的物质变换过程，是人通过有目的的活动来改变自然物的过程。没有生产目的的劳动不能算是劳动，只能算是玩耍或者体育锻炼，所以必须付出劳动才能获得物品，当然同时也就是"稀缺"或"货源不足"的物品。但是，不能把劳动和"稀缺"或"货源不足"两者相混淆，甚至把这两个并列起来，作为决定价值的因素。(2)把价值和主观心理因素相混淆。由于庞巴维克把"价值"说成是主观心理感受到的该种财货的稀缺性，稀缺到没有它某种需要就得不到满足。于是轻而易举地撇开了决定价值的劳动，而把稀缺作为构成价值的因素。

主观价值量的决定。按照庞巴维克的观点："如果物品价值是其对人类福利的重要性，而这一'重要性'意味着我们的某些福利决定于我们是否占有这种物品，那就很明显，物品的价值量必须由决定于这一物品的福利的量来决定。如果这一物品给予我们的福利很大，那末，这些物品的价值就高，否则就低。"② 庞巴维克提出这个观点后，感到会和现实发生矛盾。因为在现实经济生活中，每一个人都知道宝石具有很高价值，却并不像某些东西重要。例如，如果没有空气和水人类就不能生存，而宝石的作用，不过是为了装饰，它对人类的福利是不太重要的。如果坚持物品的价值，是由其对人类的福利的重要程度来决定，那么宝石的价值应该比较低，面包和铁的价值高些，而水和日光的价值最高。这样，就和按照重要性来决定价值的观点相矛盾。为了解决这个矛盾，庞巴维克自圆其说地从

① ［奥］庞巴维克：《资本实证论》，陈端译，商务印书馆1964年版，第157页。
② 同上。

三方面进行了辩解：

一是他把财货的"用途"和"构成物主福利的那种效用"加以分割。从实际情况来看，物品的"用途"或者是"有用性"、"效用"等范畴和价值理论中的使用价值是相同的。例如，马克思指出："物的有用性使物成为使用价值。"① 然而，庞巴维克却把使用价值与"有用性"或"用途"加以分割，然后又把"效用"赋予主观的心理含义，曲解为"构成物主福利的那种效用"。这样一来，使原来含义相同的概念就出现了复杂的情况。因为在庞巴维克的价值理论中，用途或有用性是客观存在的，它只受人们科学技术水平的局限，用途是随着科技水平的发展而不断增加的，它与物主的主观福利无关。例如，水的"有用性"或"用途"是能够解渴和洗东西，它不会因为居住在水边的居民水多而减少；也不会因为沙漠旅行者缺水而使它的有用性增加。而效用则不同，它被说成与人们的福利有关，它会随着供需的关系变化而变化，水多了效用就会递减，对住在水边的居民来说，最后一杯水即使倒掉也不影响他用水需求的满足，这时水的效用等于零。相反，对于在烈日下的沙漠旅行者来说，最后一杯水的效用则是最高的。可见，庞巴维克把用途和效用进行区分的目的是非常明显的，这样，就不会得出宝石的用处极小而价值较大，或是效用极大价值也就极大的结论。所以他说："衡量一个物品的效用的尺度在实际上无论何处也是衡量这一物品的价值尺度。"②

二是他提出："一切能免费获得的物品没有价值。"他原来设想："货源充沛的物品是每一个人都能免费获得的，"③ 既然能够免费获得，也就不会成为某种福利不能满足的条件，当然也就没有价值。这样一来，就排除了所谓空气和水用处极大，价值也就极大的责难。但是，它又暴露了主观价值论的致命弱点，那就是决定有无价值的并非是稀缺性，而是庞巴维克一再反对的，获得它要不要付出费用。

三是他把需要的种类和每种具体需要的迫切程度加以区分。例如，把饮食的需要作为第一类。因为没有它，人就不能生存。把衣服和居住的需要作为第二类。而把烟、酒的需要作为第四类和第五类。最后一类是对装

---

① 《马克思恩格斯全集》第 23 卷，人民出版社 1972 年版，第 48 页。

② ［奥］庞巴维克：《资本实证论》，陈端译，商务印书馆 1964 年版，第 158 页。

③ 同上书，第 156 页。

饰品的需要。庞巴维克的出发点是需要和需要的满足。他认为人们既然有
需要，就必须得到满足，但需要只能在消费特定物品时才能得到满足。物
品能够满足人们某种需要的这种性质，就是它的效用，这是使物品具有价
值的一个极其重要的元素。在他看来，经济物品之所以具有价值是由于它
有效用而且数量又是有限的。这种观点并非他的首创，而是来自孔狄亚克
的观点。孔狄亚克（1715—1780）法国资产阶级哲学家和经济学家，他
从主观价值论出发，认为物品的价值就是"物和我们需要的关系"，物品
的价值是由物品的有用性决定的。而交换的双方又都是"把自己用不着
的东西拿去卖，以取得自己需要的东西"，因而都是"以少换多"，"用较
少的价值去换取较大的价值"，"认为在商品交换中是等量的价值相交换，
那是错误的"。马克思对这种错误进行了批判，指出："孔狄亚克不但把
使用价值和交换价值混在一起，而且十分幼稚地把商品生产发达的社会硬
说成是这样一种状态：生产者自己生产自己的生存资料，而只把满足自己
需要以后的余额即剩余物投入流通。"[1] 庞巴维克继承了孔狄亚克主观价
值论的目的，把价值问题从客观的人类特定的历史阶段上的经济问题变为
主观的适用于任何时代的人们的心理感觉问题，以此掩盖资本主义存在的
各种矛盾。

（三）边际效用决定价值

什么是边际效用？所谓边际效用，就是在一个人所有的某种物品的每
一单位都具有效用的条件下最后一单位表示的效用，即最小效用。所以，
某种物品的边际效用是同它的单位数有密切关系的；这种物品是否有价
值，有多大价值，都由它的单位数通过边际效用来决定。庞巴维克把这种
情况归纳为一条规律，"这一规律是：需要越广泛和越强烈，边际效用就
越高；需要越少越不迫切，边际效用就越低。这就是说，一方面，要求满
足的需要越多和越强烈，另一方面，能满足该需要的物品量越少，则得不
到满足的需要阶层就越重要，因而边际效用也越高。反之，需要越少越不
迫切，而能够用来满足它们的物品越多，则更下层的需要也可得到满足，
因而边际效用和价值也就越低。也可以用一个近似而不太精确的方式来

说：有用性和稀缺性是决定物品价值的最终因素。"① "因此，决定价值量的规律，可以用下面的公式来表达：一件物品的价值是由它的边际效用量来决定的。"② 任何种类的某种物品其供应量越多，决定其价值的边际效用就越小甚至等于零。他认为这一命题的正确性，即使在无市场交换，无所谓价格的场合也仍然有效。他以身居原始森林与世隔离的农民仅有的 5 袋谷物为例，第一袋作为口粮，效用最大，估价为 10；第二袋用来改善生活，估价为 8；第三袋用来饲养家禽，估价为 6；第四袋用于酿酒，估价为 4；第五袋养鹦鹉取乐，效用最小，估价为 1。如果从农民的福利来说，1 袋谷物的重要性是什么呢？庞巴维克运用"失去"法作出了回答。假定 5 袋谷物失去 1 袋，他将放弃满足饲养鹦鹉的第五袋的需要；如果失去两袋，只剩下 3 袋，他将再放弃酿酒的需要；如果失去了 3 袋，他将放弃饲养家禽的需要；如果失去了 4 袋，只剩下最后 1 袋，这最后 1 袋是决定他生死攸关的极其重要的 1 袋，这袋谷物的最大效用和最小的边际效用是同一的。因此，决定物品的不是它的最大效用，也不是它的平均效用，而是它的最小效用。"把这种最小效用——处于经济上所容许的边际的这一效用——叫做这物品的经济边际效用。因此，决定价值量的规律，可以用下面的公式来表达：一件物品的价值是由它的边际效用量来决定的。"③

庞巴维克的边际效用决定价值的错误在于：

第一，边际效用决定价值论是一种主观价值论。在庞巴维克看来，经济物品所以具有价值是由于它有效用而且其数量又是有限的，而这种效用和需要的数量不是根据客观需要来决定，而是根据主观感觉来决定的。从而把价值决定问题从客观的人类特定的历史阶段上的经济问题，转变为主观的在任何历史时期中人们心理上的感觉问题。

第二，边际效用的大小是根据戈森的"效用递减规律"得出来的。他说，如果某种物品只能满足一种需要，那么在消费这种物品的过程中，每单位的物品的效用是递减的；如果某种物品可以满足重要性不同的各种需要，那么，每单位物品的价值是由哪种效用决定的呢？他说：决定物品价值的不是它的最大效用，也不是它的平均效用，而是它的最小效用，这

---

① ［奥］庞巴维克：《资本实证论》，陈端译，商务印书馆 1964 年版，第 176 页。

② 同上书，第 167 页。

③ 同上。

种最小效用就是边际效用，这不仅是价值论的要旨，而且是一切交换行为
和经济学说的基础。

　　第三，边际效用决定价值是从人和物的关系、人的心理感觉来决定
的，而且这种心理不是社会人的心理，而是孤立的个人心理，从而抹杀了
人的社会性和消费的阶级性。正如马克思指出的："工人买马铃薯和妇女
买花边这两者都是根据本人的意见行事的。但是他们意见的差别就是由于
他们在社会上所处的地位不同，而这种社会地位的差别却又是社会组织的
产物。"①

（四）对马克思关于价值转化为生产价格理论的攻击

　　在马克思《资本论》第三卷出版以后，庞巴维克发表了《卡尔·马
克思及其体系的终结》一文对马克思的价值转化为生产价格的理论进行
了疯狂的攻击，该文也成为当时资产阶级经济学家攻击和否定马克思劳动
价值论的代表作。他在文章中指出："马克思第一卷强调一切价值都以劳
动为基础，商品价值与其生产所必需的劳动时间成比例，这些命题是直接
和唯一地从商品'内在'交换关系中归纳和提炼出来的。……现在在第
三卷，我们却被告知，各个商品之间必定是按照、不同于其中所包含的劳
动量的比例进行交换，而且不是偶然和暂时的，而是必然和持久的。我在
这里看到的不是对矛盾的解释和调和，而是赤裸裸的矛盾本身，所以马克
思的第三卷同第一卷是矛盾的，平均利润率同第一卷是矛盾的，平均利润
率和生产价格不能同价值相协调。"

　　对于庞巴维克的攻击，希法亭在其 1904 年发表的《庞巴维克对马克
思的批判》中给予了严肃的反击。他指出，庞巴维克的要害是无视社会
而仅仅从个人角度出发，认为"劳动似乎仅仅是个人估计价值的决定的
因素之一"；而马克思则始终认为："劳动生产率程度和劳动组织的方式
决定着社会生活的性质。每一个人的劳动是社会总劳动的一部分。从劳动
的这种社会职能来看，劳动便是价值是源泉，因而经济现象服从独立于个
人意志的客观规律，并受社会关系和生产关系的控制。"按照历史和社会
的观点，希法亭认为马克思的价值规律是发现资本主义社会发展规律的手

---

　　①　《马克思恩格斯全集》第 4 卷，人民出版社 1958 年版，第 86—87 页。

段，因此价值和价格都是历史的概念。在资本主义制度下，随着历史条件的变化，价值规律作用的形式也必然发生变化，即从按照价值交换转化为按照生产价格交换，而商品的生产价格总额仍然等于商品价值总额。"庞巴维克的错误是混淆了价值和价格，……他断言马克思在论及个别商品时放弃了价值规律，而只适用于商品总量，这是完全错误的。"由此可见，正是由于庞巴维克是从主观的而不是从客观的、从个人的而不是从社会的角度出发，使他不可能理解马克思的劳动价值理论中价值转化为生产价格的关键。

马克思在解决李嘉图关于价值规律和平均利润规律之间的矛盾时，明确指出："如果我们把商品总量，首先是把一个生产部门的商品总量，当作一个商品，并且把许多同种商品的价格总额，当作一个总价格，那末问题就很容易说明了。这样一来，关于单个商品所说的话就完全适用于市场上现有的一定生产部门的商品总量。商品的个别价值应同它的社会价值相一致这一点，现在在下面这一点上得到了实现或进一步的规定：这个商品总量包含着为生产它所必需的社会劳动，并且这个总量的价值 = 它的市场价值。"① 庞巴维克虽然承认在总和上，"内部的差异（价格超过价值与价值超过价格）当然会互相抵消"。② 但是，他却认为"这种总和无非是同义反复，对于回答商品的交换比例，是答非所问，毫无用处。好比当我们询问赛跑的胜利者绕场一周比他的对手少多少分或秒，而回答却说全体赛跑者加起来绕场一周共需 25 分 13 秒。这能说是回答了吗？"③ 他说，"价值规律的任务无非是揭示现实中观察到的物的交换关系。我们想知道的是，为什么在交换中，例如 1 件上衣恰好等于 20 码麻布，为什么 10 磅茶等于半吨铁等等。据说马克思也是这样理解价值的揭示任务的。"④

事实上，马克思不仅在《资本论》第一卷商品价值规律的分析中，回答了为什么 1 件上衣恰好等于 20 码麻布，而且在《资本论》第三卷等著作中论证了剩余价值如何转化为利润、利润如何转化为平均利润，最后

---

① 《马克思恩格斯全集》第 25 卷，人民出版社 1974 年版，第 203 页。

② ［奥］庞巴维克：《马克思主义体系之崩溃》，汪馥泉译，上海黎明书店 1934 年版，第 42 页。

③ ［奥］庞巴维克：《资本实证论》，陈端译，商务印书馆 1964 年版，第 43 页。

④ 同上。

阐明了价值到生产价格的转化。马克思透过两个商品交换的表面现象，揭示出它的本质。通过对部门内部和部门之间竞争的分析，分析了两个商品从按照社会必要劳动进行交换发展到按照生产价格交换的过程，揭示出生产价格其实是价值的转化形态。恩格斯在《资本论》第三卷增补中，针对价值规律和平均利润规律的所谓矛盾的说法进行了驳斥。由于资产阶级学者包括洛里亚、庞巴维克之流在内，他们只看到价值与生产价格不一致这个表象，就对马克思的生产价格理论进行了疯狂的攻击。他们认为："价值不外是一个商品和另一个商品相交换的比例，所以单是商品的总价值这个观念，就已经是荒谬的，是胡说……"① 恩格斯指出："不管两个商品按什么比例互相交换，这个比例就是它们的价值；这就是一切。因此，价值和价格是等同的。每一个商品有多少种价格，就有多少种价值。而价格是由需求和供给决定的。如果有人还要进一步提出问题，并期望得到答案，那他就是一个傻瓜。"②

马克思在指出因供求关系而导致市场价格与价值的偏离，以及因平均利润率而导致生产价格与价值的偏离时指出："虽然在任何一定的场合供求都是不一致的，但是它们的不平衡会这样接连发生，——而且偏离到一个方向的结果，会引起另一个方向相反的偏离，——以致就一个或长或短时期的整体来看，供求总是一致的；不过这种一致只是作为过去的变动的平均，并且只是作为它们的矛盾的不断运动的结果。由此，各种同市场价值相偏离的市场价格，按平均数来看，就会平均化为市场价值，因为这种和市场价值的偏离会作为正负数互相抵销。"③ 而庞巴维克只承认因供求变动导致市场价格与价值的偏离，坚决否认生产价格是对价值的偏离。他举了两个例子，假定商品甲的价格经常是 60 元上下，商品乙的价格经常是 40 元上下，从数字的角度来看可将商品甲和商品乙的价格合计为 100元或平均为 50 元。既然甲乙总数为 100 元，商品甲若超过 50 元，则商品乙必不足 50 元，超过 50 元与不足 50 元正好相互抵消，但是实际上，商品甲始终以 60 元为中心而上下波动，商品乙始终以 40 元为中心而上下波动，商品甲和商品乙都不会以其平均数 50 元为中心。所以，这种"平均

---

① 《马克思恩格斯全集》第 25 卷，人民出版社 1974 年版，第 1009 页。

② 同上书，第 1010 页。

③ 同上书，第 212 页。

数"与围绕价值而波动的市场价格的平均数（甲 60，乙 40）具有一种完全不同的意义。恰如把大象平均生活 100 年，蜉蝣生活仅 1 天，得出一个 50 年的平均数，大象多生活几年，蜉蝣就少活几年，与 50 年平均数的偏离正好"互相抵消"。因此得出，从整体和从平均数上看，各种动物具有相同寿命的规律。这样的"平均数"和"相抵消的偏离"，简直是毫无意义！①

实际上，庞巴维克列举的两个例子都是不恰当的。因为商品甲和商品乙的价格，蜉蝣与大象的年龄，它们原来就没有此消彼长的关系，硬用在它们之间搞"平均数"，当然毫无意义。它们各自有自己的中心，而没有公共的中心，根本谈不上偏的问题。这种情况与生产价格对价值的偏离表面上相似，实质上是不相同的。因为生产价格与价值与社会劳动、剩余价值有很密切的关系，它们是通过剩余价值转化为利润，利润转化为平均利润，而后价值才转化为生产价格。正是由于通过两个转化，对于各个具体的商品来说，它的市场价格变动的中心只能是生产价格，而不能把它直接归结为价值。因此，从表面上看，市场价格变动的中心，只与生产价格有关系，而与价值无关，实际上，归根到底价值仍然在起着支配作用。

庞巴维克为了达到以边际效用价值论来反对劳动价值论的目的，采取了多种手法对劳动价值论进行攻击。

手法之一：用主观上对边际效用的心理估价偷换马克思的劳动决定价值。众所周知，价值是由生产领域中的劳动决定的，是交换进行的前提，而边际效用却是在交换之后进入消费领域才产生的对效用的心理估价。而庞巴维克却把两者颠倒过来，变成估价在先，价值成为估价的结果，这是对价值概念的严重歪曲。

马克思的劳动价值论的基本特点是坚持劳动在价值决定上的决定性作用，而一切为资本主义剥削辩护的庸俗价值学说的共同点，则是极力回避或尽量贬低劳动在价值创造中的决定作用。即使是传统流行的三种收入的"生产费用论"，也承认劳动是价值的源泉之一，然而边际效用价值论却全盘否定劳动对价值决定的任何直接作用，仅仅是承认它能通过影响供求，间接对稀少，从而对边际效用有一些影响而已。同时，由于把价值曲

---

① ［奥］庞巴维克：《马克思主义体系之崩溃》，汪馥泉译，上海黎明书店 1934 年版，第 45—47 页。

解为对效用的估价，必然要混淆价值的生产和财富（使用价值或效用）生产的界限，从而把劳动价值论蜕变为边际效用价值论。

手法之二，坚持形而上学，反对辩证法。庞巴维克虽然承认价格是价值的货币表现，承认价格在供求影响下对价值可以有些小的偏差，但是他坚持认为，有价格必有价值，比如土地在他们看来既然有价格，当然也有价值。其实马克思早就指出价格不仅可以与价值有一定偏差，而且可以与价值完全分离，以致有的东西虽然本身无价值，却因为它可以出卖而具有价格。例如，土地是自然物，不是劳动的产物，但它可以买卖，具有价格。如果按照有价格必然有价值的逻辑，必然得出价值可以不是因劳动而产生的错误结论。

又例如，庞巴维克对劳动价值中关于价值是交换物的共同属性，采取了三种办法来歪曲它：一是这个共通物不必是两物本身具有的，也可以是两物之外的。比如说，它们是人们需求的对象等。二是这个共通物具有普遍性。比如说，都有一定的重量，具有一定的形体（方、圆、扁，等等），具有某种颜色……因此生产上的劳动亦不外是众多共通物之一而已。三是要全部具有这种属性才算数，若不能包括"全部"有价格之物，就不能算数。因为土地就不是劳动产品，它就没有劳动这个共通性。所以他们认为，把这个共通物归结为劳动是不正确的。

再例如，他认为，"马克思主义者不是也承认有使用价值就是一物有交换价值（价值）的前提，没有使用价值（价值）的东西，花了多少劳动都不能算数的吗？既然如此，那逻辑上就必然承认使用价值（效用）是交换价值（价值）的决定因素，否则就是犯了理论上和逻辑上的错误。"① 这是把价值决定的前提条件和价值决定的因素混为一谈。

手法之三，把劳动价值论创立时期出现过的错误和缺点与马克思的劳动价值论相混淆。庞巴维克不顾马克思已经克服了劳动价值在形成过程和发展过程中曾经出现过的，特别是亚当·斯密和大卫·李嘉图的劳动价值论中存在一些缺点和错误，一律旧事重提，统统算作是马克思劳动价值论的错误理由，以此否定马克思的劳动价值论。例如，把李嘉图在劳动价值论分析中存在的两大矛盾：劳动与资本相交换与等价交换原则的矛盾；价

---

① ［奥］庞巴维克：《资本与利息》，何崑曾、高德超译，商务印书馆1959年版，第313页。

值转化为生产价格中价值规律与平均利润规律的矛盾等。

　　手法之四，偷换概念，混淆是非。例如，马克思指出，使用价值是异质的，根本不能比较。他不得不承认具体的使用价值（效用），例如盐是咸的，糖是甜的，咸与甜的确不能比较。但是他说，正像木匠的劳动与制鞋的劳动是两种不同性质的劳动，不能比较一样，既然劳动价值论者能撇开劳动的具体差别，把它们归结为一般的无差别的劳动时间，（马克思称之为抽象劳动），为什么使用价值就不可以抛开它们的具体差别，归结为一般的差别的效用？庞巴维克以高音、中音、低音三个音乐家的工资决定为例，认为与工资无关的只是具体的音色（高、中、低），不能说高音歌手一定比中音或低音歌手更好或更差。但一般的（不论高、中、低）"好音乐"这种使用价值，决不是与工资无关。他之所以列举这个例子，是妄图接过马克思关于劳动二重性的分析，为他的价值决定于效用的谬论提供理论依据。事实上，把效用区分为具体效用和抽象效用是不可能的，因为各种效用或使用价值本身是性质不同的东西，是彼此不能进行量的比较的，根本不可能存在一般的效用的。马克思说得很清楚："物的有用性使物成为使用价值。但这种有用性不是悬在空中的。它决定于商品体的属性，离开了商品体就不存在。因此，商品体本身，例如铁、小麦、金刚石等等，就是使用价值，或财物。商品体的这种性质，同人取得它的使用属性所耗费的劳动的多少没有关系。"① 可见，作为各种使用价值和效用本身都是具体性质不同的东西，不可能把它抽象成一般的效用和一般的使用价值。庞巴维克把效用区分为具体效用和抽象效用，这是以萨伊为代表的旧的效用价值论进一步的发展。

　　手法之五，实用主义。他们为了能够驳倒劳动价值论，不惜采用各种手法，甚至可以不顾自己观点的自相矛盾。例如，马克思在运用抽象方法分析问题时，首先假定在其他条件不变的情况下，暂时撇开某些因素，以便能够对反映事物本质因素的分析。在分析价格的形成时，除了绝大多数商品价格都是以价值为基础外，有少数特殊商品如名画、古董因为稀少而卖得高价，而不是决定于它的劳动耗费，在确立商品价值由社会必要劳动决定时，必须暂时把这个特殊因素加以排除，也就是把它加以抽象，得出

---

① 《马克思恩格斯全集》第 23 卷，人民出版社 1972 年版，第 48 页。

绝大多数的商品的价值都是由生产时的社会必要劳动决定的科学结论，然后再将原先撇开了的其他因素进行分析，这是研究社会科学唯一的正确方法。可是庞巴维克为了反对劳动价值论，提出什么既然"假定其他条件不变"，就证明"其他条件"也影响商品价值决定，劳动只是决定价值的条件之一。这里，他们又承认劳动只是决定价值的条件之一了，这与边际效用价值论完全排除劳动对决定商品价值的作用的基本观点是矛盾的。

总之，以庞巴维克为代表的边际效用价值论者，反对马克思劳动价值论的各种手法，归根到底无非是以主观唯心主义反对客观唯物主义，以形而上学反对辩证法。

二　恩格斯反对庞巴维克的斗争

19 世纪 70 年代以后，随着马克思《资本论》的相继出版和广泛传播，从而推动了工人运动的进一步高涨，使资产阶级庸俗经济学者惊恐万状，纷纷由原来的沉默抵制转为对马克思经济学的进攻，他们进攻的主要矛头首先是对准劳动价值论。其争论的焦点集中在以下几个问题上：(1)马克思提出的价值规律有什么意义？(2)生产价格是否消灭了价值规律？(3)马克思的价值转化为生产价格在计算上是否正确？

关于价值规律的意义问题。庸俗经济学者认为，价值规律只有在解释个别商品价格时，才能看到它的科学价值。其中攻击马克思价值规律最有名的是庞巴维克 (1851—1914)。他在 1884 年出版的《利润理论的历史和批判》和 1889 年出版的《资本实证论》中，攻击马克思的劳动价值论。在 1896 年出版的《评马克思体系的终结》中，攻击《资本论》第一、三卷之间存在着矛盾。他是在胡说，马克思在第三卷中放弃了劳动价值论，没有解决价值规律和平均利润规律之间的矛盾。他对马克思劳动价值论的攻击主要表现在对价值规律的攻击上。

其一，他对马克思关于个别商品价值虽然按照价格出卖，但是，生产价格总量仍然等于商品价值总量的观点提出了责难。庞巴维克提出了这样一个观点：由于价值规律的意义包含在个别商品的价值决定中，不是包含在价值总量的决定中。因此，他认为，马克思在其理论的发展中，混淆了两个东西：变动之间的平均数和经常地在本质上不同量之间的平均数，前者是允许的，而后者是毫无意义的。他说，马克思的方法好像是对某个场上观众的回答，人家关心的是优胜者提前多少时间跑完全程，他却回答说，全体运动员所用的时间是 25 分 13 秒。

其二，他对马克思关于价值规律是支配价格运动的规律，是因为社会必要劳动时间的变化引起生产价格的变化，提出不同的看法。庞巴维克认为，这个结论只有在其他条件相同的情况下才有效，或者说，只有当价格的变化由劳动时间的变化而不是由其他原因引起的时候，这个理论才能成立。例如资本投入的时间的长短同样影响着价格水平，但是，谁也不能得出结论说，它也是"基本的和占统治地位的规律"。

在庞巴维克看来，马克思关于商品价值是由社会必要劳动决定的观点，只能对一部分财货（商品）才能说，交换价值同生产它的必要劳动成比例，即使是这样，那种比例也多半是偶然的。因此，他认为马克思价值规律占有统治地位的领域，应当排除以下财货（商品）：（1）稀有财货。它是指那些不能再生产的商品。除了雕塑、书籍、葡萄酒、稀有货币等以外，还包括土地以及所有那些需要特殊创造才能生产出来的物品。因为在那里，技术秘密、地道的作家等起着很大的作用。（2）需要熟练劳动生产的财货。因为不存在把熟练劳动还原为简单劳动的尺度。（3）为数不多、使用便宜的劳动生产出来的产品。包括几乎所有妇女劳动的产品都属于这一类，但是，其中又有差别，例如，某个工厂女工两天的劳动可能比洗衣女工三天的劳动包含更多的价值。（4）由于供求变动，引起价格波动，这表明，影响交换价值的还有其他因素，还包括那个不仅决定"调节价格"，而且决定"非调节价格"的一般原则。总之，庞巴维克所说的马克思没有解决价值规律和平均利润率之间的矛盾的说法，纯属一派胡言。事实上，从马克思劳动价值论的创立的历史过程中可以看出：马克思早在 1867 年的《资本论》第一卷出版之前的 1861—1863 年的经济学手稿和 1861—1865 年的手稿中就已经形成了平均利润和生产价格的学说，解决了李嘉图体系中没有解决的这个矛盾。接着，在 1866 年 1 月，马克思开始加工整理《资本论》第一卷。随着《资本论》第二、三卷的出版，所谓第一卷和第三卷的矛盾已经得到根本的解决。

第七章

我国 20 世纪 50—70 年代关于
商品生产和价值规律的争论

随着社会主义制度在我国的建立，马克思主义成为我国社会主义的理论基础，马克思的劳动价值论也成为我国政治经济学中的重要内容。新中国成立以来，关于劳动价值论的争论一直贯穿于我国经济发展的各个阶段。因此，学习和研究马克思的劳动价值论并把它贯彻到我国社会主义实践中就成为我国理论研究中的一个重要课题，因而也就出现了对劳动价值论在我国社会主义条件下的不同认识和争论。这个争论从新中国成立以后的 50 年代一直到现在，所不同的是在不同时期，争论的问题有着不同内容和特点。从 20 世纪 50 年代到 70 年代争论的主要问题，是关于社会主义制度下商品生产和价值规律的讨论。

一 社会主义制度下的商品生产

（一）关于商品概念的争论

在马克思和恩格斯的著作中，讨论商品的着眼点在于研究资本主义经济的发生和发展，在绝大多数场合商品是同私有制联系在一起的。例如，在《资本论》中，马克思就指出："使用物品成为商品，只是因为它们是彼此独立进行的私人劳动的产品。"① 在《反杜林论》中指出："什么是商品？这是一个或多或少互相分离的私人生产者的社会中所生产的产品，就是说，首先是私人产品。但是，只有这些私人产品不是为自己的消费，而是为他人的消费，即为社会的消费而生产时，它们才成为商品；它们通过交换进入社会的消费。"② 列宁在《论所谓市场问题》中也说："所谓商品生产，是指这样一种社会经济组织，在这种组织之下，产品是由个别

---

① 《马克思恩格斯全集》第 23 卷，人民出版社 1972 年版，第 89 页。
② 《马克思恩格斯全集》第 20 卷，人民出版社 1971 年版，第 331 页。

的、单独的生产者生产的，同时每一生产者专门制造某一种产品，因而为了满足社会需要，就必须在市场上买卖产品（产品因此变成了商品）。"①这些说法，在马克思列宁主义的著作中还有很多，很明显，他们在给商品下定义的时候，主要是指私有制条件下的商品生产，还没有把社会主义存在的商品生产加以考虑。当时，马克思主义者除了知道两个原始公社之间的商品交换外，主要是考察私人生产者之间的商品交换。而原始公社之间的商品交换只是商品交换的开始，它的发生和发展是促进原始公社瓦解和产生私有制的重要因素。正是基于这种认识，马克思主义经典作家否认社会主义条件下存在商品生产。因此，在界定商品的概念时没有把社会主义条件存在商品生产概括在内。

在讨论中，有的同志在解释马克思在《资本论》中和恩格斯在《反杜林论》中关于商品的定义时说："（一）对商品只能作以上定义，——即私有的和经过买卖以供社会消费的产品；此外不能再有其他定义，同时亦无须去另找其他定义。（二）这个定义当然是对所有制度下的商品而言，但是绝不表示同社会主义制度的商品无关，在社会主义制度下，各种商品形态的存在，仍然是由于上述定义中所指出的社会条件（私有）还未除尽的缘故。商品是同社会产品的私有制分不开的；更恰切地说，是同社会产品成为私有产品、从而必须经过买卖以供社会消费，是分不开的。"②持这种观点的同志还认为："集体所有制经济虽然是社会主义经济，但毕竟是一伙人、一伙人的公有，它们并不是全民公有；——我认为甚至还可以这样说：那一伙一伙的集体公有制经济是'内公外私'的，即对内为公有，对国家就比全民所有制经济内部的企业和个人对国家还含有更多的'私的残余'。因此，国家和集体农民的商品买卖，虽然亦不同于原来意义的商品买卖，虽然亦是过渡性的商品买卖，但是毕竟不是前述全民公有制内部的那两种'商品买卖'；换言之，它毕竟是两种公有制的不同所有者之间的真正的商品买卖。"③而反对这种观点的同志认为："把社会主义制度下的商品生产存在的原因归结为社会主义制度'私有'还未除尽是不恰当的。即使把这点撇开不讲，这种看法也还存在前后不完全

---

① 《列宁全集》第 1 卷，人民出版社 1984 年版，第 72 页。

② 骆耕漠：《社会主义制度下的商品和价值问题》，科学出版社 1957 年版，第 5—6 页。

③ 同上书，第 28 页。

一贯的地方，那就是如果把商品定义为'私有的和经过买卖以供社会消费的产品'，那么按照这种说法社会主义制度下，即使是两种公有制之间的交换关系，也不能说基本上是商品关系，而只能说是商品性的残余，因而在这位同志看来，集体所有制经济仅仅是'内公外私'，含有更多的'私有残余'，而这个同志却认为在社会主义两种公有制之间的交换是真正的商品买卖。"[1]

在讨论商品的概念时，必须把商品本身的规定性和商品的所有权加以区分。斯大林在《苏联社会主义经济问题》中，给商品下了另外一个定义："商品是这样的一种产品，它可以出售给任何买主，而且在商品出售之后，商品所有者便失去对商品的所有权，而买主则变成了商品的所有者，他可以把商品转售、抵押或让它腐烂。" 对于这个定义有人提出了不同看法，认为，一物并不是一定要出售给任何买主，才能成为商品；只要它是为了交换而生产，它就是商品。至于人们能不能把一物转售、抵押或让它腐烂，那是所有权的问题，人们对于属于他的物是可以那样做的；对于不属于他的物便不能那样做。因此，不管能不能对一物转售、抵押或让它腐烂，都不能作为一物是否是商品的标准。因为商品的标准，就是生产是为了交换。"由此可见，这个新定义并不见得发展了马克思的经典定义，相反，这个新的定义却不能正确解释什么是商品了。"[2]

在讨论商品概念的时候，还必须把商品存在的条件和商品概念本身的规定性加以区分，不能把两者相混淆。马克思恩格斯把私有制和社会分工作为商品生产的条件，但不能把这些条件看成是商品本身的属性。因为商品具有的属性如使用价值和价值并不是由私有制决定的，只要是通过市场互相交换劳动产品，它就是商品。至于生产资料所有制只是决定商品的性质，而不能决定商品是否存在。有的同志否定社会主义公有制内部存在商品交换，就是把私有制这个商品交换存在的条件和商品本身的性质相混淆的结果。正如地球上生物之所以存在，有各种条件，如地球表面有空气、水分、营养物质、适当的温度，等等。但是，这些条件并不包含在生物概念本身之中，它只需要指出生物是一个同自然界不断进行物质代谢作用，

---

①　张问敏、张卓元、吴敬琏编：《建国以来社会主义商品生产和价值规律论文选》，上海人民出版社 1979 年版，第 439—440 页。

②　同上书，第 612 页。

并借此保存自己、发展自己与繁殖后代的东西就够了。

（二）关于社会主义制度下是否存在商品生产的争论

马克思主义经典作家认为，社会分工是商品生产发生和发展的必要条件。列宁在《俄国资本主义发展》中指出："社会分工是商品经济的基础。"但是对于商品生产的发生，仅仅有社会分工是不够的。除社会分工以外，一定的所有制形式是商品生产的必要条件。可见，社会分工和所有制是商品生产的产生和发展的两个条件。从历史上看，商品关系首先是在处于瓦解中的原始公社内部、在社会分工和生产资料公社所有制的基础上产生的。在资本主义条件下，社会分工非常广泛，生产资料资本主义私有制占统治地位，从而使商品生产得到了高度的发展。那么，在社会主义阶段，商品生产和价值规律的命运又怎样呢？

马克思和恩格斯都认为，随着生产资料公有制的建立，商品货币关系将消亡，并且将直接用劳动时间来计算社会劳动。正如马克思指出的，在一个集体的、以共同占有生产资料为基础的社会里，生产者并不交换自己的产品；耗费在产品生产上的劳动，在这里也不表现为这些产品的价值，不表现为它们所具有的某种物的属性，因为这时和资本主义社会相反，个人的劳动不再经过迂回曲折的道路，而是直接地作为总劳动的构成部分存在着。① 恩格斯也指出："社会一旦占有生产资料并且以直接社会化的形式把它们应用于生产，每一个人的劳动，无论其特殊的用途是如何的不同，从一开始就成为直接的社会劳动。那时，一件产品中所包含的社会劳动量，可以不必首先采用迂回的途径加以确定；日常的经验就直接显示出这件产品平均需要多少数量的社会劳动。"② 他还指出，"就在这种情况下，社会也必须知道，每一种消费品的生产需要多少劳动。它必须按照生产资料，其中特别是劳动力，来安排生产计划。各种消费品的效用（它们被相互衡量并和制造它们所必需的劳动量相比较）最后决定这一计划。人们可以非常简单地处理这一切，而不需要著名的'价值'插手其间。"③

在苏联政权存在的最初年代里，教条主义运用马克思和恩格斯关于社

---

① 参见《马克思恩格斯选集》第 3 卷，人民出版社 1995 年版，第 303 页。
② 《马克思恩格斯全集》第 20 卷，人民出版社 1971 年版，第 334 页。
③ 同上。

会主义条件下不存在商品生产的观点，忽视过商品生产和价值规律对于社会主义经济建设的意义。他们认为社会主义就必须消灭商品货币关系，实现直接用劳动时间来计算劳动量。列宁就说过："社会主义要求消灭货币的权力、资本的权力，消灭一切生产资料私有制，消灭商品经济。"[①] 后来，通过社会主义建设的实践，由于种种原因商品经济不但没有消灭，反而大大发展起来了。不过在社会主义制度下得到发展的，不是小商品生产或资本主义商品生产，不是私人之间的商品生产，而是同资本主义商品生产不同的社会主义的商品生产。列宁在总结这个教训时指出："犯了错误：决定直接过渡到共产主义的生产和分配。当时我们认定，农民按照余粮收集制会交出我们所需数量的粮食，而我们把这些粮食分配给各个工厂，我们就可以实行共产主义的生产和分配了。"[②] 在批判这些错误的同时，肯定了商品生产和商品流通的作用，肯定了价值规律对于发展经济的必要性。他说："用大规模的社会主义工业的产品来交换农民的产品，这就是社会主义的经济实质。"他指出，商品流转是衡量工农业间的关系是否正常的标准，是建立比较正确的制度的基础。并且强调说，货币是不能一下子就废除的，要消灭货币需要技术上和组织上的成就，需要建立亿万人的产品分配组织。

斯大林在研究社会主义制度下商品生产和价值规律问题上有很大的功绩。1941 年他在就政治经济学教科书初稿的谈话中，正确地批评了这个初稿中否认社会主义经济中存在商品和价值规律的错误观点。他在《苏联社会主义经济问题》这一著作中，以列宁的著作为基础提出了从两种所有制形式来说明社会主义制度下存在商品生产的理由，这对于论证社会主义制度下商品生产的存在，无疑是一种进步。但是，斯大林的著作中存在错误观点：例如，生产资料不是商品，它只是纯粹的商品外壳；价值规律只是通过工资影响生产；商品流通已开始同建设共产主义的任务相矛盾，必须逐渐过渡到产品交换等。例如，他在分析生产资料为什么不是商品时，提出的理由是："第一，生产资料并不'出售'给任何买主，甚至不'出售'给集体农庄，而只是由国家分配给自己的企业。第二，生产资料所有者——国家，把生产资料交给某一个企业，丝毫不失去对它们的

---

① 《列宁全集》第 9 卷，人民出版社 1959 年版，第 443 页。

② 《列宁全集》第 33 卷，人民出版社 1957 年版，第 43 页。

所有权，相反地，是完全保持着所有权的。第三，企业的经理从国家手中取得了生产资料，不但不会成为这些生产资料的所有者，相反地，是被确认为受苏维埃国家的委托，依照国家所交下的计划，来使用这些生产资料的。由此可见，无论如何不能把我国的生产资料列入商品的范畴。"①

事实上，如果按照马克思的商品定义来分析，斯大林的观点是存在问题的。在讨论中，有的同志就得出了另外的结论。第一，所谓生产资料只是由国家分配给国营企业，实际上并不是分配实物，而是通过国家计划的安排，使用企业的申请购买和生产企业的供应，他们之间的关系仍然是一种商品交换关系。第二，所谓国家把生产资料交给某企业时，完全保持着对这些生产资料的所有权，只能说明国营企业的生产资料属于全民所有、国家所有的性质。这里并没有说明，供应生产资料的企业把生产资料变成钱，使用生产资料的企业把钱变成生产资料，它们之间是什么关系。第三，所谓企业经理并不是生产资料的所有者，他只是受国家委托，按照国家计划来利用生产资料，这只能说明在生产资料生产和流通过程中国营企业和国家之间的关系，只是说明所有制的关系，而不能说明生产资料在生产和流通过程中，国营企业之间的相互关系，以及这些经济关系的内容，也就不能证明生产资料已经不是商品。②

在讨论中，指出了苏联科学院经济研究所编的《政治经济学教科书》中关于"不作为商品的生产资料具有用以进行成本核算、计算和监督的商品形式和价值形式"，也就是否认生产资料是商品，并具有价值。因为根据马克思主义的基本原理，社会主义制度下的国营经济内部的生产资料仍然具有价值。理由是：第一，所谓社会主义制度下生产资料只有用于进行成本核算、计算和监督的商品形式和价值形式的观点，是从生产资料不是商品的前提出发的。可是，由于组织社会主义国营企业生产还必须使国营企业作为不同的、相对独立的经济单位，在国营经济内部分配的生产资料，各个企业之间还要当作商品来对待。这样，即使生产资料是在国营企业内部进行分配的，生产生产资料的劳动，还是要转化为价值，以便比较各个生产者各自的劳动，从而实现企业之间的等价交换。第二，由于社会

---

① 《斯大林文集》，人民出版社 1985 年版，第 637—638 页。

② 张问敏、张卓元、吴敬琏编：《建国以来社会主义商品生产和价值规律论文选》，上海人民出版社 1979 年版，第 614 页。

主义社会还存在公有制的各种形式和社会再生产的两大部类，它们之间还要进行交换，这就要求各个部门的劳动都必须转化为社会必要劳动，才能实行等价交换，使各自的产品在物质形态和价值形态上都得以实现。

关于社会主义是否存在商品生产的问题，也是我国理论界新中国成立以来争论最为热烈的重要问题。关于什么是社会主义的商品关系存在不同看法。除了关于全民所有制经济和集体所有制存在商品经济关系，它们之间的产品都是商品的观点基本一致外，主要是关于全民所有制内部是否存在商品生产和商品交换存在分歧。

第一种是否定的观点。例如，有一种观点认为，"商品是一种社会经济关系，而这种关系不能仅仅认作是商品关系或分配关系或交换关系，它是一种生产关系，是人们之间的生产劳动的交换关系。但仅仅这样说还是极不够的。劳动交换在任何人类社会中都是必然存在的，但绝对不能认为所有的劳动交换关系都是商品交换关系，只是通过物与物的交换来实现劳动交换的这种关系才是商品交换关系，否则就不能称作商品关系。"[1] 他们认为，商品是不同生产资料的所有者所生产的生产物，如果不是两个生产资料所有者之间的交换就不是商品交换。显然，这种看法是不正确的。诚然，马克思和恩格斯由于处于资本主义条件下，他们研究的是资本主义社会的问题，必然常常把商品生产和私有制联系起来，但也没有完全肯定商品生产和私有制是共存亡的。例如，马克思在《雇佣劳动与资本》中就说过："能同别的产品交换的产品就是商品。"[2] 一物可以有用，而且是人类劳动产品但不是商品。谁用自己的产品来满足自己的需要，他生产的只是使用价值，而不是商品。要生产商品，他不仅要生产使用价值，而且要为别人生产使用价值，即生产社会的使用价值。"而且不只是单纯为别人。中世纪农民为封建主生产交代役租的粮食，为神父生产纳什一税的粮食……都并不因为是为别人生产的，就成为商品。要成为商品，产品必须通过交换，转到把它当作使用价值使用的人的手里。"[3] 马克思在这里所说"为别人"是和"为自己"相对而言的，并不限于私有制下的某个人。

① 张问敏、张卓元、吴敬琏编：《建国以来社会主义商品生产和价值规律论文选》，上海人民出版社 1979 年版，第 133 页。

② 《马克思恩格斯选集》第 1 卷，人民出版社 1995 年版，第 346 页。

③ 《马克思恩格斯全集》第 23 卷，人民出版社 1972 年版，第 54 页。

一个原始公社对另一个原始公社的交换也是为"别人"。可见，马克思在这里所说的并不是只有在私有制下才存在商品交换。

第二种是肯定的观点。这种观点认为："商品和一般产品不同的地方，是它具有两重属性：使用价值和价值。这两重属性，体现着生产商品的劳动的两重性：具体劳动和抽象劳动。因此，一切商品所有的共同点，并不是某一生产部门的具体劳动，而是抽象的人类劳动，即一般人类劳动。"① 按照这一观点，全民所有制的产品，是为了满足整个社会的需要，这种有用性，使它成为一种使用价值。但是，在社会主义条件下，绝大部分产品还不能实行直接分配，必须经过交换，经过一定数量的使用价值和别的使用价值互相比较以后，才能进入消费过程。作为两种使用价值之间的比例基础，是产品的价值。因此，全民所有制的产品，不是一般的产品，它具有两重属性——使用价值和价值，全民所有制企业的产品也是商品。

但是，这种肯定全民所有制企业的产品也是商品的观点，除了正确的一面外，还存在不足的一面，那就是认为"全民所有制企业的商品，在内容和私有制条件下的商品已经有所不同，或者说它已经不完全是原来意义上的商品概念了，我并不反对，而且同意这种看法"。这种观点之所以存在不足之处在于：一是把商品存在的不同条件和商品概念相混淆。作为商品概念，按照马克思主义的观点，商品就是用来交换的劳动产品。它具有使用价值和价值两个因素。这个商品概念无论是对资本主义企业还是对社会主义企业都是适用的。所不同的是由于存在于不同的所有制条件下，必然使不同所有制条件下的商品具有不同特点。但是这些特点的存在并没有改变商品的概念本身。二是把商品概念和商品在不同所有制条件下所起的作用相混淆。在资本主义条件下商品经济的发展必然是出现两极分化的，而在社会主义条件下可以通过发展社会主义生产力来实现共同富裕。因此，无论资本主义条件下的商品还是社会主义条件下全民所有制企业的商品，尽管它们存在于不同所有制条件下，发挥着不同的作用，但都不能改变商品的概念。

第三种是既肯定又否定的观点。那就是对全民所有制内部的交换既存

---

① 张问敏、张卓元、吴敬琏编：《建国以来社会主义商品生产和价值规律论文选》，上海人民出版社 1979 年版，第 154 页。

在商品交换又存在非商品交换。持这种意见的学者把社会主义条件下的交换分为五种交换：一是国家和集体之间的交换；二是国家和集体成员个人之间的交换；三是集体和集体之间的交换；四是这个集体和其他集体成员个人之间的交换；五是集体成员个人相互之间的交换。除这五种交换外，全民所有制内部还存在两种交换：一是国营企业之间的交换；二是国营企业把生活资料卖给国家的职工个人。持这种观点的人认为，前面五种交换和全民所有制内部的第一种交换都是商品交换，它们的产品都是商品，而全民所有制内部的第二种交换"只是在外表上像商品交换，实质上并非商品交换"。①

他们论述的前五种交换和全民所有制内部的第一种交换都是商品交换的论证方法，是从马克思主义经典著作中找根据。例如，他们说：有的同志根据恩格斯在《论卡尔·马克思著〈政治经济学批判〉》中，指出的"加入交换范围的生产品就是商品"，就得出全民所有制经济内部的交换应当作商品交换。恩格斯这段话的全文是："政治经济学从商品开始，即从产品由个别人和原始公社相互交换的时刻开始。进入交换的产品是商品。但是它成为商品，只是因为在这个物中、在这个产品中结合着两个人或两个公社之间的关系，即生产者和消费者之间的关系，在这里，两者已经不再结合在同一个人身上了。在这里我们立即得到一个贯穿着整个经济学并在资产阶级经济学家头脑中引起过可怕混乱的特殊事实的例子，这个事实就是：经济学所研究的不是物，而是人和人之间的关系，归根到底是阶级和阶级之间的关系；可是这些关系总是同物结合着，并且作为物出现。"②

为了论证国营企业把生活资料卖给国家的职工个人不是商品交换，否认国营企业内部不完全是商品交换，也同样从马克思和恩格斯的著作中寻找根据进行辩解。他们根据马克思在《哥达纲领批判》中说的："每一个生产者，在作了各项扣除之后，从社会方面正好领回他所给予社会的一切。他所给予社会的，就是他个人的劳动量。例如，社会劳动日是由所有的个人劳动小时构成的；每一个生产者的个人劳动时间就是社会劳动日中

---

① 张问敏、张卓元、吴敬琏编：《建国以来社会主义商品生产和价值规律论文选》，上海人民出版社 1979 年版，第 179 页。

② 《马克思恩格斯选集》第 2 卷，人民出版社 1995 年版，第 44 页。

他所提供的部分，就是他在社会劳动日里的一分。他从社会方面领得一张证书，证明他提供了多少劳动（扣除他为社会基金而进行的劳动），而他凭这张证书从社会储存中领得和他所提供的劳动量相当的一分消费资料。他以一种形式给予社会的劳动量，又以另一种形式全部领回来。显然，这里通行的就是调节商品交换（就它是等价的交换而言）的同一原则。内容和形式都改变了，因为在改变了的环境下，除了自己的劳动，谁都不能提供其他任何东西，另一方面，除了个人的消费资料，没有任何东西可以成为个人的财产。至于消费资料在各个生产者中间的分配，那末这里通行的是商品等价物的交换中也通行的同一原则，即一种形式的一定量的劳动可以和另一种形式的同量劳动相交换。"① 他们把马克思这段话理解为"从这段话里可以看到，在这里发生的交换遵守着等量劳动同等量劳动相交换的原则，但是不能得出这种交换是商品交换的结论。因为在前面我们在讨论什么是商品交换时所说的交换是物品与物品的交换，而现在遇到的问题其不是物品与物品的交换，而是劳动者用自己的劳动同社会产品（消费品）进行的交换。在这种交换中只有一方（产品）是有价值的东西，另一方（劳动）是不能说有价值的。"② 这种社会主义条件下劳动和消费品的交换是商品交换的看法，是不正确的。因为：第一，我们上面引用的马克思的话中，就明确指出，"这里通行的就是调节商品交换（<u>就它是等价交换而言</u>）的同一原则。内容和形式都改变了"。所谓内容改变了，就是在资本主义条件下，劳动和资本的交换表面上是等价交换，而实际上由于劳动者创造的价值超过劳动力的价值，从而无偿占有了劳动者创造的使用价值。而在社会主义条件下，劳动者创造的价值除了作了各项扣除，他可以通过工资和各种社会基金，使"他以一种形式给予社会的劳动量，又以另一种形式全部领回来。"从这里可以说明，即使在马克思当年预见社会主义社会不存在商品生产的条件下，商品生产等价交换的原则仍然贯彻在按劳分配之中。第二，由于马克思预见社会主义条件下不存在商品生产，所以实现按劳分配的形式不是通过货币，而是通过"劳动券"来实现的。因此，社会主义存在商品货币的条件下，社会主义企业和劳动

① 《马克思恩格斯全集》第 19 卷，人民出版社 1963 年版，第 21 页。

② 张问敏、张卓元、吴敬琏编：《建国以来社会主义商品生产和价值规律论文选》，上海人民出版社 1979 年版，第 451 页。

者中间的交换应该也是一种商品交换，不能用马克思当年的论断来否定今天的现实。

（三）关于社会主义条件下商品生产存在的原因的争论

按照马克思主义的观点，社会主义条件下之所以存在商品生产，是由于社会分工和生产资料所有制的不同形式，必须通过市场交换来实现自己的产品，从而决定了商品生产的存在。苏联时期，就有人提出从社会主义阶段的社会劳动性质的差别和按劳分配来说明商品生产和价值规律的存在。这种观点认为，在社会主义制度下存在脑力劳动和体力劳动、熟练劳动和非熟练劳动、重劳动和轻劳动的差别，以及工人劳动和农民劳动的差别，因此有必要把各种不同的劳动归结为抽象的社会必要劳动。因此，劳动产品采取商品形式，而劳动报酬也表现为货币形式。而用按劳分配来说明商品生产存在的观点认为，按劳分配要求计算和监督劳动量和消费量，而这种计算由于劳动性质的差别，不能直接用劳动时间来进行，必须用以商品价值为基础的货币形式。因此，就产生了商品生产的必要性。苏联学者康·奥斯特罗维季扬诺夫指出了这种根据劳动的性质和按劳分配来论证社会主义存在商品生产的观点是错误的：

第一，劳动的性质不是商品生产存在的原因而是商品生产存在的结果，它是随着商品生产的产生而出现的，只要商品生产存在，就必然存在商品的两个因素和劳动的两重性。他指出："社会劳动的性质决定于生产资料所有制形式。因此，只有从所有制形式出发，才能理解社会主义制度下社会劳动性质的特点和差别。但是，这决不是说，在分析商品和价值时，我们可以忽视社会劳动的性质。正好相反，我们应当用它来解释社会主义经济中价值范畴的特点。但不是把它作为说明商品生产存在的原因，而是商品生产存在的结果。"[①]

第二，从消费品的分配领域中去寻找商品生产存在的原因，也是完全错误的。因为"消费品的分配首先依存于生产资料在社会中的分配，换句话说，即依存于生产资料的所有制形式。只有从生产资料所有制形式的分析出发，才能解释与其相适应的物质资料的分配制度。此外，社会主义

---

① 《政治经济学社会主义部分参考资料》，科学出版社 1961 年版，第 223 页。

社会中只有消费品是按劳分配的。因此，从按劳分配出发，完全不能说明生产资料的商品性质"。①

（四）关于全民所有制企业与职工之间的劳动交换关系是否为商品交换的争论

我国理论界在讨论全民所有制企业国家和职工之间的劳动交换关系是否是商品交换问题时，一种意见认为，它们之间不存在商品交换关系。理由是："假如说，职工向国家购买消费品是国家与个人的商品交换关系，那就是说双方是等价交换。可是，假若工人所创造的价值与国家供给他的消费品所包含的价值真的是相等的话，就是说，他取回了他贡献给社会的劳动的全部。但是，这样就成了拉萨尔式的'不折不扣的劳动所得'了。这显然是不可能的，因为工人领回的只能是在扣除为社会基金劳动后的劳动部分。工人只是以这部分劳动，到社会上领取与这部分劳动量相当的那么多的消费品。可是这样一来，工人贡献给社会的与他所换回的就不能说是等价的。所以，这里根本谈不上是等价关系。"② 而不同意这种观点的人认为，按劳分配是劳动者根据劳动的数量和质量从社会总产品中取得一个份额，这个份额实际上是劳动者所创造价值的一部分。经过购买，这部分价值包含相等价值的消费品，使得"他以一种形态给予社会的劳动量，又以另一种形态全部取回来"。在这个分配和交换过程中，并不是劳动者之间等量劳动的直接交换。事实上，劳动是个过程，一般说来，是不能在劳动者之间直接交换的，能够交换的只是劳动的成果，即凝结了的劳动，或者像资本主义社会那样，劳动力被当作商品同资本家的货币相交换。退一步说，即使劳动可以直接交换，也必然发生按照什么标准交换的问题。由于劳动者的劳动能力不同，他们在同一时间内所提供的劳动成果是不一样的，在按劳分配的条件下，拿什么作为劳动的尺度呢？拿劳动者直接耗费的劳动时间作为尺度，显然是不行的。关于这个问题，恩格斯在《反杜林论》这本书里说得很清楚："如果劳动时间的等价所包含的意义，是每个劳动者在相等的时间内生产出相等的价值，而不必先得出一种平均的东西，那末

①　《政治经济学社会主义部分参考资料》，科学出版社 1961 年版，第 222 页。

②　同上书，第 136 页。

这显然是错误的。即使是同一生产部门内的两个工人，他们在一个工作小时内所生产的产品价值也总是随着劳动强度和技巧的不同而有所不同；这样的弊病——而且只有象杜林先生那样的人才会把它看成弊病，——不是任何经济公社，至少不是我们这个天体上的任何经济公社所能消除的。"① 如果不是这样，而是以劳动者劳动的数量和质量作为尺度，这里面必然存在一个同一的东西，这个同一的东西就是一定量的抽象劳动。不管每个劳动者劳动生产率高低，他们的劳动都要还原为一定数量的抽象劳动。由于抽象劳动是不能直接体现的，它会表现为一定数量的价值即货币工资。而这种情况，正好和商品等价交换的原则相一致。

二　社会主义条件下的价值规律

（一）关于什么是价值规律的讨论

关于价值规律的表述方面有几种不同看法：

第一种看法：价值规律就是价值决定的规律。这种看法把价值规律概括为商品的价值是由生产商品时所耗费的社会必要劳动量决定的。简单地表述，价值规律就是社会必要劳动时间决定的商品价值量的规律。持这种看法的人当中也还有分歧。有的人认为，社会必要劳动是永恒概念，因此价值规律也是永恒的。只要有产品生产存在就有价值规律。另一些人则认为，"价值"是历史范畴，是商品经济的概念。而价值规律也就是商品生产的规律，有商品生产才有价值规律，不是永恒范畴。持这种看法的人的共同观点是：价值规律是属于生产领域的。因此在定义中只要指出"社会必要劳动决定价值"就够了，不必包括"等价交换"。因为在交换过程中，等价交换纯粹是偶然的，而不等价交换则是经常的。所以他们反对把"等价交换"说成是价值规律的要求，或者把"等价交换"说成就是规律。其理论根据是马克思说的："只是社会必要劳动量，或生产使用价值的社会必要劳动时间，决定该使用价值的价值量。"② "每个商品的价值都是由物化在它的使用价值中的劳动量决定的，是由生产该商品的社会必要

① 《马克思恩格斯全集》第20卷，人民出版社1971年版，第218—219页。
② 《马克思恩格斯全集》第23卷，人民出版社1972年版，第52页。

劳动时间决定的。这一点也适用于作为劳动过程的结果而归我们的资本家所有的产品。"①

第二种看法：价值规律就是商品交换的规律，因此把价值规律概括为："商品按价值交换或等价交换的规律。"例如，有人说："什么是价值规律呢？就是商品生产的经济规律。这个规律要求人们在进行商品交换（买卖）的时候，来个等价交换，谁也不吃亏。换句话说，也就是说商品的交换，要同生产这个商品时所花费的社会必要劳动时间相适应。"② 这个定义和苏联的《政治经济学教科书》第一、二版对价值规律的表述是相同的。即："价值规律是商品生产的经济规律，按照这一规律，商品交换同生产产品所消耗的社会必要劳动量相适应。"这种表述和把价值规律看作是等价交换规律的不同之处是指出了它是商品生产的规律。有的人对"相适应"的提法提出批评，认为它的含义不确定，是基本符合还是完全一致呢？这几个定义，虽然指出价值规律是商品生产的规律，但是却将表述的重点放在"等价交换"上了。他们之间的共同点是认为价值规律是商品经济所特有的规律，而商品经济是以交换生产物为特征的，没有交换就没有商品生产，商品生产本身就内含着交换，"价值"这一范畴就是商品生产者之间互换劳动的表现，即交换关系（本身也是生产关系）在理论上的表现。因此，价值规律就是指这种交换是等量劳动的，它反映了商品生产、交换者之间的经济关系。

他们不同意仅仅把价值规律当作生产规律而把交换排斥在外的意见，更不同意认为"等价"是偶然的，所以不是规律的观点。他们认为在交换中，即在价值的实现过程中，由于竞争和生产无政府状态，完全的等价可能是偶然的，但必然性正是通过各种偶然性来实现的。他们认为，不能因为完全等价是偶然的，就把它排斥在价值规律之外，这样就把价值规律和等价交换对立起来了。他们根据恩格斯说的："'劳动和劳动根据平等估价的原则相交换'，这句话如果有意义的话，那末就是说，等量社会劳动的产品可以相互交换，就是说，价值规律正是商品生产的基本规律。"③在这类观点中，还有些人从等价交换进一步引申出价值和价格的关系，以

---

① 《马克思恩格斯全集》第 23 卷，人民出版社 1972 年版，第 211 页。

② 陈炎波：《山西日报》1959 年 1 月 26 日。

③ 《马克思恩格斯全集》第 20 卷，人民出版社 1971 年版，第 337 页。

此来规定价值规律的定义。例如，有人说："什么是价值规律？就是：各种商品有按照其生产所耗费的社会必要劳动量互相交换，即按照价值相等的原则互相交换的必然趋势。在货币出现以后，一切商品的价值都由货币来表现，所以价值规律也就是表明各种商品在交换过程中，它们的价格有与其价值趋于一致的必然趋势。"① 又如，"价值规律是商品经济的客观规律，商品价格总是围绕着商品价值受市场供求关系的影响而上下波动的。"② 而反对这种看法的人认为，商品价格波动只是价值实现的形式而不是价值规律本身，两者不能混淆。

第三种看法：可以说是第一种和第二种的综合："价值规律，就是商品的价值由生产商品耗费的社会必要劳动量构成的。"或者说："价值规律的基本特点是：商品的价值决定于产生这一商品的社会必要劳动量，商品必须按照其价值去进行交换。"③ 这种看法和苏联《政治经济学教科书》第三版的表述是一致的。即"价值规律要求商品的生产和实现以社会必要劳动耗费为基础。"这种看法给价值规律所下的定义的特点是：（1）既包括生产又包括交换，也就是价值规律决定商品生产和交换；（2）都是以社会必要劳动量为核心；（3）都要以价值为基础来交换。因此他们认为前面两种看法都是不全面的。

第四种看法：价值规律"至少应该包括四点内容：（1）商品的价值随着劳动生产率的提高而降低；（2）在正常的市场状态下，商品的价值由商品在生产时所耗费的社会必要劳动量决定。即由在平均的生产条件下，平均劳动熟练程度与强度下，生产单位商品所耗费的社会必要劳动量决定。从而在优越的生产条件下，同一劳动便可生产更多的价值。（3）在需求大于供给的条件下，商品的价值却只由在最不利的条件下所耗费的劳动量来决定。（4）商品的价格与商品的价值趋于一致，是价值规律在顺利条件下起作用的结果，不趋向于一致则是价值规律在受干扰的条件下起作用的结果。"④ 这样的长定义，还有："一，商品的价值是劳动创造的，商品的价

①　张问敏、张卓元、吴敬琏编：《建国以来社会主义商品生产和价值规律论文选》，上海人民出版社 1979 年版，第 1171 页。

②　同上。

③　同上书，第 1172 页。

④　同上书，第 1173 页。

值量是由生产这一商品所消耗的社会必要劳动量决定的；二，使用价值不同的商品进行交换时，**必须依靠各该商品中所**，按一定比例进行交换；三，一定量的劳动能生产一定量的某种商品，如果因技术的改进，同一的劳动量能生产更多的同一种商品，这就是劳动生产率提高了；反之，就是劳动生产率降低了。"① 对于这种长而具体的定义，有人提出定义太长反而不明确、不完备，而且有的内容是否应该包括在价值规律之内，值得研究。

第五种看法：时间节约规律就是价值规律。孙冶方指出："时间的节约"是"社会主义社会的价值规律的核心。"② 后来，这一思想更明确表述为"时间节约规律就是社会平均必要劳动量的规律，也就是价值规律。"他说："资本主义社会依靠这条规律，战胜了封建社会。但是，在资本主义社会里，这条规律是以自发势力的形式出现的。它通过市场竞争，迫使落后的、浪费活劳动和物化劳动的企业，归于淘汰；它鼓励先进的、节约活劳动和物化劳动的企业，取得胜利；先进的企业如果不继续进步，就会被别的更先进的企业所淘汰。这样，价值规律或节约时间的规律，就促进了资本主义社会生产力的不断发展。""在社会主义社会里，我们不应该让价值规律以这种自发势力的形式来起作用。我们应该从'必然王国'进入'自由王国'，通过自觉地不断地改进经营管理、革新技术的方法，来节约时间，使我们的各行各业（包括非物质生产部门在内），能以最小的劳动消耗取得最大的力量效果，使我们的社会主义社会能够不断飞速前进。这就是说，我们应该主动地、自觉地按照节约时间的规律，即价值规律办事。"在他看来，《资本论》第三卷中"价值决定仍会在下述意义起支配作用：劳动时间的调节和社会劳动在各类不同生产之间的分配"一段话，所"说的时间节约，也就是指，在共产主义社会的社会化生产中，仍然存在着并且起着作用的'价值决定'或价值规律。"③

孙冶方把时间节约规律和价值规律等同起来的观点，有人提出了不同看法。理由是："（一）价值规律是商品生产的基本规律，它是由商品经济

① 张问敏、张卓元、吴敬琏编：《建国以来社会主义商品生产和价值规律论文选》，上海人民出版社 1979 年版，第 1173 页。

② 孙冶方：《社会主义经济若干理论问题》，人民出版社 1979 年版，第 126 页。

③ 同上书，第 372—372 页。

关系产生出来的，并与这种经济关系共始终；时间节约规律则是由生产的一般的经济关系产生出来的，它与商品经济关系并没有必然的联系。只要存在物质资料的生产，总是要求节约劳动时间。……（二）价值规律的质的规定性表现在：商品的价值是由社会必要劳动时间决定，商品交换应遵循等价的原则；而时间节约规律质的规定性在于：每个生产者力求以最少的劳动耗费去获得尽可能大的经济效果，它只涉及产品的耗费与效用的比例；并不管商品价值如何决定和商品交换是否等价。"① 时间节约规律是由一般经济关系产生出来的，是一切社会共有的物质资料生产过程所遵循的规律，只要存在物质资料生产，就要求节约劳动时间，但是在各个不同的社会经济形式下，节约时间规律总是通过特殊的经济规律表现出来的。在商品经济社会，节约时间规律，就是由价值规律的作用表现出来并达到节约劳动时间的要求。但是这并不等于说价值规律就是时间节约规律。到了共产主义社会，商品经济消亡了，价值规律退出了历史舞台，但是节约时间规律依然存在，这时的时间节约规律则由产品经济时代的直接计划规律表现出来。这就是一般性是通过特殊性表现出来的，也就是相对的东西中存在着绝对的东西。

（二）关于价值规律的作用的争论

斯大林在《苏联社会主义经济问题》一书中谈到价值规律在苏联经济中的作用时指出："在我国，价值规律发生作用的范围，首先是包括商品流通，包括通过买卖的商品交换，包括主要是个人消费的商品交换。在这里，在这个领域中，价值规律保持着调节者的作用，当然，是在一定的范围内保持着调节者的作用。"但是，价值规律对生产的调节作用却被他加以否认了。他说："价值规律在我国是生产的调节者呢？不，不是这个意思。事实上，在我国的经济制度下，价值规律的作用是被严格限制在一定范围内的。前面已经说过，在我国的经济制度下，商品生产的活动是限制在一定范围内的。关于价值规律的作用，也必须这样说。"这种观点也存在不同看法，有人指出："斯大林的《苏联社会主义经济问题》中，对于价值规律在生产资料生产领域中的作用估计不足。由于受这一著作的影

---

① 郭道夫：《也谈价值规律——与孙冶方同志商榷》，《光明日报》1978 年 11 月 25 日。

响，在某些经济学家，产生了一种理论，认为货币在生产资料生产的领域中已经不起一般等价物的作用。这种理论完全是错误的。第一，因为在国营部门内部流通的生产资料，正如上面所说的那样，仍然是商品。第二，因为社会主义经济是统一的整体，国民经济各部门之间和各企业之间的联系极为密切，必须有一个统一的尺度来表现和衡量生产商品所耗费社会劳动。因此，集体的不是商品的那一部分产品，也必须用货币形式来估价。"①

关于价值规律在社会主义条件下的作用问题，苏联《经济问题》杂志在 1957 年开展过讨论。在讨论过程中，大多数经济学家都认为价值规律在社会主义经济发展中具有重要作用。但也有些人有不同看法，例如，第一种看法是：有的人认为价值规律只在生产资料私有制、市场竞争和自发的价格形成占统治地位的条件下发生作用。他们认为，社会主义企业的成本、价格和利润不是价值表现，价值规律与确定价格没有任何关系。还有的经济学家认为，社会主义条件下，已经有可能按照劳动时间计算社会劳动消耗量，以及在这个基础上规定生产品的价格。他们引用了马克思说的："在资本主义生产方式消灭以后，但社会生产依然存在的情况下，价值决定仍然会在下述意义上起支配作用：劳动时间的调节和社会劳动在各类不同生产之间的分配，最后，与此有关的簿记，将比以前任何时候都更重要。"② 在谈到价值规律和按劳分配的关系时，他们认为，按劳分配是按照每个人劳动的数量和质量分配，或者说根据每个人在生产领域花费的劳动时间即每个人创造的价值来按比例分配。并且引用了马克思说的，在这种条件下，"这种分配的方式会随着社会生产机体本身的特殊方式和随着生产者的相应的历史发展程度而改变。仅仅为了同商品生产进行对比，我们假定，每个生产者在生活资料中得到的份额是由他的劳动时间决定的。这样，劳动时间就会起双重作用。劳动时间的社会的有计划的分配，调节着各种劳动职能同各种需要的适当的比例。另一方面，劳动时间又是计量生产者个人在共同劳动中所占份额的尺度，因而也是计量生产者个人在共同产品的个人消费部分中所占份额的尺度。在那里，人们同他们的劳

---

① 《政治经济学社会主义部分参考资料》，科学出版社 1961 年版，第 229 页。
② 《马克思恩格斯全集》第 25 卷，人民出版社 1974 年版，第 963 页。

动和劳动产品的社会关系，无论在生产上还是在分配上，都是简单明了的。"① 在这里，他们根据马克思关于劳动价值和社会主义的按劳分配的关系，探讨了价值规律和社会主义按劳分配的关系，这种论证是正确的。

在我国理论界关于价值规律对我国社会主义社会，特别是共产主义社会是否起作用的问题，曾经展开过讨论，主要有以下不同观点：

第一种是肯定的观点。例如，孙冶方同志认为价值规律无论是在社会主义还是共产主义社会仍然起作用。理由是：

首先，商品是历史范畴，在共产主义社会中不再有交换，从而生产品也不再是商品；社会生产的直接目的是使用价值而不是价值——这些都是可以肯定的原则。然而叫作生产品也好，或直接叫使用价值也好，它总是劳动所创造的或者说是花了一定量的劳动消耗的代价换来的；这代价当然不是目的而是手段，然而不能改变事情的本质。花了代价就不能不计算一下代价的大小，至于你把这代价叫作"价值"，还是直接叫作"社会必要平均劳动量"，那倒是无关紧要的。

其次，在商品经济中，价值规律自身变成了一个自发的、然而是极灵敏的、计算产品的社会平均必要劳动量的自动计算机，它随时提醒落后的生产者，要他努力改进工作，否则便要受到严酷的惩罚；也随时鼓励先进的生产者并给他丰厚的奖赏，要他继续前进。它是赏罚分明，毫不留情，不断督促落后者向先进者看齐。因此，"在社会主义社会或共产主义社会里，我们限制或消除了市场竞争所带来的消极的破坏性的一面，这是好的。但是我们不能不计算产品的社会平均必要劳动量。否定了或低估了价值规律在社会主义经济中的作用，事实上也是否定了计算社会平均必要劳动量的重要性。"②

最后，生产调节者的作用，或是分配社会生产力的作用。他说，过去认为，在社会主义社会中，价值规律只是在一定范围内，即是仅仅在商品流通的范围内，起着一定的调节者的作用；至于在生产领域内，价值规律便不再起调节作用，它并不能调节各个不同生产部门间的劳动分配的"比例"。至于到了共产主义社会，商品流通完全消灭之后，价值规律便将作为一个历史范畴而消亡，在任何范围内也将不起调节者的作用，劳动

---

① 《马克思恩格斯全集》第 23 卷，人民出版社 1972 年版，第 95—96 页。

② 孙冶方：《社会主义经济若干理论问题》，人民出版社 1979 年版，第 596 页。

的分配将不依价值规律来调节，而是依靠社会对产品的需要量来调节。支持这种说法的事实是：在社会主义国家中，用全力发展的是那些盈利较少而且有时简直不能盈利的重工业，而不是盈利较多的轻工业。他提出的反驳的理由：一是"为什么在社会主义国家里，重工业一定要比轻工业盈利少，以致不盈利呢？企业不能盈利不外两个原因：（一）企业本身管理不善；（二）价格不合理。我们不能相信，重工业的企业一般地都比轻工业管理得坏。因此，使重工业少盈利或不盈利的唯一理由便是上述第二个原因了——重工业产品价格不合理，即比之轻工业产品一般是偏低了。因此，这不是使我们否定价值规律的调节作用的理由；反倒证明了这是价格政策违反了价值规律的不良后果。"二是认为在全民所有制经济中或在共产主义社会里，各个生产部门间的劳动分配将不依赖价值规律来调节，而是只依靠社会对产品的需要量来调节。这理由也是片面的。他说："因为对产品的需要量还只是事物的一方面；而不可分割的另一方面是：如果生产某一种产品的劳动生产率提高了，那么这一生产部门所需要的劳动量，也即是投资额，也会相对地甚至绝对地减少的。因此从上面所说的价值规律的基本内容来看，不论在共产主义社会的高级阶段或是初级阶段，这价值规律将始终存在着而且作用着，所不同的只是作用的方式而已，只是这规律体现自己的方式而已。"三是他还引证了马克思的话作为力量根据：例如，马克思在《资本论》中指出："在资本主义生产方式消灭以后，但社会生产依然存在的情况下，价值决定仍会在下述意义上起支配作用：劳动时间的调节和社会劳动在各类不同生产之间的分配，最后，与此有关的簿记，将比以前任何时候都更重要。"[①] 他还补充说："这里所说的簿记应是包括：统计、会计和业务技术计算三种计算在内的广义的计算工作。"四是他还引证了马克思似乎可以用来证明相反论点的话进行了分析。例如，马克思在《哥达纲领批判》中说的："在一个集体的、以共同占有生产资料为基础的社会里，生产者并不交换自己的产品；耗费在产品上的劳动，在这里也不表现为这些产品的价值，不表现为它们所具有的某种物的属性，因为这时和资本主义社会相反，个人的劳动不再经过迂回曲折的道路，而是直接地作为总劳动的构成部分存在着。"恩格斯在《反杜林论》

---

① 《马克思恩格斯全集》第 25 卷，人民出版社 1974 年版，第 963 页。

中也说过："社会一旦占有生产资料并且以直接社会化的形式把它们应用于生产，每一个人的劳动，无论其特殊用途是如何的不同，从一开始就成为直接的社会劳动。""人们可以非常简单地处理这一切，而不需要著名的'价值'插手其间。"①

如何解释马克思主义经典作家所说的话之间存在的"矛盾"呢？他是这样解决这个矛盾的：

首先，马克思在《哥达纲领批判》和恩格斯在《反杜林论》中讲到不表现为价值，或不需要价值插手其间，它是联系着商品交换，联系着社会劳动与私人劳动之间的矛盾，来谈价值问题的。他们的目的是在于证明，到了公有制社会，每一个社会成员的劳动直接成为社会劳动的一部分，而不是等到他的产品在市场上卖了之后才得到证实。因此，马克思在这里是用"不表现"为价值这种提法；而恩格斯则是用"不需要"价值插手其间。这就是说，"马克思和恩格斯在这里讲到价值的时候，与其说指的是作为实体的价值，倒不如说，是指的那个交换关系，或交换价值。而马克思在说到'价值决定仍会在下述意义上起支配作用'，他所说的'价值'或'价值决定'是指作为实体的价值。"②

其次，在马克思和恩格斯的著作中，"凡是与私有制与商品交换和自由竞争相联系的东西，即价值规律在商品经济中体现自己的特殊方式，它的作用方式将随商品交换的消失而不再存在。然而，在他们的著作中，从未说过，作为价值实体的那个社会必要劳动量的计算，以及它的调节作用和支配作用，在共产主义社会中将失去作用。"相反，他在谈到价值决定在劳动时间的调节和社会劳动在各类不同生产之间的分配时，仍然"起支配作用"，而且"将比以前任何时候都更重要。"所以，他认为：在这里，"马克思没有说'价值规律'而只说'价值决定'难道这个用字上的区别有什么决定意义吗？马克思着重注明是'下述意义上'的'价值决定'。这就是说这已经不是商品经济意义上的那个'价值决定'了。"③

第二种是否定的观点。持这种观点的同志认为，在社会主义制度下，

---

① 《马克思恩格斯全集》第 20 卷，人民出版社 1971 年版，第 334 页。

② 张问敏、张卓元、吴敬琏编：《建国以来社会主义商品生产和价值规律论文选》，上海人民出版社 1979 年版，第 603 页。

③ 同上书，第 604 页。

在国内流通领域，生产资料已经不是商品，生产资料的价值只是形式上的事情；生产资料已经超出价值规律发生作用的范围之外。这些论点是来源于斯大林的《苏联社会主义经济问题》和苏联科学院经济研究所编辑的《政治经济学教科书》，其中有以下观点："在国营企业间进行分配的生产资料，实质上不是商品。但是它们保存着商品形式，具有价格，这是进行计算和成本核算所必需的"；"价值规律的作用并不限于流通范围。价值规律对社会主义生产也发生影响，但这种影响不是决定性的"；"个人消费品既是商品，就有价值。工业消费品的价值包括集体农庄作为商品生产的原料的价值。消费品的新创造的价值，一部分用来抵偿货币工资；另一部分则成为货币形式的企业收入。同时，在工业消费品的生产过程中还要损耗非商品的劳动资料：机床、机器、厂房。既然包括在工业消费品价值中的一切其他要素都具有货币形式，劳动资料也就应该以货币形式进行成本核算"；"价值规律对生产资料生产的影响是通过抵偿劳动力的消耗所必需的消费品而实现的。消费品既然是商品，工人就只能用货币即用货币工资去购买。因此必须在生产资料的生产中，用货币形式来计算同工资一起构成工艺品成本的其他一切要素"；"既然作为商品的消费品具有价值，那末不作为商品的生产资料就具有进行成本核算、计算和监督的商品形式和价值形式。"有的观点认为："在社会主义制度下，重工业产品是国营企业分配的物资，实质上已经表示商品，仅仅具有商品的'外壳'——价格形态。"对于这种观点显然是不正确的，遭到了许多同志的反对。

　　例如，有的同志针对《苏联社会主义经济问题》中给商品下的另外一个定义："商品是这样的一种产品，它可以出售给任何买主，而且在商品出售之后，商品所有者便失去对商品的所有权，而买主则成为商品的所有者，他可以把商品转售、抵押或让它腐烂。"可是，一件物品并不是一定要出售给任何买主，才能成为商品。只要它是为了交换而生产，它就是商品。同时，在商品交换过程中，所变动的是人们对物的所有权的表现形式，并不是所有权本身。例如，麻布生产者以麻布交换鞋子，并不是失去了什么所有权，而是他原来的所有权表现在麻布上，现在表现在鞋子上；如果拿麻布卖了钱，则他的所有权从原来表现为麻布，现在则表现为货币这种特殊商品。至于能不能把物品转售、抵押或让它腐烂，那是所有权问题，人们对属于他自己的东西是可以那样做的；对于不属于他自己的东西是不能那样做的。但是，不管他能不能那样做，都不能把它作为商品的标志。商品的标志，只能是它是为了交换而生产的。可见，斯大林在《社会主义经济问题》中的商品定义，不但谈不上发展了马克思的定义，而且还使人们不能正确理解什么是商品了。

在《社会主义经济问题》中，在谈到生产资料不是商品的根据时有以下几点："第一，生产资料并不'出售'给任何买主，甚至不'出售'给集体农庄，而只是由国家分配给自己的企业。第二，生产资料所有者——国家，在把生产资料交给某一企业时，丝毫不失去对它的所有权，相反地，是完全保持着所有权的。第三，企业的经理，从国家手中取得生产资料之后，不但不变成这些生产资料的所有者，相反地，是被确认为受国家的委任，依照国家所交下的计划，来使用这些生产资料的。所以，不能把社会主义制度下的生产资料，列入商品范畴中。"如果按照商品的新定义，可以得出生产资料不是商品的判断。但是，如果从马克思的商品定义来判断，却不能得出生产资料是商品的结论。首先，国家将生产资料分配给国营企业并不是分配实物，而是要通过基本建设投资拨款、物资技术供应计划的安排，使用企业的申请购买和生产企业的供应。其次，所谓国家把生产资料交给某一个企业时，完全保持着这些生产资料的所有权，只是说明了国营企业的生产资料属于全民所有、国家所有的性质。并没有说明供应生产资料的企业把生产资料变成货币，使用生产资料的企业把货币变成生产资料，彼此是什么关系。最后，所谓企业经理并不是生产资料的所有者，他只是受国家委托，按照国家计划来使用生产资料，正如前面分析的，既然不能从消费者怎样消费麻布、鞋子来判断麻布、鞋子是不是商品，同样也不能从机器的使用以及由谁来使用来判断机器是不是商品。而在生产资料的生产和流通过程中，国营企业和国家之间的关系只是说明了所有制的关系。因此，不能证明在社会主义制度下，生产资料已经不是商品了。

对于在社会主义国营企业的产品为什么是商品的原因，有的人认为有两个原因：一是在社会主义制度下，国营企业内部仍存在社会分工，各种产品由不同的国营企业进行生产。在国营企业内部分配生产资料，也就反映了商品交换的经济关系。二是在实行经济核算制的条件下，各国营企业之间还要作为不同的、相对独立的经济单位来对待。国营企业实行的经济核算制，是社会主义生产关系的具体形式，它反映了国营企业中人们在生产和交换过程中的一定的联系和关系。但是，在实行经济核算条件下，每个企业都是相对独立的经济单位，它们自己组织生产、供应和销售活动，同其他企业发生经济关系，并且独立计算盈亏，这就说明他们必须相互作为商品生产者来相互对待，他们之间相互交换的产品当然也是商品。

三　价值规律和计划按比例发展规律的关系

这一时期，关于价值规律和计划按比例发展规律的关系问题的争论观点有两种：一种认为应把计划规律放在价值规律的基础上；另一种认为应由计划规律来统率价值规律。

主张前一种观点的代表人物是孙冶方。他在《把计划和统计放在价值规律的基础上》进行了如下论证：

第一，什么是马克思的劳动价值规律，以及这些规律是如何去作用的。他从两个方面进行了论述。第一，在商品经济中任何商品的价值都是劳动创造的。第二，竞争的存在。竞争不仅存在于同一生产部门之内的各个企业之间，而且存在于各生产部门之间。由于商品生产是盲目自发性的，因此供求永远不能平衡，市场价格就围绕着市场价值不断波动，不仅促进了技术的改进和生产力的发展，而且使社会资本从一个生产部门流入另一个生产部门。

第二，价值规律同国民经济有计划按比例发展规律的关系。他说："价值规律同国民经济的计划管理不是互相排斥的，同时也不是两个各行其是的并行的规律。国民经济有计划按比例发展是建立在价值规律的基础上才能实现。那些无视价值规律，光凭主观意图行事的经济政策（包括价格政策）和经济计划，到头来打乱了一切比例关系。"

主张后一种观点的人是把有计划按比例发展规律分开为两条规律——按比例发展规律和计划规律，而后再分析价值规律和这两个规律的关系。在谈到价值规律与按比例发展规律的关系时，持这种观点的人认为："按比例发展规律是人类社会发展的共同规律，价值规律则是商品经济规律，它们的相互关系在社会主义以前就存在了。"① 例如，马克思就说过，商品的使用价值，"只能把它的总劳动时间中这样多的劳动时间用在这样一

---

① 张问敏、张卓元、吴敬琏编：《建国以来社会主义商品生产和价值规律论文选》，上海人民出版社1979年版，第905页。

种产品上。"① "如果市场价值降低了，社会需要（在这里总是指有支付能力的需要）平均说来就会扩大，并且在一定限度内能够吸收较大量的商品。如果市场价值提高了，商品的社会需要就会缩减，就只能吸收较小的商品量。"② 又如在关于某一种商品价格的提高会产生什么后果的问题上，马克思说大量的资本将流到那个繁荣的工作部门中去；并且资本往较为有利部门流去的这种现象，一直要继续到该部门中的利润跌落到普通水平为止，或更正确些说，一直要继续到该部门产品价格由于生产过剩而跌落到生产费用以下时止。反之，假如某一种商品的价格跌落到它的生产费用以下，那末资本就要从该种生产部门中流出去。该种商品的生产，即该种商品的提供，就要因有这种资本溢出而缩减下去，一直到该种商品的提供对它的需求相适应时止，就是说，一直到该种商品的价格重新升高到它的生产费用水平，或更确切些说，一直到供给额降到需求额以下，即一直到该种商品价格又提高到它的生产费用以上时为止，因为商品的市价总是高于或低于它的生产费用的。③ 从上面马克思的这些论述中，可以看到，价值规律决定对按比例发展规律的作用，一是价值水平对比例的决定作用以及价值的变化对比例的调节作用；二是通过价格与价值的背离对比例的调节作用。长期以来，不少人只谈到价值规律通过价格与价值背离对商品生产和商品流通所起的调节作用，而忽略了价值水平及价值变化对比例的决定和调节作用。这不能不使人提出这样的问题：但价格与价值一致时价值规律就没有了调节作用了吗？

价值规律对按比例发展规律还有一种保证比例实现的作用。马克思指出："在社会劳动的联系体现为个人劳动产品的私人交换的社会制度下，这种劳动按比例分配所借以实现的形式，正是这些产品的交换价值。"④ 交换价值既然是比例关系的表现形式，不按价值交换就要妨碍比例的实现。同时，马克思还给我们指出了按比例发展规律对价值规律的作用。他指出："要使一个商品按照它的市场价值来出售，也就是说，按照它包含的社会必要劳动来出售，耗费在这种商品总量上的社会劳动的总量，就必

①　《马克思恩格斯全集》第 25 卷，人民出版社 1974 年版，第 716 页。

②　同上书，第 202 页。

③　参见《马克思恩格斯选集》第 1 卷，人民出版社 1995 年版，第 340 页。

④　《马克思恩格斯全集》第 32 卷，人民出版社 1974 年版，第 541 页。

须与这种商品的社会需要的量相适应，即同有支付能力的社会需要的量相适应。"① 从这段话可以看出，马克思指出的按比例发展规律对价值规律的作用，为价格与价值的一致提供了条件，否则就可能发生背离的现象。兼顾自发地围绕着价值波动虽然是在私有制为基础的商品生产条件下价值规律作用的表现形式，但价格与价值的背离本身是对价值规律的侵犯。马克思指出："商品可以按照和自己的价值相偏离的价格出售，但这种偏离是一种违反商品交换规律的现象。商品交换就其纯粹形态来说是等价物的交换。"② 可见，商品生产的按比例发展是价值规律发生作用的不受侵犯的重要条件。

按比例发展规律不仅关系到价格与价值能否一致的问题，而且关系到商品价值能否实现的问题。商品生产不按比例就会造成某种商品的过剩，或卖不掉，从而不能首先成为价值；另外某些商品生产不足，买不到，从而价值不能由货币形态转化为商品形态。如果说，商品不按价值交换是对价值规律的侵犯，那么，价值不能实现，不能由商品转化为货币，就是对价值规律更为严重的侵犯了。可见，按比例规律对价值规律的不受侵犯地实现出来是十分重要的。归结起来按比例发展规律对价值规律的作用有二：一是促使价格与价值一致；二是促使价值实现。一方面，比例的决定与调节要取决于价值，比例的实现又要求商品按价值交换；另一方面，价值的实现要求按比例，因此，两者有密切不可分的关系。其原因是：第一，两者都是关于劳动时间的规律。价值规律是关于生产单位商品所必要的劳动时间的规律，也是商品按社会必要劳动时间交换的规律。按比例发展的规律则是关于社会总劳动时间在不同部门分配的规律。马克思提到的两种社会必要劳动时间的关系，在商品经济条件下，实质上就是价值规律与按比例发展规律的关系。第一种意义的社会必要劳动时间是决定第二种意义的社会必要劳动时间的重要因素。换言之，价值是决定比例的重要因素之一。社会在总劳动中究竟以多大比例分配给某一种商品生产，除了考虑这种商品的使用价值的性质和社会对它的需要强度外，还必须考虑这种商品生产时的劳动耗费。第二种社会必要劳动时间则决定第一种社会必要劳动时间能否实现和实现的程度。换言之，比例决定价值能否实现以及价

---

① 《马克思恩格斯全集》第 25 卷，人民出版社 1974 年版，第 215 页。
② 《马克思恩格斯全集》第 23 卷，人民出版社 1972 年版，第 180—181 页。

值与价格的背离。第二，在商品经济条件下，社会分工的各部门的联系是依靠商品交换来建立的。比例的实现要借助于价值，要求商品交换按价值进行。

在资本主义私有制的商品经济条件下，由于资本主义基本经济规律即剩余价值规律与竞争和生产无政府状态的规律的作用，价值规律与按比例发展规律的关系有其特点：（1）价值规律是与剩余价值规律一起，并在剩余价值规律的主导作用下，决定商品生产和流通的比例并调节这些比例。（2）竞争和生产无政府状态规律，决定了价值规律与按比例发展规律起作用的形式是自发的。价值规律通过竞争与价格和价值的背离对资本主义的生产和流通起自发调节的作用。按比例发展的规律则是在比例的不断破坏中实现的。马克思说：“不同生产领域的这种保持平衡的经常趋势，只不过是对这种平衡经常遭到破坏的一种反作用。”① （3）在价值规律与按比例发展规律的相互关系中，价值规律处于主导地位，起决定作用，按比例发展规律处于从属地位，起重要作用。这是由于剩余价值决定了两者的作用和地位。

社会主义条件下，价值规律与按比例发展规律的相互关系有如下特点：（1）价值水平与价值变动对社会主义商品生产与流通的比例仍然是决定与调节要素之一。马克思指出：“在资本主义生产方式废止以后，但社会化的生产维持下去，价值决定就仍然在这个意义上有支配作用：劳动时间的调节和社会劳动在不同各类生产间的分配，最后，和各种事项有关的簿记，会比以前任何时候变得重要。”这就是说，社会必要劳动，这个商品价值实体，不仅在商品生产存在的条件下，而且在商品生产消亡后，也是决定社会生产比例和调节比例的客观的经济力量。（2）在社会主义的商品生产比例协调的情况下，价值规律对比例的实现起保证作用。价格与价值一致是价值规律的要求。在比例协调的情况下，如果商品按价值交换，比例就会得到充分的实现，否则实现就会发生困难。因为价格与价值一致是顺利实现再生产的一个重要条件。为了顺利地实现按比例地进行社会再生产，不仅需要有协调的比例，而且需要贯彻等价交换的原则。（3）在商品生产的比例不协调的情况下，价值规律起着促使比例协调的重要作用。

---

① 《马克思恩格斯全集》第 23 卷，人民出版社 1972 年版，第 394 页。

关于价值规律与计划规律的相互关系不同于价值规律与按比例发展规律的关系，前者是社会主义商品经济的特有问题，后者是商品经济一般共有的问题。价值规律作为商品经济的规律，计划规律作为公有制的规律，两者是在以公有制为基础的商品经济条件下统一起来，并相互发展作用的。价值规律是制订、修订计划的重要依据之一。计划规律要求对商品生产、流通、分配、消费一切方面实行计划领导，这些都要求利用价值规律以及与价值规律相联系的货币、价格作为根据与工具。

计划规律对于价值规律也有着重要的作用。计划规律对于价值规律决定价值规律作用的形式，即决定价值规律是通过人们的自觉活动、有计划地实现作用的。计划规律决定了社会主义的商品生产是计划生产，社会主义商品流通是计划流通，社会主义商品的价格是计划价格，这就决定了价值规律作用的形式是有计划的，是通过人们的自觉活动实现的，而不是像资本主义那样是无计划的，是通过竞争与生产无政府自发地实现的。在有计划地利用价值规律的调节作用的问题上要划清一条根本界限。有人通过市场竞争、价格与价值的自发背离听任价值规律自发调节生产与流通。这一理论与有计划的利用价值规律的调节作用是不同的，这是一种反对社会主义计划经济的谬论。

不同意上面的观点的另一种观点是：价值规律是不是社会主义制度下商品生产与流通的调节者？提出了不同的看法。认为："把社会主义国民经济有计划按比例发展的规律分割为两条规律：一是按比例发展规律；一是计划规律。然后'分别研究价值规律与按比例发展规律的相互关系以及价值规律与计划规律的相互关系'，据说这样'就可以使我们的研究深入些，明确些'。这个出发点就是不正确的。"因为：有计划按比例发展规律是社会主义经济发展的客观规律，它是在生产资料社会主义公有制基础上产生的，有计划与按比例密切联系不可分割，列宁说："经常的、自觉地保持平衡，实际上就是计划性。"社会主义经济最大的特点就是在于计划性与比例性的一致，计划是以一定比例为基础的计划，比例是以统一的计划为指导的比例。计划离开了比例关系，就成了毫无内容的空洞的计划；比例离开了计划领导，也就成了不能实现的虚假的比例。这种把按比例与有计划分割开来，从这个错误的前提出发，来研究社会主义制度下价值规律和按比例发展的关系，最后得出结论说："在社会主义制度下，价值规律对社会主义按比例发展仍然有着密切的联系并起着极重要的作用：

决定比例、调节比例与保证比例实现的作用；价值规律是社会主义制度下商品生产与流通的一个重要的调节者。"① 这个结论及其论据都是成问题的：

第一，认为："价值水平与价值变动对社会主义商品生产与流通的比例仍然是决定与调节的要素之一。" 在社会主义制度下，商品生产与流通的比例，究竟是由国家计划根据社会需要来决定和调节，还是由价值水平与价值变动来决定和调节？这是必须搞清楚的原则问题。

在资本主义制度下，资本家各自掌握着企业，从事商品生产和商品流通的目的是为了追求利润，整个社会没有也不可能有统一的计划领导，各种商品的生产完全是以价格的涨跌和利润的多少为转移，价值规律是通过价值与价格的背离，对商品生产起决定与调节的作用。这种调节作用，是以资本主义的竞争和生产无政府状态为前提，而反过来又加剧了资本主义竞争和生产无政府状态，使国民经济的比例关系不断受到破坏，并导致周期性的经济危机。

在社会主义制度下，生产资料公有制消除了资本主义社会所固有的生产的社会性和资本主义私有制的矛盾，生产无政府状态规律也失去了作用。于是，"按照预定计划进行的社会生产就成为可能的了。"② 社会劳动在各部门之间的分配，是由国家根据社会需要，按照国民经济按比例发展规律的要求，通过国家计划来决定和调节。那种认为社会需要不是比例的唯一的决定和调节者，价值水平与价值变动对社会主义社会的生产也有决定与调节作用的说法是不对的。因为社会主义国家对它的生产主要是根据生产条件和社会需要来决定的，而不是根据它们的价值大小来决定的。即使是考虑到它们的价值因素，也不能说是价值规律的调节作用。因为价值规律对生产的调节作用，是在竞争和生产无政府状态的前提下，通过价格与价值的背离，来决定和调节各部门生产的数量。这种情形，在社会主义生产中根本不存在。

针对有的人为了论证价值水平与价值变动对社会主义的生产有决定和调节作用，引用马克思说的："在资本主义生产方式废止以后，但社会化

---

① 张问敏、张卓元、吴敬琏编：《建国以来社会主义商品生产和价值规律论文选》，上海人民出版社 1979 年版，第 925 页。

② 《马克思恩格斯全集》第 19 卷，人民出版社 1963 年版，第 247 页。

的生产维持下去，价值决定就仍然在这个意义上有支配作用：劳动时间的调节和社会劳动在不同各类生产间的分配，最后，和这各种事项有关的簿记，会比以前任何时候变得重要。"进行了分析，指出："马克思在这里所讲的是劳动时间在各个部门之间的分配和调节，而不是价值规律，只不过在资本主义社会中，劳动时间在各个部门的分配和调节是通过价值规律的作用来实现的。因而马克思主要是在研究资本主义生产方式时借用价值一词作为类比，但又明确指出是'在这个意义上有支配作用'，用以说明在资本主义生产方式废止以后，在未来的社会化大生产中，劳动时间的调节和社会劳动在各类生产之间的分配具有更加重要的意义。我们决不能把它和价值规律等同起来。"① 因为价值规律的内容是：生产商品所耗费的社会必要劳动量决定商品的价值量，商品的交换要以价值为基础来进行。这与劳动时间在各部门的分配和调节，决不是一回事。虽然，在社会主义社会仍然存在两种公有制经济，仍然存在商品经济的条件下，劳动时间在各部门之间的分配和调节，仍然需要利用价值形式进行核算，但是，起支配作用的已经不是价值规律而是有计划按比例发展规律。社会主义国家应该把社会需要作为比例的唯一的决定者与调节者，并且按照有计划按比例发展规律的要求、而不是按照价值规律的要求，通过国家计划，在国民经济各部门之间，进行劳动时间的分配和调节。

持这种观点的人，还以马克思所说的："假定进行集体生产，确定时间自然就具有极其重要的意义。……每个人应当合理地支配自己的时间，以便获得应当具备的各方面的知识或者满足对他的活动的各种要求，同样地，社会也应当适当地支配自己的时间，以便达到那种适应于它的整个要求的生产。因此，节省时间以及在各个生产部门有计划地分配劳动时间，就成了以集体生产为基础的首要的经济规律。这甚至是极其高级的规律。但这和用劳动时间来测定交换价值（劳动或劳动产品）有本质的区别。"②为依据。

价值规律作为商品生产的经济规律，是一种历史范畴。随着商品生产

---

① 张问敏、张卓元、吴敬琏编：《建国以来社会主义商品生产和价值规律论文选》，上海人民出版社 1979 年版，第 928 页。

② 张问敏、张卓元、吴敬琏编：《建国以来社会主义商品生产和价值规律论文选》，上海人民出版社 1979 年版，第 926 页。

的消亡，价值规律及其相联系的各种价值形式，必然要退出历史舞台。那时，劳动时间在各部门自己的分配，仍然具有重要意义，那时仍然需要核算，但不是通过价值形式，而是直接以劳动时间来进行核算。正如斯大林说的："在共产主义社会第二阶段上，用于生产产品的劳动量，将不是以曲折迂回的方法，不是凭借价值及其各种形式来计算，如像在商品生产制度下那样，而是直接以耗费在生产产品上的时间数量即钟点来计算的。至于说到劳动分配，那么各个生产部门之间的劳动分配，将不依靠那时已失去效力的价值规律来调节，而是依靠社会对产品的需要量的增长来调节的。这将是这样一种社会，在那里，生产将由社会的需要来调节，而计算社会的需要，对于计划机关将具有头等重要的意义。"① 可见，前面那种把劳动时间在各部门的分配与价值规律等同起来，作为证明价值水平与价值变动对社会主义社会的生产有决定与调节作用是错误的。否则就会得出价值规律将永久起作用，不会随着商品生产的消亡而退出历史舞台的荒谬结论。如果承认劳动时间的分配与价值规律不是一回事，那就不能证明价值规律对社会主义的生产仍然有决定和调节作用。

第一，针对"在社会主义的商品生产比例调节的情况下，价值规律对比例的实现起保证作用"的说法提出了反驳。因为：价值是价格的基础，在社会主义存在商品经济的条件下，以价值为基础来制定价格，使各种商品的价格大体上接近它们的社会价值，并且在商品交换中注意遵守等价交换的原则，这对于社会主义经济的发展都是有利的。但是，决不能片面地把社会主义经济的比例关系说成是建筑在价值规律的基础上，要依赖价值规律来起保证作用。因为在社会主义的商品生产和流通中，各种商品的价格要大体上接近于价值，相互之间要保持合理的比例关系，并不单单是价值规律的要求，同时也是有计划按比例发展规律的要求。这样才能有利于国家在各部门之间有计划地分配社会劳动，有利于各个企业顺利地进行商品生产和水平流通，从而满足社会及其成员日益增长的需要。

第二，针对所谓价值规律的要求就是价格与价值的一致，只有价格与价值一致，比例才能实现，否则实现就要发生困难的说法，持不同看法的人认为"这是对价值规律内容的歪曲，对价值规律作用的夸大。"实际

---

① 《斯大林文集》，人民出版社1985年版，第614页。

上，商品的价格与价值的一致只能是相对的，而不是绝对的。在社会主义条件下，许多商品的价格常常在不同程度上背离价值，并不影响整个国民经济计划按比例发展。恰恰相反，社会主义国家有时利用价格与价值的背离，来维持某些商品的供需比例关系，保证社会合理需要。这种价格与价值的背离，与资本主义制度下由竞争和生产无政府状态、由追求利润而产生的价格与价值的背离，情况根本不同，这是由社会主义国家根据国计民生的需要有计划安排的，背离的幅度也受到严格的规定和合理的限制。这并不是对价值规律的破坏，而是自觉利用价值规律的表现。在这种情况下，商品生产的比例关系，并不是由价值规律来调节，比例的实现，不是由价格与价值的一致来保证的。

第三，针对"在商品生产的比例不协调的情况下，价值规律起着促使比例协调的重要作用"，和在比例不协调、价格与价值背离的情况下，价值规律的调节作用"表现为要求调整比例使价格与价值有可能一致起来"，以及在比例不协调、没有造成价格与价值不一致的情况下，"价值规律调节比例的力量是通过商品积压、资金周转困难，以及市场压力表现出来的"的观点，提出了不同看法。社会主义国民经济是有计划按比例地发展的，它根本不会出现发生在资本主义制度下经常出现的比例失调和周期性的经济危机。但由于人们对于有计划按比例发展需要有一个实践和逐步认识的过程，在计划执行过程中又常常会发生种种难以预见的情况，因此，国民经济计划按比例发展决不能机械理解为各个部门时时刻刻都是绝对平衡地向前发展。由于种种原因，总是会有些部门发展得快些，有些部门发展得慢些，因而会出现比例不协调的现象。在这种情况下，只能靠社会主义国家的计划经济来调节，而不是靠价值规律的作用来调节。

第四，针对价值规律在社会主义制度下的作用有它不同的特点，即在资本主义条件下，价值规律决定比例和体积比例的作用，"是价值水平对比例的决定作用以及价值的变化对比例的调节作用"，而在社会主义制度下，"价值水平与价值变动对社会主义的商品生产与流通的比例仍然是决定与调节的要素之一"的观点也提出了不同看法。认为这是把价值规律在资本主义制度下的作用完全原封不动地搬到社会主义制度中来。所谓按比例发展规律也必须建立在价值规律的基础上，价值规律对社会主义制度下的商品生产与流通的比例，完全起着决定和调节作用。按照这种观点，社会主义和资本主义已经没有任何界限可谈了。

第五，针对"在社会主义商品经济的条件下，价值规律是制订、修改计划的重要依据之一，是贯彻计划、实现计划的有力杠杆之一。"的观点也提出了不同看法。认为这种观点"不仅要把社会主义制度下的比例关系建立在价值规律的基础上，而且要把社会主义的计划领导也建立在价值规律的基础上。他实际是要用价值规律来代替按比例发展规律"。并且还根据党的八届六中全会在《关于人民公社若干问题的决议》中指出的："这种商品生产和商品交换不同于资本主义的商品生产和商品交换，因为它们是在社会主义公有制的基础上有计划地进行的，而不是在资本主义私有制基础上无政府状态地进行的。"以公有制为基础的商品生产与商品交换，不是以追求利润为目的的，而是以满足社会需要为目的的；它也不像在资本主义制度下那样包罗万象，而是已经受到了一定的限制。虽然，社会主义国家在制度商品生产与流通的计划时，还要考虑价值规律的要求，并自觉利用价值规律的作用，但只能作为国家计划的补充，为社会主义计划经济服务，而决不能代替国家计划，直接由价值规律来调节。并且认为："价值规律与有计划按比例发展规律的关系有统一的方面，也有对立的方面。在社会主义制度下，价值规律的作用有其积极的一面，也有消极的一面。我们应该认识并自觉利用价值规律的积极作用，来作为有计划按比例发展规律的补充工具。"把价值规律与有计划发展规律完全对立起来，看不到它们可以一致的方面，因而不去利用价值规律的积极作用，当然是不对的。但同时我们还必须看到，价值规律在社会主义制度下的作用，还有其消极的一面，即其与有计划按比例发展规律会发生矛盾和冲突。因此，我们一方面要充分利用价值规律的积极作用；一方面又要严格限制它的消极作用。

四　社会主义的价格形成的基础

社会主义社会各种商品的价格，同资本主义社会一样，基本上决定于各自商品的价值。但是，社会主义社会毕竟不同于资本主义社会，因此各种商品的价格，必然会有它们自己的特点。怎样正确运用价值规律，并且根据社会主义社会的特点，具体规定各种商品的价格，展开了争论。

（一）关于等价交换

什么是等价交换？何谓等价交换？一种意见认为，等价交换就是相同价格产品的交换，即要根据社会公认的价格来出售和买进商品。这个价格虽然要以价值为基础，但它同价值并不一定要符合，而是可以有所背离的。另一种意见认为，等价交换是相同价值产品的交换，即每一种产品都按照它的价值进行交换。就是说，不仅要根据社会公认的价格来买卖商品，而且还要求这个价格同价值相一致。在社会主义社会的商品交换中，遵守等价交换原则是否要求价格与价值完全一致？一种看法是肯定的；另一种看法认为，遵守等价交换原则，并不意味着商品价格都必须和它的价值完全一致，只要以价值为基础，并保持大体接近的趋势。

（二）关于价值和价值量

价值（社会必要劳动量）如何计算？产品的价值量是否能够计算？第一种看法认为，价值的实体虽然是社会劳动，但价值的本质是一定的社会关系，是在物的掩盖下的人与人在生产过程中的关系，它不能自己表现自己，而必须通过别的产品或货币来表现，因此它是不能计算的。第二种看法认为，所谓产品的价值，就是产品中包含的社会必要劳动量。这种社会必要劳动量在私有制下，特别是在资本主义制度下，它是在生产者背后，自发地通过无数次交换形成的，因而无从加以计算和确定。但是在以公有制为基础的社会主义社会中，由于生产是在整个社会范围内由人们自觉地组织起来的，并且按照人们事先规定的计划进行的，人们就有可能准确计算各种产品在生产过程中的劳动消耗（包括个别劳动和社会劳动），从而确定产品的价值。不能因为我们目前还不能精确地计算产品的价值，就说我们不可能计算产品价值。只要我们努力创造条件广泛运用计算技术，各种产品的价值即社会必要劳动量是可以计算出来的。

（三）生产价格能否成为社会主义价格形成的基础

在社会主义价格形成基础问题上，主要有两种看法：一种是认为社会主义价格形成的基础是生产价格；一种是认为价格形成的基础是价值。

关于第一种看法——社会主义价格形成的基础是生产价格。

持这种看法的人，首先分析了社会主义经济中存在生产价格的客观必然性，那就是由社会主义经济中的物质技术和社会主义生产关系的特点决定的。物质技术条件在社会主义生产过程中的具体作用主要表现在以下方面：（1）在部门内部不同企业之间，物质技术条件的好坏，直接制约着它们的劳动生产率的高低，制约着同量劳动支出所创造的使用价值是较多还是较少。技术装备好、劳动生产率高的劳动者的劳动，等量劳动时间可以创造更多的使用价值。（2）在不同部门之间，物质技术装备程度的高低，影响着该部门劳动生产率的高低，由于工业部门的投资一般比农业部门多和农业部门的特点，使工业劳动生产率比农业要高些。（3）从整个国民经济来说，如果物质条件较好，整个社会劳动生产率必然较高，生产的物质财富即使用价值会比较多；反之，情况也就相反。而物质技术条件表现在价值形式上，就是产品的资金占有量，或单位资金占用系数。一般情况下，物质技术条件的好坏同单位资金占有量的大小成正比。因此，产品资金的占有量的大小，在社会主义生产过程中具有重要作用，它制约着劳动生产率的高低或增长速度的快慢。

产品生产过程中物质技术条件的好坏，单位产品资金占用量的大小的意义和作用，在部门内部，可以通过价值形成反映出来。物质技术条件比较好，即单位产品资金占用量比较大的企业，由于劳动生产率比较高，同量活劳动支出，可以创造较多的使用价值，从而创造比较多的社会价值；反之，则只能创造比较少的社会价值。但是，国民经济是一个整体，它包括很多部门，而各个部门的资金有机构成又各有不同，在不同部门之间，同量活劳动创造的价值是相同的；而那些物质技术条件比较差、资金有机构成比较低、运用活劳动比较多的部门，创造的价值和剩余价值也就比较多；反之，情况就相反。这样一来，在按价值制定价格的情况下，在不同生产部门之间，物质技术条件对社会经济发展的作用，就会在经济上得不到反映。

为了能够反映物质技术条件在社会主义经济中的作用，承认物质技术条件在创造使用价值中的作用和作出的贡献，就要求价值转化为生产价格，以便通过生产价格使国民经济各部门创造的剩余产品，不是按照各个部门的活劳动耗费，而是按照各部门的物质技术条件，即资金占用量进行分配，使物质技术条件比较好、资金占用量比较多的部门获得较多的利润，承认这些部门在提高劳动生产率方面作出的贡献。

主张以生产价格为价格形成基础的论者根据马克思说的：商品依照它

们的价值，或近似依照它们的价值进行交换，比之依照生产价格进行的交换，要求一个更低得多的阶段。要依照生产价格来交换，资本主义发展到一定的高度，就是必要的。还指出：把商品价值看作不仅在理论上，并且在历史上先于生产价格，也是与事实完全适合的。这种考察，对于生产资料属于劳动者所有的状态，是适合的。① 众所周知，在简单商品经济条件下，生产资料属于劳动者个人所有，当时采用的是以简单的生产工具为基础的手工劳动，不同生产者的技术水平比较接近，原材料一般是就地取材，在商品生产的耗费中，活劳动比重比较大，在这种情况下商品价格是由价值决定的，或者说，商品价格是按照它的价值来出售的。但是，随着资本主义的发展，固定资本的作用不断加强，扩大规模的再生产日益普遍，社会分工不断发展，部门之间的经济联系更加紧密，各部门的有机构成和资本周转时间的差别越来越明显。于是等量资本在相等时间内提供等量利润的客观规律便产生和发挥作用了。于是商品的价格形成便不再是由单纯的价值来决定，而是由价值的转化形态——生产价格来决定，从而使商品不再是按照它的价值出售，而是按照它的生产价格出售。归根到底，这种情况的发生，是由于资本主义发展到它的较高阶段，社会生产已经从简单的商品生产发展到了社会大规模的商品生产。社会生产的产品，也不是在简单商品生产条件下，仅仅是个别生产者的生产物，而是特殊的由分工而独立化的社会各生产部门各个特殊场合的总生产物；所以不仅在每个个别的商品上只使用必要的劳动时间；并且在社会的总劳动时间中，也要只把必要的比例量，用在不同各类商品上。② 由于这种客观情况，才促使不同部门的资本家，只能按照等量资本获得等量利润，这是资本主义商品经济发展的必然结果。

社会主义经济在本质上不同于资本主义经济，也不是简单的商品经济，而属于社会化大规模的商品经济。在社会化程度上，它是以社会分工的高度发达和劳动的大规模社会结合为其特征的，因而每一个部门的发展都要以另一些部门的发展为条件，各部门之间也就必然互相影响，形成一个统一的整体。在技术不断进步，社会分工不断加深，各部门的联系日益密切的条件下，一个部门劳动生产率的提高，常常是由于另一些部门生产

---

① 参见《马克思恩格斯文集》第7卷，人民出版社2009年版，第198页。
② 参见《马克思恩格斯全集》第25卷，人民出版社1974年版，第716页。

资料的价值或费用的减少而造成的，因而这个部门的利润率的提高，不过是分享了另一些部门生产力发展的成果，实际上这是社会技术进步和社会劳动生产率提高为社会提供的好处，因此，由于社会劳动生产率提高所增加的剩余产品的分配，就不是在某一个单位、某一个部门单独进行的，而是由社会统一的再分配，使之能够符合各个部门所作出的贡献。这样，就要求有一个共同的、统一的社会尺度，这个尺度只能是价值的货币表现即价格，而在社会主义的社会化大规模的条件下，这个价值只能是通过它的转化形态即生产价格来进行。

生产价格作理论是马克思劳动价值论的重要组成部分。马克思在分析商品价值转化为生产价格之后指出："在这里，价值理论好象同现实的运动不一致，同生产的实际现象不一致，因此，理解这些现象的任何企图，也好象必须完全放弃。"① 但是，众所周知，马克思对价值转化为生产价格的理论，不仅有他的劳动价值理论，而且是这个理论的进一步发展。因为，站在生产价格后面，最后决定生产价格的是价值。生产价格的一切变化，结局都可以还原为一个价值的变化。这是由于商品的生产价格不是由特殊的商品价值决定的，而是由一切商品的总价值决定的。一切生产部门的生产价格总和等于它的价值总和；一切生产部门的利润总和等于它们的剩余价值总和。平均利润，总不外是社会平均利润总和等于它们的剩余价值总和，从而平均利润加成本价格形成的价格，就是转化为生产价格的价值。所以，无论价格怎样变化，总是价值规律支配着价格的运动。因此，生产价格的形成不过是社会生产进一步发展条件下的价值变形；生产价格理论不仅没有违背劳动价值理论，而且是这个完整学说中的一个重要组成部分。

关于第二种看法——价格形成的基础是价值，而不是生产价格。

持这种看法的人认为："社会主义价格形成的基础，只能是价值，而不需要任何其他的转化形态。这样符合社会必要劳动消耗的价格，才能使企业和社会真正地了解各种产品的真实的社会劳动消耗，从而比较生产同种产品的不同企业之间的经济效果。如果价格形成基础不是价值，而是价值的转化形态，那样所形成的价格，便必然不同程度地背离各种产品的社

---

① 《马克思恩格斯全集》第 25 卷，人民出版社 1974 年版，第 172 页。

会劳动消耗，从而使社会主义的价格形成，在其形成的这一基础环节上就遭到歪曲。"① 并且针对主张以生产价格作为社会主义价格形成基础的人所提出的三个问题进行了讨论。

其一，生产价格是资本主义生产关系的产物，还是社会化大规模经济条件的产物。坚持以价值为基础的人的观点是：主张生产价格的人认为，从历史上看，价值先于生产价格，是与商品生产的早期发展相适应的。因为，在简单商品生产的条件下，生产建立在手工劳动的基础上，一切生产部门的技术实际上都是一样的，用于商品生产的支出，绝大部分都是活劳动的消耗构成的，所以，商品按价值出售。"但是，随着资本主义的发展，固定资本的作用显著加强，扩大规模的再生产已成为一般。社会分工越来越发展，各部门的经济往来越来越频繁，而不同生产部门间的资本有机构成和资本周转的差别越来越明显。于是等量资本在等量时间内提供等量的利润的规律便应运产生了；于是商品的价格形成便不再是由原始的、简单的价值来决定了。"② 正是从上述观点出发，认为社会主义代替资本主义以后，虽然改变了生产的社会性质，但生产的物质条件依然如故。社会主义也是"属于社会化大规模经济的类型"，因此，以生产价格为依据的价格形成，也是"内在于社会主义经济本身的客观要求"。基于上述理解，他们得出结论说："生产价格是在社会化大规模经济的条件下产生"。也就是说，生产价格并不是资本主义所特有的经济范畴，而是社会化大规模经济的共有范畴。而反对这种观点的人认为：主张生产价格的同志的上述论点，是他们的理论逻辑发展的必然结果。因为，他们既然肯定生产价格在社会主义制度下的存在具有客观必然性，那么，在理论上就必须首先承认生产价格并不是资本主义社会所特有的经济范畴；然后进一步的问题是，必须在两种根本不同的社会制度中，找到某种共同存在的东西，作为论证生产价格存在的客观依据。既然社会主义和资本主义是两种根本不同的社会制度，在社会生产关系方面根本没有任何共同之处，那么，他们为了确立自己的理论，必须求之于生产的物质条件。然而正是在这个问题上，他们首先从方法论上违背了马克思主义。马克思指出，经济范畴是社

---

① 张问敏、张卓元、吴敬琏编：《建国以来社会主义商品生产和价值规律论文选》，上海人民出版社 1979 年版，第 1030 页。

② 同上书，第 1031 页。

会生产关系的理论表现。生产价格既然是一个经济范畴，试问，怎么能够从生产物质条件上去论证它的产生和存在的必然性呢？不错，马克思曾经说过，"把商品价值看作不仅在理论上，并且在历史上，先于生产价格，也是与事实完全适合的。"但是，马克思对于价值转化为生产价格的论述，从来也没有从生产的物质条件的变化上去找原因，恰恰相反，他指出，价值之转化为生产价格，"须有资本主义生产方式的更高的发展。"①坚持第二种看法的人，由于把生产价格看成"是资本主义特有的经济范畴，体现着资本主义社会资本家之间按照他们资本的数量来分割无产阶级所创造的全部剩余价值的关系"。②由于他们反对把生产价格作为社会主义价格形成的基础。在他们看来，社会主义社会也是社会化大生产，各部门资金有机构成和周转时间的差别依然存在，但是，是否也存在着平均利润和生产价格范畴呢？或者说，平均利润和生产价格范畴是否也适合社会主义生产关系的性质呢？他们认为，在社会主义全民所有制经济中，生产资料和产品属于全民所有，由国家根据社会主义基本经济规律和国民经济有计划按比例发展规律的要求，在全国范围内进行分配。因此，"既然社会主义制度下，并不存在形成平均利润和生产价格范畴客观经济条件，因而也就不会再存在平均利润和生产价格范畴。"③

其二，在社会化大规模经济条件下表现商品社会劳动消耗的客观范畴是价值还是生产价格。坚持以价值为基础的人的观点是：那些主张生产价格的人认为，在大机器生产的物质条件下只有生产价格才能反映商品的全部社会劳动消耗，即商品的价值。因为，在大机器的物质生产条件下，生产基金的作用大大加强了，各部门的资金有机构成发生了显著的不平衡，在这种条件下，如果价格仍然以价值为基础，则只能表现出生产中实际消耗的物化劳动和活劳动，而不能反映出商品的全部社会劳动消耗。为什么要把各部门占用社会全部生产基金的数量纳入决定商品社会劳动消耗的因素呢？他们的理由是：（一）在不同部门之间，因资金有机构成不同，劳动生产率不同，等量活劳动为社会提供不等量的剩余产品价值，因此，全

---

①　《马克思恩格斯全集》第 49 卷，人民出版社 1982 年版，第 179 页。

②　张问敏、张卓元、吴敬琏编：《建国以来社会主义商品生产和价值规律论文选》，上海人民出版社 1979 年版，第 1036 页。

③　同上书，第 1037 页。

部剩余产品价值的分配，按社会平均的资金利润率计算，才能反映出单位活劳动在社会平均的技术装备条件下提供的剩余产品价值；（二）占用社会资金较多的部门，在每期生产的商品售卖之后，应该为社会提供较多的补偿基金，而按在生产中实际消耗的固定资产为社会提供补偿基金是"不等价"的；（三）占用社会资金较多的部门，即技术装备程度较高的部门，扩大再生产需要社会相应地给予较多的投资，因此，应该纳入它的商品价格中去。主张生产价格的人既然认为只有生产价格才能反映商品的全部社会劳动消耗，因此，他们把一般人所说的价值称为"原始价值"，把生产价格称为社会化规模经济条件下的"价值"。例如，杨坚白同志指出："在社会主义条件下，价格应该接近价值，并实行等价值的交换。我对于这种情况下的价值，是作为全社会平均条件下的社会必要劳动消耗来说的，而不是指原始价值。"主张生产价格为价格基础的人还认为，在社会主义条件下，利用生产价格可以计算产品的社会劳动消耗，从而有利于国民经济平衡和经济核算。对于这些看法，都遭到了主张以价值为价格基础的人的反对。理由是：

第一，他们把商品的生产价格和它们的社会价值混为一谈。曲解了马克思所确立的社会价值和生产价格这两个范畴不同的经济内容。什么是商品的社会价值呢？那就是：（1）商品的社会价值，是相对于同种商品的个别价值而言的部门范畴，在供求基本平衡的条件下，一方面可以把它视为生产同种商品的部门内的平均价值；另一方面，可以把它视为在该部门平均条件下生产的商品（在该部门占显著大量）的个别价值。在《资本论》中马克思把这个社会价值称为价值，有时又称为市场价值，但其内容是完全相同的。马克思指出："要使生产部门相同，种类相同，质量也接近相同的商品按照它们的价值出售，……不同的个别价值，必须平均化为一个社会价值，即……市场价值。"① 他又说："市场价值，一方面，要视为是一个部门所生产的商品的平均价值；另一方面，要视为是在该部门平均条件下生产的商品（在该部门的生产物中占着显著大量）的个别价值。"② 当社会总劳动在各个部门的分配基本相适应的情况下，它也就是为社会承

---

① 《马克思恩格斯全集》第 25 卷，人民出版社 1974 年版，第 201 页。

② 张问敏、张卓元、吴敬琏编：《建国以来社会主义商品生产和价值规律论文选》，上海人民出版社 1979 年版，第 1040 页。

认的社会价值，因此，商品的社会价值，无须去与其他部门的商品价值相均衡。(2)商品社会价值的量。是由生产该商品部门实际消耗的社会必要劳动时间决定的，在这里，社会必要劳动时间，是相对于部门内不同企业的个别劳动时间而言的。事实上，也只有生产同种产品的企业的个别劳动时间，才有必要均衡为一个社会必要劳动时间，从而为社会所承认。(3) 商品的社会价值，在资本主义条件下，是通过部门内的竞争确立的。

　　什么是生产价格呢？也包括三点：(1)生产价格不再是商品的社会价值，恰恰相反，它是在资本主义条件下商品社会价值的转化形态，它使绝大多数部门的商品价格以资本有机构成的高低为转移，比较固定地背离其社会价值。马克思指出：改变不同商品的生产价格，即劳动力的价值，只是一个使特殊利润率平均化为一般利润率的手段，并在这限度内，改变不同商品的生产价格。[①] (2)商品按生产价格售卖所实现的价值，已不是本来物化于商品中的真实的社会劳动消耗，在绝大多数情况下，它不是高于社会价值。马克思指出："竞争会这样把不同生产部门的价格均衡，以致价值的余额或剩余，即利润，得与所用资本的价值相照应，但不是与商品的真实价值，不是与除去费用以后它所包含的现实的价值余额相照应。为了要使这种均衡作用成立，一个商品的价格必须高在其真实价值以下，另一个商品的价值必须低在其价值以下。"[②] (3)生产价格是在资本主义条件下通过部门之间的竞争确立的。反对以生产价格作为社会主义价格的基础的人，根据以上分析得出："生产价格与社会价值，无论在质的方面、量的方面，还是在其确立的方法方面，都是不同的。既然根据马克思的分析，在资本主义条件下都不能把生产价格和社会价值等同起来，那么，怎么能够说社会主义制度下，生产价格反而会反映商品的社会价值呢？"[③]

　　第二，按照主张生产价格的意见，如果商品的社会价值，除了取决于生产中实际耗费的物化劳动和活劳动之外，还应该反映各部门占用全部生产资金的多少，那就意味着在某种意义上承认物化劳动也能够创造价值，否则，为什么投入同量的活劳动在占用资金较多的部门会创造出较多的价

---

　　① 参见《马克思恩格斯全集》第 25 卷，人民出版社 1974 年版，第 981 页。

　　② 《马克思恩格斯全集》第 26 卷第 2 册，人民出版社 1973 年版，第 235 页。

　　③ 张问敏、张卓元、吴敬琏编：《建国以来社会主义商品生产和价值规律论文选》，上海人民出版社 1979 年版，第 1041 页。

值呢？显然，这是直接与马克思的劳动价值论相违背的。因为按照马克思的观点，（1）在商品价值的形成上，活劳动是创造新价值的唯一源泉，物化劳动并不创造新价值；（2）商品价值中所包含的转移过来的物化劳动的价值，只是在劳动过程中实际已被消耗的部分，并不包括尚未消耗并在今后继续发生作用的部分。既然如此，有什么理由要求把部门占用生产基金的多少，作为决定社会劳动消耗的因素呢？有人认为，社会主义社会生产也像其他社会的社会生产一样，活劳动唯有在一定的物质条件下才能形成价值。这当然是无可非议的，但是，能不能据此说明与更多更好的物化劳动相结合的活劳动就能创造较多的价值呢？不能。在部门间，等量活劳动，无论所结合的物化劳动的情况如何，都只能创造相同的价值。

第三，既然物化劳动不能创造出新价值，那么，等量活劳动在技术装备较高、劳动生产率较高的部门，是否会提供较多的剩余产品价值呢？（1）不同部门之间的劳动生产率实际上是没有可比性的，更无法从比较各部门的劳动生产率中找到各部门为社会提供的剩余产品价值是多少。因为等量活劳动能够提供多少剩余产品价值，不决定于劳动生产率的高低而决定于必要劳动和剩余劳动的比例。（2）从一个部门来看，等量活劳动由于劳动生产率提高，一般也不会提供比较多的剩余产品价值，只能提供比较多剩余产品量。当然，在这期间，如果各部门的劳动生产率有了普遍的提高，从而引起了消费品价值的下降，就会提供出比较多的剩余产品价值。但这一结果，并不是该部门劳动生产率提高的表现，而是整个社会劳动生产率提高的表现，而且，这一结果，不仅会在这个部门表现出来，同时也会在其他所有部门表现出来。（3）从部门内不同企业或同一企业不同生产周期的角度来看，等量活劳动因劳动生产率不同，的确会实现不等量的剩余产品价值。这是因为，部门内劳动生产率较高的企业生产的产品较多，单位产品的个别价值较低，但可以按照高于其个别价值的社会价值出售。但这一情况，与我们考察的生产价格问题没有直接联系。（为什么没有直接联系呢？这里并没有回答）

第四，在社会主义制度下，占用社会生产基金较多的部门，社会是否应该要求它们在一定生产周期提供较多的补偿基金呢？这里涉及的是固定资产的补偿问题，它只决定于固定资产的占有量和它的使用年限，而不决定于它们占用固定资产的多少。然而，按照主张生产价格的人的意见，甲因占用了社会较多的资金，每年就应该比其他部门提供较多的补偿，而不管使用年限多长。试问，既然它们每年实际消耗的固定生产基金相等，社会有什么理由要向甲部门提取较多的补偿呢？如果社会真的要向甲部门提取较多的补偿，甲部门又怎能提供呢？多提供的那部分补偿基金从何而来呢？如果把它加于产品价值构成的 C 中，那就会歪曲地表现实际转移到产品价值中去的那部分固定资产的价值，也不可能知道这种产品的价值究竟是多少；如果把它加于产品价值构成中的 M 中，那么，一方面会歪曲它的经济内容，也会歪曲它在社会扩大再生产中的作用。它不是用于补偿现有的生产基金，而是用于扩大再生产的新的投资。此外，也不能理解，为什么部门根据它们的实际消耗的固定生产基金和它们为社会提供的补偿基金是不等价的，而根据它们占用固定生产基金的多少，在其尚未完全消耗之前就提前完成补偿，反而是"等价"的。

其三，价格形成以生产价格为基础对社会主义经济是否有积极作用。坚持以价值为基础的人认为："主张生产价格的同志，还把生产价格对于社会主义经济实践的重要作用，作为论证生产价格的主要依据。他们认为，从社会主义经济实践出发，价格以生产价格为基础，能够有经济根据地解决社会主义计划经济中的一系列问题，"而以价值为基础者却加以反对。诸如，是否有利于促进企业和部门节约资金使用、推动企业进行全面的经济核算和正确考核部门与企业的经济效果。主张生产价格的人认为，价格在以生产价格为基础的情况下，加入产品中的 m，是按照社会平均的资金利润率比例于各部门所占用的全部资金计算的，那么，如果价格、成本和产品数量与质量都不发生变化的情况下，部门占用资金的减少，就会表现为资金利润率的提高，反之，则表现为它的下降。同样，从企业的角度看，也是如此。这就有利于促进企业和部门为提高资金利润率，不仅必须增加产品数量、提高产品质量和降低成本，而且必须节约使用生产基金，从而有利于促进企业和部门进行经济核算。而反对者则认为："他们的这一论点是站不住脚的，而且还有自相矛盾的地方。"其理由是：

首先，按照生产价格定价，能否促进企业和部门节约资金呢？从部门看，这不但是不可能的，反而会使它们占用更多的资金。这正是主张生产价格的同志在理论上的自相矛盾之处。他们一方面承认，按生产价格定价占用资金较多的部门可以得到较多的利润，在扩大再生产中处于有利地位；另一方面又认为，按照生产价格定价可以促进各部门节约资金使用，这怎么能自圆其说呢？例如，某部门本期占用生产资金为 100，社会平均资金利润率为30%，如果该部门下期占用的生产基金为80，社会平均资金利润率不变，该部门的利润减少为80。在这种情况下，有谁愿意放弃有利地位而减少资金占用？如果部门占用资金减少之后价格不变，那就无所谓以生产价格为基础了。

其次，为了促进企业节约使用资金和考核经济效果可以考察企业的资金利用率。但是，考察资金利用率和按生产价格定价，两者没有必然联系。因为无论价格是以价值为基础，还是以生产价格为基础，在价格既定、商品数量、质量和成本不变的情况下，企业占用资金的减少或增加，都会表现为资金利润率的提高或下降。因此，不求助于生产价格也可以考核企业资金利润率的变化，反映出企业占用资金减少或增加的不同效果。以下例来说明：某企业本期占用生产基金为100，其产品按价值出售所得利润为20，资金利润率为20%，按生产价格所得利润为30，资金利润率为30%；如果该企业下期生产基金为80，在价格和其他条件不变的情况下，无论是按价值出售还是按生产价格出售，基金利润率都会提高，前者提高5%，后者提高7.5%，虽然提高幅度不同，但趋势完全一样。

再次，认为按照生产价格定价，可以做到以平均利润为尺度衡量各部门对社会的贡献，从而使各部门的经济效果成为可比的，但是，既然各部门生产的产品不同，资金有机构成和周转时间不同，为什么非要比较它们的经济效果呢？按照生产价格定价，虽然通过资金利润率在一定程度上，反映各部门的经济效果的变化，但是，这种变化无非是反映了各部门平均生产成本的变化。既然如此，为什么不直接考察各部门的生产成本的变化，非要借助于生产价格呢？

最后，价格形成以生产价格为基础是否有利于促进各部门的技术进步。

坚持以价值为价格的基础的人认为，价格以生产价格为基础，各部门在使用同量活劳动的情况下，资金有机构成高，技术先进的部门，将得到较多的利润，从而处于有利地位，而资金有机构成低，技术相对落后的部门，就只能得到较少的利润，因而处于不利的地位，这就有利于促进各部门的技术进步；如果价格以价值为基础，在使用同量活劳动的情况下，无论技术装备程度高低，都只能得到相等的利润，而且，因技术进步而减少了活劳动支出的部门，反而还会减少利润，这样，不仅不能从经济上促进各部门的技术进步反而会阻碍技术进步。理由是：

首先，在社会主义制度下，利润不是衡量各部门技术进步的标准，因为，在使用活劳动不变的技术进步，可表现为劳动生产率的提高，同量活劳动生产出更多的产品，或表现为物化劳动的节约，降低生产成本中物化劳动的消耗，"其结果都只会引起单位产品价值的减少，而不会创造更多的新价值"，因此，也就不可能得到更多的利润。但是，这种情况并不影响从劳动生产率的提高而看到技术进步所取得的经济效果。

其次，在社会主义制度下，既然各部门所取得的利润，都不由本部门直接支配而是上交国家，那么，即使价格以成本价格为基础，某部门因技术进步能够得到比较多的利润，但又怎么能够促进其技术进步的积极性呢？特别值得指出的是，国民经济各部门重大的技术进步，往往是由国家投资的结果。如果按照生产价格同志的意见，占用资金比较多的部门就应得到比较多的利润，而这些部门的职工得到比较多福利，这难道是应该的吗？

再次，利用生产价格对于促进部门内不同企业的技术进步，也没有任何特殊作用。因为，价格无论是以价值为基础，同种产品的价格在原则上总是同一的，对部门内的不同企业来说，只要它们的生产成本达到部门的平均水平，都可以得到相同的利润，低于部门平均水平的，可以得到比较多的利润，高于部门平均成本的，就只能得到比较少的利润，甚至得不到利润，或者发生亏损。因此，无论是价格以价值为基础，还是以生产价格为基础，只要同一种产品具有统一的价格，对于从经济上促进部门内不同企业的技术进步就都具有同样的作用。因为，在这种情况下，技术进步的效果，可以通过产品数量的增加、成本的降低和利润的上升表现出来。

最后，在社会主义制度下，对于促进技术进步的强大的、经常起作用的因素，首先是社会主义制度的优越性，是全体劳动者的生产积极性和创造性。在社会主义制度下，没有资本主义那些阻碍技术进步的因素，相反地，只要对社会有利能够实现高产、优质、低耗的新技术，都会得到国家的支持，在条件允许的情况下得到应用。

关于上面介绍的主张按价值作为价格基础而反对按生产价格作为价格基础的观点，是不正确的。

第一，以价值作为价格的基础，从部门内部各企业来说，还可以考虑，但是从整个国民经济范围看，对各个部门、企业和各种产品的评价，如果不考虑其资金的占用因素，而直接借助价值来进行，不可能反映国民经济各方面之间的内在联系，特别是在提高劳动生产率，提高经济活动效果方面的联系。在按照价值对各种产品进行评价的条件下，一种产品，如果由于它的资金占用量很高，物质技术条件很好，从而生产它的劳动耗费很低；另一种产品，如果它的资金占用量很低，物质技术条件很差，从而生产它的劳动耗费量高，也就给以很高的评价，规定很高的价格。例如，由于农业的技术构成比较低，农产品的活劳动耗费比较多而规定比较高的价格；工业的技术构成比较高，它的活劳动耗费比较少而规定比较降的价格，这样一来，就可能出现农业用不着改进技术就可以获得比较多的利润；而工业由于利润少而不能满足自己扩大再生产的需要的不合理的现象。因此，以价值为基础而建立的价格不利于实行经济核算。

第二，价值为价格基础论者，反对生产价格为价格基础的主要理由是："各部门的资金利润率实际上是没有可比性的。如果硬让它们成为可比的（按生产价格定价），那除了使价格不能真实反映出产品的社会劳动消耗外，对于社会主义的经济发展起不到任何作用。"又说："既然各部门生产的产品不同，资金有机构成和周转时间不同，我们为什么非要比较不同部门的经济效果呢？这种比较的现实意义何在呢？"我们认为，这些并不能成为反对生产价格的理由，相反，这正好说明按照价值定价有一个不可克服的缺陷，那就是它不能用来比较不同部门的经济效果。

第三，价值为价格基础论者，反对生产价格为价格基础的另一个理由是："平均利润和生产价格，完全是资本主义社会生产关系的产物，是资本主义经济特有的范畴"；社会主义企业不是"各自为政、相互竞争的经济集团"，因此，就不会有体现竞争关系的生产价格。这种说法实际上是把社会主义的商品经济和资本主义相混淆。因为商品经济不等于资本主义，社会主义条件下也存在商品经济，而商品经济的有些范畴如价值、价格、生产价格等范畴，既可适用于资本主义，也可适用于社会主义。而生产价格范畴的出现，是由于商品经济发展的必然结果，并不是资本主义特有的范畴。主张价值为价格基础论者之所以反对以生产价格为价格基础的根本原因，就在于把社会主义经济仅仅看成是计划经济，不了解社会主义经济也可以是商品经济，错误地认为商品经济就是资本主义。这个错误认识一直困扰我们，随着改革开放的发展，我们对这个问题认识也在不断明确，从最先把社会主义经济看成是单纯的计划经济到有计划的商品经济，最后到社会主义也是商品经济，经历了从20世纪50年代的到80年代的漫长时期，直到 90 年代初期的 1992 年，邓小平同志通过调查研究首先提出了："计划多一点还是市场多一点，不是社会主义与资本主义的本质区别。计划经济不等于社会主义，资本主义也有计划；市场经济不等于资本主义，社会主义也有市场。计划和市场都是经济手段。" 这个高屋建瓴的科学论断解决了理论界长期争论的重大理论问题，为我国经济改革指明了正确的方向，维持了我国经济长期、高速、稳定、健康发展的势头。

第八章

20 世纪 80 年代关于生产劳动和
非生产劳动的争论

生产劳动和非生产劳动问题，是马克思劳动价值论中的又一个重要问题。也是新中国成立以后特别是 80 年代争论最激烈的一个问题。这场争论的意义在于：马克思关于生产劳动与非生产劳动的理论和社会主义劳动的关系；如何运用生产劳动理论来实现社会主义生产目的；如何运用生产劳动理论，正确计量国民经济总量和合理安排国民经济结构；运用生产劳动和非生产劳动理论，克服经济生活中的浪费，提高社会劳动的经济效率。争论中出现了窄、宽、中三种观点。窄派认为只有生产物质资料的劳动才算生产劳动；宽派则主张把各种服务包括在生产劳动之内；中派则介于两者之间。不论是宽派和窄派，都说自己是以马克思的生产劳动理论为依据的。他们争论的问题主要包括以下几个方面：

一　如何正确理解马克思的生产劳动的含义

（一）生产劳动是生产物质资料的劳动

这种被称为窄派的观点认为："创造价值的生产劳动，只能是物质生产劳动。"[①] "社会主义制度下，生产劳动能不能包括非物质生产的劳动？我认为，不能。生产劳动只能以生产物质资料的劳动为限。"马克思说："如果整个过程从其结果的角度，从产品的角度加以考察，那末劳动资料和劳动对象表现为生产资料，劳动本身则表现为生产劳动。"[②] 可见，从产品的观点来看劳动过程，劳动本身才表现为生产劳动，这就是说，生产劳动是生产产品的劳动；反之，不生产产品的劳动则是非生产劳动。马克思说："生产劳动的这个定义，是由简单劳动过程的观点得到的，对资本

---

①　孙冶方：《生产劳动只能是物质生产劳动》，《中国经济问题》1981 年第 8 期。
②　《马克思恩格斯全集》第 23 卷，人民出版社 1972 年版，第 205 页。

主义生产过程来说，并不是充分的。"对于这一点如何理解，马克思在
《资本论》第一卷第十四章作了说明。他认为，要是劳动过程是一个纯粹
个人的过程，同一个劳动者就会把后来互相分离的一切职能结合起来。随
同劳动过程本身的协作性质的发展，生产劳动和它的承担者即生产工人的
概念也就必然扩大。为了从事生产劳动，现在不一定要亲自动手；只要作
为总体工人的一个器官，完成它某一种职能就够了。以上从物质生产本身
的性质得出的关于生产劳动是基本定义，对于当作一个总体来看的劳动
者，固然总是正确的，不过对于劳动者总体中任何一个个别分开来看的成
员，就不再适用了。① 根据马克思的这些论述，可以进一步看到，在简单
劳动过程中，即个体劳动生产过程中，生产产品的劳动是生产劳动。生产
产品的劳动者是生产劳动者。由于生产力的发展，生产过程的社会化，生
产一个产品就不是个别生产劳动者所能完成的了，它成了一个总体劳动者
生产的共同产品。这时，生产产品的劳动者已经是作为一个总体劳动者，
他只完成产品的某个过程或某一部分，除了包括物质产品生产中各种体力
劳动外，还包括参与物质产品生产的脑力劳动者。可见，从生产力方面来
看生产劳动，它是生产物质产品的劳动，这是生产劳动的基本定义，也是
一般定义。而根据生产力发展的性质不同，这个一般定义又有特殊的内
容，在简单劳动的劳动过程中，生产产品的劳动者就是总体劳动者。

　　生产劳动除了从生产力方面进行考察外，还必须从生产关系方面进行
考察，这就是考察生产劳动的社会形式，也就是考察生产资料所有制的性
质。由于各个社会形态的生产资料所有制不同，决定了考察生产劳动的角
度不同。特别是在存在阶级的社会，由于存在着各种不同的所有制，而决
定社会性质的是占统治的或主导地位的生产资料所有制。因此，从生产关
系来考察生产劳动，就是从该社会占统治或主导地位的生产资料所有制出
发来考察生产劳动。

　　社会主义生产劳动，必须以社会主义公有制为前提。但在社会主义公
有制下进行劳动，并不都是社会主义的生产劳动，要成为社会主义生产劳
动，它还必须生产物质产品。

---

① 参见《马克思恩格斯全集》第 23 卷，人民出版社 1972 年版，第 555—556 页。

（二）　把生产劳动仅仅归结为直接生产物质资料的劳动是不"确切的"

主张宽派的观点认为窄派断言，"马克思并没有说是资本主义的生产劳动可以不是生产物质资料的劳动。事实果真如此吗？马克思在谈到生产的特殊含义时，再三强调过，它'不是由劳动的实质的效果，劳动的生产物的性质，劳动当作具体劳动所生的效果，决定的；那只是由劳动所依以实现的社会形态，即社会生产关系，决定的'。而'劳动之实质性质，从而，劳动生产物之实质的性质，就其本身说，毫无关于生产劳动与不生产劳动的区别'。"① 由此可见，马克思在分析资本主义生产劳动这一范畴时，其着眼点并不是是否生产具体的物质资料，而是是否体现资本主义的生产关系，即是否给资本家带来剩余价值。正是从这个基本观点出发，马克思认为，在资本主义制度下，生产物质资料的劳动并不都是反映资本主义生产关系的生产劳动（虽然大部分是如此），而不是生产物质资料的劳动并不都是资本主义的非生产劳动（当然大部分是如此）。也正是从这个基本观点出发，马克思批判了"斯密的反对派"，指出："他置身去研究劳动之物质内容，尤其是劳动必须固定在一个相当耐久的生产物上这一个性质"，从而"使论战变得随意了"。②

有的宽派论者还根据马克思的论述从三个方面来论述生产劳动：

一是从马克思关于从资本主义物质生产的直接生产过程入手，首先从简单劳动过程的观点，得出生产劳动的最初定义，也就是生产劳动最一般的定义。他们根据马克思说的："如果整个过程从其结果的角度，从产品的角度加以考察，那末劳动资料和劳动对象表现为生产资料，劳动本身则表现为生产劳动。"③ 他们说："从生产劳动一般定义出发，划分生产劳动和非生产劳动的标准显然应该是以是否有直接生产物质产品为依据。也就是说，就劳动过程本身来看，只有以物质产品为结果的劳动才是生产的。不过，这只是生产的一切时代所具有的共同规定。单用生产的一般条件，

---

① ［德］马克思：《剩余价值学说史》第 1 卷，郭大力译，生活·读书·新知三联书店 1957 年版，第 247 页。

② 同上书，第 266 页。

③ 《马克思恩格斯全集》第 23 卷，人民出版社 1972 年版，第 205 页。

还不可能理解任何一个现实的历史阶段。"① 为什么分析资本主义下的生产劳动，要先提出生产劳动一般？这最一般的定义在多大范围和程度上适用于资本主义？他们的解释是：由于资本主义的生产过程具有两重性，它是劳动过程和价值增殖过程的统一，而价值增殖过程才是资本主义生产的实质。所以，马克思的分析和阐述也是由抽象上升的具体；先抽象出一般，然后再进入特殊；先分析劳动过程，再分析价值增殖过程。这样做的目的，正是为了不致因见到统一就忘记本质的差别。"而忘记这种差别，正是那些证明现存社会关系与和谐的经济学家全部智慧所在。"② 为什么在生产劳动问题上，资产阶级学者总是企图用一般来掩盖特殊，正如马克思指出的："只有把生产的资本主义形式当作生产的绝对形式，因而当作生产的永恒的自然形式的资产阶级狭隘眼界，才会把从资本的观点来看什么是生产劳动的问题，同一般说来哪一种劳动是生产的或什么是生产劳动的问题混为一谈，并且因此自作聪明地回答说，凡是生产某种东西、取得某种结果的劳动，都是生产劳动。"③ 由此可见，马克思先分析生产劳动一般，是便于进一步揭露资本主义生产劳动的特殊性质，也是批判资产阶级学者把一般和特殊相混淆的错误。

二是对资本主义来说，生产劳动是一个历史范畴。马克思从对资本主义生产过程的分析中，得出了资本主义生产劳动的特殊性。(1)雇佣劳动是资本主义生产劳动的前提。当然，不能说凡是雇佣劳动者都是生产劳动者。例如，资本主义社会的士兵是雇佣来的，但不能因此也是生产劳动者。供资本家享受而使用的仆人是雇佣劳动者，但不是生产劳动者。(2)雇佣劳动者必须与生产资料相结合，进入生产过程，通过他的具体劳动把生产资料的价值转移到新产品中，同时通过他的抽象劳动创造了新价值，其中就包括剩余价值。马克思指出："因为资本主义生产的直接目的和固有的产物是剩余价值，所以只有直接生产剩余价值的劳动是生产劳动，只有直接生产剩余价值的劳动能力使用者是生产劳动者，就是说，只

① ［德］马克思：《剩余价值学说史》第 1 卷，郭大力译，生活·读书·新知三联书店 1957 年版，第 126 页。

② ［德］马克思：《政治经济学批判》，中共中央马恩列斯著作编译局、人民出版社 1976 年版，第 8 页。

③ 《马克思恩格斯全集》第 26 卷第 1 册，人民出版社 1972 年版，第 422 页。

有直接在生产过程中为了资本的价值增殖而消费的劳动才是生产劳动。"①

　　根据资本主义生产劳动的上述的规定性，马克思在划分资本主义生产劳动和非生产劳动时，采用了亚当·斯密的标准。即"生产劳动可以说是直接同作为资本的货币交换的劳动，或者说，是直接同资本交换的劳动（这不过是前一说法的简化）"②，"什么是非生产劳动，因此也绝对地确定下来了。那就是不同资本交换，而直接同收入即工资或利润交换的劳动（当然也包括同那些靠资本家的利润存在的不同项目，如利息和地租交换的劳动）"③ 由于亚当·斯密观察问题的视角都具有了两重性，对于生产劳动和非生产劳动的认识，也是把正确的见解和错误的见解混淆在一起，从而削弱和冲淡了他的正确见解，并使反对者有隙可击。尽管如此，马克思还是对他的见解给予了肯定，认为"在本质上是正确的。"④ 还肯定了亚当·斯密的巨大科学功绩之一，就在于他界定了生产劳动是直接同资本交换的劳动这样一个定义，"在这里触及了问题的本质，抓住了要领"。⑤但是，由于亚当·斯密没有剩余价值的科学概念，不了解工人出卖的是劳动力而不是劳动，不能区分不变资本和可变资本，也就不能揭露剩余价值的真正来源。因此，马克思对生产劳动是直接同资本交换的这个说法做了进一步的规定，它包括："（1）货币和劳动能力作为商品彼此对立的关系，货币所有者和劳动能力所有者之间的买和卖；（2）劳动直接隶属于资本；（3）劳动在生产过程中实际转化为资本，或者同样可以说，为资本创造剩余价值。"⑥ 他们根据上述观点认为，马克思对于这些划分标准，是与劳动的特殊有用性或劳动所赖以表现的特殊使用价值没有关系。因为资本主义生产劳动的规定性，不是从劳动作为具体劳动所固有的特性得出的，而是从一定的社会形式，从这个劳动所借以实现的资本主义生产关系得出的。所以同一内容的劳动可以是生产劳动，也可以是非生产劳动；在一种情况下，劳动同资本交换，在另一种情况下，劳动同收入交换。

　　在论战中，宽派还反驳了窄派说的"生产关系不论有怎样的特殊性，

① ［德］马克思：《直接生产过程的结果》，田光译，人民出版社 1964 年版，第 105 页。

② 《马克思恩格斯全集》第 26 卷第 1 册，人民出版社 1972 年版，第 427 页。

③ 同上书，第 148 页。

④ 《马克思恩格斯全集》第 26 卷第 2 册，人民出版社 1973 年版，第 361 页。

⑤ 《马克思恩格斯全集》第 26 卷第 1 册，人民出版社 1972 年版，第 148 页。

⑥ 同上书，第 430 页。

它总是物质资料生产的生产关系。物质资料的生产，总是它的前提。因此，生产劳动尽管在不同的生产关系下面有不同的内容，但首先必须是生产物质资料的劳动"的观点。认为："这段话的前一半当然是对的，但后一半就不完全对了。"这里的关键问题在于：如何全面了解生产关系的含义及其内容？生产关系的内容，不仅包括人们在直接进行物质资料的生产中所结成的关系（这当然是基本、决定性的），而且包括直接进行物质资料的生产以后所发生的分配、交换和消费等关系（当然这些关系是由前者决定的）。因此，作为反映生产关系的生产劳动这一经济范畴的内容，也就不仅反映人们在直接进行物质资料的生产中的关系，而且反映在直接进行物质资料的生产以后所发生的分配、交换和消费的关系。正是根据这点，马克思不仅把资本主义的生产劳动看成是生产物质资料从而创造剩余价值的劳动，而且把它看成是和资本相交换从而带来剩余价值的劳动，因为这种劳动体现资本主义的分配关系和交换关系。

二　马克思的生产劳动与古典经济学的生产劳动的关系

马克思的生产劳动理论，是他对资产阶级古典经济学、特别是对亚当·斯密批判继承的一个重要成果。因为"生产劳动不过是对劳动能力出现在资本主义生产过程中所具有的整个关系和方式的简称"，① 是"理解资本主义生产过程的基础"。由此出发，他对亚当·斯密关于生产劳动的含义进行了科学的评价。他指出："亚·斯密对一切问题的见解都具有二重性，他在区分生产劳动和非生产劳动时给生产劳动所下的定义也是如此。"② 亚当·斯密对生产劳动下了两个定义，第一个定义是：直接同资本相交换、为资本家提供剩余价值的劳动是生产劳动，不同资本相交换而直接同收入相交换的劳动就是非生产劳动；第二个定义是：固定或者物化在一个特定的对象或可以出卖的商品中的劳动，就是生产劳动，不固定或者不物化在这种商品中的劳动，就是非生产劳动。

马克思对斯密的第一个定义给予了很高的评价，他说："这里，从资本主义生产的观点给生产劳动下了定义，亚·斯密在这里触及了问题的本

---

① 《马克思恩格斯全集》第26卷第1册，人民出版社1972年版，第426页。

② 同上书，第142页。

质，抓住了要领。他的巨大科学功绩之一就在于，他下了生产劳动是直接同资本交换的劳动这样一个定义。"马克思为什么要高度评价斯密的这个定义，这是因为这个定义不是从劳动和劳动产品的物质规定性本身得出来的，而是"一定的社会形式，从这个劳动借以实现的社会生产关系得出来的"①，从而揭示了资本主义生产关系的实质。

在争论中，一些持窄派观点的人，特别肯定了马克思对斯密第一个定义，并且认为，马克思是不赞成用是否生产物质产品作为划分生产劳动和非生产劳动的标准的。而且认为斯密的第二定义就是以劳动和劳动产品的物质规定性为标准的，是马克思一再批判和否定了的。有的人还认为，以物质生产领域来统计国民收入的做法，是"倒退到亚当·斯密的第二个那里去了"。而持中派观点者却提出了不同看法，他们从以下几个方面进行了反驳：

（一）亚当·斯密关于生产劳动的第二个定义

持中派观点的论者对宽派的观点："的确，马克思对斯密的第二个定义，进行过反复的深入的分析批判，曾经称它是一种'错误的见解'，一种'比较浅薄的见解'，一种'粗浅看法'，因为它'越出了和社会形式有关的那个定义的范围，越出了从资本主义生产的观点来给'生产劳动者'下定义的范围'。中派认为，按照斯密第二定义，一种劳动只要是固定在'可以出卖的商品'中，不管它是否与资本相交换和为资本家带来剩余价值，它都是生产劳动；那么，'叫到家里缝制衬衣的女裁缝'，或者'只要他用自己的劳动把他的工资所包含的那样多的价值加到某种材料上，提供一个等价来代替已消费的价值'的劳动者，就都是生产的劳动者了。而这是不符合从资本主义生产关系来看的生产劳动的含义的，是不能揭示资本主义生产关系的实质的。"但是，"马克思尽管从研究资本主义生产关系的角度批判了斯密的第二定义，但并没有一般地全盘否定斯密的第二定义。"② 因为马克思在分析了斯密第二个定义的思想来源和指出其错误的同时，还肯定了它的某些积极意义：

第一，马克思认为，斯密的第二定义是"在重农学派的影响下，同

① 《马克思恩格斯全集》第 26 卷第 1 册，人民出版社 1972 年版，第 148 页。

② 刘国光：《关于马克思的生产劳动理论的几个问题》，《中国社会科学》1982 年第 1 期。

时在反对重农学派的情况下"① 产生的。重农学派错误地认为只有农业劳动才是生产的，而制造业的劳动则是"不生产的"和"不结果实的"。斯密反对重农学派，提出制造业劳动也是生产的，进而认为，凡是表现在一种有用产品中的劳动，或者体现在使用价值和交换价值合并在一起的商品中的劳动，都是生产劳动。斯密这一见解，比起重农主义把剩余价值的生产局限在农业部门来说，是一种进步。而斯密的错误在于，他认为不从事农业的工业工人只能把自己的工资再生产出来，而农业工人则除此之外还能再生产一个纯产品，这样他又回到重农学派的观点上去了。尽管如此，对于一般意义的生产劳动概念的发展来说，斯密第二定义的历史贡献是不能否定的。

第二，从资本主义生产的观点来看生产劳动，不但不排除斯密的第二定义，而且要以它作为补充定义。马克思指出："随着资本掌握全部生产，——因而一切商品的生产都是为了出卖，而不是为了直接消费，劳动生产率也相应地增长，——生产劳动者和非生产劳动者之间的物质差别也就愈来愈明显地表现出来，因为前一种人，除极少数以外，将仅仅生产商品，而后一种人，也是除极少数以外，将仅仅从事个人服务。因此，第一种人将生产直接的、物质的、由商品构成的财富，生产一切不是由劳动能力本身构成的商品。这就是促使亚·斯密除了作为基本定义的第一种特征以外，又加上另一些特征的理由之一。"② 因此，"生产劳动，除了它那个与劳动内容完全无关、不以劳动内容为转移的具有决定意义的特征之外，又得到了与这个特征不同的第二个定义，补充的定义。"③ 这个补充定义就是指在整个物质生产领域属于资本主义的条件下，"生产工人即生产资本的工人的特点，是他们的劳动物化在商品中，物化在物质财富中。"④

第三，在资本主义制度下，财富表现为商品的堆积，商品成为资产阶级财富的元素形式。因此，马克思认为，斯密"把'生产劳动'解释为生产'商品'的劳动，比起把生产劳动解释为生产资本的劳动来，符合

---

① 《马克思恩格斯全集》第 26 卷第 1 册，人民出版社 1972 年版，第 154 页。
② 同上书，第 152 页。
③ 同上书，第 442 页。
④ 同上。

更基本得多的观点"①。斯密这个观点的合理，可以通过和庸俗经济学的
观点比较，就可以得到证明。因为庸俗经济学在生产劳动问题上，撇开斯
密的生产劳动第一定义，抓住第二定义加以攻击。他们把那些不生产物质
财富的国家官吏、军人、艺术家、医生、牧师、法官、律师等等都归入生
产劳动者之内，认为一切活动领域都是同物质生产"联系着"的、都是
物质生产的手段，并且断言对资产阶级有用的一切职能都是生产的，把一
切得到报酬的劳动都纳入生产劳动的范畴。马克思指出："亚·斯密关于
生产劳动和非生产劳动的见解在本质上是正确的，从资产阶级经济学的观
点来看是正确的。其他的经济学家对这个见解提出的反驳，要么纯属胡说
八道（如施托尔希，更卑鄙的是西尼耳，等等），他们硬说，任何行动总
会产生某种结果，这样他们就把自然意义上的产品同经济意义上的产品混
为一谈了；照这样说，小偷也是生产劳动者了，因为他间接地生产出刑事
法典；（至少这种推论和下面的说法是同样正确的：法官也可以叫做生产
劳动者，因为他防止偷盗）。要么就是现代经济学家向资产者大献殷
勤。"② 而和庸俗经济学不同的是亚当·斯密在阐述生产劳动第二定义时
说："某些最受尊敬的社会阶层的劳动，象家仆的劳动一样，不生产任何
价值，不固定或不物化在任何耐久的对象或可以出卖的商品中……教士、
律师、医生、各种文人；演员、丑角、音乐家、歌唱家、舞蹈家等等。"③
马克思赞扬斯密这些话"是还具有革命性的资产阶级说的话"。④ 可见，
斯密的生产劳动第二定义，虽然是一种"粗浅的看法"，但比庸俗经济学
的"胡说八道"要高明得多。

（二）亚当·斯密的生产劳动的两个定义

亚当·斯密的生产劳动的两个定义通过马克思的批判和改造，发展成
为马克思的两种不同生产劳动的概念，即从一般（简单）劳动过程来看
的生产劳动和作为资本主义生产关系的生产劳动。斯密第一个定义同马克
思的作为资本主义生产关系的生产劳动的概念比较清楚，但是斯密的第二

---

① 《马克思恩格斯全集》第 26 卷第 1 册，人民出版社 1972 年版，第 165—166 页。
② 《马克思恩格斯全集》第 46 卷（上册），人民出版社 1979 年版，第 229—230 页。
③ 《马克思恩格斯全集》第 26 卷第 1 册，人民出版社 1972 年版，第 314 页。
④ 同上书，第 314 页。

定义与马克思从一般劳动过程的观点来考察的生产劳动概念的关系，并不
是很清楚的。也就是说，马克思在研究生产劳动问题时，并不是从一开始
就明确区分了两种生产劳动概念的。在一个相当长的时期，并没有从一般
（简单）劳动过程的角度来考察生产劳动，而只是考察了资本主义的生产
劳动。例如，在《1857—1858 年经济学手稿》中，在最初谈到什么是生
产劳动和非生产劳动时，马克思指出："自从亚当·斯密作出这一区别以
来反复争论过多次的这个问题，必须从对资本本身的不同各方的分析中得
出结论。生产劳动只是生产资本的劳动。"① 在《剩余价值理论》手稿中，
谈到资本主义体系中的生产劳动时指出："生产劳动是这样的劳动，它为
工人仅仅再生产出事先已经确定了的他的劳动能力的价值，可是同时，它
作为创造价值的活动却增大资本的价值，换句话说，它把它所创造的价值
作为资本同工人本身相对立。"② 后来，马克思在谈到琼斯的生产劳动和
非生产劳动的区分时指出："琼斯正确地把斯密的生产劳动和非生产劳动
还原为它们的本质，即还原为资本主义劳动和非资本主义劳动，因为他正
确地运用了斯密关于由资本支付的劳动者和由收入支付的劳动者的区分。
但是琼斯自己把生产劳动和非生产劳动显然理解为加入物质生产的劳动和
不加入这种生产的劳动。""靠资本生活的劳动者和靠收入生活的劳动者
之间的区别，同劳动的形式有关。资本主义生产方式和非资本主义生产方
式的全部区别就在这里。相反，如果从较狭窄的意义上来理解生产劳动者
和非生产劳动者，那末生产劳动就是一切加入商品生产的劳动（这里所
说的生产，包括商品从首要生产者到消费者所必须经过的一切行为），不
管这个劳动是体力劳动还是非体力劳动（科学方面的劳动）；而非生产劳
动就是不加入商品生产的劳动，是不以生产商品为目的的劳动。这种区分
决不可忽视，而这样一种情况，即其他一切种类的活动都对物质生产发生
影响，物质生产也对其他一切种类的活动发生影响，——也丝毫不能改变
这种区分的必要性。"③ 在《1863—1865 年经济学手稿》的《直接生产过
程的结果》中更明确提出："从单纯的一般劳动过程的观点出发，实现在
产品中的劳动，更确切些说，实现在商品中的劳动，对我们表现为生产劳

---

① 《马克思恩格斯全集》第 46 卷（上册），人民出版社 1979 年版，第 264 页。
② 《马克思恩格斯全集》第 26 卷第 1 册，人民出版社 1972 年版，第 427 页。
③ 《马克思恩格斯全集》第 26 卷第 3 册，人民出版社 1974 年版，第 476—477 页。

动。但从资本主义生产过程的观点出发，则要加上更切近的规定：生产劳动是直接增殖资本的劳动或直接生产剩余价值的劳动。"① 正是在这个基础上，《资本论》第一卷，才从一般劳动过程提出生产劳动的另一个概念："如果整个过程从其结果的角度，从产品的角度加以考察，那末劳动资料和劳动对象表现为生产资料，劳动本身则表现为生产劳动。"而且马克思在这段话之后加了一个尾注："这个从简单劳动过程的观点得出的生产劳动的定义，对于资本主义生产过程是绝对不够的。"② 从这些论述中，可以看出，马克思的生产劳动理论是斯密的观点的继承和发展。

三　社会主义制度下的生产劳动与非生产劳动

（一）生产劳动和非生产劳动的理论对考察社会主义劳动的指导意义

许多人都认为，马克思的生产劳动和非生产劳动理论，对于考察社会主义生产劳动问题具有重大的理论和现实意义。他们认为，马克思考察生产劳动是从两个角度进行的。一是考察一般生产劳动，也就是直接或间接从事物质资料生产的劳动。马克思指出："如果整个过程从其结果的角度，从产品的角度加以考察，那末劳动资料和劳动对象表现为生产资料，劳动本身则表现为生产劳动。"③ 这就是说，从产品的观点来看生产产品的劳动才是生产劳动，不生产产品的劳动不能算生产劳动。还说："随着劳动过程本身的协作性质的发展，生产劳动和它的承担者即生产工人的概念也就必然扩大。为了从事生产劳动，现在不一定亲自动手；只要成为总体工人的一个器官，完成他所属的某一种职能就够了。"④ 马克思在这里说的"并不一定亲自动手"，是指由于协作和分工的发展，由个体生产劳动者发展为总体劳动者，而在总体劳动者中，除了各种体力劳动者以外，还包括参与物质产品生产，负责生产技术设计和指挥管理的脑力劳动者。现在有的人把"不需要亲自动手"扩大到物质生产部门以外的几乎所有脑力劳动者，就把生产劳动的概念无限扩大了。这不符合马克思的原意。

---

① 《马克思恩格斯全集》第 49 卷，人民出版社 1982 年版，第 99 页。
② 《马克思恩格斯全集》第 23 卷，人民出版社 1972 年版，第 555 页。
③ 同上书，第 205 页。
④ 同上书，第 556 页。

二是考察特定的生产劳动。这是与特定的社会生产关系相联系的生产劳动。马克思说："生产工人的概念决不只包含活动与效果之间的关系，工人和劳动产品之间的关系，而且还包含一种特殊社会的、历史地产生的生产关系。"① 例如，资本主义的生产劳动的特定含义是：只有生产剩余价值的劳动才是生产劳动。马克思指出："资本主义生产不仅是商品的生产，它实质上是剩余价值的生产。工人不是为自己生产，而是为资本生产。因此，工人单是进行生产已经不够了。他必须生产剩余价值。只有为资本家生产剩余价值或者为资本的自行增殖服务的工人，才是生产工人。"② 所以，特定的生产劳动是由特定的生产关系决定的。

马克思从两个角度考察的生产劳动，一方面是从生产力方面进行考察；另一方面是从生产关系进行考察。两者是既有区别又有联系，两者互相结合。一般生产劳动是从生产力的角度考察生产劳动，它是不以社会经济形态为转移的永恒范畴，是任何社会都适用的。特定生产劳动是从生产关系的角度来考察的生产劳动，它是受特定生产关系制约的历史范畴，不是任何社会都适用的。两者的关系是：一般生产劳动是特定生产劳动的前提，而特定生产劳动是一般生产劳动的进一步的规定。因此，在确定现实社会中某一种劳动是否是生产劳动时，必须把两者结合起来进行考察。

考察社会主义生产劳动，也必须从一般生产劳动和特定生产劳动的结合上进行考察，这是因为物质生产劳动仍然是社会主义社会存在的基础。同时，由于社会主义的分工协作高度发达，生产劳动不一定要亲自动手，只要完成某一产品总体劳动的一部分就够了。同时，社会主义生产劳动还必须反映社会主义生产关系的实质，也就是反映社会主义基本经济规律的要求，而社会主义生产目的又是基本经济规律的重要内容，而社会主义生产目的就是为了满足社会和人民日益增长的物质和文化需要。因此，社会主义生产劳动应该是为满足社会需要而进行的物质生产劳动。

（二）社会主义生产劳动的含义

在关于社会主义生产劳动的争论中，究竟什么是社会主义生产劳动？它与马克思的生产劳动有什么关系？也存在不同看法。它们争论的各方也

---

① 《马克思恩格斯全集》第 23 卷，人民出版社 1972 年版，第 556 页。

② 同上。

有宽派与窄派之分。例如，有的宽派论者认为："马克思从简单劳动过程的本性出发，对生产劳动一般所下的普遍定义，即创造物质资料的劳动是生产劳动的定义，对社会主义是完全适用的。这又是分析社会主义制度下的生产劳动和非生产劳动的基本出发点。"因此，确定："在社会主义社会，一切物质生产部门的劳动，不管采取什么形式（全民的、集体的、甚至个体形式），都是属于生产劳动。具体说来，这些部门是：农业（包括农、林、牧、副、渔各业）；工业（包括采掘工业、加工工业和手工业）；建筑业（包括生产性和非生产性建筑）；交通运输业和邮电业（只包括属于生产过程的那部分）；商业中的生产过程（包括商品的包装、分类、保管和运输过程）；物资技术供应部门；农副产品采购部门（仅指执行保管、分类、运送等生产过程）；为生产过程直接服务的科学研究部门；其他物质生产部门（如出版社、电影制片厂的直接生产部分）。以上这些部门的劳动，都能创造某些具体的物质资料（包括生产资料和消费资料两大部类）都能创造一部分国民收入。而且在社会主义制度下，随着社会分工协作的发展和生产社会化程度的提高，这种生产劳动一般的范围也有日益扩大的趋势，这或者是产生新的生产劳动部门（如物资技术供应就是这样的部门），或者是过去不是商业生产劳动的部分变成为生产劳动。"①

对于上面的观点持不同意见者认为："能满足社会需要的物质生产劳动，就应算社会主义生产劳动，这也值得研究。'为满足'和'能满足'只是一字之差，但有本质区别。为满足社会需要的物质生产劳动反映社会主义生产目的，体现社会主义生产关系的性质，能满足社会需要的物质生产劳动，只起到满足需要的作用，但不能反映社会主义生产关系的性质和目的。"② 例如，在社会主义制度下，个体小生产的劳动是一种物质生产劳动，它提供的物质产品满足社会需要，但它不反映社会主义生产关系的性质，不能算社会主义生产劳动。因此，不能随便扩大社会主义生产劳动的范围。例如不加分析地把一切从事商业、服务、科学、文化、教育、旅游的劳动都纳入生产劳动。造成这种扩大的原因，是由于下列的混淆

---

① 何炼成：《试论社会主义制度下的生产劳动与非生产劳动》，《经济研究》1963 年第 2 期。

② 洪远朋：《生产劳动的概念不能随便扩大》，《复旦大学学报》1981 年第 4 期。

所致：

一是把必要劳动和生产劳动相混淆。有些人认为，在社会主义制度下，不创造任何使用价值的非物质生产的纯粹商业劳动和普通教育也是生产劳动，因为这些劳动很重要，在社会主义建设中是必不可少的。一般说来，凡是生产劳动都是必要劳动，但不能反过来说，凡是必要劳动都是生产劳动。马克思指出："如果一种职能本身是非生产的，然而是再生产的一个必要的因素，现在这种职能由于分工，由多数人的附带工作变为少数人的专门工作，变为他们的特殊行业，那末，这种职能的性质本身还是不会改变的。"①

二是把生产劳动力的劳动和生产劳动相混淆。有些人认为教育是生产劳动，因为培养和训练了有文化科学知识和操作技能的劳动者。马克思在分析亚当·斯密的生产劳动概念时指出："斯密本应承认，生产劳动或者是生产商品的劳动，或者是直接把劳动能力本身生产、训练、发展、维持、再生产出来的劳动。亚·斯密把后一种劳动从他的生产劳动项目中除去了；他是任意这样做的，但他受某种正确的本能支配，意识到，如果他在这里把后一种劳动包括进去，那他就为各种冒充生产劳动的谬论敞开了大门。"② 可见，马克思对斯密把生产劳动力的劳动从生产劳动中除去是加以肯定的。

三是把与生产有关的劳动和生产劳动相混淆。有些人认为，在社会主义制度下，教师、医生、演员、科学工作者的劳动与生产的发展有很大关系，所以应该属于生产劳动。但是，在社会主义制度下，有什么劳动与生产没有关系呢？如果用这个标准来衡量，那么，在社会主义社会劳动都是生产劳动，那还有什么必要区分生产劳动和非生产劳动呢？

四是把精神生产和生产劳动相混淆。有些人认为，从事科学研究、文学创作、音乐等精神财富生产的也是生产劳动。事实上，生产劳动是属于经济基础的范畴，而文化、艺术等精神生产是属于上层建筑的范畴。混淆精神生产和生产劳动，实际上就是混淆上层建筑和经济基础。由于工资制度上存在的一些不合理状况，有些人认为生产劳动最实惠，精神劳动不值钱，就千方百计论证精神劳动也是生产劳动。但这种方法在理论上是不正

① 《马克思恩格斯全集》第24卷，人民出版社1972年版，第148页。
② 《马克思恩格斯全集》第26卷第1册，人民出版社1972年版，第164页。

确的。

(三) 社会主义生产劳动划分的标准

持宽派观点者认为："我们分析社会主义制度下的生产劳动和非生产劳动特殊性时，必须从社会主义经济关系的本质出发，从社会主义生产的目的出发，也就是从社会主义基本经济规律出发，来考察这一问题。"也就是说，最大限度满足整个社会的物质和文化需要，是社会主义经济关系的本质和社会主义生产的目的。因此，根据马克思的基本方法论原理，反映社会主义经济关系特殊性的生产劳动的具体定义应当是："凡是能直接满足整个社会的物质和文化需要的劳动，就是生产劳动；只是间接有助于社会的物质文化需要的满足或不能满足社会需要的劳动，就是非生产劳动。"① 什么劳动能直接满足整个社会的物质文化需要呢？他的解释是：这就是能直接创造某种使用价值的劳动。这样的劳动有两种情况：一种是能对象化为某种具体的物质资料，表现在"存在的形态上"，即某种具体的使用价值，这主要是物质生产部门所创造的生产资料和消费资料，也包括某些服务性行业（如饮食业）所创造的产品；另一种是不能对象化的某种物品，只是在"动的形态上"的劳动，但它们能创造一种可以满足某种需要的"特殊使用价值"，这主要是服务部门所提供的"服务"或"劳务"的大部分，也包括演员、教师、医生提供的劳务等。而属于非生产劳动的部门是：政府各级行政部门；国防部门；司法公安部门；文化、教育、卫生等行政部门；不和生产直接联系也不提供服务的科学研究部门等。当然，这些非生产部门工作者的劳动，对满足社会需要来说是必要的，但它们并不提供任何形式的使用价值，也不创造任何国民收入，因此只能说是间接的意义上来满足整个社会需要。此外，就是属于以上生产劳动的各部门的劳动，如果不能提供什么使用价值，或提供的使用价值不适合满足社会的需要，也不能算是生产劳动。并且，对下面的观点提出了商榷：

一是，对认为在社会主义制度下，只有物质生产部门的劳动者直接创造具体使用价值和国民收入的劳动才算是生产劳动，而提供特殊使用价值

---

① 何炼成：《试论社会主义制度下的生产劳动与非生产劳动》，《经济研究》1963 年第2 期。

的服务部门的劳动则不算生产劳动，甚至在服务部门内创造某种具体生产物的劳动也不算生产劳动，提出了不同看法。认为，这种看法的根本错误在于："把生产劳动一般的普遍定义和社会主义制度下生产劳动的特殊具体定义没有区别开来，而以前者完全代替后者，这实质上就取消了作为反映社会主义经济本质的特殊的生产劳动的范畴。"① 如果把社会主义的生产劳动仅仅理解为直接创造具体使用价值和国民收入的物质生产部门的劳动，那又如何了解马克思所说的生产劳动在具体定义只是反映社会经济关系的指示呢？同时，把创造具体生产物的劳动看作生产劳动，而把创造特殊使用价值的服务部门的劳动看作非生产劳动，特别的把物质生产部门并不增加使用价值只是增加价值的劳动看作生产劳动，而把服务部门虽不形成价值但创造具体生产物的劳动看作非生产劳动，这在逻辑上是说不通的。

二是指出宽派的说法的错误是："不是把生产劳动的范围人为地扩大了吗？不是会造成国民收入的虚假现象吗？这和中产阶级庸俗经济学的划分方法又有什么区别呢？"进行了反驳。认为，这里的关键问题，还是区别生产劳动的一般定义和社会主义生产劳动的特殊定义问题。前者仅指一般劳动过程，即具体的使用价值或物质资料的生产过程，只有这个意义上的生产劳动部门才创造国民收入，这一基本原理，对社会主义当然是完全适用的。而后者则是由社会主义关系的本质决定的，这个本质既然是为了满足整个社会的物质和文化需要，因此，不仅创造国民收入的物质生产部门的劳动是生产劳动，就是不创造国民收入但能提供某种使用价值的服务部门的劳动，也应该属于生产劳动。因此，这里不存在人为地扩大生产劳动的范围的问题，也不存在造成国民收入的虚假现象问题；同时，这种划分和资产阶级庸俗经济学的划分有着原则的区别。

持这种宽派观点论者还反驳说，我们也要反对那种不从马克思基本原理或基本方法论出发，只是人为地扩大生产劳动和国民收入的范围的看法。例如，有人认为，在社会主义制度下，不创造任何使用价值和生产物的劳动，如各种行政部门和纯粹的商业活动，也算作生产劳动等。原因在于：这些劳动对社会主义建设来说虽然是必要的，但不是生产劳动，不能

---

① 何炼成：《试论社会主义制度下的生产劳动与非生产劳动》，《经济研究》1963 年第 2 期。

把对社会主义建设的必要性质和劳动本身的生产性混为一谈。还对有人认为，在社会主义制度下，凡是能满足某种需要的劳动都是生产劳动，都创造国民收入的劳动，都是生产劳动的说法，进行了驳斥。认为这种观点也是错误的。因为这是没有把社会主义生产劳动的具体定义和生产劳动的一般定义区别开来，而用前者来代替后者，这事实上就否定了马克思关于生产劳动的一般原理。对于上述宽派的观点却遭到很多人的反对。这些反对者提出了如下的意见：

第一，社会主义制度下的生产劳动，首先是生产物质资料的劳动。这种窄派论者认为："社会主义制度下的生产劳动，首先必须是生产物质资料的劳动，不生产物质资料的劳动，一概是非生产劳动。"[①] 这是因为，物质资料的生产，作为生产劳动的一般基础，也是社会主义制度下生产劳动的基础和界限。在社会主义社会里，生产物质资料的劳动仍然是社会存在的自然条件，只有这种劳动才能创造出社会赖以存在和发展的物质产品。因此，社会主义社会生产劳动与非生产劳动的区分，首先仍然要以是否生产物质资料为标准。只有生产物质资料的劳动，才能成为社会主义制度下的生产劳动；不生产物质资料的劳动就不能成为社会主义制度下的生产劳动。

这种窄派论者针对宽派提出的从社会主义基本经济规律出发，来论证社会主义制度下生产劳动与非生产劳动的规定性，提出了不同看法：

首先，不能把"社会主义社会的生产劳动反映社会主义基本经济规律的特点和要求"这一正确命题说成是：凡是反映社会主义基本经济规律的特点和要求的劳动，就是社会主义社会的生产劳动。这两者是有区别的。在社会主义制度下，由于从根本上消灭了阶级剥削，劳动者已不再为剥削阶级而劳动，而是为自己和社会的公共利益而劳动，因而从本质上说，劳动者的劳动都是直接地或间接地用以满足社会需要经常增加的物质和文化需要的。从这一意义上说，劳动者的劳动是符合社会主义基本经济规律的要求的。但是，这并不等于说，社会主义制度下的劳动都成为生产劳动了。虽然宽派用了直接满足社会需要和间接满足社会需要作为划分生产劳动和非生产劳动的界限，但这并不具有本质的意义。而是应该把劳动

[①] 　胡培：《什么是社会主义制度下的生产劳动与非生产劳动》，《浙江学刊》1963 年第2 期。

的社会性质和劳动的有用性，同劳动的生产性，严格区分开来。即使在那些直接满足社会的物质文化需要的劳动中，仍然存在生产劳动和非生产劳动的区别。因为直接满足社会需要的劳动，有的是生产物质资料，如工人农民的劳动。有的则不生产物质资料，如教师、演员、医生和理发师等。如果把他们的劳动都作为社会主义社会的生产劳动，就把生产劳动和非生产劳动的界限取消了。

其次，如果把直接满足社会需要的但不生产物质资料的劳动，也当作社会主义社会的生产劳动，就无异于承认，劳动的机能本身是可以根据劳动的社会性质而改变的。而根据马克思关于生产劳动和非生产劳动的原理，劳动的机能本身是不能改变的，不能由不生产的机能转化为生产的机能，或是由不生产劳动转化为生产劳动的。在社会主义社会中，那些不生产物质资料的劳动，无论它对满足社会需要多么直接相关，终究不能直接增加社会的物质财富，因而不能引起它机能的改变，使不生产劳动转化为生产劳动。

的确，马克思说过，对于资本家来说，物质生产之外的纯粹商业的劳动，甚至教师、演员的劳动，只要能给他带来利润，就是生产的。这似乎同马克思关于生产劳动与非生产劳动的基本原理相矛盾，其实不然，因为当马克思把这些劳动当作生产劳动时，只是就个别资本家或个别资本家集团来说的，而不是就资本主义社会和整个资本家阶级来说的，对个别资本家或资本家集团来说，任何劳动只要能得到利润，那就是生产的。但是，如果这种劳动不参与创造商品和剩余价值，那么，对资本主义社会或者对资本家阶级来说，仍然是不生产的。马克思在分析资本主义制度下的生产劳动和非生产劳动时，就是从两重观点来看的。

马克思说："教师对于学校老板，可以是纯粹的雇佣劳动者，这种教育工厂在英国多得很。这些教师对学生来说虽然不是生产工人，但是对雇佣他们的老板来说却是生产工人。老板用他的资本交换教师的劳动能力，通过这个过程使自己发财。戏院、娱乐场所等等的老板也是用这种办法发财致富。在这里，演员对观众说来，是艺术家，但是对自己的企业主说来，是生产工人。"[1] 在这里，马克思把教师和演员当作生产劳动者，只

---

① 《马克思恩格斯全集》第48卷，人民出版社1985年版，第62页。

是对办学校、开戏院的资本家来说的；而对于学生、公众，以对资本主义社会，他们则是非生产劳动者。马克思在分析资本主义商业劳动时，指出，"从社会的观点来考察"，消费在单纯流通机能上的劳动，"不是当作生产的劳动"①，为它支出的费用，不过是一种虚费。"这种费用必须从剩余产品中得到补偿，对整个资本家阶级来说，是剩余价值或剩余产品的一种扣除"②，但是，对商人说，这种流通费用却像是他的利润的源泉。假设一般利润率为已定的，他的利润技术和这种流通费用的大小成比例。所以，投在这种流通费用上的支出，对于商业资本，是一种生产投资。所以，它所购买的商业劳动，对于它，也是直接生产的。③ 因此，考察社会主义制度下的生产劳动和非生产劳动，不必像在资本主义社会那样，从两重观点考察，只需要从社会的统一观点来看，从社会的观点来看，不生产物质资料的劳动，包括教师、演员和医生等的劳动，既然不能增加物质财富，就是非生产劳动。

　　持这种观点的论者还对宽派提出的："由于把一部分不生产物质资料的劳动包括在生产劳动的概念内，使得社会主义制度下生产劳动的概念变得扩大了，而在资本主义制度下，由于生产劳动只局限于生产剩余价值的劳动，生产劳动的概念却变得狭小了，这是两种不同社会制度的根本区别的标志之一"的观点，也提出了质疑，认为：在这种意义上来理解社会主义制度下生产劳动概念的扩大和社会主义制度同资本主义制度的一个根本区别的标志，未必是正确的。因为这种扩大，只是硬把非物质生产的劳动拉到生产劳动的概念中来的结果。社会主义制度下生产劳动概念的扩大，如果是在这样的意义上来理解，可能会切合实际些，即：由于生产的社会化程度的进一步提高，由于劳动过程协作性质的进一步发展，由于某些新型的生产劳动者的产生，总体劳动者的概念进一步扩大了，从而生产劳动的概念也进一步扩大了。这样一来，把一部分不亲自生产资料的劳动纳入社会主义制度下的观点，不会有助于社会主义再生产问题的研究。相反，这种观点会模糊社会主义制度下国民收入的源泉，混淆国民收入的分配和再分配过程，还有可能导致低估首先加强物质生产部门的意义。

---

① 《马克思恩格斯全集》第 24 卷，人民出版社 1972 年版，第 348 页。

② 同上书，第 167 页。

③ 参见《马克思恩格斯全集》第 25 卷，人民出版社 1974 年版，第 337 页。

再次，指出宽派的社会主义生产劳动和非生产劳动的不正确划分，直接导源于对生产劳动和非生产劳动的不正确划分。宽派认为：把凡是能直接满足整个社会的物质和文化需要的劳动，就是生产劳动；只是间接有助于社会的物质文化需要的满足或不能满足社会需要的劳动，就是非生产劳动。什么劳动能直接满足整个社会的物质文化需要呢？这就是要能直接创造某种使用价值的劳动。这个定义有两点值得商榷：

一是这个定义不是从生产出发的，而是从需要出发的。至少应该说，不是把生产放在首位。马克思在考察资本主义生产劳动时说："生产劳动者是由资本主义生产的立场决定的。亚当·斯密也很肯定地、大体上确定地说明了这个事情——他在学问上最大的功绩之一是，他把生产劳动定义为直接与资本交换的劳动；也就因有这种交换，劳动的生产手段和价值一般，货币或商品，才在科学的意义上，转化成为资本，劳动才在科学的意义上成为工资劳动。"① 马克思所以肯定斯密对生产劳动所下的定义，是由于这个定义是从资本主义的生产出发，从而揭露了资本主义生产关系的本质；另一方面马克思批判了从消费出发来规定生产劳动的资产阶级经济学家。马克思说：大多数反驳斯密关于生产劳动和非生产劳动的区分的著作家，都把消费看作对生产的必要刺激。因此，在他们看来，那些靠收入来生活的雇佣劳动者，即非生产劳动者，甚至从创造物质财富的意义来说，也和生产工人一样是生产劳动者，因为他们扩大物质消费的范围。可见，这种看法大部分是从资产阶级经济学观点出发，一方面为有闲的富人和提供服务给富人消费的"非生产劳动者"辩护，另一方面为开支庞大的"强大政府"辩护而宽派的概念，虽然不是从消费出发，但也不是从生产出发，而是从需要出发。这不能认为是符合马克思主义方法论的。因为从需要出发，也同样会人为地把生产劳动范围扩大化。

二是这个定义是脱离社会主义生产关系的本质的。虽然宽派认为，在分析社会主义制度下生产劳动和非生产劳动的特殊性时，必须从社会主义经济关系的本质出发，从社会主义生产的目的出发。但他在考察社会主义生产劳动时，并没有一贯按照他提出的从社会主义生产关系的本质出发。因为如果离开了生产关系的本质，是不能说明生产目的的。固然社会主义

① ［德］马克思：《剩余价值学说史》第1卷，郭大力译，生活·读书·新知三联书店1957年版，第247页。

生产目的是生产使用价值，但生产了使用价值，并不是社会主义生产关系本质所要求的。是不是社会主义的生产，还要看这种生产是在什么所有制关系下进行的，是有利于巩固哪一种性质的所有制。而宽派并没有一贯从社会主义生产关系来考察社会主义的生产劳动和非生产劳动，因而必然产生在生产劳动的划分上，分不清社会主义和资本主义生产关系的本质区别。例如，宽派有的人认为，如果从社会主义经济关系的本质来看，表现这种关系的生产劳动的具体概念，就不像反映资本主义特殊关系的生产劳动概念那样变得狭小了，而是变得扩大了。这正是两种不同的社会制度的根本区别之一。事实上，如果按照宽派的划分，也很难说表现社会主义生产劳动概念，要比反映资本主义特殊关系的生产劳动概念的范围更大。因为在资本主义制度下，只要是为资本主义生产剩余价值服务的部门，都属于资本主义生产劳动的范畴。因此，社会主义生产劳动和资本主义生产劳动的区别，不能从反映两种不同社会制度的生产劳动的范围大小来区别，而应该从反映两种不同社会制度的生产劳动的实质来区别。资本主义生产劳动是为资本家生产使用价值的劳动，是雇佣劳动，是被迫的没有主动性的劳动；而社会主义的生产劳动是在社会主义公有制下创造物质产品的劳动，是按照国家计划有组织的劳动，是具有自觉性的劳动，两者有根本区别。

在争论中，有的论者对从社会主义生产目的来规定生产劳动的观点持反对意见。提出：那种认为，凡是在社会主义生产体系中，不受剥削的、并以满足社会日益增长的物质和文化需要为目的劳动，就是社会主义生产劳动。社会主义的生产劳动，不限于生产物质资料的生产劳动。这里，有体力劳动也有脑力劳动，有满足物质生活需要的物质生产领域的劳动，也有满足文化生活需要的非物质生产领域的劳动。"那种主张在社会主义制度下只有生产物质资料的劳动才是生产劳动的理论，并不符合马克思关于生产劳动与非生产劳动的学说；现行的生产劳动与非生产劳动的区分以及国民收入的计算，无论在内涵上和外延上都不符合马克思的原意。"①

其一，马克思关于资本主义制度下生产劳动与非生产劳动理论，是政治经济学中难度比较大的问题。主要表现为以下三点：（1）按照有些同志

---

① 王积业：《关于社会主义制度下生产劳动与非生产劳动的区分问题》，《经济研究》1981年第 9 期。

的理解，马克思认为在资本主义制度下，不单单是物质生产领域劳动者创造剩余价值的劳动是生产劳动，凡是能给资本家提供利润的劳动（包括非生产领域的劳动），都是生产劳动。例如，被资本家雇佣的歌唱家、舞女、演员等的劳动，同生产物质产品并能创造剩余价值的劳动一样，也是生产劳动。这样就发生了一个问题：马克思在《资本论》中不止一次地讲在资本主义生产（物质生产）过程中创造剩余价值的劳动是生产劳动，为什么在《剩余价值理论》中又用比较多的篇幅说明凡是能给资本家提供利润的劳动是生产劳动呢？（2）许多论者引证马克思对亚当·斯密关系到生产劳动的第一个定义的评语，作为自己的论据。马克思究竟在什么意义上赞同并肯定斯密关于生产劳动的第一个定义？这个定义概括地说就是：与资本交换的劳动是生产劳动，与收入交换的劳动是非生产劳动。因为与资本交换的劳动并入资本，成为资本的构成部分，不仅补偿劳动者消耗的价值，而且能够提供一个价值余额，所以它是生产的。那么，马克思赞同并肯定斯密关于生产劳动的第一个定义，能否认为是马克思关于生产劳动的定义呢？（3）生产劳动一词中的生产，同物质生产领域中的生产，是同一含义还是具有不同含义？原先我国出版的《马克思恩格斯全集》是由俄文本转译的，俄译本中这两个"生产"并不是同一个词汇。前者是指生产带来的效率，同劳动生产率一词相通，似应翻译为生产性劳动；后者是指出物质生产，同生产过程中的生产相通。这两个词不能彼此通用，而在中译本中这两个词都翻译为生产。这就给讨论生产劳动与物质生产领域的范围带来了麻烦。能否说社会主义生产劳动的范围有多大，物质生产领域相应地就有多大？与物质生产领域相对应的生产劳动是从劳动的物质的规定性来看的生产劳动，还是从劳动的社会规定性（生产关系）来看的生产劳动。这些问题是讨论生产劳动问题必须回答的问题，只有正确解决了这些问题，才能使这个问题得到圆满的解决。

其二，生产劳动一般和生产劳动特殊。从劳动一般来看，劳动是一个过程。劳动首先是人和自然之间的关系，也就是人以自身的活动调整和控制人和自然之间的物质变换过程。为使劳动过程达到预期目的，需要具备简单和基本的要素，它们是：有目的活动或劳动自身、劳动对象和劳动资料。这是从劳动的角度看的。从劳动的结果来看，也就是从劳动的产品的角度加以考察，劳动资料和劳动对象表现为生产资料，劳动本身则表现为生产劳动。这样才可以说，能够生产产品的劳动是生产劳动，这样的劳动过程是生产过程。如果劳动过程的结果不是具有使用价值的产品而是废品，即使完成劳动过程，劳动本身也不表现为生产劳动，劳动过程也不叫生产过程。劳动是否表现为生产劳动，第一离不开劳动过程；第二离不开劳动过程的简单要素；第三离不开劳动产品。这样的生产劳动决不随社会经济形态的更迭而有所改变，因为它是从劳动的物质规定性而不是从社会规定性中引申出来的。"就劳动过程本身来看，只有以产品（即物质产品，因为这里只涉及物质财富）为结果的劳动是生产的。"① 这样的劳动我们把它叫作生产劳动一般或一般生产劳动。

　　生产劳动一般在不同的社会制度下，有它的不同表现形式。具有特殊形态的生产劳动，我们把它叫作生产劳动特殊。在资本主义生产中，生产劳动一般怎样表现为生产劳动特殊呢？对资本主义生产来说，生产劳动一般表现为生产劳动特殊，具有决定性意义的是生产剩余价值，因为追求剩余价值是资本主义生产的目的。只有生产剩余价值的劳动才是生产劳动。而剩余价值的生产是在物质生产领域中进行的。资本主义制度下的生产劳动，是生产物质产品过程中创造剩余价值的劳动。

　　生产劳动一般表现为物质生产过程中创造剩余价值的劳动，即生产劳动特殊，是否还部分地表现为非生产领域给资本家提供利润的雇佣劳动呢？这就涉及马克思在什么意义上赞同亚当·斯密关于生产劳动第一定义的问题。斯密指出："有一种劳动加到对象上，就能使这个对象的价值增加，另一种劳动则没有这种作用。前一种劳动因为它生产价值，可以称为生产劳动，后一种劳动可以称为非生产劳动。"② 马克思评论说，在这里，"生产劳动主要是指这样一种劳动，它除了再生产'自己的（即雇佣工人的）生活费'的价值之外，还生产剩余价值——'他的主人的利润'"。③马克思还说，"这里，从资本主义生产的观点给生产劳动下了定义，亚·斯密在这里触及了问题的本质，抓住了要领。他的巨大科学功绩之一（如马尔萨斯正确指出的，斯密对生产劳动和非生产劳动的区分，仍然是全部资产阶级政治经济学的基础）就在于，他下了生产劳动是直接同资

---

① 《马克思恩格斯全集》第49卷，人民出版社1982年版，第108页。

② 《马克思恩格斯全集》第26卷第1册，人民出版社1972年版，第146页。

③ 同上。

本交换劳动这样一个定义"。① 如何正确理解马克思这段话是非常重要的。因为同资本相交换的劳动，既有从事物质生产的雇佣劳动，也有非生产领域的雇佣劳动。斯密认为，这两种劳动都是生产劳动，马克思又赞成这一提法，这是否意味着马克思关于资本主义制度下生产劳动的学说，是对斯密关于生产劳动第一个定义的简单重复呢？而这一定义又是"全部资产阶级政治经济学的基础"，这又怎么能够说得通呢？这种把斯密关于生产劳动的第一个定义和马克思关于生产劳动的观点等同起来的看法，是值得商榷的。因为马克思在评价斯密生产劳动第一个定义时，紧接着说了如下的话："这里，生产劳动和非生产劳动始终是从货币所有者、资本家的角度来区分的，不是从劳动者的角度来区分的。"② 这就是说，马克思之所以赞同斯密的生产劳动第一定义，是因为同他的第二定义（生产劳动是物化在商品中的劳动）相比较，这个定义反映了货币所有者、资本家的观点。

那么，马克思究竟是怎样看待资本主义制度下的生产劳动呢？正如马克思指出的："从资本主义生产的意义上说，生产劳动是这样一种雇佣劳动，它同资本的可变部分（花在工资上的那部分资本）相交换，不仅把这部分资本（也就是自己劳动能力的价值）再生产出来，而且，除此之外，还为资本家生产剩余价值。仅仅由于这一点，商品或货币才转化为资本，才作为资本生产出来。"③ 有些论者认为，马克思这些话是对斯密的话的转述。事实上并非如此，在马克思上段话中，不仅所使用的概念（如可变资本、剩余价值等）是斯密从来没有使用过的，而且更重要的是，这里的"为资本家生产剩余价值"是指物质生产领域雇佣劳动者所创造的，看不出其中还包括非生产领域劳动者也创造剩余价值。因为马克思接着指出了资本家阶级的存在，是以相对的生产率为基础的，"工人不仅补偿原有价值，而且创造新价值；他在自己的产品中物化的劳动时间，比维持他作为一个工人生存所需的产品中物化的劳动时间要多。这种生产的雇佣劳动也就是资本存在的基础"。④ 所以，马克思讲资本主义意义上

---

① 《马克思恩格斯全集》第 26 卷第 1 册，人民出版社 1972 年版，第 148 页。

② 同上。

③ 同上书，第 142 页。

④ 同上书，第 143 页。

的生产劳动，是生产剩余价值的劳动，是就物质生产劳动者的劳动说的，不包括非生产领域劳动者的劳动。

有些人认为，马克思在世的时候，资本主义的科学研究、文化艺术、教育卫生等非物质生产部门还很不发达，正如马克思说的那样，资本主义生产在这个领域中所有这些表现同整个生产比起来是微不足道的，因此可以完全置之不理。马克思如果能看到今天的现实，也就不会再说可以把它们置之不理了。这种看法也是值得商榷的。诚然，马克思说过，这样一些劳动同资本主义生产的数量相比是近乎消失的量。所以，可以把它们完全置之度外。但是，马克思紧接着说，这些劳动只有在不同时是生产劳动的雇佣劳动中，在不同时是生产劳动的雇佣劳动的范畴下，才能讨论到它们。① 在资本主义制度下，雇佣劳动并不都是生产劳动，虽然生产劳动是雇佣劳动。从马克思的这些论述中，得不出这些劳动就是生产劳动的结论。事实上，这些部门在资本主义国民经济中占有比较大的比重，对物质生产的发展有重要影响，如果把它们的劳动看成生产劳动，就会得出，只要这些部门在国民经济中的比重增大，就说明其劳动的性质也发生了变化，由原来的非生产劳动转化为生产劳动了，显然这是缺乏说服力的。

在资本主义制度下，这些部门之所以被看作是生产劳动，只不过是生产劳动部分地采取了歪曲的形态，即本来是不生产剩余价值的雇佣劳动，也表现出生产剩余价值的姿态。例如，一个由资本家掌管的艺术团体，演员的雇佣劳动能够给老板带来利润，这对资本家来说是生产劳动。但是，这个艺术团体的全部收入，从价值形态看，都是从物质部门的劳动者创造的价值转移过来的。从实物形态看，这个艺术团体消耗的固定资产等，也是物质生产部门的产品补偿的。而在非生产领域中发生的剩余价值的再分配，似乎是由非生产领域的劳动产生的，只不过是一种假象而已。由此可见，生产劳动一般在资本主义制度下表现为生产劳动特殊，表现为生产剩余价值的劳动。"只有直接生产剩余价值的劳动是生产劳动，只有直接生产剩余价值的劳动能力的行使者是生产工人，就是说，只有直接在生产过程中为了资本的价值增殖而消费的劳动才是生产劳动。"② 但是，这种生产劳动特殊又不能脱离劳动一般而存在，因为前者不过是后者的表现形

① 参见《马克思恩格斯全集》第49卷，人民出版社1982年版，第106页。

② 同上书，第99页。

态。正是在这个意义上，马克思说："资本主义劳动过程并不消除劳动过程的一般规定。"①

其三，社会主义制度下生产劳动一般如何表现为生产劳动特殊。马克思指出："假定不存在任何资本，而工人自己占有自己的剩余劳动，即他创造的价值超过他消费的价值的余额。只有在这种情况下才可以说，这种工人的劳动是真正生产的，也就是说，它创造新价值。"② 马克思这段话，对我们研究社会主义制度下的生产劳动提供了启示。(1)社会主义社会还存在个体经济，作为个体劳动者的劳动，从生产劳动一般的角度看是生产劳动；从生产劳动特殊的角度看它不属于生产劳动，它是向社会主义生产劳动的一种过度形态。如果说它是社会主义生产劳动也是从它的过渡性质说的。(2)只生产必要劳动产品的劳动。从生产劳动一般的角度看也是生产劳动，因为它创造为劳动者生活消费的物质产品和价值。从生产劳动特殊角度看它又不是生产的，因为它不能为满足劳动者日益增长的物质和文化需要提供物质产品。如果说它是社会主义生产劳动，那只是从满足劳动者基本社会需要的意义上说的，而不是在满足劳动者日益增长的物质和文化需要的意义上承认它是生产劳动。(3)从生产劳动的社会规定性上，即从生产劳动一般表现为生产劳动的特殊性上，社会主义的生产劳动是生产剩余产品的劳动。生产剩余产品的劳动是满足社会日益增长的物质和文化生活的需要的劳动。但不能反过来说，凡是满足这些需要的劳动都是生产劳动。因为在后一种情况下，既有生产剩余产品的劳动，也有非生产领域不生产剩余产品的劳动。因此，不能把满足社会日益增长的物质和文化需要的劳动和社会主义生产劳动等同起来。

如果认为社会主义生产劳动，既包括生产物质产品的劳动，也包括劳务，那么，它们就应该提供剩余产品。而在实际上，满足社会需要的非生产劳动，并不提供剩余产品。在提供劳务过程中，虽然有固定资产的磨损和燃料等的消耗，但它们是由物质生产表面生产的产品来补偿的，诚然，劳务部门也有货币收入，也有管理费用，但那是物质生产部门创造的国民收入再分配的结果。

至于按照生产劳动一般划分为物质生产领域和非物质生产领域的划

---

① 《马克思恩格斯全集》第49卷，人民出版社1982年版，第100页。
② 《马克思恩格斯全集》第26卷第1册，人民出版社1972年版，第143页。

分，同按照社会规定划分为生产劳动和非生产劳动，并不是同一个标准，两者不是同等层次的问题。生产劳动的社会规定性，即生产劳动的特殊，并不适用于划分物质生产领域和非物质生产领域。生产劳动的物质规定性，即生产劳动一般，才是划分物质生产领域和非物质生产领域的基本依据。从经济工作的角度看问题，社会主义生产劳动的概念更多地适用于研究和反映劳动生产率和其他方面的经济效果，而生产劳动一般的概念则适用于物质生产领域和非生产领域的划分，适用于统计物质产品的生产总量。在物质产品总量中，不仅要包括能够生产剩余产品的劳动者生产的物质产品，也要包括不生产剩余产品的劳动者所生产的物质产品（如不盈利企业的产品乃至亏损企业的产品），还包括并非社会主义生产关系下的劳动者所生产的产品（如个体劳动者的产品、农村家庭副业产品等）。如果把生产劳动和非生产劳动的区分，同物质生产领域和非生产领域的划分相对照，可以说，物质生产领域的划分在更大程度上同生产劳动一般保持较为直接的联系。所以，从生产劳动一般的角度来考察社会主义制度下，物质生产领域和非物质生产领域的划分就显得特别重要。

其四，划分物质生产领域和非生产领域。划分物质生产领域和非生产领域的基本标志，可以从以下四个方面考虑：（1）从能否生产物质产品角度看，能生产物质产品的，属于物质生产领域；不能生产物质产品的，属于非生产部门。交通运输、邮电通信、商业和物资供销等部门是物质生产在流通过程的延续，尽管它们不直接生产物质产品，但却是物质产品进入消费（生产消费和生活消费）的必要环节。不经过这个环节，直接生产过程创造出来的物质产品，无论是它的使用价值还是它的价值都不能实现。（2）从消费性质看，物质生产领域的消费是生产性消费，被消费的物质财富参与产品的使用价值的形成，其价值转移到新产品中，同时活劳动消耗创造了新价值。非生产领域的劳动支出虽然也是消费（如脑力、体力、固定资产、能源消耗等），但不形成物质产品。这种劳动支出不能凝结在物质产品中，所以是非生产消费。（3）从消费的补偿角度看，物质生产领域的物质消耗，要由它本身所创造的新产品来补偿，即由所谓生产补偿基金来补偿。在非生产领域中，消耗的物资和劳动要由生产领域提供的剩余产品来补偿。（4）从消费的结果看，物质生产领域消费的结果是产生新的物质财富；非生产领域消费的结果是产生对物质财富新的需求。

关于物质生产领域和非生产领域的划分，争论比较多的是非生产领域的划分问题。该论者认为，从最广泛的意义上说，非生产领域都可以说是服务部门。从相对狭窄的意义上说，服务性行业主要是指生活服务部门。服务部门的特点是提供使用价值。在现实经济生活中，服务活动是多种多样的。在人们的理解中，服务则是个复杂的概念，必须对它的内容和特点进行具体分析。大体有如下几种情况：

第一，直接为生产服务的部门。如生产资料（固定资产）的维修，广言之，也属于服务的范畴，实质上是物质生产活动，应该列入物质生产部门。

第二，为生活服务的、有营业性收入的一些行业。就拿生活消费品修理行业来说，乍一看来，它似乎应当属于物质生产部门。因为它能够恢复耐用消费品的使用价值，有工业性作业的性质，并给这个行业的劳动者提供收入。但仔细研究，修理行业所消耗的物资，是由物质生产部门劳动者创造的产品提供的，其收入则是物质生产部门劳动者创造的国民收入的再分配。而且消费品修理又是在物质生产领域生产产品（消费品）进入消费品领域经过一段时间的消费以后发生的。因此，把生活消费品修理列入物质生产部门，是值得考虑的。

第三，为劳动力再生产服务的教育、卫生等部门，则不应该列入物质生产部门。这些部门的劳动者尽管十分重要，但它并不作用于物质生产过程的劳动对象，劳动成果也不表现脱离劳动者独立存在的物质产品。正因为如此，教育、卫生等部门的物质和劳动消耗没有直接的补偿基金来源，没有与之相应的物质产品构成补偿基金。马克思说："医生和教师的劳动不直接创造用来支付他们报酬的基金，尽管他们的劳动加入一般说来是创造一切价值的那个基金的生产费用，即加入劳动能力的生产费用。"[1] 而那些把教师传授知识的劳动看作生产劳动，还认为"受教育者接受教育者传授以及独立思考和钻研的活动，也属于生产劳动的劳动"。这是不妥当的。

第四，文化艺术部门。其中有的并不创造产品（如舞蹈、戏剧表演），应该列入非生产部门；有的提供物质产品（如出版部门、电影工业部门等），应该列入物质生产部门。

---

[1] 《马克思恩格斯全集》第26卷第1册，人民出版社1972年版，第159—160页。

第五，科学研究部门。科学研究（包括技术）的作用是巨大的。除了直接或间接地作用于生产要素的科学技术之外，其余的科学研究部门并不是生产部门。因为它们的劳动成果在其直接形态上并不构成现实的生产力，需要经过转化过程才能与生产要素结合起来，发挥促进生产的作用。科学技术是通过提高劳动者的技术水平，改进劳动手段和提高其效能，提供优质的或新的劳动对象，发挥提高生产力的作用。

对于如何理解马克思关于"生产工人的概念也就必然扩大"的论断。这位论者认为，马克思在讲到资本主义意义上生产劳动时说："产品从个体生产者的直接产品转化为社会产品，转化为总体工人即结合劳动人员的共同产品。总体工人的各个成员较直接地或者较间接地作用于劳动对象。因此，随着劳动过程本身的协作性质的发展，生产劳动和它的承担者即生产工人的概念也就必然扩大。"① 各种劳动能力以及其不同的方式参加直接的商品形成过程或产品形成过程（在这里说产品形成过程比较好）：有的人多用手工作，有的人多用脑工作，有的人做管理者、工程师、工艺师等等的工作，有的人做监督者的工作，有的人做直接手工劳动者的工作或者做十分简单的粗工，于是劳动能力愈来愈多的职能被列在生产劳动直接概念下，不管单个劳动者作为这个总劳动者的单纯成员的职能距直接手工劳动是远还是近，都完全无关。② 这位论者对这段论述的理解是，脑力劳动者的劳动能否成为生产劳动必须：（1）要看它是否间接地作用于劳动对象（这是最主要的）；（2）要看它是否参与产品的形成过程；（3）所谓间接地作用于劳动对象，或者脑力劳动的职能"距手工劳动是远还是近"，不能理解为"从直接对象进行加工的人出发，一层比一层地向远处推"，如果这样推演下去，"直接"和"间接"的界限就会模糊起来，变成直接、间接和无止境的再间接了，这样一来，全部社会劳动就都成为生产劳动了。

马克思关于总体劳动者的论述，同样也适用社会主义生产过程。脑力劳动者的劳动，只有在间接地（而不是一层一层地向远处推去）作用于劳动对象的情况下，才是生产劳动。马克思讲资本主义生产劳动时，他举的例证是工场。在社会主义经济中，这个范围是否要扩大，究竟扩大到哪

① 《马克思恩格斯全集》第23卷，人民出版社1972年版，第556页。
② 参考《马克思恩格斯全集》第49卷，人民出版社1982年版，第100—101页。

一层，是一个值得探讨的问题。有的人认为可以是联合企业和专业公司，而这些公司不应该是行政管理或是经济管理部门，而是负责组织生产的单位。至于其他科研机关、经济管理部门劳动者的劳动，不应该看作是生产劳动。

第六，国家机关（包括经济管理部门）。它们具有组织社会生产和生活的职能。然而这些部门并不创造物质财富，只是制订和组织社会经济生活的计划、方案和积累组织社会经济生活的计划、方法和经验。在这方面，它们又类似提供精神财富的部门。比较难以划分的部门是金融部门。这个部门人员的劳动是经营货币资金，通过信贷业务使社会资金在不断的运动中增进国民经济各部门协调发展。这个部门的活动，一部分是为生产服务的信贷业务，另一部分是为非生产服务的活动如储蓄业务。前一部分活动近似于生产劳动。马克思在分析资本主义生产的总过程时，就把货币经营资本同商业资本（商品经营资本）一起，作为物质生产过程中参与剩余价值分配的资本，因为资本的运动形态是以货币资本、生产资本、商品资本的形式循环出现的。

在争论中还存在既不同意宽派的观点，也不同意窄派的说法的另一类观点，或者说是中派的观点。例如，有的论者说："对什么是生产劳动和非生产劳动，我的观点介于'宽'派与'窄'派之间。"[1] 他提出如下几点看法：

第一，对两种国民经济体系的看法。一种是我国的国民经济平衡核算体系；另一种是西方的国民经济核算体系（SNA）。他认为不能笼统地说，这两种核算体系都是科学的。我们是马克思主义者，应该坚持马克思主义的观点的分类法，不能无原则地赞同资产阶级庸俗经济学的分类法。现在西方流行的国民经济核算体系。实际上是凯恩斯理论与社会会计体系的混合物。这种分类有些部分是符合科学原则的，我们可以批判地吸收接受。我们自己的一套核算体系，是以马克思主义的劳动价值学说和社会再生产理论为基础的，但有些具体方案也并不尽善尽美，所以不能刻舟求剑，墨守成规。

第二，对于物质生产和非物质生产、生产性劳动和非生产性劳动问

① 杨坚白：《论社会主义的市场实现问题》，《经济研究》1981 年第 9 期。

题，是个难度很大的问题。生产性劳动首先必须是生产物质产品的劳动。因为这是一切生产和消费的基础，没有这个基础，所谓非生产活动和精神生产就都无从谈起。是不是只有生产物质产品的劳动才叫生产劳动？按照劳动过程的一般规定，劳动物化在具体产品中，创造了价值和使用价值，但还不够。生产性劳动不仅要创造新消费的价值，还必须增殖价值，即新创造的价值大于垫支资本。所以马克思一再说，在资本主义条件下，创造剩余价值的劳动是生产劳动，否则就是非生产劳动。显然，马克思不只是按照劳动的物质内容而是按照生产关系来区分生产性劳动和非生产性劳动。

那么，在社会主义条件下，生产性劳动和非生产性劳动到底应该怎样理解呢？马克思指出："假定不存在任何资本，而工人自己占有自己的剩余劳动，即他创造的价值超过他消费的价值的余额。只有在这种情况下才可以说，这种工人的劳动是真正生产的，也就是说，它创造新价值。"①它的前提是不存在任何资本的，所以，我们在社会主义条件下的真正的生产劳动，也应该是新创造的价值超过消费的价值，并且有了余额的劳动。从这个意义上看，那些长期亏损的企业，虽然也是物质生产部门，但它的劳动是非生产性劳动。

第三，对服务业的理解问题。这指的是客运、生活用品的修理和营业性的生活服务。过去我们不把这些看作生产部门，而是把它们的收入看作国民收入再分配的一个组成部分。这些服务业应该列为服务性生产部门，并计算国民收入。马克思曾经举歌女的服务例子，但是，马克思是针对资本主义生产关系说的。从这里并不能得出，社会主义社会的服务是生产性劳动还是非生产性劳动的结论。他认为生产不生产物质产品，并不能确定服务工作是不是生产性劳动的标志。因为生产性劳动所提供的可以是物，也可以是不以物的形式表现出来的活动。营业性的服务工作是另一种形式的生产性劳动、另一种形式的物质生产部门。服务事业可以为消费者提供服务活动，为国家上缴利润和税金。所以，服务部门也是物质生产部门。从这个角度看，把服务性收入计入国民收入，并不违反马克思主义再生产原理。

---

① 《马克思恩格斯全集》第 26 卷第 1 册，人民出版社 1972 年版，第 143 页。

第四，物质生产部门应该包括那些部门，过去，我们把它包括的范围定得太狭窄，把许多应该包括进去的部门漏掉了。他认为，计算国民收入的物质生产部门应该包括：（1）五大物质生产部门——农业、工业、建筑业、交通运输业和商业。（2）直接为生产服务的各项劳动。如物质生产部门的科学技术研究、职工培训和医疗等。（3）城市公用事业，如水、电、煤气等。（4）环境污染治理。（5）客运。包括铁路、轮船、航空和城市的公共汽车和电车等。（6）所有日用品的修理业。（7）营业性的生活服务。如理发、美容、澡堂、旅馆等。

第五，不应该计算国民收入的部门。包括在物质生产部门之外的从事基础研究的科研部门、教育部门、公费医疗单位以及政府工作部门等。它们都不是生产部门，因为它们不创造国民收入，而是消费国民收入的。

此外，所谓第三产业。他认为，如果要使用这个术语的话，首先要按照马克思的观点给它以科学的定义。西方的第三产业包括为生产服务（如运输、商业）生活服务，还包括科教文卫、政府官员、警察和传教士，甚至有的国家把赌场、贩毒、妓院等都计算在内。而我们所说的服务业，同它们不是一回事，不能人云亦云。

与上述观点有类似观点的论者还根据马克思的观点进行论证。认为在生产劳动和非生产劳动的讨论中都引证马克思著作中的某些话，作为自己的论据。然而，"有些理解并不符合甚至颠倒了马克思的原意。由此引申出来的一些有关社会主义经济理论和社会主义实践的论断，自然也值得商榷。"①

首先，他从马克思关于生产劳动和非生产劳动谈起。马克思在《资本论》第一卷第五章的第一节，分析了劳动过程。他从单纯劳动过程的观点提出了生产劳动的定义。所谓单纯劳动过程，就是撇开了劳动的社会历史形态，把它作为单纯人和自然之间的物质变换过程来考察。也就是从劳动者利用生产资料生产物质产品（或使用价值）过程的角度来考察。这种能够生产物质产品的劳动，就是生产劳动。马克思说："如果整个过程从其结果的角度，从产品的角度加以考察，那末劳动资料和劳动对象表

---

① 卫兴华：《关于生产劳动和非生产劳动问题》，《经济理论和经济管理》1981年第6期。

现为生产资料，劳动本身则表现为生产劳动。"① 这里明确指出了生产劳动是"产品的角度加以考察"的劳动。反过来，也可以说，如果生产不出有用的物质产品，这种劳动就是非生产劳动。

马克思在说明这个问题时，还特别加了一个脚注：从单纯劳动过程的观点得出生产劳动的定义，对于资本主义生产过程是绝对不够的。原因是：（1）资本主义生产过程，并不仅仅是一个劳动过程，而且同时是价值增殖过程。因而还需要从价值增殖过程的角度来考察生产劳动问题。（2）资本主义制度下的社会化的劳动过程，同单个劳动者的劳动过程是有区别的。因此，即使从单纯劳动过程的观点考察生产劳动，在概念上也会有所发展。

马克思在该书第十四章考察《绝对使用价值和相对使用价值》时，专门论述了资本主义生产过程中的生产劳动问题。他指出：在资本主义生产中，生产劳动的概念，一方面扩大了；另一方面又缩小了。所谓扩大和缩小，是从资本主义生产过程的二重性看的。首先，资本主义生产过程是劳动过程，但这个劳动过程不再是单个人的劳动过程，而是许多劳动者结合的劳动过程。这里，劳动的协作性质发展了。因此，"产品从个体生产者的直接产品转化为社会产品，转化为总体工人即结合劳动人员的共同产品。总体工人的各个成员较直接地或者较间接地作用于劳动对象。"② 这时，生产劳动并不一定直接作用于劳动对象，诸如生产过程的指挥者，产品的设计者、工程师，以及为生产过程服务的其他劳动者，如检验员、清洁工等，他们不直接在劳动对象上进行劳动，但是，他们是整体劳动者的"一个器官"，是整体劳动过程中不可缺少的一种职能，因此，他们的劳动是生产劳动，他们是生产劳动者的范畴。这里，生产劳动的规定，与体力劳动和脑力劳动的划分没有关系。不管是体力劳动者，还是脑力劳动者，只要他们在物质生产过程中，作为整体劳动的一员参加劳动，就是生产劳动者。这种不直接作用于劳动对象的劳动，同前面说的生产劳动的最初定义是不对口径的，因为它不直接生产物质产品。但是，从整体劳动者生产整体产品的过程来看，上述生产劳动的定义又是完全适合的。由此可见，生产劳动的概念扩大了。

---

① 《马克思恩格斯全集》第23卷，人民出版社1972年版，第205页。
② 同上书，第556页。

持这种中派观点者反驳了宽派如下观点："马克思从来没有认为即使是从简单劳动过程的角度上看来的生产劳动仅仅是生产物质资料的劳动，而是'认为从简单劳动过程的立场上来看，……许多不生产物质资料的劳动也可以是生产劳动'。他断言，马克思认为'作为服务被享受的劳动即现在称之为劳务的东西，同样是从人和自然之间的物质变换的角度来考察的生产劳动。如演员的劳动就是这样'。而宽派同志并没有提出任何确实的论据来证明这个论断。事实上，这个论断同马克思的原意是不一致的。"因为，马克思指出，从单纯劳动过程的角度来看的生产劳动，是"从物质生产性质本身中得出的关于生产劳动的最初的定义"。① 马克思讲的劳动过程，丝毫没有超出物质资料的范围。至于演员的劳动，马克思从来没有撇开生产的社会关系单从劳动过程去判断它是生产劳动。试问，演员在舞台上的演出活动，能够说是人与自然之间的关系吗？怎么能从这个角度断定演员是生产劳动呢？即使从资本主义生产关系来看，服务性劳动，包括演员的劳动，也不能简单地认为是生产劳动。而是只有与资本相交换并提供剩余价值的服务性劳动，才被看作是生产劳动。马克思说："一个自行卖唱的歌女是非生产劳动者。但是，同一个歌女，被剧院老板雇用，老板为了赚钱而让她去唱歌，她就是生产劳动者。"② 在马克思的著作中，"服务"一词甚至与生产劳动联系在一起，例如，有的标题就是"非生产劳动是提供服务的劳动"。③ 因为"服务"一般是指与收入相交换因而不能提供剩余价值的劳动。

然而持宽派观点者，把生产劳动的概念作了一层又一层的扩大，并且一层超过一层地推论下去。例如，他们认为："更远一层研究有关经营管理的经济问题以及它的理论基础的经济学家的劳动也是生产劳动。……以及对制造车床的原理进行研究，以致对车床的理论基础进行研究的人，他们的劳动也是参加对劳动对象的处理的劳动，也都是生产劳动。只是一个比一个远一些罢了。"按照这种逻辑，还可以进一步往更远的层次推论下去：经济学家和车床原理研究者的老师，以及他们的老师的老师等等，都在为生产过程提供生产劳动。经过这样毫无限制推论下去，生产劳动的概

---

① 《马克思恩格斯全集》第 23 卷，人民出版社 1972 年版，第 556 页。
② 《马克思恩格斯全集》第 26 卷第 1 册，人民出版社 1972 年版，第 432 页。
③ 同上。

念就被无限地扩大了，也就成为毫无实际内容的空洞概念了。事实上，马克思所说的由于协作性质的发展而引起的生产劳动概念的扩大，是有一定的限度的。即使有的生产劳动不直接作用于劳动对象，它仍然是在物质生产领域中直接为产品的生产服务的。间接作用于劳动对象的生产劳动，却是直接劳动过程整体中的有机构成部分。如果离开直接劳动过程整体，而层层"间接"下去，用以证明远离产品的直接生产过程的经济学家、科学家、教育家、艺术家也是生产劳动者，这不是马克思的观点，而是对马克思从单纯劳动过程观点来考察生产劳动的定义的误解。因为马克思明确地指出："从单纯的劳动过程的结果来看"，在资本主义生产中，"这些或那些工人的劳动同生产对象之间直接存在的关系，自然是各种各样的。例如，前面提到过的那些工厂小工，同原料的加工毫无直接关系；监督直接进行原料加工的工人的那些监工，就更远一步；工程师又有另一种关系，他主要只是从事脑力劳动，如此等等。但是，所有这些……劳动者的总体进行生产的结果……表现为商品或一个物质产品。所有这些劳动者合在一起，作为一个生产集体，在生产这些产品的活机器"①，"所有这些人……直接从事物质财富的生产"②。从这段话可以看出，尽管由于分工协作的发展，有些生产劳动者可以同劳动对象"毫无直接关系"，而只有间接的或"更远一些"的关系，但是，第一，他们与其他生产者结合成为"生产集体；第二，他们"直接从事物质财富的生产"；第三，生产的结果是"物质产品"。至于直接生产过程之外的经济学家、车床原理的研究者乃至演员等，显然不符合这些规定。因此从单纯劳动过程的角度来看，他们不是生产劳动者。马克思虽然讲过："劳动的物质规定性，从而劳动产品的物质规定性本身，同生产劳动和非生产劳动之间的这种区分毫无关系。"③ 但这不是从单纯劳动过程的观点来讲的，而是从资本主义生产关系的角度来讲的。从后一方面来看的生产劳动的定义，"不是从劳动的物质规定性……得出来的，而是从一定的社会形式，从这个劳动借以实现的社会生产关系得出来的。"④

---

① 《马克思恩格斯全集》第 26 卷第 1 册，人民出版社 1972 年版，第 444 页。

② 同上书，第 443 页。

③ 同上书，第 150 页。

④ 同上书，第 148 页。

其次，所谓在资本主义制度下只有生产剩余价值的劳动才是生产劳动，非物质生产领域的教员、演员等为校董和老板赚钱时也是生产劳动者的观点，并不是马克思从无产阶级的立场，而是从资本家的立场来看的。正如马克思指出的："这里，生产劳动和非生产劳动始终是从货币所有者、资本家的角度来区分的。"① 然而，宽派论者却认为：教员对于雇佣他们的老板来说是生产劳动者，而对学生来说则不是。演员对观众说来是艺术家，但对自己的企业主说来则是生产劳动者。显然，这是从资本家的角度来看的生产劳动，当作从马克思主义和无产阶级的角度来看的生产劳动了。

究竟怎样理解马克思对亚当·斯密关于生产劳动的两种定义的评价呢？斯密的第一种定义是：资本主义制度下的生产劳动是创造剩余价值的劳动；第二种定义是：生产劳动是物化在商品中的劳动。马克思认为斯密的第一种定义是正确的；第二种定义则是错误的。说第一种定义是正确的，是因为在资本主义制度下，资本主义生产的目的和实质反映了资本主义的生产关系。正如马克思指出的：斯密"从资本主义生产的观点给生产劳动下了定义"，"触及了问题的本质，抓住了要领"②，而斯密的第二个定义，是因为把资本主义生产看作是生产的普遍的、永恒的形式，因而物化在商品中自然同时就是生产剩余价值的劳动。马克思说："只有把生产的资本主义形式当作生产的绝对形式、因而当作生产的永恒的自然形式的资产阶级狭隘眼界，才会把从资本的观点来看什么是生产劳动的问题，同一般说来哪一种劳动是生产的或什么是生产劳动的问题混为一谈。"③ 所谓"从资本的观点来看"的生产劳动，就是指生产剩余价值的劳动；"一般说来"的生产劳动，就是从单纯的劳动过程的观点来看的生产劳动。把从后一种观点来看的生产劳动，作为资本主义的生产劳动的定义，当然是错误的。因此，不能把从不同角度来考察的两种生产劳动的概念混淆起来。例如，一个劳动者的劳动如果只能维持自己的生活，即再生产出自己的劳动力，"资本主义意义上说"，这种劳动不生产剩余价值，是非生产劳动。但从一般意义上说，或"绝

---

① 《马克思恩格斯全集》第 26 卷第 1 册，人民出版社 1972 年版，第 148 页。

② 同上书，第 148 页。

③ 同上书，第 422 页。

对地说，这一劳动是生产的"。① 可见，所谓只有生产剩余价值的劳动才是生产劳动的见解，是"资本家的角度"、"从资本的观点"、"从资本主义意义"来讲的。

虽然从资本家的角度看，凡是为自己赚钱服务的劳动，都是生产劳动。但从科学的观点看，它不一定是真正创造剩余价值的生产劳动。例如，在流通领域从事商品买卖的商业工人的劳动，他们的劳动是非生产劳动。商业资本家支付给他们的工资，属于纯粹流通费用，它是通过剩余价值来补偿的，因为"买卖时间并不创造价值"。② 因为商业利润只是从产业资本家获得的剩余价值中转移过来的。但是，从商业资本家来看，商业工人为他赚钱发财而进行的劳动，是生产劳动，商业工人则是生产剩余价值的生产劳动者。因此，从马克思看来，虽然连从事买卖的商业工人的劳动都是非生产劳动，不创造剩余价值，那么，在官僚资本的贸易公司、外国资本的洋行和一切商业企业中服务的知识分子包括高级职员的劳动，怎么都成了真正的生产剩余价值的生产劳动了呢？ 同样，银行资本的利润，也是转移过来的，为外国银行和一切银行服务的职员，也是不创造价值和剩余价值的，怎么就成了生产工人呢？ 那种把为资本家赚钱服务的非物质生产领域的知识分子，都看成为生产剩余价值的生产工人，认为他们的阶级成分同从事体力劳动的产业工人完全相同，这不仅由于把从资本家看的观点，当作从马克思和劳动者看的观点的误解，而且还夹杂着另外两点误解：

一是从资本主义生产劳动的定义出发，误以为生产劳动就都真的生产剩余价值。其实，所谓资本主义的生产劳动是"生产剩余价值的劳动"，只不过是说，这种劳动是为生产剩余价值服务即为资本家发财致富服务。这里的"生产剩余价值的劳动"，并不是从严格意义上讲的。因为从资本家来看，他获得的利润是他自己资本的产物，并不是剥削或产生他所雇佣的劳动者；而从马克思来看，价值和剩余价值是在生产过程中创造出来的，在非生产过程包括流通过程是不创造价值和剩余价值的。但是。在这些过程服务的劳动者，既然为资本家赚钱服务，从资本家看来，也就被看作生产劳动者。可见，把一切为资本家赚钱服务的知识分子，如作家、记

---

① 《马克思恩格斯全集》第 26 卷第 1 册，人民出版社 1972 年版，第 143 页。
② 《马克思恩格斯全集》第 24 卷，人民出版社 1972 年版，第 148 页。

者、银行和商业公司的职员等，都当作是真正"生产剩余价值"的劳动者，是不科学和不适当的。

二是根据《资本论》和《剩余价值理论》中，许多地方把"生产劳动者"翻译为"生产工人"造成的误解。在资本主义制度下，歌女、妓女，只要为老板赚钱，就成为生产劳动者，但她们不是"工人"。至于教师、医生、记者、作家，也不会看作是"工人"。资本家不这样看，马克思也不这样看，但在宽派看来，却从不大准确的译文出发，把一切为资本家服务的知识分子，都说成是工人，而且是生产工人。因此，这种论证的方法和立论的国家是不科学的。尤其是从马克思关于生产劳动和非生产劳动的论述中，直接引出确定资本主义制度中知识分子的阶级成分的理论根据，更是不适当的。把不为资本剥削服务的知识分子，即"自由职业者"，定为"小资产阶级"，而把为外国资本、官僚资本和私人资本服务的知识分子，一律定为"受资本家剥削的生产工人"，在理论上是不通的，实践上是无益的。

最后，社会主义制度下的生产劳动和非生产劳动的划分，能否从劳动过程的角度和从社会主义生产目的的角度来划分。社会主义生产关系并不具有对抗性，不采取歪曲、颠倒的表现形式，因而似乎没有必要沿袭资本主义制度下划分生产劳动和非生产劳动的方法。

有的宽派论者根据资本主义制度下生产劳动和非生产劳动的划分方法，提出社会主义生产劳动的定义是："在社会主义生产体系中进行的、不受剥削的、并以满足社会日益增长的物质和文化的需要为目的的劳动。"其中包括教育劳动、生产精神财富的劳动、从事分配和交换的劳动等。他们认为，我国的商业、科学、教育和文化工作等，所以得不到应有的重视，原因之一，就是认为它们是非生产性的，这个理由似难成立。将军、政府官员等，并不是生产劳动者，但过去和现在都没有不被重视。相反，有的劳动虽然生产劳动，也可以不被重视甚至受有些人的鄙视。某种劳动是否受重视、受尊重，是否为社会"迫切需要"，同它是否是生产劳动没有内在联系。关系这个问题，在资产阶级经济学中就进行过争论。斯密就认为："某些最受尊敬的社会阶层的劳动，……不生产任何价值……例如，君主和他的全部文武官员、全体陆海军，都是非生产劳动者。他们是社会的公仆，靠别人劳动的一部分年产品生活……应当列入这一类的，还有……教士、律师、医生、各种文人；演员、丑角、音乐家、歌唱家、舞蹈家等等。"① 斯密这一见解，受到庸俗经济学者的责难。如加尔涅反对斯密"把那些在社会上担任最重要职务的人，都归到非生产劳动者里面去"。②

而宽派论者认为，要把商业、服务业以及教育科学文化等方面的工作者，看作是工人阶级的一部分，就必须承认他们是生产劳动者。这种说法是把工人和生产劳动者两个概念相混淆。事实上，是否属于工人阶级，是一回事，而是否属于生产劳动者，则是另一回事。即使是工人，也有生产工人和非生产工人之分。例如，在学校看门、打铃的工人，虽然属于工人阶级，但不是生产工人，不是生产劳动者。至于教育、科学、文化工作者，他们从事脑力劳动，自然也是劳动者，而且在我国已经成为工人阶级的一部分。但并不等于他们是生产工人，是生产劳动者。

在争论中，有些曾经被马克思批评和否定的观点，现在居然作为马克思的东西被提了出来。例如，说"教育是生产劳动，因为它使人获得智慧、才能等"，说"教育劳动又是为生产培养有相当生产知识和劳动技能的人，使得物质资料的生产能够有必要的人才"。说什么"受教育者接受教育者的传授和训练以及自己独立思考和钻研的活动，也属于生产劳动的劳动。"如此说来，大、中、小学生都是生产劳动了。然而他们既不创造物质财富，也不创造精神财富，他们在整个学习过程中都需要国家和家庭花钱培养，他们怎么就成了生产劳动者了呢？如果由于参加学习，使学习者增加或生产了知识才能，那么，就像马克思讥讽的，"吃粮食的人会生产脑子、肌肉等等，难道这不是象大麦或小麦一样贵重的产品吗？"③因此，他认为，"直接把劳动能力本身生产、训练、发展、维持、再生产出来的劳动"，从生产劳动中排除出去是正确的。因为如果把这种劳动也"包括进去，那他就为各种冒充生产劳动的谬论敞开了大门"。④

马克思对资产阶级经济学者把生产劳动的概念无限扩大的错误进行了批判。有的资产阶级经济学者认为，一切职业都具有生产性。哲学家生产观念，诗人生产诗，牧师生产说教，教授生产讲授提纲，等等，因而都是

---

① 《马克思恩格斯全集》第 26 卷第 1 册，人民出版社 1972 年版，第 151 页。

② 同上书，第 273 页。

③ 同上书，第 180 页。

④ 同上书，第 164 页。

生产劳动。马克思讽刺地说，"罪犯生产罪行"也该是生产劳动了。因为
"罪犯不仅生产罪行，而且还生产刑法，因而还生产讲授刑法的教授，以
及这个教授用来把自己的讲课作为'商品'投到一般商品市场上去的必
不可少的讲授提纲"。① 西尼尔责难说：钢琴制造者要算是生产劳动者，
而钢琴演奏者倒不算，没有钢琴演奏者，钢琴便成了毫无意义的东西。这
不是岂有此理吗？钢琴演奏者生产了音乐，满足了我们的音乐感，不是也
在某种意义上生产了音乐感吗？马克思回答说："事实上他是这样做了：
他的劳动是生产了某种东西；但他的劳动并不因此就是经济意义上的生产
劳动；就象生产了幻觉的疯子的劳动不是生产劳动一样。"② 由此可见，
在生产劳动问题上，马克思和资产阶级及其辩护士的看法是根本不同的。
不应当把庸俗经济学的观点充当马克思的观点，以此来界定社会主义制度
下的生产劳动概念。

四　生产劳动研究中的方法论

在生产劳动和非生产劳动的争论中最终涉及研究的方法论的问题。有
的论者认为："经济学界关于生产劳动与非生产劳动的争论不息，与方法
论有很大关系。"③ 但是，在争论中无论是宽派还是窄派都提出了各自的
方法论，尽管这些方法都是根据马克思的论述，但在他们的运用上各有其
着重点。

（一）关于"生产劳动研究中要注意的方法论"

窄派论者提出的"生产劳动研究中要注意的方法论"。他们认为，几
十年来，经济学界关于生产劳动与非生产劳动问题的争论不息，与方法论
有很大关系，因此，他们从方法论角度提出以下看法：

1. 抽象的方法

政治经济学的研究方法之一是抽象法。在生产劳动研究中，只有运用
抽象到具体的方法，才能作出科学的结论。抽象之所以是抽象，就因为它

---

① 《马克思恩格斯全集》第 26 卷第 1 册，人民出版社 1972 年版，第 415 页。

② 《马克思恩格斯全集》第 46 卷（上册），人民出版社 1979 年版，第 264 页。

③ 徐节文：《生产劳动研究中要注意方法论》，《中国经济问题》1982 年第 1 期。

是个别的、片面的、局部的规定。具体之所以是具体，就因为它是许多规定的综合，是多样性的统一，社会劳动的区分对阶级的区分来说又是个别的规定。社会劳动的区分本身也是许多规定的综合，生产劳动与非生产劳动的区分对社会劳动的区分来说又是个片面的、简单的规定。生产劳动与非生产劳动的区分不能代替社会劳动的区分，社会劳动的区分不能代替经济的区分，经济的区分也不能代替社会的区分。所谓生产劳动与非生产劳动区分问题，实质上是什么劳动创造物质财富、什么劳动不创造社会物质财富的问题。这个问题与社会劳动的必要性、社会阶级的区分，虽然有一定的联系，但毕竟不是一回事。

　　社会劳动的必要性，是同社会分工联系在一起的。某种劳动是否属于社会必要劳动，最根本的要看它是否属于社会分工的范围。任何劳动，只要属于社会分工的范围，就都是为社会必需的劳动，从而，都是对社会有用的劳动，就应该受到社会的重视。社会不能忽视生产物质资料的劳动，也不能忽视非物质资料生产的劳动。如果忽视某一种为社会所必需的劳动，那就是忽视社会分工，忽视社会进步。如果从社会劳动必要性的意义上谈生产劳动和非生产劳动，那无异于说所有为社会必需的劳动都是生产劳动。不仅商业人员、服务人员、文教卫生人员、科学研究人员的劳动应视为生产劳动，就是警察、士兵、律师、法官以及其他国家机关的工作人员的服务，也应该视为生产劳动。在一定历史时期，谁能说这些人的服务不是为社会所需要的、不应受到社会的重视呢？因此，提高商业服务人员、文教卫生人员、科学研究人员的社会地位。只要说明他们的劳动是属于社会分工的范围、为社会所必需，不需要也不应该把他们都说成是生产劳动。

　　把阶级的区分、社会劳动的区分同生产劳动与非生产劳动的区分等同起来，用阶级的区分、社会劳动的区分去说明生产劳动与非生产劳动的区分，从研究方法来说，是从具体到抽象的方法。用这种研究方法，必然导致像马克思指出的，完整的表象蒸发为抽象的规定，从而使整体成为一个混沌的表象。

　　2. 生产劳动与非生产劳动的区分

　　生产劳动与非生产劳动的区分，不能与部门、行业、企业的区分混为一谈。世界上万事万物都不可能是绝对纯粹的，部门、行业的区分也不可能是绝对纯粹的。物质生产部门、行业、企业与非物质生产部门、行业、企业的区分，是以它们执行的主要职能为依据的，因此，在物质生产部门、行业、企业里也不可能没有物质生产的劳动。

例如，工业、农业部门，这些部门的大多数劳动者当然是从事物质资料生产的劳动。但在这些部门中，还有许多商业服务人员、文教卫生人员、治安保卫人员及其他人员。这些人员的编制虽然在工厂、农场，但他们从事的并不是物质生产的劳动，而是非物质生产的劳动。又如商业部门，这个部门的劳动主要是进行商品交换的非生产劳动。但在这个部门里，还有副食品加工厂、服装加工厂。这些工厂里的劳动者，从事的却是物质资料生产的劳动。而商业部门的劳动者，还要从事商品运输、保管、包装等劳动。这些劳动虽然是在流通领域进行的，但属于生产物质资料的劳动。再如教育部门的劳动，主要是培养、教育学生的非生产劳动。但在它的实习工厂、实验农场的劳动者，从事的物质资料的生产，他们是生产劳动者。即使在服务部门来说，虽然大部分是属于非生产劳动，但如在饮食部门，有一部分劳动属于食品加工的劳动，这一部分劳动者又属于生产物质资料的劳动者。可见，在研究生产劳动和非生产劳动时，一定要分清主次，这样才能正确解决生产劳动和非生产劳动的区分问题。

3. 生产劳动和非生产劳动的区分

生产劳动和非生产劳动的区分，还与它们在社会总劳动量中的比重有关。前者是质的规定，后者是量的规定。在一定的历史时期，社会的需要量是一个确定的量，因而社会总劳动量在物质生产和非物质生产各部门的分配，也存在一个可以确定的比例。由于物质资料的生产是社会生活的基础，社会在分配社会总劳动量时候，应该优先保证物质资料生产所需要的劳动量。物质资料所需要的劳动量，不仅取决于社会对物质资料的需要，而且取决于劳动生产率。它与社会对物质资料的需要成正比，与劳动生产率成反比。在社会对物质资料的需要量为一定的情况下，劳动生产率越高，生产物质资料所需要的劳动量就越少。就是在社会对物质资料需要增长的情况下，只要劳动生产率的提高速度快于社会对物质资料需要增长的速度，生产物质资料所需要的劳动量还可以减少。社会对物质资料的需要，只有在劳动生产率为一定的情况下，才决定于生产物质资料的劳动的多少，以此决定从事物质资料生产的人口。在劳动生产率提高的情况下，生产物质资料的劳动的减少，还可以表明社会拥有的物质财富更多。马克思指出："一个国家的生产人口愈少，国家就愈富。因为生产人口相对的少，不过是劳动生产率相对高的另一种表现。"① 因此，从人类社会的发展历史看，非物质生产领域是不断发展的，这种非物质生产领域的产生和发展，是社会分工的产物，是劳动生产率提高的结果。但是，非物质生产领域发展，并不能取消生产劳动和非生产劳动的区分。如果说社会需要发展非物质生产领域的某个部门。需要增加那个部门的劳动量，就把那个部门的劳动算作生产劳动，那生产劳动和非生产劳动的区分也许早就没有必要了。因此，用社会需要来界定生产劳动和非生产劳动的区分，实质上是混淆了生产劳动和非生产劳动的界限。

4. 特殊的生产劳动和一般生产劳动的区分

在讨论生产劳动与非生产劳动的过程中，还涉及如何分清一般和特殊的关系，这是谈论最多也是最不清楚的问题。马克思在《政治经济学批判》、《资本论》等著作中，指出资产阶级学者只记得一般，忘记特殊，只见到统一，而忽视本质差别错误，这是完全正确的。但是，不能由此走向另一个极端，那就是只记得特殊，而忘记一般，只重视本质差别，而忽视其统一。在研究生产劳动和非生产劳动问题时，不能仅仅根据资本主义的生产目的是剩余价值，就把一切能够给资本家带来剩余价值的劳动都看成是资本主义的生产劳动；也不能根据社会主义的生产目的是满足社会日益增长的物质和文化需要，就把一切能够满足这些需要的劳动看成社会主义生产劳动。这正是只重视特殊而忽视一般的片面性的具体表现。因为在任何情况下，特殊不能脱离一般而存在，任何特殊的生产劳动都不能离开生产劳动的一般的规定。不论是资本主义生产过程，还是社会主义生产过程，都不能脱离它们都是作为一般劳动过程也就是物质资料的生产过程而存在的。它们只有在一般劳动过程即一般的物质生产过程的前提下，才谈得上各种生产劳动的特殊性。而各种生产劳动的特殊性质，是和各种生产劳动的生产目的分不开的，也就是我们在谈论各个社会的生产目的的时候，确定它的前提是生产，是物质资料的生产。如果离开了物质资料的生产来谈生产目的，那只能是空中楼阁，毫无意义。

5. 局部与整体或者是个人与社会的区分

社会虽然是由个人组成的，但不等于它是个人的简单总和。从个人的

---

① 《马克思恩格斯全集》第 26 卷第 1 册，人民出版社 1972 年版，第 229 页。

观点看问题和从社会的观点看问题，存在着本质的区别。看待生产劳动和非生产劳动也同样存在这个问题。许多劳动从个人的观点看是生产劳动，但从社会的观点看，则是生产上的非生产费用。例如，在资本主义社会中，商业中雇佣劳动者的劳动，对于商业资本家来说，是它发财致富的源泉，是生产劳动，但对社会来说，则是纯粹的流通费用，而是非生产劳动。如果从个别人的观点来看待，任何劳动都可以是生产劳动。喜剧演员的劳动，对剧院的资本家来说，它是生产劳动。如果从社会的角度来看，则是非生产劳动。

从研究生产劳动和非生产劳动的历史看，早期的资产阶级经济学家格雷哥里·金、戴韦南特、威廉·配第、亚当·斯密、李嘉图都是从社会观点考察生产劳动和非生产劳动问题的。虽然他们对生产劳动和非生产劳动的看法有很大差别，但这是由于他们对社会财富有不同理解，并不否定他们都是从社会的观点观察问题的共性。马克思在考察资本主义的生产劳动和非生产劳动问题时也是从社会的角度去考察的。例如，他认为商业雇员的劳动是非生产劳动，就是从社会观点而不是从个别观点得出这个结论的。由于不同社会有不同社会的代表，因此，在不同社会的社会的观点是不同的。在资本主义社会，社会的代表是资产阶级，社会的观点就是资产阶级的观点。从社会的观点考察资本主义的生产劳动和非生产劳动，就是从资产阶级的观点去考察资本主义的生产劳动和非生产劳动。在社会主义社会，社会的代表是广大劳动者，社会观点就是广大劳动者的观点，从社会观点考察社会主义的劳动和非生产劳动，就是从广大劳动者的观点来考察社会主义的生产劳动和非生产劳动。

（二）关于"马克思研究生产劳动问题方法论刍议"

宽派论者提出的"马克思研究生产劳动问题方法论刍议"。[①] 他们认为，马克思对于资本主义生产劳动与非生产劳动问题的研究，之所以能廓清形形色色资产阶级经济学家所造成的混乱，成功地建立关于这个问题的完整理论体系，这同他所采用的科学方法是分不开的。

1. 《资本论》中劳动范畴与"生产劳动范畴"的运动规律

宽派论者认为，生产劳动和非生产劳动这对经济范畴比其他劳动范畴

---

① 陆立军：《马克思研究生产劳动问题方法论刍议》，《社会科学》1981年第3期。

（如具体劳动、抽象劳动、私人劳动、社会劳动等）具有更丰富的社会规定性。马克思指出："生产工人的概念决不只包含活动和效果之间的关系，工人和劳动产品之间的关系，而且还包含一种特殊社会的、历史地产生的生产关系。"① 任何社会形态下的生产劳动都可以从两重见地去考察：一方面是劳动的具体内容，即支出劳动力的具体途径和形式；另一方面是劳动的社会形式，即形式规定性。换言之，任何社会形态下的生产劳动都是形式规定性及其寓于其中的劳动具体内容的对立统一，而形式规定性是决定生产劳动本质、起主导作用的方面。马克思在谈到资本主义生产劳动时指出："生产劳动不过是对劳动能力出现在资本主义生产过程中所具有的整个关系和方面的简称。但是，把生产劳动同其他劳动种类的劳动区分开来是十分重要的，因为这种区分恰恰表现了那种作为整个资本主义生产方式以及资本本身的基础的劳动的形式规定性。"② 因此，从根本上说，生产劳动是表现一定社会形态下劳动所具有的一切本质特征的综合性的经济范畴。它所揭示的不是从一切社会形态下的劳动中抽象出共性，恰恰相反，是该生产方式下的劳动区别于其他生产方式下的劳动的根本特点。它回答的问题不是劳动的具体形式如何，各种具体劳动形态之间的比例如何，以及劳动时间如何分割、平等的商品生产者的劳动之间有何联系等等这些适用于或基本适用于一切社会形态下的劳动的问题，而是劳动是何种关系下的、具有何种规定性的劳动。

由此可见，在马克思《资本论》及其手稿中，劳动范畴由具体劳动、抽象劳动——私人劳动、社会劳动——简单劳动、复杂劳动——必要劳动、剩余劳动——生产劳动、非生产劳动——资本主义生产劳动、资本主义非生产劳动，经过一个由简单上升到复杂的过程。在这个过程中，劳动范畴不断丰富自身的规定，直到彻底揭示出劳动在资本主义生产关系下，必然具有的本质。这个过程和《资本论》的其他范畴、原理的演变过程一样，体现了逻辑进程和历史进程一致的研究方法。

那种把生产劳动局限于生产物质产品的劳动的观点的另一个原因是：依据生产关系"三分法"，把生产关系仅仅看作是人们在直接生产过程中的相互关系，从而把生产劳动这一范畴的具体内容（甚至生产劳动这一

---

① 《马克思恩格斯全集》第 23 卷，人民出版社 1972 年版，第 556 页。
② 《马克思恩格斯全集》第 26 卷第 1 册，人民出版社 1972 年版，第 426 页。

社会规定性本身）看作仅仅是直接生产过程的劳动。其实，这并不完全符合马克思主义经典作家的原意。马克思主义认为：社会生产过程是一个包含生产、分配、交换、消费各个环节在内的辩证统一的总过程。而人们在生产总过程中发生的关系即社会生产关系，也应该包含在四个环节中发生的全部关系。作为生产劳动范畴既然是一定社会生产关系的概括表现，其具体内容就应该包括上述四个环节中劳动者的劳动在内。不应该片面地仅仅把物质资料直接生产过程中的劳动才当作生产劳动的具体内容。

2. 从生产目的出发，把握劳动的形式规定性

在具体区分生产劳动与非生产劳动时候，要从一定的生产方式所特有的生产目的出发。这是马克思关于生产劳动与非生产劳动理论在方法论上的一个重要特点。这是因为：

第一，生产目的决定生产劳动的社会规定性。生产目的是一种生产方式区别另一种生产方式的重要标志，任何生产方式下的生产劳动，都必须符合该生产方式特定的生产目的的要求。马克思正是由于坚持了符合资本主义生产目的即榨取剩余价值的一切劳动都是资本主义生产劳动的方法论，所以才冲破了斯密关于"生产劳动是物化在商品中的劳动"这个偏狭的"定义"的框框，指出资本主义生产劳动的具体内容"扩大"了，从而把非物质生产部门领域的许多劳动者，都纳入了资本主义生产工人的行列。这在理论上和实践上都是正确的，这对于把握社会主义制度下生产劳动的内涵和外延，尤为重要。

第二，生产目的决定了生产劳动的具体内容。生产劳动的具体内容，也与生产目的分不开。所谓生产劳动的具体内容，主要是由生产资料和劳动力结合的场所、数量和方式决定的。在剥削阶级社会里，把持生产资料和劳动力所有权的剥削阶级把生产要素投放何处，是决定于他的生产目的；在社会主义社会，一切投资和生产计划也必须根据社会主义生产目的，即最大限度地满足社会全体成员日益增长物质和文化需要。

第三，是否符合一定生产方式的特定生产目的，是划分生产劳动与非生产劳动的分水岭。由于生产目的决定了生产劳动的形式规定性和具体内容，所以，一定生产方式的生产目的就成为生产劳动和非生产劳动的分水岭。有的窄派论者引用马克思关于服务业的非生产性质的论述，证明资本主义或社会主义里的服务业不是生产劳动。而宽派论者则认为，这种看法是不符合马克思的原意的。正如马克思指出的："正像资本家为了自己个

人消费而购买的商品，不是生产地被消费，没有变成资本的要素一样，他为了服务的使用价值、为了自身的消费而自愿购买或被迫购买（向国家等购买）的服务，……不是生产劳动，服务的负担者也不是生产劳动者。"① 从马克思的这些论述可以看出，马克思把他所处时代的大多数服务劳动划为非生产劳动者，其主要依据是这部分劳动者大多数还没有并入资本主义生产方式，他们还是以此谋生的独立生产者。他们的生产目的是用自己生产的特殊使用价值（即流动形态上的劳动——服务）换取收入，借以维持个人消费，而不是为资产者创造剩余价值。他们的劳动与资本主义生产的目的——追求剩余价值没有直接联系。今天，服务行业已经成为资本主义国家的主要产业部门，服务行业的绝大多数劳动者都已成为资本主义企业的雇佣劳动者，成为资本家榨取剩余价值的要素之一，在社会主义制度下，服务行业更是满足社会成员物质文化需要不可缺少的生产部门。因此，把它划为非生产劳动，不论从理论上还是实践上，都是不妥当的。

第四，生产目的决定着生产劳动与非生产劳动的发展趋势。在任何社会形态下，社会总劳动量如何分配于各个不同领域，都要受到该社会生产目的的制约。在当代发达资本主义国家，由于生产力的迅速发展，超额利润导致人们的收入增加，资本家为了发财致富，不得不把大量资本和劳力投入各种高档消费品的生产和以服务业为中心的第三产业，使这些国家的产业结构和劳动力结构发生了很大的变化。所以这些现象，如果离开了生产目的这个根本，就是很难把握的。

3. 区分生产劳动与非生产劳动的角度

马克思在谈到生产劳动与非生产劳动的定义"不是劳动的物质规定性（不是从劳动产品的性质，不是从劳动作为具体劳动所固有的特征）得出来的"这一区分生产劳动与非生产劳动的最基本的方法论时，作了如下的补充说明："这里，生产劳动和非生产劳动始终是从货币所有者、资本家的角度来区分的，不是从劳动者的角度来区分的。"② 马克思关于资本主义生产劳动只能从资本家角度来考察的论断，在方法论的普遍意义在于：考察任何剥削阶级社会的生产劳动，都必须从该社会生产方式中处

---

① 《马克思恩格斯全集》第 49 卷，人民出版社 1982 年版，第 102 页。

② 《马克思恩格斯全集》第 26 卷第 1 册，人民出版社 1972 年版，第 148 页。

于统治地位的阶级、阶层和社会集团的角度出发；而考察社会主义社会的生产劳动，则必须从作为社会主义生产关系主体的社会主义生产劳动者总体出发，也不能只从一部分社会主义生产劳动者出发。因为这里所说的"社会主义劳动者"和马克思上述论断中所说的"资本家"一样，唯一的规定是经济关系的人格化，是一定社会生产关系本质的承担者、体现者。明确这一点，对于研究社会主义生产劳动具有很大的意义。

4. 物质生产领域和非物质生产领域的关系

这里要说明的是马克思研究生产劳动具体内容的方法：(1)生产劳动的社会规定性决定其具体内容。马克思指出：生产劳动的本质"同劳动的特殊有用性或劳动所借以表现的特殊使用价值绝对没有关系"，"同一内容的劳动可以是生产劳动，也可以是非生产劳动。"① 他揭示了生产劳动的本质是一定的生产关系的概括表现，并批评了把生产劳动归结为有形产品生产的斯密定义的错误。并且强调指出：生产劳动的社会规定性，决定了它的内容，既包括物质生产领域的劳动，又包括非物质生产领域的劳动。(2)两个领域的联系和区别。马克思认为，在生产劳动具体内容的主要形式即物质生产领域和非物质生产领域之间，既有联系又有区别。他在批评斯密把生产劳动局限于物质产品的生产的错误时，明确指出："在精神生产中，表现为生产劳动的是另一种劳动，但是斯密没有考察它。最后，两种生产的相互作用和内在联系，也不在斯密的考察范围之内。"② 他还指出，考察两者的关系必须采取历史的、辩证的方法。他说："要研究精神生产和物质生产之间的联系，首先必须把这种物质生产本身不是当作一般范畴来考察，而是从一定的历史形式来考察。"③ (3)物质生产的决定作用。马克思指出："……从物质生产的一定形式产生：第一，一定的社会结构；第二，人对自然的一定关系。人们的国家制度和人们的精神方式由这两者决定，因而人们的精神生产的性质也由这两者决定。"④ 因为：从历史上看，物质资料的生产是人类社会生存和发展的基础。没有物质资料的生产，就没有人类社会，也就谈不上精神生产；从人们的需要看，在

---

① 《马克思恩格斯全集》第49卷，人民出版社1982年版，第105页。

② 《马克思恩格斯全集》第26卷第1册，人民出版社1972年版，第295页。

③ 同上书，第296页。

④ 同上。

一定的社会形态下，随着生产力的发展，人们对生活资料的需要包括生存资料、发展资料和享受资料的需求的比重会发生变化，人们对发展资料和享受资料特别是精神产品和劳务的需求会迅速增加；从精神生产本身所需要的物质条件看，任何精神产品和劳务的生产者要从事精神产品和劳务的生产，首先需要一定的物质生产者提供生活资料和创造一定的物质条件，因此，精神生产越发达，对物质资料的需求也就越多。(4) 对非物质生产领域资本主义关系的设想。由于在马克思所处的时代，资本主义生产关系主要存在机器大工业生产之中，而国民经济的其他部门，特别是非物质生产部门中，资本主义关系还处于成长时期，因此，马克思在研究资本主义生产劳动的具体内容时，就有理由把后者暂时加以设想。这就是马克思在许多场合把服务业和精神生产一概称为非生产部门的原因。他说："资本主义生产在这个领域中的所有这些表现，同整个生产比起来是微不足道的，因此完全可以置之不理。"① 但是，历史总是不断前进的。过去那个"微不足道"的非物质生产领域，现在已经形成了"第三产业"的生产劳动的新领域。因此，我们没有必要、也不应该拘泥于马克思的个别论断，把考察资本主义、特别是社会主义生产劳动的眼界限制在物质生产领域之内。

---

① 《马克思恩格斯全集》第 26 卷第 1 册，人民出版社 1972 年版，第 443 页。

第九章

20世纪90年代关于价值源泉的争论

一 价值一元论与多元论的争论

20世纪90年代谷书堂在其主编的《社会主义经济学通论》中对价值的源泉有如下观点：

其一，"价值决定于社会必要劳动时间这一规定，本身就已经确定了非劳动生产要素在价值决定过程中所起的作用。这里，问题的关键在于，马克思所说的劳动生产力具有多种形态：由劳动的自然条件即土地的优劣所决定的生产力，马克思称之为劳动的自然生产力；由劳动的社会条件即协作和科学技术的应用所决定的生产力，马克思称之为劳动的社会生产力。根据马克思的观点，同样可以把生产资料的规模和效能即资本所决定的生产力称为劳动的资本生产力，把由劳动的自身条件即劳动的熟练程度、复杂程度和强度决定的生产力，称为劳动的自身生产力，以区别于一般意义上的劳动生产力。所以，只要明确了决定价值的必要劳动时间的具体规定，而价值量又是社会财富的计量单位或符号，说社会必要劳动创造价值与说劳动自身的生产力与劳动的资本生产力以及劳动的土地生产力共同创造价值，都是符合劳动价值论的。"①

其二，"在社会主义商品经济中，物质生产领域和非物质生产领域的劳动都创造社会财富，都形成社会价值。非物质生产领域劳动者的收入，是通过交换而取得的自身劳动所创造的价值的补偿，而不是来自于物质生产领域劳动者所创造的剩余价值的再分配。"②

其三，"由于劳动、资本、土地等要素在价值形成中都发挥着各自的作用，所以社会主义的工资、利息和地租，不过是根据劳动、资本、土地等生产要素所做贡献而给予这些要素所有者的报酬。社会主义的分配原

---

① 谷书堂：《社会主义经济学通论》，上海人民出版社1989年版，第110页。
② 同上书，第111页。

则，就是在社会必要劳动所创造的价值的基础上，按各种要素在价值形成中所做的贡献进行分配，或简称按贡献分配。按贡献分配是社会主义社会融合各种分配形式为一体的统一的分配原则。"① 针对这些观点，苏星在《劳动价值一元论》② 中提出了不同看法：

首先，取消了使用价值和价值的区别。因为他为价值作了一个错误的规定，例如，作者在书中说："古典经济学的价值论未能对各种收入的数量作出严格的规定，是与在价值决定中很难恰当地说明土地、资本等非劳动的生产要素所起的作用有关。""如果这里我们把价值只是作为社会财富的一个计量符号，当我们谈到价值时，即是指一定量的社会财富，那么，问题就可能容易解决一些。"③ 这显然混淆了使用价值和价值的区别，把使用价值当作价值了。

按照马克思的观点，财富是指使用价值。"不论财富的社会形式如何，使用价值总是构成财富的物质内容。"④ 创造财富的，不只是劳动，还有自然界。正是在这个意义上，马克思赞成配第的说法：劳动是财富之父，土地是财富之母。使用价值是具体劳动创造的，劳动生产力是指具体劳动的生产力。它是由多种情况决定的，其中包括：工人的平均熟练程度，科学的发展水平和它在工艺上应用的程度，生产过程的社会结合，生产资料的规模和效能，以及自然条件。它只体现具体劳动在一定时间内的效率。"生产力的变化本身丝毫也不会影响表现为价值的劳动。"⑤ 而《通论》的观点既然混淆了使用价值和价值的区别，自然也就混淆了具体劳动和抽象劳动的区别，认为决定价值的不是抽象劳动，而是具体劳动，是生产力。生产力又包括劳动自身生产力、资本生产力、土地生产力，于是，便得出如下结论：劳动、资本、土地共同创造价值。这样，就离开劳动价值论相当远了。

其次，取消了生产劳动和非生产劳动的区别。认为物质生产领域和非物质生产领域都创造价值。马克思认为，价值"是耗费在商品生产上社

---

① 谷书堂：《社会主义经济学通论》，上海人民出版社 1989 年版，第 112 页。

② 苏星：《劳动价值一元论》，中国社会科学 1992 年版。

③ 谷书堂：《社会主义经济学通论》，上海人民出版社 1989 年版，第 108 页。

④ 《马克思恩格斯全集》第 23 卷，人民出版社 1972 年版，第 48 页。

⑤ 同上书，第 59 页。

会劳动的物化形式"。① 只有物质生产部门的劳动，才是生产劳动，才创造价值。当然，生产劳动概念本身并不是固定不变的。马克思指出："随着劳动过程本身的协作性质的发展，生产劳动和它的承担者即生产工人的概念也就必然扩大。为了从事生产劳动，现在不一定要亲自动手；只要成为总体工人的一个器官，完成他所属的某一职能就够了。上面从物质生产性质本身中得出的关于生产劳动的最初的定义，对于作为整体来看的总体工人始终是正确的。但是，对于总体工人中的每一单个成员来说，就不再适用了。"②

最后，把社会主义的工资、利息和地租，说成是根据劳动、资本、土地等生产要素在价值形成中所做的贡献而给予的相应报酬，并把它确立为社会主义的分配原则也是值得商榷的。这样的分配公式，就是对资本主义来说，也不符合实际，何况我们所探讨的是社会主义分配原则。因为这种分配原则，完全不顾生产资料所有制的不同，主张按照各个生产要素在价值形成中所作的贡献进行分配，而且实行融各种分配形式于一体的统一分配原则。这就是说，不管是社会主义所有制经济，还是非社会主义所有制经济，都按照这个原则进行分配。这样，就容易得出如下两种结果：一是否定了在公有制经济内部实行按劳分配原则。因为按照这个原则，劳动者"除了自己的劳动，谁都不能提供其他任何东西，另一方面，除了个人的消费资料，没有任何东西可以成为个人的财产。"③ 二是混淆了社会主义的分配原则同非社会主义经济分配原则的本质区别。须知在非社会主义经济中是不实行按劳分配的。

为什么一个时期以来，生产要素决定价值的观点，为许多人所接受，有两方面的原因。一方面，价值是社会劳动的一种形式，它是在生产者背后由社会过程决定的。在价值表现为价格，特别是表现为生产价格以后，概念和现实生活的距离越来越大。当利润率转化为平均利润率以后，利润就转化为平均利润，利润成为总资本观念上的产物，平均利润又是按资本平均的，从而很难直接看到价值的作用。由于"后一种价值隐藏得很深，

---

① 《马克思恩格斯全集》第23卷，人民出版社1972年版，第585页。

② 同上书，第556页。

③ 《马克思恩格斯全集》第19卷，人民出版社1963年版，第21页。

以致我们的经济学家能够满不在乎地否认它的存在。"① 另一方面，新的技术革命的兴起，自动化和机器人的广泛使用，使生产资料的价值在产品价值中的比重增大，也为生产要素决定价值提供了新的根据。但是，自动化也好，机器人也好，仍然都是生产资料，按照劳动价值论，它们只是转移价值，并不能创造价值，而且生产资料的价值归根到底还是劳动创造的。

何炼成在《也谈劳动价值论——简评苏、谷之争及其他》② 提出了第三种看法：包括以下内容：

1. 价值与劳动生产率的关系

何炼成认为，谷书堂、柳欣在与苏星同志商榷的文章中，提出了所谓'新的'劳动价值一元论。'新'在何处呢？就是扩展劳动这一概念的外延，把使用价值的生产或劳动生产率加进来，把劳动定义为由其生产的一定量的使用价值所体现的或支出的劳动量 = 劳动时间 × 劳动生产率，从而推论出'价值与劳动生产率成正比'、否定'价值与劳动生产率成反比'的结论。文章指出，众所周知，马克思认为："商品的价值与生产这些商品所耗费的劳动时间成正比，而与所耗费的劳动的生产力成反比。"这是商品价值决定的"一般规律。"③ 因为其中的劳动生产力（率）是指具体劳动创造使用价值的能力，这种能力主要取决于劳动者的素质与技能，以及劳动的自然条件与劳动的社会力量。但是从抽象劳动来考察，则商品的价值量是由社会必要劳动时间决定的，而单位商品中所耗费的社会必要劳动时间，是与劳动生产率呈反比例变化的。

所谓"劳动 = 劳动时间 × 劳动生产率"这一公式，按照马克思的价值理论，如果这个"劳动"是指劳动产品，即使用价值的数量，那么它与劳动生产率的高低成正比例是显然的；如果是指劳动产品的价值，那么问题就比较复杂了，它可以作如下两种理解：一种是指劳动产品的个别价值；一种是指劳动产品的社会价值。根据马克思的劳动价值学说，按照谷书堂文章中所举例子，在技术不变的情况下，在一年中甲生产两单位粮

① 《马克思恩格斯全集》第 39 卷，人民出版社 1974 年版，第 406 页。

② 何炼成：《也谈劳动价值论——简评苏、谷之争及其他》，《中国社会科学》1993 年第 6 期。

③ 《马克思恩格斯选集》第 2 卷，人民出版社 1995 年版，第 72 页。

食，乙生产4单位粮食。则甲生产1单位粮食的个别价值为半年，乙生产1单位粮食的个别价值为一季，这说明劳动产品的个别价值与劳动生产率成反比例；再就劳动产品的社会价值来说，农产品的社会价值一般是由个别价值最大的单位决定的，即由甲生产者生产的单位粮食个别价值决定的，于是劳动生产率较高的乙生产的单位粮食的个别价值就低于社会价值，在市场上按社会价值出卖就可以获得一部分超额利润，形成"虚假的社会价值"，这说明劳动生产率与社会价值成反比例。至于因为技术进步、使剩余的积累能够用于制造劳动生产率更高的机器，从而促使以雇佣劳动为基础的资本主义生产关系的产生，这当然是事实，但也不能由此得出"价值与劳动生产率成反比例"的结论。

2. 非劳动生产要素能否创造价值

何炼成肯定了苏星文章否定了资产阶级庸俗经济学家萨伊的资本、土地、劳动共同创造价值论，强调只有活劳动才能创造价值，物化劳动只是转移价值（因其中并未凝结一般人类劳动）。他认为，苏星这一观点是完全正确的，而认为非劳动生产要素也创造价值是错误的。但是，另一方面，他对苏星提出的"只有物质生产部门的劳动，才是生产劳动，才创造价值"。"这显然是一种传统的观点，不符合社会生产发展的客观实际。"他说："早在60年代初期，我就提出有两种含义的生产劳动，一种是指生产某种物质产品的劳动，即物质生产劳动；一种是指能满足人们的物质文化需要的劳动。后者除物质生产劳动外，还应包括生产劳务（或服务）与精神产品的劳动。但是，当时我对生产劳动（或服务）与精神产品的劳动是否创造价值尚持否定意见；到80年代后通过经济学界的再次讨论；特别是第三产业理论的引进以及实践的发展，使我逐步改变了以上观点，肯定了生产劳务和精神产品的劳动也同样创造价值，而且由于这种劳动多为复杂劳动与脑力劳动，因此在同样的时间创造的价值要大于物质生产劳动所创造价值。"

他针对谷书堂关于："物质生产领域和非物质生产领域的劳动都创造社会财富，都形成价值"的观点，提出质问："非物质生产领域的劳动如何创造价值呢？它同物质生产领域的劳动创造价值有何区别呢？谷书堂对此语焉不详。"在《新劳动价值一元论》一文中，谷书堂则用"目前我国商业、金融和服务业等第三产业部门在国民经济中的作用变得越来越重要"来解释，但重要性并不一定创造价值。例如党政部门的劳动虽然非常重要但并不能创造价值。

　　苏星还从历史的角度分析了非物质生产领域创造价值的理论来源。他指出，认为生产要素（资本、土地）也创造价值，是法国经济学家让·蒂斯特·萨伊提出的一种价值理论。他认为："所谓生产，不是创造物质，而是创造效用。""创造具有任何效用的物品，就等于创造财富。这是因为物品的效用就是物品价值的基础，而物品的价值就是财富所由构成的。"① 这样一来，就把效用、财富和价值三个概念混淆在一起，成了效用决定价值，而创造效用的不仅有劳动，还有资本和土地，由此就得出：商品的价值是由劳动、资本和土地三个生产要素"协同创造"的错误结论。接着，他又根据他的三要素的生产价值论提出了他的分配论："不论借出的是劳动力、资本或土地，由于它们协同创造价值，因此它们的使用是有价值的，而且通常得有报酬。对借用劳动力所付的代价叫作工资。对借用资本所付的代价叫作利息。对借用土地所付的代价叫作地租。"② 他认为，这三个要素创造价值，也创造了收入。这三种收入相当于三个要素在创造效用时各自耗费的代价，从而构成效用的生产费用。这样，他又从效用决定价值，转到了生产费用决定价值。但是，他在这里遇到了一个矛盾：如果商品的价值是由工资、利息和地租决定的，那么三种收入又是由什么决定的呢？为了摆脱困境，他求助于供求论。在他看来，工资、利息和地租构成商品的价值，同时也包括在商品的价格中，而市场的供求关系则会使价格与生产这种效用的生产费用相一致。

　　在这里，萨伊不仅混淆了价值与使用价值的区别，而且也把价值和价格相混淆。他一时说效用决定价值，一时说生产费用决定价值，一时又说供求决定价值。正如马克思指出的："在这些好汉们那里，'生产费用'一词是毫无意义的。我们从萨伊那里看到这种情况。在他那里，商品的价值决定于生产费用——资本、土地、劳动，而这些费用又决定于供求。这就是说，根本不存在什么价值规定。"③ 萨伊这种多要素决定价值的观点，几乎为所有的庸俗经济学者所继承。例如，当代资产阶级经济学家萨缪尔森就持有这种看法。他认为，在土地私有权和资本积累尚未发生以前是劳

---

① ［法］萨伊：《政治经济学概论》，陈福生、陈振骅译，商务印书馆1963年版，第59页。
② 同上。
③ 《马克思恩格斯全集》第26卷第2册，人民出版社1973年版，第142页。

动价值论的黄金时代。他在描绘"处于黄金时代的劳动价值论"时说："斯密也具有一个动态的经济发展理论。他和马尔萨斯都从设想的黄金时代——'那个在土地私有权和资本积累尚未发生以前的原始状态'——开始。在那个时候，劳动是考虑的唯一因素，土地可以为一切人所自由使用，而资本的使用尚未开始。在这个简单而漫长的黎明时期，决定价格和分配的是什么？答案：不折不扣的劳动价值论。"① 但是，他又认为，当土地私有权和资本积累发生以后，就出现了"劳动价值论的终结"。他说："简单的劳动价值论认为物品的价格比例可以单独根据劳动成本得以决定，而与导致对物品需求的效用无关。由于必须照顾到土地的稀缺性这一事实，这一价值论必然被放弃。现在，生产成本包括地租以及工资的支付额。两种物品，如食品和衣服，现在每一单位物品可以具有相同的劳动成本。但是，如果每单位食品比每单位衣服具有更多的土地成本，那末，它们不再能按照一对一的比价出售。"② 因此，他认为："无论在有计划的社会主义制度下还是在依靠市场起作用的资本主义制度下，我们都不能单独地按照商品所需要的劳动量来决定商品的价格，而不考虑爱好和需求的型式以及它们对稀缺的非劳动的生产要素的影响。"③ 从这里可以看出，萨缪尔森不仅继承了萨伊的多要素创造价值，而且还鼓吹两种意义的社会必要劳动时间共同决定价值。

何炼成同意李江帆在《中国社会科学》1984年第3期《服务消费品的使用价值和价值》的观点：根据马克思将使用价值分为实物的与非实物的两种形式的原理，分析了作为服务消费品的使用价值的特点，指出它的非实物性、不能贮存性以及生产、交换、消费的同时性，等等。这也就决定了服务消费品价值的形成与物质产品价值的形成具有不同的特点：一是它并不物化在一个物质产品中；二是它的生产、交换与消费是同时进行的过程；三是它具有流动性与凝结性相结合的特点；四是它有时可分为前期和后期两个阶段，前期阶段随着最终产品的复杂程度而延长，因而这一阶段创造的价值也就增大，例如科教文卫等部门的劳动及其创造价值过程就是如此。过去由于人们对以上特点不了解，因而误认为生产劳务（或

---

① ［美］保罗·萨缪尔森：《经济学》下，商务印书馆1982年版，第125页。

② 同上书，第132页。

③ 同上书，第133页。

服务）以及精神产品的劳动不创造价值，在这些部门中工作的劳动者是靠国民收入的再分配来养活的，即靠物质生产部门来养活的，从而得出在科教文卫部门工作的知识分子是靠工人农民来养活的悖论，这是我们过去把知识分子看成是非劳动者阶级的理论依据。

二　两种含义的社会必要劳动时间决定价值的争论

商品的价值决定于社会必要劳动时间，在马克思主义经济学者之间好像没有什么分歧，但是，怎样理解社会必要劳动时间，却一直存在不同看法。早在 20 世纪 20 年代初，原苏联经济学界就曾经就这个问题进行过讨论。当时，有人提出，价值量不仅同劳动耗费有关，而且同社会需要量有关。在我国理论界也有人提出：应当"恢复马克思在论述另一种含义的社会必要劳动时间时关于供求关系（我们体会指长期和稳定的供求关系）制约价值的形成和决定，而不是制约价值的实现的重要观点。"[①] 苏星在该文章中认为："这样理解另一种含义的社会必要劳动时间，是不符合马克思原意的。"因为马克思提出另一种含义的社会必要劳动时间，是在分析农业的剩余劳动是社会分工的前提时提出的。他说："如果这种分工是按比例进行的，那末，不同类产品就按照它们的价值（后来发展为按照它们的生产价格）出售，和按照这样一种价格出售，这种价格是由一般规律决定的这些价值或生产价格的变形。事实上价值规律所影响的不是个别商品或物品，而总是各个特殊的因分工而互相独立的社会生产领域的总产品；因此，不仅在每个商品上只使用必要的劳动时间，而且在社会总劳动时间中，也只把必要的比例量使用在不同类的商品上。这是因为条件仍然是使用价值。但是，如果说个别商品的使用价值取决于该商品是否满足一种需要，那末，社会产品总量的使用价值就取决于这个总量是否适合于社会对每种特殊产品的特定数量的需要，从而劳动是否根据这种特定数量的社会需要按比例分配在不同的生产领域。（我们在论述资本在不同的生产领域的分配时，必须考虑到这一点。）在这里，社会需要，即社会规模的使用价值，对社会总劳动时间分别用在各个特殊生产领域的份额来说，

---

① 张卓元：《中国价格模式转换的联络与实践》，中国社会科学出版社 1990 年版，第 28 页。

是有决定意义的。但这不过是已经在单个商品上表现出来的同一规律，也就是：商品的使用价值，是它的交换价值的前提，从而也是它的价值的前提。这一点，只有在这种比例的破坏使商品的价值，从而使其中包含的剩余价值不能实现的时候，才会影响到必要劳动和剩余劳动之比。例如，棉织品按比例来说生产过多了，虽然在这个棉织品总产品中只体现了一定条件下为生产这个总产品所必要的劳动时间。但是，总的来说，这个特殊部门消耗的社会劳动已经过多；就是说，产品的一部分已经没有用处。因此，只有当全部产品是按必要的比例进行生产时，它们才能卖出去。社会劳动时间可分别用在各个特殊生产领域的份额的这个数量界限，不过是整个价值规律进一步发展的表现，虽然必要劳动时间在这里包含着另一种意义。为了满足社会需要，只有这样多的劳动时间才是必要的。在这里界限是通过使用价值表现出来的。社会在一定生产条件下，只能把它的总劳动时间中这样多的劳动时间用在这样一种产品上。"① 他从马克思这段论述中提出以下几点看法：

第一，马克思所说的另一种意义上的必要劳动时间，是指按比例分别用于各个特殊生产领域满足社会需要所必要的劳动时间。按比例，总是使用价值的比例，它表明，社会在一定生产条件下，只能把它的总劳动时间中这样多的时间用在这样一种产品上，或者说，只有这样多的时间是必要的。按比例分配社会劳动的必要性，存在于一切社会形态，"而在社会劳动的联系体现为个人劳动的产品的私人交换的社会制度下，这种劳动按比例分配所借以实现的形式，正是这些产品的交换价值。"②

第二，在商品经济条件下，使用价值是交换价值的物质承担者。使用价值和价值的矛盾，在市场上表现为价值与价格的背离。如果社会劳动的分配是按比例进行的，不同类产品按照它们的价值出售（价值转化为生产价格以后按生产价格出售），就是说，价格和价值是一致的。如果社会劳动的分配不按比例，例如，某种产品生产过多了，有一部产品就会卖不出去，或者只能按照低于价值的价格出售。在这种情况下，这种产品的价值就不能完全实现。因此我赞成这样的看法："马克思所说的另一种意义

①　《马克思恩格斯全集》第 25 卷，人民出版社 1974 年版，第 716—717 页。

②　《马克思恩格斯全集》第 32 卷，人民出版社 1974 年版，第 541 页。

上的社会必要劳动时间，只是与价值实现有关，而与价值决定无关。"①

　　第三，按照价值规律的要求，如果某种水平的价值不能完全实现，即价格低于价值，生产这种商品的生产部门的资本就会向外转移，转移到价格高于价值的部门。资本转移的结果，这种商品减少，价格随之上升，从而使部门之间的比例逐步协调起来。这也就是我们通常说的价值规律对生产的调节作用。所以，马克思说：社会劳动时间可用在各个特殊生产领域的份额的这个数量界限，不过是整个价值规律进一步发展的表现。

　　苏星还针对有人以马克思在《资本论》第三卷第十章所讲的三种生产条件（中等的、较坏的、较好的）都可以决定市场价值为依据，证明第二种含义的社会必要劳动时间也决定价值，进行了反驳。他认为，马克思对这个问题已经说得很清楚："市场价值，一方面，应看作是该部门所生产的商品的平均价值；另一方面，又应看作是在这个部门的平均条件下生产的、构成该部门的产品很大数量的那种商品的个别价值。"② 就是说，在一般情况下，一个部门平均生产条件下生产的、构成该部门很大数量的那种商品的个别价值，就成为市场价值。在确定了这一点以后，马克思才说："只有在特殊的组合下，那些在最坏条件下或在最好条件下生产的商品才会调节市场价值。"③ 所谓特殊组合，无非是指两种情况：一种是，较坏条件或较好条件便成为社会正常生产条件，这仍然属于原有含义的社会必要劳动时间决定价值；另一种是，由于土地有限，在资本主义经营垄断的条件下，农产品或矿产品的生产价格可能由劣等土地所生产的产品的个别价值来决定。在这种情况下，会在一个或长或短期间内引起价格本身的提高，马克思称之为"虚假的社会价值"。但是，不能因此得出两种社会必要劳动时间决定价值的结论。相反，这个问题只有在价值规律的基础上才能得到科学的说明。

　　最后他还指出，那种主张两种社会必要劳动时间决定价值，理论上很容易走到否定劳动价值论的境地。例如，有的人推理说："如果第二种含义的社会必要劳动也决定价值，那么它就是价值的最终决定者。假定生产A商品耗费的第一种意义的社会必要劳动时间为 N 小时；而第二种社会

---

① 卫兴华：《政治经济学研究》（二），陕西人民出版社 2002 年版，第 160 页。

② 苏星：《马克思主义基本理论概述》，中国青年出版社 1991 年版。

③ 《马克思恩格斯全集》第 25 卷，人民出版社 1974 年版，第 199 页。

必要劳动时间实际上只有 N－X 小时，这时 A 商品的价值就不是 N－X 小时，而是 N－X 小时，X 小时的劳动不能形成价值。可是这样一来。就无异说，一切商品的价值最终是由第二种含义的社会必要劳动决定的。"这种"以第二种含义的社会必要劳动决定价值，实际上是以市场价格来说明价值决定。"①

又如，有位国外学者指出："社会必要劳动时间在第一种意义上确定整个价值和商品的单位社会价值，并且通过后者得到商品的调节价格。在第二种意义上社会必要劳动时间在另一方面又确定调节价格和市场价格之间的关系。如果想确切理解社会劳动时间是这样支配和调节交换过程的，必须牢记这两层意思。后面我们会看到由于没有把社会必要劳动时间的这两个真实方面区分开来，从而没有识别出马克思本人在这两方面所作区分，使某些马克思主义者感到如此困惑以至于他们到头来把价值数量大小的概念（区别于价格）也一块丢掉了。"② 文中所说的"后面"，是指西方新李嘉图主义者，侧重从商品需求方面解释价值的决定，导致对劳动价值论的否定。

再如，国内还有人认为："第二含义的社会必要劳动时间，指在社会平均生产条件下生产市场上某种商品的社会必需总量所必要的劳动时间。既然这时的社会必要劳动时间是由一定生产条件下市场需求总量定义的，那么人们不难看出这样确定的社会必要劳动时间，事实上已经不再是一个自我决定的原生变量，而是变成了一个有待估定的中间变量，它明显地完全取决于市场的需求水平，和相关生产要素的稀缺程度。当市场上的需求水平一定，相关生产要素稀缺程度的强弱，或当相应生产要素的稀缺程度一定，市场上需求水平的高低，均与第二层含义的社会必要劳动时间的长短，呈现出同方向的变动。因此，唯一由第二层次含义的社会必要劳动时间所决定的价值，实际上已经完全丧失了同劳动的任何实质性的联系。"因此，持这种观点的人主张："人们或许应当毫不犹豫地走向一种没有价值的价格理论。"可见，不坚持第一种含义的社会必要劳动时间决定价值，就难免步入理论误区。

① 胡培桃：《价值规律新论》，经济科学出版社1989年版，第37页。

② ［美］伊恩·斯蒂德曼、保罗·斯威齐：《价值问题的论战》，陈东威译，商务印书馆1990年版，第262页。

对于不同意第二种含义的社会必要劳动时间决定价值的观点的人，还根据马克思提出的"后一个社会必要劳动时间，那就完全是另一个意思了；它是与社会总劳动在各个生产部门间的比例分割问题联系着的，它只与价值的实现有关，而与决定商品价值本身无关"。之所以与价值决定无关，是因为"价值是个有关生产的范畴，从而决定商品价值量大小的社会必要劳动时间，当然也只可能与直接的生产过程联系起来考察，至少社会总劳动在各个不同生产部门间的比例分割问题本身并未参与价值的形成过程，它只是生产过程得以进行的前提条件。试问被分配到该生产部门来的社会总劳动的一个可除部分，当其还未开动起来，还未参与生产过程，如何能够凝结为价值、如何能够成为决定价值量大小的社会必要劳动时间的形成因素呢?!"另外，"单位商品价值量的劳动总是与劳动生产率的变动联系着的，但是社会总劳动在各个生产部门间的比例分配问题本身并不影响劳动生产率的变化。试问本身不影响劳动生产率变化的东西怎么能成为影响价值变化的因素呢?"① 而反对这种观点的认为，"肯定第二种含义的社会必要劳动决定价值，既不是说供求关系决定价值的变动，也并没有把它当作独立于前一种含义的社会必要劳动时间以为另一个决定价值决定的因素，也不是说价值的变动不以劳动耗费为界限，这个界限是受社会需要所制约的第二种社会必要劳动时间所设立的，而价值实体仍是消耗于商品中的人类劳动。""离开了第一种含义的社会必要劳动，就不能理解价值本身，不能理解价值实体，好像供需关系本身就可以决定价值，而不管商品中所耗劳动多少了；离开第二种含义的社会必要劳动，就不能理解价值的决定界限，好像只要花费了劳动，不管生产什么和生产多少就都是价值的了。只抓住其中任何一面而还是其他一面，在理论或实际中都会产生片面性。"②

有人把第二种含义的社会必要劳动时间是决定价值形成还是决定价值实现的问题的关键，归于供求关系对社会必要劳动时间的确定是否起作用，因而也有人提出要区分两种不同的供求关系。他们说："在一种情况下，社会供给与社会需要的关系影响价值决定和社会必要劳动量的形成；在另一种情况下，则只影响价格。前者指的是在比较长期内稳定存在的特

---

① 王章耀、萨公强：《关于"必要劳动时间问题"》，《学术月刊》1958 年第 2 期。

② 何安：《社会必要劳动与价值决定》，《江汉学报》1962 年第 9 期。

定的社会供给与社会需要的关系；后者指的是经常发生变化的转瞬即逝的社会供给与社会需求的关系。"①

关于两种含义的社会必要劳动时间与价值决定的问题，不仅是一个理论问题，而且是直接关系到社会主义经济能否迅速而又协调发展的现实问题。研究这个问题，并非纯粹名词概念之争。因为所谓价值决定，是指商品的价值量是由它包含的社会必要劳动量决定的。决定商品价值的社会必要劳动时间，可以有抽象和具体的两个方面。从抽象的方面看，社会必要劳动时间，是马克思说的，社会必要劳动时间是"在现有的社会正常的生产条件下，在社会平均的劳动熟练程度和劳动强度下制造某种使用价值所需要的劳动时间。"② 从具体的方面看，即"价值不是由某个生产者个人生产一定量商品或某个商品所必要的劳动时间决定，而是由社会的必要劳动时间，由当时社会平均生产条件下生产市场上这种商品的社会必需总量所必要的劳动时间决定。"③ 正是由于这个两方面来考察，社会必要劳动时间具有了两重含义，而第二含义是第一含义的具体化。它表明，一种商品的价值量，是这种商品总价值的一部分，而这种商品总价值量形成，必须以这种商品的社会需要总量为前提。社会需要是社会使用价值，它不决定价值。那种认为社会需要是价值决定的说法，是不正确的。

三　多元价值论的各种表现及其争论

（一）社会劳动创造价值论

1. 社会劳动价值论的内容

钱伯海在《社会劳动创造价值之我见》《论物化劳动二重性》《关于"斯密教条"的探讨》等文章中，对他的社会劳动创造价值进行了全面的论证。提出："仅把物质生产算作生产性劳动，仅就物质产品计算国民收入，显然不能反映现代经济生活的全貌，将导致一系列理论与实际的矛盾。为此，需要补充和发展马克思的劳动价值论，确立社会劳动创造价值

---

① 作源：《关于社会劳动的几个问题》，《江汉学报》1986 年第 4 期。
② 《马克思恩格斯全集》第 23 卷，人民出版社 1972 年版，第 52 页。
③ 《马克思恩格斯全集》第 25 卷，人民出版社 1974 年版，第 722 页。

的观点。"① 这些文章包括以下观点：（1）第三产业的劳动也是生产劳动。他说："应该说社会劳动创造价值，也就是说，除了本企业生产人员的直接劳动外，还包括了科研、教育、文化事业部门、国家管理部门以及先前企业等提供的劳动，包括物化劳动，都属于间接劳动，合称社会劳动，由社会劳动创造价值。"（2）基本论据："讲物化劳动和活劳动共同创造价值，是否违背马克思的剩余价值理论呢？回答是否定的。因为从微观看，企业活劳动与物化劳动共同创造价值，实际就是从宏观看的社会活劳动创造价值。任何一个企业单位，它的物化劳动——机器设备和原材料辅助材料，正是其他众多企业活劳动投入产生的成果。"他据此提出了一个公式：从企业看的活劳动与物化劳动共同创造价值 = 从社会看的活劳动创造价值与物化劳动转移价值。（3）论证方法：认为物化劳动具有两重性。"物化劳动是物质化的活劳动，具有物质和劳动二重属性。作为物质属性，它不同于天然物，具有价值内容，必然为一定所有者所有，有它的所有制归宿。作为劳动属性，它不同于一般的活劳动，各色各样的活劳动凝结其上，赋予各种特殊性能，即各种使用价值，供人们作各种目的使用。"（4）理论来源："斯密教条"。他说："'斯密教条'是马克思对亚当·斯密把商品价值分解为工资、利润和地租三种收入理论的一个贬义词，指出它的主要问题在于把商品的全部价值（C + V + M）混同新创价值（V + M），丢掉了不变资本生产资料 C，这在我国有着广泛的传播，在经济理论界被视为结论和定论，但我在学习中，特别是在国民核算和价值理论研究中，感到有所困惑，甚至迷惑不解，认为确有进一步研究、商讨的必要。"围绕这些问题在我国理论界展开了一场大的争论。

首先，针对他的第三产业生产劳动的观点，提出了反对意见。陈德华在《劳动价值论还是生产要素价值论》② 中提出了不同看法：

第一，从根本上讲，一切商品的价值实体都是劳动，都是由劳动形成的，是劳动的凝结，从宏观、从社会看是这样，从微观、从企业看也是这样。同样一切商品的价值，都是由生产资料或物化劳动的转移价值 C 和劳动者活劳动创造的价值（V + M）构成的，这也是从宏观、从社会看是这样，从微观、从企业看也是这样。就单个企业看，这种关系是一目了然

---

① 钱伯海：《社会劳动创造价值之我见》，《经济学家》1994 年第 2 期。

② 陈德华：《劳动价值论还是生产要素价值论》，《高校理论战线》1995 年第 3 期。

的。就企业看，其产品价值构成是（C + V + M）。从宏观、从社会看是不是情况就发生了变化呢？无论是社会总产值的构成或是国民生产总值的构成并不是这样的。一定时期例如一年的社会总产值包括前一时期即上年留下的用于本期生产中消耗的物质资料转移价值 C 加上本期劳动者新创造的价值（V + M）。在实际的社会总产值统计中存在一些问题，例如一些中间产品的产值重复计算。但是，只是属于计算的技术问题，是可以得到改进的。因为它不能改变社会总产值构成中的基本关系，即：生产资料或物化劳动转移价值 C 加上活劳动新创造的价值（V + M）。从国民生产总值看，情况是类似的。一国一定时间（例如一年）的国民生产总值大体等于该期内用于生产的全部设备折旧（以 C）加上该期内劳动者新创造的价值（V + M），它与社会总产值不同的是，它不计入原材料消耗，而仅仅计入设备折旧。原来社会总产值只计算工业、农业、建筑以及交通运输和商业中属于物质生产的部门，而不包括现在称为第三产业的许多部门。现在已经改为第一、二、三产业在内的物质生产和非物质生产各个部门，基本上与国民生产总值在部门口径是一致的。所以，从宏观、从社会计算的社会总产值和国民生产总值都包括物化劳动转移价值和红绿灯新创造的价值两个部分，只不过国民生产总值中物化劳动转移只包括折旧，而不是原材料的全部价值。

如果按照钱文的逻辑，在企业中剩余价值 m 是物化劳动和活劳动共同创造的，物化劳动也创造了一部分剩余价值，设为 m′，而从全社会看，也相应地是物化劳动创造的，另一部分剩余价值即 m − m′ 才是活劳动创造的。按此得出结论，从宏观、从全社会看，活劳动创造的价值应是 $\Sigma v +$（m − m′）。因此，如果把钱文的逻辑贯彻下去，则从微观、从企业看，物化劳动与活劳动共同创造的价值将不是等于而是大于从宏观、从社会来看的活劳动创造的价值，这显然和钱文所要证明的命题是矛盾的。

第二，钱文的论证是建立在这样一个命题的基础上，即一个企业所使用的生产资料或物化劳动是另一个企业或一些活劳动创造的。这个命题本身无可非议，因为一切商品的价值都是劳动创造的，而一切物化劳动追根溯源都是活劳动的凝结。问题是钱文抹杀活劳动与物化劳动的根本区别。一个生产过程结束，劳动对象即物化到劳动产品中，活劳动创造的价值亦凝结到产品中去了。这个产品的价值一经形成，将固定下来，不再会创造和增殖新的价值。如果把它投入再生产过程，它只能作为物化劳动发生作用，那就是通过劳动者的劳动把它的价值转移到新产品中去，构成新产品价值的一部分，它不能创造和增殖新的价值，这是物化劳动和活劳动的根本区别。而钱文却抹杀这种区别，以物化劳动从宏观、从社会来看是活劳动的凝结为理由，得出物化劳动和活劳动共同创造价值的错误结论。

第三，钱文所列举的实例图式也是难以成立的。例中以棉农、纱厂、布厂、印染、服装厂五个生产单位生产出最终产品上衣价值为20，五单位参与这件上衣生产的活劳动也为20，两者恰好相等。事实上，无论企业还是全社会产值的计算都有一定的时限，通常以一年为单位。同时，无论是企业还是全社会为了使生产连续进行，上一时期都要为下一时期准备必要的物质资料。马克思在《哥达纲领批判》中，对社会总产品列举对社会总产品的三项必要扣除，其中除了第三项"用来应付不幸事故、自然灾害等后备基金或保险基金"，与我们这里讨论的问题无关可搁置一边，其他两项：第一，"用来补偿消费掉的生产资料的部分"。第二，"用来扩大生产的追加部分"。① 这是生产得以连续和扩大进行的基本条件。前一时期生产留下的这两项物质资料，对于后续时期的生产来讲，就是物化劳动。

如果按照钱文的图例，考虑到前一时期为再生产留下的物质资料，如果在图例中五个单位中的物化劳动消耗各加上1，于是最终产品上衣的价值是25，在生产上衣活劳动创造的价值是20，消耗的物化劳动为5。这样，从企业看生产一件上衣共耗费活劳动量为20，与从社会来看耗费20是相等的，而上衣的价值是25，其中相差5，这个差数就是上一时期留下的用于生产上衣的物化劳动。因此，钱文所依以建立的等式就难以成立了。

产生这个矛盾的原因，按照钱文的逻辑可能有两种解释：一是上衣的价值与生产这件上衣所花费的全部活劳动之间的差额是由其他相关企业（如设备制造、电力、辅助材料等生产企业）的工人的活劳动创造的，因而从社会看仍然是企业物化劳动和活劳动创造的价值等于从社会来看的活劳动创造的价值。但是无论怎样向相关企业扩展，归根到底从社会来看，本期生产过程总是以上期的生产作基础，总要利用上一时期准备的各种物

---

① 《马克思恩格斯全集》第19卷，人民出版社1963年版，第19页。

质资料，也就是本期生产的产品的价值中除了包括本期工人活劳动创造的价值外，还包括上一时期留下的物质资料转移的价值，不仅企业如此，从社会来看也如此，可见钱文的等式是难以成立的。二是上一时期为本期准备必要的物质资料，本期生产也要为下一时期留下必要的物质资料，两相抵消，往往后者还多于前者。钱文由此得出结论："因此本期供生产和生活用的各种产品，包括生产资料和生活资料，全部是由本期的社会活劳动创造的……这就是社会劳动创造价值的客观依据的又一个说明"，即所谓"活劳动与物化劳动共同创造价值"。在这里，钱文怎么能够从社会产品的价值中扣除上一期留下的本期生产中的物质资料的消耗，即全部物化劳动转移的价值，剩下的当然是全部由本期的社会活劳动创造的，得出"社会劳动"即"活劳动与物化劳动"共同创造价值的结论的。而这个结论也并不会因为观察问题的角度不同，即所谓从微观、从企业看，或者从宏观、从社会看而发生变化。

2. 社会劳动价值的理论依据

钱伯海提出"社会劳动价值论"的理论依据，就是所谓"物化劳动二重性"。他在《论物化劳动的二重性》中指出："物化劳动是物质化的活劳动的简称，是凝结或凝固了的活劳动，具有物质和劳动二重属性。作为物质属性，它不同于天然物，具有价值内容，必然为一定所有者所有，有它的所有制归宿。作为劳动属性，它不同于一般的活劳动，各式各样的活劳动凝结其上，赋予各种特殊性能，即各种使用价值供人们作各种目的使用。"① 对于钱文的这个"物化劳动二重性"的观点，我在《浅评物化劳动二重性》中，从以下几个方面提出了不同看法。

首先，物化劳动不是物质化的活劳动。按照马克思主义的观点，物化劳动是指凝结在劳动对象、体现为劳动产品的人类劳动。在生产过程中，劳动者运用劳动资料进行劳动，使劳动对象发生预定的变化，生产出新产品，这个新产品是劳动与劳动对象这个物相结合的结果，马克思指出："劳动与劳动对象结合在一起。劳动物化了，而对象被加工了。在劳动者方面曾以动的形式表现出来的东西，现在在产品方面作为静的属性，以存在的形式表现出来。"② 从马克思这段论述中可以看出物化劳动或劳动的

---

① 钱伯海：《论物化劳动的二重性》，《学术月刊》1995年第7期。
② 《马克思恩格斯全集》第23卷，人民出版社1972年版，第205页。

物化具有以下特征：

第一，物化劳动是在一次劳动过程终结时作为生产过程的结果而存在，同时又是新的劳动过程的物质条件，它不同于作为劳动过程的主体的活劳动。当劳动过程结束，活劳动与劳动对象相结合，生产出新产品，这些新产品体现了劳动的物化或物化劳动。这些新产品有的作为生活资料供人们消费；有的作为生产资料进入新的劳动过程，成为劳动过程得以进行的物质条件。因此，活劳动是使生产资料作为使用价值来保存和实现的手段，它在生产过程中起着主体和能动的作用。作为物化劳动载体的生产资料，则是活劳动得以发挥作用的必要的物质条件，"它们只是作为活劳动的物质因素起作用"。①

第二，物化劳动是凝结的、静止状态的劳动，不同于正在进行中流动状态的活劳动。在劳动过程中，劳动者借助于劳动资料对劳动对象进行加工，劳动过程结束，劳动由流动形式转化为物化形式，劳动凝结的物当中，并同物（生产资料）结合在一起成为新产品，所以物化劳动又称为死劳动、过去的劳动或对象化劳动。

第三，物化劳动作为抽象劳动是价值的实体，不同于作为价值源泉的活劳动。在价值形成过程中，作为商品生产者的活劳动具有两重性。作为具体劳动，它在把生产资料的价值转移到新产品中的同时，创造了新产品的使用价值；作为抽象劳动，创造了新价值，是价值的源泉，它和生产资料中转移过来的旧价值一起，构成了产品的总价值。马克思把活劳动创造新价值时又保持了旧价值称之为活劳动的"自然恩惠"。② 商品作为价值的物质载体，表明它物化了、积累了人类劳动，这种物化了的人类劳动是一种抽象劳动，价值就是一定量的物化劳动，物化劳动就是价值的实体。

以上说明，物化劳动无论从劳动形态、地位和作用等方面都同活劳动有严格区别，它是一种物化为价值的劳动，而不是"物质化的活劳动"。因为物化劳动既然已经物化或凝结成价值，就失去了活劳动的特征，既然还是活劳动，就不能说它已经物质化。把物化劳动界定为物质化的活劳动，只能把物化劳动和活劳动这两个对立的范畴混淆在一起，根本就不能说明物化劳动的本质。钱文之所以要故意这么做，无非是混淆两者的界

---

① 《马克思恩格斯全集》第 23 卷，人民出版社 1972 年版，第 207 页。
② 同上书，第 665 页。

限，把物化劳动说成是和活劳动一样，能够创造价值。正如钱文所说的："活劳动创造价值，作为众多复杂活劳动凝结的物化劳动，当然也能够创造价值，否则，仅仅是转移价值，人们还要它干嘛？中国古话说，磨刀不误砍柴工，磨刀是改造劳动手段，如果不能通过磨刀而代替或节约砍柴劳动，并因而创造价值，那人们还要磨刀干嘛？"这段话值得商榷的地方在于：(1)使用复杂活劳动凝结的物化劳动，如先进的机器设备，能够取得更多的价值和剩余价值，这个剩余价值"并非来源于机器所代替的劳动力，而是来源于机器使用的劳动力。"① 因为代替人的劳动，是机器的使用价值，而机器的价值则是由生产机器的社会必要劳动量决定的，这个价值在使用前就已经存在，在使用机器过程中，机器不仅不能创造价值，它自身的价值也是由使用机器的劳动者转移到新产品中去的。如果把代替的劳动力和使用机器的劳动力相混淆，则必然得出机器或物化劳动能够创造价值的错误结论。(2)使用机器生产的工人比手工劳动者能够创造更多价值，这是由于使用机器生产的工人的劳动是一种复杂劳动，复杂劳动比简单劳动能够创造更多的价值，这个更多的价值也是来自劳动者的活劳动。(3)磨刀不误砍柴工，通过磨刀改进了劳动手段，从而提高了砍柴的劳动生产率，增加了砍柴的数量，但没有增加它的价值。因为"不管生产力发生了什么变化，同一劳动在同样的时间内提供的价值量总是相同的。但它在同样的时间内提供的使用价值量会是不同的：生产力提高时就多些，生产力降低时就少些。"② 邓小平在谈到科学技术对提高劳动生产率的巨大作用时指出，提高劳动生产率使"同样数量的劳动力，在同样的劳动时间里，可以生产出比过去多几十倍几百倍的产品"。③ 钱文把这段话曲解为物化劳动可以创造更多的价值，这是不妥当的。因为这里指的是使用价值的增加，而不是价值的创造，而钱文却把它混为一谈。

其次，把物化劳动二重性混淆为活劳动二重性。钱文在把物化劳动解释为物质化的活劳动之后，接着就提出物化劳动具有二重性即物质属性和劳动属性。他说："作为物质属性它不同于天然物，具有价值内容，必然为一定所有者所有，有它的所有制归宿。作为劳动属性，它不同于一般的

---

① 《马克思恩格斯全集》第47卷，人民出版社1979年版，第371页。

② 《马克思恩格斯全集》第23卷，人民出版社1972年版，第60页。

③ 《邓小平文选》第2卷，人民出版社1994年版，第87页。

活劳动，各色各样的活劳动凝结其上，赋予各种特殊性能，即各种使用价值，供人们作各种目的使用。"这样，就把物化劳动说成了既能创造使用价值，又能创造价值。其实这不过是把"物化劳动二重性"混淆为生产商品的劳动二重性罢了。因为只有处于流动状态的活劳动才具有既能创造使用价值又能创造价值的二重性。其目的不过是以此来说明物化劳动也具有创造使用价值和价值的性质。

最后，他还混淆了商品价值和新创造价值之间的界限。他说："从社会看是社会劳动创造价值，从企业看则为物化劳动（生产资料）与活劳动共同创造价值。两者存在恒等的关系，即从社会看的活劳动创造价值＝从企业看的物、活劳动共同创造价值"。恒等式两边之所以相等，钱文的解释是："从企业看是物化劳动创造价值，实际是此前积累的活劳动加上本企业的活劳动共同完成的，说来说去，还是活劳动创造价值。"并且以下例来说明：棉农、纱厂、布厂、印染厂、服装厂五个生产单位，服装是最终产品，由服装厂利用印染厂生产的色布制成的。他还特别假设了一个前提条件：如果暂时舍象纺织机械和其他材料，那最终产品——服装就是植棉、纺织、织布、印染等四生产单位积累的活劳动和服装厂的活劳动共同形成的。用公式表示就是：

$$C + V + M = \sum \ (V + M)$$

根据上例得出的公式无论从理论上还是从实际上，都是值得商榷的。

第一，把要论证的东西作为假设条件加以抽象，必然得出错误的结论。要说明上列公式中为什么从社会看的活劳动创造价值，会等于从企业看的物、活劳动共同创造价值，必须论证公式右边为什么列入生产资料价值，而钱文却偏偏把这个关键问题作为一个无关紧要的因素"暂时舍象"，从而把生产资料从商品价值中排除了，这样公式右边就只有活劳动创造的价值和左边的物、活劳动共同创造的价值相等了。这种把需要论证的问题随便加以舍象是不科学的。因为作为科学的抽象，只能把与需要论证的问题的无关因素暂时加以舍象，以便把需要论证的东西的本质揭示出来，从而得出正确的结论。但是，不能把要论证的东西作为无关的因素而加以舍象，否则必然得出错误的结论。钱文正是生产服装的植棉、纺纱、织布、印染四个生产单位除了各自的活劳动外，还需要有生产资料，这不论从社会看也好，还是从企业看也好，都必须得这样。如果从这个实际出发，这个公式就不能成立。

第二，以"从企业看是物化劳动创造价值，实际上是前所积累的活劳动加上企业的活劳动共同完成的"为理由，来说明公式右边没有生产资料价值 C，只不过是曾经被马克思批评的"斯密教条"的一个翻版。亚当·斯密断言，商品价值只分解为工资、利润和地租三种收入，反过来三种收入构成商品价值。他说："分开来说，每一件商品的价格或交换价值，都因三部分全数或其中之一构成；合起来说构成一国全部劳动年产物的一切商品价值，必然由那三个部分构成，而且作为劳动工资、土地地租或资本利润，在国内不同居民间分配。"又就是商品全部价值等于活劳动创造的价值即工资、利润和地租三种收入。为什么全部商品价值（C + V + M）只等于活劳动创造的价值（V + M），而把生产资料价值 C 排除在外呢？亚当·斯密的解释是："也许有人认为，农业家资本的补充，即耕畜或他种农具消耗的补充，应作为第四个组成部分。但农业上的一切用具的价格，本身就由上述三个部分组成。"在斯密看来，只有在孤立地考察个别企业时，才要把耗费的生产资料作为商品价值的第四部分；如果从全社会看，考虑到社会各企业之间的联系，一个企业耗费的生产资料是另一个企业的劳动产品，依此类推，这第四个组成部分的价值也会分解为三种收入。斯密就是用这种推来推去的办法，从一个生产部门推到另一个生产部门，一直推到把生产资料完全排除了。

3. 社会劳动价值论的理论来源

钱文对"斯密教条"的观点推崇备至，他在《关于"斯密教条"的探讨》① 中说："'斯密教条'是马克思对亚当·斯密把商品价值分解为工资、利润和地租三种收入理论的一种贬义词，指出它的主要问题在于把商品的全部价值（C + V + M），丢掉了不变资本生产资料 C。这在我国有广泛的传播，在经济理论界被视为结论或定论。但我在学习中，特别是国民核算和价值理论的研究中，感到有所困惑，甚至迷惑不解。"他提出以下几个问题进行探讨。

问题之一："斯密教条"是"一个精湛的见解和发现"，还是一个空洞的遁词。钱文对"斯密教条"的评价是："作为劳动价值论的创建人之一的亚当·斯密，虽然没有提出社会劳动创造价值，但他说的商品的全部

---

① 钱伯海：《关于"斯密教条"的探讨》，《经济经纬》1996 年第 3 期。

价值，归根到底是由新创造价值构成的，乃是一个很为精湛的见解和发现。"诚然，亚当·斯密作为古典政治经济学的著名代表，他的经济理论包含着许多科学成分，但也有许多庸俗的内容，其中关于商品价格只分解为工资、利润和地租三种收入，反过来这三种收入构成商品价值的观点，就是一个突出的例子。马克思对"斯密教条"进行了深刻的分析，指出产生错误的原因在于：

第一，把年产品价值和年价值产品等同起来。作为社会总产品价值（C＋V＋M），总是大于价值产品即新创造价值（V＋M）。如果把两者等同起来，那么当年的社会总产值将全部用于个人消费，社会总产品的实现必然会遇到两个困难。一是工人当年生产的新价值不足以支付当年消费的产品价值，其差额即不变准备部分又有谁用什么方法支付呢？"因此，年产品的价值＝工资＋利润＋地租＋C（代表不变资本部分）。只同工资＋利润＋地租相等的一年内生产的价值，怎么能够买到一个价值等于（工资＋利润＋地租）＋C 的产品呢？"① 二是产品价值的不变资本部分是转移价值，为了使社会再生产继续进行，必须使消耗掉的不变资本从实物形态和价值形态得到补偿，如果产品价值只分解为工资、利润和地租即（V＋M），那么补偿不变资本又因谁去完成呢？

亚当·斯密把年产品价值和年价值产品等同起来的一个重要原因，是他没有区分劳动二重性。作为具体劳动，它把生产资料价值转移到新产品中的同时，又创造了新产品的使用价值；作为抽象劳动创造了新价值。由于斯密不懂得劳动二重性，就促使他极力回避如下一个难题：在价值生产中，全部劳动既然只分成两个量：一个维持劳动力自身的等价（V）；另一个是为资本家创造的剩余价值（M），那么怎么会出现第三个不分解为（V＋M）的劳动量 C 呢？这部分劳动既然不提供收入（工资、利润、地租），那又由谁来担任这个劳动和支付这种劳动的代价？斯密不能解决这个难题，只能求助于从价值形成和价值实现中排除不变资本。

第二，把资本和收入等同起来，不理解资本和收入的区别和联系。社会资本再生产过程中，收入和资本互相交换，互换位置，以致从单个资本家看，它们好像只是相对的规定。而从整个生产过程看，资本和收入之间

---

① 《马克思恩格斯全集》第 25 卷，人民出版社 1974 年版，第 944 页。

的界限就消失了，从而容易得出一个是资本的东西，而对另一个是收入的错误结论。例如在两大部类的交换中，第 I 部类的 V 和 M 是该部类工人和资本家的收入，而实物形态则是第 II 部类的不变资本，在生产阶段是不变资本的物质要素，在消费阶段则成为个人的收入，转化为消费品。"这样，人们就可以象亚当·斯密一样认为，不变资本只是商品价值的一个表面的要素，它会在总的联系中消失。而且，这样就会发生可变资本和收入之间的交换。"① 从而产生一种假象，似乎消费者的收入会补偿全部产品，因而也会补偿不变资本。

第三，把价值决定和价值分配等同起来，使收入的三个源泉成为价值决定的三个要素。商品价值转化为生产价格，剩余价值转化为利润和地租，使各种收入取得了独立的形态，就使斯密认为："工资、利润和地租，是一切收入的三个原始源泉，也是一切交换价值的三个原始源泉。"② 从而把不变资本从商品价值中排除了。事实上，商品价值的形成与商品价值在 C、V、M 之间的分配比例和分配方式无关。无论商品价值如何分割，如何转化为收入，都不能改变价值的形成和价值决定的规律。因此，工资、利润和地租是"'一切收入的三个原始源泉'，这是对的；说它们'也是一切交换价值的三个原始源泉'，就不对了，因为商品的价值是完全由商品中包含的劳动时间决定的。亚·斯密刚说了地租和利润纯粹是工人加到原料上的价值或劳动中的'扣除部分'，怎么可以随后又把它们称为'交换价值的原始源泉'呢？"③

问题之二，社会劳动创造价值是对劳动价值论的发展还是对"斯密教条"的发展。钱文是在"改革开放推动劳动价值论的发展"的口号下，提出社会劳动创造价值，也就是物化劳动和活劳动共同创造价值，或者说，社会劳动的凝结物——生产诸要素共同创造价值。这不是对劳动价值论的发展，而是对斯密教条的继承和发展。因为"从微观看，企业活劳动与物化劳动共同创造价值，实际就是从宏观看的社会活劳动创造价值"。理由是："任何一个企业单位，它的物化劳动——机器设备和原材料辅助材料，正是其他众多企业活劳动投入生产的成果。"并以下表为例

①　《马克思恩格斯全集》第 25 卷，人民出版社 1974 年版，第 955 页。

②　《马克思恩格斯全集》第 26 卷第 1 册，人民出版社 1972 年版，第 74 页。

③　同上。

来说明。

钱文认为表中上衣的价值可以从两方面看：从企业看，上衣价值（C＋V＋M），即 15＋5＝20 元（其中 M 是物化劳动和活劳动共同创造的）；从社会看，上衣是 5 个生产单位活劳动新创造价值的总和，即 5＋5＋5＋5＝20 元。据此得出一个公式：C＋V＋M＝∑（V＋M）。为什么右边即从全社会看商品的价值没有生产资料价值 C 呢？他提出两个理由：一是"任何一个企业单位，它的物化劳动——机器设备和原材料和辅助材料，正是其他众多企业活劳动投入产生的结果"；二是"因为期初由上期结转下来作为生产条件的物化劳动——机器设备、厂房建筑和各种原材料储备，在本期作为生产资料发挥了作用，但到了期末还要作为物化劳动——固定资产与流动资产等物质资料转到下一期去，作为下一期的生产条件，而逐期结转的物质资料总量一般只有扩大，不会缩小。"因此本期供生产和生活的各种产品，包括生产资料和消费资料，由本期的社会活劳动创造，而且还有一部分留到下期作为扩大再生产之用。

从第一个理由看，它和斯密教条把商品价值最终是由工资、利润、地租三种收入决定的观点是相同的。不同之处是钱文把（V＋M）分为劳动报酬、利润、税收三部分。

生产单位	产 品	单　　位	数　量	物化劳动价值（中间产品消耗）C	活劳动价值（V＋M）	劳动成果总价值（C＋V＋M）
棉农	棉花	公斤	4	0	3	3
纺纱厂	棉纱	公斤	3	3	4	7
织布厂	坯布	公尺	3	7	4	11
印染厂	色布	公尺	3	11	4	15
服装厂	上衣	件	1	15	5	20
合计				36	20	56

上表中，从棉花的价值中排除了种子、农具、肥料等生产资料价值，这和"斯密教条"在谷物价值中把马、农具等生产资料的价值加以排除一样。试问，难道棉农种棉花不需要种子、肥料和农具吗？正如马克思批评斯密时指出的："如果亚·斯密在谈到租地农场主的时候，承认在他的谷物价格中，除了他支付给自己和别人的工资、利润和地租以外，还包括

一个不同于这些部分的第四个组成部分，即租地农场主使用的不变资本价值，例如马、农具等等的价值，那末，对于养马人和农具制造人来说，这也是适用的，斯密把我们从本丢推给彼拉多完全是徒劳无益的。而且选用租地农场主的例子，把我们推来推去，尤其不恰当，因为在这个例子中，不变资本项目中包括了完全不必向别人购买的东西，即种子，难道价值的这一组成部分会分解成谁的工资、利润和地租吗？"① 可见，认为棉花价值中的生产资料 C 等于零是不科学的，也是不符合实际的。

从第二个理由看，是以体现物化劳动的生产资料上期结转本期和本期结转下期可以相互抵消的办法，说明一切社会产品都是由本期的社会活劳动创造的。如果这样，不仅没有生产资料进行扩大再生产，甚至连简单再生产也不能维持。因为产品的价值都是由活劳动创造的，而这些活劳动创造的价值都转化为各种收入，就没有生产资料进行再生产了，这种观点和斯密说的"每一个国家的年劳动，都是这样一个基金，它最初提供该国一年当中消费的全部生活资料"② 的观点是一致的。马克思在批评斯密时说："这里他忘记了，如果没有前几年留下的劳动资料和劳动对象的帮助，这是不可能的，因而形成价值的'年劳动'，无论如何也没有创造它所完成的产品的全部价值；他忘记了，价值产品是小于产品价值的。"③

问题之三，物化劳动和活劳动共同创造价值是"没有否定马克思的剩余价值理论"，还是对剩余价值理论的否定。钱文写道："讲物化劳动和活劳动共同创造价值，是否违背马克思的剩余价值理论呢？回答是否定的。"事实上，只要坚持物化劳动创造价值，必然会和剩余价值理论背道而驰。理由是：

第一，承认物化劳动和活劳动共同创造价值，就会抹杀不变资本和可变资本之间的区别，否定剩余价值是由活劳动创造的，从而掩盖了剩余价值的真正来源。

第二，承认物化劳动和活劳动共同创造价值，就会陷入按生产要素贡献分配的泥坑。既然物化劳动也创造价值，也就是承认机器设备等生产资料本身具有创造价值的功能，而按照生产要素取得利润的资本家，就不存

---

① 《马克思恩格斯全集》第 26 卷第 1 册，人民出版社 1972 年版，第 80 页。
② 《马克思恩格斯全集》第 24 卷，人民出版社 1972 年版，第 418 页。
③ 同上书，第 419 页。

在对雇佣工人创造的剩余价值的无偿占有。那种"从微观看，企业活劳动与物化劳动共同创造价值，实际就是从宏观看的社会活劳动创造价值"，来解释没有违背剩余价值理论的说法，不过是把物化劳动和活劳动相混淆。事实上，从一定时期看，个别资本就是社会资本的总和，无论是从企业还是从社会看，都要有生产资料这种物化劳动的存在，这是马克思再生产理论的前提。

第三，承认物化劳动和活劳动共同创造价值，即社会劳动的凝结物——生产诸要素共同创造价值，并非新观点，它和庸俗经济学家萨伊把"斯密教条"发展为"三位一体公式"有着本质的联系。萨伊的三位一体公式即土地产生地租、资本产生利息、劳动产生工资就是从斯密教条发展而来的。这种从生产三要素出发的三位一体公式的实质，是否认劳动是创造价值的唯一源泉，而把价值源泉归结为生产三要素，否认资本利润、土地地租是剥削收入。"因此，它会在这个消灭了一切内部联系的三位一体中，为自己的浅薄的妄自尊大，找到自然的不容怀疑的基础，这也同样是自然的事情。同时，这个公式也是符合统治阶级的利益的，因为它宣布统治阶级的收入源泉具有自然的必然性和永恒的合理性，并把这个观点推崇为教条。"①

钱文一方面讲物化劳动和活劳动共同创造价值并不违背剩余价值理论；另一方面又说"资本所有者购买挖土机，用于土地经营，对社会经济发展有利，应该鼓励，按资分配，给以相应的报酬，不存在剥削问题"。还说，生产资料"如果它仅仅能转移价值，那人们还购买先进设备干什么？养鸡场的鸡、奶牛场的牛也算是物化劳动、劳动资料，如果鸡不生蛋，牛不产奶，创造新的价值和剩余价值，那人们老早把它们宰了"。这里必须澄清几个问题。

其一，重视和肯定新设备、新技术发展生产、提高社会劳动生产率的巨大作用，与物化劳动只能转移价值，不能创造价值两者并不矛盾。在劳动过程中，生产诸要素相结合，生产出精美优质的商品，这是劳动力生产资料共同创造的物质财富或使用价值。使用新设备、新技术，目的在于提高劳动生产率，生产出更多的使用价值。但是，新设备、新技术作为生产

---

① 《马克思恩格斯全集》第 25 卷，人民出版社 1974 年版，第 939 页。

资料的物化劳动，它不仅不能创造价值，而且它自身的价值也是由劳动者的具体劳动转移到产品中去的。这是劳动二重性发生作用的必然结果。

其二，承认体现物化劳动的生产资料本身不能创造价值，并不否定人们可以利用先进的生产资料创造更多的价值。这是因为：（1）运用先进生产资料，如操作先进设备的劳动是复杂劳动，它在同一时间内创造的价值，比同种社会平均劳动要多；（2）首先采用先进设备的企业，由于运用了先进设备，提高了劳动生产率，不仅增加了产品数量，而且使它生产的商品的个别价值低于社会价值，从中获得了超额剩余价值。这些超额剩余价值除了来自本部门的劳动者创造的剩余价值外，还有一部分是从资本有机构成低的部门转移过来的。可见，使用先进设备创造的剩余价值，并不是来源于先进设备本身，而是来源于使用先进设备的劳动者。马克思指出："资本通过使用机器而产生的剩余价值，即剩余劳动，——……并非来源于机器所代替的劳动力，而是来源于机器使用的劳动力。"[①] 钱文认为养鸡场的鸡，奶牛场的牛，能够创造剩余价值的说法，正是和亚当·斯密把农业资本家的牲畜视为"生产性劳动者"一样，都是不正确的。这不仅因为它混淆了使用价值和价值、物化劳动和活劳动的界限，而且把人的劳动和牲畜的本能活动相混淆。

其三，资本所有者利用生产资料发展生产，应该鼓励，但不能据此否定凭借生产资料的所有权取得的收入的按资分配，具有剥削的性质。钱文担心，如果"物化劳动只在转移价值，凭借劳动资料取得的收入是剥削收入，那就会使购买劳动资料进行生产的经营者，望之生畏，不集资、不投资、吃光用光，以后咋办！"事实上，这种担心是多余的。因为决定私营企业主是否投资的内在动力是对剩余价值的追求，外在压力是竞争的需要。改革开放以来，我国私有制经济发展很快，是生产力发展的要求和国家的正确政策，并不是通过否定私有制经济具有剥削性质来实现的。没有必要用否认剥削改变私有制经济的性质的办法，去换取私营企业主的投资。因此，如果坚持社会劳动创造价值即物化劳动和活劳动共同创造价值的观点，并导致对马克思的劳动价值论的否定，那么社会主义消灭剥削的任务也就没有必要了。

---

① 《马克思恩格斯全集》第 47 卷，人民出版社 1979 年版，第 371 页。

（二）生产要素价值论或财富论

晏智杰在《劳动价值学说新探》等著作中，提出了"重新认识劳动价值论是时代的要求"，理由是：首先，它无力说明社会主义世界的演变和发展的趋势，至少，对中国社会主义革命和建设的走向缺乏理论说服力，特别是同我们正在进行的以社会主义市场经济为目标的改革实践格格不入。其次，马克思主义经济学对资本主义世界趋势的预言同现实存在较大的偏差。他认为马克思的劳动价值论"面对历史演变和当前社会经济改革和发展的现实，这种理论的先天缺陷和根本性局限已经日益明显暴露出来，在'深化和扩大'这个理论上做文章是没有出路的，应当从劳动价值论转向包括劳动在内的各种生产要素价值论或财富论。"由此出发，他在对马克思劳动价值论提出否定看法的同时，提出他的一系列观点。

1. 关于商品中的价值概念

晏文认为："使用价值从一开始就被排除在经济学价值论的本体之外，切断了使用价值通向交换价值或价值的道路，充其量只承认使用价值是交换价值或价值的物质承担者或者还有其他一些功能，但都被看作外在变量；另一方面，价值论的侧重点也被一些经济学家仅集中于交换价值或交换比例本身，即使有人在探究交换价值的决定因素时涉及交换价值以外的领域，也只是将其视为价值的产生或实现的必要途径，似乎交换领域成了商品经济全部活动的中心，一切围绕交换而运行，生产和消费本身并不构成价值论本体的组成部分。""交换价值其实就是使用价值的延伸，使用价值通常是指当事人本身的价值，而交换价值是指对别人的使用价值；更重要的是使用价值不仅交换价值的物质承担者，而且在需求相符的条件下，它还是交换价值的决定因素之一，就是说如果符合需求，则使用价值与交换价值成正比例增加"。这里，把使用价值、交换价值、价值等不同概念交混在一起。许多学者对此提出了不同看法。

卫兴华在《深化劳动价值论研究要有科学的态度与思维方式》等文章中进行了商榷。他指出："要把劳动价值论中的'价值'概念同其他涵义的'价值'概念区别开来。"他说："劳动价值论所讲的'价值'，是商品经济中的价值，是作为交换价值或价格基础的价值。它与哲学、文化涵义上的'价值'不是一回事。"首先，马克思的价值论决没有排除使用价值的地位和作用，没有使用价值的东西就不会成为商品，就不会具有价值和交换价值。但使用价值很大的东西也可能没有价值和交换价值，如空气、阳光等。难道这类使用价值也要进入"经济学价值的本体"吗？其次，作者同样是从哲学、文化含义上来理解与运用'价值'概念。所谓"使用价值通常是指对当事人本身的价值"，就是指凡是对当事人有用处、有效用就是有价值。如此说来，空气、阳光等使用价值也是对每个当事人的'价值'了。这与商品经济中作为交换价值或价格运动的基础或轴心的"价值"，或与马克思讲的商品价值有任何共同之处吗？再次，说"交换节奏其实就是使用价值的延伸"，这是将使用价值和交换价值混淆了，也不符合实际。难道一切使用价值都会"延伸"为交换价值吗？太阳照万物，雨露润禾苗，其使用价值不小，难道会延伸为不小的交换价值吗？所谓"如果符合需求，则使用价值与交换价值成正比例增加"，也缺乏事实根据。亚当·斯密早已反驳了这种观点，他说，使用价值很大的东西，往往具有很小的交换价值，如水的用途大，交换价值小；反之，交换价值大的东西，往往具有小的使用价值，如金刚钻的使用价值很小，但交换价值却很大。

2. 劳动价值论的前提条件

晏智杰在《劳动价值论：反思与争论》简称《争论》和《劳动价值学说新探》简称《新探》等著作中，为了把马克思的劳动价值论局限在一个狭小的范围，提出了所谓马克思分析商品价值时依据的前提条件。

其一，他在《新探》中指出："马克思价值分析暗含的前提条件之一是实物交换，而且是人类历史上最初的原始的实物交换。在这种交换中，没有货币居间，准确地说，货币无论在理论上还是历史上都还没有登上舞台，当然更没有资本存在的余地，而是纯粹的实物同实物的交换。在马克思看来，如果引进货币（更不用说资本了），就势必涉及价格，价格虽然比价值更接近现实生活，但是却更远离事物的本质，而本质只有在纯粹的实物交换条件下才能阐明，阐明了价值之后说明价格一类的现象，所以，马克思认为实物交换是分析商品价值的必要条件和充分条件，因而应当是唯一正确的条件。"卫兴华对这种观点进行了反驳，指出："这里有一个简单的道理：既然是从物物交换的分析'开始'，物物交换就不是分析的全部，那只是商品价值关系发展过程的'开始'。事实上，只要实事求是地对待马克思的理论论述，就不会无视无论《政治经济学批判》还是《资本论》，都是从'人类历史上最初的原始的实物交换'的分析开始，论述了怎样从偶然的价值形式发展为扩大的价值形式，再到一般价值形式，最后出现货币形式。怎么硬说马克思的价值分析只是原始物物交换、'没有货币居间'？"① 马克思在《政治经济学批判》第一章《商品》所分析的，就是车物物交换到"货币居间"的商品流通的发展过程。他指出："交换过程同时就是货币的形成过程。表现为种种过程连续进行的这个过程的整体，就是流通。"② 马克思在同一章中论述《关于商品分析的历史》时，他还评论了亚当·斯密对劳动价值论的贡献和缺陷："诚然，斯密用商品中所包含的劳动时间来决定商品的价值，但是，他又把这种价值规定的现实性推到亚当以前的时代。换句话说，从简单商品的观点看来他以为是真实的东西，一到资本、雇佣劳动、地租等比较高级和比较复杂的形式代替了这种商品时，他就看不清了。"这就是说，斯密虽然提出了劳动价值论，但是，他却把这种价值决定仅仅局限在简单商品经济中，因为劳动价值论不仅适用于原始商品生产，也适用于资本主义商品生产。如果认为马克思的商品价值理论只适用于原始商品交换，那么，马克思的理论还能解决什么问题呢？还有什么理论和现实意义呢？那不正是对劳动价值论的否定吗？

其二，"马克思价值分析暗含的前提条件之二，是假定劳动以外的要素都是无偿的。"在《新探》中说："除了劳动以外，对其他一切用于交换的对象都不必付出代价，这包括树上的果实、河中的鱼、森林中的野兽、土地上的树木，等等。……因而在他的交换价值分析中没有土地、资本等要素的地位。"卫兴华指出："这是完全背离事实的说法。诚然，如果把马克思的价值分析只限于开头的《商品》一章的话，这里确实没有也不需要涉及使用土地、资本等是否要付出代价的问题，甚至连使用劳动或劳动力是否付出代价也没有涉及。但是，应当知道，劳动形成价值同使用劳动要不要付出代价，是两个不同的问题。劳动以外的要素是否创造价值，与劳动以外的要素是否可无偿获得，也是两个不同的问题。然而晏教

---

① 卫兴华：《深化劳动价值理论研究要有科学的态度与思维方式——兼与晏智杰教授商榷》，《高校理论战线》2002 年第 2 期。

② 《马克思恩格斯全集》第 13 卷，人民出版社 1965 年版，第 41 页。

授竟将两者混同起来了。"① 因为无论小商品生产还是资本主义生产，所需要的生产资料一般都是作为商品购买的，是要付出代价的商品交换既包括消费资料、也包括生产资料的交换，马克思从来没有也不会讲什么除劳动之外"其他一切用于交换的对象都不必付出代价"这种违反常规的话。

其三，"马克思价值分析暗含的前提条件之三，是假定生产商品的劳动是简单劳动，如果是复杂劳动，也被认为可以化为倍加的简单劳动。如何理解这个简单劳动的内涵呢？马克思说那是指劳动者从事生产时体力和脑力的总和，是劳动者的'生理学意义上的耗费'。应当明确指出，在这个理解中并没有知识和技术的地位，也没有经营管理的地位，至少其中的'科技含量'甚微，实际所指仍然是单纯的体力劳动。这当然不是说马克思不重视脑力劳动，不重视科学技术和经营管理，但不可否认的是，在他的价值理论分析中，这些要素肯定没有包括在劳动概念之内。这个事实表明，企图通过扩大劳动的内涵的办法来扩大劳动价值论的适用性是行不通的。"卫兴华反驳说："这同样是背离马克思原意的说法。说马克思讲生产商品和价值的劳动'是单纯的体力劳动'，这是强加于他的。马克思关于生产商品和价值的劳动的论述，随着由简单商品生产到资本主义商品生产的转换与发展，其内涵也在拓展。如果说个体生产者的劳动是集各种劳动职能包括脑力劳动和体力劳动于一身的，而资本主义生产中的劳动则是一种许多人集合在一起的协作劳动。协作劳动必然有分工。这种分工协作的劳动总和，马克思称为'总体劳动'。在总体劳动中脑力劳动与体力劳动分离了。不管脑力劳动或体力劳动都是总体劳动的构成部分，都是参与商品和价值创造的生产劳动。"

至于晏文中谈到，在马克思价值理论的分析中，经营管理和科学技术"这些要素没有被包括创造价值的劳动概念之内"也不是事实。马克思指出：一切大规模的社会劳动或协作劳动，都需要指挥和管理，以协调各个人的劳动。"这是一种生产劳动，是每一种结合的生产方式中必须进行的劳动。"② 承认社会化大生产的管理劳动是生产劳动，就是承认它是生产商品和价值的劳动。马克思认为，资本主义企业中的经理也是参与商品和

① 卫兴华：《深化劳动价值理论研究要有科学的态度与思维方式——兼与晏智杰教授商榷》，《高校理论战线》2002 年第 2 期。

② 《马克思恩格斯全集》第 25 卷，人民出版社 1974 年版，第 431 页。

价值生产的生产劳动者。在总体劳动中，"有的人多用手工作，有的人多用脑工作，有的人当经理、工程师、工艺师等等，有的人当监工……于是劳动能力的越来越多的职能被列在生产劳动的直接概念下"。① 马克思不仅没有把雇佣的经理从事经营管理排除在"创造价值的劳动概念"之外，甚至还承认资本家的管理劳动具有二重性。这是因为资本主义生产是劳动过程和价值增殖过程的统一。资本家为价值增殖和无偿占有剩余价值的管理劳动是一种剥削活动；而指挥共同劳动过程的管理劳动则同样具有生产劳动的性质，会与雇佣工人的劳动一起将价值加入到产品中去。

晏智杰在《争论》中，认为："马克思的劳动价值论在反对封建主义和反对资本主义的革命斗争中发挥了一定的教育、鼓舞和动员作用"，"随着时代条件的变迁，特别是进入发展经济的建设时代，该理论的缺陷和历史局限性必然显露出来。"该文从劳动价值论的分析条件是有限的；劳动价值论的理论内核即两个二重性学说存在偏颇；劳动价值论的分析逻辑有缺陷；劳动价值论的功能先天不足等四个方面来说明必须对劳动价值论加以"突破"和"重建"。本人在《关于劳动价值论"历史局限性"的质疑》（简称《质疑》②）针对晏文的观点也提出不同看法。

首先，从所谓劳动价值论的分析条件是有限的来看，晏文所提出的马克思在价值分析中暗含的三个前提条件除了卫文进行了反驳之外还有几点值得商榷。

关于第一个前提条件："是实物交换，而且是人类历史上最初的原始的实物交换。"这个观点是既不符合历史事实，也是不正确的。诚然，马克思在分析价值形式发展的历史时，商品交换的确是从物物交换开始的，但并没有说价值分析只有在纯粹的实物交换条件下才能阐明。这是因为：（1）马克思分析资本主义虽然是从简单商品生产分析开始，但是，并不是把商品价值理论研究，退回到资本主义以前的简单商品生产的历史阶段。他是立足于资本主义社会来发现简单商品，并不是像晏文所说的马克思分析商品的条件是"原始实物交换，劳动以外的要素无偿和简单劳动。"事实上，他是从资本主义商品中抽象了资本主义的主要特点：劳动力是商品和商品价值中的剩余价值，把资本主义商品还原为一般商品开始分析资本

---

① 《马克思恩格斯全集》第49卷，人民出版社1982年版，第100页。

② 余陶生：《关于劳动价值论"历史局限性"的质疑》，《经济评论》2005年第2期。

主义生产方式的。正如马克思指出的："我的出发点是劳动产品在现代社会所表现的最简单的社会形式，这就是'商品'。"① 这里所说的"现代社会"就是指资本主义社会，"最简单的社会形式"，就是简单、抽象的一般商品。因此，把马克思对商品价值的分析理解为"原始的实物交换"是不准确的。（2）马克思也从来没有说过实物交换是分析商品价值的必要条件和充分条件。所谓充分必要条件是指只有这个条件才能引起某一后果，也就是说条件存在，后果必然存在；条件不存在，后果必然不存在。按照这个逻辑，不分析实物交换就不能分析商品生产，所以把实物交换作为分析商品交换唯一正确的条件。事实上，马克思分析实物交换只是作为分析商品价值形式发展的最初形式，它是商品交换的起点，而不是分析商品价值的必要条件和充分条件。（3）马克思也没有把价值性质和实体作为劳动价值本身，把价值形式作为价值原理的运用。晏文认为："马克思对价值性质和实体的研究，这种研究是他的价值论的核心，是他的价值原理本身，而他关于价值形式的学说则是对他刚刚阐述的价值原理的运用。"诚然，价值的性质和实体是劳动价值论的核心，但劳动价值的核心不是劳动价值论的全部。劳动价值论除了包括价值的性质和实体以外，还包括价值量、价值形式、价值本质和价值规律等内容。不能把价值的性质和实体和劳动价值论相等同，更不能用实物交换来代替劳动价值论。如果是这样，亚里士多德的"5 张床 = 1 间屋无异于 5 张床 = 若干货币"早就应该是完整的劳动价值论了。可是，由于历史的局限，他不能发现劳动价值论，只有当商品形式成为劳动产品的一般形式，从而人们彼此作为商品所有者的关系成为占统治地位的社会关系时才有可能。所以，把价值的性质和实体来代替劳动价值论，把价值形式作为劳动价值论的运用是不正确的。

关于第二个前提条件：所谓"假定劳动以外的要素是无偿的。"把这个观点说成是马克思的观点，也是违背事实的。因为：（1）对于自然界存在的劳动对象和劳动资料，由于不是劳动的产物，当然是无代价可偿。但不等于它们会自发成为生产资料进入交换过程，它们需要人们付出劳动才能进入交换过程。土地作为天然存在的劳动资料，它要在生产中起劳动资

---

①《马克思恩格斯全集》第 19 卷，人民出版社 1963 年版，第 412 页。

料的作用，还要以一系列其他劳动资料和劳动力的发展为前提，没有劳动者运用生产工具去开发和播种，土地不会自己长出庄稼来。因此，不能把马克思的劳动价值论建立在生产资料的无偿使用的前提之上。(2)马克思也没有说过商品的交换只与劳动相关而同生产资料无关，从而忽视土地、资本等生产要素的地位。马克思在分析价值创造时，认为只有活劳动才能创造价值，是价值的源泉。但是，他从来没有说过商品的交换价值只与劳动有关，而与生产资料无关，更没有忽视生产资料在价值创造中的地位和作用。他说："虽然只有可变资本部分才能创造剩余价值，但它只有在另一些部分，即劳动的生产条件也被预付的情况下，才会创造出剩余价值。"① (3)所谓"将资本引入交换，从而增加了分析的复杂性，甚至模糊了问题的本质"的说法也是没有根据的。事实上，任何商品价值的交换都必须包含价值的三个部分：生产资料价值、劳动力价值和剩余价值。在资本主义条件下，它表现为不变资本、可变资本和剩余价值。即使是原始的实物交换，也包括工具的消耗和劳动力的消耗。在资本主义条件下，体现不变资本的物化劳动不能创造价值，只有体现可变资本的活劳动才能创造价值和剩余价值，这才是问题的本质。

关于第三个前提条件："假定生产商品的劳动是简单劳动，如果是复杂劳动，也被认为可以化为倍加的简单劳动。""在这个理解中并没有知识和技术的地位，也没有经营管理的地位，至少其中的'科技含量'甚微，实际所指的仍然是单纯的体力劳动。"这种理解之所以不正确在于：(1)马克思把劳动分为简单劳动和复杂劳动是交换的需要，即把简单劳动作为各种不同劳动生产的商品进行比较的单位，并不是马克思分析的只是简单劳动，而不涉及复杂劳动。因为在比较复杂程度不同的劳动生产的商品时，必须把各种复杂劳动化为能够比较的同一的简单劳动，"少量的复杂劳动等于多量的简单劳动。经验证明，这种简化是经常进行的。一个商品可能是最复杂的劳动的产品，但是它的价值使它与简单劳动的产品相等，因而本身只表示一定量的简单劳动。各种劳动化为当作它们的计量单位的简单劳动的不同比例。"② 可见，不能把商品交换中当作计量单位的简单劳动，曲解为生产这些商品的劳动"仍然是单纯的体力劳动"。

---

① 《马克思恩格斯全集》第 25 卷，人民出版社 1974 年版，第 50 页。
② 《马克思恩格斯全集》第 23 卷，人民出版社 1972 年版，第 58 页。

（2）把马克思关于生产商品的劳动，说成是科学技术和经营管理"这些要素肯定没有被包括在劳动概念之内"的说法，似乎有些武断。诚然，马克思在研究资本和劳动的矛盾时，是从一般出发，没有专门研究科学技术和经营管理在价值形成中的作用，这正是我们今天要深化劳动价值论的重要方面。但不能由此得出科学技术和经营管理劳动"肯定没有被包括在劳动概念之内"，"仍然是简单的体力劳动"。根据之一是：马克思在论及单个劳动转化为总体劳动说的："随着劳动过程本身的协作性质的发展，生产劳动和它的承担者即生产工人的概念也就必然扩大。为了从事生产劳动，现在不一定要亲自动手；只要成为总体工人的一个器官，完成他所属的某一种职能就够了。"这个总体工人的劳动不仅包括生产工人直接的体力劳动，也包括间接为生产服务的科技工作者和经营管理工作者的劳动。根据之二是：马克思在谈到资本主义管理的二重性时指出："资本家的管理不仅是一种由社会劳动过程的性质产生并属于社会劳动过程的特殊职能，它同时也是剥削社会劳动过程的职能。"① 可见，那种认为马克思劳动价值论只是以简单劳动为前提的说法是没有根据的。

其次，从所谓劳动价值论的理论内核即两个二重性学说存在偏颇出发。晏教授在《争论》中认为：马克思的"商品二重性学说将商品的使用价值和交换价值界定为商品的二重属性，从而将它们截然加以区隔，并进而认定它们的创造源泉各有不同。但实际上使用价值和交换价值不过是财富或商品的两种不同用途和不同的存在形式而已。""但依照商品二重性学说，在不能不承认使用价值源泉多元化的同时，却要排除价值源泉多元化的可能性。""劳动二重性学说的偏颇在于，对抽象劳动这个原本属于思维范畴的观念不适当地赋予了实体范畴的意义"。"谈到商品交换价值或价值的决定，马克思却坚决排除了劳动以外的其他任何要素，如前所说，马克思认为在交换价值或价值的实体和创造中没有任何一个使用价值原子。""既然劳动以外，其他要素（土地、资本、科学技术、信息和知识）也是财富或使用价值创造中不可或缺的要素，而且随着社会的进步和生产的发展，它们先后依次上升为首要的要素，为什么在交换财富时反倒成了多余的可以弃之不顾的东西。"他在《应当承认价值源泉与财富源

① 《马克思恩格斯全集》第23卷，人民出版社1972年版，第368页。

泉的一致性》中还提出："在需要既定条件下财富（或商品）的源泉与其价值源泉必然是一致的，它们都是因包括劳动、资本、技术、管理和自然资源等多要素共同创造的。"在这些论述中必须搞清以下几个基本理论问题。

其一，使用价值与价值（交换价值只是价值的表现形式）是商品的两个因素，还是商品的两种不同表现形式。马克思把商品的使用价值和价值作为商品的两个因素，它反映了商品的质和量的两个方面，共同构成商品的矛盾统一体。从统一方面看，商品必须具有使用价值和价值两个因素。因为没有使用价值就没有价值，不能成为商品；但有使用价值没有价值也不是商品。从矛盾方面看，两者虽然共处于商品体中，但仍然存在矛盾：（1）属性不同，前者具有自然属性，后者具有社会属性。（2）形成不同，前者是具体劳动的产物，后者是抽象劳动的凝结。（3）地位不同，前者是社会财富的物质内容，是交换价值的物质承担者，后者是物化的人类抽象劳动，是交换价值的基础。（4）作用不同，前者是在使用和消费中实现，后者在商品交换中实现。（5）创造的源泉不同，前者由物化劳动和活劳动共同创造，后者只是由活劳动创造。（6）运行的方向不同，在劳动生产率变化的条件下，前者和劳动生产率成正比，后者和劳动生产率成反比。随着劳动生产率的提高，使用价值的增加，而单位产品的价值却在下降。可见，使用价值和价值两者存在许多不同之处，特别是两者属性不同，使用价值作为自然属性，可以通过具体形式表现出来，而价值作为社会属性，本身不能表现自己，需要交换价值来表现它，所以，马克思把使用价值和交换价值作为商品的二重性。商品的这种二重性和商品的二因素虽然有联系，但有严格区别。商品二因素是指商品内部自然物和劳动两种因素的结合，即物的因素和人的因素的结合，这种使用价值和价值就形成了商品内在矛盾的对立和统一，它是商品的内在实质。而商品二重性是商品的外在表现形式，两者不能混淆。而晏文却把两者混淆起来，特别是把价值和交换价值加以混淆，得出"依照商品二重性学说，在不能不承认使用价值源泉多元化的同时，却要排除价值源泉多元化的可能性"的不正确结论。

其二，创造财富即使用价值源泉与创造价值源泉是否必然一致。晏文提出，马克思的劳动价值论"认为财富（或商品）应由劳动、资本、技术和管理等要素共同创造，但认为同样的财富和商品的价值却只由其中的劳动这一个要素所创造。或者说，依照这种观点，对同样一个对象的创造源泉，从不同角度（使用价值和交换价值）加以观察就应当得出不同的结论。""这是劳动价值论中影响最为深远的一个悖论"，是"认识的严重偏差"。具体表现为：

一是所谓"对商品属性认识有偏差，将财富或商品的两种存在和表现形式错当成了它的两种不同性质的因素。"并以下例为证："某国某年生产了多少万吨钢，多少万吨煤，多少万公斤粮食和棉花，以及多少金融、保险、服务等产品劳务，这是财富的实物形式；以当年价格计算，又可将它换算为非实物形式即一定的货币额，这是财富的价格形式。""可是，这一切在劳动价值论中都被曲解了。商品的两种形式被错看成是商品具有使用价值和交换价值两种不同性质的因素；商品在每一种形式上的独立存在和表现，被错看成它必定是这两种形式的统一和对立；这两种形式之间双向的承担关系被曲解为单向的，似乎使用价值只是价值的仆人，交换价值才是价值的主人，这样一来就将使用价值从价值的起源和本体中排除出去，将价值引入了误区。"事实上，对商品的认识上有偏差的不是马克思，而是晏文作者自己。因为：（1）马克思的劳动价值论对商品二因素和商品二重性是有严格区分的。商品的二重性即使用价值和交换价值的关系是：使用价值是交换价值的物质承担者，而交换价值则是表现为一种使用价值同另一种使用价值相交换的量的关系或比例。可见，交换价值只能是可以与它相区别的某种内容的表现形式。而只有商品的二因素即使用价值和价值才构成商品的两种不同性质即自然属性和社会属性。从上面的例子可以看出，它反映的是商品的二重性即使用价值和交换价值的关系，因为商品的价格形式就是交换价值，即商品价值的货币表现，而不是反映商品二因素即使用价值和价值的关系，当然也就不存在被曲解的问题，又何来把商品的两种形式错看成两种不同性质的因素和它们的统一和对立呢？（2）马克思的劳动价值论在处理使用价值与价值的关系上也并非是仆人与主人的关系，并没有因为使用价值和效用不能决定价值，而忽视使用价值在价值创造中的作用。诚然，马克思说过："商品是使用价值，即满足人的某种需要的物。这是商品的物质的方面，这方面在极不相同的生产时期可以是共同的，因此不属于政治经济学的研究范围。使用价值一旦由于现代生产关系而发生形态变化，或者它本身影响现代生产关系并使之发生形态变化，它就属于政治经济学的范围了。"① 但他同时也指出："交换价值不仅不是由使用价值决定，而且正好相反，商品之所以成为商品，实现为交换价值，只是因为它的所有者不把它当作使用价值来对待。"事实上，那种把交换价值和使用价值的关系看作是主仆关系，否认使用价值是交换价值的物质承担者的观点，并非真正重视使用价值的作用，而是要把使用价值作为创造价值的源泉，用效用价值论代替劳动价值论。正如晏文中所说："在商品价值源泉问题上，这二重性是统一的和结合的。传统的劳动价值论总是将说明使用价值或财富现象的任务拒之门外，结果导致了对商品生产和市场经济命运前途的过激的认识和判断，将这种认识和判断付诸实践，势必带来过激的行为和后果。""这种过激的认识最早表现在对资本主义生产方式发展的前景的判断上，而这种判断的基础就是劳动价值论。"这是我们在劳动价值论认识上存在分歧的根本原因。(3) 马克思的劳动价值论并不否认影响价格有多种因素，但不能由此推断出价值源泉的多元化。价格作为交换价值的货币表现，它除了以价值为基础外，还受货币价值和商品供求变化等因素的影响。如果把交换价值和价值相混淆，把影响价格的多种因素理解为价值源泉的多元化，必然会得出错误的结论。

二是所谓"对财富（商品）的定位有偏差"。他在《应当承认价值源泉与财富源泉的一致性》（简称《一致性》）中提出："劳动价值论依据上述有缺陷的商品二重性质论，排除了使用价值进入价值本体以及创造使用价值的其他要素（除了劳动）进入价值源泉的可能性，进而将交换价值背后的支配者归结为某种即价值，并将价值最终定位商品生产者之间的关系。这种价值观同经济生活的实践和人们的常识不一致，也与一般意义即哲学意义的价值概念不一致。"这种看法的错误在于：

第一，把政治经济学的商品价值概念和哲学意义的价值概念相混淆。在《一致性》中提出："实际上财富（商品）的价值是一种主客体关系，即财富和商品与人的需求的关系；财富和商品有没有价值，价值是大是小，均以它能否和在多大程度上满足人的需要为转移"的说法，只能是哲学的价值概念，而不是政治经济学的商品价值概念。因为哲学意义的价值概念，是指事物（物质的和精神的）对人需要而言的某种有用性、对

---

① 《马克思恩格斯全集》第 46 卷（下册），人民出版社 1980 年版，第 411 页。

个人、社会集团和整个社会的生活和活动所具有的意义。可见，哲学意义的价值概念不是一个实体，而是主体和客体之间一种特定的关系。即客体以自身属性满足主体需要和主体需要被客体满足的一种效用关系。商品价值概念则是指人类抽象劳动的凝结，它反映的是人与人之间的关系。两个价值概念存在以下区别：（1）内涵不同。哲学价值概念是以需要即使用价值为出发点和评价标准；商品价值概念则以商品中包含的社会必要劳动作为评价标准。（2）立足点不同。哲学价值概念是根源于人的对象性活动，是人的主体性确证，它揭示人们既要依赖物和环境又利用它来为人类服务；商品价值的着眼点是商品交换，通过商品交换来衡量商品价值的大小。（3）外延不同。哲学的价值概念涉及的范围广泛，它包括物质的、精神的等方面的需要；商品价值概念只涉及商品经济方面的关系。（4）反映的关系不同。哲学价值概念反映的是人们物质生活和精神生活等方面人与物和人与人等方面的关系；商品价值概念反映的商品生产和商品交换中人与人的关系。当然，哲学上的价值概念作为一般价值概念，它和政治经济学的价值概念又是有联系的。它们是一般和个别的关系，因为哲学的价值概念也包括了人与人的关系。但是，一般不等于个别，而个别也不能代表一般，不能把哲学的价值概念和商品价值概念相混淆。晏文把商品价值概念定位在"它能否和在多大程度上满足人的需要为转移"的观点，正是把两个价值概念相混淆的必然结果。

第二，把哲学价值概念与商品价值概念相混淆是源于把商品使用价值和价值的混淆。晏文把哲学的价值概念定位于满足人的需要的属性，是根据马克思在《评阿·瓦格纳的"政治经济学教科书"》中说的"'价值'这个普通的概念是从人们对待满足他们需要的外界物的关系中产生的"。实际上，这句话所表达的并非马克思的观点，而是引述了瓦格纳的观点。瓦格纳是怎样得出这个价值概念的？他首先把马克思的价值学说当成李嘉图的费用理论，然后说："这一理论过于片面地注意仅仅一个决定价值的因素，即费用，而没有注意另一个因素，即有用性，效用，需要的因素"。同时，他又利用德语 wert 一词有多种含义，把商品的使用价值和价值等同起来，从使用价值的概念推导出"价值的普遍概念"，从而使用价值和价值就这样被混淆了。马克思在揭露瓦格纳的这种手法时指出："瓦格纳在把通常叫做'使用价值'的东西叫做'价值一般'或'价值概念'以后，当然不会忘记：'用这种办法〈这样！这样！〉推论出来的〈！〉

价值'，就是'使用价值'。"① 这种把使用价值和价值相混淆的目的，在于用使用价值源泉的多元化来证明价值源泉也是多元化，从而得出价值源泉和使用价值（财富）源泉一致性的结论。

三是所谓"劳动价值论的分析逻辑是有缺陷的"。他在《争论》中认为："劳动二重性学说的偏颇在于，对'抽象劳动'这个原本属于思维范畴的概念不适当地赋予了实体范畴的意义。"还说："断定两种不同的商品能够交换即表明两者之中必须有某种'共通物'，这是对的；认为这种'共通物'必须是性质相同而数量各异的东西，这也是对的；但断定这种'共通物'只能是抽象劳动而不能是其他，这就有问题了。""且不说将抽象劳动视为劳动的属性是否合理，至少也应当承认这样一个事实，即各种商品的共同点绝不限于抽象劳动，例如，一般的抽象的效用其中之一。如果可以将商品交换的基础归结为抽象劳动这个'共通物'，那么为什么不可以归结为一般的抽象的效用这个'共通物'呢？"因此，他认为抽象劳动"不是劳动本身的一种属性，而仅仅是人对它的一种认识和看法。"这里提出了值得商榷的两个问题：

问题之一，马克思的劳动二重性学说"仅仅是人对它的一种认识和看法"的"思维范畴"吗？商品中包含的劳动二重性，首先是由马克思批判地证明的，他解决了古典经济学没有解决的问题。资产阶级古典经济学创始人威廉·配第虽然首先提出了商品价值是由生产它所耗费的劳动决定的，但是他不理解创造商品的劳动二重性，而是把生产金银的劳动当作创造价值的劳动，这样就把制造金银的具体劳动和创造价值的抽象劳动混为一谈。后来，亚当·斯密虽然撇开了劳动的各种具体形态，提出了"劳动是衡量一切商品交换价值的真实尺度"，比配第前进了一步，但是，由于他只是把创造商品使用价值和价值的劳动归结为单一或相同的"一般社会劳动"，还没有把具体劳动和抽象劳动区分开来，所以，他提出的"劳动一般"还不是指抽象劳动，因为他还不知道生产商品的劳动具有二重性，因此，他在进一步考察什么劳动决定商品的价值，怎样衡量商品的价值时，就陷入了混乱。古典经济学的完成者李嘉图比亚当·斯密前进了一步，他看到了使用价值和价值的区别，正确地指出了物化劳动和活劳动

---

① 《马克思恩格斯全集》第19卷，人民出版社1963年版，第411页。

在生产过程中的不同作用，认识到生产资料的价值只是转移到生产物中，它本身不能创造价值，驳斥了萨伊关于各种自然要素创造价值的错误观点，他指出："这些自然要素尽管会大大增加商品的使用价值，但是从来不会使商品增加萨伊先生所说的交换价值。"① 马克思对于李嘉图前后一贯地把价值归结为劳动时间，给予了很高评价。但是，由于他的资产阶级局限性和形而上学的分析方法，使他一方面认为社会必要劳动时间决定商品的价值；另一方面却把创造价值看作是劳动的自然属性，忽视了价值是商品生产者的社会关系，不能历史地了解价值和劳动的二重性，也没有解决什么劳动创造价值、为什么和怎样创造价值等一系列问题。正是由于马克思研究了劳动形成价值的特点，才第一次系统地提出了生产商品的劳动二重性学说，阐明了只有在一定的社会历史条件下，劳动产品成为人与人之间的生产关系的物的表现时，它才采取了商品形式，而生产商品的劳动才形成价值，从而解决了古典经济学没有解决的问题，揭示了商品的内部矛盾和运动规律。可见，马克思的劳动二重性学说是对古典经济学的劳动价值论研究得出的批判性的最后成果，它是价值学说历史发展的必然产物，而不是像晏文所说的"仅仅是人对它的一种认识和看法"的"思维范畴"。

问题之二，为什么抽象劳动能成为商品交换的"共通物"？马克思在提到抽象劳动是商品经济的特有范畴时指出，生产使用价值的具体劳动是"以某种形式占有自然物的有目的的活动，是人类生存的自然条件，是同一切社会形式无关、人和自然之间的物质变换的条件。生产交换价值的劳动则相反，它是劳动的一种特殊的社会形式。"他以裁缝的劳动为例，就它作为一种特殊的交换价值的物质规定性质来说，它生产衣服，但不生产衣服的交换价值，它是后者时不是作为裁缝劳动，而是作为抽象一般劳动，而抽象一般劳动属于一种社会关系。为什么抽象劳动生产价值，并能成为水平交换的"共通物"，而效用不可以归结为一般的抽象的效用这个"共通物"呢？这要从抽象劳动和效用不同性质来说明。

第一，抽象劳动存在于商品交换普遍存在的条件下，是一个历史范畴。科学的抽象既不能抽象没有的东西，也不能只抽象个别的东西，而只

---

① ［英］大卫·李嘉图：《政治经济学及赋税原理》，郭大力、王亚南译，商务印书馆 1983 年版，第 243 页。

能从历史形成中的普遍存在出发。抽象劳动的存在只有在商品交换已经普遍存在的条件下才成为可能。这是因为"最一般的抽象总是产生在最丰富的具体发展的地方，在那里，一种东西为许多东西所共有，为一切所共有。这样一来，它就不再只是在特殊形式上才能加以思考了。"① 马克思在《资本论》中提到亚里士多德最早分析了价值形式，并在个别的商品交换中发现了一种均等的交换关系，即 5 张床 = 1 间屋。马克思认为，这是亚里士多德的"天才的闪耀"，但是，要形成价值的抽象劳动，在当时以奴隶劳动为基础的不平等社会中是根本不可能的。因为那时商品交换还没有成为普遍的存在，即使亚里士多德天才地发现了两种商品之间的等一和可公约性，也不可能把价值的形成归于人类一般的抽象劳动。因为把不同的具体劳动折合为抽象劳动，不是单纯的逻辑思维问题，而是一个当时的客观现实问题。只有当这种等一的人类劳动发展成为普遍的存在，不再是从特殊形式上，把各种劳动视为不平等的劳动的时候，才有可能把各种具体劳动折合为无差别的等一的抽象劳动。但是，作为"效用"或使用价值，是商品的自然属性，是永恒的范畴，它不可能成为决定作为历史范畴价值的因素。

第二，抽象劳动不是主观思维的产物，而是在客观经济条件下形成，具有客观性，是客观范畴。马克思在《政治经济学批判》中谈到抽象劳动形成的客观基础时指出，为了按商品所包含的劳动时间来衡量商品的交换价值，就必须把不同的劳动化为质上相同因而只有量的差别的抽象劳动，"这种简化看来是一个抽象，然而这是社会生产过程中每天都在进行的抽象。把一切商品化为劳动时间同把一切有机体化为气体相比，并不是更大的抽象，同时也不是更不现实的抽象。"② 抽象劳动作为具体劳动的抽象，它是根据现实社会中各种具体劳动抽象出来的一般人类劳动，没有具体劳动作为现实基础，也不可能有抽象劳动的存在。不能把抽象劳动仅仅看成是劳动的"共通物"，这是把客观经济范畴的"抽象劳动"和逻辑方法的"劳动抽象"相混淆。那种将商品交换的基础归结为一般的"抽象的效用"这个"共通物"的做法，正是把客观经济范畴的抽象和逻辑上找出"共通物"的方法相混淆。因为理论要成为科学，它所作的抽象

---

① 《马克思恩格斯全集》第 46 卷（上册），人民出版社 1979 年版，第 42 页。
② 《马克思恩格斯全集》第 13 卷，人民出版社 1965 年版，第 19 页。

必须是"历史的抽象",现实的抽象,是现实的一种反映、再现。罗莎·卢森堡回答伯恩斯坦对《资本论》中关于价值规律的抽象所作歪曲时指出,马克思的抽象"不是臆想,而是发现……它不是存在于马克思的头脑中,而是存在于商品经济中,……相反,贝姆·杰文斯的抽象的效用,实际上不过是'想象的形象',或者确切些说,是思想贫乏和愚蠢的典型。"① 可见,马克思认为科学抽象的对象并不是存在于人的头脑中,而是存在于客观现实中。那种所谓"抽象的效用",只不过是主观思维的产物。

第三,抽象劳动是价值实体、价值的范畴,具有可公约性和社会性。价值是抽象劳动的凝结,抽象劳动是价值的实体,并具有数量上的可公约性。它表现在商品的价值是按照社会必要劳动时间决定的,也就是在现有社会正常的生产条件下,在社会平均劳动熟练程度和劳动强度下生产某种使用价值需要的劳动时间。所以,抽象劳动既体现了量的可公约性,也具有社会性。它反映了商品生产和商品交换中人与人的关系。作为使用价值的"效用"或"一般效用",它作为自然属性,它既不具有量的可公约性,又不反映生产关系,又怎么能够决定商品的价值呢?19 世纪作为古典经济学的反对者贝利,他的效用决定价值的观点就认为,商品之所以有价值,就是因为它对人有用。他举例说,珍珠或金刚石之所以很有价值,是由于它们对人有使用价值。但是不同的使用价值是无法比较的,人们怎样给各种不同使用价值的商品决定价值呢?贝利无法回答。最后,只好把原因归于意识的作用。他说:"一切在商品交换中间接或直接对人的意识起决定性影响的……情况,都可以看作价值的原因。"马克思指出:"贝利所以把问题转入意识领域,是因为他在理论上走进了死胡同。"②

四 所谓劳动价值论的功能具有先天性缺陷

晏智志在《争论》中认为,劳动价值论的功能具有先天性缺陷,表现在"它与生产力论的脱节,因为它不能说明社会生产力和财富的决定

---

① [德]罗莎·卢森堡:《社会改良还是社会革命》,徐坚译,生活·读书·新知三联书店1958 年版,第 40 页。

② 《马克思恩格斯全集》第 26 卷第 3 册,人民出版社 1974 年版,第 177 页。

要素和发展规律。还表现在它与市场价格论的脱节，因为它不足以说明价格的各种决定要素及其变动的普遍规律，商品价格仅仅由劳动这一个要素决定只是一个特例，而不可能是通例。"这里，提出了两个需要商榷的问题。

问题之一，劳动价值论是否存在"它与生产力脱节"的"先天性缺陷"？我认为马克思的劳动价值论并不存在与生产力脱节的问题。相反，两者还具有密切的关系。表现在两方面：

一是从总体上看，劳动价值论是在生产力发展的基础建立和发展起来的。马克思在《资本论》中提到商品生产产生的条件时，就是由于生产力发展到社会分工的出现和私有制才出现了简单的商品生产。随着社会生产力的发展，商品生产和商品交换的扩大，货币转化为资本，劳动力转化为商品，简单商品生产发展为资本主义商品生产，简单商品生产的基本矛盾即社会劳动和私人劳动的矛盾转化为资本主义的基本矛盾，即生产的社会化和生产资料资本主义私人占有之间的矛盾。随着资本主义生产力的发展，经过简单协作、工场手工业、机器大工业的发展，导致资本主义基本矛盾的加深，最后必然达到同它们的资本主义外壳不相容的地步，这就是生产力的发展和资本主义生产关系矛盾发展的结果，而这个结果正是从商品内在矛盾即剩余价值和价值的矛盾发展而来的。可见，劳动价值论的发展和生产力的发展密不可分。今天，随着社会主义生产力的发展，马克思的劳动价值论也必然要深化和发展。

二是从决定生产力变化的具体要素来看，它和劳动价值论也存在密切关系。马克思在《资本论》中对生产力的内容作了明确的规定，他说："劳动生产力是由多种情况决定的，其中包括：工人的平均熟练程度，科学的发展水平和它在工艺上应用的程度，生产过程的社会结合，生产资料的规模和效能，以及自然条件。"① 这些情况构成了生产力系统的要素。这些要素与商品使用价值和价值存在着密切的关系。正如马克思指出的："有用劳动成为较富或较贫的产品源泉与有用劳动的生产力的提高或降低成正比。相反地，生产力的变化本身丝毫也不会影响表现为价值的劳动……因此，不管生产力发生了什么变化，同一劳动在同样的时间内提供

---

① 《马克思恩格斯全集》第 23 卷，人民出版社 1972 年版，第 53 页。

的价值量总是相同的。但它在同样的时间内提供的使用价值量会是不同的：生产力提高时就多些，生产力降低时就少些。"① 从马克思这段论述中可以说明两个问题：（1）从劳动生产力与使用价值成正比、与单位商品价值成反比的关系中，说明发展生产力与劳动价值论不是"脱节"，而是有密切关系，因为提高生产力中物质技术因素的效能，提高劳动者的素质，对于发展生产力具有重要意义，这是我们要深化社会主义社会劳动和劳动价值论的根本原因。（2）从劳动生产力与使用价值的关系中，说明在提高劳动生产力、使用价值的增加和单位商品价值的减少是同时进行的。由此可以说明，决定使用价值的因素和决定价值的因素是不同的，也就是说创造使用价值的源泉和创造价值的源泉不可能是一致的。那种认为价值源泉与使用价值或财富的源泉有一致性的说法，正是把使用价值和价值相混淆的结果，其根源是由于把物化劳动和活劳动相混淆。

问题之二，劳动价值论是否存在"不足以说明市场价格的各种决定要素及其变动的普遍规律"？《新探》认为："价格论是关于商品经济和市场经济运行的一般原理，它应能说明商品生产、交换、分配和消费的最终基础和规律。这最终的基础和法则是供求均衡价格法则或供求论。"还认为，马克思的生产价格理论，"其实是对劳动价值原理的背离和否定，但马克思以其生产价格是价值的转化形式以及两者在总量上相等，以及各部门的利润之和同其剩余价值总量的相等为由，作出了否定之否定的结论，从而坚持了劳动价值论。"事实上，这些观点并非自今日始，从马克思的劳动价值论创立以来，特别是《资本论》问世以后，一直存在着劳动决定价值同生产价格是否有矛盾的争论。认为存在矛盾的最初的代表人物庞巴维克就认为，马克思的平均利润率规律理论同他的价值规律理论相矛盾，前者否定了后者，因而使马克思的劳动价值论陷于"崩溃"。又如萨缪尔森把马克思的价值转化为生产价格说成是"不必要的弯路"，是"劳动价值论的终结。"这和把这种转化说成是"对劳动价值论的背离和否定"，其实质都是一样的。这些观点之所以不正确在于：

第一，只有在劳动价值论的基础上才能正确说明市场价格的变动规律。马克思在《资本论》第一卷中根据生产商品的劳动二重性理论，揭

---

① 《马克思恩格斯全集》第23卷，人民出版社1972年版，第59—60页。

示了价值的源泉、资本的本质和剩余价值的生产问题。根据抽象法，马克思在这里没有涉及资本和剩余价值的具体形式。在《资本论》第三卷中，通过剩余价值转化为利润，利润转化为平均利润，价值转化为生产价格的科学分析，解决了导致李嘉图学派破产的价值规律和等量资本获得等量利润之间的矛盾，创立了生产价格理论，使劳动价值论更加符合资本主义市场经济的现实。

价值转化为生产价格并没有否定价值规律，只是它的作用形式发生了变化，即由过去的市场价格围绕价值波动转化为市场价格围绕生产价格，这种变化不是对价值规律的否定，而是说明在市场经济条件下价值规律作用的发展。因为不同商品的价格不管最初用什么方式来互相确定或调节，它们的变动总是受价值规律的支配。在其他条件相同的情况下，如果生产商品的劳动时间减少了，价格就会降低；如果增加了，价格就会提高。由于生产价格是由价值转化而来，它的变动最终取决于商品价值的变化，离开商品价值，生产价格就成了无源之水，无本之木了。

第二，价格变动的最终基础只能是价值，供求只能影响价格变动，但不能最终决定价格，成为价格变动的"最终基础和法则"。这是因为：(1) 价值是由社会必要劳动时间决定的，它是隐藏在价格背后的商品生产的内在规律，显然不能由供求的相互作用来说明。相反，水平价值的变化却能够影响供求关系的变化。马克思认为，供求决定价值论者"这个聪明人不理解：在这里所说的情况下，正好是生产费用的变化，因而正好是价值的变化，引起需求的变化，从而引起供求关系的变化，并且需求的这种变化，也能够引起供给的变化；这正好会证明我们这位思想家想要证明的事情的反面；就是说，这会证明，生产费用的变化，无论如何不是由供求关系来调节的，而是相反，生产费用的变化调节着供求关系。"① (2) 供求虽然经常变化，但是供求的不断变化，从一个较长的时间来看，供求还是会趋于一致。"由此，各种同市场价值相偏离的市场价格，按平均数来看，就会平均化为市场价值，因为这种和市场价值的偏离会作为正负数互相抵消。"② (3) 供求关系变化只影响价格围绕价值上下波动，与价值的实现有关，既不能决定价格也不能决定价值。(4) 供求关系不能决定价值，

---

① 《马克思恩格斯全集》第 25 卷，人民出版社 1974 年版，第 214 页。
② 同上书，第 212 页。

但可以对价值决定产生间接的影响。因为价值是生产条件决定的，而供求可以通过市场价格与市场价值的偏离，通过竞争调节生产，影响生产条件的变化，价值也就随着发生变化。引起商品价值变化的是生产条件变化的结果，供求关系变化只起着间接的作用。可见，价值转化为生产价格，市场价格就是生产价格或市场价值的表现形式，生产价格或市场价值是市场价格的基础，不存在脱离生产价格或市场价值的以供求为"最终基础和法则"的市场价格的变动规律；同时，价值转化为生产价格，是价值规律的发展，不是对价值规律的否定，不能用否定之否定来概括。总之，在对待劳动价值论的问题上，当前争论的焦点不在于劳动价值论是否要发展的问题，而在于应该如何发展的问题。是在坚持劳动价值论的基本原理即活劳动是价值的唯一源泉的前提下，与时俱进地深化社会主义劳动和劳动价值论；还是从根本上否定和"突破"劳动价值论的基本原理，用"效用价值论"、"供求价值论"、"要素价值论"取代劳动价值论，"重建新的价值学说"。事实上，这不是对劳动价值论的发展，而是早就被马克思批判的庸俗价值论的倒退。

第十章

21 世纪初关于如何深化劳动价值论的争论

2001 年 7 月 1 日，在建党 80 周年庆祝大会上，党中央领导在会上指出："马克思主义经典作家关于资本主义社会的劳动和劳动价值的理论，揭示了当时资本主义生产方式运行特点和基本矛盾。现在，我们发展社会主义市场经济，与马克思主义创始人当时所面对和研究的情况有很大不同，我们应该结合新的实际，深化对社会主义劳动和劳动价值理论的研究和认识。"这个讲话，充分肯定了马克思主义劳动价值论在社会主义经济研究和实践中的重要地位和作用，明确指出了深化劳动和劳动价值论的重要意义。

在讲话精神的鼓舞下，在我国理论界开展了深化对劳动和劳动价值认识的讨论，在讨论中，不同观点展开了争论，例如，国内有的学者认为深化劳动价值论应该是根据马克思主义劳动价值论的基本原理，结合我国社会主义实际，解决实际中出现的理论和实际问题；而有的学者却认为，马克思的劳动价值论已不能解释现代经济活动中生产要素多元化的客观事实，不能为重大经济政策提供力量依据，因此提出要对马克思的劳动价值论进行"整合"，即用多种要素创造价值的"整合论"代替马克思的劳动价值论。

一　是深化劳动价值论还是否定劳动价值论

卢希悦在《劳动价值整合论》（以下简称《整合论》）的前言中提出："本书的上篇，主要是研究'劳动价值论整合论'的基本原理问题，提出了'不变资本'的价值变动和科学技术是创造新价值的巨大源泉等创新见解"。该书指出："劳动价值论的核心理论观点是商品的价值，其中包括价值和剩余价值，并不是由活劳动这个'唯一源泉'所创造的，而是由决定和影响劳动生产率诸因素的多种源泉共同发生作用，并经过社会矛盾运动的市场机制作用，最后才整合为真正意义上的商品价值，其中包括新价值和剩余价值的最后整合"。该书对"劳动"含义的界定和"科学技术是创造价值的巨大源泉","不变资本的价值变动"以及"社会必要劳动的多层含义"等方面,都提出了与马克思劳动价值论不同的观点,并把这些观点说成是"解决了马克思当年没有解决而留给后人的理论难题",是"对马克思劳动价值论的丰富、发展和完善"。这些观点都是值得讨论的。本人在《评劳动价值整合论》① 中,对以上观点进行了评论。

(一) 关于劳动价值论中的"劳动"是否有"多种含义"

《整合论》认为,马克思科学准确地揭示和界定了作为劳动价值论的"劳动"的诸多含义,这些含义包括十个方面的内容:

其一,根据马克思说的"资本主义生产方式占统治地位的社会的财富,表现为'庞大的商品堆积',单个的商品表现为这种财富的元素形式。因此,我们的研究就从分析商品开始。"② 推断出马克思"没有运用他所提出的劳动价值论关于'劳动'的全部含义,来分析和界定作为资本主义经济机体细胞的单位商品中,作为不变资本的物化'劳动'在新商品的价值形成和创造中的性质、职能和作用"。

其二,根据马克思的"在劳动过程中,劳动不断由动的形式转为存在形式,由运动形式转为物质形式。"③ 推断出"一切作为生产资料的劳动产品其中所蕴藏着的'劳动',都是与商品价值形成和新价值创造直接相关的'劳动',而且正是劳动价值论所要研究和确认的劳动,不能把它与活劳动的运动形式割裂开来,也不应把它们对立起来"。

其三,根据马克思的"商品价值体现的是人类劳动本身,是一般人类劳动的耗费。"④ 推断出"不仅作为可变资本的活劳动的耗费是'一般人类劳动的耗费',而且作为不变资本的过去劳动的耗费,同样也是'一般人类劳动的耗费'。因此,在分析和寻找新价值的创造源泉时,不能只见活劳动这种'一般人类劳动的耗费'对创造新价值和剩余价值的源泉的作用,而不物化劳动这种'一般人类劳动耗费'的创造新价值和剩余

① 余陶生、胡爽平:《评劳动价值整合论》,《东岳论丛》2006年第11期。

② 《马克思恩格斯全集》第23卷,人民出版社1972年版,第47页。

③ 同上书,第214页。

④ 同上书,第57页。

价值的作用抛到一边"。

其四，根据马克思的商品价值"只是无差别的人类劳动的单纯凝结，即不管以哪种形式进行的人类劳动力耗费的单纯凝结。这些物现在只是表示，在它们的生产上耗费了人类劳动力，积累了人类劳动。"① 推断出"活劳动只是现在'积累了'的劳动，而生产资料中原有的劳动，则不过是过去'积累了'的人类劳动。既然都是'积累了'的人类劳动，那么，这两种'劳动'，在新价值和剩余价值创造中，就必然具有同等的功能和作用。"

其五，根据马克思的"作为价值，一切商品都只是一定量的凝固的劳动时间。"② 推断出"过去加入作为生产资料的商品中的活劳动的一定量的劳动耗费时间，同样也是'一定量的凝固的劳动时间'。因此它们在商品的价值量的形成中，具有本质上的同一性和功能上的一致性，以及在劳动时间数量标准上的统一性"。

其六，根据马克思的"商品的价值量表现着一种必然的、商品形成过程内在的同社会劳动时间的关系。"③ 推断出"马克思虽然提出了这一科学论断，但在作为不变资本这一物化劳动成果进行分析和论证时，却没有继续把它放在'社会劳动时间的关系'中加以考察。应当说，这是马克思得出活劳动是创造价值和剩余价值的'唯一源泉'的原因之所在，从而也是价值源泉问题上遗留给我们的难题的原因所在"。

其七，根据马克思的"只有社会必要劳动时间才算是形成价值的劳动时间"，④ 推断出社会必要劳动时间"不是一层或两层含义而是具有多种含义的'社会必要劳动时间'。""必须全面了解和把握作为社会必要劳动时间的'劳动'的全部含义，才有可能继续解开商品价值这个'千古之谜'，并对科学技术等生产要素是否创造新价值和剩余价值的'百家之争'作出新的判断、评价和结论"。

其八，根据马克思说的所有的资本家或企业家，都是"要在最经济的条件下使用这种已经缩减到必要程度的劳动，也就是说，要把所使用的

---

① 《马克思恩格斯全集》第23卷，人民出版社1972年版，第51页。
② 同上书，第53页。
③ 同上书，第120页。
④ 同上书，第215页。

不变资本的价值缩减到它的最低限度。"① 推断出 "在生产资料的节约中蕴藏着新价值和剩余价值又一源泉"。

其九，根据马克思关于劳动生产率和商品价值的关系，推断出 "商品价值的形成和新价值的创造，不仅与各种形态的劳动直接相关，而且与劳动生产力直接相关"。

其十，根据马克思关于劳动有简单劳动和复杂劳动之别，推断出 "科学技术在应用之后，成为创造社会物质财富和价值财富的巨大源泉"。

从以上 "劳动" 的十种含义来看，表面上似乎都是来自马克思，但实际上都是对马克思的观点的曲解，它和马克思的观点毫无共同之处。

马克思关于 "劳动" 的含义具有严格的规定性。劳动就是劳动力的使用或消费。它是由劳动者自身的活动所引起，并调整和控制人和自然之间的物质变换的过程，是人通过有目的的活动来改变自然物。马克思把劳动这种人们有目的的活动或劳动本身、劳动对象和劳动资料称为劳动过程三个简单要素。可见，劳动就是指劳动力的使用或发挥，即活劳动。它既不同于作为潜在形态的劳动力，也不同凝结形态的劳动生产物即物化劳动。马克思把活劳动和物化劳动进行了严格的区别。他说："唯一与物化劳动相对立的是非物化劳动，活劳动。前者是存在于空间的劳动，后者是存在于时间中的劳动；前者是过去的劳动，后者是现在的劳动；前者体现在使用价值中，后者作为人的活动进行着，因而还只处于它物化的过程中；前者是价值，后者创造价值。"② 也就是说，物化劳动和活劳动的差别，表现在现实劳动过程中。作为物化劳动的生产资料，例如，棉花与纱锭等，是体现着一定的有用具体劳动即机器制造、棉花种植等的产品，即使用价值。而纺纱劳动在劳动过程中则不仅表现与生产资料中包含的劳动不同的特殊劳动，而且表现为活劳动即正在实现着的劳动，是同已经物化在自己的特殊产品中的劳动相对立的、不断把自己的产品生产出来的劳动。而物化劳动只是在劳动过程中表现为现实活劳动的物质要素、元素。可见，马克思对劳动概念的界定指的是活劳动，不能把那些仅仅与劳动有关、而不属于活劳动的东西，包括在劳动概念之中。

《整合论》用马克思论述中与劳动有关的一些论断，来说明劳动有多

---

① 《马克思恩格斯全集》第25卷，人民出版社1974年版，第103页。
② 《马克思恩格斯全集》第47卷，人民出版社1979年版，第33页。

种含义，是对马克思观点的曲解和混淆。表现在：

一是把简单商品与资本主义商品相混淆。在"其一"中把劳动的含义界定为"首先应当从单个商品开始，并坚持始终如一"。认为马克思"没有运用他所提出的劳动价值论关于'劳动'的全部含义，来分析和界定作为资本主义经济机体细胞的单位商品中，作为不变资本的物化'劳动'在新商品的价值形成和创造中的性质、职能和作用。"这是对马克思观点的误解。事实上，马克思在《资本论》第一卷第一篇分析的是作为资本主义历史前提的简单商品生产，而不是资本主义商品生产。从资本主义生产出来的商品和作为资本主义生产出发点的元素、前提的商品，是有不同的规定的。(1)由于资本主义社会劳动力已成为商品，所以资本主义商品价值中包含有剩余价值，而简单商品生产者的商品价值中，除了生产资料的价值以外，其他都属于简单商品生产者所有，不存在剩余价值。(2)从作为资本主义前提的简单商品分析开始，并非退回到资本主义以前的简单商品生产阶段，而是立足于资本主义社会分析简单商品的。这里的简单商品是指简单、抽象的一般商品。因此，马克思在这里还没有提出"劳动"概念，更不可能推断出"作为不变资本的物化劳动在新商品的价值形成和创造中的性质、职能和作用"。

二是把劳动的运动形式和物质形式相混淆。诚然，作为劳动一般，它可以表现为潜在的、运动的和物质的或凝结的形式。但是这三种形式本身有其质的规定性，彼此不能混淆。因为在劳动过程中活劳动与生产资料相结合，劳动物化了，劳动对象被加工了。在劳动者方面曾以运动的形式表现出来的东西，现在作为静止的属性，以存在的形式即产品表现出来。因此，不能把活劳动和物化劳动相混淆。那种认为"一切作为生产资料的劳动产品，其中所蕴涵着的'劳动'，都是与商品价值形成和新价值创造直接相关的'劳动'"的说法，正是把活劳动与物化劳动相混淆的结果。

三是把价值的体现和价值的创造相混淆。马克思虽然谈到"商品价值体现的是人类劳动本身，是一般人类劳动的耗费"。这是把生产活动的特定性质撇开，生产活动就可以抽象为"一般人类劳动的耗费"。这里不涉及劳动的特定性质问题，即哪一种劳动创造价值，是价值的源泉不能以各种劳动可以抽象为"一般劳动的耗费"为根据，混淆活劳动和物化劳动在价值创造上的本质区别，以此证明物化劳动也是"可以发生价值变动的劳动"，这才是对劳动价值论的真正否定。

四是把直接劳动和积累劳动相混淆。马克思明确指出："商品的价值照旧决定于商品中包含的劳动量（积累劳动加直接劳动，而后者现在在商品中也是作为积累劳动，而不再作为直接劳动存在了。它在生产过程中是直接劳动，在产品中是积累劳动)。"①因此，不能把生产过程中的直接劳动即活劳动，曲解为"只是现在'积累了'的人类劳动，而生产资料中原有的劳动，只不过是过去'积累了'的人类劳动"。事实上，既然是积累劳动，都是过去的劳动，既然是现在的劳动，就是马克思说的直接劳动即活劳动，也就是正在进行的劳动。马克思已经说得很清楚，怎么能够把它称为"现在积累了的人类劳动"呢？难道"积累了的劳动"还可以分为现在"积累了"的劳动和过去"积累了"的劳动吗？

五是把已凝固成为价值的劳动时间和现在正在进行的劳动相混淆。马克思指出："作为价值，一切商品都是一定量的凝固的劳动时间。"这是指当生产过程结束、生产出商品后，活劳动转化为物化劳动，并和作为生产资料的物化劳动一起共同构成价值。因此，已经凝固为价值的劳动时间和正在进行的劳动，在性质上和功能上都不存在一致性。

六是把商品价值和价值的货币表现相混淆。马克思曾指出，商品价值量表现着一种必然的、商品形成过程内在的同社会劳动时间的关系。这是说明商品价格是以商品价值为基础，是商品价值量的指数，反映了形成各种商品的社会劳动时间的关系。但是，由于决定商品价格的因素，除了商品价值以外，还有货币价值和商品的供求状况等因素。虽然价格作为商品价值量的指数，是商品同货币的交换比例的指数，但不能由此反过来说，商品同货币的交换比例的指数必然是商品价值量的指数。因此，那种从商品价值的表现中，用影响价格的多种因素，来证明创造价值有多种源泉的观点是错误的。

七是把价值的决定和价值的实现相混淆。马克思在谈到价值决定与价值实现的关系时，提出了另一种意义的社会必要劳动时间，他说："只有当全部产品是按必要的比例进行生产时，它们才能卖出去。社会劳动时间可分别用在各个特殊生产领域的份额的这个数量界限，不过是整个价值规律进一步发展的表现，虽然必要劳动时间在这里包含着另一种意义。"②

---

① 《马克思恩格斯全集》第26卷第3册，人民出版社1974年版，第78页。
② 《马克思恩格斯全集》第25卷，人民出版社1974年版，第717页。

这个另一种意义的社会必要劳动时间，是指商品能否卖出去的问题，是价值能否实现的问题，不是价值决定的因素，不能作为价值的源泉。

八是把不变资本的节约和剩余价值的源泉相混淆。不变资本使用上的节约是提高利润率的另一个途径，因为如果生产资料的价值等于零，那么，利润率就等于剩余价值率，利润率就达到了它的最高限度。但是，剩余价值不是来源于生产资料的节约，而是来源于活劳动。因为作为劳动吸收器的不变资本吸收活劳动的能力，与它们的交换价值大小无关，而与它们的使用价值密切相关：一方面，它们的质量要适合在技术上和一定量的活劳动相结合的需要；另一方面，它们的质量要合乎盈利的目的，不仅要有性能好的机器设备，而且要有优质的原材料。这样，才有利于对不变资本的节约，有利于提高劳动生产率。但是，所有这一类节约，在大多数场合都必须通过活劳动才有可能实现，不能把这种节约说成是"在生产资料的节约中蕴涵着新价值和剩余价值创造的又一源泉"。由此否定节约的源泉是劳动者科学地利用生产资料的结果。

九是把提高劳动生产率和商品的价值与剩余价值的创造相混淆。所谓劳动生产率是指劳动者的具体劳动的生产率，也是劳动者在单位时间内所生产的产品或使用价值的数量，所以，劳动生产率的高低只与商品的使用价值有直接关系，虽然影响劳动生产率的因素有很多，其中就包括不变资本的规模和效能。但是，不能由此得出"不变资本并不是价值不发生变动的资本，而是发生价值变动的不变资本"。因为生产资料作为不变资本是指在生产过程中不改变它的价值量，也就是说，在生产过程中转移的价值不会大于它在这个过程之外所具有的价值。但并不排斥它的组成部分发生价值变动的可能性，而这种价值变动是指它作为生产资料执行职能的生产过程以外发生的。因此，不能由此推断出"不变资本并不是价值不发生变动的不变资本，而是发生价值变动的不变资本"。因为马克思所说的"不变资本"，只是就它在生产过程中，生产资料的价值是根据它的消耗程度，按照它本身的价值转移到新产品中去，仅仅指此而言。不能把生产资料在生产过程中由于劳动生产率的变动，或者由于生产资料的价格变化而发生的价值变动和马克思所指的"不变资本"混为一谈。

十是把商品的使用价值即财富和商品的价值相混淆。使用价值和价值是商品的两个因素，商品是使用价值和价值的矛盾统一体。也就是说，两者互相依存、缺一不可，它们共存于商品之中，同时又存在矛盾。无论从两者的属性、功能和创造的价值源泉都是不同的。作为使用价值，它以其自然属性满足人们的各种需要，它是由生产资料和劳动共同创造的。作为价值，它以其社会属性满足人们交换的需要，是由劳动者劳动创造的。因此，不能把使用价值即财富和价值相混淆，而卢文却把使用价值即财富称为物质财富，把价值称为价值财富。他说："按照劳动价值论关于商品本身是使用价值与价值的统一的观点，商品财富本身，必然是物质财富与价值财富的统一。"① 这种说法的错误在于：（1）把使用价值和财富两个相同概念相重叠。作为使用价值或财富两个概念的含义是相同的，马克思是把使用价值和财富两个概念作为同等意义来使用的，称为使用价值或财富。这是因为"使用价值总是构成财富的物质内容"。② （2）把价值称为价值财富也曲解了马克思关于价值的含义。价值作为抽象劳动凝结，反映了人和人的关系。如果把价值称为价值财富，也就混淆了使用价值和价值的界限。（3）商品是使用价值和价值的对立和统一，并不"必然是物质财富和价值财富的统一"。因为财富从有形和无形来划分可分为物质财富和精神财富，但有使用价值的东西并不只限于物质财富，文学艺术作品具有很大的使用价值，但它却不是物质财富，而是精神财富；而所谓"价值财富"，它既不属于物质财富，也不属于精神财富，是反映人和人的关系。可见，这种把使用价值称为物质财富，把价值称为价值财富的说法，必然造成概念不清，理论混乱。而这样做的目的无非是要证明凡是有使用价值的东西，既能够创造使用价值也必然能够创造价值。

（二）关于生产要素中不变资本的功能、作用和价值变动

《整合论》认为："如果我们把资本生产的全部要素简单地归纳为可变资本和不变资本这两个要素，并按照马克思所界定的不变资本的性质、功能和作用，去理解所有物质要素即生产资料的性质、功能和作用，我们就永远不会找到作为不变资本的生产要素与新价值创造的内在关系，更不可能找到这一要素参与分配的合理答案，所能找到的仍然是生产资料的所有权。而生产资料的所有权，只能解释价值的分配，而不能解释价值的生产。"并且从以下方面来论证不变资本与价值创造的关系。

---

① 卢希悦：《科学技术是否创造价值财富》，《光明日报》2002年4月9日。

② 《马克思恩格斯全集》第23卷，人民出版社1972年版，第48页。

其一，不变资本与可变资本的共同结合才使彼此成为生产过程中的有用性现实要素。《整合论》利用马克思在驳斥资产阶级关于价值增殖的源泉是资本家的服务时，转述资本家的说法："难道工人光用一双手就能凭空创造产品，生产商品吗？……社会上大多数人一贫如洗，他不是用自己的生产资料，棉花和纱锭，对社会和由他供给生活资料的工人本身进行了莫大的服务吗？"来证明不变资本是创造价值的源泉。事实上，马克思引述资本家的说法，是为了对这种观点进行批判。马克思接着指出："工人把棉花和纱锭变为棉纱，不也就是为他服务了吗？而且这里的问题也不在于服务。服务无非是某种使用价值发挥效用，而不管这种使用价值是商品还是劳动。"① 可见，在创造商品的使用价值时不变资本和可变资本是彼此结合在一起成为使用价值的源泉。但是，在价值的创造问题上，不变资本只是它的一个物质条件，真正创造价值的是体现可变资本的活劳动。

其二，不变资本与可变资本是生产过程中相互发生作用的基本要素。《整合论》认为，马克思在评价可变资本与不变资本的功能与作用时，往往带有一些"难免的感情色彩"。"但可变资本发挥其功能和作用，以及不变资本发挥其功能和作用，是彼此互为前提和结果的。我们应当客观地评价和认识它们的功能和作用，不要因为感情的色彩只重视可变资本的功能和作用，从而忽视不变资本的功能和作用。"这种把马克思对可变资本和不变资本的严肃的科学分析，看成是带有"感情色彩"的观点是不正确的。诚然，不变资本和可变资本在生产过程中会相互发生作用，但两者的作用是不同的。马克思在《资本论》中对此进行过严格的科学分析，同时对萨伊的不变资本也创造价值的观点进行了严肃的批判，指出："我们可以由此了解庸俗的让·巴·萨伊的荒诞无稽了：他想从生产资料（土地、工具、皮革等等）的使用价值在劳动过程中所提供的'生产服务'，引出剩余价值（利息、利润、地租）。"② 今天，《整合论》不也是通过混淆不变资本和可变资本的不同作用来证明不变资本能够创造价值吗？可见，把"感情色彩"强加马克思头上的恰恰是作者自己。

其三，不变资本与可变资本的互动性节约是提高劳动生产率的根本途径。《整合论》认为："商品中所包含的不变资本与可变资本含量的减少，

① 《马克思恩格斯全集》第 23 卷，人民出版社 1972 年版，第 218 页。
② 《马克思恩格斯全集》第 25 卷，人民出版社 1974 年版，第 933 页。

是在可变资本与不变资本的交互作用进行和实现的。正是在这种交互作用中，才能使单位商品中的劳动总量即价值总量得到减少，使劳动生产率得到真正提高从而使一定的活劳动和生产资料的耗费能够创造出更多数量的产品。所以，不变资本与可变资本的互动性节约，是提高劳动生产率的根本途径。"这里有两个问题需要澄清：一是不能把不变资本与可变资本的节约作为提高劳动生产率的根本途径。马克思在分析劳动二重性时就指出过，劳动生产率这个范畴，是只与可变资本的具体劳动和使用价值有关，而与不变资本没有直接关系。随着劳动生产率的提高，单位产品的活劳动的减少，不变资本的物化劳动还会相对增加。因为劳动生产率的提高正是在于：活劳动的份额的减少，过去劳动的份额的增加，但结果是商品中包含的劳动总量减少；因而所减少的活劳动要大于所增加的过去劳动。二是不变资本的节约可以减少转移到新产品中的不变资本的价值，但它不能创造价值。因此，不能把不变资本在提高劳动生产率中的作用说成是创造价值的源泉。

其四，不变资本中"物化了的知识力量"是提高劳动生产率和经济效益的核心要素。《整合论》认为："'科学的发展水平和它在工艺上的应用程度'，'生产资料的规模和效能'，既然是生产商品所需要的劳动时间变动的原因之一，或者说是决定商品价值变动的原因之一，又怎么能说它不是价值的源泉之一呢？""对此，我们应该坚持理论上的一致性和逻辑上的合理性，以及物质财富和价值财富的统一性。"这种观点之所以不正确在于：（1）作为"物化的知识力量"的科学技术只是提高劳动生产率的重要因素，但不是创造价值的源泉。既然科学技术是知识的物化，它和科学技术工作者的劳动是不同的。前者是物化劳动，后者是活劳动，前者不能创造价值，后者才能创造价值，是价值的源泉。（2）所谓物质财富和价值财富的统一性是把使用价值或财富和价值相混淆。因为我们讲财富就是指使用价值，而不涉及价值。价值是指抽象劳动凝结，它和表现为使用价值或财富不同，如果把价值和财富即使用价值混淆在一起称为价值财富，也就是把使用价值和价值相混淆，这是对马克思劳动价值论的歪曲。（3）这种把使用价值和价值相混淆的目的，无非是把使用价值源泉的多元性和价值源泉的一元性相混淆，把物化劳动也说成是创造价值的源泉。

事实上，这种把财富与使用价值和价值相混淆的观点，庸俗经济学的代表萨伊早就提出了"这两个名词是同义语"的观点。他说："一个人愈是增加其所有物的价值，并因而能支配大量商品，就愈是富有，因此，收入不论是通过什么方式，只要能够取得更多的产品，其价值就增加了。"李嘉图就曾对这种错误观点进行过批评，他说："价值与财富在本质上是不同的，因为价值不取决于数量多寡，而取决于生产的困难和便利。制造业中一百万的劳动永远会生产出相同的价值，但却不会永远生产出相同的财富。……政治经济学中的许多错误之所以发生，就是由于对于这一问题的错误看法，由于把财富的增加和价值的增加混为一谈。"① 今天，有些学者提出活劳动和物化劳动都创造价值，都是价值的源泉，很重要的原因就是把使用价值即财富和价值相混淆，提出"使用价值和价值的一致性"，认为活劳动和物化劳动"在新价值和剩余价值的创造中，具有本质上的同一性和功能上的一致性"，以致陷入了和萨伊相同的理论误区而不能自拔。

其五，商品中不变资本与可变资本的较少含量是商品价值决定过程中的优势力量。《整合论》认为："一切使单位商品中价值总量减少的生产要素和条件，都是商品价值生产和价值创造的源泉。""既然决定商品的劳动时间的变动是由多种因素造成的，并且是随着这些因素的变动而变动，我们又怎么能说唯有其中作为可变资本的活劳动才是创造价值的唯一源泉呢？显然，这是不能自圆其说的。"这种观点之所以不正确在于：把价值创造的源泉和价值的构成、价值的实现相混淆。因为决定价值构成的因素既有不变资本的转移价值，也有可变资本的价值，还有剩余价值。而决定价值实现的因素除了形成价值的各种因素以外，还有货币的价值和市场的供求状况，而创造价值的源泉则只能是活劳动，这是因为表现为活劳动的劳动力具有和不变资本不同的能够创造价值的特性，这就是不变资本和可变资本的根本区别。

其六，不变资本对可变资本的不断代替是人类文明发展的物质源泉。《整合论》引用了马克思说的："现代工业的技术基础是革命的，而所有以往的生产方式的技术基础本质上是保守的。现代工业通过机器、化学过程和其他方法，使工人的职能和劳动过程的社会结合不断地随着生产技术基础发生变革。"从而得出"不变资本对可变资本的不断代替，也就是过

---

① ［英］大卫·李嘉图：《政治经济学及赋税原理》，郭大力、王亚南译，商务印书馆 1983 年版，第 232—233 页。

去劳动时间对现代劳动时间的不断代替，正是人类文明发展和社会进步的物质源泉"。由此证明："我们大可不必因为它带有'资本'色彩而大惊小怪或冷眼相待，更不可对它的存在和发展而疑虑重重或限制窒息。"这个观点也是不正确的：(1)马克思上面所说的话是说明大工业的发展必然引起劳动变换，这是'不可克服的自然规律'，只有承认这个规律，使工人尽可能向多方面发展，用全面发展的个人代替只能承担局部职能的工人，资本主义生产才能继续存在并向前发展。这里并不是说"不变资本对可变资本的不断代替"问题。(2)随着社会生产力的发展和科学技术的进步，资本有机构成的提高，资本的不变部分比资本的可变部分长得要快些，马克思从这里发现了资本主义的相对过剩人口规律。即这个相等过剩人口既是资本积累的产物，又是资本主义生产方式存在和发展的必要条件，根本就不应该"大惊小怪"和"疑虑重重"。但也不能从"生产技术基础发生变革"中抹杀不变资本和可变资本的界限，得出不变资本也成了价值的源泉。

《整合论》之所以把不变资本与可变资本两个概念互相混淆，把两者都看成创造价值的源泉，按照它的说法，其原因是："如果我们把资本生产的全部要素简单地归结为可变资本与不变资本这两个要素，并按照马克思所界定的不变资本的性质、功能和作用，去理解所有物质要素即生产资料的性质、功能和作用，我们就永远不会找到作为不变资本的生产要素与新价值创造的内在关系，更不可能找到这一要素参加分配的合理答案。所能找到的，仍然只是生产资料的所有权，只能解释价值的分配，而不能解释价值的生产。"为了证明不变资本是可变的，它还列举了不变资本价值变动的四种表现：(一)由生产过程外部因素引起的生产资料的价值变动。(二)由生产过程内部因素引起的单位商品中不变资本价值含量的变动。(三)由社会平均必要劳动时间决定的商品价值变动其中包括不变资本含量的变动。(四)由社会必需总量所必要的劳动时间决定商品价值的再次变动，其中包括不变资本含量的再次变动。诚然，不变资本由于各种原因，可能会发生价值变动，但是，这种不变资本所发生的价值变动，并不能改变在生产过程中生产资料作为不变资本的性质。因为生产资料在生产过程中转移的价值决不会大于它在这个过程之外所具有的价值。因此，生产资料的价值变动，虽然使已经进入生产过程的生产资料受到影响，但不会改变生产资料作为不变资本的性质。同样，不变资本和可变资本之间的比例的变化也不会影响它们在职能上的区别。例如，由于劳动过程的技术革新，过去 10 个工人用 10 件价值很小的工具只能加工少量的原料，现在一个工人用一台昂贵的机器就能够加工 100 倍的原料。在这种情况下，不变资本即使用的生产资料的价值量大大增加了，而资本的可变部分大大减少了。但是，这种变动只改变不变资本和可变资本的量的关系，或者说，只改变总资本分为不变和可变部分的比例，而不影响不变资本和可变资本在性质上的区别。由此可见，试图用不变资本存在价值变动来否定不变资本和可变资本在价值上的根本区别，来证明不变资本也和可变资本一样也能够创造价值，以此用来"整合"或取代马克思的劳动价值论的企图，是注定不能实现的。

（三）物化劳动创造价值是庸俗分配论的理论基础

资产阶级庸俗经济学者认为资本主义条件下，资本家所得到的利润、利息、地租等收入被看成资本和土地的报酬，因为他们认为资本、土地等生产要素都能够创造价值。因此，物化劳动创造价值就成为庸俗分配论的理论基础。庸俗经济学家萨伊的"三位一体公式"就是建立在活劳动和物化劳动共同创造价值的基础上。在他看来，生产有三个要素即资本、土地和劳动，这些要素都是价值的源泉。每一个生产要素的所有者凭借对生产要素的所有权，参与对剩余价值的分配，资本家得到利润，土地所有者得到地租，工人得到工资。这种分配方式割断了社会各阶级的收入同工人劳动的联系，似乎社会各个阶级的收入都有各自独立的源泉，资本产生了利息，土地产生了地租，劳动产生了工资，马克思称之为"三位一体公式"。

如果把有的论者提出的建立在物化劳动创造价值和剩余价值的按生产要素分配，和建立在三要素价值论上的"三位一体公式"加以对比，可以发现两者都存在共同的特点。

第一，都是把创造使用价值的要素和创造价值的要素相混淆。萨伊认为创造商品价值的，除了劳动以外，还有资本和土地，资本、土地、劳动是生产三要素，同时也是商品价值的创造者。今天，有的论者也提出："活劳动和物化劳动相结合，共同创造使用价值，也必然共同创造价值。"还认为："物化劳动只能转移价值 C，不能创造剩余价值 M，在理论上令人费解，在实践上也增加矛盾。"这种认为创造使用价值的要素也必然创造价值的观点，英国古典经济学的创始人威廉·配第就说过："劳动是财富之父，土地是财富之母。"这句话就使用价值即物质财富的生产来说，无疑是正确的，但配第所说的不是使用价值生产，而是指价值的创造。他说："所有物品都是由两种自然单位——即土地和劳动——来评定价值，换句话说，我们应该说一艘船或一件上衣值若干面积的土地和若干数量的劳动。理由是，船和上衣都是土地和投在土地上的人类劳动所创造的。"①马克思指出：这是"把作为交换价值的源泉的劳动和作为以自然物质（土地）为前提的使用价值的源泉的劳动混为一谈。"②

坚持活劳动创造价值，物化劳动不能创造价值，并不是在价值创造过程中，在剩余价值的生产中，否定生产资料即物化劳动的作用。事实上，我们坚持只有可变资本才能创造价值，但只有在不变资本即劳动的生产条件也被预付的情况下，才能创造出价值。因此，我们不能把价值源泉的一元化和价值形成的多元化，价值创造的条件和价值的源泉混为一谈。

第二，都是把社会总产品和社会收入相混淆。萨伊认为："从整个国家来看，根本没有纯产品。因为产品的价值等于产品的生产费用，所以，如果我们把这些费用扣除，也就把全部产品价值扣除……年收入就是总收入。"③萨伊所说的生产费用就是他认为商品的价值由效用的生产费用即工资、利息和地租决定的。这三种收入相当于三个要素在创造效用时各自所耗费的代价，从而构成效用的生产费用。实际上，这不过是商品价值只分为工资、利润和地租三种收入，以及由三种收入构成商品价值的"斯密教条"的进一步庸俗化。这个和有的论者提出的："物化劳动是从企业看问题，从社会看则全部来自活劳动成果，即一切中间产品（生产资料）和最终产品，都是活劳动成果，而且是本期活劳动形成的。即从企业看的物活劳动共同存在价值＝从社会看的活劳动创造价值。"

两种观点虽然各自表述不一样，但有一个共同的特点，都是把社会总产品和社会收入相混淆。马克思在批评萨伊的这个错误时指出：第一，说每年生产的价值，当年会消费掉，这是错误的。固定资本的大部分就不是这种情况。一年内生产的价值大部分进入劳动过程，而不进入价值形成过

---

① ［英］威廉·配第：《赋税论》，陈冬野译，商务印书馆1978年版，第42页。

② 《马克思恩格斯全集》第26卷第1册，人民出版社1972年版，第386页。

③ 同上书，第85页。

程；就是说，并不是这些东西的总价值全部在一年内消费掉。第二，每年消费的价值中有一部分是由不加入消费基金而作为生产资料来消费的那种价值构成。这些生产资料中一部分重新作为生产资料回到生产过程中去，另一部分加入个人消费过程，构成"纯产品"。"如果象萨伊先生那样，认为全部收益，全部总产品，对一个国家来说都可以分解为纯收益，或者同纯收益没有区别，因而这种区别从整个国民的观点来看就不存在了，那末，这种幻想不过是亚当·斯密以来贯穿整个政治经济学的荒谬教条，即认为商品价值最终会全部分解为收入即工资、利润和地租这样一种教条的必然和最后的表现。"① 第三，都是把活劳动二重性和"物化劳动二重性"相混淆。萨伊的三要素价值论把物化劳动和活劳动的作用相提并论，必然把活劳动的二重性混同为物化劳动的二重性。他说，价值是由效用决定，而效用是由生产三要素生产的。"创造具有任何效用的物品，就等于创造财富。这是因为物品的效用就是物品价值的基础，而物品的价值就是财富所由构成的。"② 今天，那些认为"活劳动与物化劳动相结合共同创造使用价值，也必然创造价值"的论者，同样是把活劳动的二重性质，混同为物化劳动也有二重性。总之，如果把按生产要素分配建立在物化劳动创造价值的基础上，必然会把各个生产要素所有者取得的收入的源泉，归根于各生产要素都创造了价值，从而否定劳动价值论，最终陷入萨伊的"三位一体公式"的泥坑。

（四）科学技术是否是创造新价值的巨大源泉

《整合论》认为马克思关于科学技术只是创造物质财富的源泉，而不是创造价值的源泉，只有活劳动才是创造价值的唯一源泉，是"一个极为费解而又十分严肃的联络难题"。它得出的结论是："科学技术不仅是创造新的物质财富的巨大源泉，而且也是创造价值财富的巨大源泉。"并提出了探求科学技术能够创造新价值的七条"路径"。

"路径"之一："从可变资本与不变资本的职能定位中走出来"。"理由"是："不变资本，仅仅是指在孤立的、封闭的直接生产过程中，作为生产资料的资本，其投入的价值总量与转移的价值总量相等，而不发生价

---

① 《马克思恩格斯全集》第25卷，人民出版社1974年版，第951页。

② ［法］萨伊：《政治经济学概论》，陈福生译，商务印书馆1963年版，第59页。

值变动的资本。""由于企业生产过程中的技术、管理和劳动熟练程度等因素是可变的，而且是多变的，必然造成单位商品中不变资本价值含量的价值变动。"这个"理由"之所以不正确在于：把不变资本曲解为价值含量不变的资本。所谓不变资本，按照马克思的说法，就是指"生产资料加到产品上的价值决不可能大于它们在自己参加的劳动过程之外所具有的价值。"① 例如，一种生产资料，如果它价值 150 镑，值 500 个工作日，那么它加到用它制造的总产品上去的价值就决不会大于 150 镑。因为它的价值不是由它作为生产资料进入劳动过程决定的，而是由它作为产品被生产出来的劳动过程决定的。不变资本之所以"不变"，是指它的转移价值和生产它的价值是一致的，而不是说生产它的价值不发生变化。事实上，随着劳动生产率的变化，价值也会发生变化，如果劳动生产率提高了，生产同样的生产资料会小于 150 镑，那么加到它所制造的产品上的价值，也会小于 150 镑，这种情况并不否定不变资本的职能定位。

"路径"之二："从资本生产的独立的直接生产过程中走出来"。"理由"是："如果仅仅限于资本生产的这种独立、封闭，而不同整个社会生产相联系的直接生产过程中，无论是资本家还是雇佣工人，所能看到和得到的只是企业新生产出来的各类产品。而从实际价值收益其中包括剩余价值实际收益上说，都是两手空空，一无所有。""如果只是在企业的独立生产过程中，来考察单位产品中的这种不变资本的价值含量或科技含量，就不可能找到科学技术也能创造新价值的最后的真正而科学的圆满的答案，甚至还会继续得出科学技术不能创造新价值，从而得出不能创造剩余价值的答案。""我们在研究和回答科学技术能否创造新价值这个难题中所遇到的难题的原因，就是因为没能从多层整合或多元整合的认识角度，来把握决定商品价值的社会必要劳动时间的多层含义或多元含义。"他的所谓多层含义，就是"按照马克思劳动价值论关于决定价值的社会必要劳动时间的多层含义"：一是商品价值取决于生产这种商品的社会必要劳动时间；二是商品价值取决于加入商品的总劳动时间，即过去的劳动时间和活劳动时间；三是每一种商品的价值都不是由这种商品本身包含的必要劳动时间决定的，而是由它的再生产所需要的社会必要劳动时间决定；四

---

① 《马克思恩格斯全集》第 23 卷，人民出版社 1972 年版，第 232 页。

是决定农产品的价值的是社会必要劳动时间；五是在国际范围内，强度较大的国民劳动比强度较小的国民劳动，会在同一时间内生产出更多的价值；六是在决定商品价值的社会必要劳动时间中，还有一个简单劳动与复杂劳动价值创造比率关系问题；七是商品价值，还是由当时社会平均生产条件下生产市场上这种商品的社会总量所必要的劳动时间决定。能否从上述社会必要劳动时间的七层含义中得出科学技术能够创造价值"路径"，我认为，社会必要劳动时间的多层含义和科学技术能否创造价值并不是同一个问题，两者不能相提并论。

第一，社会必要劳动时间是在现有的正常生产条件下，在社会平均的劳动熟练程度和劳动强度下制造某种使用价值所需要的劳动时间。

诚然，剩余价值是来源于直接生产过程的劳动者，但并不排斥其他过程的劳动者也可以创造价值和剩余价值。马克思在分析资本的流通过程时，就指出流通过程有些劳动者也创造价值。随着社会分工的发展，生产劳动概念的扩大，科技工作者和管理工作者的劳动，也是能够创造价值的。但是，这和作为不变资本的科学技术不能创造价值和剩余价值是两回事，因为这些领域的劳动者的劳动也能创造价值，并不等于作为物化劳动的科学技术能够创造价值。因此，不能以"从资本生产的独立的直接生产过程走出来"为理由，得出科学技术也能创造剩余价值的结论。

"路径"之三："从社会平均必要劳动时间的价值决定中寻找答案"。卢文认为，"当从资本的独立、封闭的直接生产过程的局限中走出来之后，第一步就要在决定商品价值的'社会必要劳动时间'的'平均化'和'社会化'中，来寻找科学技术能够创造新价值的初步答案。"也就是马克思说的，商品的价值取决于"在现有的社会正常的生产条件下，在社会平均的熟练程度和劳动强度下制造某种使用价值所需要的劳动时间"。它以生产牛皮箱为例，一张价值300元的牛皮，生产技术落后的企业，只能生产一个皮箱，不变资本价值就是300元；中等技术的企业可以将牛皮分割成两层，生产出两个皮箱，不变资本价值是150元；而进行了技术革新的企业，可将牛皮分割成三层，生产三个皮箱，不变资本价值只有100元。如果按照150元社会必要劳动时间出卖，可以获得利润150元。卢文由此得出这"不正是马克思本人所说的由科学技术这种'物化了的知识力量'所创造的吗？"这是对马克思的误解。诚然，进行了技术革新的企业，由于使用了技术先进的设备，提高了劳动生产率，由生产一个皮箱提高到生产三个，从而使不变资本由每个300元降低到100元，按照社会必要劳动时间150元出卖，每个可以获得超额剩余价值50元。事实上，这个超额剩余价值并非来源于技术先进的不变资本，而是由劳动生产率最低的企业转移过来的。马克思指出："个别价值低于市场价值的商品，就会实现一个额外剩余价值或超额利润，而个别价值高于市场价值的商品，却不能实现它们所包含的剩余价值的一部分。"① 可见，超额剩余价值并非来源于具有先进技术的不变资本。卢文不仅认为："我们不仅找科学技术也能创造新价值或剩余价值的真实答案"，甚至杜撰出"我们是用马克思本人在劳动价值论中所提出过的基本理论和基本方法，解决了马克思当年没有解决而留给后人的理论难题。从这个意义上说，如果不是理论创新，至少是对马克思主义劳动价值论的丰富、发展和完善。"这真是有点令人"匪夷所思"。

"路径"之四："从复杂劳动与简单劳动的倍加关系中寻找答案"。"理由"是根据马克思说的："自然界没有制造出任何机器，没有制造出机车、铁路、电报、走锭精纺机等等。它们是人类劳动的产物，是变成了人类意志驾驭自然的器官或人类在自然界活动的器官的自然物质。它们是人类的手创造出来的人类头脑的器官；是物化的知识力量。"② 能否根据马克思这段话得出"科学技术也能创造新价值而且能够创造更多的新价值"呢？不能，因为复杂劳动和简单劳动都是指人的活劳动，当然可以创造价值和更多的新价值。然而科学技术也和机器设备一样，"它们是人类劳动的产物"，"是物化的知识力量"，也就是说它是复杂劳动的产物，不是人的活劳动，而是物化劳动，是不能创造价值的。而卢文却把活劳动和物化劳动加以混淆，把科学技术这个已经"物化的知识力量"和人们正在发挥作用的体力和智力劳动相混淆，得出作为物化劳动的科学技术也能够创造价值和新价值的不正确结论。

"路径"之五："从商品再生产的价值决定中寻找答案"。理由：（1）是根据马克思说的："每一种商品（因而也包括构成资本的那些商品）的价值，都不是由这种商品本身包含的必要劳动时间决定的，而是由它的再生产所需要的社会必要劳动时间决定的。这种再生产可以在和原有生产

---

① 《马克思恩格斯全集》第25卷，人民出版社1974年版，第199页。
② 《马克思恩格斯全集》第46卷（下册），人民出版社1980年版，第219页。

条件不同的、更困难或更有利的条件下进行。如果在改变了的条件下再生产同一物质资本一般需要加倍的时间，或者相反，只需要一半的时间，那么在货币价值不变时，以前值 100 镑的资本，现在则值 200 镑或 50 镑。"马克思对此还进一步指出："增值和贬值的意思是不言自明的。它们不外就是指：现有资本由于某些共同的经济情况（因为这里说的不是任何一个私人资本的特殊遭遇）在价值上增加或减少了。"马克思在这里所说的"物质资本"，"由于某些共同的经济情况在价值上增加或减少"，当然就是或者说应该就是他本人提出过的"不变资本"价值的增加或减少。可以说，这是年纪较大的马克思对年轻些的马克思的自我否定。① （2）也是根据马克思说的："要在最经济的条件下使用这种已经缩减到必要程度的劳动，也就是说，要把所使用的不变资本的价值缩减到它的最低限度。"②卢文接着解释说："因为这种'不变资本的价值缩减'，也是新价值和剩余价值创造的源泉之一，或者说是不变资本也能创造新价值和剩余价值的内在原因。"结论是："如果不变资本作为科学技术'物化了的知识力量'，它只是生产过程中物质资本原有价值投入的总量的等量转移，而不能创造新价值和剩余价值的话，资本家又何必'狂热'地节约生产资料，即不变资本呢？""如果只是作为可变资本的活劳动才是创造新价值和剩余价值的唯一源泉，而在开始曾经提出的问题中，美国制造业的就业劳动者已从 30 年前就业人口的 33% 降到现在的 17%，这岂不是资本主义自己在'缩减'剩余价值创造的源泉吗？""如果我们继续坚持科学技术不能创造新价值或剩余价值的观点。那么，马克思创立的劳动价值论，也就没有什么科学价值了。"从卢文这些观点中可以看出必须搞清以下几个问题：

第一，必须搞清马克思究竟是在什么意义上来界定"不变资本"和"可变资本"概念的。马克思在《资本论》中对不变资本和可变资本都作了明确的界定，他说："变为生产资料即原料、辅助材料、劳动资料的那部分资本，在生产过程中并不改变自己的价值量。因此，我把它称为不变资本部分，或简称为不变资本。相反，变为劳动力的那部分资本，在生产过程中改变自己的价值。它再生产自身的等价物和一个超过这个等价物而

---

① 参见《马克思恩格斯全集》第 25 卷，人民出版社 1974 年版，第 127、158 页。

② 同上书，第 103 页。

形成的余额，剩余价值。这个剩余价值本身是可以变化的，是可大可小的。这部分资本从不变量不断变为可变量。因此，我把它称为可变资本部分，或简称为可变资本。"① 从马克思关于不变资本和可变资本的概念看，它们具有生产性的特点。那就是它们之所以称为不变资本和可变资本，都是指的在生产过程中作为生产资料的资本，才称为不变资本；而购买劳动力那部分资本称为可变资本。因为只有通过生产过程才能够使它发生价值变化。可见，马克思界定的"资本的这两个组成部分，从劳动过程的角度看，是作为客观因素和主观因素，作为生产资料和劳动力相区别的；从价值增殖过程的角度看，则是作为不变资本和可变资本相区别的。"② 也就是说，马克思的不变资本之所以"不变"仅仅是指在生产过程中，作为不变资本的生产资料是按照它的原来的价值转移到新产品中去的，它本身是不能增加价值的。而作为可变资本的劳动力，在生产过程中，不仅能够补偿劳动力的价值，而且能够创造出超过劳动力价值的价值，即剩余价值。然而卢文却脱离论题的范围，把生产过程中生产资料的价值不会发生价值变化和生产资料在再生产过程出现的价值变化混淆起来，作为否定不变资本的根据。他引用马克思在《资本论》第三卷中分析生产资料在再生产过程中由于社会必要劳动时间的变化会影响利润率变化，来否定马克思的不变资本理论。事实上，在生产过程中按照生产资料原来的价值进行转移，它和生产资料本身在再生产过程中会发生价值变化这完全是两码事，两者不能相提并论。

第二，马克思为了防止有人误解，明确指出："不变资本这个概念决不排斥它的组成部分发生价值变动的可能性。"③ 马克思举例说：假定1磅棉花今天值6便士，明天由于棉花歉收而涨到1先令。仍在加工中的原有的棉花，是按6便士的价值买进的，而现在加到产品上的价值部分却是1先令。已经纺完，也许已经变成棉纱在市场上流通的棉花，加到产品上的价值同样也比它原来的价值大一倍。然而我们知道，这种价值变动是同纺纱过程中棉花的价值增殖没有关系的，即使原有的棉花还根本没有进入劳动过程，它现在也能按1先令而不是按6便士卖出去。不仅如此，棉花

---

① 《马克思恩格斯全集》第23卷，人民出版社1972年版，第235—236页。

② 同上书，第236页。

③ 同上。

经历的劳动过程越少，这种结果越可靠。因此，投机的规律是：在价值发生变动的情况下，要在加工最少的原料上进行投机，就是说，棉布不如棉纱，棉纱不如棉花。在这里，价值的变动是发生在生产棉花的过程中，而不是发生在棉花作为生产资料，从而作为不变资本执行职能的过程中。

又如，由于一种发明，同种机器可由较少的劳动再生产出来，那么旧机器就要或多或少地贬值，因而转移到产品上的价值也要相应地减少。但就是在这种情况下，价值变动也是在机器作为生产资料执行职能的生产过程以外发生的。机器在这个过程中转移的价值决不会大于它在这个过程之外所具有的价值。

生产资料的价值变动，虽然使已经历过生产过程的生产资料受到影响，但不会改变生产资料作为不变资本的性质。同样，不变资本和可变资本之间的比例变化，也不会影响它们在职能上的区别。例如，由于劳动过程的技术条件的革新，过去10个工人用10件价值很小的工具只能加工少量的原料，现在1个工人用1台昂贵的机器能够加工100倍的原料。这样，不变资本即被使用的生产资料的价值量大大增加了，而可变资本部分则大大减少了。但是，"这种变动只改变不变资本和可变资本的量的关系，或者说，只改变总资本分为不变部分和可变部分的比例，而不影响不变资本和可变资本的区别。"① 马克思之所以不厌其详地来说明不变资本和可变资本这两个概念之间的区别，就是防止有人对这两个概念的曲解。而事实证明就是有人在这个问题上提出非难。而卢提出的上述问题，马克思在《资本论》中都进行了回答。

第三，如何理解马克思说的："要在最经济的条件下使用这种已经缩减到必要程度的劳动，也就是说，要把所使用的不变资本的价值缩减到它的最低限度。"② 按照卢文的说法："因为这种'不变资本的价值缩减'也是新价值和剩余价值创造的源泉之一，或者说是不变资本也能创造新价值和剩余价值的内在原因；如果能'缩减到它的最低限度'，则是不变资本所创造的新价值和剩余价值就达到最高限度。""如果不变资本作为科学技术'物化了的知识力量'，它只是生产过程中物质资本原有价值投入的总量的等量转移，而不能创造新价值和剩余价值的话，资本家又何必

---

① 《马克思恩格斯全集》第23卷，人民出版社1972年版，第237页。
② 《马克思恩格斯全集》第25卷，人民出版社1974年版，第103页。

'狂热'地节约生产资料，即不变资本呢?" 我认为这种把运用科学技术，节约不变资本和创造新价值和剩余价值三者等同起来的说法是不正确的。因为:

(1)运用科学技术能够提高劳动生产率，从而降低单位商品的个别价值，获得超额剩余价值，但是，这个超额剩余价值并不是来源于科学技术本身，而是来源于劳动者的活劳动。

(2)不变资本的节约只影响利润率的提高，而不是新价值和剩余价值的来源。因为通过节约可以减少不变资本的支出，在剩余价值不变的条件下可以提高利润率，但是，不能把剩余价值的源泉归结为不变资本。马克思指出:"资本只有作为一种关系，——从资本作为对雇佣劳动的强制力量，迫使雇佣劳动提供剩余劳动，或者促使劳动生产力去创造相对剩余价值这一点来说，——才产生价值。在这两种情况下，资本都只是作为劳动本身的物质条件所具有的从劳动异化的而又支配劳动的力量，总之，只是作为雇佣劳动本身的一种形式，作为雇佣劳动的条件，才生产价值。按照经济学家通常的理解，资本是以货币和商品形式存在的积累的劳动，它象一切劳动条件（包括不花钱的自然力在内）一样，在劳动过程中，在创造使用价值时，发挥生产性的作用，但它永远不会成为价值的源泉。"①

马克思在批评亚当·斯密关于"工资、利润和地租，是一切收入的三个原始源泉，也是一切交换价值的三个原始源泉"的错误观点时，认为"罗德戴尔说得对:亚·斯密在研究了剩余价值和价值的本质之后，错误地把资本和土地说成是交换价值的独立源泉。资本和土地，只有成为占有工人超过为补偿他的工资所必需的劳动时间而被迫完成的那一定量剩余劳动的根据，才是它们的所有者的收入的源泉"。② 可见，斯密的错误是他把占有剩余劳动的"根据"和剩余价值的"源泉"混淆起来了。资本家凭资本和土地的所有权占有利润和地租，但不等于资本和土地是利润和地租这些剩余价值的源泉。马克思说:"说它们是'一切收入的三个原始源泉'，这是对的;说它们'也是一切交换价值的三个原始源泉'，就不对了，因为商品的价值是完全由商品中包含的劳动时间决定的。"③ 卢

---

① 《马克思恩格斯全集》第 26 卷第 1 册，人民出版社 1972 年版，第 73—74 页。

② 同上书，第 74 页。

③ 同上。

文也是把占有剩余价值的根据和剩余价值的源泉相混淆，正是由于资本家凭借他对不变资本的占有权，才取得利润和地租，但不能由此得出它们是利润和地租这些剩余价值的源泉。无论是他们扩大还是节约不变资本，目的只有一个，就是他们凭借其占有权获得收入。

路径之六："从市场需要的社会必要劳动时间对商品价值的决定中寻找答案"。理由是根据马克思说的："要使一个商品按照它的市场价值出售，也就是说，按照它包含的社会必要劳动来出售，耗费在这种商品总量上的社会劳动的总量，就必须同这种商品的社会需要的量相适应，即同有支付能力的社会需要的量相适应。"① 卢文提出要按照马克思关于商品价值决定的"多层含义"来说明如下问题：例如，要说明不变资本的原有价值总量，以及它在单位商品中的价值含量，是必然发生价值变动的，绝不是不发生价值变动的。从这个真实意义上说，在社会劳动关系和社会资本运动中，原来在独立的直接生产过程中被马克思视为'不变资本'的资本，在按照马克思本人的劳动价值论的基本理论进行深入研究和认识时，作为生产资料的'不变资本'原来也是价值可变的资本；又例如，在商品价值决定中，发生价值变化的不变资本，也能够创造带来新价值和剩余价值的资本；再例如，在市场经济发展中，在商品价值决定的多层含义所蕴含的机遇和风险中，只有拥有先进科学技术及其先进生产技术的企业和国家，才能更好地抓住这种机遇，抵御或化解这种风险，从而创造有利企业和国家的更多的新价值和剩余价值；等等。对于卢文提出从马克思关于"市场需要的社会必要劳动时间对商品价值的决定中寻找答案"，目的是想从马克思关于商品价值决定与市场供求的变动的关系中，寻找出市场供求决定商品价值和不变资本能够创造新价值和剩余价值的答案。事实上，这完全是不可能的。

第一，市场供求不能决定市场价格。供求包括供给和需求两个方面。两者是对立的统一。如果把两者的统一性看成等同，那就会发生"同义反复"的困惑。实际上，供给和需求不仅在量上可以不一致，而且常常不一致，并且在时间和空间也是分开的。所谓供给，就是处在市场上的产品，或者能提供给市场的产品。这些产品，一方面有一定的重量或一定的

① 《马克思恩格斯全集》第25卷，人民出版社1974年版，第215页。

数量；另一方面又有一定的市场价值，表现为单位商品的市场价值的倍数。首先，"市场上现有商品的数量和它们的市场价值之间，没有必然的联系"。① 因为一定的价值量可以表现为一种商品的很大的量，也可以表现为另一种商品的很小的量。其次，二者之间只发生这样一种联系：在一定的劳动生产力基础上，各个生产部门生产一定量的商品，都需要一定量的社会必要劳动时间，这与这些商品的使用价值没有内在联系。商品和价值的矛盾，在市场上表现为供给和需求、买者和卖者之间的对立。所谓需求，就是指有支付能力的需求。它包括两个方面，即对生产资料的需求和对生活资料的需求。对于需求量的决定，它有很大的伸缩性。当生活资料价格下降或者工资提高，工人对生活资料的需求就会增加；如果生产资料便宜了，资本家对生产资料的需求就会增加，投入生产在追加资本也会增加。

但是，市场价格不是由供求决定的，而是由市场价值，即价值规律决定的。不然就无法说明在供求一致时，商品为什么会按照一定的价格出售。资产阶级经济学家认为，如果供求保持这样的比例，以致某种商品的总量能够按照它们的市场价值出售，供求就是一致的。也就是供求决定市场价值。显然，这是错误的。因为供求一致，意味着它们对市场价值不再发生影响，所以必须用另外的作用，而不是用供求来说明。因为"如果供求一致，它们就不再说明任何事情，就不会对市场价值发生影响，并且使我们完全无从了解，为什么市场价值正好表现为这样一个货币额……资本主义生产的实际的内在规律，显然不能由供求的互相作用来说明。（完全撇开对这两种社会动力的更深刻的分析不说，在这里不需要作出这种分析），因为这种规律只有在供求不再发生作用时，也就是互相一致时，才纯粹地实现。供求实际上从来不会一致；如果它们达到一致，那也只是偶然现象，所以在科学上等于零，可以看作没有发生过的事情。"② 这就是说，在现实生活中，供求不会绝对一致，但在政治经济学上必须假定它们是一致的。只有这样，才能撇开由供求变动所引起的许多假象，才能真正对各种现象进行规律性的考察，从而找出供求运动的现实趋势，并在一定程度上把它确定下来。所谓假定供求是一致的，并非空穴来风，而是具有

① 《马克思恩格斯全集》第 25 卷，人民出版社 1974 年版，第 208 页。
② 同上书，第 211—212 页。

实际意义。虽然在每一个特定场合，供求都是不一致的，但是，从一个或长或短的时期来看，供求又总是一致的。马克思指出："虽然在任何一定的场合供求都是不一致的，但是它们的不平衡会这样接连发生，——而且偏离到一个方向的结果，会引起另一个方向相反的偏离，——以致就一个或长或短的时期的整体来看，供求总是一致的；不过这种一致只是作为过去的变动的平均，并且只是作为它们的矛盾的不断运动的结果。"① 可见，卢文提出的"从市场需要的社会必要劳动时间对商品价值的决定中寻找答案"的说法是不正确的。

第二，市场供求关系的变动只是使市场价格围绕市场价值发生波动，但不能决定市场价值。供求不能决定市场价值，但是，供求变化可以影响市场价格的变动。

第三，供求不仅不能决定市场价值，而且供求的变化也是由市场价值决定的。马克思在批判马尔萨斯关于"自然价格和市场价格同样依存于供求关系"的错误观点时指出："这个聪明人不理解：在这里所说的情况下，正好是生产费用的变化，因而正好是价值的变化，引起需求的变化，从而引起供求关系的变化，并且需求的这种变化，也能够引起供给的变化；这正好会证明我们这位思想家想要证明的事情的反面；就是说，这会证明，生产费用的变化，无论如何不是由供求关系来调节的，而是相反，生产费用的变化调节着供求关系。"②

"路径"之七，"从劳动生产率与商品价值的内在关系中寻找答案"。在探讨劳动生产率与价值的关系中他列出了三种情况。其中第一、二种情况不具有普遍意义，在此不予讨论。现针对他提出的第三种情况加以分析。例如企业购买一台缝纫机价格是3000元，而它代替的工人的工资是6000元，在这种情况下，用一定数量的活劳动和物化劳动，可以生产出最高数量的商品。同时，也使单位商品劳动总量和价值量减少到最低限度。这样，就会使最低的产品成本成为市场竞争的优势力量，从而创造更多的企业利润，或者说是新价值和剩余价值。而这种新价值和剩余价值的增加，恰恰不是由于活劳动作为创造价值的唯一源泉的增加造成的。如果是唯一源泉的话，又怎么会因为这个唯一源泉的减少而创造更多的新价值

---

① 《马克思恩格斯全集》第25卷，人民出版社1974年版，第212页。

② 同上书，第214页。

和剩余价值呢？这种把提高劳动生产率所取得的相对剩余价值归功于物化劳动创造的观点是不对的。

马克思指出："资本通过使用机器而产生的剩余价值，即剩余劳动，——无论是绝对剩余劳动，还是相对剩余劳动，并非来源于机器所代替的劳动力，而是来源于机器使用的劳动力。"他以棉纺厂为例，一台 100 马力的蒸汽机可以带动 5 万纱锭，1000 个工人纺出的棉纱相当于不使用机器的 25 万个工人纺出的棉纱。在这种情况下，资本的剩余价值不是来源于被代替的 25 万个工人劳动的机器，而是来源于 1000 个在业工人的劳动。正是他们的剩余劳动体现在剩余价值中。在这 1000 个工人的劳动中实现了更高质量的劳动，等于简单劳动自乘了。因为蒸汽机的使用，为劳动生产率的提高创造了有利条件，它对降低生活资料的价值，从而降低劳动力的价值缩短必要劳动时间取得相对剩余价值起了重要作用。因此，不变资本不是剩余价值的源泉，剩余价值只能来源于可变资本的活劳动。

《整合论》主张不变资本也创造价值，其中一个重要原因，是把提高劳动生产率的各种因素，作为创造新价值和剩余价值的共同源泉。其目的无非是要把马克思的活劳动创造价值的唯一源泉的劳动价值论，变成多因素共同创造新价值的共同源泉的劳动价值《整合论》。在它看来，"商品价值不是只有一个或几个因素发生作用的必然结果，而是由各种要素共同发生作用的必然结果。从这个意义上说，创造商品价值的源泉，既不是'单元价值论'或'双元价值论'，也不是互不相干的'多元价值论'，而是多种因素共同决定的'整合劳动价值论'或'劳动价值整合论'。"这种把决定劳动生产率的多种因素看成是创造价值的多种源泉的错误在于：(1) 歪曲了劳动生产率的概念。马克思指出："生产力当然始终是有用的具体的劳动的生产力，它事实上只决定有目的的生产活动在一定时间内的效率。因此，有用劳动成为较富或较贫的产品源泉与有用劳动的生产力的提高或降低成正比。相反地，生产力的变化本身丝毫也不会影响表现为价值的劳动。"① 马克思在这里明确指出了劳动生产率只是对活劳动的具体劳动而言，它只说明使用价值即财富的创造问题，并不涉及抽象劳动创造价值的问题。更不能作为不变资本的物化劳动创造价值的根据。而

① 《马克思恩格斯全集》第 23 卷，人民出版社 1972 年版，第 59 页。

《整合论》却认为"没有劳动生产率理论，就说明不了商品中劳动总量和价值量变化的内在原因"。显然，这是对劳动生产率含义的曲解。（2）把影响劳动生产率的多种因素，曲解为创造价值和新价值的多种源泉。马克思在提到劳动生产率是由多种情况决定的问题时，指的是影响劳动生产率的因素，而不是说这些因素是创造价值和新价值的源泉。他明确指出："不管生产力发生了什么变化，同一劳动在同样的时间内提供的价值量总是相同的。但它在同样的时间内提供的使用价值量会是不同的：生产力提高时就多些，生产力降低时就少些。"① 可见，决定劳动生产率的因素只和使用价值有关，而与商品的价值和新价值的决定无关，因此，不能把决定劳动生产率的因素作为价值和新价值的源泉。

二 劳动价值论与社会主义分配制度

深化对劳动和劳动价值论的认识，除了加深对马克思劳动价值理论的研究和理解，划清马克思的观点和形形色色的错误的界限以外，还必须研究和运用劳动价值论来分析和解决社会主义条件下的理论和实际问题，特别是关于社会主义分配中的问题。

（一）劳动价值论与分配的关系

劳动价值论与分配的关系问题，理论界存在两种不同看法：一种是肯定的观点：认为无论从马克思创立科学劳动价值的历史来看，还是从深化劳动价值论的今天来看，两者的关系应该是密切的；另一种是否定的观点：认为如果承认两者有关，就会否定生产资料所有制决定分配的原理。因此"表明价值来源的劳动价值论就不是生产要素参与分配的理论依据"。

例如，有一位否定论者认为："市场经济条件下，生产要素在生产过程中所发挥的作用是参与分配的客观依据。"② 他说："马克思站在历史唯物主义的立场上，深刻而精辟地指出，'分配结构完全决定于生产的结

① 《马克思恩格斯全集》第 23 卷，人民出版社 1972 年版，第 60 页。
② 甘宜沅：《"劳动价值论"是"生产要素参与分配"的理论基础吗》，《武汉大学学报（社会科学版）》2002 年第 4 期。

构'。显而易见，马克思所说的'分配结构'是指'分配方式'或'分配的形式'，即具体的分配比例的问题；而'生产结构'则是指'生产方式'——生产要素配置或有机结合的方式（而非所谓的'生产力的发展水平'或'生产力的发展状况'）。因此，'分配的结构完全决定于生产的结构'的意思就是：分配方式完全取决于生产方式。由于生产要素有机结合的方式是具体的、千差万别的，分配方式也应该是具体的、千差万别的，有什么样的生产方式，就有应该有什么样的分配方式与之相对应。需要指出的是，分配方式能够体现出一定的分配关系，但分配方式本身并不等于分配关系。分配方式是生产要素在分配过程中具体的比例和结构，而分配关系则是生产要素在参与分配过程中所具有的、表现出来的'对立统一的关系'；分配关系是生产关系在分配过程中的表现，而分配方式则取决于生产方式或生产力的特征。因此，我们不应把分配方式和分配关系二者混淆起来。"在谈到劳动价值论与分配的关系时，否定论者认为："尽管'劳动价值论'绝对没有错，不会也不可能过时，但是'劳动价值论'却不能成为生产要素参与分配的理论基础。原因简述如下：因为有什么样的生产方式，就有什么样的分配方式与之相对应。由生产方式决定分配方式，而不是由'价值'（或'价值'的源泉）来决定分配方式，所以表明来源的'劳动价值论'显然就与分配方式——'生产要素参与分配'——无关。因此，'劳动价值论'也不是生产要素参与分配所谓'深层次的理论基础'。同理可证，'劳动价值论'也不是实行'按劳分配'的理论基础。"

认为劳动价值论与分配有关的肯定论者从价值决定和价值分配的关系进行了论证。[①] 所谓价值决定是指价值是由生产商品的社会必要劳动时间决定的。而创造价值的源泉是劳动者的活劳动。价值分配是指新创造价值（V + M）如何进行分配的问题。由于商品价值决定于生产该商品的社会必要劳动时间，因而价值决定与价值分配的关系，也就体现了生产与分配的关系。马克思指出："分配的结构完全决定于生产的结构，分配本身是生产的产物，不仅就对象说是如此，而且就形式说也是如此。就对象说，能分配的只是生产的成果，就形式说，参与生产的一定形式决定分配的特

---

① 余陶生：《劳动价值论与社会主义分配制度》，《武汉大学学报（社会科学版）》2003年第5期。

定形式，决定参与分配的形式。"① 在这里，马克思是从两方面来说明生产决定分配：一是被分配的对象是生产的产品，没有产品就不可能有分配，劳动者不创造价值产品，分配就没有对象，也就不可能有价值分配。二是分配的方式是由生产的一定形式即生产资料所有制决定的。可见，分配的方式不仅取决于生产资料所有制形式，还决定于劳动者创造价值的多少，作为劳动创造价值的劳动价值论就直接与分配有关。

在资本主义社会，资本家是通过对生产资料的所有权取得工人创造的剩余价值。劳动者通过对自己劳动力的所有权取得劳动力的价值即工资。在社会主义条件下，不论是实行按劳分配，还是实行按生产要素分配，都是在劳动创造价值的基础上对新创造价值的分配。没有新创造的价值，任何分配方式都将失去基础，分配也就无从谈起。有的否定论者以马克思开始研究政治经济学的时候，曾经否定过古典经济学的劳动价值论为根据，证明劳动价值论与分配无关。诚然，马克思和恩格斯在开始研究政治经济学时，对古典经济学的劳动价值论是持否定态度的。其原因：一是由于当时他们没有把古典经济学与庸俗经济学相区分，把两者统统看成资产阶级的辩护理论，使得政治经济学的一些基本范畴包括价值在内，都在被否定之列。二是由于马克思和恩格斯还不了解私有制下竞争的作用和价值规律发生作用的形式，从而把价格围绕价值上下波动看成是对价值规律的否定。他们认为，在资本主义现实中，价值没有实在意义，真正存在的只是由竞争即由供求关系所决定的市场价值。同时，马克思还认为劳动决定价值是"虚假的抽象"，因为劳动价值论会造成一种假象，似乎在私有制下劳动者能够实现自己劳动创造的全部价值。因而否定了古典经济学价值由劳动决定的观点。但是，后来随着研究的深入，他们从基本上否定劳动价值转变到批判继承古典经济学的劳动价值论。马克思在《神圣的家族》中提出了商品的价值"本质上取决于生产该物品所需的劳动时间"。1845年马克思写的《对詹·穆勒著作的摘录》中指出，价值和价格的背离并不否定劳动价值论，而是同类因素决定价值的原则一起形成的规律。

在《哲学的贫困》中，马克思承认"李嘉图的价值论是对现代经济生活的科学解释"。他提出的"由劳动时间衡量的相对价值注定是工人遭

---

① 《马克思恩格斯全集》第 46 卷（上册），人民出版社 1979 年版，第 32—33 页。

受现代奴役的公式"，第一次确认劳动决定价值的规律是资本主义剥削的基础，并且把劳动价值论和资本主义不平等的分配方式相联系，指出："把劳动时间作为价值尺度这种做法和现存的阶级对抗、和劳动产品在直接劳动者与积累劳动占有者之间的不平等分配是多么不相容。"马克思在这里明确说明了劳动价值论与资本主义分配的关系。

在社会主义条件下，劳动价值论与社会主义分配仍然存在密切的关系。江泽民同志在党的十五届五中全会通过的《中共中央关于制定国民经济和社会发展第十个五年计划的建议》的讲话中指出："随着生产力的发展，科学技术工作和经营管理作为劳动的重要形式，在社会生产中起着越来越重要的作用。在新的历史条件下，要深化对劳动和劳动价值论的认识。建立和健全收入分配的激励机制。"这充分说明劳动价值论与改革我国分配制度具有密切联系。

而不同意劳动价值论与分配有关的否定论者认为："我国社会主义初级阶段以按劳分配为主体、多种分配方式并存的分配制度形成的理论依据是马克思的劳动创造价值的原理。这种观点是错误的。"[1] 张雷声《不能把劳动创造价值作为分配制度形成的依据》深化认识劳动价值论过程中的一些问题，其主要理由有两点：

其一是：分配制度的形成是由生产资料所有制性质及其形式决定的。理由是：在我国社会主义初级阶段，以公有制为主体、多种所有制经济共同发展的基本经济制度决定了我国必然实行以按劳分配为主体、多种分配方式并存的分配制度。这种分配制度是与基本经济制度相适应的，并非取决于商品的价值是由谁创造的。劳动创造商品价值的事实无论在什么样的社会经济制度下，在什么样的基本经济制度下都是不变的，但分配制度却会随着社会经济制度、基本经济制度的变化而变化，不会因为商品价值是否是劳动创造的，而形成或改变一个社会的分配制度。"不能认为是否坚持按劳分配和按生产要素分配，与是否承认劳动创造价值有关，也不能认为只有坚持按劳分配并否定按生产要素分配，才是坚持了劳动创造价值的原理，更不能认为非劳动的生产要素参与了价值的分配，就具有了创造价值的功能。"

---

① 张雷声：《不能把劳动创造价值作为分配制度形成的依据》，《思想理论教育导刊》2001 年第 4 期。

其二是：把劳动创造价值作为分配形成的依据必然引起理论混乱。表现为：（1）如果把劳动创造价值看作是以按劳分配为主体、多种分配方式并存的分配制度的理论依据，看作是按劳分配与按生产要素分配结合的理论依据，"那么势必会通过认为活劳动创造价值是实行按生产要素分配的理论依据，物化劳动创造商品价值是按生产要素分配的理论依据，误导人们把劳动的范围由活劳动扩大到物化劳动上，从现阶段实行的按生产要素方式去界定创造价值的劳动的范围，从而把发展的马克思的劳动价值论引入歧途。"（2）从混淆价值创造与价值分配上造成理论混乱。劳动创造价值和以按劳分配为主体、多种分配方式并存的分配制度，分明是两个不同的问题。前者是商品价值的创造问题，后者是对已生产出的价值量进行分配的问题。劳动创造价值讲的是商品价值由谁创造的问题，讲的是商品价值决定的本源问题。在马克思的劳动价值论中，一个重大的贡献就是区分了劳动和劳动力，这一区分深刻说明了劳动创造价值与劳动力在生产过程中创造了多少价值量是两码事。而劳动创造价值与劳动力在生产过程中创造出的价值量怎么进行分配就更是两个不同的问题了。"如果把劳动创造价值看作是以按劳分配为主体、多种分配方式并存的分配制度的理论依据，那么势必会通过认为非劳动的生产要素因为参与了价值分配而具有创造商品价值的作用，误导人们从获取报酬的价值分配方面去推导决定价值的因素，或者论证资本、技术、生产要素等和劳动一样都具有创造商品价值的功能。"

对于劳动价值论与分配的关系持肯定论者认为："有些论者对劳动价值论与分配的关系持否定态度，是由于在分析问题的方法上不正确，导致了错误的结论。"[①] 具体表现如下：

第一，"把生产资料所有制决定分配与劳动价值论和分配的关系对立起来。"有的论者认为，承认劳动价值与分配有关，就是把劳动创造价值的原理与分配制度形成的原因混为一谈。诚然，生产资料所有制是决定分配形式的重要条件，但不是唯一条件。因为生产资料所有制只决定了分配方式的性质。资本主义私有制决定了资本主义的按资分配。社会主义公有制决定了按劳分配。但是，生产资料所有制不能说明分配的对象是什么？

---

① 余陶生：《劳动价值论与分配的关系》，《武汉大学学报（哲学社会科学版）》2005 年第 5 期。

是怎样生产出来的。这就必须通过劳动价值的理论来说明。所以，劳动价值论与分配的关系反映了价值决定与价值分配的关系，它是生产决定分配关系的反映。马克思在谈到生产与分配的关系时指出："分配的结构完全决定于生产的结构，分配本身是生产的产物，不仅就对象说是如此，而且就形式说也是如此。就对象说，能分配的只是生产的成果，就形式说，参与生产的一定形式决定分配的特定形式，决定参与分配的形式。"① 这里马克思从两方面来说明生产决定分配：一是被分配的对象是生产的产品，没有产品就不可能有分配，劳动者不创造价值产品，分配就没有对象，也就不可能有价值分配。二是分配的方式是由生产的一定形式即生产资料所有制决定的。可见，分配的方式不仅决定于生产资料所有制形式，还决定于劳动者创造价值的多少，这就说明劳动价值论与分配具有密切的关系。因为劳动价值论正确地说明了商品生产中，生产资料的价值 C 是通过劳动者的具体劳动转移到新产品价值中，同时创造了商品的使用价值；劳动者的抽象劳动创造了商品的新价值（V + M）。劳动者通过劳动力的所有权取得他必要劳动创造的工资，资本家通过对资本的所有权取得工人剩余劳动创造的剩余价值。在社会主义条件下，不论是实行按劳分配，还是实行按生产要素分配，都是在劳动创造价值的基础上对新创造价值的分配。没有新创造的价值，任何分配方式都将失去基础，分配也就无从谈起。

第二，"把价值生产决定价值分配和价值分配决定价值生产颠倒过来。"否定论者认为，如果承认劳动价值论与分配有关，就造成两个理论误区：一是用劳动价值论来否定非劳动收入的合理性；二是由于多种收入形式同时并存的现实，认为劳动和物都创造价值，并以此来论证现存收入分配的合理性。有的论者还认为，如果承认劳动价值与分配有关，就会导致非劳动的生产要素因为参与了价值分配而具有创造商品价值的作用，误导人们从获取报酬的价值分配方面推导决定价值的因素，或者论证资本、技术等生产要素和劳动一样都具有创造价值的功能。这些看法，不仅在观点上而且在推导方法上都是值得商榷的。

首先，认为劳动价值论与分配有关，会导致用劳动价值论否定非劳动收入的合理性的说法，是把劳动创造价值和按所有权分配相对立。稍有一

① 《马克思恩格斯全集》第46卷（上册），人民出版社1979年版，第32—33页。

点政治经济学知识的人都知道，劳动价值的核心是商品的价值是由活劳动创造的，而分配是由生产资料所有制决定的。承认劳动价值论与分配有关，并不是承认生产资料决定分配的原理，而是探讨劳动价值论与分配有什么关系，并非要用劳动价值论代替所有制来决定分配，而是在承认所有制决定分配的前提下来探讨劳动价值论与分配的关系。之所以要研究这种关系，原因在于：一是有利于研究深化劳动价值论与改革我国分配制度之间的关系。因为社会生产力的发展，劳动过程的协作性质也必然发展，生产劳动和它的承担者工人的概念也就必然扩大。正是由于社会主义生产劳动概念的扩大，必然要求对社会主义分配制度进行改革。二是有利于划分是马克思主义分配论还是庸俗经济学的分配论。马克思主义分配论与庸俗经济学的分配论的区别不在于按生产要素分配本身，而在于它是建立在哪种价值论的基础上。马克思主义分配论是建立在劳动价值论的基础上，庸俗经济学的分配论则是建立在物化劳动和活劳动共同创造价值的多要素价值论的基础上。社会主义条件下的按生产要素分配，正是在劳动价值论的基础上按生产资料的所有权对劳动者新创造的价值进行分配。它既反映了社会主义分配制度的特点，又反映了多种所有制的客观要求。因此，那种认为如果承认劳动价值与分配有关，会导致否定非劳动收入合理性的观点，是把劳动价值论和按所有权分配相对立的必然结果。

其次，认为劳动价值论与分配有关，会导致劳动和物都创造价值，误导人们从获取报酬的价值分配方面去推导决定价值的因素的观点，这是从劳动价值论与分配的关系中推导出庸俗经济学的观点的方法，实在令人费解。因为这种方法的错误在于：一是把生产决定分配颠倒为分配决定生产；二是把收入的源泉混同为价值的源泉。马克思在批判亚当·斯密关于"工资、利润和地租，是一切收入的三个原始源泉，也是一切交换价值的三个原始源泉"的错误观点时指出："说它们是'一切收入的三个原始源泉'，这是对的；说它们'也是一切交换价值的三个原始源泉'，就不对了，因为商品的价值是完全由商品中包含的劳动时间决定的。……但是价值的分配，或者说，价值的占有，决不是被占有的价值的源泉。"① 正是由于马克思根据生产决定分配的观点，在劳动价值的基础上说明了分配，

---

① 《马克思恩格斯全集》第 26 卷第 1 册，人民出版社 1972 年版，第 74 页。

才真正说明了资本主义条件下的工资、利润和地租都是来源于劳动者创造的新价值 (V + M)，而不能颠倒为商品价值来源于工资、利润和地租，也就是说商品价值是由劳动、资本和土地共同创造的，从而陷入庸俗经济学的多要素共同创造价值的泥坑。由此可见，那种认为承认劳动价值论与分配有关"势必会通过认为非劳动的生产要素因为参与了价值分配而具有商品价值的作用，误导人们从获取报酬的价值分配方面去推导决定价值的因素，或者论证资本、技术、生产要素等和劳动一样都具有创造商品价值的功能"的说法，正是由于否定了把分配建立在劳动价值论的基础上的必然结果。

（二）劳动价值论与按劳分配的关系

如果认为劳动价值与分配有关，承认劳动创造价值是价值分配的基础，也必然成为社会主义条件下实行按劳分配的基础。马克思在《哥达纲领批判》中分析了按劳分配的基础的社会总产品，即社会在一定时期内（如 1 年）所生产的全部物质资料的总和。从物质形态看，它包括生产资料和消费资料。从价值形态看，它包括补偿生产中已消耗的生产资料的价值 C；劳动者新创造的价值 (V + M)。这两部分构成了 1 年生产的总和。马克思认为，在社会主义条件下，社会总产品不能"不折不扣全部归劳动者"所得，必须进行六大扣除，然后才按照劳动者的劳动数量和质量分配给劳动者。如果没有商品价值的社会总产品，按劳分配也就成了无源之水，无本之木了。可见，马克思设想社会主义社会实行按劳分配，并也是以劳动价值论为基础的。

而否定论者认为，马克思提出社会主义实行按劳分配，并不是建立在劳动价值论的基础上。"理由"有三：一是我国现阶段分配制度的理论依据是马克思的所有制理论，不是马克思的劳动价值论；二是马克思的按劳分配所论述的是没有商品和价值的社会；三是商品价值量是不能直接计量的，劳动的报酬也不能按照它们的劳动量支付。这些"理由"并不能证明劳动价值论与按劳分配没有关系，不能否认劳动创造价值是按劳分配的基础。

第一，马克思在批判拉萨尔离开生产资料所有制，抽象地谈论"公平分配"的错误观点时，强调了"消费资料的任何一种分配，都不过是生产条件本身分配的结果"。马克思在这里讲的生产条件，包括物质生产条件和人的生产条件即劳动力。物质生产条件即生产资料归谁所有，这是决定产品分配的首要条件。但是，它并不是唯一条件。因为还有生产的结构和生产的对象也决定产品的分配。可见，决定按劳分配的因素是多方面的。这是由于社会主义刚刚从资本主义脱胎出来，在经济、道德和精神方面都还带着它脱胎出来的那个旧社会的痕迹。在经济方面，社会主义除了公有制以外，还存在非公有制的各种形式；同时，由于社会生产力水平还不高，劳动者生产出来的社会总产品和创造的社会价值，还不足以实行按需分配，而只能实行按劳分配。这就说明决定实行按劳分配的因素，除了公有制以外，还与劳动者创造的使用价值和价值有关系。

第二，马克思设想的社会主义社会是一个不存在商品和货币的社会，生产者生产的产品也不表现为价值，但是，并不说明按劳分配与劳动价值论无关。因为在实行按劳分配过程中，每个生产者在作了各项扣除之后，从社会正好领回他给予社会的一切，"这里通行的就是调节商品交换（就它是等价的交换而言）的同一原则。内容和形式都改变了"。① 所谓"内容"改变了，是指在资本主义制度下，在准备和劳动力等价交换的背后，却掩盖着资本家对工人的剥削关系，资本家因使用劳动力所得到的价值，大大超过他支付给工人的劳动力价值，从而获得了剩余价值，使商品所有权规律转变为资本主义的占有规律。社会主义条件下实行的按劳分配，是按照劳动者为社会提供的劳动的数量和质量进行分配，劳动者为社会提供的劳动（扣除他为社会基金而进行的劳动），同他从社会取得的消费资料构成一定形式的一定量劳动，同另一种形式的同量劳动相交换的关系。这是真正贯彻了商品等价交换的原则，它和资本主义条件下商品和劳动的交换在内容上是不同的。所谓"形式"改变了，由于马克思设想的社会主义社会不存在商品货币，在实行按劳分配中，是直接以一定形式的一定量劳动同另一种形式的等量相交换，而不通过商品货币形式进行。但是，按劳分配所遵循的仍然是等价交换原则。在社会主义市场经济条件下，实行按劳分配也和商品交换一样，都是通过货币形式来进行。因此，不能用马克思当年设想的条件来否定今天的实际。

第三，借口以商品价值不能直接计算，而按劳分配可以按照劳动量计

---

① 《马克思恩格斯选集》第 3 卷，人民出版社 1995 年版，第 304 页。

算，来论证按劳分配与劳动价值论无关的观点，也是不正确的。马克思在肯定按劳分配通行的就是调节商品交换的同一原则，即等价交换原则的同时，也谈到了这个原则在按劳分配和商品交换中除了"形式和内容"的区别外，还指出在商品交换中存在"原则和实践"的矛盾，而在按劳分配中已不存在这个矛盾。但是，不能因此否定按劳分配与商品交换中都存在等价交换原则这个共性，从而否定按劳分配与劳动价值论的关系。事实上，在社会主义市场经济条件下，在按劳分配中也和商品交换一样，都存在"原则和实践"的矛盾。原因是：（1）马克思设想的按劳分配是在单一的社会主义全民所有制条件下，在全社会范围内按照统一标准由社会直接分配消费品。而在社会主义市场经济条件下，按劳分配不可能在全社会范围内按照统一标准进行分配，因为劳动者的个人收入不仅取决于自己的劳动贡献，而且与企业的经济条件、经营管理水平和市场供求有直接联系；（2）马克思设想的按劳分配，是劳动者的个人劳动不再经过迂回曲折的道路，直接构成总劳动的一部分。而在社会主义条件下，劳动力也是商品，劳动者的劳动，必须通过商品交换才能转化为社会劳动，按劳分配更要求按照劳动价值论的规律来进行。

关于劳动价值论与按劳分配的关系，还可以从20世纪50年代关于按劳分配与等价交换关系的讨论中得到启示。在那次讨论中对按劳分配与等价交换的关系有三种观点。一种观点认为，按劳分配中的等量劳动交换与商品关系中的等价交换是"完全一致的"，"等量劳动交换劳动实质上就是等价交换劳动，'量'如果没有'价'作标准，便无从谈起"，"只要存在着按等量交换劳动的要求，便不能不仍然借助于'有名的价值'"；① 第二种观点认为，按劳分配与等价交换是两种根本不同、相互对立的经济关系，"这二者是两种根本不同的经济关系，因而不能同时存在于一种关系中"。② 而第三种观点是：对于以上两种观点都不同意。认为"按劳分配中的等量劳动交换与商品关系中的等价交换，既不能看作是同一回事，也不能看作是互相排斥，不能并存的对立物。而是两者既有共同的原则，

①　田峰、江陵：《全民所有制内部流通的消费品是真正的商品——和胡钧同志商榷》，《理论战线》1959年第8期。

②　胡钧：《红旗》1959年第12期。

又有不同的方面。"① 该文首先分析了商品等价交换与按劳分配中的等量劳动交换的差别。由于商品的价值是人类一般劳动的凝结，因此，等价交换就是等量一般劳动的交换。这里所说的劳动，不是自然形态上是实际耗费的个别劳动，而是社会形态上的经过还原了的社会必要劳动。在商品关系的社会必要劳动这一范畴中，既统一了同一生产部门内不同生产者之间的主观条件即劳动熟练程度和劳动强度的差别，也统一了他们之间的客观条件即生产资料的占有和使用方面的差别。不管各个生产者的主观条件和客观条件如何，只要他们生产了同质同量的商品，便有同等的价值，代表同量的社会必要劳动。因此，不同的生产者，不仅由于他们的劳动差别会获得不同的收入，而且由于他们的生产资料的好坏和多少的差别，也会获得不同的收入，这是从部门内部的关系来说的。如果从部门之间的关系看，复杂程度不同的劳动，还要经过进一步的还原过程，使少量的复杂劳动还原为多量的简单劳动。因此，不同工种的生产者，他们虽然各自耗费了相等的劳动，但在交换中可以代表不等的社会劳动，并且获得不同的收入。但是，按劳分配中的等量劳动交换，和上述等价交换中的等量劳动交换是有区别的，这种区别在于：在生产资料为劳动者共同所有和使用的社会主义经济中，劳动者在生产资料装备上的差别，不会决定他们收入的差别。

但不能由此走向另一个极端，认为按劳分配中的等量劳动交换与商品价值关系中的等量劳动交换毫无共同之点，甚至把两者对立起来。事实上，按劳分配中的等量劳动交换，也不是自然形态上的个别实际劳动时间的直接交换，同样是社会必要劳动时间的交换，除了生产资料的差别在不影响劳动差别的限度内不影响劳动者的收入这一点外，按劳分配中的等量劳动交换与等价关系中的等量劳动交换，在各方面都是相同的。无论是集体所有制经济还是全民所有制经济情况都是一样。

在肯定了按劳分配中和商品交换中都贯彻了等价交换原则这个共同点之外，还应该看到两者在贯彻这个原则过程中还存在不同之点，例如马克思在《哥达纲领批判》指出的：存在"内容和形式"的差别以及"原则和实践"的矛盾。此外，马克思在《资本论》中谈到社会主义分配制度

---

① 卫兴华：《谈谈按劳分配和等价交换的关系》，《光明日报》1959 年 11 月 23 日。

的分配原则时也曾指出：“这个联合体的总产品是社会的产品。这些产品的一部分重新用作生产资料。这一部分依旧是社会的。而另一部分则作为生活资料由联合体成员消费。因此，这一部分要在他们之间进行分配。这种分配的方式会随着社会生产机体本身的特殊方式和随着生产者的相应的历史发展程度而改变。仅仅为了同商品生产进行对比，我们假定，每个生产者在生活资料中得到的份额是由他的劳动时间决定的。”① 可见，马克思在这里也是把按劳分配和商品等价交换联系起来进行考察的，那就是两者都贯彻等量劳动相交换的原则，不管它们贯彻这个原则的形式如何，但其中体现的原则却是相同的，这就是按劳分配和商品交换具有的共同点，或者说这两者相联系的地方，这也就是按劳分配与劳动价值论的关系。

（三）劳动价值论与按生产要素分配的关系

社会主义现阶段实行按生产要素分配的理论依据是什么？在争论中有两种对立观点：一种是按生产要素分配是建立在劳动价值论的基础；② 另一种是按生产要素是建立在物化劳动创造价值的基础上。［钱百海］坚持第一种观点者认为，所谓按生产要素分配是指凭借对生产要素的产权（包括最终产权——所有权和法人产权——经营权）对投入社会再生产过程中生产要素的多少进行收益分配的一种分配形式。允许和鼓励生产要素参与收益分配的原因：首先是由我国社会主义初级阶段存在着以公有制为主体、多种所有制经济共同发展的基本经济制度决定的。现阶段实行以公有制为主体、多种所有制共同发展，决定了在分配上必然实行以按劳分配为主体、多种分配方式并存的制度，把按劳分配和按生产要素结合起来。其次，社会主义公有制实现形式的多样化，也为实现多种分配方式，包括按生产要素分配提供了理论依据。公有制实现形式是指反映社会化大生产规律的经营方式和组织形式，如股份制、承包制、股份合作制、租赁制等。最后，社会主义市场经济的存在和发展，也为实行多种分配方式提供了客观条件。在社会主义市场经济条件下，劳动者除了凭借自己的劳动取得收入外，还可以通过购买股票、债、股票交易收入。科技工作者、信息

① 《马克思恩格斯全集》第 23 卷，人民出版社 1972 年版，第 95—96 页。
② 余陶生：《按生产要素分配与劳动价值论》，《武汉大学学报（人文社会科学版）》2000 年第 3 期。

工作者通过提供新技术和信息资料取得收入。这些按劳分配以外的劳动收入、经营收入、资本或资产收益、技术收入、信息收入等就是按生产要素分配。

按生产要素分配并非自今日始，资本主义条件下对剩余价值的瓜分，产业资本家取得利润，商业资本家取得商业利润，借贷资本家取得利息。土地所有者取得地租，都是凭借他们对资本、土地等生产要素的所有权，分配剩余价值的这个具体形式。但是，在社会主义条件下，实行按生产要素分配具有自己的特点：

第一，它存在于社会主义公有制为主体、多种所有制共同发展的基本经济制度之下，它是在以按劳分配为主体的前提下实行的按生产要素分配，这和资本主义条件下按生产要素分配是不同的。有的论者认为，既然劳动也是生产要素之一，也应该把按劳分配包括在按生产要素分配之内，没有必要再提把按劳分配和按生产要素分配结合起来，可以统称按生产要素分配。显然，这种观点是不恰当的。因为：（1）把按劳分配统一于按生产要素分配抹杀了社会主义分配制度的性质，失去了社会主义公有制为主体决定的按劳分配为主体的地位，达不到共同富裕的最终目的。（2）如果把按劳分配统一于按生产要素分配，就把按劳分配和按劳动力价值分配相混淆。虽然两者都是以提供有效劳动作为取得收入的手段，都是以货币工资作为分配的形式，但两者仍有重要区别：一是前提不同。按劳动力价值分配在现阶段是劳动力成为商品的产物，是劳动力所有权在商品经济条件下的实现形式；而按劳分配则是以社会主义公有制的存在为前提，它是社会主义公有制经济中分配个人消费品的原则；二是性质不同。按劳动力价值分配是从劳动的潜在形态上即劳动力的生产和再生产的社会必要劳动时间来考察的；而按劳分配则是从劳动的流动形态或凝结形态即劳动时间或工作量来考察的。三是计量不同。按劳动力价值分配是指商品总价值（$C+V+M$）中的必要劳动价值（V）；而按劳分配则不仅包括必要劳动价值，而且还包括剩余劳动创造的剩余产品价值中应该享受的部分。在正常情况下，劳动者除了取得劳动力的生产和再生产费用之外，还可以从社会主义国家用于公共消费基金中取得一部分收入。

第二，它建立在劳动价值论的基础之上。按生产要素分配的剩余产品价值的源泉是什么？历来有两种对立的看法。一种观点认为，剩余产品价值的来源是劳动者的活劳动。另一种观点则认为，一切生产要素都是价值的源泉。他们认为，"先进的设备、材料和工艺，是产生相对剩余价值和超额剩余价值的源泉"，每个生产要素的所有者，根据他们的生产要素创造的价值，得到他们应得的收入，工人凭劳动得到工资，资本所有者凭资本得到利润，土地所有者凭土地得到地租。这两种对立的观点产生分歧的实质是：按生产要素分配的基础是活劳动创造价值的劳动价值论，还是物化劳动也创造价值的要素价值论，也就是如何认识价值创造和价值分配的问题。

对于这个问题的争论一直贯穿于马克思主义发展的整个过程。19 世纪末，德国庸俗经济学家尤利乌斯·沃尔弗提出，等量资本产生等量利润，等量劳动产生等量价值，这两者是协调一致的。因为相对剩余价值的生产是以不变资本对可变资本相对增加为基础，而不变资本的增加又是以生产力的增加为前提的；由于生产力的增加，"在可变资本不变而不变资本增加时，剩余价值必然增加。"[1] 这样一来，似乎它既能说明生产要素分配是等量资本得到等量利润，又能解释等量劳动产生了等量价值。恩格斯针对这种把按生产要素分配建立在各种生产要素都创造价值的观点指出：沃尔弗的这种观点是错误的，因为这实际上否定了劳动价值论，认为不变资本可以创造剩余价值；同时他把可变资本减少时，相对剩余价值会与不变资本呈正比例增加的说法也不符合实际，因为"无论是相对地说还是绝对地说，他既毫不理解绝对剩余价值，也毫不理解相对剩余价值。"[2]

在劳动价值论与按劳分配和按生产要素分配的关系的争论中，还有一种观点认为，按生产要素分配"实质上是按劳分配原则的具体实现形式"。[3] 其"理由"是："现代社会的按要素分配在表现形式上和资本主义社会的按要素分配好像差不多，但是实际上则根本不同，按要素分配实质上是按劳分配原则的具体实现形式，它们之间是内容实质与表现形式的关系。"理由是"在社会主义市场经济中，取得资本收入的基本上都是劳动者，他们的收入是劳动创造的，属于劳动收入"。而不同意这种观点的

① 《马克思恩格斯全集》第 25 卷，人民出版社 1974 年版，第 19 页。

② 同上。

③ 关柏春：《也谈按劳分配、按生产要素分配和劳动价值论三者之间的关系》，《经济评论》2005 年第 1 期。

另一种看法①，则认为这些观点是错误的：

第一，把按劳分配和按生产要素分配相混淆。按劳分配是指按照劳动者提供的劳动数量和质量分配个人消费品的原则；按生产要素分配是指按照对生产要素的产权（包括所有权和经营权等）分配收益的原则。按劳分配原则只能在社会主义公有制条件下存在；而按生产要素分配不仅存在于社会主义现阶段，在资本主义条件下也存在。马克思在分析资本主义剩余价值的分配时其现实依据就是劳动者凭借对自己劳动力的所有权得到工资；资本家凭借对资本的所有权得到利润；土地所有者凭借对土地的所有权取得地租。无论是工资、利润还是地租，都是劳动者创造的新价值，工资是劳动力的价值，利润和地租是剩余价值的组成部分。这种按照生产要素产权分配的原则，在社会主义现阶段仍然是存在的。如果把这种按生产要素分配说成是"按劳分配原则的具体形式"，很容易把劳动和资本、活劳动和物化劳动相混淆，得出资本、物化劳动也创造价值的结论。

第二，把价值创造和价值转移相混淆。把按生产要素分配说成是"按劳分配的具体形式"的"理由"是："个别劳动者如果本身的资本有机构成较高，或者本身经过资本投入使资本有机构成得到提高，从而提高了劳动生产力，那么他在单位时间内就能够创造出较多的价值。"诚然，增加资本使资本有机构成提高，从而提高了劳动生产率，增加商品数量，降低了单位商品的个别价值，在按商品社会价值出售的条件下，商品生产者就可以获得超额剩余价值。这个超额剩余价值无非来自两方面：一是本企业技术和熟练劳动者的劳动；二是劳动生产率比较低的其他企业的转移价值。因为决定商品价值的社会必要劳动时间，是包括先进企业劳动者的劳动时间和落后企业劳动者的劳动时间在内的平均劳动时间。这样，先进企业多实现的价值，就是落后企业失去的价值。无论这些价值来自哪个方面，都是由劳动者的活劳动创造的，不是资本有机构成提高的企业的资本创造的。提高资本有机构成，有利于提高劳动生产率，增加商品数量，从而降低了单位商品的个别劳动时间，却不能创造价值和剩余价值。马克思指出："一旦机器的应用缩短了生产同一商品的劳动时间，就会使这个商品的价值减少，使劳动效率更高，因为这一劳动在同一时间内提供的产品

---

① 胡爽平：《关于按劳分配是趋势还是现实的探讨》，《高校理论战线》2008 年第 9 期。

量更多了。在这种情况下，机器只影响正常劳动的生产力。而一定量的劳动时间仍然表现在同一个价值量上。"① 那种把提高资本有机构成取得的超额剩余价值说成是资本创造的，从而把价值的创造和价值的转移相混淆了。

第三，把活劳动和物化劳动相混淆。那种把按生产要素分配说成是"按劳分配的具体形式"归根结底是把活劳动和物化劳动相混淆。因为那种"把劳动价值论、资本有机构成理论与社会主义市场经济现实相结合说明了现实中资本收入具有劳动收入的性质。"事实上，按照马克思的观点，劳动价值论、资本有机构成理论与市场经济相结合根本不能说明资本收入具有劳动收入的性质。因为：（1）资本有机构成反映的是物质生产要素与劳动力要素之间的比例关系，也就是物化劳动和活劳动之间的关系。物化劳动对活劳动比例的提高虽然能增加商品数量，降低单位商品价值，获得相对剩余价值，但这个相对剩余价值不是来自物化劳动的生产要素的增加，而是来自剩余劳动的增加。（2）资本有机构成提高的企业的商品进入市场，虽然可以获得超额剩余价值，但不能把它说成是生产要素即物化劳动创造的，它的源泉仍然是来自劳动者的活劳动。生产资料物化劳动的增加是提高劳动生产率、增加剩余价值的重要条件，但不是剩余价值的源泉。那种把按生产要素分配说成是按劳分配的具体形式，是把活劳动和物化劳动相混淆的必然结果。

关于按劳分配、按生产要素分配与劳动价值论之间是什么关系？有一种观点认为："马克思主义创始人设想的按劳分配与劳动价值论并无直接关系，而现实中的按劳分配与劳动价值论则直接相关。马克思主义创始人设想的按劳分配是以商品经济消亡为条件的，而劳动价值论则是商品经济的规律，两者之间无关。"在谈到按要素分配与劳动价值论的关系时，认为："按要素分配有传统与现代之分，传统的按要素分配指的是资本主义社会的按要素分配；传统的按要素分配与劳动价值论是对立的，而现代的按要素分配与劳动价值论则是统一的。"而不同意这种观点的论者则认为上述观点是值得商榷的。

首先，从按劳分配与劳动价值论的关系来看，马克思主义创始人设想

---

① 《马克思恩格斯全集》第 47 卷，人民出版社 1979 年版，第 378 页。

的社会主义社会虽然不存在商品价值和货币等商品经济范畴，但按劳分配依然遵循着"这里通行是商品等价物的交换中通行的同一原则，即一种形式的一定量劳动同另一种形式的同量劳动相交换。"① 尽管，"内容和形式都改变了"。所谓内容改变了，是指资本主义条件小的商品交换体现的是两个私有者之间的关系；而按劳分配则是体现社会主义国家和劳动者之间的关系。所谓形式变了，是指商品交换是通过价值进行，而按劳分配则是通过劳动进行的。可见，即使马克思当年设想的没有商品货币的社会主义社会的按劳分配，也体现了商品交换的等价交换原则，因此那种认为"马克思主义创始人设想的按劳分配与劳动价值论并无直接关系"的观点是没有根据的。

其次，所谓"按要素分配有传统与现代之分"，"传统的按要素分配指的是资本主义社会的按要素分配"的观点也是不正确的。因为只要存在商品经济和不同的所有制，就必然存在按要素分配。不管是按生产要素分配，还是社会主义按生产要素分配，除了反映它的所有制性质外，无所谓传统与现代之分。把按生产要素分配与劳动价值论的关系划分为对立的关系和统一的关系，并以此作为传统和现代的标准是不科学的。按生产要素分配的理论按照它建立在什么样的价值理论基础之上，从而划分为马克思主义的分配理论和庸俗的分配理论。建立在劳动价值论基础上的按生产要素分配理论，是马克思主义的分配理论，而建立在要素价值理论基础上的按生产要素分配理论，是资本主义的庸俗分配理论。例如，萨伊的按要素分配论之所以是庸俗的分配理论，就是因为他把按要素分配建立在三要素（劳动、资本、土地）共同创造价值的基础上，在萨伊看来，"不论借出的是劳动力、资本或土地，由于它们协同创造价值，因此它们的使用是有价值的，而且通常得有报酬。对借用劳动力所付的代价叫做工资。对借用资本所付的代价叫做利息。对借用土地所付的代价叫做地租。"② 这个以三要素价值论为基础的按要素分配理论，对资产阶级庸俗政治经济学的影响很大，长期以来，几乎所有庸俗经济学家在分析社会各阶级的收入时，都是以萨伊这个理论为依据的。这个分配理论之所以是错误的，就是因为它把资本和土地看成和劳

---

① 《马克思恩格斯选集》第3卷，人民出版社1995年版，第304页。

② ［法］萨伊：《政治经济学概论》，陈福生译，商务印书馆1963年版，第77页。

动一样都能创造价值，都是价值的源泉，似乎资本家的利润是资本创造的，土地所有者的地租是土地创造的，从而掩盖了资本主义对工人的剥削关系。

最后，所谓"传统的按要素分配与劳动价值论是对立的"的说法也是不符合历史事实的。以古典经济学为例，其分配理论都是建立在劳动价值论的基础之上的。例如，李嘉图把建立在劳动价值论上的分配理论看成是"政治经济学的主要问题"。这是因为收入怎样分配，直接影响着利润和资本的积累，影响着社会生产力的发展和国民财富的增长。他认为：（1）工资即"劳动的自然价格是使工人大体上说能够生存下去并且能够在人数上不增不减地延续其后代所必需的价格"。① 也就是说，工资的多少决定于工人及其家属为维持生活所必需的生活资料的价值。（2）利润是劳动创造的价值的一部分。制造业者以及那种耕种最劣等土地，因而不支付地租的农场主，"他们的商品的全部价值只分成两部分：一部分构成资本的利润；另一部分构成工资。"② 李嘉图正是在劳动价值论的基础上，把工资和利润对立的关系归为三条规律：（1）如果工人每天劳动时间的长度一定，不论劳动生产率如何变化，工人每天总是生产等量价值；（2）劳动生产率的变化，使工资向相反方向变化，利润向相同方向变化，所以，工资和利润成对立的方向变化；（3）劳动生产率的变化，首先引起工资变化，然后引起利润变化，所以，利润变化是工资变化的结果，而不是它的原因。李嘉图的地租理论也是建立在劳动价值论的基础上。他说："土地的占有以及随之而产生的地租，能不能不涉及生产所必需的劳动量而造成商品相对价值的变动。为了了解本问题的这一部分，我们必须研究地租的性质和规定地租涨落的法则。"③ 由此可见，李嘉图的分配理论和他的劳动价值论不是对立的，而是直接相关的。尽管他的分配理论也存在着不足甚至是错误，例如，他混同了劳动和劳动力，把工资看成是劳动的价格，提出了一个错误的工资规律，使他不能在等价交换的基础上说明利润和剩余价值的起源。但是，他把

① 《马克思恩格斯全集》第 47 卷，人民出版社 1979 年版，第 44 页。
② 《马克思恩格斯全集》第 26 卷第 2 册，人民出版社 1973 年版，第 478 页。
③ ［英］大卫·李嘉图：《政治经济学及赋税原理》，郭大力、王亚南译，商务印书馆 1983 年版，第 55 页。

工资、利润、地租收入的分配始终一贯地置于劳动价值论的基础上，把它们都看成劳动创造价值的分解因素的功绩是不能否定的，马克思也明确肯定了这一点，指出："李嘉图非常理解这个真理，他把价值取决于劳动时间作为他的整个体系的基础。"① 因此，那种认为"传统的按要素分配与劳动价值论是对立的"的说法是毫无根据的，至于马克思的按生产要素分配理论，更是以劳动价值理论为基础的。正如马克思在谈到剩余价值的分割时指出："地租、利息和产业利润不过是商品的剩余价值或商品中所含无偿劳动不同部分的不同名称罢了，它们都是同样从这个泉源并且只是从这一个泉源产生的。"②

（四）按生产要素分配与物化劳动创造价值

有的论者在论述按生产要素分配的理论根据时指出："借助物化劳动创造剩余价值的功能和作用，购买生产资料，来从事生产和经营，来创造剩余价值，并从中'分取'一部分剩余价值。"这就是说由于物化劳动创造了剩余价值，生产要素的所有者按照生产要素来分配剩余价值。这种把按生产要素分配建立在物化劳动创造价值的基础上的说法是不正确的。

所谓物化劳动，即物化为价值的劳动，或者就是价值。马克思在谈到物化劳动和活劳动的区别时指出："唯一与物化劳动相对立的是非物化劳动，活劳动。前者是存在于空间的劳动，后者是存在于时间中的劳动；前者是过去的劳动，后者是现在的劳动；前者体现在使用价值中，后者作为人的活动进行着，因而还只处于它物化的过程中；前者是价值，后者创造价值"③，马克思在这里从性质、地位、作用等方面说明了物化劳动和活劳动的区别。

主张把物化劳动能够创造价值作为按生产要素的理论根据者认为，在现代，主要依靠先进的设备、材料和工艺，以降低物耗，提高劳动生产率。设备、材料和工艺多种多样，统称物化劳动，物化劳动是生产相对剩余价值的主要来源，并通过下表来证明。

---

① 《马克思恩格斯全集》第 4 卷，人民出版社 1958 年版，第 125 页。
② 《马克思恩格斯全集》第 16 卷，人民出版社 1964 年版，第 152 页。
③ 《马克思恩格斯全集》第 47 卷，人民出版社 1979 年版，第 33 页。

生产状况	日劳动时数	日制杯个数	必要劳动时间	剩余劳动时间	总价值量	每个杯价值量
手工生产	10	10	8	2	10	1
改进工具	10	16	5	5	10	0.625
机器生产	8	200	0.32	7.68	8	0.04

这位论者对上表的说明是：由于劳动生产率提高，在手工是生产条件下生产一个杯子是1小时，降低到机器生产的0.04小时，而剩余劳动时间由原来的2小时增加到7.68小时，必要劳动缩短到1/25，剩余劳动时间延长了24倍，即相对剩余价值增加了24倍之多。这是来自改进生产工具和采用机器生产，一句话是来自物化劳动的贡献。所以说："相对剩余价值与超额剩余价值主要来源于物化劳动"[1] 是生产相对剩余价值的主要力量。

从上表看，不仅不能说明生产工具、机器设备等物化劳动创造了剩余价值，相反，却正好说明价值和剩余价值都是活劳动创造的。因为从表中可以看到，无论是工人用手工生产10小时只生产10件，还是用改进工具10小时生产了16件，或者是用机器生产8小时生产了200件，也就是10小时能生产250件，劳动时间都是10小时，而且这10小时都是活劳动时间。所不同的是用不同的方法带来的劳动生产率不同，即单位时间内生产的产品数量不同，"因此，不管生产力发生了什么变化，同一劳动在同样的时间内提供的价值量总是相同的。但它在同样的时间内提供的使用价值量会是不同的：生产力提高时就多些，生产力降低时就少些"[2] 这正说明，劳动者不论是用手工生产，还是用工具或机器生产，所带来劳动生产率的变化，只与产品的数量即使用价值有关，而与价值创造无关，物化劳动不能创造价值。

能否从相对剩余价值来自必要劳动时间缩短和剩余劳动时间延长，说明物化劳动如先进设备、材料和工艺是产生相对剩余价值的主要源泉，这种看法也是不正确的。因为相对剩余价值的产生是在劳动者总劳动时间不变的条件下，缩短了必要劳动时间而相对延长了剩余劳动时间，但无论是

[1]　钱伯海：《科技生产力与劳动价值论》，《经济学家》1998年第2期。

[2]　《马克思恩格斯全集》第23卷，人民出版社1972年版，第60页。

必要劳动时间还是剩余劳动时间，都是劳动者劳动时间的一部分，彼此消长，并不影响劳动者劳动时间的总量。马克思指出："资本通过使用机器而产生的剩余价值，即剩余劳动，——无论是绝对剩余劳动，还是相对剩余劳动，并非来源于机器所代替的劳动力，而是来源于机器使用的劳动力。"① 他以生产棉纱为例，一台 100 马力的蒸汽机带动 5 万个日产 62500 英里的细棉纱的纱锭。在这种工厂中，1000 个工人纺出的棉纱相当于不使用机器的 25 万个工人所纺出的棉纱。在这种情况下，资本家的剩余价值不是来源于被节省下来的 250 个工人的劳动，而是来源于代替他们的一个工人的劳动；不是来源于被代替的 25 万个工人的劳动，而是来源于 1000 个在业工人的劳动，正是他们的剩余劳动体现在剩余价值中，因为机器的价值并不是由机器的使用价值（它代替人的劳动就是它的使用价值）决定的，而是由生产机器本身所必要的劳动时间决定的。机器在使用前这种价值就存在，在使用后机器加进产品中去的价值是机器本身的，它通过提高劳动生产率增加的只能是产品的数量即使用价值，而不是价值和剩余价值。而剩余价值的真正来源是工人的活劳动，因为使用机器的工人的劳动是复杂劳动，"在还没有普遍采用机械织机织布以前，使用这种织机的织工的 1 个劳动小时，将会大于必要劳动的 1 个小时。它的产品比 1 个劳动小时的产品具有更高的价值。这就等于简单劳动自乘了，即在这种劳动中实现了更高质量的织布劳动。"②

在马克思劳动价值论与反对劳动价值论斗争的历史上，鼓吹物化劳动创造价值论者也不乏其人。被马克思称为对理论"浅薄无知的糟蹋和庸俗化"的麦克库洛赫，就是典型的物化劳动创造价值论者。他通过把劳动概念扩展自然过程的手法，提出"有充分理由可以把劳动下定义为任何一种旨在引起某一合乎愿望的结果的作用和操作，而不管它是由人，由动物，由机器还是由自然力完成的。"③ 这就是说，一切进入生产过程的生产资料，在进行加工时本身也在"劳动"。于是，一切进入生产过程的商品之所以增加价值，不仅本身的价值被保存下来，而且因为它们依靠本身"劳动"——不单是作为物化劳动——而创造了新的价值。马克思指

---

① 《马克思恩格斯全集》第 47 卷，人民出版社 1979 年版，第 371 页。
② 同上书，第 372 页。
③ 《马克思恩格斯全集》第 26 卷第 3 册，人民出版社 1974 年版，第 195 页。

出，这种观点"实质上，这不过是萨伊的'资本的生产性服务'、'土地的生产性服务'等说法的改头换面。"[1] 他还引述李嘉图的话："机器和自然因素能大大增加一国的财富……但是……它们不能给这种财富的价值增加任何东西。"[2]

为什么有些人会产生把相对剩余价值的源泉归于物化劳动呢？原因之一，是由于资本可变部分增加，全部预付资本也增加，这就给人一种假象，好像剩余价值是总资本价值变化的结果，因而产生了生产资料物化劳动也是剩余价值源泉的假象；原因之二，是由可变资本的原有形式产生的。可变资本 V 作为预付资本，它的量是个已知的不变量，我们把它当作可变量似乎是不合理的。资本家购买劳动力所预付的那一部分资本又是一定量的物化劳动，因而同购买来的劳动力价值一样，是一个不变的价值量。但是，在生产过程中，预付资本 V 为发挥作用的劳动力所代替，死劳动为活劳动所代替，静止量为流动量所代替，不变量为流动量所代替，结果产生了 V 的再生产加上 V 的增加额即 V + M。如果说可变资本 V 会自行增值，不变量成为可变量，这个说法看来似乎是矛盾的，而这个矛盾的产生由于劳动力成为商品，因而劳动力必须超过自身等价而创造剩余价值，于是劳动力买卖的形式的等价交换，却导致了产生剩余价值的结果。

---

[1]　《马克思恩格斯全集》第 26 卷第 3 册，人民出版社 1974 年版，第 195—196 页。

[2]　同上书，第 197 页。

参考文献

1. 《马克思恩格斯全集》第 1 卷，人民出版社 1956 年版。
2. 《马克思恩格斯全集》第 2 卷，人民出版社 1957 年版。
3. 《马克思恩格斯全集》第 3 卷，人民出版社 1960 年版。
4. 《马克思恩格斯全集》第 4 卷，人民出版社 1958 年版。
5. 《马克思恩格斯全集》第 6 卷，人民出版社 1961 年版。
6. 《马克思恩格斯全集》第 12 卷，人民出版社 1962 年版。
7. 《马克思恩格斯全集》第 13 卷，人民出版社 1962 年版。
8. 《马克思恩格斯全集》第 16 卷，人民出版社 1964 年版。
9. 《马克思恩格斯全集》第 19 卷，人民出版社 1963 年版。
10. 《马克思恩格斯全集》第 20 卷，人民出版社 1971 年版。
11. 《马克思恩格斯全集》第 21 卷，人民出版社 1965 年版。
12. 《马克思恩格斯全集》第 23 卷，人民出版社 1972 年版。
13. 《马克思恩格斯全集》第 24 卷，人民出版社 1972 年版。
14. 《马克思恩格斯全集》第 25 卷，人民出版社 1974 年版。
15. 《马克思恩格斯全集》第 26 卷第 1 册，人民出版社 1972 年版。
16. 《马克思恩格斯全集》第 26 卷第 2 册，人民出版社 1971 年版。
17. 《马克思恩格斯全集》第 26 卷第 3 册，人民出版社 1974 年版。
18. 《马克思恩格斯全集》第 27 卷，人民出版社 1972 年版。
19. 《马克思恩格斯全集》第 29 卷，人民出版社 1972 年版。
20. 《马克思恩格斯全集》第 32 卷，人民出版社 1974 年版。
21. 《马克思恩格斯全集》第 36 卷，人民出版社 1974 年版。
22. 《马克思恩格斯全集》第 38 卷，人民出版社 1959 年版。
23. 《马克思恩格斯全集》第 39 卷，人民出版社 1974 年版。
24. 《马克思恩格斯全集》第 42 卷，人民出版社 1979 年版。
25. 《马克思恩格斯全集》第 44 卷，人民出版社 1982 年版。
26. 《马克思恩格斯全集》第 46 卷（上册），人民出版社 1979 年版。

27. 《马克思恩格斯全集》第 46 卷（下册），人民出版社 1980 年版。

28. 《马克思恩格斯全集》第 47 卷，人民出版社 1979 年版。

29. 《马克思恩格斯全集》第 48 卷，人民出版社 1985 年版。

30. 《马克思恩格斯全集》第 49 卷，人民出版社 1982 年版。

31. 《马克思恩格斯选集》第 1 卷，人民出版社 1995 年版。

32. 《马克思恩格斯选集》第 2 卷，人民出版社 1995 年版。

33. 《马克思恩格斯选集》第 3 卷，人民出版社 1995 年版。

34. 《马克思恩格斯选集》第 4 卷，人民出版社 1995 年版。

35. 《马克思恩格斯文集》第 7 卷，人民出版社 2009 年版。

36. 《列宁全集》第 1 卷，人民出版社 1984 年版。

37. 《列宁全集》第 9 卷，人民出版社 1959 年版。

38. 《列宁全集》第 15 卷，人民出版社 1959 年版。

39. 《列宁全集》第 33 卷，人民出版社 1957 年版。

40. 《斯大林文集》，人民出版社 1985 年版。

41. 《列宁全集》第 55 卷，人民出版社 1990 年版。

42. 《毛泽东选集》第 1 卷，人民出版社 1991 年版。

43. 《毛泽东选集》第 2 卷，人民出版社 1991 年版。

44. 《毛泽东选集》第 3 卷，人民出版社 1991 年版。

45. 《毛泽东文集》第 7 卷，人民出版社 1999 年版。

46. 《邓小平文选》第 2 卷，人民出版社 1994 年版。

47. 《政治经济学社会主义部分参考资料》，科学出版社 1961 年版。

48. ［古希腊］色诺芬：《经济论》，张伯健、陆大年译，商务印书馆 1961 年版。

49. ［英］威廉·配第：《赋税论》，陈冬野译，商务印书馆 1978 年版。

50. ［英］威廉·配第：《爱尔兰的政治解剖》，周锦如译，商务印书馆 1964 年版。

51. ［英］亚当·斯密：《国民财富的性质和原因的研究》，郭大力、王亚南译，商务印书馆 1979 年版。

52. ［英］大卫·李嘉图：《政治经济学及赋税原理》，郭大力、王亚南译，商务印书馆 1962 年版。

53. ［德］马克思：《剩余价值学说史》第 1 卷，郭大力译，生活·

读书·新知三联书店 1957 年版。

54. ［德］马克思：《直接生产过程的结果》，田光译，人民出版社 1964 年版。

55. ［德］恩格斯：《自然辩证法》，中共中央马恩列斯著作编译局，人民出版社 1955 年版。

56. ［德］罗莎·卢森堡：《社会改良还是社会革命》，徐坚译，生活·读书·新知三联书店 1958 年版。

57. ［英］洛克·约翰：《政府论》下篇，叶启芳、瞿菊农译，商务印书馆 1964 年版。

58. ［英］威廉·汤普逊：《最能促进人类幸福的财富分配原理的研究》，何慕李译，商务印书馆 1986 年版。

59. ［法］蒲鲁东：《贫困的哲学》第 1 卷，余叔通、王雪华译，商务印书馆 1961 年版。

60. ［法］萨伊：《政治经济学概论》，陈福生译，商务印书馆 1963 年版。

61. ［奥］庞巴维克：《资本实证论》，陈端译，商务印书馆 1964 年版。

62. ［奥］庞巴维克：《马克思主义体系之崩溃》，汪馥泉译，上海黎明书店 1934 年版。

63. ［奥］庞巴维克：《资本与利息》，何昆曾、高德超译，商务印书馆 1959 年版。

64. ［德］黑格尔：《精神现象学》上卷，贺麟、王玖光译，商务印书馆 1983 年版。

65. ［德］黑格尔：《逻辑学》上卷，杨一之译，商务印书馆 2009 年版。

66. ［苏］阿·伊·马雷什：《马克思主义政治经济学的形式》，刘品大译，四川人民出版社 1983 年版。

67. 《布阿吉尔贝尔选集》，伍纯武、梁守锵译，商务印书馆 1984 年版。

68. ［美］伊恩·斯蒂德曼、保罗·斯威齐：《价值问题的论战》，陈东威译，商务印书馆 1990 年版。

69. 骆耕漠：《社会主义制度下的商品和价值问题》，科学出版社

1957 年版。

70. 钱津：《劳动价值论》，社会科学文献出版社 2001 年版。

71. 孙冶方：《社会主义经济若干理论问题》，人民出版社 1979 年版。

72. 胡培桃：《价值规律新论》，经济科学出版社 1989 年版。

73. 谷书堂：《社会主义经济学通论》，上海人民出版社 1989 年版。

74. 张卓元：《中国价格模式转换的联络与实践》，中国社会科学出版社 1990 年版。

75. 刘炯忠：《资本论方法论研究》，中国人民大学出版社 1991 年版。

76. 苏星：《马克思主义基本理论概论》，中国青年出版社 1991 年版。

77. 苏星：《劳动价值一元论》，中国社会科学 1992 年版。

78. 晏智杰：《劳动价值学新探》，北京大学出版社 2001 年版。

79. 卫兴华：《政治经济学研究》（二），陕西人民出版社 2002 年版。

80. 张问敏、张卓元、吴敬琏编：《建国以来社会主义商品生产和价值规律论文选》，上海人民出版社 1979 年版。

81. 王章耀、萨公强：《关于"必要劳动时间问题"》，《学习月刊》1958 年第 2 期。

82. 何安：《社会必要劳动与价值决定》，《江汉学报》1962 年第 9 期。

83. 何炼成：《试论社会主义制度下的生产劳动和非生产劳动》，《经济研究》1963 年第 2 期。

84. 胡培：《什么是社会主义制度下的生产劳动和非生产劳动》，《浙江学刊》1963 年第 2 期。

85. 陆立军：《马克思研究生产劳动问题方法刍议》，《社会科学》1981 年第 3 期。

86. 洪远朋：《生产劳动的概念不能随便扩大》，《复旦大学学报》1981 年第 4 期。

87. 王积业：《关于社会主义制度下生产劳动和非生产劳动的区分问题》，《经济研究》1981 年第 9 期。

88. 孙冶方：《生产劳动只能是物质生产劳动》，《中国经济问题》1981 年第 8 期。

89. 杨坚白：《论社会主义的市场实现问题》，《经济研究》1981 年第 9 期。

90. 卫兴华：《关于生产劳动和非生产劳动问题》，《经济理论和经济管理》1981 年第 6 期。

91. 刘国光：《关于马克思的生产劳动理论的几个问题》，《中国社会科学》1982 年第 1 期。

92. 作源：《关于社会劳动的几个问题》，《江汉学报》1986 年第 4 期。

93. 何炼成：《也谈劳动价值论——简评苏、谷之争及其他》，《中国社会科学》1993 年第 6 期。

94. 钱伯海：《社会劳动创造价值之我见》，《经济学家》1994 年第 2 期。

95. 钱伯海：《论物化劳动的二重性》，《学术月刊》1995 年第 7 期。

96. 陈德华：《劳动价值论还是生产要素价值论》，《高校理论战线》1995 年第 3 期。

97. 钱伯海：《关于"斯密教条"的探讨》，《经济经纬》1996 年第 3 期。

98. 钱伯海：《科技生产力与劳动价值论》，《经济学家》1998 年第 2 期。

99. 余陶生：《按生产要素分配与劳动价值论》，《武汉大学学报（人文社会科学版)》2000 年第 3 期。

100. 张雷声：《不能把劳动创造价值作为分配制度形成的依据》，《思想理论教育导刊》2001 年第 4 期。

101. 甘宜沅：《"劳动价值论"是"生产要素参与分配"的理论基础吗》，《武汉大学学报（社会科学版)》2002 年第 4 期。

102. 余陶生：《劳动价值论与社会主义分配制度》，《武汉大学学报（社会科学版)》2003 年第 5 期。

103. 关柏春：《也谈按劳分配、按生产要素分配和劳动价值论三者之间的关系》，《经济评论》2005 年第 1 期。

104. 余陶生：《关于劳动价值论"历史局限性"的质疑》，《经济评论》2005 年第 2 期。

105. 余陶生：《劳动价值论与分配的关系》，《武汉大学学报（哲学社会科学版)》2005 年第 5 期。

106. 余陶生、胡爽平：《评劳动价值论》，《东岳论丛》2006 年第

11 期。

107. 刘有源:《"泛价值论"何错之有——答屈炳祥先生的质疑与商榷》,《经济评论》2005 年第 5 期。

108. 陈孝兵、李广平:《劳动还原与价值创造的特殊性》,《福建论坛(人文社会科学版)》2007 年第 3 期。

109. 胡爽平:《关于按劳分配是趋势还是现实的探讨》,《高校理论战线》2008 年第 9 期。

110. 卫兴华:《谈谈按劳分配和等价交换的关系》,《光明日报》1959 年 11 月 23 日。

111. 郭道夫:《也谈价值规律——与孙冶方同志商榷》,《光明日报》1978 年 11 月 25 日。

112. 卢希悦:《科学技术是否创造价值财富》,《光明日报》2002 年 4 月 9 日。

后　记

2013年10月18日晚，余陶生先生因心肌硬塞医治无效而离开了我们，享年84岁，案头正待修改的《劳动价值论争论评说》成了他的遗著。

余老先生，是我由衷敬仰的恩师。先生于1929年9月26日生于湖南省浏阳，自幼聪慧好学。由于生活艰苦，于1945年冬季到浏阳公和庆鞭炮庄当了一名店员工人，直到1949年解放加入了鞭炮业工会，并在工会担任宣传委员。1954年考入武汉大学，1958年7月毕业于武汉大学经济系并留校任教。1973年1月加入中国共产党，先后在武汉大学经济系、马克思主义理论基础教学部、政教系、政治与行政学院任教，1983年晋升为副教授、1988年3月晋升为教授，1993年退休。曾担任政治经济学教研室主任，政教系副主任、职称评审领导小组组长，兼任湖北省马克思主义理论课教学研究会副理事长，湖北省高校社会主义改革开放理论与实践研究中心副主任等职务，享受国务院政府特殊津贴。

先生为人光明磊落、谦和低调。先生一生，律己甚严，与书相伴，潜心向学。大部分时间用于教学、研究与思考。先生一生，博览群书，马克思主义经典巨著，如数家珍。先生一生，宽以待人，总是为他人着想；先生以其宽厚的品格、达观的人生态度深深地影响着青年教师与学生，他们都视先生为良师挚友；先生是好丈夫、好父亲、好兄长、好同事、好领导……后人对他无一不爱。

先生教书育人，为人师表，对教师队伍建设尤其是青年教师的培养倾注了大量心血，为学校、学院学科建设和人才培养作出了重要贡献。先生具有坚定的共产主义信念，对中国共产党充满热爱和感恩之情，忠诚于党的教育事业，几十年来勤勤恳恳、兢兢业业，长期担任《政治经济学》、《中国社会主义建设》、《资本论研究》、《马克思主义经济学说史》等课程的主讲教师。先生主编《政治经济学》、《中国社会主义建设》等教材4部，率先在全国开设《中国社会主义建设》课程，主编的《中国社会主义建设》教材成为全国高校示范教材。先生在担任政治经济学教研室主任、政教系副主任期间，既勇挑重任，又善于团结、带领同事谋发展，所在教研室长期被评为校、院先进集体、基层先进党支部。先生本人于1981年被评为湖北省高等学校先进教学工作者，多次被评为武汉大学先进工作者、优秀共产党员。

　　先生治学严谨、潜心科研、捍卫真理、勇于创新，坚持理论和实践相结合，取得了丰硕的科研成果，在《红旗》、《高校理论战线》、《经济学动态》、《当代经济研究》、《经济评论》、《光明日报》等重要学术报刊上发表80余篇论文，多篇被转载和引用。先生提出的"要正确理解列宁关于无产阶级绝对贫困化"、"新技术革命不会导致阶级同化"、"按劳分配与商品经济具有统一性"等观点，在学界和社会上产生了广泛的影响。先生1993年退休后仍然笔耕不辍，先后发表30多篇论文，如《〈劳动的贡献和报酬新论〉评析》、《〈按生产要素分配不是真正的按劳分配〉——与刘解龙等同志商榷》、《按生产要素分配与劳动价值论》、《超额剩余价值不是商品价值的附加价值》、《关于劳动价值论"历史局限性"的质疑》、《劳动价值论与分配的关系》、《劳动价值论与社会主义分配制度》、《劳动价值论与要素价值论》、《马克思研究劳动价值论的方法论》、《评"劳动价值论与效用价值的统一"论》、《评"三元价值论"》、《评"社会主义公共剩余价值规律"》、《评劳动价值整合论》、《评深化劳动价值论认识的"根本关卡"》、《评物化劳动创造价值和按生产要素分配》、《评物化劳动的价值增殖功能》、《浅评物化劳动的二重性》、《浅议"三元价值论的八个原理"》、《三位一体公式与按生产要素分配》、《剩余价值理论及其在当代的发展》、《斯密教条是社会劳动创造价值的理论根源》、《斯密教条与社会劳动创造价值》、《土地规模经营的探讨》、《再论"斯密教条"与社会劳动创造价值》、《只有确认物化劳动创造价值才能坚信马克思的劳动价值论吗?》等文章，都是先生退休后精心研究所发表的，可见先生对马克思劳动价值论进行了大量的研究和思考，为捍卫马克思主义理论作出了贡献。临终前仍坚持在病床上修改未完成的著作《劳动价值论争论评说》，此书50余万字，都是先生在80多岁高龄时坐在电脑前一字一句斟酌出来的。

　　先生的《劳动价值论争论评说》能够出版，衷心感谢武汉大学马克思主义学院党政领导的大力支持，感谢中国社会科学出版社编审为本书的出版倾注的大量心血。我受先生亲属之托为本书写后记，谨以此书告慰先生的在天之灵。

孙居涛

2016 年 7 月 26 日

武汉大学马克思主义理论系列学术丛书

第一批

《知识经济与马克思主义劳动价值论》 / 曹亚雄著

《列宁的马克思主义理论教育思想研究》 / 孙来斌著

《中国共产党的价值观研究》 / 李斌雄著

《思想政治教育价值论》 / 项久雨著

《现代德育课程论》 / 佘双好著

《建国后中国共产党政党外交理论研究》 / 许月梅著

第二批

《马克思主义经济理论中国化基本问题》 / 孙居涛著

《新中国成立以来中国共产党思想理论教育历史研究》 / 石云霞著

《马克思主义中国化史》 / 梅荣政主编

《中国古代德育思想史论》 / 黄钊著

第三批

《马克思主义与中国实际"第二次结合"的开篇
　　（1949—1966 年）研究》 / 张乾元著

《从十六大到十七大：马克思主义基本原理在当代
　　中国的运用和发展》 / 袁银传著

《邓小平社会主义观再探》 / 杨军著

《"三个代表"思想源流和理论创新》 / 丁俊萍著

《当代中国共产党人的发展观研究》 / 金伟著

《中国共产党的历史方位与党的先进性建设研究》 / 吴向伟著

《思想政治教育发生论》 / 杨威著

《思想政治教育内容结构论》 / 熊建生著

《青少年思想道德现状及健全措施研究》 / 佘双好著

《走向信仰间的和谐》 / 杨乐强著

第四批

《马克思主义理论教育思想发展史研究》 / 石云霞主编

《中国社会正义论》 / 周志刚著

《先秦平民阶层的道德理想——墨家伦理研究》 / 杨建兵著

《中共高校党建作用研究（1921—1949年)》 / 李向勇著

《〈共产党宣言〉国际战略思想研究》 / 向德忠著

《和谐思维论》 / 左亚文著

《党的重要人物与早期马克思主义中国化》 / 宋镜明 吴向伟著

第五批

《科学发展观视野下的当代中国经济追赶战略》 / 孙来斌主编

《高校思想政治理论课程的国际视野》 / 倪愫襄主编

《自由职业者群体与新时期统一战线工作研究》 / 卢勇著

《共产国际与广州国民政府关系史》 / 罗重一主编

《哈贝马斯的话语民主理论研究——以公共领域为视点》 / 杨礼银著

《马克思主义与社会科学方法论集》 / 黄瑞祺著

第六批

《理论是非辨——用社会主义核心价值体系引领多样化社会
　　思潮》 / 梅荣政 杨军主编

《增强党执政的理论基础》 / 梅荣政主编

《牢牢掌握领导权、管理权、话语权》 / 梅荣政主编

《当代资本主义的发展与危机》 / 刘俊奇著

《从科学社会主义到中国特色社会主义——中国共产党对
　　社会主义的认识历程和理论成果》 / 丁俊萍著

《农民工的身份转换与我党阶级基础的增强》 / 曹亚雄著

《思想政治教育元问题研究》 / 倪愫襄主编

《思想政治教育的社会学研究》 / 杨威著

第七批

《约瑟夫·奈软实力思想研究》 / 金筱萍著

《共产国际与南京国民政府关系史》 / 罗重一主编

《心理健康教育辩证法》 / 黄代翠著

《科学价值论》 / 吴恺著

《中国近代土地所有权思想研究（1905—1949）》 / 李学桃著

《新中国政治发展的战略探索——以〈关于正确处理人民内部矛盾的问题〉为中心的考察》 / 付克新著

第八批

《劳动价值论争论评说》 / 余陶生著

《"以人为本"的形上之思》 / 陈曙光 著

《英国青年工作研究》 / 陈琳瑛著

《中国特色农业现代化道路论》 / 周尤正著